실록이란 무엇인가

조선 문명의 일기

실록이란 무엇인가 — 조선 문명의 일기

초판 1쇄 인쇄 2018년 10월 24일
초판 1쇄 발행 2018년 10월 30일

지은이 오항녕
펴낸이 정순구
책임편집 조수정
기획편집 조원식 정윤경
마케팅 황주영

출력 블루엔
용지 한서지업사
인쇄 한영문화사
제본 한영제책사

펴낸곳 (주) 역사비평사
등록 제300-2007-139호 (2007.9.20)
주소 10497 : 경기도 고양시 덕양구 화중로 100(비전타워21) 506호
전화 02-741-6123~5
팩스 02-741-6126
홈페이지 www.yukbi.com
이메일 yukbi88@naver.com

ISBN 978-89-7696-294-2 93910

실록이란
무엇인가

오항녕 지음

조선 문명의 일기

宣宗大王實錄

燕山君日記 第一之四

英宗大王實錄 卷之十

端宗大王實錄

仁祖大王實錄 卷之一

역사비평사

차례 _ 실록이란 무엇인가

2장 실록, 연속과 단절

부록 ───────────────────────────────

실록학의 이해를 위한 큰 걸음

조광

고려대학교 한국사학과 명예교수, 국사편찬위원회 위원장

　조선은 철학자들이 중심이 되어 건국한 나라였다. 그들이 지향하던 바는 개신유학의 일종인 성리학이었고, 이 가르침을 기반으로 조선에 대동세계大同世界를 건설하고, 삼대지치三代至治를 재현하고자 했다. 이 꿈을 가지고 있던 조선의 건국자들과 그 후계자들은 경사체용經史體用의 입장에서 경학의 이념을 현실 세계의 역사를 통해 실증해보고자 했다.

　조선에서 경학과 함께 역사를 소중히 다룬 일은 소당연所當然한 사실이었다. 따라서 조선 사학의 발전은 이미 건국 초부터 예정되어 있었다. 조선의 사학자들은 역사를 경학처럼 경건하게 접했고, 실록을 중심으로 국사國史의 체제를 마련하고자 했다. 그 결과 태조로부터 철종에 이르기까지 25대 472년간의 역사를 연월일 순서에 따라 편년체로 기록한 실록이 탄생했다.

　조선시대의 문치주의적 특성에 주목한 오항녕 교수는 문치 국가의 필수 요소로 언관과 경연, 사관을 깊이 있게 연구했다. 그리고 사관의 생산물인 실록을 파고들었다. 그는 학위논문을 준비하면서 '실록학實錄學'이라는 용어를 창안해냈다. 실록학은 실록의 모든 것에 대한 학문적 연구를 총칭하는 개념이다. 오늘날 『자치통감』에 대한 연구를 '통감학'이라 하고, 『홍루몽』에 대한 연구를 '홍학'이라 한다. 그렇다면 조선실록의 유구한 전통을 생각할 때 실록학이란 용어의 출현은 오히려 늦은 감이 있다.

이제 오항녕 교수는 『실록이란 무엇인가』와 『후대가 판단케 하라』라는 두 권의 책으로 실록학을 서술해냈다. 『실록이란 무엇인가』는 『태조실록』에서 『철종실록』까지 25종의 실록 그 자체를 총제적 연구 대상으로 삼는다. 그는 우선 이 책에서 실록의 역사성을 밝히고자 했다. 실록 탄생의 배경과 그 필연성 및 원자료까지 빈틈없이 살펴보았다. 이어, 실록을 직접 편찬한 사관에 대해서는 물론이고, 사관제도의 운영 문제 및 그 변천 과정을 따져나갔다. 조선왕조는 성리학을 바탕으로 현실적 인간사에 대한 성찰을 시도했고, 이 성찰의 제도화가 사관제도이며, 그 결과물은 실록이기 때문이었다.

이 책과 짝을 이룬 『후대가 판단케 하라』에서는 조선시대 네 차례 진행되었던 실록의 수정과 개수를 다루었다. 그는 왜 그 같은 보정 작업이 이루어졌는지를 규명했는데, 이는 역사와 기억에 대한 질문이기도 하다.

『실록이란 무엇인가』와 『후대가 판단케 하라』를 동시에 저술한 오항녕 교수는 실록학의 이해를 다지기 위한 큰 걸음을 내딛었다. 그러나 실록학의 완전 정립을 위해서는 앞으로 걸어야 할 길이 멀다. 우리는 실록 중심의 국사 체계가 조선 후기에 이르러 무너진 이유를 좀 더 알고 싶고, 경사일체의 주장에 입각하여 서술되었을 실록의 구체적 진상에 대해서도 궁금하다. 이를 비롯한 많은 문제에 대해서 그는 아마 이미 해답을 가지고 있을 듯하다. 그러므로 실록학에 대한 연구는 현재진행형이어야 한다. 두 권의 책이 출간된 일을 거듭 축하하며, 그의 연구에 지속적인 기대를 갖는다.

2018년 10월.

문명을 담은 일기, 일기를 남긴 문명

실록을 알게 된 뒤 정말 궁금했던 것이 있었다. 실록을 남긴 시대를 살았던 대부분의 사람은 실록을 볼 수 없었다. 말이든 행동으로든 생각으로든, 왕조 이후를 떠올리는 일이 곧 반역이 되던 시대에 왕조 이후를 상상할 수 있는 거의 유일한 상징체계이자 실질적 증거가 실록이었다. 적어도 내게는 참으로 이상했고, 그래서 그 야릇한 문명의 산물에 대한 매료는 자연스러웠다.

실록학

실록에 대해서는 그 문화적 성과에 늘 경외심을 갖고 있었다. 또 역사학도로서 실록에 대한 사료비판의 필요성이나 의미 등을 생각하며 막연한 문제의식을 갖고 있었던 터이다. 그러던 중 『사통史通』학습은 실록에 대한 고민을 더욱 구체화했다. 『사통』에 담긴 문제의식이 바로 실록의 출현과 밀접히 관련되어 있기 때문이다. 이에 실록은 '실록학' 수준의 검토 작업이 이루어져야 한다는 생각을 갖게 되었다.(『한국 사관제도 성립사』, 한국연구원, 2003. 일지사에서 2009년 재출간, 서문 참조) 그 후로 조금씩 모아둔 생각을 이 책 서론에 부족하나마 정리했다.

3부작

『사통』 – 『자치통감강목資治通鑑綱目』 – 조선실록 – 사관제도는 내겐 유기적 연구 대상이었다. 그 공부의 결과물로 『사통』은 번역서를 내고, 나머지 세 주제는 분리하여 3부작을 쓰자고 마음먹었다.

오랜 시간 공을 들여 2012년 『사통』(역사비평사 刊)을 번역해서 펴냈고, 이후 2016년 『호모 히스토리쿠스』(개마고원 刊)를 출간하여 '역사학개론'의 저술을 위한 첫발을 내딛었다. 『자치통감강목』을 중심으로 한 동아시아 역사학은 『조선초기 성리학과 역사학』(고려대학교 민족문화연구원, 2007)에 일부 수용했으니 목표로 설정한 과제의 반은 마친 셈이었다. 이제 이 책으로써 조선실록에 대한 연구 성과를 펼쳐놓으니 가까스로 3부작의 대강을 채웠다. 2008년에 대략적으로 짜놓은 이 책의 목차를 세부적으로 다듬고 보강하는 데 10년이 걸렸다. 앞으로 동아시아 역사학, 즉 『춘추春秋』·『독사관견讀史管見』·『자치통감강목』을 더 공부하고, 10년쯤 지나 '역사학개론'을 써볼 생각이다.

실록은 5백 년 조선 문명이 남긴 일기이다. 이 일기에는 5백 년 문명이 담겨 있다. 실록이 실록학 연구를 통해 '김연아 실록', '문재인 실록', '박윤희 실록' 등의 이름으로 일상에서 숨 쉬는 역사로 부활하기 바란다. 조선실록과 개인의 일기 사이에 우열은 없다고 생각한다. 그런 만큼 5백 년 문명의 일기에 붙인 실록이라는 이름을 우리의 일기에 붙이지 못할 이유는 없다고 믿는다. 다만 조선실록처럼 일기를 잘 보관했으면 한다. 일기를 쓰는 것이 출발이지만, 남기지 못하면 아무 소용없다.

몇 년 전, 집에 있던 컴퓨터 관리를 잘못하여 많은 파일을 날려버렸다. 외장하드와 클라우드에 백업해두라는 동료의 말을 듣고도 차일피일 미루며 게으름을 부리다가 초래한 재난이었다. 이 사태는 내 나름대로 파일을 복원하겠다며 뭔지도 모르는 '복원 프로그램'을 가동한 뒤 한층 악화되었다. 가장 무참했던 것은 망가진 파일 가운데 2008_2011.hwp로 저장된 내 일기장이 포함되어 있었다는 사실이다. 800쪽이 조금 넘었던 분량으로 기억하는데, 검찰이 파일 복원을 의뢰한다는 전문 업체에 '일기만이라도 살려달라'며 간곡히 복구를 의뢰해보았지만 끝내 살려낼 수 없었다. 그 아픔으로 석 달 동안 일기를 쓰지 못했다.(지금도 망가진 디스크를 그대로 가지고 있다. 복원 기술이 더 발달하면 사라진 일기를 되살려줄지도 모른다는 기대 때문이다.)

이 책에는 새로 쓴 글도 있지만 기왕에 발표했던 글도 고쳐서 수록했다. 이미 학술지에 게재되었던 논문 및 단행본과 그 일부 내용이 실린 곳은 다음과 같다.

기왕에 발표한 논문과 단행본	발행 정보	이 책에 실린 곳
「史官制度 成立史의 제문제」	『태동고전연구』 14, 1997	제1부 1장 2절 일부
『사통史通』 '『사통』을 읽기에 앞서: 『사통』의 구조와 역사 비평'	역사비평사, 2012	제1부 1장 3절 일부
『조선의 힘』, '1장. 문치주의의 꽃'	역사비평사, 2010	제1부 2장 일부
「조선후기 국사체계國史體系의 변동에 관한 시론」	『역사와 현실』 52, 2004	제1부 3장 1, 2, 3절
「실록實錄: 등록謄錄의 위계位階」	『기록학연구』 3, 2001	제2부 1장
「實錄의 儀禮性에 대한 연구」	『조선시대사학보』 26, 2003	제2부 2장
『한국사관제도성립사』 '제IV장. 2. 1) 記事와 史草'	일지사, 2009	제3부 1장 1절, 2절 일부

「朝鮮初期 實錄編纂體裁의 변화에 대한 史學史的 考察」	『한국사학사학보』 1, 2000	제3부 1장 3절
「正祖 초반 『英祖實錄』 편찬에 대한 연구」	『민족문화』 29, 2006	제3부 2장 2절 일부
「조선후기 『承政院日記』 改修 연구」	『태동고전연구』 22, 2006	제3부 3장 1절, 2절 일부
『한국 사관제도 성립사』 '제Ⅲ장. 2'	일지사, 2009	제3부 4장 1절 일부
「역사학과 기록학: 학문의 인연, 학제의 괴리」	『기록학연구』 54, 2017	제5부 1장 2절 일부

실록을 쓰고 전해준 조선 문명의 인물들에게 감사한다.

실록을 번역한 민족문화추진회, 북한의 이조실록번역위원회, 그리고 실록을 재번역하고 있는 한국고전번역원의 노고에 감사한다.

또한 실록을 디지털화하여 웹에 제공해준 서울시스템, 김현 교수 등 대담한 창의성을 발휘한 인문학자들에게 감동의 마음을 전한다. 조선왕조실록 홈페이지에 접속할 때마다 조선실록 원본을 보았을 때의 감동과 전율을 느낀다. 역사의 숨결이란 바로 이런 느낌이지 않을까.

그동안 편집자에 대한 감사를 아꼈다. 이번에는 그냥 넘어가기가 어렵다. 몇 년 전 펴낸 『사통』뿐 아니라, 이번에 실록에 관한 두 책(이 책과 동시에 출판한 또 한 권의 책 『후대가 판단케 하라―조선실록의 수정과 개수』 포함)도 교정을 비롯한 편집 일체를 조수정 편집장과 역사비평사 전문가들이 다 해주었다. 머리숙여 고마움을 전한다.

조선을 문명으로 인식할 수 있는 눈을 주신 분은 도올檮杌 김용옥金容沃 선생님이다. 조선은 하나의 문명이라는 평범한 상식이 지금도 학계에선 낯선데, 근 30년 전에 이 용어를 후학에게 선사하셨다. 조선은 하나의 문명이다. 그리스·로마 문명, 잉카 문명 같은.

무엇보다 실록을 읽고 공부하는 제자를 언제나 격려하셨다. 언제나 사실史實에 대한 엄격한 실증이 학문의 기본이라고 보시기 때문이다. 헌사가 선생님께 무슨 손익이 있겠는가만, 학은學恩에 대한 감사로 군더더기 말을 덧붙인다.

2018년(戊戌) 10월
오항녕

조선을 문명으로 보라고 깨우치신

실록 읽는 제자를 언제나 격려하신

지금도 후학들과 실록을 읽고 계신

도올 김용옥 선생님께

서론

실록학 탐구

실록은 날짜별로 작성되는 매우 단순한 일기 형식의 연대기라는 점에서 보편성을 지니며, 어떤 특정 시기에 나타났다가 사라진 역사적 산물이라는 점에서 특수성을 띤 연구 대상이다. 이 실록 연구를 '실록학'이라고 부를 때는 그에 상응하는 체계성과 포괄성, 개념적 엄밀성이 확보되어야 할 것이다.

실록학과 통감학

처음 실록학이라는 낯선 용어를 쓴 데는 두 가지 소박한 계기가 있었다. 실록, 특히 조선실록에 대한 선배나 동료 학자들의 연구가 상당히 축적된 시점에서 필자도 부족하나마 연구 저서를 출간한 일이 첫 번째 계기였다.[1] 어

---

1 오항녕, 『한국 사관제도 성립사 연구』, 한국연구원, 2003.(일지사에서 『한국 사관제도 성립사』로 2009년 재간행)

떤 학문 분야든 혼자 이루는 경우는 드물기 때문에 '축적'이라는 말 속에는 함께 집을 짓는 일과 마찬가지로 오랜 협업과 긴장이 낳은 성취가 숨 쉬고 있다. 이 연구 성과는 잠시 뒤 상세히 언급하겠다.

졸저인『한국 사관제도 성립사 연구』출간을 전후하여『자치통감資治通鑑』에 대한 연구를 '통감학通鑑學'이라고 부른다는 사실을 안 뒤, 이를 실록에 적용하면 어떨까 하는 생각이 들었던 것이 두 번째 계기였다.『자치통감』은 편찬 책임자였던 사마광司馬光(1019~1086)도 말했듯 애당초 공자의『춘추』를 의식하면서 편찬되었고,『춘추』이후 1362년간의 역사를 수록한 294권의 편년체 통사이다.『통감』이라고 줄여 부르기도 한다.

통감학이라는 명칭은 근대 학자 가운데서도 쓰인 적이 있지만,[2] 기실『자치통감』을 체계적인 학문 연구 대상으로 보기 시작한 것은 오래되었다. 중국 원나라 때 호삼성胡三省이 "온공이 세상을 뜬 뒤 공휴가 그 일로 상심하여 결국 통감지학은 그 가문에서 거의 전해지지 못하였다.(蓋溫公之薨, 公休以毁, 卒通鑑之學其家幾於無傳矣.)"라고 통탄하면서 '통감지학'이라는 말을 처음 사용했다.[3]

공휴는 사마광의 아들인 사마강司馬康(1050~1090)의 자이다. 그는 부친이『자치통감』을 편찬할 때 '검열문자檢閱文字', 즉 내용의 교정을 담당한 승사랑承事郎으로 작업에 같이 참여했던 쟁쟁한 소장 역사학자였다. 훗날 송나라 철종哲宗 원우元祐 원년인 1086년에 교서랑校書郎이 되었고, 원우 4년『신종실록神宗實錄』을 편찬할 때는 검토관檢討官을 지낸 바 있다. 더 살펴볼 점이 있기는 하지만, 통감학의 명맥에 큰 영향을 끼친 것은 사마광·사마강 부자의

---

2 張照侯,『通鑑學』(수정본), 安徽人民出版社, 1957.

3 胡三省,『통감석문변오通鑑釋文辨誤』「서序」.

개인사적 측면보다는 그들과 정치 노선을 같이했던 구법당에 대한 탄압이라는 당시 정치 상황이었을 것이다.[4]

'통감지학'이라는 말로 통감학의 기원을 제공했던 호삼성은 『자치통감』에 대한 대단위 주석서註釋書인 『자치통감음주資治通鑑音注』를 저술한 역사학자이다. 『자치통감음주』는 오늘날까지 『자치통감』의 가장 충실한 주석서로 꼽히며, 조선 세종대 편찬된 『자치통감사정전훈의資治通鑑思政殿訓義』역시 호삼성의 성과를 대폭 수용했다. 이런 점에서 호삼성은 '통감지학'이라는 이름과 실질에 잘 어울리는 학자였다.

실록학의 개념과 범주

통감학이 『자치통감』이라는 역사서의 고증·편집·규모 등 일련의 편찬 과정과 학술사적 의의에 대한 연구이고 역사학에 속하듯이, 실록학은 '실록'이라는 역사적 산물에 대한 연구이다. 실록이 넓은 의미의 역사 편찬물이기 때문에 실록학은 역사학의 한 영역 또는 주제라고 할 수 있다.

실록학이라는 말을 처음으로 떠올리게 했던 첫 번째 계기인 '연구의 축적'에 대해 좀 더 상술하겠다. 모든 역사가 그렇듯 지난 과정을 돌이켜보면

---

4 송 철종宋哲宗은 섭정을 하던 할머니 고태후高太后가 죽자(1093) 장돈章惇·채경蔡京 등 신법당을 복귀시켰고, 이에 따라 사마광과 정치 노선을 같이했던 구법당 후배들은 탄압을 받고 몰락했다. 신법당은 황제가 사마광에게 친히 내렸던 비문을 부수고 심지어 사마광의 부관참시까지 논의했으나, 다행히 부관참시만은 모면했다. 이때 사망광의 후손들도 관직을 삭탈당하고 유배를 떠났다. 이 일은 모두 사마광과 사마강이 세상을 뜬 뒤에 벌어졌지만, '통감지학'의 위축을 예상할 수 있는 사태의 전개라 할 만했다.

성과와 함께 과제가 보이기 마련인데, 그것을 살펴보면 실록학의 윤곽을 이해하는 데 편리할 것이다.[5] 이를 통해 실록학의 연구 대상, 방법, 의의 및 개념을 가늠해볼 수 있으리라 기대한다.

실록학은 실록 그 자체를 연구 대상으로 삼는다. 실록은 어떤 자료인가, 언제, 어디서, 누가, 왜, 어떻게 편찬했는지를 알아보는 일이다. 세월이 흘러 인멸된 실록도 있지만 한국에는 500년 조선의 역사를 담은 조선실록이 남아 있고, 중국에는 당나라 『순종실록』을 비롯하여[6] 명실록明實錄과 청실록淸實錄이 남아 있다. 일본에도 『삼대실록三代實錄』이 현존하고 베트남에도 『대남식록大南寔錄』이 남아 있으므로, 실록 실물 자체로 보아도 적은 수량이 아니다.

실록은 개별 실록으로도 나누어 관찰할 수 있다. 이를테면 조선실록만 해도 25종의 개별 실록으로 구성된 집합물이다. 즉, '조선실록'은 하나의 연구 대상이면서, 동시에 『태조실록』부터 『철종실록』까지 25종의 개별 실록 역시 별도로 연구 주제가 된다.

개별-집합 실록

실록 자체에 대한 연구는 첫째, 집합물로서의 실록과 개별 실록의 편찬에

---

5 이 책의 접근 방법과 다르기는 하지만 최근 조선실록을 중심으로 시기별 연구 현황을 검토한 글이 발표되어 참고에 보탬이 된다. 강문식, 「『조선왕조실록』 연구의 현황」, 『조선시대사학보』 74, 2015.

6 중국의 『순종실록』은 현존하는 가장 오래된 실록이다. 한유韓愈의 문집에 수록된 덕에 지금까지 전해진다. 고광민, 「『順宗實錄』의 영정혁신에 대한 기술특징과 의미」, 『중국어문학논집』 36, 2006.

관련된 연구가 하나의 범주가 될 것이다. 실록 편찬은 하나의 관례였기 때문에 편찬 제도나 실제는 그 관례에 관한 연구의 성격을 띠었고, 초기 실록 연구 역시 그러했다. 조선시대에는 실록을 볼 수 없었으므로 당연히 조선실록의 연구가 있을 수 없었다. 조선실록에 대한 연구의 시작은 일제강점기 조선총독부에서 실록을 영인하여 공개한 이후의 일이었다. 일본인 학자들이 먼저 조선의 실록 편찬과 관리를 연구했고, 그 과정에서 실록을 편찬한 해당 관직과 관청으로서 사관史官과 춘추관春秋館이 주목받았다.[7] 조선실록 전반에 걸친 서지학적 연구도 빼놓을 수 없는 성과였다.[8] 실록의 봉안 및 보존에 대해 과학 분야와 학제 간 연구가 제출된 것도 진일보한 성과라 할 만하다.[9] 또한 이러한 연구를 바탕으로 실록을 소개하는 대중서가 나오기도 했다.[10] 그뿐

----

7 今西龍,「李朝の實錄について」,『藝文』5卷 8·9輯, 1914; 丸龜金作,「朝鮮の春秋館と 李朝實錄撰修について」,『史學雜誌』54編 10·11號, 1943; 李在郁,『李朝實錄攷』, 정음사, 1947; 末松保和,「李朝實錄考略」, 1958(『青丘史草』笠井出版社, 1969); 申奭鎬, 「朝鮮王朝實錄의 編纂과 保管」,『史叢』5, 1960; 申奭鎬,「實錄編纂事業」,『한국사』 11, 국사편찬위원회, 1974; 周藤吉之,「宋代の三館 秘閣と高麗前期の三館とくに史 館」,『高麗朝官僚制研究』, 日本法政大出版局, 1980; 鄭求福,「朝鮮初期의 春秋館과 實 錄編纂」,『擇窩許善道先生停年紀念韓國史學論叢』, 일조각, 1992; 정구복,「高麗時代 의 史館과 實錄編纂」,『第三回 國際學術會議論文集』, 한국정신문화연구원, 1984; 車 勇杰,「朝鮮王朝實錄의 編纂態度와 사관의 歷史意識」,『韓國史論』6, 국사편찬위원회, 1979; 車長燮,「朝鮮前期의 사관—職制 및 政治的 役割」,『慶北史學』6, 1983; 韓㳓 劤,「朝鮮前期 사관과 實錄編纂에 관한 연구」,『震檀學報』66, 1988. 그 밖에 민족문화추진회와 세종대왕기념사업회의 국역본에 실린 각 실록의 해제도 빼놓을 수 없는 연구 성과이다. 조선왕조실록 홈페이지(http://sillok.history.go.kr/intro/intro.do.) '소개'에서 확인할 수 있다.

8 裵賢淑,『朝鮮實錄研究序說』, 태일사, 2002.

9 송기중 외,『조선왕조실록』 서울대학교 출판부, 2005.

10 이성무,『조선왕조실록 어떤 책인가』, 동방미디어, 1999.

아니라 실록을 보관하던 사고史庫에 대한 연구도 깊어졌다.[11] 현재 실록 연구는 통설에 대한 비판이 제기되는 논쟁 단계로 들어섰다.[12]

둘째, 개별 실록의 가장 중요한 연구 주제는 무엇보다 각 기사에 대한 사료비판이다. 일기 형식의 연대기, 예컨대 『비변사등록備邊司謄錄』이나 『승정원일기承政院日記』 등과 대교對校를 통해 사료 가치를 확인하는 초보적 기초적 수준의 조사 작업을 진행하고, 동시에 개인 문집이나 고문서 등과 상호 비교 검토하면서 사료의 정확성과 연관성을 확보할 수 있다.

실록에 실린 사론史論에 관한 연구의 경우, 통계적인 수량 분석에 머물지 않고 한 왕대, 이를테면 중종대만을 중점적으로 다루면서 사론 내용의 변화를 면밀하게 추적하는 한편, 사초史草가 실록 편찬 과정에 어떻게 활용되었는지 사례를 통해 실증하여 실록 편찬의 면모를 구체적으로 살펴본 연구가 나왔다.[13] 아직 초보적인 수준이지만, 조선실록 가운데 『선조실록』・『현종실록』・『경종실록』 등의 연구도 이루어지기 시작했다.[14] 이에 더해 실록 편찬 결과를 기록한 실록청의궤實錄廳儀軌의 번역[15] 및 의궤를 통해 살펴본 실록의

---

11 박대길, 『조선시대 史庫制度 연구』, 경인문화사, 2014.

12 예를 들어 실록의 정초본 성격과 마니산사고 비정比定에 의문을 제기한 논문이 있다. 강문식, 「조선왕조실록 연구의 통설 재검토」, 『규장각』 49, 2016.

13 金慶洙, 『朝鮮時代의 史官研究』, 국학자료원, 1998.

14 오항녕, 「『宣祖實錄』 修正攷」, 『한국사연구』 123, 2003; 오항녕, 「조선후기 실록편찬의 성격」, 『국사관논총』 105, 2004; 신병주, 「'오대산본' 『조선왕조실록』의 간행과 보관」, 『역사와 현실』 61, 2006; 허태용, 「『景宗實錄』을 통해서 본 少論의 정치 義理 검토」, 『민족문화연구』 60, 2013; 오항녕, 「『경종실록』의 편찬과 수정修正」, 『민족문화』 42, 2013; 오항녕, 「『현종실록』의 편찬과 개수改修」, 『한국사학사학보』 29, 2014; 오항녕, 『후대가 판단케 하라―조선실록의 수정과 개수』, 역사비평사, 2018.

15 오항녕, 『역주 선조실록수정청의궤』, 일지사, 2004; 오항녕, 『국역 영종대왕실록청의궤』 상・하, 한국고전번역원, 2008; 신병주, 「실록청의궤實錄廳儀軌의 편찬과 제작 물자

서론_실록학 탐구 | 21

봉안과 보존, 제작 물자를 검토한 논문도 등장했다.[16]

실록, 문명과 제도

인간이 자연과 구별되어 삶의 양식을 만들어가는 문명의 관점에서 볼 때, 실록은 크게 두 측면에서 흥미를 끄는 문화적 성과이다. 우선, 실록은 왕조 시대의 관료제를 기반으로 편찬되고 보존되었음에도 불구하고, 당대에 특별한 상고를 위해 사관이 열람할 때를 제외하고 최고 권력인 국왕조차 열람이 불가능한 비밀로 보존되었다는 사실이다. 실록은 왕조 시대에 왕조 이후, 즉 왕조가 멸망한 이후를 드러내놓고 상상할 수 있는 거의 유일한 상징체계이자 실질적인 증거이기도 했다.

다음으로, 실록은 역사의 특정 시점에 등장하여 대략 20세기 초에 사라진 역사적 산물이다. 역사적으로 실록은 중국 당 태종唐太宗 때 관청에서 관료들이 모여 편찬하기 시작하면서 등장했다. 하지만 청실록을 끝으로 사라졌고, 한국에서도 조선의 멸망과 함께 실록은 더 이상 편찬되지 않았다. 실록은 무슨 이유로 역사에 등장했다가 사라졌을까? 실록을 둘러싼 역사적 문명사적 배경은 무엇일까?

실록과 관료제는 매우 긴밀한 관계이다. 실록 편찬이 관료제의 강화와 함

에 관한 연구—『영종대왕실록청의궤英宗大王實錄廳儀軌』를 중심으로」, 『조선시대사학보』 48, 2009. 의궤 일반에 대해서는 김문식, 「儀軌事目에 나타나는 의궤의 제작 과정」, 『규장각』 37, 2010 참고.

16 신병주, 「朝鮮王朝實錄의 奉安儀式과 관리」, 『한국사연구』 115호, 2001.

께 등장했다는 추정이 가능하기 때문이다. 사관史館-임기제 관원-실록은 유기적 구성 요소이다.[17] 관료제는 '문서(=기록)'의 증가를 가져오게 마련이고, 그로 인해 그때그때 기록을 정리할 필요성이 생겼으며, 그 직무를 수행할 관청이 생겼을 것이다.

이러한 관례의 성립에는 동아시아 사회에서 역사가 차지하는 독특한 지위가 단단히 한몫했다. 신神이 아닌 역사가 한 사회와 사후 인간(혹은 생존해 있는 인간까지 포함)을 평가한다는 관념과 실천이 그것이다. 이는 역사의 종교성이라고 부를 만한 것이었다.[18] 실록은 국사國史로서 갖는 지위까지 결합되면서 다른 어떤 역사 편찬물보다 대우받는 존재가 되었다.[19] 여기에 성리학이 불교를 대신하여 사회의 주도 이념이 되면서 역사의 지위를 한결 공고히했다.[20] 조선 초기 사림파의 등장과 관련하여 실록을 분석한 성과는[21] 이 같은 역사적 배경이 정치 세력의 영역에 반영되었다는 사실을 보여준다.

조선의 경우, 실록의 지위는 한림翰林이라고 불렸던 사관의 독립성 보장으로 이어졌다. 사관제도는 관료제의 일반적인 성격에서 보면 특이하게도 하급 관원(정9품) 자신이 후임을 선발하는 자천제自薦制로 운영되었다.[22] 또한 실록 편찬이 국가 행사로 관례화되면서 의례적 성격을 갖는 등 실록에 대한

---

17 오항녕, 「史官制度 成立史의 제문제」, 『태동고전연구』 14, 1997.

18 오항녕, 「性理學的 歷史觀의 성립: 超越에서 現實로」, 『조선시대사학보』 9, 1999.

19 오항녕, 「실록實錄: 등록謄錄의 위계位階」, 『기록학연구』 3, 2001.

20 오항녕, 「性理學 歷史書의 형성과 구조」, 『한국실학연구』 7, 2003.

21 차장섭, 「朝鮮前期實錄의 史論」, 『國史館論叢』 32, 1985; 차장섭, 「사관을 통해본 朝鮮前期 士林派」, 『慶北史學』 8, 1992.

22 오항녕, 「여말선초 사관 자천제의 성립과 운영」, 『역사와 현실』 30, 1998.

이해도 높아졌다.[23]

실록은 해당 사회의 정치 운영과 경제(재정)와도 상관이 있다. 조선실록은 사관을 제외한 누구도 보지 못하게 함으로써 조정朝廷의 건강성과 투명성을 유지하는 데 기여했다. 실록을 편찬하는 데는 많은 겸직 관원과 장인匠人이 동원되고 종이·먹 등의 물품도 다량 투입되었는데, 이 역시 하나의 연구 주제가 될 수 있다.

실록학의 연구 방법

연구 대상에 대한 서술에서 이미 드러났듯이, 실록은 그 자체의 연구도 중요하지만 그것만으로는 전체적인 면모를 파악할 수 없다. 무엇보다 실록은 어느 나라든 해당 사회의 과거 역사를 전해주는 유일하거나 유력한 기록이다. 그렇기 때문에 실록 연구는 해당 사회의 연구와 등치되는 경향을 띠기도 한다. 따라서 실록 연구는 첫째, 애당초 총체론적 성격을 띨 수밖에 없다.

둘째, 실록은 비교사적 연구가 필수이다. 연대기 편찬이라는 인류 역사의 공통분모도 엄존하지만, 실록이라는 이름으로 역사를 편찬했던 아시아의 경우만 살펴보아도 고려~조선의 실록, 중국 당나라~청나라의 실록, 일본 10세기 무렵의 『삼대실록』, 베트남의 『대월사기전서大越史記全書』와 『대남식록』 등이 존재하는데, 이들 각각의 실록은 시대와 사회, 문명의 성격에 따라 차이가 있다. 이 차이는 개별 사회의 특성을 보여주며, 동시에 실록 편찬의 배경

---

23 오항녕, 「實錄의 儀禮性에 대한 硏究 — 象徵性과 編纂慣例의 형성과정을 중심으로」, 『조선시대사학보』 26, 2003.

이 된다. 그러므로 각국의 실록에 대한 이해는 비교사적 방법이 매우 중요할 수밖에 없다.

셋째, 역사 기록 연구에서 기초적인 사료비판, 즉 교감학校勘學의 방법이 필요하다. 실록과 다른 연대기, 즉 앞서 예로 들었던 『비변사등록』이나 『승정원일기』의 사료비판에는 상호 기사 비교를 피할 수 없다. 그뿐만 아니라 네 차례에 걸친 조선실록의 수정처럼 원본과 수정본이 함께 존재하는 경우에는 더 말할 필요도 없다. 원본과 수정본이 어떻게 다른지는 기사별로 비교해보는 수밖에 달리 도리가 없기 때문이다.[24]

넷째, 역사학에서는 경험주의·실증주의 연구 방법이 기본인데, 실록과 다른 연대기 등 사료 사이의 비교 방법에도 이 연구법이 자연스럽게 출발점이 된다. 실록과 연대기·사료, 또는 원본과 수정본으로 남아 있는 두 실록 사이의 비교 연구가 아직은 매우 부족한 현시점에서 강조해야 할 대목이다. 특히 학파나 정파에 따른 편찬이라는 선입견을 가지고 구체적 실증도 없이 실록 기사의 편향성을 판단하거나, 역으로 아예 편향성에 대한 고려 없이 실록 기사를 연구에 활용하는 경우가 비일비재하므로, 실증주의적 태도와 방법의 환기는 여러 번 강조해도 지나치지 않다.

실록학의 의의

실록학을 정립할 필요성은 안팎에서 논의될 수 있을 듯하다. 내적 이유는 두말할 나위 없이 실록 연구의 축적이다. 외적 이유는 실록이라는 연대기의

---

24 오항녕, 『후대가 판단케 하라―조선실록의 수정과 개수』, 역사비평사, 2018.

인류사적 보편성과 함께, 한자漢子-유학儒學 문명을 공유했던 아시아 몇몇 나라에서 편찬된 실록이 갖는 상대적 국지성과 보편성이다. 실록학은 인류사 -아시아사-조선·중국·베트남·일본이라는 역사 세계를 실록이라는 프리즘으로 이해할 단서를 제공한다는 점에서 의의가 있다.

또한 실록학의 탐구는 근대 국사를 넘어서는 역사의 가능성을 열어줄 수 있다. 실록은 당시 표현으로 '국사'라고 일컬어졌지만, 현재 우리가 사용하는 '국민국가사 교과서'라는 말과는 전혀 다른 의미를 가지고 있다. 실록은 문서 (Archives)라는 의미에서 국사로 불렸으며, [25] 근대 국민국가사인 국사가 갖는 국민 양성 목적의 규범성과 거리를 둔 역사 기록이었다. 실록학은 역사와 기록의 다양한 층위와 교차를 보여주는 역사학의 새로운 가능성을 보여줄 것이다. [26]

실록은 사라진 역사의 산물이다. 그러나 실록은 여전히 기록을 통한 정치·행정의 투명성과 자정성 확보, 사회와 개인의 성찰 능력 제고, 그리고 무엇보다 놔두면 사라질 인간의 기억을 얼려두는 유력한 수단으로서의 생명력을 가지고 있다. 일기를 더 이상 의무가 아닌 자연스러운 자기의식의 발현으로 설득할 수 있는 능력도 실록학에서 얻을 수 있지 않을까?

실록의 복본화複本化는 조선시대 실록 제작(활자, 종이, 인쇄, 장황 등) 과정을 추체험할 수 있도록 해주고, 한지韓紙의 수요 증대 등 관련 산업을 유지·성장시키는 데도 이바지할 수 있다. 방대한 실록의 번역은 그 자체로 남북한에서

---

25 오항녕, 「실록實錄: 등록謄錄의 위계位階」, 『기록학연구』 3, 2001.

26 O Hang-Nyeong, "An archival interpretation of the Veritable Records", *Comma*, Vol. 2008(2), 2010; 오항녕, 「역사학과 기록학: 학문의 인연, 학제의 괴리」, 『기록학연구』 54, 2017.

공히 우수 연구 인력을 양성하는 방법이었다. 고도로 발달한 디지털 기술은 실록학의 새로운 지평을 열어줄 것이다. 일찍이 조선실록을 CD-ROM으로 제작 발매하여 연구의 효율성을 형언할 수 없을 정도로 높였고,[27] 이제 웹사이트에서 원문과 번역문을 다른 연대기와 비교해주는 수준에 이르렀다. 이러한 노력은 단순히 기술적 성취에 그치지 않는다. 조선실록이 스스로 지식을 재구성하는 AI로 진화할지도 모른다.[28]

이 책의 구성

제1부에서는 실록의 역사성을 다룬다. 실록은 당대사이다. 이는 관료제의 발달에 따른 문서 양산에 대응하는 방법이었고, 그에 더해 역사에 대한 전통적인 관념이 결합하여 시작된 관행이었다. 조선의 경우 실록을 만든 사관 시스템은 정치제도, 특히 문치주의의 틀을 유지하는 기제로 작용했다. 그러나 조선 후기에 이르러 실록의 위상이 하락하고, 대한제국 말기 갑오개혁을 계기로 정부 조직이 변화하면서 그 역사성을 다했다.

제2부에서는 실록이 기록 일반에서 차지하는 위상, 그로부터 파생한 의례를 다루었다. 실록은 등록謄錄과 성책成冊이라는 기록 관리 방법의 특수한 형태였다. 또한 국사라는 권위가 더해지면서 실록에는 남다른 의례까지 생겨

27　조선왕조실록 CD-ROM 간행위원회, 《(국역) 조선왕조실록 CD-ROM》, 서울시스템, 1995. 이 사업은 김현 교수의 아이디어와 통찰에서 시작되었다.

28　조선실록을 정보화·전산화의 연장에서 연구 방향과 방법을 제시하자는 제안이 있었는데, '실록학'이라는 용어를 사용한 점도 주목을 끈다. 정긍식, 「조선왕조 '실록학'의 정립을 향하여」, 『역사의 창』 46호, 국사편찬위원회, 2018.

났다. 그 의례와 상징체계를 살펴보았다.

제3부에서는 실록의 실제를 다루었다. 먼저 실록의 기초 자료인 사초와 시정기를 알아보고, 실록과 『승정원일기』·『경연일기』의 관계 및 편찬상의 특징을 살펴보았다. 이어 편찬 단계에서 적용된 편년체의 원칙, 즉 기년紀年, 기사記事-사론史論에 대해 분석했다. 실록의 간행·봉안·보존과 사고의 운영도 살펴보았으며, 특히 편찬 과정에 참여하는 사관의 겸직 운영도 검토했다.

제4부에서는 실록 편찬에 동원된 장인 등의 인력과 소용 물품인 종이 등의 물자를 통해 편찬 비용과 경비를 추정했다. 이는 좀 더 연구를 진행해야겠지만, 부정기적으로 이루어지는 실록의 재정 부담을 가늠할 수 있는 주제이다. 아울러 현대에 실록을 복원한 사례를 소개하여 문화적 활용 가능성도 제시했다.

제5부에서는 편년체 연대기가 갖는 보편성에 주목하여 중국, 베트남, 일본 등 동아시아의 실록과 조선실록을 비교했다. 나아가 로마와 이슬람의 연대기 등 동아시아 실록과 다르지만 연대기라는 보편성을 띤 기록과 비교해 보았다. 통시적 비교와 함께 실록이 기록(archives)으로서 갖는 특성과 관련하여 현대 기록학의 개념과 논리로 실록을 재해석했다. 실록이 단순히 과거의 유산이 아닌, 현재성 있는 진행형의 문화적 성취로 생각했기 때문이다.

이제 실록학의 정점에 서 있는 조선실록을 만나러 갈 시간이다. 조선실록은 일기인데, '5백 년 문명의 일기'이다. 물론 이 책은 실록으로 가는 작은 통로에 불과하고, 실록학을 위한 소소한 노력에 불과하다. 앞으로 진행할 논의를 통해 5백 년 문명에 대한 이해가 깊어지길 기대할 뿐이다.

제1부
실록의 역사성

실록은 당대사當代史(contemporary history)이다. 지금의 우리에게는 과거의 역사이지만, 당대사로 역사에 등장했다. 그리고 꽤 오랫동안 존속하다가 역사의 어느 시점에서 사라졌다. 실록을 남겼던 인간의 몇몇 조건과 요소들은 남았으나 실록-체제는 사라졌다.

제1부에서는 이러한 실록의 역사성을 다룬다. 첫째, 실록이 등장하는 배경과 그 의미는 중국 당나라를 통해 알아보고, 둘째, 정치제도, 특히 문치주의 제도에서 실록이 차지하는 의미를 검토한다. 셋째, 실록 편찬 체제의 변화는 조선 후기의 사례를 통해 검토할 것이다. 마지막으로 조선실록이 역사 속으로 사라져가는 모습을 살펴본다.

1장　실록의 탄생

1. 문자 그리고 당대사

실록이 당대사當代史이며 정치제도의 산물이라는 점을 염두에 둔다면, 두 가지 측면에서 논의를 전개할 수 있을 것이다. 첫째, 역사 기록의 한 형태인 당대사의 성격을 살펴보는 일이다. 둘째, 국가와 기록(역사)의 상호 관계에 대한 관찰이다. 이 둘은 이 책 전체를 관통하는 주제이기도 하다.

먼저, 첫 번째 논의와 관련하여 당대사의 범위는 어디까지인가? 어떤 사건이 발생했을 때 그 사건에 관계된 사람들이 함께 사는 동시대, 즉 대개 세대世代로 수렴되는 시대로 정의할 수 있다. 개인이나 가문, 혹은 사회단체가 남긴 기록도 물론 당대사에 포함된다. 동아시아에서 국가의 자원 동원력에 비례하여 역사가 기록·보존되었음은 주지의 사실이다. 그러니까 실록인 당대사 역시 정치제도를 통해 생성·관리·보존되었던 것은 당연한 일이었다.

당대當代에 공유된 경험을 기록으로 남기는 '당대사'의 기원은 실록이 처음은 아니다. 앞서 내린 정의가 크게 틀리지 않다면, 당대사는 인류가 역사를 기록하면서 시작되었다고 보는 편이 타당하기 때문이다. 고문古文의 진위 문제가 남아 있는 『서경』을 제외하고 『춘추』만 살펴보아도 쉽게 사례를 발견할 수 있다.

직필直筆의 전범으로 일컫는 춘추시대 진晉나라 동호董狐는, 영공靈公을 시해한 범인을 조순趙盾이 토벌하지 않았다는 이유로 '조순이 영공을 죽였다'고 기록했다. 그런데 동호가 그렇게 기록한 사실을 알고도 조순은 그 모욕을 감수함으로써 동호의 목숨과 그 기록은 보전될 수 있었다.[1] 다른 예도 있다. 춘추시대 제齊나라에서 최저崔杼가 군주를 시해했을 때, 태사太史는 그 사실을 그대로 기록했다가 최저에게 살해되었다. 태사에게는 동생들이 많았는데, 그들이 태사를 이어 똑같이 그 일을 기록하자 최저도 어쩔 수 없이 더 이상 죽이지 못했다고 한다.[2] 요컨대 그 옛날 춘추시대에도 당대사는 있었으며, 당대사를 기록할 때 예상되는 갈등까지도 어제오늘의 일이 아니었다.

2천여 년 뒤인 2012년 10월, 대한민국 제18대 대통령선거를 앞두고 '2007 남북정상회담 대화록'이 선거운동 과정에서 공개되는 일이 벌어졌다. 대통령기록으로서 비밀 기록에 속하는 대화록이 아무런 제재 없이 공개되었다는 점에서 국정 기록에 대한 정치권의 의식 수준을 보여준 사건이었다. 또한 당대사가 당리당략에 동원될 위험성이 있다는 점을 보여준 사건이기도 했다. 이 기록은 원래 2007년 남북정상회담 직후 청와대의 요청을 받아 국정원에서 작성한 녹취록이었다. 정상회담은 10월 3일에 있었다. 대화록은 10월 9일, 청와대 백종천 통일외교안보정책실 비서관을 통해 노무현 대통령에

---

1 『춘추좌씨전春秋左氏傳』, 선공宣公 2년 전문.
2 『춘추좌씨전』, 양공襄公 25년 5월 23일 전문.

게 보고되었다.[3]

다음으로, 당대사인 실록의 탄생은 어떤 사학사적 의미를 지니고 있을까? 원래 '실록'이란 '믿을 수 있는 기록'이라는 일반적인 의미로 사용되었고, 이는 곧 '신사信史'라는 용어와 같은 뜻이었다. 우리가 아는 실록이 모습을 드러낸 것은 중국 당나라에 들어와서다.

> ① 내용은 올바르고 사실은 자세하여, 훌륭하다고 꾸미지 않았고, 나쁜 점을 숨기지 않았기 때문에 '실록'이라고 부른다.
>
> 其文直, 其事核, 不虛美, 不隱惡, 故謂之實錄.[4]
>
> ②『덕종실록』50권을 찬수하여 올렸는데, 당시 '신사'라고 불렀다.
>
> 修『德宗實錄』五十卷, 上之, 時稱信史.[5]

조선시대에 실록은 특정 기록을 가리키는 의미의 명사였지만 '믿을 수 있는 기록'이라는 의미로 쓰이기도 했다.[6]

문자는 국가권력과 밀접한 관련이 있다. "국가권력은 스스로 방대한 관리 체계를 갖는다. 그 관리 체계는 가지각색의 인공 부호를 기반으로 하나의 문자 체계를 마련해냈다. 또 이 문자를 식별하는 관리직을 배출하여 관리 시스템에 두루 배치했다. 문자 시스템과 문자를 식별하는 인력 시스템이 일치해

---

3 『청와대업무관리시스템 e지원 매뉴얼(대통령용)』, 2008, 63쪽.

4 배인裵駰, 「사기집해 서史記集解序」.

5 『구당서舊唐書』권159 「위처후열전韋處厚列傳」.

6 이이명李頤命, 「묘표음기墓表陰記」, 『이충무공전서李忠武公全書』; 성문준成文濬, 「창녕성씨종보후서昌寧成氏宗譜後叙」, 『창랑집滄浪集』권4.

야 관리 체계가 작동하고 나아가 물자의 재분배, 상업에 이용될 수 있다."[7]

국가권력이 문자의 탄생을 기대했다는 것이 모든 국가권력이 반드시 문자를 창조할 것이라는 의미는 아니다. 다시 말해 '문자는 국가권력에 의존하고 국가권력은 문자에 의존하는데', 이 두 명제는 대등하지 않다. 전자의 관계에서는 규제 기관이 문자 탄생에 가장 큰 힘으로 작용했고, 후자의 관계에서는 국가권력의 작동에 문자가 편리하였다.

이는 중국 고대의 사관제도에 대한 연구에서 드러난다. 갑골문甲骨文의 발견과 그에 따른 문자학 연구가 활발해지면서 구체적인 증거를 통해 한층 여러 학설의 신뢰도를 높였다.[8] 이종동李宗侗은 대군인戴君仁의 말을 빌려, 중국 고대사회에서 사관의 직무는 첫째 제사祭祀, 둘째 복서卜筮, 셋째 성력星曆, 넷째 책명策命, 다섯째 기사記事라고 했다.[9] 여기서 이종동은 무巫와 사史의 관계에 주목했다. 예를 들어, 은나라 유적지(은허殷墟)에서 발견된 거북이 배껍질(龜甲)이나 소 견갑골(牛骨) 등에 보이는 것처럼 불에 달궈 뚫은 구멍과 함께 점占을 묻는 사항 및 내용을 적은 점풀이(卜辭)가 나란히 기록된 데서도 쉽게 추론할 수 있다. 점치기 위해 뚫은 구멍과 그에 대한 점풀이가 서로 다른 사람에 의해 만들어졌다고 상상하기는 어렵다. 이와 관련해서는 흥미로운 해석이 있다.

---

7 정예푸鄭也夫 지음, 오한나 옮김, 『문명은 부산물이다』, 2018, 206~209쪽.(원저: 『文明是副産品』, 2016) 본문의 인용문은 이 부분에서 재구성한 것이다.

8 內藤虎次郎, 『支那史學史』, 東京: 弘文堂, 1949; 李宗侗, 「中國 古代의 史官制度」, 1965(閔斗基 編, 『中國의 歷史認識(上)』, 창작과비평사, 1985에 번역되어 수록)

9 李宗侗, 앞의 논문, 130쪽.

샤한이夏含夷는 다음과 같이 말했다. "점복은 더 이상 미래를 알기 위한 수단이 아닌 일종의 미래를 통제하고자 하는 시도다." …… 고대 왕이 점복을 행할 때는 완전히 거북점으로 결정을 내리겠다는 것이 아니라, '먼저 황제가 뜻을 정한' 후 거북점을 행했다는 사실을 알 수 있다. 다시 말해서 사람이 미래를 도모하는 것이 먼저다. …… 니더웨이倪德衛 교수는 말한다. "『금등金縢』에 기록된 점복은 귀신에게 점복자의 청을 들어달라고 기도하는 것이지 의문을 풀기 위해서 행하는 것이 아니다."[10]

은나라 시대의 점복에서 '미래에 대한 의문'을 배제하는 것은 무리다. '미래에 대한 도모'와 '미래에 대한 의문'은 논리적으로는 구분될 수 있지만 실제로 구분하기는 어렵다.

여기서 한 가지만 확인하고 넘어가자. 점치는 일과 미래에 대해 말하고 있으니 이것이 대체 과거를 얘기하는 역사와 무슨 상관일까 싶어 의문이 들수 있을 것이다. 과거를 남기는 것을 역사라고 보는 관점은 틀리지 않지만, 역사는 과거만 대상으로 하지 않는다. 원래 역사는 현실, 즉 지금-여기 인간 활동의 산물이다. 점을 치다가 신神에게 투항하지만 않는다면, 점복과 역사의 거리는 그렇게 멀지 않다.

점치는 이를 가리켜 정인貞人이라고 했는데, 『주례周禮』에는 '정인', '복인卜人', '점인占人', '사史'라는 관직명이 같이 보인다. 『주례』에 보이는 여러 명칭은 정인의 다른 이름으로 판단하는 것이 타당할 듯싶다.[11] 이들은 자신으로 하여금 점을 치게 할 것인지를 묻고, 그런 다음 점을 치고, '징조를 나타내

10 정예푸, 앞의 책, 218쪽.
11 崔玲愛, 『漢字學講義』, 통나무, 1995, 253쪽.

는 형상(조상兆象)'을 해석하고, 복사卜辭를 새겼던 관직으로 여겨진다. 갑골문에는 '정인'이라는 관직 외에 그와 동일한 뜻을 지닌 다른 용어가 전혀 나오지 않는다.

2. 역사 담당 관청과 관원

은나라 이래 중국에서는 문자를 통한 기록 행위, 즉 역사를 남기고 전하는 행위를 담당하는 정치제도가 작동했다. 실록은 그 정치제도가 변하기 시작하는 어느 시점에 등장했다. 대체로 그 시점은 당나라 전후이다.[12]

실록 이전의 역사서는 주로 『사기史記』의 찬자인 사마담司馬談·사마천司馬遷 부자, 『한서漢書』의 찬자인 반표班彪·반고班固 부자, 『양서梁書』와 『진서陳書』의 찬자인 요찰姚察·요사렴姚思廉 부자 등 집안의 학문(가학家學)으로 이어져오면서 편찬되었다. 그 밖에 『삼국지三國志』와 『후한서後漢書』는 각각 진수陳壽와 범엽范曄이 개인 작업을 통해 편찬한 사서이다. 여기서 주의할 점은 가업으로서의 작업 또는 개인적인 작업이 관찬官撰과 대비되는 의미의 사찬私撰은 아니라는 점이다. 작업은 집안에서 했지만 어디까지나 국가의 정치제도 내에서 이루어진 '정사正史'의 편찬이었다.

사관史官이 개별적으로 작업하거나 가업家業으로 이루어졌던 관찬 방식은 당나라 시대에 접어들 무렵 전환점을 맞는다. 여러 사람이 나누어 공동으로 편찬하는 분찬分纂 방식으로 변화한 것이다. 이때 눈여겨볼 점은 분찬 방식으로의 전환이 담당 관청, 곧 역사를 편찬하는 관청(사관史館)의 성립과 때를

---

12 內藤虎次郎, 앞의 책, 186쪽·237쪽.

같이한다는 사실이다.

국가적 역사 편찬, 곧 관찬이 일가一家의 작업에서 관청에 소속된 관원의 손으로 넘어오는 시기는 위魏·진晋 시대에서 당나라 시대에 이르는 무렵이다.[13] 육조六朝(삼국시대 오吳 및 동진東晋, 그리고 양쯔강 이남에 자리했던 남조의 송宋, 제齊, 양梁, 진陳을 합쳐 부르는 말)에서 당나라에 이르는 동안 정치 세력의 성격에 관한 연구는 사관제도의 변화를 이해하는 데 도움을 준다. 사관제도의 변화는 시험을 통해 선발된 관인官人이 역사 편찬의 임무를 담당하는 관료제적 경향을 갖게 되는 것으로 해석할 수 있다.

위·진 시대에는 중서성中書省과 비서성秘書省에 각각 저작랑著作郎을 두어 사관직을 맡겼는데, 본관本官인 대저작大著作과 그를 돕는 저작좌랑著作佐郎이 있었다. 위·진 시대에 이미 사관史館이 관청으로 기능하고 있었음을 알 수 있다. 그런데 당 태종唐太宗 3년(629)에 역사 편찬을 담당하는 관청은 사관史館이라는 이름 아래 새로운 모습을 띠게 된다.[14] 이때는 '사관'이라는 이름보다는 저작국著作局이라 불렸으며, 저작은 이후 한림원 소속 관원으로만 활동했던 것 같다. 이는 관직의 분화로 이해할 수 있다.

상시적으로 관원을 두어 사관을 운영하게 되면서 가능해진 일이 실록 편찬이다.[15] 그에 따라 당 태종 때 이르러 선황제인 고조와 자신의 당대 실록을 함께 편찬했다. 원래 천자의 일상을 기록하는 관직의 이름이었던 기거주起居注는 실록을 만들기 전에 작성된 사초를 뜻하기도 한다. 다음 자료는 사관이

---

13 柳元迪, 「唐 前期의 支配層」, 『講座中國史 Ⅱ』, 지식산업사, 1989.

14 사마광司馬光, 『자치통감資治通鑑』 13, 권197 唐紀 太宗貞觀 17年 7月.

15 『송사宋史』 志156 藝文2 史類—編年類, 『宋史』 15 北京: 中華書局, 1977. 5088쪽. 「예문지」를 보면 이런 경향을 한눈에 알 수 있다. 실록은 『당고조실록唐高祖實錄』을 시작으로 등장하고 있다.

기록한 기거起居, 즉 사초를 보려는 당 태종에게 군주가 국사國史를 보아서는 안 될 이유를 방현령房玄齡과 주자사朱子奢가 말하는 대목이다.

상이 감수국사 방현령에게 말하였다. "이전 시대에 사관들의 기록을 군주에게 보지 못하게 한 이유는 무엇인가?" 대답하기를 "사관은 훌륭하다고 꾸미지 않고 나쁜 점을 숨기지 않기에, 군주가 본다면 반드시 노할 것이므로 바치지 않았던 것입니다." 상이 말하기를 "짐의 마음씨는 이전 시대와 다르다. 제왕이 국사를 보려는 이유는 전날의 잘못을 알아 앞으로 경계를 삼으려는 것이니, 공은 편찬하여 보고하도록 하라."

간의대부 주자사가 상언하였다. "폐하께서는 성덕을 갖추어 잘못하는 일이 없으시니 사관의 서술이 모두 훌륭하게 기록되었을 것입니다. 폐하께서만 기거를 열람하신다면 잘못된 일이 아니겠지만, 이런 전례를 자손에게 보이신다면 중손과 현손들 가운데 뛰어나지 못한 사람들이 잘못을 꾸미고 단점을 두호할 것이며, 사관은 필시 형을 받아 죽을 것입니다. 이렇게 된다면 군주의 마음에 들도록 기록해서 해를 피하고자 할 것이니, 천년 역사에 믿을 것이 어디 있겠습니까? 전대에 군주가 사관의 기록을 보지 않았던 것은 이 때문이었습니다." 상이 따르지 않았다.

방현령이 급사중 허경종과 함께 기록을 추려서 고조와 금상(태종) 실록을 편찬하였다. 계사년(633, 정관 7년), 역사서가 완성되자 상에게 올렸다.

上謂監修國史房玄齡曰: "前世史官所記, 皆不令人主見之, 何也?" 對曰; "史官不虛美, 不隱惡. 若人主見之必怒, 故不敢獻也." 上曰: "朕之爲心異於前世. 帝王欲自觀國史, 知前日之惡, 爲後來之戒. 公可撰次以聞." 諫議大夫朱子奢上言: "陛下聖德在躬, 擧無過事, 史官所述, 義歸盡善. 陛下獨覽起居, 於事無失, 若以此法傳示子孫, 竊恐曾, 玄之後或非

上智, 飾非護短, 史官必不免刑誅. 如此則莫不希風順旨, 全身遠害, 悠
悠千載, 何所信乎? 所以前代不觀, 蓋爲此也." 上不從. 玄齡乃與給事中
許敬宗等刪爲高祖, 今上實錄. 癸巳, 書成, 上之.[16]

당 태종은 결국 방현령이 사관의 기록을 토대로 편찬한 실록을 직접 보았
다. 실록을 봄으로써 당 태종은 후대에 씻지 못할 허물을 남겼다. 아니, 정확
히 말하면 그가 실록을 본 사실은 차츰 허물이 되어갔다.

> 석강에 나아갔다. 『자치통감강목』을 강론하다가 '방현령 등이 고조의 실록
> 을 올렸다'는 데 이르러, 상(조선 성종)이 말하기를 "당 태종이 실록을 가져
> 다가 본 일에 대해 어떻게 생각하는가?" 하니, 우승지 손순효가 "잘못입니
> 다. 그러면 역사를 사실대로 기록하지 못하여 선악善惡이 없게 됩니다." 하
> 였다.
> 　상이 말하기를 "사관이 정도正道를 지킨다면 마땅히 사실대로 기록하여
> 거리낌이 없어야 한다. 군주가 가져다가 보는 것은 참으로 잘못이다." 하
> 였다.
> 御夕講. 講綱目, 至'房玄齡等上高祖實錄'. 上曰: "太宗之取見, 何如?"
> 右承旨孫舜孝曰: "非也. 如是則史不直書, 而善惡沒矣." 上曰: "史官若
> 守正, 則當直書不諱, 然人主取見, 誠非也."[17]

사관제도가 정착하면서 높아진 업무의 효율성은 당 태종이 사관의 기거

16　사마광, 앞의 책, 같은 곳.

17　『성종실록』, 8년 윤2월 5일(병신).

주에 관심을 가질 만큼 활성화되었던 것 같다. 이런 배경 아래 당대사 편찬, 즉 실록 편찬이 진전될 수 있었다. 나아가 사초인 '기거주'와 '실록'의 중간 단계 사료로 시정기時政記가 편찬된 일도 같은 맥락에서 설명될 수 있다.

> 요수가 시정기를 재상이 편찬하게 하자고 주청하였다. —【회요】 요수가 이르기를 "제왕의 말과 행적은 기록에 빠트려서는 안 되는데, 사관史官은 소원한 자리에 있으므로 적을 방법이 없습니다. 이제부터 군국에 관련된 주요 정책에 대한 논의는 재상 한 사람이 기록하여 시정기라 부르고, 매달 사관史館에 보내도록 하십시오." 하니, 따랐다. — 시정기는 여기서부터 시작되었다.
>
> **姚壽奏請令宰相撰時政記 —【會要】; 壽以爲"帝王謨訓, 不可闕於紀述, 史官疏遠, 無因得書, 請自今以後, 所論軍國政要, 宰臣一人撰錄, 號爲時政記, 月送史館." 從之. — 時政記自此始.**[18]

사관史官이 기록할 수 없는 범위의 국가 대사를 재상이 기록하여 사관史館에 보냄으로써 국사에 빠지는 기록이 없게 하자는 것이 시정기 편찬의 취지였다. 이렇듯 실록 편찬 이전에 정부 활동의 기록을 챙겨놓는 방법이 제시되었고, 그 연장선상에서 일력日曆[19]도 편찬되었다. 그런데 이때의 시정기는 재상이 찬록撰錄하면서 역사 편찬에 권력이 개입할 우려가 있었다.

---

18 사마광, 앞의 책 14, 권205 唐紀21 則天后長壽2年, 6489쪽; 주자朱子, 『자치통감강목資治通鑑綱目』41中 壬寅 (中宗皇帝嗣聖) 9년, 『資治通鑑綱目』(思政殿訓義) 3, 보경문화사, 1987, 610쪽.

19 주자, 위의 책 4, 48上 乙酉(貞元 21年), 181쪽.

3. 유지기의 탄식

실록이 탄생하게 된 의미를 또 다른 방면에서 접근해보자. 앞에서 말한 역사 서술의 변화 과정에서 초래된 문제가 무엇이었는지를 살펴보는 것이다. 가끔 어떤 사태에 대한 정확한 비판은 그 사태의 성격과 해결할 과제를 동시에 드러내는 경우가 많다. 당나라 때 사관을 지낸 역사학자 유지기劉知幾가 쓴 『사통史通』 외편外篇의 맨 마지막에 실려 있는 「오시忤時」가 그런 글이다.

'시대를 거역한다(거스른다)'라는 뜻을 지닌 '오시忤時'는 단어 자체에서 풍기듯 무척 비판적인 글이다. 이 글은 유지기가 『사통』을 저술한 이유를 보여준다. 『측천무후실록則天武后實錄』의 편찬 과정에서 유지기는 무삼사武三思와 위원충魏元忠 등 '편찬을 감독하는 높은 신하(監修 貴臣)'들과 의견이 충돌했다. 이 일로 『사통』의 저술을 계획하던 중(705~706년쯤), 다시 감수국사監修國史 소지충蕭至忠, 종초객宗楚客 등과 대립하면서 제출한 사직서가 바로 「오시」이다(708).[20] 그 대립으로 마침내 자신이 더 이상 사관직에 몸담지 못할 이유를 다음과 같이 조목조목 열거했다.[21]

① 옛날 국사는 모두 한 사람의 손에서 완성되었습니다. 노나라 좌구명左
丘明이나 한나라의 사마천司馬遷, 진나라의 동호董狐나 제나라의 남사南
史 등은 모두 불후의 역사서를 완성하여 명산에 보관했습니다. 이들이
많은 사람의 힘을 빌려 절세의 기록을 남긴 것은 아니었습니다. 오직

---

20 고병익, 「『史通』과 歷史批評의 理論」, 閔斗基 編, 『中國의 歷史認識(下)』, 창작과비평사, 1985, 548~551쪽.

21 유지기 지음, 오항녕 옮김, 『사통史通』, 역사비평사, 2012. 「외편外篇: 13. 이대로는 안 됩니다_忤時」 참조.

후한 때 동관東觀이라는 관청만이 많은 학자를 모아서 『동관한기東觀漢記』를 편찬했지만, 그 책은 저술에 중심이 없었고 체계도 서 있지 않았습니다. 이 때문에 이법李法은 그 부실함을 기롱했고,[22] 중장통仲長統은 태워버리라고 했으며,[23] 장형張衡이나 채옹蔡邕 두 학자는 당대에 이미 이를 비판했고,[24] 부현傅玄이나 범엽范曄 두 역사가는 후대에 이를 비웃었던 것입니다.[25]

그런데 오늘날 역사를 담당하는 관청에서는 후한 시대의 곱절이나 되는 인원을 뽑고 있습니다. 그들은 스스로 순열荀悅이나 원굉袁宏[26]이라고 생각하고, 자기 집안을 유향劉向·유흠劉歆[27] 부자 같다고 자칭합니다. 그렇지만 막상 하나의 사건이라도 기록하고 한마디 말이라도 실어야 할 때는 모두 붓을 놓고 서로 빤히 쳐다보면서 붓을 입에 물고 판단

---

22 원문의 '伯度백도'는 이법의 자이다. 후한 환제桓帝 때 여러 차례 표表를 올려, 사관이 사실을 기록할 때 재능도 없이 헛되이 포폄하기 때문에 훗날 웃음거리가 될 것이라고 비판했다. 『화양국지華陽國志』 권10하 「선현사녀총찬 하先賢士女總贊下」에 나온다.

23 원문의 '公理공리'는 중장통의 자이다. 직언을 꺼리지 않고 작은 절개에 구애되지 않아 당시 사람들은 그를 가리켜 광생狂生이라고 불렀다. 시속時俗을 비판할 때는 매번 발분했다고 한다. 『후한서』 권49 「중장통전仲長統傳」에 나온다.

24 원문의 '張·蔡장채'는 장형張衡과 채옹蔡邕이다. 『후한서』 권59 「장형전張衡傳」 및 권60하 「채옹전蔡邕傳」에 따르면, 둘 다 『동관한기』의 미비함에 비판적인 태도를 가지고 있었다.

25 원문의 '傅·范부범'은 부현傅玄(217~278)과 범엽范曄을 가리킨다. 『진서』 권47 「부현전傅玄傳」 및 권69 「범엽전范曄傳」이 있다.

26 원문의 '荀·袁순원'은 『한기漢記』를 편찬한 후한의 순열荀悅(148~209)과 동진의 원굉袁宏(328~376)을 말한다.

27 원문의 '政·駿정준'은 유향劉向과 유흠劉歆이다. 유향의 자가 자정子政, 유흠의 자가 자준子駿이다.

을 내리지 못합니다. 그러므로 머리가 하얗게 세도록 역사서의 완성은 기약할 수가 없습니다. 이것이 첫 번째 불가한 이유입니다.

古之國史, 皆出自一家. 如魯·漢之丘明·子長, 晉·齊之董狐·南史, 咸能立言不朽, 藏諸名山. 未聞藉以衆功, 方云絶筆. 唯後漢東觀, 大集群儒, 著述無主, 條章靡立. 由是伯度譏其不實; 公理以爲可焚, 張·蔡二子糾之于當代; 傅·范兩家嗤之于後葉. 今者史司取士, 有倍東京. 人自以爲苟·袁, 家自稱爲政·駿. 每欲記一事, 載一言, 皆擱筆相視, 含毫不斷. 故頭白可期, 而汗靑無日. 其不可一也.

유지기가 첫 번째로 지적한 것이 공동 편찬 일반의 문제점이다. 제대로 아는 것이 없는 이들이 무엇을 기록해야 할지도 모른 채 사관이랍시고 역사를 담당하는 관청에 앉아 있다는 말이다.

② 전한 시대에는 지방과 각국의 보고서를 태사太史에게 먼저 올렸고 부본은 승상丞相에게 올렸습니다.[28] 후한 시대에도 공경公卿의 문서는 처음에 공부公府에 모았다가 나중에 난대蘭台로 올렸습니다.[29] 이에 따라 사관이 편찬할 때 광범위한 자료를 갖추어 편수할 수 있었습니다.

그런데 근래부터 이러한 방식으로 하지 않았습니다. 사관은 스스로 찾아다니면서 물어보며 편찬해야 했고, 좌사나 우사도 천자의 기거주起居注를 남기지 않았으며, 공경과 백관들도 행장을 거의 만들지 않았습

---

28 『사기』 권130 「태사공자서」 중, '태사공太史公'에 대한 집해集解에 나온다.

29 '공부公府'는 삼공三公의 관청이다. 유지기 지음, 오항녕 옮김, 앞의 책, 「외편: 01. 사관의 발달과 변화_史官建置」 참고.

니다.[30] 주州나 군郡에 가서 풍속을 찾아보아도 충분히 보고 들을 수 없고, 중앙관청에서 제도 변천을 조사해도 관련 기록을 발견하기가 어렵습니다. 이래 가지고는 공자가 다시 태어난다 해도 대롱으로 하늘을 보듯 역사서를 완성해야 할 것이니, 하물며 저처럼 평범한 재능을 가진 사람이 어떻게 광범위한 자료를 찾아 역사 편찬을 완수할 수 있겠습니까? 이것이 두 번째 불가한 이유입니다.

前漢郡國計書, 先上太史, 副上丞相. 後漢公卿所撰, 始集公府, 乃上蘭臺. 由是史官所修, 載事爲博. 爰自近古, 此道不行. 史官編錄, 唯自詢采, 而左·右二史闕注起居, 衣冠百家, 罕通行狀. 求風俗于州郡, 視聽不該; 討沿革于臺閣, 簿籍難見. 雖使尼父再出, 猶且成于管窺, 況僕限以中才, 安能逐其博物! 其不可二也.

두 번째 문제로 지적한 것은 근래 들어와 사관이 답사를 다니지도, 기거주를 편찬하지도 않으며, 또한 지방과 중앙의 기록 관리 시스템 역시 작동하지 않고 있다는 사실이다. 요컨대 사료 수집의 비효율성과 무원칙성을 비판한 것이다.

③ 옛날 동호가 법도를 기록했을 때 당당하게 그것을 조정에 보여주었고,[31] 남사南史가 시해를 기록했을 때는 조정에 그 간책을 가지고 나갔

---

30 원문의 '衣冠의관'은 공경과 귀족을 가리킨다. 『문체명변文體明辯』 권52 「행장行狀」에, 한나라 때 호간胡幹이 처음 양원백楊元伯의 행장을 지었고, 후세에 이를 따랐다고 한다. 죽은 사람의 세계世系, 이름, 관작, 행적, 나이를 상세히 기록한 글이다.

31 『춘추좌씨전』 선공 2년 경문에, "진晉나라 조순趙盾이 그 임금 이고夷皐를 시해했다."고 기록한 일을 가리킨다. 조순이 실제로 임금을 죽이지는 않았지만 도망쳐서 임금을 죽

습니다.[32] 그러나 근대의 사국史局은 금문禁門에서 신분증을 보여야 통과할 수 있고 구중궁궐 깊은 곳에 있으니, 이는 남들이 보지 못하게 하려는 것입니다. 그 의미는 대체로 다른 사람들과 만나는 일을 막아 부당한 청탁을 막고자 했기 때문입니다.

그렇지만 오늘날 관청에서 편찬하는 사람들은 숲처럼 많고, 모두 입이 근질거려서 이 일 저 일에 참견하려고 입을 다물고 있는 자가 없습니다. 역사 편찬이 처음 시작되어[33] 한 글자라도 폄하하는 말이 있으면, 말이 입에서 떨어지기가 무섭게 조정이나 민간에서 전부 알고, 붓을 채 놓기도 전에 조정 관리가 모두 읊조리면서 다닐 정도입니다. 손성孫盛이 사실을 적었다고 하여 권문세가로부터 미움을 받았으며,[34] 왕소王劭는 직서를 했다는 이유로 귀족들에게 보복을 당했으니,[35] 사람의 마음

인 역적을 토벌하지 않았기 때문에 결국 임금을 죽인 것이나 마찬가지라고 보아 동호는 그와 같이 기록했다고 했다.

32 『춘추좌씨전』 양공 25년에, "태사太史가 '최저崔杼가 임금을 시해했다'고 기록했다."고 했다. 이를 보고 분노한 최저가 태사를 죽이자, 이번에는 태사의 두 동생이 최저가 임금을 시해했다고 똑같이 기록했다. 최저가 태사의 동생 둘을 연달아 죽이자, 다른 동생이 또다시 같은 내용으로 기록했다. 남사는 태사가 죽었다는 소식을 듣고 자신이 기록하기 위해 죽간을 들고 조정에 갔는데, 이미 태사의 동생이 기록했다는 말을 듣고 돌아갔다.

33 원문의 '五始오시'는 원래 『춘추』 공양학파公羊學派에서 말하는 원년元年, 춘春, 왕王, 정월正月, 즉위即位 다섯 가지를 가리킨다. 원년의 원은 기운의 처음이고, 춘은 사시四時의 처음이며, 왕은 천명을 받은 처음이고, 정월은 정교政敎를 처음 내리는 때이며, 즉위는 한 나라가 시작된다는 뜻이다. 모두 역사를 편찬하면서 처음 기록하는 내용이다.

34 손성(302~373)이 사실을 적었다는 기록은 『진양추晉陽秋』를 가리킨다. 『진양추』로 인하여 손성은 환온桓溫의 노여움을 샀다. 『사통』 「내편: 24. 직서의 모범과 전통_直書」 참고.

35 『사통』 「내편: 25. 곡필의 사례와 영욕_曲筆」에 "왕소의 서법이 잘못을 숨겨주지 않아

에 두려움이 생기지 않을 수 있겠습니까? 이것이 세 번째 불가한 이유입니다.

昔董狐之書法也, 以示于朝; 南史之書弑也, 執簡以往. 而近代史局, 皆通籍禁門, 深居九重, 欲人不見. 尋其義者, 蓋由杜彼顔面, 妨諸請謁故也. 然今館中作者, 多士如林, 皆願長喙, 無聞齰舌. 儻有五始初成, 一字加貶, 言未絕口, 而朝野具知; 筆未栖毫, 而搢紳咸誦. 夫孫盛實錄, 取嫉權門; 王劭直書, 見仇貴族, 人之情也, 能無畏乎? 其不可三也.

세 번째는 비밀 보장이 안 되는 문제점을 지적했다. 사관이 많다보니 종이의 먹이 마르기도 전에 기록한 내용이 조야朝野의 신하들에게 바로 누설되어, 비밀 보장은커녕 직서直書를 해야 하는 사관의 신변까지도 위협받게 된다는 것이다.

④ 옛날에 역사서 한 권을 간행하면 편찬에서 일가一家를 이루어 체계가 각각 달랐고 지향점에도 모두 차이가 있었습니다.[36] 『서경』의 가르침은 고사故事에 정통하고 과거 사실을 아는 데 중점을 두었고,[37] 『춘추』의 뜻은 나쁜 일을 징계하고 좋은 일을 권장하는 데 우선했습니다. 『사기』는 처사處士를 뒤로 밀어내고 간웅奸雄을 드러냈고,[38] 『한서』는 충신

서 당대 사람들에게 비방을 받았다."고 했다.

36 원문의 '體統체통'은 편찬 체재體裁를 말하고, '指歸지귀'는 편찬 방향과 취지를 말한다.

37 『예기』「경해經解」에 나오는 공자의 말이다.

38 『한서』권62 「사마천전 찬司馬遷傳贊」에 나온다.

을 억누르고 군주의 결점을 꾸몄습니다.[39] 이들은 모두 과거에 역사서의 장점과 단점을 논의했던 사례로, 훌륭한 역사가가 시비를 가르는 하나의 기준이 되었고, 역사가들은 이에 대해 상세하게 논의해왔습니다.

　　최근 사관의 주기注記는 대부분 감수하는 총재總裁의 의견을 받게 되어 있는데, 양영공楊令公은 "내용을 바르게 기록해야 한다."고 하고,[40] 종상서宗尙書는 "나쁜 일은 대부분 숨겨야 한다."고 합니다.[41] 10마리 양에 9명의 목동이 있으면 양 몰기가 제대로 되겠으며, 한 나라에 3명의 재상이 있으면 누구를 따라야 하겠습니까? 이것이 네 번째 불가한 이유입니다.

古者刊定一史, 纂成一家, 體統各殊, 指歸咸別. 夫『尚書』之敎也, 以疏通知遠爲主;『春秋』之義也, 以懲惡勸善爲先. 『史記』則退處士而進奸雄,『漢書』則抑忠臣而飾主闕. 斯并曩時得失之列, 良史是非之準, 作者言之該矣. 頃史官注記, 多取稟監修, 楊令公則云: "必須直詞," 宗尙書則云: "宜多隱惡." 十羊九牧, 其令難行; 一國三公, 适從何在? 其不可四也.

　　네 번째로, 유지기는 공동 편찬을 할 경우에 일관성 있는 편찬 원칙을 견지하기가 어렵다고 지적했다. 이는 관료제 아래서 충분히 예측되는 일이다.

39　반고班固를 비판하는 부현傅玄의 말이다. 『사통』「내편: 22. 서사의 방법과 유의점_敍事」참고.

40　양영공은 양재사楊再思(?~709)이다. 영공은 양재사가 중서령中書令의 직책을 맡았기에 그것을 가리켜 부르는 칭호이다. 국사를 감수한 일은 『신당서』 권109 열전에 나온다.

41　종상서는 종초객宗楚客이며, 측천무후의 인척이다. 시중侍中 기처눌紀處訥과 붕당을 이루었으므로, 세간에서는 그 둘을 함께 일러 종기宗紀라고 불렀다.

감독관마다 지침이 달랐기 때문이다. 양재사楊再思(양영공楊令公)는 직서하라고 한 반면[42] 종초객宗楚客(종상서宗尙書)은 악덕惡德을 감추라고 하는 등, 혼동스러운 편찬 방침 때문에 제대로 편찬을 하기 어렵다는 것이다.

⑤ 제 생각에, 사관에 감수자를 두는 것은 옛날에도 그 제도가 없었지만 그 명칭을 생각해보면 할 말이 있습니다. 감監이란 대개 전체를 통솔한다는 의미입니다. 편년編年을 처음 기록한다면 연도에 한계를 결정해야 하고, 전기傳記를 서술하려면 사실을 어느 정도 포함시킬지 정해야 합니다. 생략해야 할 부분을 생략하지 않거나 당연히 기록해야 할 부분을 기록하지 않는 경우가 있는데, 이것이 편찬 과정의 간삭에서 주의를 기울여야 할 대목입니다.

내용을 선택하고 사실을 서술할 때[43] 사관의 한가함과 수고로움이 균등해야 하고, 붓과 먹으로 문장을 기록할 때 근면과 태만이 같아야 합니다. 어떤 역사서의 어느 편은 이 사람에게 맡기고, 어떤 열전과 어떤 지志는 저 사람에게 맡긴다고 함으로써 일을 분명하게 분장하는 것이 직무 배분의 이치입니다. 이런 경우 모두 규칙을 분명히 세우고 담당 영역을 잘 생각해서 정해야 합니다. 이렇게 해서 사람들마다 각자

---

42 양재사는 당시 사람들로부터 '두발 달린 여우(兩脚狐)'라는 말을 들었던 측천무후의 측근이었는데 중서령中書令 감수국사監修國史를 지냈고, 종초객은 측천무후의 사촌 자매의 아들로 양재사와 같은 감수국사를 지냈다. 『신당서新唐書』 권109, 「열전列傳」 34 '楊再思' 및 '宗楚客'; 『신당서新唐書』 권13, 표점본, 北京: 中華書局, 1986, 4098~4099쪽 및 4101~4103쪽.

43 원문의 '屬詞比事속사비사'는 원래 『예기』, 「경해經解」에서 『춘추』의 편찬 원리로 언급되었으나, 여기서는 편찬 과정에서 기사를 작성하는 정도의 뜻으로 쓰였다.

열심히 노력하면 역사서는 금방 완성될 것입니다.

　그런데 오늘날에는 감수자가 아무런 지침도 내리지 않고, 편수하는
사람들도 따를 기준이 없습니다. 서로 적당히 하는 태도만 배우면서 남
에게 미루는 데만 애쓰면 앉은 자리에서 여름이 가고 겨울이 될 것이
니, 결국 헛되이 세월만 보내는 셈입니다. 이것이 다섯 번째 불가한 이
유입니다.

竊以史置監修, 雖古無式, 尋其名號, 可得而言. 夫言監者, 蓋總領之
義耳. 如創紀編年, 則年有斷限; 草傳敘事, 則事有豊約. 或可略而不
略, 或應書而不書, 此刊削之務也. 屬詞比事, 勞逸宜均; 揮鉛奮墨,
勤惰須等. 某袟某篇, 付之此職; 某傳某志, 歸之彼官, 此銓配之理也.
斯并宜明立科條, 審定區域. 儻人思自勉, 則書可立成. 今監之者旣
不指授, 修之者又無遵奉. 用使爭學苟且, 務相推避, 坐變炎凉, 徒延
歲月. 其不可五也.

　마지막으로, 유지기는 당시 편찬 감수자들의 자격을 문제 삼는다. 이는
④의 연장이다. 이렇듯 유지기는 사관의 임무와 자질, 사료의 수집, 사관 운
영과 편찬의 체계성, 편찬 책임자의 역할 등을 비판적으로 언급했는데, 이는
한마디로 일가一家 편찬에서 관청官廳 편찬으로 넘어가는 역사 편찬 방식의
변화에 대한 문제 제기라 할 수 있다. 이 문제는 다름 아닌 실록이 등장하면
서 던져진 과제였다. 그러나 당시 시스템에 대한 유지기의 혹평과 반대에도
불구하고 실록은 계속 편찬되었다. 실록은 유지기가 생각했던 것보다 훨씬
근원적인 문명 변화의 산물이기 때문이다.

　실록이 고결한 역사의식의 산물이거나 도덕적 책임성에서 출발한 것은
아니었다. 나중에 관례를 지키려는 사람들은 그런 이유를 들었을지도 모른

다. 그것도 존중받을 만한 태도이다. 하지만 더 중요한 것은 어떤 사태의 진전이 보여주는 실용적인 이유이다. 실용성과 가치는 종종 호응하는 경우가 많다. 가치는 실용성을 떠나 존재하기 어렵다. 쓸모없는 것을 존중하거나 유지하는 경우가 생각보다 많지는 않다.

실록은 관료제의 확대와 함께 출현했다. 정부 조직이 관료제로 변화하는 시대 상황의 반영이 실록이었다. 관료제의 발달은 실록을 낳았고, 실록 자체도 관료제의 일부였다. 관료제는 사람의 말로 가동되는 것이 아니라 기능으로 가동되며, 그 기능은 늘 문서로 표현되었다. 관료제가 강화될수록 행정 기능의 활성화를 위해서라도 기록 관리에 대한 관심과 대책이 강조될 수밖에 없다.

당대사라는 관점에서 볼 때 관료제의 의미는 역시 '관원의 임명'에서 찾을 수 있다. '임명된다'는 말은 그 일을 맡은 사람이 바뀐다는 뜻이다. 승진을 하든 그만두든 담당자는 바뀌기 마련이다. 따라서 그 직무의 책임과 권한을 인적 변동으로부터 항상적으로 유지·지속할 필요가 생긴다. 담당자가 바뀜에 따라 더 이상 그 사람의 '말'을 통하여 직무가 유지되거나 지속될 수 없기 때문이다. '말'이 갖는 신뢰도는 그 자체가 말을 한 사람의 기억에 의존하기 때문에 사람이 바뀌는 체계 속에서는 좋은 소통 방법이 되지 못한다. 이러한 한계를 바로 문서가 메꿔주었다.

황제나 국왕은 종신제이므로 관료제의 관점에서 보면 이질적이다. 임기가 종신인 국왕은 말로 명령을 비롯한 의사를 전달한다. 한편 국왕의 명령을 듣고 수행하는 쪽은 '관료'이므로 결국 비서실이나 승정원에서 '조詔', '전교傳敎' 등의 문서를 작성할 수밖에 없다. 이렇게 관료제는 문서의 작성을 전면화한다. 문서가 많이 생산되기 때문에 가급적 바로 처리할 주체가 있어야 하고, 상시적인 관청·관원도 필요했다. 그들이 맡은 일이 사초나 시정기 등의 작성 및 관리였고, 이것들이 실록의 자료가 되었다.

거듭 확인하거니와 실록은 무엇보다 실제적인 필요성에서 출발한 역사 편찬의 결과였다. 그때그때 정리를 해두어야 하고, 한집안의 부자父子가 아니라 관원들이 협동으로 해야 할 만큼 일이 늘어난 현실도 하나의 도전이었다. 유지기가 이런 편찬 방식에 아무리 문제점이 많다고 지적해도 당위적인 비판만으로 부정할 수 있는 대상이 아니었다. 실록의 편찬은 거스를 수 없는 현실이 되었다. 그 때문에 실록 편찬 방식에 문제점이 있다면 불만을 늘어놓는 것이 아닌 대안이 필요했다.

먼저 사관의 전문성이 확보되어야 했다. 어려서부터 학습과 경험으로 단련된 사관 집안 출신이 아니라면, 정작 사관이 되었을 때 어떤 자료를 빼고 넣을지 판단하기가 쉽지 않다. 유지기는 이런 비전문적 사관에 대한 불안감 속에서 『사통』을 집필했을 것이다. 그러나 『사통』에서 말하는 사관의 전문성이란 쉽게 달성될 성질의 영역이 아니었다. 사학史學에 대한 소양이 교양 이상으로 몸에 익은 관료의 등장이 필요했다. 당연한 일이겠지만 실록은 그것을 담당한 관료의 수준에 따라 기록의 질적 수준이 결정되었을 터다. 이는 곧 당대사 편찬의 주체적 조건이라고 할 수 있다.

아울러 편찬 체계가 마련되어야 했다. 편찬의 원칙, 방법, 그리고 무엇보다 직서와 비밀을 보장할 수 있는 시스템이 갖추어지고 유지되어야 했다. 그러나 시스템(= 제도)은 언제나 생각보다 불안정한 것이다. 이 불안정한 영역을 가능한 한 안정적으로 만드는 일, 이것이 당대사 편찬의 객관적 조건이된다.

당대사 편찬의 주체적 조건과 객관적 조건은 '기사記事와 편찬의 이원성' 위에서 작동한다. 이원성이란 기록하는 주체와 편찬하는 주체가 다르다는 말이다. '기전체紀傳體 정사正史도 그렇지 않은가?' 하고 반문할 수 있다. 왕조가 망한 뒤 편찬된 『송사宋史』나 『명사明史』 같은 정사와 달리, 실록은 당대사로 기록된 인물 또는 사건에 관련된 사람들이 살아 있을 가능성이 매우 크다는 점이 문제였다. 즉, 당대사 실록은 처음부터 어쩔 수 없는 내재적 긴장성을 갖고 있었다. 가문 또는 세습을 통해 사관의 기사와 편찬이 이루어질 때는 기사와 편찬이라는 시공적時空的 이원성이 큰 문제가 되지 않았다. 사관의 두 직능이 같은 사람에 의해 수행되었거나, 적어도 부자간 혹은 근친 간에 임무가 전수되었기 때문이다. 그러나 관원이 기록하고 편찬하게 됨에 따라 기록 주체와 편찬 주체가 그 임명되는 인물에 따라 바뀌었고, 기록이 사적인 이해관계에 의해 왜곡될 위험성이 커졌다. 역사에서 어떻게 '직서'를 지킬 것인가? 역사가 인간의 조건이 되면서 시작된 아포리아는 다시 실록이라는 당대사를 통해 변주되기 시작했다.

2장 | 문치주의의 트로이카

1. 제도로서의 문치

조선은 유가儒家들이 설계하고 운영한 국가였다. 지금부터는 조선이라는 나라의 제도적 특성을 살펴보도록 하자. 이를 위해 정부 조직의 성격에 따른 분류와 관련하여 다음과 같은 가설을 세워보고자 한다. 국가라는 제도의 유지와 관리를 위하여 기초적인 역할을 수행하는 정부 조직이 그 하나라면, 어떠한 국가나 사회를 지향하는가를 보여주는 조직이 다른 하나이다. 전자를 행정형 조직이라 한다면, 후자는 이념형 조직이라고 부를 수 있다.[44]

동아시아 국가기구의 성립사를 정리한 『주례周禮』에 제시된 '군주君主 – 총재冢宰 – 6부部' 체제는 대표적인 행정형 조직이다. 이 행정형 조직은 매우

---

[44] 오항녕, 『조선의 힘』, 역사비평사, 2010 참고. 행정형 조직과 이념형 조직의 구분은 필자가 편의적으로 사용한 개념이므로 논의를 통해 좀 더 적합한 개념을 찾을 필요가 있다.

장구한 지속성을 갖고 있는데, 실제로 현대사회의 정부 조직도 『주례』에 나오는 정치제도의 기본 골격에서 크게 벗어나지 않는다. 예컨대 2018년 현재 대한민국 정부 조직에서 행정안전부가 이조吏曹에 해당하고, 교육부와 외교부는 예조禮曹, 국방부는 병조兵曹, 산업통상자원부와 기획재정부는 호조戶曹와 비슷하다. 사회가 복잡해지면서 업무량에 따라 관청이 분화되었을 뿐 기본 구조는 같은 셈이다.

그에 비해 이념형 조직은 대체로 국가나 왕조의 흥망과 운명을 같이한다. 의회나 선거제를 통해 구성된 조직은 근대 민주주의 사회를 대표하는 이념형 조직이다. 수평적·수직적 상호 견제와 감시 기능의 원리에 더하여, 인민주권의 원리를 구현한 것이 근대 정치제도의 성격이다.

우선 '문치주의文治主義'의 개념부터 알고 가자. 문치주의는 가장 먼저 '외적 방어를 위해 조직된 군대를 자국 인민들에 대한 통치의 수단으로 이용하지 않는 것'을 전제한다. 그 다음으로, 적극적인 의미의 문치주의는 국가의 정책 방향이나 의사 결정, 집행에서 논의와 설득에 기초한 일련의 제도적 장치가 현실적으로 작동하고 있음을 의미한다. 이 같은 문치주의에는 매우 오래된 보편성이 내재해 있다.

한나라를 세운 고조高祖 유방劉邦은 패현沛縣 풍읍豊邑 사람으로, 사방 10리 넓이의 작은 마을을 다스리는 관리였다. 그 풍모가 대장부답고 술을 좋아하며, 천하 호걸과 교제하는 통이 큰 인물이었다고 한다. 유방은 항우를 무찌르고 한나라를 세웠는데, 흠이 있었다. 황제가 갖추어야 할 식견을 가지지 못했던 것이다. 이때 유학자 육가陸賈가 이렇게 진언했다. "폐하! 이제라도 학문을 익히셔야 합니다." 한 고조 역시 스스로 느낀 바가 있었으므로 육가에게서 오경五經 등을 배우기로 했다. 그러나 쉽지 않은 일이었다.

한 달쯤 따라가던 한 고조는 책을 탁 덮으며, "더 이상 힘들어 못하겠네!

나는 글을 모르고도 세 척 칼을 들고 말 위에서 천하를 얻었는데 이깟 학문이 무슨 소용인가?"라고 말했다. 그러자 육가는 "폐하! 다른 이유 때문에 이 공부를 그만두실 생각이라면 소신도 더 이상 권할 생각이 없습니다. 하오나 그런 생각에서 이 공부를 그만두신다면 이 나라는 곧 망할 것입니다. 말 위에서 천하를 얻을 수는 있으나, 말 위에서 천하를 다스릴 수는 없습니다.(可馬上取天下, 不可馬上治天下)"라고 고언을 올렸다. 순간 싸늘한 긴장감이 감돌았다. 육가의 말이 옳을지는 몰라도 너무나 무례했기 때문이다. 역린逆鱗, 곧 황제의 심기를 건드린 말이었다. 모두들 숨을 죽이고 감히 입을 여는 사람이 없었다. 짧은 순간이 몇 시간처럼 느껴지는 분위기였으리라. 마침내 고조의 차분한 음성이 들렸다. "경의 말이 옳다. 내 생각이 짧았다. 다시 시작하겠다."[45]

'말 위에서 천하를 얻을 수는 있어도, 말 위에서 천하를 다스릴 수는 없다.'는 육가의 말은 문文과 무武가 인간 문명의 중요 요소인 국가의 작동에 대해 어떻게 기능하는지를 함축적으로 보여준다. 역사상 서로 다른 세력이 각축을 벌일 때는 전투·전쟁을 수행했다. 비극적이지만, 인간은 문명을 만들어오면서 어리석게도 이 방식에서 벗어나지 못했다. 앞으로도 벗어나지 못할 가능성이 크다.

나라가 돌아가려면 먼저 백성의 일상생활이 안정되어야 한다. 일상의 안정 속에서 경제적·생물학적 생산과 문화 활동이 가능하다. 이를 위해 기획, 계획, 조정, 분담, 협력 등이 필요해진다. 일상의 유지를 가능케 하는 것을 한마디로 정리하면, 그건 '제도'이다. 제도를 칼로 만들고 유지할 수는 없는 법이다. 육가의 표현대로라면 말 위에서 할 수 없는 일이다. 따라서 문치주의

---

45 『사기』 권97 「육가열전陸賈列傳」.

의 핵심이라 할 만한 경연經筵도 고매한 정치 이상이나 정치 윤리의 차원에서 이해해야 할 무엇이 아니라, 구체적인 필요성을 느끼고 현실의 문제를 해결해가는 실천의 하나로 이해해야 한다.

2. 문치주의의 트로이카

동아시아 국가들 가운데 한국과 중국은 특히 유가 정치 이념이 지속되어 표면적으로는 이념형 조직이 행정형 조직과 마찬가지로 장기 지속적 생명력을 가지고 있었다. 경연이나 사관제도가 그러하며, 언관제도도 그러하다. 따라서 유가 정치제도를 기본으로 했던 국가나 왕조의 경우에 이념형 조직이 행정형 조직과 미분화되어 공존하는 경향을 보이거나, 이념형 조직이라도 시대에 따라 편차가 있든지 두 성격이 중첩된 모습으로 나타나든지 하는 것을 볼 수 있다.

조선 정치제도의 특징인 언관 및 경연이나 사관제도는 유가 문치주의를 추구하는 이념형 조직이었다. 문치주의를 구현하는 과정에서 역할이 달랐던 언관을 제외하고, 경연이나 사관제도 등 주요 문서 작성이나 정책 논의를 맡던 관청을 합하여 흔히 '문한관서文翰官署'라고 불렀다. '붓을 들고 일하는' 관서라는 의미이다. 실제로 이들 문한관서는 기구의 변화나 기능에서 매우 밀접한 연관성을 보이고 있다.

어느 사회의 제도든지 두 측면이 있다. 행정을 실현하기 위한 제도와 그 사회의 이념을 실현하기 위한 제도가 그것이다. 오늘날의 행정부가 전자라면, 입법부와 사법부는 후자가 될 것이다. 입법부와 사법부는 법치주의에 기초한 의회정치라는 근대국가의 이념을 실현하고자 하는 제도이다. 마찬가지로 조선시대에도 지금의 행정부에 해당하는 의정부와 육조가 있었던 한편에 경연관·언관·사관이 그 시대의 이념을 실현하기 위한 제도적 장치로 기능하고 있었다.

그런데 이 세 제도 사이에는 중층성이 존재한다. 경연관과 언관은 당대 현실에 주된 관심을 갖는 반면, 사관은 인간 삶의 연속성과 그 연속성 속에서 이루어지는 평가에 관심을 갖는다. 경연관, 언관, 사관은 횡·종으로 얽혀 기능하도록 짜인 정교한 구조였다.

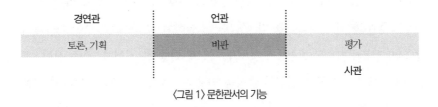

〈그림 1〉 문한관서의 기능

제도 일반의 성격을 '행정의 실현'과 '이념의 구현'이라는 두 측면으로 나눠본다면, '행정의 실현'은 역사적으로 장기 지속적이며 각 시대별 구조를 비교해보아도 차이보다는 유사성이 눈에 띈다. 이에 비해 '이념의 구현'은 조직의 성격이나 운영 방향, 그리고 궁극적으로 조직의 존재 목적을 드러내는 경향이 있어 해당 사회의 성격을 보여준다. 밥 먹는 일을 놓고 볼 때, 음식의 조달→가공 또는 조리→차리기→먹기→처리 등 일련의 과정이 전자라면, 어떤 음식을 어떻게 조달하고(사냥을 할지, 심어 길러서 먹을지), 어떻게 가공하며(날로 먹을지, 삶아 먹을지), 어떻게 먹고(손가락으로 먹을지, 수저를 쓸지, 묵묵히 먹을지, 떠들면서 먹을지, 식탁에 앉는 대로 먹을지, 어른이 수저를 들고 난 뒤에 먹을지), 먹고 난 음식과 배설물은 어떻게 처리하며(분리수거를 할지, 두엄 더미에 버릴지, 정화조를 쓸지), 이 모든 일에 왜 그래야 하는지 등이 문제되는 것은 후자이다.

이런 전제 위에서 조선시대의 경우는 의정부 및 육조의 행정 체계와 경연 관·사관·언관으로 대변되는 이념형 제도로 나누어 이해할 수 있다.

1) 경연, 성경의 강론

'경연經筵'이란 말을 그대로 풀면 '성경聖經[46]을 공부하는 자리'이다. 경전을 놓고 임금과 신하가 이른바 세미나를 한다는 말이다. 그런데 이 장면을 가만히 상상해보면 참 이상한 느낌이 든다. 공부야 집에서 각자 하면 되고, 또 그 공부한 힘으로 나라를 잘 이끌면 될 일이지 정치하려고 모인 사람들이 (그것도 임금과 신하가 모여서) 무엇 때문에 스터디를 한 것일까. 요즘 선량選良 중에는 보좌관과 함께 열심히 국정을 연구하는 분도 있다지만, 그다지 일반적인 경향은 아닌 듯하다. 더욱이 최고 권력자가 장관·비서진이나 자문위원들과 매일 모여 『국부론』이나 『자본론』, 『논어』나 『맹자』, 『성서』나 『화엄경』 등을 읽고 토론했다는 말을 아직 들어본 적이 없다. '경연'이란 분명 지금 사람들에게는 무척 낯설다.

흔히 세계를 바꾸는 방법으로 교육과 혁명을 든다. 근대사회로의 전환이 계몽주의와 프랑스혁명이라는 양대 축을 통해 이루어졌던 일을 떠올리면 될 듯하다. 마찬가지로 전통 사회에서도 이런 이해는 아주 오래전부터 있었다. 동아시아에서 2천 년 이상 주도적 이념으로 역할을 해온 유학의 경우도 예외는 아니다. 비중은 아무래도 교육 쪽에 더 있었던 것 같다. 공자가 주유천하

---

46 요즘은 '성경聖經'이라고 하면 종교적 법전인 'Bible'을 떠올린다. 그러나 조선시대에 성경은 『논어』『맹자』 등이었다. 'Bible'은 '성경'이란 번역어를 발견해낸 뒤에야 동아시아 유가 문명권 사람들의 인식 속에 파고들 수 있었다.

周遊天下하면서, 또 맹자가 제齊나라와 양梁나라 등지를 오가면서 이상을 펴고자 했던 방법들은 대개 그러했다. 당시 다른 유세객들의 논조가 외교 등의 국가정책에 초점이 놓여 있었던 반면, 맹자의 논조는 다분히 '교육적'이고 이상주의적이었다. 당장 국가의 존망이 우려되는 등滕나라에 가서 태자에게 진실한 마음으로 삼년상을 치러 신민에게 모범을 보일 것을 충고하는 대목에 이르면 맹자의 이상주의는 극치를 이룬다.

조선시대 홍문관弘文館은 문한文翰을 처리하고 왕의 자문에 응하는 일을 맡아보았는데, 경연 관청이라고 할 수 있다. 성종 때 학술·언론기관의 위상을 갖추게 되었는데, 세종대의 집현전集賢殿은 홍문관의 전신이다. 세조는 단종을 내쫓고 경연 관청인 집현전을 폐지했다. 집현전을 중심으로 단종 복위운동이 전개되었기 때문이다. 결국 세조는 조선 건국 이래 문화의 산실이자 인재 양성의 보고로 기능한 관청을 없애버린 것이다. 성종 9년(1478)에 다시 설립된 경연 관청을 집현전이라 하지 않고 홍문관이라 이름한 이유는 따로 있다. 세조가 성종의 할아버지인데, 그대로 집현전이라고 하면 할아버지의 '행적'을 부정하는 것이 되므로, 시대의 요청에 따라 '집현전'에 해당하는 관청을 다시 세우되 이름을 바꿔 '홍문관'이라고 한 것이었다.

경연과 관련된 제도의 변화를 살펴보면, 고려와 조선 사이에는 미묘하지만 심상치 않은 변화가 눈에 띈다. 중국의 경우, 송대宋代를 거치면서 국가의 공적 영역의 지도력이 대지주나 귀족에서 관료 계층으로 바뀌었는데, 관료층이란 다름 아닌 시험을 통해 관계官界에 진출한 사람들이다. 고려도 후기에 이르러 신진사대부라고 하는, 과거 시험을 통해 유가 교양과 관리로서의 자질을 검증받은 인물이 정계에 자리하게 된다.

'세습에서 시험으로'—이러한 제도적인 변화는 공무원 채용 방식에서 볼때 인류사에서 매우 중요한 획을 긋는 사건이라 할 만하다. 현대사회도 공무원은 시험을 치러서 뽑고 있다. 귀족 사회라고 일컬어지는 고려시대에는 경연이 그다지 활성화되지 못했다. 부정기적으로 열렸고, 그나마도 무신란과 몽골의 침략 등으로 거의 기능을 발휘하지 못했다. 왜 그랬을까? 경연보다 법회가 중요했기 때문이다. 불교 사회에서는 경연보다 당연히 법회가 우선이었다.

귀족제(세습)에서 관료제(시험)로의 변화는 동아시아 공통의 세계사적 의미를 지니는데, 흥미롭게도 그 속에서 변화하지 않았던 것이 있다. 바로 정치권력의 가장 정점에 있는 국왕의 세습이다. 관료제로의 사회 변화를 감안하면, 국왕의 세습은 갈등의 소지가 충분한 보수성을 지니고 있었다. 그렇다면 왜 왕은 시험으로 뽑을 생각을 하지 않았을까? 과거 시험에서 장원을 한 이에게 왕을 시킨다든지, 하다못해 오늘날처럼 투표를 해서 선출할 수도 있지 않았을까?

과거 시험을 통해 조정에 들어온 신하들과의 지적 균형을 맞추기 위해서라도 세자와 국왕은 공부를 해야 했다. 그렇기에 유가적 소양을 갖춘 관리와 국왕이 한자리에서 함께 성경을 공부하며 민본주의를 논하던 경연은 참혹한 임진왜란이 벌어지는 가운데서도 계속되었다. 국왕이 평양에서 다시 의주로 파천하는 와중에 책이 눈에 들어올 리 없건만, 이런 때일수록 공부를 계속해야 한다는 진언進言에 따라 경연이 열렸다.

그러나 경연을 게을리한 국왕도 있기 마련이다. 세조는 즉위 후에 1일 3강으로 되어 있던 경연을 1일 1강으로 줄였다. 이어서 세조 2년(1456) 단종 복위 사건을 계기로 집현전을 혁파하고 경연마저 폐했다. 이후 양성지梁誠之 등이 경연을 열자고 상소했으나, 세조는 이러저러한 이유를 들어 받아들이지 않았다. 대신 월강月講으로 대체했다. 하지만 그것은 안타깝게도 신하들의 경연 강의를 듣는 것이 아니라, 자신이 신하들을 시험하는 것이었다. 이를 '친강親講'이라 하는데,[47] 시대에 역행하는 일이었다.

연산군은 경연에 거의 참석하지 않았다. 심지어 자신 대신에 내시 김순손金舜孫에게 『강목綱目』을 들려 경연 자리에 보냄으로써 전무후무한 대리 출석의 사례를 남겼다. 그러고는 다음과 같은 시를 지었다.

기침에 번열 잦고 피곤한 기분 이어져	咳深煩多困氣絲
이리저리 뒤치며 밤새껏 잠 못 이루네	耿耿終夜未能眠
간관들 종묘사직 중함은 생각지 않고	諫官不念宗社重
소장 올릴 때마다 경연에만 나오라네	每上疏章勸經筵[48]

광해군도 경연과 거리가 멀었다. 광해군 4년(1612) 김직재金直裁의 옥사 이후 광해군은 경연 대신 죄인을 심문하는 추국청으로 나아갔다. 이 과정에서 차츰 신하들도 광해군에게 경연에 나오라는 말을 잘 할 수 없게 되었다. 대체로 싫은 말이라도 한다는 것은 소통의 여지가 있다는 뜻이며, 말을 안 하기 시작했다는 것은 불길한 조짐이다. 광해군 7년(1615) 4월 양사兩司(사헌부와 사간원)에서 경연을 열라고 올린 합계合啓에 대한 논평에서 사관은 다음과 같이 기록했다.

왕이 즉위한 후로 경연을 연 적이 없었고 매양 병 때문이라 했지만 죄인을
친국할 때는 밤늦게까지 했으니, 어찌 그리 사람을 죽이는 일은 급히 하면

---

47 오항녕, 「세조대 '親講'의 역사적 성격」, 『朝鮮의 政治와 社會』, 집문당, 2002. 나중에 정조도 비슷한 방식의 경연을 했으나, 그 성격은 전혀 다르다.
48 『연산군일기』, 2년 11월 23일(병인).

제1부_ 실록의 역사성 | 61

서 학문을 강론하는 일은 등한히 한단 말인가? 옥체가 평안해졌다고 아뢰었는데도 오히려 조리해야 한다고 답했으니, 평안한 옥체를 조리한다면 어느 때에 학문을 강론할 수 있겠는가?

王卽位之後, 未嘗開筵, 每以病爲辭, 而罪人親鞫之時, 則或至夜深, 何其急於殺人而怠於講學至此耶? 以玉體已寧爲啓, 而猶以調理答之, 調理已寧之玉體, 何時而講學也?[49]

광해군이 경연에 참석한 횟수가 재위 기간 내내 열 번도 안 된다는 지적은 실제로 과장이 아니었다. 국왕이 경연 참석을 소홀히 하면 조정 신하들과 공적인 국정 논의를 할 기회가 줄어든다. 그 결과, 사사로운 방식을 통해 국정을 결정하는 일이 생기며, 대체로 그 방식은 이해관계를 배경으로 하고 곧잘 국정 농단으로 이어졌다는 것이 역사의 경험이다. 광해군대 경연의 방치는 대북大北 정권 중심의 독단, 민생과 국가재정의 파탄, 무력한 대외 정책과 결코 무관하지 않았다.

연산군과 광해군이 폐위된 이유는 당연히 경연을 소홀히 했던 데만 있지 않다. 여기서 지적하고 싶은 바는 시스템의 중요성이다. 경연이라는 문치주의 시스템이 붕괴할 때 다른 국정 기능도 마비될 가능성이 매우 높다는 사실이다.

2) 언론, 당대의 공론

언관은 종종 오늘날의 언론기관에 비유되곤 한다. 정부나 사회의 부정적

---

49 『광해군일기』(중초본), 7년 4월 2일(무인).

기능이나 작용에 대해 비판적 역할을 수행한다는 점에서 일리가 있는 비유이다. 하지만 결정적인 차이점도 존재한다. 조선시대 언관은 정부 조직 내의 관원으로서 비판적 역할을 담당했지만, 현대의 언론은 대체로 정부로부터 독립된 언론기관이 그 일을 수행했다. 정부 안에 있으면서 정부를 상시적으로 비판하는 시스템이라는 점에서 언관의 작동 원리가 궁금할 수밖에 없는데, 안타깝게도 아직 이와 관련된 만족할 만한 연구는 진척되지 못했다.

언관은 사헌부와 사간원으로 구성되어 있다. 사헌부는 관원들의 감찰을 맡았다. 실제로 사헌부에는 정6품의 감찰이라는 관직이 있는데, 이들은 늘 관원들의 동태를 감시하고 매일 다시茶時에 정보를 수합·정리하여 장관인 대사헌 이하 집의執義, 지평持平이 논계論啓할 수 있도록 준비했다.

언론을 말하기 위해서는 『맹자』라는 책을 빼놓을 수 없다. 『맹자』에 따르면 "언책言責을 맡은 자, 즉 간관諫官은 임금이 간언을 들어주지 않으면 벼슬을 그만두고 떠난다.(有言責者, 不得其言則去)"[50]라고 했다. 그러나 실상 맹자의 태도는 이런 소극적인 방식에 머물지 않고 훨씬 더 근본적이다. 제나라 선왕宣王이 맹자에게 물었다. "탕湯임금이 걸桀을 쫓아내고, 무왕이 주紂를 정벌했다는데, 그런 일이 있었습니까?" 맹자가 그렇다고 대답하자 선왕이 다시 물었다. "신하가 임금을 시해해도 되는 겁니까?" 그러자 맹자가 대답했다.

인仁을 해치는 자를 흉포하다고 하며, 의義를 해치는 자를 잔학하다고 합니다. 흉포하고 잔학한 인간은 그저 하나의 필부라고 할 것이니, 한 사람의 필부인 주紂를 죽였다는 말은 들었어도 임금의 자격을 가진 자를 시해했다는 말은 듣지 못하였습니다.

---

50 『맹자』「공손추 하公孫丑下」.

賊仁者謂之'賊', 賊義者謂之'殘'. 殘賊之人謂之'一夫'. 聞誅一夫紂矣,
未聞弑君也.[51]

　　신하가 감히 임금을 시해해도 되는 것이냐는 선왕의 질문에 맹자는 거침
없이 말한다. 임금답지 못한 자는 임금이 아니다! 이 같은 태도 때문에 『맹
자』는 금서로 취급받으며 경서經書가 되지 못했다. 그러다가 송대 성리학의
등장과 함께 『맹자』는 정치 이론, 정치가의 이론으로 경서의 반열에 들었다.
사서四書, 곧 『논어』·『맹자』·『중용』·『대학』이 그것이다.

　　명대明代에 들어서도 『맹자』는 혁명적인 논의가 삭제된 채 출간되는 수난
을 겪기도 했다. 홍무 27년(1394), 명 태조는 맹자에 대한 제사를 없애고, 유
삼오劉三五에게 『맹자절문孟子節文』을 만들도록 명했다. 유삼오의 원래 이름
은 곤崑이고, 뒤에 이름을 여보如步로 바꾸었다. 삼오는 자이다. 그는 원나라
때부터 벼슬을 했고, 명나라가 들어서자 홍무 18년(1385)에 한림학사로 등용
되었다. 『맹자절문』은 『맹자』 가운데 "내용이나 말투의 억양이 지나치고 심
한 것(辭氣抑揚過甚)", "신하가 해서는 안 되는 말(非臣子所宜言)"에 해당하는 80
여 조목을 삭제한 판본이다. 명 태조 홍무제는 이를 반포한 뒤 과거 시험의
교재로 삼게 했다. 이 검열본은 17년 동안 통용되다가 영락 9년(1411)에야
『맹자』의 원래 판본대로 복구되었다.[52] 동아시아에서 『맹자』를 온전하게 읽
은 곳은 조선이었다.

　　사간원은 감찰보다 정책이나 논의, 인물에 대한 비판을 주로 맡는다. 감
찰을 담당한 사헌부와 차이가 있을 듯하지만, 실제로는 그렇지 않다. 아무래

---

51 『맹자』 「양혜왕 하梁惠王下」.
52 『명사明史』(사고전서본) 권139.

도 감찰이 정책이나 인물에 대한 비판으로 연결되기 십상이기 때문이다. 그래서 두 기관은 단독으로 의견을 내는 경우도 있지만, 공동으로 의견을 낼 때가 많다. 이들의 의견을 '계啓'라고 부르는데, 공동의 의견은 '합계合啓'라고 한다. 이런 까닭에 두 관청을 합쳐 양사兩司라고 부른다. 여기에 홍문관을 더하여 삼사三司라고 일컫지만, 역시 언론은 양사의 역할이 컸다. 홍문관은 사헌부와 사간원의 의견이 일치하지 않을 경우에 중간에서 조정 역할을 맡는데, 이를 '처치處置'라고 한다. 홍문관뿐 아니라 사헌부와 사간원도 서로 처치하는 기능을 갖고 있다. 처치는 양사의 비판 기능이 원활하게 이루어지도록 하는 방향으로 결정된다. 예컨대 누구는 계속 그 관직에 있게 하고 누구는 교체하라는 식이다.

정책 비판이나 관원 탄핵을 맡고 있기 때문인지 이들의 언론은 무척 엄격하고 서릿발 같을 때가 많다. 아버지뻘 되는 정승이나 가까운 친구라고 해도 예외가 아니었다. 일단 양사의 관리가 되면 비판·탄핵을 할 때 설령 아버지 친구라도 봐주지 않는 것이 전통이었다. 만일 자신의 친척이 탄핵 대상이 되면 그 논의에서 빠지는데, 이를 피혐避嫌이라고 한다. 혐의를 피한다는 뜻으로, 친척에 대한 논의에 끼게 되면 사사로운 감정이 개입될 수 있기 때문에 아예 논의 자리 자체에 참석하지 않음으로써 탄핵이 엄정하게 진행되도록 조치하는 것이다.

백문百聞이 불여일견不如一見이라고 직접 사례를 보는 편이 이해가 쉬울 듯싶다. 먼저 살펴볼 사례는 현종 때의 일이다. 사간원 정언 윤경교尹敬教와 이휘李翬은 현종이 공주(효종의 딸, 현종의 누이)들의 집을 지어주는 일을 비판하고 나섰다. 이렇게 논계를 했을 때는 이미 동료들과 의견을 교환하고 난 뒤였을 터다. 탄핵하기 전에 관리들이 모여서 의견을 나누며 통일시키는 과정을 통간通簡이라고 한다.

신들이 삼가 들으니, 여러 공주의 저택을 담당 관청(該曹)으로 하여금 지어 주도록 하게 했는데 칸수가 국법에서 정한 것보다 많으며, 공해公廨(관청 건물)를 헐어버린다고까지 하니 매우 놀라지 않을 수 없습니다. 당초에 여러 공주가 살던 집이 지나치게 사치스러워 공론이 제기되기에 이르자 끝내 감히 들어가 살지 못한 것입니다.

성상께서 (공주의) 집이 없는 것을 염려하여 이를 친히 여기는 은혜를 베풀고자 하신다면 재력을 헤아려 지급해서, 각각 빈터를 찾아 옛집을 헐어 나오는 자재를 가지고 스스로 건축하게 하면 되는 일입니다. 지금 거듭해서 백성의 힘을 수고롭게 하고 국가의 재정을 모조리 사용하여 한꺼번에 다섯 공주의 집을 짓게 하니, 이 어려운 때를 당하여 이런 지나친 공사를 일으키면 사방에서 듣는 사람들이 장차 무엇이라고 말하겠습니까. 하물며 공주의 집은 사가이고 공해는 공공건물인데, 사가를 짓기 위하여 공해를 헐어버리니 이는 실로 국조國朝에 없던 일로서 전하로부터 시작되는 것이 므로, 또한 대단히 미안한 일이 아니겠습니까.

또 들으니, 공해 이외에도 철거해야 하는 민가가 매우 많아서 집집마다 슬피 울어 차마 들을 수가 없다고 합니다. 도성 안에 빈터를 얻을 데가 없을까 보아서 기필코 공해와 백성의 집을 헐어 국가의 체모를 손상시키고 백성의 원망을 들은 뒤에야 후련하시겠습니까.

臣等竊聞, 諸公主第舍, 特令該曹造給, 而間架過於國制, 公廨將至毀撤, 不勝驚惑之至. 諸公主當初所居之室, 奢僭踰度, 致有公議, 終至於不敢 入居. 自上念其無家, 欲施親親之恩, 則惟當量給財力, 使之各得空閑之 地, 撤取舊家材瓦, 私自構成可也. 今者重勞國家之力, 費盡公府之財, 一時營建五公主之家, 當此時屈, 爲此擧嬴, 四方聽聞, 將以爲何如耶. 況宮家, 卽私家也, 公廨, 卽官府也, 爲營私室, 毀出公廨, 此實國朝所未

有之事, 而創自殿下, 不亦未安之大者乎. 且聞公廨之外, 民居被毀者,
其數極多, 比屋呼哭, 有不忍聞. 城中閑地, 何患不得, 而必至撤公廨·壞
民居, 以傷國體, 斂民怨而後, 爲快耶.[53]

위 기사에서 말하는 공주란 숙안공주 등 효종의 딸, 즉 현종의 누이들이
다. 공주들의 이전 집이 사치스러워 여론이 나빠지자 들어가 살지 못했는데,
현종이 새로이 한꺼번에 다섯 채를 지어주려고 하자 사간원에서 비판에 나
선 것이다. 게다가 관청 건물을 헐고 거기서 나온 자재로 지어주려고 한 일
도 문제였으며, 민가를 철거시킨 조치도 비판의 도마에 올랐다.

사간원뿐 아니라 사헌부까지 나서서 공주의 집을 짓는 일에 대해 끊임없
이 쟁론했으나 현종은 들어주지 않았다. 심지어 중사中使(내관)를 시켜 집 짓
는 일을 계속 감독하게 했다. 그랬더니 정언 이훤은 다시 "신은 정성이 전하
의 마음을 감동시키지 못하고 말을 해도 신임을 받지 못하니, 명기名器(관직)
를 욕되게 하고 있습니다. 길 가는 사람들이 서로 말하기를 '오늘날 대간의
관원은 있으나 마나 한 인물들이다.' 합니다. 신이 대각臺閣에 있으나 마나
한 인물로서 나라 사람의 비평을 많이 받고 있으니 파척하소서."라고 하며,
사표를 던졌다.[54]

이때 앞서 말한 처치가 이루어졌다. 이훤이 자신을 파면해달라는 상소를
올리자 현종은 그를 체직하라고 명했다. 대간에서 자꾸 반대하니 현종으로서
는 괘씸했을 수도 있다. 이훤을 체직하자, 이번에는 집의 신명규申命圭, 장령
정화제鄭華齊·경최慶㝡, 지평 조성보趙聖輔·이후李煦, 헌납 김만중金萬重, 정언

53 『현종실록』, 10년 5월 25일(정사).

54 『현종실록』, 10년 6월 11일(임신).

윤경교尹敬敎까지 이흰의 상소 내용을 근거로 피혐했다. 자신들이 언관 노릇
을 제대로 하지 못한다는 말을 혐의로 관직에서 물러나겠다며 시위를 했던
것이다. 결국 홍문관이 나서서 처치함으로써 모두 관직에 나오게 하기를 청
했고, 현종도 마침내 이에 따랐다.

공주들의 집을 짓는 일에 대해서 양사가 계속 계를 올린 지 3개월이 지났
는데도 현종이 매번 불윤不允 비답을 내렸으므로 사람들이 더욱 답답하게 여
겼다고 한다.[55] 얼마 뒤 사간 이단하李端夏가 피혐하며 "신은 이미 건축한 공
주들의 집 중에서 제도를 넘는 칸수는 도로 철거해야 한다는 말을 앞서의 계
사 속에 첨가시켰습니다. 들자니 숙안공주의 집은 이미 세운 정침正寢의 칸
수가 27칸, 숙명공주의 집은 정침과 그에 딸린 집들이 33칸이라 합니다. 앞
으로 계속 세울 것이 몇 칸이 될는지 모르겠으나, 현재 이미 세운 칸수를 법
전과 비교한다면 몇 곱절 정도가 아니라고 한 말은 사실에 어긋남을 면치 못
한 것입니다. 신이 그릇된 소문을 경망하게 논한 실수가 이에 드러났으니, 신
을 체직하소서."[56]라고 계를 올렸다. 『경국대전』에 따르면 공주의 집은 50칸
으로 제한된다. 당초 공주 집의 공사를 비판하면서 법에 규정된 칸수의 몇
배라고 했던 상소가 잘못되었다며 체직을 청하는 말인데, 말은 그렇게 했지
만 속뜻은 계속 공주의 집을 짓고 있는 현종의 처사를 비판한 것이다. 같은
날, 이 일에 대한 사관의 논평이 눈길을 끈다.

공주의 저택을 한결같이 정해진 법제에 따를 것을 양사가 날이면 날마다
굳게 논계한 지 이미 넉 달이 지났다. 위아래가 서로 버티는 것은 치세治世

---

55 『현종실록』, 10년 8월 1일(신유).
56 『현종실록』, 10년 9월 19일(신유).

의 일이 아닐 터인데, 한쪽에서는 대각이 논계하고 한쪽에서는 집을 지어 갔으니 대각이 세워진 이래로 없었던 일이다. 대각의 관원으로서도 마땅히 이를 바르게 말씀드리고 청이 받아들여지지 않으면 벼슬에서 물러나야 할 것이다. 이렇게 하지 않고 매번 전에 아뢴 것을 가지고 와 승정원에 전함으로써 비판하는 논계를 중지하지도 못하고, 그렇다고 윤허를 받아내는 것도 아니라서 국가의 체면만을 손상시키니, 이게 무슨 일이란 말인가. 식자들이 애석해하였다.

以主第一遵定制事, 兩司日日爭執, 已過四朔. 上下相持, 已非治世之事, 而一邊臺啓, 一邊營構, 自置臺閣後所無之事. 爲臺官者, 所當以此正言, 不得請, 則可以去矣. 不此之爲, 每以前啓來傳, 不停不允, 徒損國體, 是何擧措耶. 識者惜之.[57]

사관은 현종과 양사가 해법을 찾지 못한 채 버티는 양상을 비판했다. 눈여겨볼 지점은, 현종이 허락하지 않았으면 양사가 관직을 내놓고 나가야 한다는 사관의 논평이다. 다시 말해 양사가 미온적으로 비판한 일을 신랄하게 꼬집은 것이다. 이를 통해서도 양사인 사헌부와 사간원의 관원들에게 요구되었던 자질과 태도를 읽을 수 있다.

장희빈과 관련된 일에서도 언관이 빠질 수 없다. 숙종과 가까워진 나인 장씨를 궁궐 밖으로 내쫓았던 현종비 명성왕후(숙종의 어머니)가 죽자 숙종은 장씨를 다시 궁으로 불러들였고, 그에 대한 총애도 갈수록 깊어갔다. 숙종 12년(1686) 9월, 숙종은 장씨를 위해 몰래 별당을 지어주었다.

사헌부 장령 이국화李國華 등이 궁중 건축의 중지를 청했지만, 숙종은 잘

못 전해 들은 것이라고 둘러대며 공사를 중지하지 않았다.[58] 이어 12월에는 장씨를 종4품 숙원으로 삼았다.[59] 궁녀로 들어와 왕자나 공주를 낳지 않았음에도 숙원에 책봉되는 것은 특별한 사례였다. 숙종은 또 며칠 뒤 장씨의 궁방인 숙원방淑媛房에 사패賜牌(임금이 특별히 내려줌) 노비 100명을 주었다.

사헌부의 반대 이후에 홍문관 관원들을 면담하는 자리에서도 반대 의견이 쏟아졌으며, 사간원도 동참했다. 그러나 숙종은 상소를 올린 정언 한성우韓聖佑를 갈아치웠다. 승정원은 한성우가 사심을 가지고 한 말이 아니라면서 구원에 나섰다. 숙종도 뭔가 말은 해야 했다. "역사 기록을 보니, 여자를 총애함으로써 정신이 어지러워져서 실정하게 된 자가 많았으므로 내가 상시 슬퍼하고 한탄하였다. 하물며 나는 종묘의 부탁을 받았으니, 어찌 감히 스스로 가볍게 행동하겠는가?"[60]

그러나 숙종의 행동이나 조치는 정작 말과 달랐다. 궁인 장씨에 대한 숙종의 과도한 집착을 둘러싸고 신하들과 숙종 사이에 긴장이 흐르기 시작할 무렵, 성균관 대사성으로 있는 김창협金昌協의 비판도 들어갔다.

어제 사헌부의 계에 대해 전하께서는 전해 들은 말이 사실과 어긋난다고 하셨는데, 근래에 진실로 별당을 짓는 일이 있다는 사실을 알았습니다. 대목大木을 구하는 공사 담당 관리가 빈번히 민간에 출입하고 있으니, 대간이 아뢴 대로 '장인匠人을 불러 모으고 재목을 운반하는 데 반드시 이른 아침과 늦은 저녁에 한다.'는 말이 과연 거짓이 아닙니다. 【혹자는 말하기를

---

58 『숙종실록』, 12년 9월 5일(병술).
59 『숙종실록』, 12년 12월 10일(경신).
60 『숙종실록』, 12년 12월 11일(신유).

"임금이 장씨를 위하여 별당을 지으면서 외부 사람으로 하여금 알지 못하게 했다." 하였다.】지금 전하께서 스스로의 잘못이라고 하교하시고는 안으로 는 급하지 않은 역사役事를 일으키고, 밖으로는 신하의 말을 막아 버리는 변명을 하시니, 이것은 스스로를 속이고 또 남을 속이는 일입니다.

日昨憲府之啓, 殿下謂其傳聞爽實, 近聞實有是事, 工師之求大木者, 頗
亦出入閭巷, 臺啓所謂召匠輸材, 必趁早暮者, 果非虛語云.【或云上爲張
氏營建別堂, 而不欲煩外人聽聞云.】今殿下下敎罪己, 而內與不急之役, 外
爲遮障之辭, 以自欺而欺人.[61]

　　김창협이 대사성의 자격으로 올린 논계이지만, 그는 이미 언관으로 성장 한 사람이다. 관직 초기에는 홍문관에 있었으며, 이후 사헌부 헌납, 지평, 집 의를 거쳐 장관인 대사헌을 지낸 뒤 대사성을 맡고 있을 때였다. 그는 영의 정 김수항金壽恒의 둘째 아들이다. '(임금이) 장씨를 위해 별당을 짓는 일은 잘 못했다고 스스로 말하면서, 안으로는 별당을 짓고 밖으로는 신하들의 말을 막는다.' '이는 자신을 속이고 남을 속이는 일이다.' 그의 발언은 숙종을 흔들 었다. 숙종은 당장은 화를 내지 않았다. 그러나 그로부터 3년이 지난 숙종 15 년(1689) 기어코 사건이 터졌다. 희빈 장씨를 왕비로 삼고 인현왕후를 폐위 시키면서 송시열과 김수항 등 조정의 핵심 인사들을 죽이거나 귀양 보낸 기 사환국己巳換局이 그것이다. 김창협의 상소가 있고 난 이듬해, 사관은 실록에 이렇게 적었다.

　　또 영돈녕부사 김수항이 죄를 입게 된 것이 …… 혹자는 그의 아들 김창협

61 『숙종실록』, 12년 12월 10일(경신).

이 일찍이 한 차례 상소를 올려 후궁을 지적하여 배척하면서 한 말이 매우 절박하였기에 임금의 마음에 불평이 생겨서 그의 아비에게 화풀이하게 된 것이라고도 몰래 말하는 자가 많았다.

且領敦寧金壽恒之被罪, …… 而或以爲其子昌協, 嘗陳一疏, 指斥後宮, 語甚切逼. 上心不平, 移怒於其父, 亦多有竊議者.[62]

3) 역사, 만세의 공론

실록은 나라에서 기록한 일기이다. 그 일기를 들춰 보면 흥미로운 이야기도 등장한다. 조선 태종 때 일본 국왕이 바친 코끼리 때문에 벌어진 사건이 있는데, 이를 모아놓으니 재미있는 이야깃거리가 만들어진다.

① 일본 국왕 원의지源義持가 사자使者를 보내어 코끼리를 바쳤다. 코끼리는 우리나라에 일찍이 없었다. 사복시로 하여금 이 코끼리를 기르도록 명했는데, 날마다 콩 4~5두씩을 소비하였다.

日本國王源義持, 遣使獻象. 象, 我國未嘗有也. 命司僕養之, 日費豆四五斗.[63]

② 전 공조 전서工曹典書 이우李瑀가 죽었다. 처음에 일본 국왕이 사신을 보내어 길들인 코끼리(馴象)를 바치므로 삼군부에서 기르도록 명했다. 이우가 기이한 짐승이라 하여 가서 보고 그 꼴이 추하다며 비웃고 침을

62 『숙종실록』, 13년 9월 11일(병술).

63 『태종실록』, 11년 2월 22일(계축).

뱉었는데, 코끼리가 성나서 그를 밟아 죽였다.

前工曹典書李瑀死. 初, 日本國王遣使獻馴象, 命畜于三軍府. 瑀以
奇獸往見之, 哂其形醜而唾之, 象怒, 踏殺之.[64]

③ 코끼리를 전라도의 해도海島에 두도록 명하였다. 병조 판서 유정현柳廷
顯이 진언하였다. "일본국에서 바친 바, 길들인 코끼리는 이미 성상께서
완호玩好하는 물건도 아니요, 또한 나라에 이익도 없습니다. (코끼리로 인
해) 두 사람이 다쳤는데, 만약 법으로 논한다면 사람을 죽인 것은 죽여
야 마땅합니다. 또 1년에 먹이는 꼴은 콩이 거의 수백 석에 이르니, 청
컨대 주공周公이 코뿔소와 코끼리를 몰아낸 고사를 본받아 전라도의 해
도에 두소서." 임금이 웃으면서 그대로 따랐다.

命置象于全羅道海島. 兵曹判書柳廷顯進言曰:"日本國所獻馴象, 旣
非上之所玩, 亦無益於國, 觸害二人. 若以法論, 則殺人者當殺, 又一
年所供蒭豆, 幾至數百石. 請倣驅犀象之象, 置于全羅海島." 上笑而
從之.[65]

위 기사는 일본에서 선물로 보낸 코끼리와 관련된 일화이다. 코끼리에 밟
혀 죽은 공조 전서의 어처구니없는 죽음, 사람을 살상하여 유배형에 처해진
코끼리를 보여주는 에피소드 정도로만 가볍게 여기고 넘어갈 수도 있다. 실
록에는 이런 이야기부터 국정의 심각한 사건까지 일기처럼 기록되어 있다.
누군가 어느 날 벌어진 한 사건을 개인 일기에 적어놓았다고 치자. 단순히

---

64 『태종실록』, 12년 12월 10일(신유).

65 『태종실록』, 13년 11월 5일(신사).

그날의 일기에 적힌 사건만 본다면 그 맥락을 정확히 알 수 없는 경우가 종종 있으나 전후 날짜의 기록을 살펴보면 사건의 배경과 흐름, 의미를 이해하게 되는 때가 많다. 실록도 그러하다. 조선이라는 나라 또는 문명이 일기를 남긴 배경에도 당연히 역사성이 있다. 고려 문명의 사상적 기반이 불교이고, 조선 문명의 사상적 기반은 성리학=신유학이었다는 점을 염두에 두고 이 주제를 살펴보도록 하자.

불교에서는 누구나 해탈을 통해 윤회를 벗어날 수 있는 불성을 지니고 있다고 한다. 그러나 '지금의 나'는 윤회의 굴레에서 벗어나지 못하고 업業을 지고 사는 가련한 존재이다. 게다가 윤회에서 벗어나기 위한 해탈은 누가 해주는 것이 아니라 스스로 이루어야 할 깨달음의 길이다. 이런 점에서 불교에서 이해하는 인간의 유한성과 그 극복은 기본적으로 개인적이며 초월적인 성격을 띤다.

하지만 유가儒家는 다르다. 애당초 유가에서는 수사적 표현 이상으로 초월적인 존재를 용인하지 않았다. 따라서 유한과 무한의 변증법이 다르게 전개된다. 각각의 인간이 갖는 유한성은 가족과 사회 등을 통해 무한히 확대된다. 이 점은 불교의 연기緣起와 부분적으로만 비슷하다. 유한성은 자손과 후대 사람들에 의해 시간적으로 연장된다. 자손에 의해 연장되는 유한성, 곧 개별적 유한성의 극복은 핏줄이라는 엄연한 생물학적인 사실로 뒷받침된다. 그리고 인간 문명을 전수받을 후대 사람들은 그 문명을 통해 한평생밖에 살지 못하는 지금의 나를 이어간다. 이런 점에 비추어 유가는 사회적이고 현실적이다.

따라서 불교가 성했던 시대와 유가가 주도했던 시대의 역사의식은 같을 수가 없다. 우리가 전제하는 역사학 또는 역사의식은 불교 쪽보다는 유가 쪽에 친연성을 갖는다. 역사는 사회와 문명의 문제이며, 현실 속에서 살아가는 인간에 대한 성찰이지 종교적 깨달음의 영역이 아니기 때문이다. 그렇다면 고려시대와 조선시대에 모두 실록을 편찬했음에도 불구하고 편찬의 규칙성이나 엄격성에서 차이가 난 이유를 어느 정도 이해할 수 있다.

'대간臺諫이 한 시대의 공론公論이라면, 사관史官은 만세萬歲의 공론'이라는 말은 실록 편찬을 두고 자주 했던 말이다. 만세 뒤에 살 후세 사람은 조선이라는 나라가 망한 뒤에 사는 사람을 의미한다. 비밀리에 보관된 실록이 공개되는 것은 다음 왕조나 국가일 수밖에 없기 때문이다. 그런데 왕조 시대에 '왕조 이후'를 입에 올린다는 것은 곧 '대역大逆'을 뜻한다. 그렇기 때문에 오직 역사의 이름으로만 '나라는 망할 수 있어도 역사는 없을 수 없다'고 말했다. 입에 올릴 수 없는 금기를, 역사를 빌려 입에 올리고 의식 속에서 반추할 수 있었던 것이다.

역사, 실록에 대해서는 이 책 전체에서 다루니 만큼 특징적인 현상 하나만 참고로 소개하고 마치겠다. 조선 후기에는 어떤 정파가 만든 실록을 다른 정당(붕당)이 부정하고 새로 실록을 만드는 일이 몇 번 일어났다. 같은 사람들 안에서도 파가 갈렸는데, 다른 파당이 만든 실록은 신뢰할 수 없는 내용이 많다는 이유에서 실록을 개정 또는 수정한 것이다.

그 첫 번째가 『선조실록』과 『선조수정실록』이었다.[66] 실록은 당대 국왕 때가 아닌 다음 국왕 때 편찬된다. 예컨대 『세종실록』은 세종 다음 임금인 문종 때 편찬되었고, 『성종실록』은 성종의 다음 국왕인 연산군 때 편찬되었다. 마찬가지로 『선조실록』은 선조의 다음 국왕인 광해군대에 편찬되었다.

광해군 때의 『선조실록』 편찬은 관례보다 아주 늦게 시작했다. 통상 새로운 국왕이 즉위한 지 두서너 달 만에 시작하던 것과 달리 해를 넘겨 1년 6개

---

66 오항녕, 『역주 선조실록수정청의궤』, 일지사, 2004.

월이 지나서야 편찬을 시작했다. 임해군臨海君이나 유영경柳永慶의 옥사 등으로 세월을 보낸 것이다. 또한 임진왜란 때문에 이전의 사초와 기타 편찬 자료가 소실되거나 분실되어 편찬에 무척 애를 먹었다.

편찬 작업이 지지부진하던 터에 인목대비의 아버지 김제남이 사사되고 영창대군까지 죽임을 당하는 계축옥사(광해군 5년, 1613)를 계기로 편찬 담당자가 대거 바뀌었다. 이후 기자헌奇自獻·이이첨李爾瞻이 담당하여 광해군 8년(1616)에 이르러서야 완성되었는데, 이렇게 실록 편찬이 늦어진 것은 매우 이례적인 일이었다.[67]

『선조실록』에서는 유성룡柳成龍에 대해 왜군과 화해를 주장했고 어버이를 모시던 중 술을 마셨다고 비판했다. 또 이항복李恒福에 대해서는 정철鄭澈과 함께 서울, 호남, 영남의 학자들을 모두 죽이려 했다고 기록했다. 말하자면 『선조실록』 편찬에 참여했던 이이첨이나 기자헌 등 몇몇만 제외하고 다른 정파에 있는 사람들은 모두 매도했다. 공정하지 못했던 것이다. 그래서 광해군을 폐위시킨 인조반정(1623)이 일어난 뒤『선조실록』을 다시 편찬해야 한다는 의견이 일었다. 이 일은 사실의 보완과 부당한 평가의 수정이라는 두 방향으로 진행되었다. 이렇게 해서 나온 결과가『선조수정실록』이다.

우리가 잘 아는 의병 활동과 이순신 장군의 활약은 바로 이『선조수정실록』에서 풍부한 사료를 얻을 수 있다. 그뿐만 아니라 국왕과 신하들이 함께 공부하던 경연에 대한 기록 및 임진왜란에 참전한 명나라 군대가 조선 사람들을 괴롭혔던 이야기도 여기에서 얻을 수 있다.

『선조수정실록』을 만들었으니『선조실록』은 없앴을까?『선조실록』이 잘못되어『선조수정실록』을 만들었으니『선조실록』을 폐기하는 게 당연하다고

67 오항녕,『광해군, 그 위험한 거울』, 너머북스, 2012.

여길 수도 있을 듯하다. 하지만 조선 사람들은 그렇게 하지 않았다. 둘 다 남겨놓았다. 어느 편이 더 정당한지에 대한 평가는 후대 사람들의 몫이라는 것이 그 이유였다.

『선조수정실록』을 비롯하여 조선 후기에는 실록의 수정과 개수가 모두 네 차례 있었다. 그때마다 앞서 편찬한 실록을 폐기하지 않고 보존하여 후세 사람들로 하여금 판단하게 하는 관례가 유지되었는데, 이는 바로 『선조수정실록』 편찬 이후에 정한 원칙에 따른 것이다. 자신들에게 유리한 기록만을 남겨 뒷사람들의 눈을 가리지 않는 것, 자기 시대만이 아니라 후대 사람들도 대등한 판단을 할 수 있다며 믿고 맡기는 자세, 이것이 역사를 통해 구현되는 '대칭성'이다.[68]

---

68 대칭성이란 과거 사람들과 현대 사람들이 역사 속에서 동등한 자격을 갖는다는 개념이다. 오항녕, 『기록한다는 것』, 너머학교, 2010. 인류학자 나카자와 신이치中沢新一가 말하는 동물과 인간의 대칭성이라는 개념에서 차용했다. 나카자와 신이치 지음, 김옥희 옮김, 『곰에서 왕으로』, 동아시아, 2002.

3장　실록 체계의 변화

　　조선시대 문치주의의 실현을 위한 제도적 장치 중에서 빠지지 않고 운위되는 것이 사관제도이며, 그 제도의 산물이 우리가 아는 조선왕조실록이다. 성리학을 이념으로 삼아 건국된 조선왕조에서는 역사 기록의 작성과 편찬이 곧 그 생명력의 표현이라고 할 만큼 사회적 관심과 주목을 받았다.[69] 실록은 당대 사회의 경험의 축적과 전수라는 본연의 목적을 지녔음은 물론이고 역사 기록의 상징으로서 각종 의례를 수반한 '국사國史'였다.[70] 조선시대에는 실록을 정점으로 『승정원일기』를 비롯한 각 관청의 등록謄錄이 짜임새 있게 정리된 일련의 '국사 체계'를 갖추고 있었다.[71]

69　金慶洙, 『朝鮮時代의 史官研究』, 국학자료원, 1998; 이성무, 『조선왕조실록 어떤 책인가』, 동방미디어, 1999; 吳恒寧, 『韓國史官制度成立史研究』, 한국연구원, 2003.

70　鄭求福, 『韓國中世史學史(Ⅰ)』, 집문당, 1999, 96~97쪽; 申炳周, 「朝鮮王朝實錄의 奉安儀式과 관리」, 『한국사연구』 115, 2001; 吳恒寧, 「實錄의 儀禮性에 대한 연구—慣例와 象徵性의 형성을 중심으로」, 『조선시대사학보』 26, 2003.

71　오항녕, 「실록實錄: 등록謄錄의 위계位階」, 『기록학연구』 3호, 2001; 명경일, 「정조대 전

달도 차면 기울듯이 실록의 이러한 역할과 위상, 그리고 실록으로 대표되는 국사 체계에도 시간의 그림자가 드리워졌다. 조선 후기 실록을 읽다보면 발견하게 되는 단절, 즉 『순조실록』을 기점으로 뭔가 부실해진다는 느낌이 든다. 조선시대를 연구하는 학자들이 공통적으로 갖는 이런 느낌은 각 실록의 분량으로도 바로 확인할 수 있는데, 역시 범상하게 넘길 변화는 아닌 듯하다. 국사인 실록의 기록이 부실해졌다는 것은 곧 그 존재 의의와 관련된 문제이기 때문이다.

실록의 개체 발생 과정은, 기록(사초 등)→ 보관(시정기 등의 파일)→ 편찬(선별 등록 및 폐기)→ 보존(봉안 및 포쇄)의 생애로 정리할 수 있다. 이 과정은 크게 '기사記事'와 '편찬'이라는 두 범주로 구분할 수 있다. 두 범주에 상응하여, 실록을 산출하는 사관제도 및 역사(당대사)에 대한 인식, 실록의 편찬 논리(또는 체계) 등의 변화에 대한 이해가 위의 현상을 설명하는 데 필요할 것이다.

먼저, 기록 단계의 변화는 사초 작성의 핵심 주체인 전임사관專任史官(한림)에 대한 인사 방식의 변화, 즉 자천제自薦制에서 권점제圈點制로의 변화를 통하여 검토하고자 한다.[72] 300년 이상 사관의 자율성을 보장해온 제도적 장치인 자천제의 붕괴는 예사로이 넘기기 어려운 현상이다. 인사제도의 변화는 사초에 대한 인식이 변화한 결과였다. 실록은 다름 아닌 역사 기록이기 때문에, 사초와 그 담당 주체에 대한 인식과 제도의 변화가 실록으로 대변되는

교축傳敎軸을 통해 본 승정원일기承政院日記의 문서 등록謄錄 체계」, 『고문서연구』 44, 2014.

72 사관 임용이 자천제에서 권점제로 변화하는 과정에 대한 기존의 연구는 「조선 후기 국사체계國史體系의 변동에 관한 시론─ 실록實錄에서 『일성록日省錄』으로」, 『역사와 현실』 52, 2004; 車長燮, 『朝鮮後期閣閣研究』, 일조각, 1997, 138~148쪽; 金成潤, 『朝鮮後期 蕩平政治 研究』, 지식산업사, 1997, 165~169쪽 참고.

국사 체계의 변화에 가장 근본적인 징후라고 볼 수 있을 것이다.

뿌리에서부터 바뀌는 변화는 곧 편찬 단계의 변화로 이어졌다. 앞서 말한 실록의 개체 발생 과정으로 보아 필연적일 수밖에 없는 현상이기도 한데, 이는 실록의 찬수범례를 통하여 검토한다. 전래의 실록찬수범례가 『일성록日省錄』의 찬수범례를 채용하게 된 사실을 밝히고, 그 의미를 새겨보기로 한다.

기록과 편찬 단계의 변화는 자연스럽게 국사의 위상에 대한 인식의 변화로 나타났다. 실록을 정점으로 한 '국사 체계'의 변화와 관련하여 주목할 만한 사건은 정조 재위 기간 중에 『일성록』이 만들어진 일이다.[73] 어찌 보면 『일성록』의 등장은 기존의 국사 체계에 『일성록』이 '끼어든 사건'이었다. 그래서 기록과 편찬 단계의 변화와 함께 마지막으로 『일성록』의 '끼어들기'를 당시 사람들이 어떻게 인식했는지를 살펴볼 것이다.

1. 사초에 대한 인식 변화

어떤 역사상의 변화든지 그 변화에는 조짐이 따른다. 그 조짐은 종종 결과론적 해석의 빌미가 되기도 하지만, 그것이 사물의 근본적인 성격과 관련된 것이라면 우리의 주의를 끌 만한 가치가 있다. 이런 점에서 영조 17년(1741) 한림 자천제가 폐지되기 전에 실록을 둘러싼 논의에 주목하고자 한다. 먼저 눈길을 잡는 것은 조선 후기 몇 차례 있었던 실록의 개수改修(수정修正) 및 이러한 실록 개수와 밀접한 연관이 있으리라고 짐작되는 사초 소각 논의

---

73 『일성록』에 대한 해제는, 전해종, 「日省錄 解題」, 1982; 오수창, 「『일성록』」, 『한국민족문화대백과사전』, 한국정신문화연구원, 1991 참고.

이다.

『선조실록』의 수정으로 시작된 조선 후기의 실록 개수는 인조·효종 시기를 제외하고 이후 세 차례 더 진행된다. 『선조실록』의 수정이 조선시대에 처음 이루어진 실록에 대한 수정이기는 하지만, 역사 기록은 사실에서 사론에 이르기까지 오류를 바로잡거나 보완이 필요한 일이므로 늘 수정될 수 있다. 그런 까닭에 그 수정 자체를 폄하할 이유는 없다. 또한 실록의 편찬이나 수정에 대해 연구할 때 수정 작업의 의미를 정치성, 더 정확히 말하면 역사의 권력결정론으로 환원시키는 것도 그 해석의 편협성으로 인해 아무것도 얘기하지 못한다는 점에서 사실을 이해하는 데 그리 도움이 되지 못한다. 우리는 이러한 인식의 일단을 '모든 역사는 승자의 역사'라는 궤변에서 쉽게 찾을 수 있다. 결과적으로 역사(또는 역사학)를 정치권력의 시녀로 전락시키는 이 명제는 사료비판의 필요성을 상기시키기도 전에 '역사를 통한 성찰'을 냉소하게끔 만드는 데 한몫하고 있다.[74]

각각의 실록 수정이 갖는 함의는 그 일이 이루어진 시기에 따라 차이가 있다. 그럼에도 불구하고 공통된 점은 원본과 수정본을 동시에 남겨두는 '주묵사朱墨史의 전례'를 따랐다는 사실이다. 원래 기록에다 붉은색으로 교정을 하면 주朱-묵墨의 대비가 선명하여 어떤 부분을 수정했는지 알 수 있는데, 이를 교정의 차원으로만 그치지 않고 역사 기록을 수정 또는 개수한 뒤의 보존 원칙으로 삼은 것이다. 이는 실용적인 이유 외에도 수정 행위를 객관화시키는 근거를 남겨놓는다는 의미에서 긍정적인 원칙으로 평가할 만하다.[75]

---

74 오항녕, 『호모 히스토리쿠스: 지금 여기를 위한 역사 공부』, 개마고원, 2016, 212~216쪽.

75 오항녕, 「『宣祖實錄』修正攷」, 『한국사연구』 123, 2003.(『후대가 판단케 하라—조선실

그런데 『숙종실록』의 보궐정오補闕正誤에 이은 『경종실록』의 편찬 단계에 이르면, 계속된 실록의 수정은 이제 '주묵사의 이상'을 실현하려는 노력이 아닌 당파 사이의 대립이라는 정치 현실에 휘둘린 결과라고 인식하는 경향이 강해졌다. 『경종실록』 편찬 이후 세초洗草에 대한 논의는 거듭된 수정이 어떤 결과를 초래하는지 함축적으로 보여준다. 다음의 두 사료를 보자.

① 실록청 당상 윤순이 아뢰기를 "연전에 윤상백이 예문관에 있을 때 세초하지 말자는 말이 있었는데, 아직 회계하지 못하였습니다." 하니, 상이 대신에게 의견을 물었다. 영의정 이광좌가 말하기를 "사초에는 한림의 공정한 말과 강직한 필법이 많으니 세초하지 않는 것이 마땅할 듯합니다." 하였다. 윤순은 "국초에는 세초하는 예가 없었는데, 『선조실록』을 찬수할 때 대북大北의 당인들이 …… 공의公議가 있을 것을 염려하여 비로소 세초를 창시하였던 것입니다. 그 때문에 후에 그 예에 따라 세초하였으니, 역사의 훌륭한 필법을 장차 어디에서 찾겠습니까?" 하였다. 상이 말하기를 "세초하는 것은 그 뜻이 있으니 …… 혹은 보고 들은 것이 각기 다름으로 인하여 반드시 시비를 다투는 폐단이 있을 것이다. ……" 하였다.

實錄堂上尹淳奏曰: "頃年尹尚白之在翰苑也, 有勿爲洗草之語, 而尚未回啓矣." 上詢于大臣. 領議政李光佐曰: "史草多翰林之公言直筆, 勿爲洗草似宜." 淳曰: "國初無洗草之規. 宣廟實錄, 大北黨人, (專掌

록의 수정과 개수」, 역사비평사, 2018 재수록). 이 책의 논의를 위한 배경으로 조선 후기 네 차례에 걸친 실록의 수정에 대해 간단히 서술했지만, 사실 각각의 성격은 따로 면밀히 검토해야 할 문제이다.

纂修, 一任其私好惡,) 應有公議, 始創洗草, 故其後依例洗草, 良史筆
法, 將何以考信乎?" 上曰: "洗草有意. (史草中一時取捨, 安能盡善?)
或因見聞之各異, 必有爭是爭非之弊. (曉曉之世, 補闕之役, 至矣盡
矣, 而又不洗草, 則紛挐之言, 何以鎭定乎? 洗草宜矣.)"[76]

② 이광좌가 한림의 시정기를 세초하지 말기를 청하였다. …… 이광좌가
　 말하기를 "실록을 찬수할 즈음에 만약 사사로운 뜻을 따라 그 포폄과
　 시비를 임의로 조종하여 한 조각의 문서를 만든 뒤 시정기의 초고를 세
　 초해버린다면 참으로 옳고 그른 것을 후세에 어떻게 알 수가 있겠습니
　 까?" 하였다. 윤순이 말하기를 "세초는 근래의 사례에서 나온 것으로
　 예전에는 그렇지 않았습니다." 하였다. ……
　 光佐請, 翰林政記, 勿令洗草. (上曰: "如此世道, 存之必有弊矣.") 光
　 佐曰: "實錄纂修, 若循私意, 其所褒貶是非, 打成一片之後, 時政記從
　 以洗草, 則眞箇是非, 後世何由而知之乎?" 淳曰: "洗草出於近例, 古
　 則不然矣." (上曰: "山野自有公論矣.")[77]

　　①은 영조 3년(1727)의 기사이다. 먼저, 국초에 세초가 없었다는 윤순尹淳
의 말은 사실이 아니다. 연산군 때 『성종실록』을 편찬하기 전부터 세초가 있
었다는 기록이 발견되지만, 대체로 세초는 사초의 관리 원칙이 정해진 뒤인
『세종실록』을 편찬할 무렵부터 이미 행해지고 있었다. 그 후로 세초는 사초

76　『영조실록』, 3년 11월 25일(정축). 원문의 괄호 부분은 참고로 제시했으며, 본문에는
　　 번역하지 않고 '……'으로 표시했다. 이하 같다.
77　『영조실록』, 4년 2월 27일(무신).

의 누설로 일어날 수 있는 사회문제를 우려한 예방 조치이자 실록 편찬의 마지막 단계에 실행하는 예식으로서 관례화되었다.[78] 그러나 윤순은 『선조실록』을 편찬한 뒤 대북大北 정권의 실록 편찬 담당자들에 의해 세초가 시작되었다고 이해하고 있다. 이는 단순히 윤순이 세초의 시원을 착각한 것이라고 단정을 내리기 어렵다. ②의 영조 4년(1728) 논의에서도 윤순은 여전히 세초가 근래에 생긴 규례라고 말하고 있기 때문이다.

윤순이 높은 학식과 경륜에도 불구하고 세초를 그렇게 이해하게 된 배경은 무엇일까? 그것은 아마도 계속된 실록의 수정에서 비롯되었던 듯하다. 실록 수정 작업에서 최대 난관은 편찬 후 사초가 세초되기 때문에 원래의 사초를 수정 작업에 이용할 수 없다는 것이며, 계속되는 수정의 경험은 세초의 본래 의미까지도 다시 해석하게끔 만들었을 것이다. ①에서 윤순의 말 가운데 마지막 대목이 세초를 하면 '역사의 훌륭한 필법'을 잃는다는 것인데, 전래의 상식으로 볼 때 사초를 근거로 실록을 만들면 그만이지 굳이 사초를 보존할 이유는 없었던 것이다. 윤순의 말에 대한 영조의 답변이 바로 그 상식의 확인이었다.

의도했든 아니든 사초를 남기자는 윤순의 말에 담긴 함의는 무엇일까? 앞뒤 맥락으로 보건대, 실록은 편찬할 때 당파의 이해가 반영되어 '역사의 훌륭한 필법'을 보장하지 못하므로 사초를 남겨놓아야 한다는 말이다. ②에서 이광좌李光佐가 말한 것 또한 같은 의미이다.

이광좌는 사관의 사초에 담긴 공정성과 필법을 높이 사는 의미에서 사초를 지워버리는 세초에 반대했다. 논의의 핵심은 실록을 편찬하는 데 나타나

---

78 오항녕, 『한국 사관제도 성립사』, 일지사, 2009, 316~344쪽; 오항녕, 「實錄의 儀禮性에 대한 연구」, 『조선시대사학보』 26, 2003.

는 불공정성이며, 그 불공정성을 확인할 수 없게 만드는 세초에 반대한다는 것이었다. 이때의 논의가 『숙종실록』 수정 논의의 와중에 일어났다는 점은 계속된 실록 수정이 세초 논의와 무관하지 않음을 보여준다.

이광좌의 주장은 영조의 반대로 좌절되고 세초는 관례대로 이루어졌다. 세초는 실록 편찬 뒤에나 행하는 간헐적인 사안이기 때문에 이후 또다시 세초 논의가 일어나지는 않았지만, 이 논의의 함의는 영조 11년(1735)의 한 사건과 관련하여 음미해볼 필요가 있다.

사초는 세종 때 이미 국법으로 엄격히 관리하도록 정해졌고, 이후 연산군 때의 무오사화로부터 얻은 경험에서 중종 2년(1507)에는 편찬 중의 사초를 누설하는 행위도 처벌함으로써 매우 철저히 관리가 이루어지고 있었다. 그런데 사초를 철저하게 관리하는 전통을 깨고 사초를 불태운 일이 영조 11년에 발생했다.

전 검열 이덕중李德重과 전 대교 정이검鄭履儉이 상소하였다. 요약하면 다음과 같다.

"신 등은 직명이 비록 삭탈되었다고 하더라도 직책은 아직 남아 있으니, 사안이 사필史筆의 법에 관계되므로 말하지 아니할 수가 없습니다. 군주의 언동言動과 시정時政의 득실, 인물의 선악을 모두 역사서에 써서 천하 후세에 전하는 까닭에 비록 인주人主의 위엄과 존엄으로써도 그 역사서에 기록된 내용을 감히 보지 못하고 그 역사서에 쓰는 것을 금지하지 못하게 하였으니, 이는 당대 임금이 역사(簡書)를 두려워하게 하고자 하는 것입니다. 신등이 듣건대, 일전에 경연의 신하가 사초를 불태워버리자고 청하여 전하께서 그 일을 허락하셨다고 하는데, 좌우의 사관史官들이 또한 두 손을 맞잡고 가만히 서서 그 불태우는 것을 보고만 있었다고 합니다. 신 등은 경연

자리에서 서로 주고받은 말이 무엇인지를 알지는 못합니다만, 전하께서 이미 여러 신하에게 하교하셨다면 그것을 기록하고 기록하지 아니하는 일은 오로지 사관에게 달려 있을 뿐이니, 전하께서 이래라저래라 명령할 수 없는 사안입니다. 아! 옛날에 사관이 된 자들은 '목이 달아나는 한이 있더라도 사필은 굽힐 수 없다.'라는 말이 있었는데, 오늘날의 신하들은 이미 성상의 명령이 없었는데도 남의 말을 따라 그것을 불태워버렸으니, 장차 무궁한 폐단을 열게 될 것입니다. 원컨대 겸춘추兼春秋에 명하여 이 사실을 나중에라도 기록하게 하고 신 등에게 회부하여주소서."

상이 답하기를 "그대들의 청은 직책을 수행했다고 할 만하다. 그러나 이미 본래의 사초가 없어졌으니, 어찌 나중이라고 기록할 수 있겠는가?" 하였으나, 그 뒤에 임금도 또한 이것을 뉘우치고 '사초를 불태운 것은 내가 명령한 것이 아니다.'는 하교가 여러 차례 있었다.

前檢閱李德重, 前待敎鄭履儉上疏. 略曰: "臣等職名雖削, 職責尙存, 事係史法, 不得不言. 君上之言動, 時政之得失, 人物之善惡, 皆得以書之, 以傳於天下後世. 雖以人主之威尊, 不敢覽其所錄, 禁其所書, 蓋欲時君之畏此簡書也. 臣等聞日昨筵臣請焚史草, 而殿下許之, 左右史又復拱手立視其焚. 臣等未知筵中酬酢爲何如, 而殿下旣已下敎於諸臣, 則其書不書, 惟在史官, 非殿下之所可命也. 噫, 古之爲史者, 有'頭可斷, 筆不可斷'之語, 今之諸臣, 旣無上命, 因人言而焚之, 將啓無窮之弊. 願命兼春秋追錄, 以付臣等." 批曰: "爾等之請, 可謂擧職. 旣無本草, 豈可追錄?" 是後上亦悔之, 屢有'焚草, 非予命'之敎.[79]

---

79 『영조실록』, 11년 2월 13일(갑인).

무슨 이유인지 모르겠으나 경연에서 누군가 사초를 불태우자고 주청했고, 이를 영조가 용인했던 것으로 보인다. 현재 남아 있는 위의 실록 기록만 가지고는 전후 사정을 파악할 수가 없고, 또 어떻게 결말이 났는지도 알 수 없다. 영조는 누차 자신이 시킨 일이 아니라고 하교했는데, 주목할 점은 이 과정에서 담당 사관들도 사초의 소각을 방관했다는 사실이다.

영조 3년(1727)과 4년의 세초 논의가 실록 편찬 단계의 문제라면 영조 11년(1735)에 일어난 사초의 소각은 기사記事 단계의 문제로, 사관제도라는 체계의 근저에서 발생한 사건이었다. 다시 말해, 문제의 소재가 전임사관인 한림의 기사 영역으로 옮겨졌음을 의미한다. 이 문제는 사관의 지위 변화로 이어졌다.

2. 한림 권점제의 시행

앞서 살펴본 세초 논의에 나타난 실록 편찬의 불공정성에 대한 시비, 그리고 세종대에 이미 국왕의 제서制書와 같은 격으로 관리되었던 사초를 영조 11년에 소각한 사건에 이어, 실록 중심의 국사 체계에 균열이 보이기 시작한 구체적인 실례이자 전래의 사관제도를 뿌리부터 흔든 사건은 사관 자천제의 폐지와 권점제의 시행이었다. 실록이 사관제도를 기반으로 생산되었다고 한다면, 사관제도 안의 어떤 변화는 곧 실록이 갖고 있던 사회적·국가적 의의에도 어떤 변화를 초래할 것이라는 예측이 가능하다. 그런 점에서 사관제도의 변화, 특히 전임사관이었던 예문관 8한림(예문관 봉교 2명 정7품, 대교 2명 정8품, 검열 4명 정8품)이 처했던 제도의 변화가 주목을 끈다.

예문관 소속의 전임사관이라 할 수 있는 8명의 한림은 조선시대 양반 관료제 내에서도 독특한 인사 방식으로 운영되었다. 관료제 운영의 핵심은 인사와 직능이라고 할 수 있는데, 그런 면에서 한림은 특별하다. 먼저, 직능 면으로 보면 사초의 작성과 시정기의 보관 및 관리 업무를 수행할 때 한림은 외부의 간섭을 가능한 한 배제하고, 적극적이고 주체적이며 자율성을 갖는다. 또한 이를 위하여 인사상으로 제도적 보호 장치를 갖추었는데, 이를 한림 자천제翰林自薦制라고 한다.

이에 따르면, 사관은 7품 이하의 관직에 지나지 않지만 신임 사관인 검열 (정9품)을 선발할 때 선임 검열이 다른 한림들의 동의를 얻는 것만으로 신규 임용을 마무리했다. 이 같은 자천으로 새로운 검열을 뽑으면, 사관을 지낸 적이 있는 선임자들, 즉 '선생'들에게 그 사실을 알렸다. 예문관·홍문관 당상관의 심의와 고강考講 등은 형식적인 절차였다.[80] 신규 임용은 사관 초임인 검열직에 한하기 때문에 자천제는 검열직을 대상으로 했지만, 다른 관직에 있다가 대교나 봉교로 들어오는 경우와 '별겸춘추別兼春秋'의 경우에는 좀 더 연구가 필요하다.

이러한 인사제도를 통해 이들은 '직필'을 유지할 수 있었으며, 몇몇 우여곡절에도 불구하고 사초나 실록이 갖는 권위를 이어나갈 수 있었다. 또 자천제로 사관을 임용해도 그 공정성에 문제가 없다고 사회적으로 인정을 받을 만큼 사관의 내부 인사와 직능이 청직淸職이라는 이름에 걸맞게 이루어졌기 때문이라는 설명도 가능할 것이다.

다른 견해도 있다. 차장섭은 우봉牛峰 이씨李氏 등 주요 벌열閥閱 출신의 사관 비율이 다른 문과급제자의 평균보다 두 배 이상 높다고 밝히면서, 이것을 벌열 출신들이 한림 자천법을 이용하여 사관을 거의 독점한 근거로 해석

---

80 오항녕, 「여말선초 사관 자천제의 성립과 운영」, 『역사와 현실』 30, 1998.

했다.[81] 이러한 결론에 대해서는 파派를 고려하지 않은 채 벌열의 성과 본관만으로 분류하고 인구 비율을 배제했다는 점을 연구 방법상의 문제로 지적할 수 있다. 그의 연구에 따르면 한림 자천제에서 권점제로 바뀌는 전후 시기에 벌열 출신 사관의 비율에 변동이 거의 없다. 이는 적어도 그가 강조하는 '벌열'과 '자천제에서 권점제로의 변화'가 큰 상관이 없다는 말이 된다. 오히려 어떤 사태에 대한 검토 결과, '독점이 300년 이상 지속되었다'는 결론이 나오면, 그 결론을 의심하는 편이 오류를 줄일 수 있다.

이전에도 사관 임용이 늘 자천제만으로 이루어졌던 것은 아니지만, 그 기본 골격은 계속 유지되었다. 하지만 그 골격에도 변화의 조짐은 나타났다. 사관의 신천新薦 과정에서 당색에 따른 임명 경향이 두드러지자 '별겸춘추'를 임명하여 사관을 천거토록 하는 조치가 몇 차례 시행된 것이다.[82] 원래 별겸춘추는 인조 때 한림직이 오랫동안 비어 있는 탓에 최명길崔鳴吉의 의견에 따라 사관을 지낸 적이 있는 인물로 하여금 천거하게 했던 임시 조처였다.[83] 그러나 영조대에 이르러서는 별겸춘추에 의한 사관 천거가 매우 빈번해졌다. 이러한 상황은 직접적으로 보면 당쟁에서 연유하기도 했고 왕권을 중심으로 탕평을 추구했던 영조의 정국 운영 구도의 결과이기도 했지만, 길게 보면 한림 자천제로 상징되는 사관제도가 긴장감을 상실해갔음을 보여준다.

아무튼 300년 이상 이어져온 사관 자천제는 영조 17년(1741)에 이르러 변화를 맞는다. 영조 17년 3월, 유수원柳壽垣이 「관제서승도官制序陞圖」를 올려,

---

81 車長燮, 『朝鮮後期閥閱研究』, 일조각, 1997, 143쪽.
82 『영조실록』, 3년 10월 15일(정유); 14년 11월 28일(병자) 등.
83 『인조실록』, 20년 4월 9일(무신).

사관을 성적순으로 임명해서 '당을 심는' 폐단을 막자고 주장했다.[84] 이어 4월, 마침내 붕당 혁파 정책의 일환으로 한림 자천제를 혁파하기에 이른다.[85] 그리고 한림 자천제(한림회천翰林回薦)를 대신하는 한림회권翰林會圈을 시행할 목적으로 10조에 걸친 '한림천거개정절목(한천이정절목翰薦釐正節目)'을 정했다.[86] 춘추관 영사 김재로金在魯, 감사 송인명宋寅明·조현명趙顯命, 지사 정석오鄭錫五, 동지사 정우량鄭羽良 등 당상관이 의논하여 정했다.

첫째, 한림의 추천은 본관에서 홍문록의 예에 의거하여 모여서 논의하고 추천하여 권점한 뒤, 도당록의 예에 의거하여 영사와 감사와 관각 당상이 다시 모여서 권점한다.

一, 翰薦自本館, 依弘文錄例, 會議薦圈後, 依都堂錄例, 領·監事·館閣堂上更爲會圈也.

둘째, 한림으로 만약 3명(員)을 후보로 갖추었으면 회권해야 한다. 하지만 지금은 법을 제정한 초기이니 시임時任 한 사람에 불과하므로 일찍이 한림을 거친 사람을 겸춘추의 예에 의하여 직임이 당하관으로 있는 이로 하여금 함께 참여하게 한다. 혹시 다 갖추지 못하면 시임을 추천하는 예에 의하여 3명을 갖추면 거행한다.

其二, 翰林若備三員, 則當會圈, 而此是創法之初, 則時任不過一人, 曾經之人, 依兼春秋例, 職在堂下者, 使之並參. 其或不齊, 依時任薦例, 備三員則擧行也.

84 『영조실록』, 17년 3월 26일(신묘).

85 『영조실록』, 17년 4월 19일(계축).

86 『영조실록』, 17년 4월 22일(병진).

셋째, 현재 참하관으로 있는 자는 방목榜目의 권점을 살펴서 차점 이상을 뽑되, 수에 제한받지 말고 뽑는다.

其三, 時在參下者, 按傍目圈點, 取次點以上, 勿限數抄取也.

넷째, 추천받은 사람이 상喪을 당했거나 상피相避 때문에 직무에 둘 수 없는 자를 제외하고 그 나머지는 모두 관직에 나오게 한 뒤, 이전 대상자는 논하지 말고 다시 새로운 대상자 중에서 의논하여 추천한다.

其四, 被薦人除遭故, 相避未付者外, 其餘畢付職後, 舊榜勿論, 更以新榜議薦也.

다섯째, 본관에서 추천하여 권점한 뒤에 영사·감사 및 춘추관 지사·동지사, 예문관 대제학·제학이 회권하되, 양관兩館의 당상관이 비록 정원을 갖추지 못했더라도 춘추관의 당상관 2명과 예문관의 당상관 1명이 나와서 참여하였으면 또한 반드시 거행한다.

其五, 本館薦圈後, 領·監事及春秋館知事·同知事, 藝文館大提學·提學會圈, 而兩館堂上雖未備員, 春秋館堂上二員, 藝文館堂上一員進參, 則亦必擧行也.

여섯째, 관각의 권점 또한 차점 이상을 뽑되, 관직을 줄 때 동점인 경우에는 대상자 순서로 준다.

其六, 館閣圈點, 亦取次點以上, 而付職同點則以榜次爲先後也.

일곱째, 향을 피우고 강독에 응하던 일 및 차례로 관직에 있는 개월 수의 한계는 한결같이 전례에 의거하되, 이미 회권을 거쳤으면 사체가 더욱 중대하니 회천하는 한 가지 항목은 지금부터 혁파한다.

其七, 焚香應講及次付朔限, 一依前例, 而旣經會圈, 則事體尤重, 回薦一款, 自今革罷也.

여덟째, 버슬의 임기를 채우고 15개월 이상이 되어 사초를 정리하여 바친 인원은 차례를 따라 6품으로 올린다.

其八, 仕滿十五朔以上, 修納史草人員, 循次陞六也.

아홉째, 회천하는 한 가지 항목은 이미 혁파하였으니 천거를 잘못한 경우
는 논할 바가 아니다. 소장이 올라와 비난하는 의논이 있더라도 그 지명된
자를 제외하고 함께 추천된 다른 사람은 혐의를 갖지 않아도 된다.

其九, 回薦一款, 旣已革罷, 則敗薦非所可論, 而設有疏章間訾議, 其指
名者外, 同薦他人, 亦無得引嫌也.

열째, 지금 천거하여 권점하는 것은 분관分館과 같기 때문에 한번 추천하
는 가운데에서 누락되면 이전 대상자에서 다시 추천할 길이 없으니, 합당
한 인원을 일시에 모두 뽑되 관원으로 상피 및 상중에 있거나 파직된 사람
은 홍문록의 예에 의거하여 한꺼번에 천거한다.

其十, 今此薦圈, 便同分館, 一漏薦中, 則舊榜無更薦之路, 可合人員一
時竝取, 而館員相避及在喪罷職人, 依弘文錄例, 一體擧薦也.[87]

이 절목은 다소 복잡한 듯하지만 핵심은 1조에 들어 있다. 사관 자천제로
실질적 임명이 끝났던 한림 선발을 관료제의 위계에 따른 임명 방식, 즉 당
상관 이상의 판단에 따르는 인사 방식으로 취하겠다는 것이 이 조치의 요점
이었다. 같은 날(영조 17년 4월 22일) 사관은 이렇게 평했다. "이때에 권세를 제
멋대로 부리던 자가 사대부들이 자기에게 아부하지 않을 것을 우려하여 청
요직淸要職의 권한을 모두 거두어들이고 폐고廢錮된 친족을 끌어다가 진출시
켜 탕평하는 길을 넓히려고 하였다. 그러나 발의하는 이가 없었는데, 마침 유

87 『영조실록』, 17년 4월 22일(병진). 『은대조례銀臺條例』에도 한림회권의 절차가 제시되
어 있다. 이강욱 옮김, 『은대조례』 '한림翰林' 조, 한국고전번역원, 2012, 268~271쪽.

수원이 「관제서승도」를 올리자, 송인명·조현명 등이 원경하와 함께 의논하여 마침내 극력 찬성하고, 주상에게 결단하기를 청하였다. 이에 곧바로 이조 낭관의 선발을 혁파하고 사관의 추천을 고치도록 명하였다. 김재로는 휴가를 받아 고향에 있었는데, 후에 조정에 돌아와서 성상의 뜻이 이미 결정되었음을 알고는 감히 다투지 못하고, 즉시 새로운 절목을 기초하여 정하였다.”

이후 검열 황경원黃景源의 상소를 시작으로[88] 사관들의 극렬한 반대는 이루 헤아릴 수 없지만, '한천이정절목翰薦釐正節目(한림천거개정절목)'은 관철되었다. 그 결과, 한림 같은 용관冗官에 배치되느니 한림 선발에서 떨어져 설서說書 등 6품 승진(出六)이 쉬운 자리를 가는 편이 낫다는 인식이 생기는가 하면,[89] 영조가 직접 종실의 아들인 이정렬李廷烈·이현지李顯祉를 권점 선발자로 추가하고,[90] 권점에 참여하는 자가 85명을 넘는 경우가 생기는[91] 등 청직으로서 사관의 위상은 날로 쇠락해갔다. 결국 이 조치는 한림 권점翰林圈點(한림본관권점翰林本館圈點) → 도당권점都堂圈點(한림관각회점翰林館閣會點) → 한림소시翰林召試로 정리되어 『속대전』에 실린다.

한림 권점은 홍문록의 사례에 따른다. 참외관 관원이 대상자를 살펴 기재하고, 시임 한림 및 사관을 지낸 인원이 같이 모여 권점한 뒤 차점 이상을 뽑는다. ─ 권점 결과 점수가 부족하면 대신과 관각 당상이 다시 회권한

88 『영조실록』, 17년 4월 23일(정사).
89 『영조실록』, 24년 10월 22일(계묘). 아이러니하게도 이런 현상을 지적한 차자를 올린 사람이 한림 권점제에 찬동했던 조현명이다.
90 『영조실록』, 30년 6월 18일(병인).
91 『영조실록』, 51년 8월 18일(계사).

다. ─이들을 대상으로 중국 송나라의 관직 소시召試의 예를 모방하여 영
사·감사, 관각, 춘추관 등의 당상관 및 옥당 인원들이 과차를 참고하여 삼
하三下 이상인 자를 뽑는다. 이어 선발된 자는 시험의 등급에 따라 순서대
로 관직을 준다. ─권점에 든 자 가운데 상중이라 파직된 인원은 추후에
소시한다. 분향·회천·응강 등의 옛 규례는 일체 폐지한다. ─

翰林圈點, 一依弘文錄例, 參外人員, 按榜謄出, 而時任翰林及曾經人員,
齊會圈點, 取次點以上 ─若債圈, 則大臣及館閣堂上, 更爲會圈. ─ 倣宋
朝館職召試例, 領監事·館閣春秋館堂上, 玉堂人員, 參考科次, 取三下
以上. 被選人從試等次第付職. ─圈中在喪罷職人員, 追後召試, 焚香·
回薦·應講等舊規, 一切革罷. ─[92]

정조가 즉위하자마자 대사헌 김노진金魯鎭은 자천제를 복구하자는 주장
을 내세웠다.[93] 이어서 동지춘추관사 조준이 소시 폐지를 건의했다. 이에 정
조와 조준이 논쟁을 벌였지만[94] 한림 자천제는 끝내 복구되지 않았다. 정조
는 '우현좌척右賢左戚'(외척을 배제하고 사람을 등용한다)의 논리로 사대부 정치를
표방하면서도 별도로 규장각 초계문신抄啓文臣을 통해 문흥을 꾀하고 이미
실록의 대안으로 『일성록』 편찬을 진행하고 있었기 때문에 군이 한림 자천제
를 복구함으로써 사관제도를 강화할 이유가 없었다. 이런 상황이라 한림의
충원조차 제대로 이루어지지 않았다.[95] 정조는 영조의 치적 중에서 균역법을

─────

92 『속대전』 권1 「이전吏典」, '경관직京官職'.
93 『정조실록』, 즉위년 8월 9일(무신).
94 『정조실록』, 즉위년 10월 13일(신해).
95 『정조실록』, 3년 12월 10일(경신).

시행한 일과 함께 한림 자천제의 혁파를 '획기적 정책(大政)'으로 평가했다.[96]

3. 국사 체계의 진화

1) 실록찬수범례의 변화

한림 자천제의 폐지는 기사 영역에서 나타난 실록 중심의 국사 체계 변화를 보여준다. 편찬 영역에서도 변화를 감지할 수 있는데, 우선 쉽게 확인할 수 있는 것은 실록이 양적으로 줄어들었다는 사실이다. 국사편찬위원회 표점본 기준으로 어림잡아보더라도, 〈표 1〉에서 알 수 있듯이 1년에 해당하는 실록 기사의 양이 『영조실록』이나 『정조실록』에 비해 『순조실록』·『철종실록』·『헌종실록』으로 갈수록 양적으로 급격히 감소한다.

〈표 1〉 『영조실록』~『철종실록』의 재위년(개월) 단위 분량

실록	재위년(개월)	표점본 수량(면)	연(개월) 단위 분량
『영조실록』	52 (620)	2,347	45 (3.8)
『정조실록』	24 (292)	1,869	78 (6.4)
『순조실록』	33 (413)	812	25 (2.0)
『헌종실록』	15 (176)	112	7 (0.6)
『철종실록』	14 (170)	126	9 (0.7)

* 재위년(개월) 단위 분량에서 연年 단위는 소수점 이하, 개월 단위는 소수점 둘째 자리에서 반올림했다. 표점본의 수량은 국사편찬위원회의 영인본 면수로 환산했다.

---

96 『정조실록』, 14년 2월 29일(경진).

순조 즉위년(1800)에 시작하여 순조 5년에 완성된 『정조실록』은 『일성록』
이 실록 편찬의 원자료로 새롭게 활용되면서 이전보다 많은 양을 남기게 된
것으로 해석할 수 있다. 그런데 사료를 좀 더 들여다보면 이해할 수 없는 현
상이 나타난다. 즉, 『순조실록』을 편찬하던 헌종대에도 『일성록』을 실록의 편
찬 자료로 활용했지만[97] 오히려 실록의 양은 이전보다 현격하게 줄어들었다.

더욱이 『헌종실록』과 『철종실록』은 『정조실록』과 비교하여 10% 내외의
분량에 불과한데도 상대적으로 편찬에 시간이 걸렸으므로 한만했던 작업을
짐작하게 한다.[98] 그렇다고 이를 근거로 실록의 허명화虛名化, 실록 편찬의 허
례화虛例化를 논할 수는 없다. 편찬에 소요되는 시간은 상황에 따라 유동적일
수 있기 때문이다. 다만 현격한 분량의 차이는 실록의 내실성에 의문을 제기
할 수밖에 없게 만드는 결정적 요인의 하나라고 할 수 있다. 같은 방법과 형
식을 통해 편찬된 기록에서 담고 있는 내용의 차이가 있다면, 내용이 적은
쪽이 갖는 기록의 가치가 낮아질 것이기 때문이다. 편찬의 결과물인 실록이
양적으로 현격히 줄어드는 양상이 나타나던 무렵, 눈에 띄는 현상 중의 하나
가 실록찬수범례의 변화이다. 먼저, 어떤 변화가 있었는지 살펴보자.

조선 초기부터 이미 찬수범례가 확립되었으리라 판단되지만,[99] 실록의 찬
수범례가 명확히 사료로 확인되는 것은 『인조실록』에서다. 이후 내내 14개

---

97 『순종대왕실록청의궤純宗大王實錄廳儀軌』(장서각 2-3725).

98 『순조실록』은 헌종 원년부터 4년까지, 『헌종실록』은 철종 원년부터 2년까지, 『철종실
록』은 고종 원년부터 고종 2년까지 편찬에 시간을 들였다. 『정조실록』도 편찬하는 데
오랜 시간이 소요되기는 했지만, 서역書役이 늦어졌을 뿐 실질적인 편찬은 이미 마무
리되어 있었다. 『일성록』, 순조 3년 1월 7일.

99 오항녕, 「實錄의 儀禮性에 대한 연구—慣例와 象徵性의 형성을 중심으로」, 『조선시대
사학보』 26, 2003, 27쪽.

『영조실록』 찬수범례	대상, 내용	『정조실록』 찬수범례
① 사관의 시정기, 주서의 일기, 서울과 지방의 겸춘추의 기록 외에 비변사 장계축狀啓軸, 의금부 추안推案 및 형조의 참고할 만한 중요하고 핵심적인 문서, 사변과 추국에 대한 주서일기도 마찬가지로 가져와서 검토하여 갖추어 적는다.	수집 자료	⑬ 강연講筵은 장소와 편명만 쓴다. 기록할 만한 글의 뜻이 있으면 쓴다. 규장각 강의는 모두 적는다.) ⑭ 빈대賓對는 모두 적되, '어느 건물에서 대신, 비변사 당상을 인견하였다'고만 쓴다.) ⑮ 입시하여 경연에서 한 말은 관계된 사람이 있으면 적는다.) ⑲ 심리는 모두 기록하고, 판결 중 중죄의 경감, 법률 적용에 관한 논리만 수록한다.) ⑳ 국문을 하는 옥사에서 죄인의 진술은 단지 핵심만 수록한다.)
② 모든 조칙 및 우리나라의 유관 교서는 찾아내어 기록한다.	외교	⑫ 사대교린의 사신 및 황제 사신 행차는 모두 기록하고, 관계된 내용과 사실은 상세히 수록한다.
③ 이름 있는 신하는 졸기를 작성하는데, 빠진 대목이나 소략한 데가 있으면 당시의 공의 혹은 문집의 비문과 지문誌文을 참고하여 상세히 보충하여 기록한다.	졸기	
④ 매일매일의 날짜는 갑자甲子만 기록한다.	날짜 간지	① 날짜는 갑자만 적는다.
⑤ 모든 재이의 경우, 관상감 초록抄錄을 하나하나 첨가하여 적고, 지방의 바람·비·지진 등 각각의 사항은 그 당시 보고한 문서를 반드시 살펴보고 갖추어 기록한다.	재해	② 안팎의 재이는 갖추어 적고, 기근이 든 해는 적는다.

⑥ 대간의 논계는, 첫 번째 논계의 경우 중요하고 핵심적인 내용은 모두 적고, 잇달아 올린 논계의 경우는 단지 '연계連啓'라고만 적고, 혹시 중요한 내용이 첨가되어 있으면 뽑아낸다. ⑦ 대간의 논계는 단지 '사헌부', '사간원'이라고만 적고, 와서 보고한 사람의 성명은 적지 않는다. 다만 첫 번째 논계했을 때는 성명을 모두 적는다. 중대한 시비가 걸린 사안의 경우는 다른 의견을 꺼낸 경우도 적지 않으면 안 된다. 어사御史의 성명 및 관리를 쫓아낸 일, 폐단을 변통한 일 등도 상세히 기록한다.	대간(계) 대간(인명) 어사御使	㉒ 대계臺啓는 단지 사헌부·사간원이라고 적고 계를 가져온 사람의 이름은 적지 않지만, 처음 논계할 때는 이름을 다 적고, 중대한 시비가 있을 경우 논의에서 이견을 제시한 사람도 상세히 적는다. ㉔ 어사가 출척黜陟하거나 폐단을 변통한 일 등은 상세히 수록한다.
⑧ 상소 중에서 중요하고 핵심적인 내용은 상세히 갖추어 싣고, 그 사이의 불필요한 글자는 해당 구절을 빼더라도 무방하다. 예에 따라 사직하는 상소나 차자의 경우는 반드시 모두 적을 필요는 없지만, 혹시 거취나 시비 같은 당시 정치에 관련된 사안은 역시 기록하지 않으면 안 된다.	소장疏章	㉓ 상소나 계의 경우, 상소는 '대략 말하기'라고 하여 요점을 수록하고, 계는 요지를 뽑아 적는다. 거취나 시비, 시정과 관계된 사직상소는 기록한다.
⑨ 모든 관직 임명의 경우, 중요하지 않고 잡다한 관직이나 산직(冗散) 외에는 이조와 병조의 문서를 다시 살펴보아 상세히 기록한다.	제배除拜	③ 관직 임명의 경우, 안으로는 구경九卿 이상, 문반은 이조, 병조의 참판, 참의, 내각, 삼사 장관, 대사성, 무반은 장신將臣, 남반은 대간 후보에 뽑힌 인물, 밖으로는 관찰사, 서북의 통제사, 내외의 병마절도사의 승탁陞擢 외에는 사건이 있지 않았으면 적지 않는다. 대정大政 외에는 적지 않고 인사가 있었으면 단지 '누구를 어떤 관직으로 삼았다'고만 쓴다.
⑩ 각 연도의 과거에 합격한 인원은 '아무개 등, 몇 사람'이라고 적는다.	각 연도 등과登科	㉕ 각 연도의 과거 급제는 '몇 등 몇 명을 뽑았다'고 적는다.

⑪ 군병의 숫자, 서울과 지방의 법제, 호구 숫자에 대해서는 각 해당 문서를 상고하여 상세히 기록한다.	군병, 호구	④ 호구는 매 식년式年의 말에 백성 수를 적는다. ⑤ 진대賑貸의 경우, 고을 이름, 횟수, 인원수, 곡식 수량, 견감蠲減을 모두 적는다. 전교나 윤음만 기재하되, 해당 사실이 있으면 상세히 기록한다.) ⑥ 세입·세계는 가장 많을 때와 가장 적을 때를 적는다.) ⑦ 공물의 헌상은 은택을 내린 경우에 적는다.)
⑫ 도움이 되지 않는 번잡하고 쓸데없는 문자는 참작하여 다듬어서 간결하고 압축적인 문장이 되도록 힘쓴다.	산거刪去 방법	㉑ 대규모 영건營建이 아니면 적지 않는다. 관계된 곳이 있으면 규모가 작아도 적는다.)
⑬ 조정의 길흉 등 여러 의례 중에서 나라의 헌장에 관계되어 후세 사람들에게 남겨 보여줄 만한 것은 문장이 비록 번거롭고 잡다해도 갖추어 기재하지 않으면 안 된다.	길흉제례	⑧ 의주儀註의 경우, 처음 시행한 의식 외에는 적지 않는다. 옛 의식 중 새로운 정식이 있으면 상세히 수록한다. ⑨ 연혁과 관련된 사전祀典은 상세히 적는다. ⑪ 『경국대전』의 예식이나 연혁에 관련된 절목은 한 글자 낮추어 수록한다. ⑩ 임금이 소재를 옮겼을 때는 대궐 안이라도 모두 적는다. 제향은 친향이 아니면 적지 않으며, 별제향은 적는다.) ⑯ 임금의 활쏘기는 단지 49시矢만 적고, 처음 뵌 곳 외에는 다 기록하지 않는다. 친림 시사試射도 적으며, 상전賞典은 '차등대로 시상했다'고만 적는다.) ⑰ 각 도감 당상과 낭청의 의식에 대한 사실은 상세히 기재한다.) ㉖ 대사大事는 시종始終과 결과를 포괄하여 수록한다.)
⑭ 서울과 지방의 관리 출척이나 공적·사적 시비는 반드시 그 대략을 뽑아 기록한다.	출척黜陟 시비是非	⑱ 유배 이하의 죄명은, 관계된 것이 아니면 적지 않는다.

	어서御書	(㉗ 어정御定 서적은 책명을 기재한다.)

*『정조실록』의 찬수범례 27개조는 이전에 적용되던 14개조의 실록찬수범례에 맞춰 재구성한 것이다. 그러므로 27개조의 새로운 찬수범례는 14개조의 범주와 정확하게 일치하지 않으며, 표에서 번호 순서대로 되어 있지도 않다. 분명하게 범주가 구별되는 것은 별 문제가 없지만, 그렇지 못한 조항은 유사 범주에 배속하고 괄호로 표시했다.

조의 찬수범례에 근거하여 실록을 편찬했는데, 〈표 2〉의 『영조실록』 찬수범례가 바로 그것이다.[100] 이 14개조의 찬수범례는 『정조실록』 편찬 때부터 27개조로 늘어났다.[101]

　찬수범례의 변화는 단순한 듯하지만 간단한 문제가 아니다. 무엇보다도 실록 편찬과 같이 국가 차원의 사업에서 찬수범례를 바꾸는 일은 관례를 준수하는 시대의 여건으로 볼 때 결코 쉬운 일이 아니었다. 즉, 관례 이상의 의미가 있는 어떤 배경이 없이는 바뀔 수 있는 사안이 아니었다. 또한 실록을 등록謄錄의 하나로 보든 역사서로 보든, 찬수범례가 편찬물에 미치는 영향은 그 기록의 성격을 규정하기 때문에 단지 형식의 문제로 그치지 않는다. 그렇다면 이러한 변화는 왜 생겼을까? 그 단서를 다음 기록에서 읽을 수 있다.

　선조先朝의 실록을 편찬할 때도 시정기나 승정원일기(左右史)가 비밀이나
　깊은 내막을 기록하기는 했지만, 전체 체재와 세부 기사는 『일성록』에 근

100　실록의 찬수범례는 그 성격상 시정기의 찬수범례에 의해 규정된다. 그 상호 관계에 대해서는, 吳恒寧, 「조선시대 時政記 編纂의 規定과 實際」, 『한국사학사학보』 8, 2003, 44~47쪽.

101　吳恒寧, 「仁祖大王實錄纂修廳儀軌 해제」 등, 『藏書閣所藏儀軌解題』, 한국정신문화연구원, 2002, 830쪽. 『인조실록』의 찬수범례는 13개조인데, 필사 과정에서 1개가 누락된 것 같다.

거하여 이를 남본으로 삼았으니, 사가의 믿을 만한 기록으로 『일성록』만

한 것이 없다.

是以先朝實錄撰出時, 左右史無不發秘摘幽, 而若其全體細目, 必資日

省錄, 以爲藍本. 凡史家之信筆 莫尙於是書也.[102]

　『일성록』의 찬수범례인 유본예柳本藝의 『영각규례瀛閣規例』가 작성된 때

가 순조 27년(1827)이므로 위에서 말하는 '선조의 실록'은 곧 『정조실록』이다.

『순조실록』 편찬에 『일성록』이 기본 자료가 되었음은 앞서도 살펴본 바 있지

만, 실은 이미 『정조실록』 편찬 때부터 『일성록』은 실록 편찬의 주요 자료로

쓰인 셈이다. 그런데 여기서 말하는 '전체 체재와 세부 기사(全體細目)'라는 말

에는 조금 고민해볼 대목이 있다.

　'전체 세목'은 형식적인 측면과 내용적인 측면의 두 가지로 생각할 수 있

다. 먼저, 형식적인 측면에서 살펴보자. 이때 떠올릴 수 있는 해석은 '전체 세

목'을 '편찬 체재'로 보는 방법이다. 『일성록』은 날짜별로 기록한 편년체이면

서 기사를 강綱과 목目으로 나누어 기록했다. 즉, 편년체이면서 강목체이다.

　『일성록』을 강목체로 기록한 것은 『자치통감강목』에 대한 정조의 관심과

연구가 예사롭지 않았던 데도 이유가 있지만,[103] 『일성록』에 수록된 기사로

102　유본예柳本藝, 『영각규례瀛閣規例』(규장각 6321), 「일성록범례 서日省錄凡例序」, 김경희
　　　옮김, 『일성록범례』, 한국고전번역원, 2015. 『영각규례』(『일성록범례』)는 검서관 이덕
　　　무李德懋의 아들 이광규李光葵가 만든 구본舊本 범례를 순조 27년(1827)에 유득공柳得
　　　恭의 아들 유본예가 재편하여 완성한 것이다.

103　『자치통감강목』에 대한 정조의 연구 수준은 그의 문집 『홍재전서弘齋全書』에 실린 경
　　　연 강의를 통해 확인할 수 있다. 『홍재전서』 권110~119 「경사강의經史講義」, 「강목綱
　　　目」. 이는 따로 논구할 주제이다.

미루어 보건대 포폄보다는 열람의 편의성이라는 실제적인 이유가 컸던 것 같다. 역사 기술에서 강목체 하면 포폄을 떠올리지만, 포폄은 강목체의 한 측면이기는 해도 그것을 대표하지는 않는다.

이전에도 실록에 강목체를 적용하려는 노력이 있어, 세종 때 『태종실록』을 편찬하면서 강목체를 적용했다. 그러나 『자치통감』과 『자치통감강목』에 대한 깊은 연구를 거친 시점인 문종 때는 강목체가 실록 편찬에 적합한 방식이 아니라는 결론을 내렸다. 그리하여 실록 편찬 체재는 순수 편년체라고 할 수 있는 『자치통감』을 모델로 하되, 긴 기사는 요약하도록 하여 강목체를 보완적으로 사용하는 것으로 방향을 잡았다.[104] 아마 『일성록』도 마찬가지 뜻에서 강목체를 도입한 것으로 판단된다.

그런데 '전체 세목'을 이렇게 '편찬 체재'로 보면, 곧 『정조실록』의 편찬 체재를 『일성록』에 따라 이전의 편년체에서 다시 강목체로 수정하지 않았을까 의심이 든다. 실제로 『정조실록』에는 제목을 먼저 뽑고 기사를 수록하는 방식인 강목체의 실용적 요소가 발견되기도 한다.[105] 그러므로 『영각규례』에서 '전체 세목'을 운운하는 대목에 대해 강목체를 염두에 둔 편찬 체재를 택했다고 해석할 여지가 있는 것이다.

다음으로 '전체 세목'이 지칭하는 바를 내용적인 측면에서 생각해보자. 유본예의 말은 그 맥락으로 볼 때 『정조실록』 전체 내용의 저본이 『일성록』이었다는 것으로 읽는다. 유본예가 시정기나 『승정원일기』와 비교하여 『일성록』 기록의 신빙성과 우월성을 언급하는 데서 그런 판단이 든다. 『일성록』을 연구한 논문에서 정조 10년(1786)부터 정조 23년(1799) 사이에 631군데의 도

---

104   이 책의 제3부 1장, '3. 기사 수록의 원칙과 실제' 참고.

105   위와 같은 곳.

삭刀削이 있었다는 사실을 밝혀낸 성과도 실록과 비교·조사함으로써 가능했다는 점으로 미루어[106] 『일성록』이 내용적으로 실록의 저본임을 보여주는 또다른 증거라고 할 수 있다.

이상의 논의를 통해 『정조실록』부터 바뀌는 실록찬수범례는 『일성록』 찬수범례의 영향을 받았을 것이라는 가설을 세울 수 있다. 현재로서는 실록찬수범례의 변동에 대한 사료를 확인할 수 없고, 또 27개조로 바뀐 실록찬수범례가 『일성록』의 범례와 일치하는 것도 아니다. 『일성록』에는 입강총례立綱摠例·천문류天文類·제향류祭享類·임어소견류臨御召見類·반사은전류頒賜恩典類·제배체해류除拜遞解類·소차류疏箚類·계사류啓辭類·초기서계별단류草記書啓別單類·장계류狀啓類·과시류科試類·형옥류刑獄類·구례서금례불서질舊例書今例不書秩·각월초상문서各月抄上文書·잡록雜錄·일력범례日曆凡例 등 16항의 기사 범주를 두고, 그 아래 각각의 찬수범례를 열거하는 형식으로 이루어져 있기 때문이다.[107]

그럼에도 불구하고 〈표 2〉에서 보듯이 신구 편찬범례의 사이에는 흥미로운 차이점이 발견된다. 우선 새 범례에는 수집 자료와 졸기에 대한 기사 범례가 없다. 수집 자료가 명기되어 있지 않은 이유는 『일성록』이 편찬되기 시작하면서 실록 편찬에 이용되는 자료의 위상이 변화한 것에 그 일차적인 원인이 있다고 생각한다. 대신에 강연講筵, 빈대賓對, 입시하여 경연에서 한 말(입시연설入侍筵說) 등 구체적인 사실을 대상으로 기사 범례를 정해둔 것이 눈에 띠며, 이는 27개조 찬수범례의 특징이기도 하다.

106   李泰鎭·洪順敏, 「『日省錄』刀削의 실상과 경위」, 『韓國文化』 10, 규장각한국학연구소, 1989.

107   柳本藝, 『瀛閣規例』(규장각 6321).

한편 『정조실록』 찬수범례에서 졸기에 대한 범례가 없는 점도 의아스러운 대목이다. 새 범례에 졸기 범례가 없다고 해서 『정조실록』 이후의 실록에 졸기가 없는 것도 아니다. 여전히 졸기는 작성되었다.[108] 그러나 『일성록』에는 졸기 범례가 없는데, 이는 애초 『일성록』이 군왕인 정조의 통치 행위를 중심으로 기록했던 데 연유가 있다고 생각한다.

여러 각신閣臣·승지·옥당 등에게 명하여 『일성록』을 편성하게 하였다. 상이 동궁으로 있을 때부터 일록日錄이 있었다. 언동과 한 일을 기록하여 반성 자료로 삼았으니, 이것이 『존현각일기尊賢閣日記』이다. 이때에 이르러 여러 신하에게 명하여 임신년(영조 28년, 1752)의 탄생부터 『존현각일기』 이전까지와 다시 병신년(정조 즉위년, 1776)의 즉위 이후부터 갑진년(정조 8년, 1784)에 이르기까지 기거주起居注에 기재되어 있는 바 제사諸司의 장고掌故 및 『존현각일기』를 가져와서 날짜에 따라 일을 기록하고 강령을 세우고 조목을 나누었으며, 을사년(정조 9년, 1785) 이후에는 이를 이어서 편집하되 각신으로서 당직자가 그 일을 관장하게 하였다. 증자曾子가 하루 세 번 자기 몸을 살핀 뜻을 따와 그 책을 『일성록』이라 이름하였으며, 경신년(정조 24년, 1800)에까지 이르렀으니 모두 675책이었다.

命諸閣臣承旨玉堂等, 編成『日省錄』. 上自在春邸, 有日錄, 記言動事爲, 以備觀省之資, 是爲『尊賢閣日記』也. 至是命諸臣, 起自壬申誕降後, 至 『尊賢閣日記』以前, 復自丙申御極以後, 至甲辰, 取起居注所, 載諸司掌, 故及『尊賢閣日記』, 繫日紀事, 立綱分目, 乙巳以後, 繼此編摩, 使閣臣

---

108 정실鄭實의 졸기[『정조실록』, 즉위년 4월 18일(기미)]를 비롯하여 이후의 실록에도 155명의 졸기가 더 실려 있다.

當直者掌其事. 取曾子曰三省吾身之義, 命其書曰『日省錄』, 至庚申, 凡 六百七十五冊.[109]

새 범례에 예전의 찬수범례에 없던 '어서御書' 범례가 새로이 등장한 것 도 마찬가지 이유라고 할 수 있다.[110] 결국 새로운 27개조의 실록찬수범례는 『일성록』의 찬수범례를 도입함으로써 나타났다고 이해하는 편이 타당할 듯 하다. 이후 27개조의 찬수범례는 『철종실록』 편찬까지 계속 적용되었는데, 이러한 현상은 『일성록』 찬수범례가 곧 실록의 찬수범례를 규정하게 되었음 을 보여준다. 또한 이는 『일성록』이 편찬되기 시작하면서 실록을 중심으로 한 국사 체계의 위상 변동을 보여주는 한 예이며, 이 점은 다음에 서술할 국 사 체계의 인식에서도 확인된다.

2) 실록 위상의 균열

앞서 사초 관리나 한림의 직제 운영에서 그 변화의 조짐과 실제를 확인 했다. 또한 실록의 찬수범례에 끼친 『일성록』의 영향을 통해 조선 후기 국사 체계의 변동을 인지했다. 정조 원년(1777), 임석철林錫喆과 김면주金勉柱의 상 소에 따르면 병조 판서 채제공蔡濟恭은 경연에서 공공연히 "예로부터 사관의 시정기는 볼 만한 것이 없어서 『승정원일기』만도 못하다. …… 이름은 사책

---

109 『정조실록』, 9년 7월 30일(정축).

110 이는 정조 재위 기간 중의 대규모 편찬 사업의 결과일 것이다. 이에 대해서는 김문식, 『정조의 경학과 주자학』, 문헌과해석사, 2000 참고.

史冊이지만 믿을 수가 없다."고 말함으로써[111] 이러한 변동 과정에 상응하는 인식의 일단을 보여주었다.

채제공은 영조 24년(1748)에 검열檢閱을 역임한 적이 있으므로 그의 발언이 갖는 함의는 작지 않다.[112] 정조가 채제공이 의도한 바는 아니지만 실언했다고 비답을 내리자, 채재공은 "한두 군데의 맥락이 신이 말한 것과 다른 점이 있다고 하더라도 그 뜻을 궁구해보면 사각史閣을 높이고 사필史筆을 비밀스럽게 하기 위한 것입니다."라며 해명했다. 하지만 사관 임석철·김면주 등은 다시 상소를 올려 채제공을 비판했다. 정조는 이를 계기로 '사관은 (참외관인) 사관일 뿐이고, 당상은 어디까지나 당상(史官自史官, 堂陛自堂陛)'이라고 하여 사관들의 무례를 질책했으며, 결국 사건은 채제공을 추고推考하고 임석철 등은 파직하는 것으로 끝났다.

정조가 영조의 '획기적 정책(大政)'으로 평가한 한림 권점제로 인해 사관의 임용이 관료제의 위계를 바탕으로 이루어지면서 사관들의 직능 역시 그 틀 안에서 용인되었음을 보여주는 의미 있는 사건이었다. 사관들의 반발이나 원칙적인 공론에도 불구하고 이제 한림이 주체가 되어 작성하는 사초나 시정기의 위상은 기울어가고 있었다.

이에 비하여 『일성록』의 편찬은 정조가 주도했고, 게다가 본인이 의욕적으로 선발한 규장각 각신이 사관의 역할을 하면서 이루어진 성과였다. 규장

---

111 『정조실록』, 원년 5월 28일(임진). 임석철林錫喆 등의 비판에 대한 채제공의 변론 상소 전문은 다음을 참고. 채제공蔡濟恭, 『번암집樊巖集』 권21 「兵判時對翰林林錫喆金勉柱 聯名疏-丁酉」(한국문집총간 235, 414쪽)

112 채제공, 『번암집』 권20 「辭檢閣疏-戊辰」(한국문집총간 235, 380쪽). 바로 이어 다음 사료에서 그가 한림에 재직했음을 보여준다. 같은 책, 「辨宋瑩中筵誣書-己巳 王世子 代理時, 以翰林在違牌坐罷中」.

각의 기능이 정조 5년(1781)을 전후하여 경연관, 사관, 종부시宗簿寺의 기능을 차례로 갖게 됨으로써 결국 승정원·홍문관·예문관·사간원·종부시의 기능을 병합하게 되었는데, 이는 규장각이 정조의 중추적 관료 기구 장악 및 문화 정책 주도를 위한 친위대의 성격을 띠었음을 의미한다.[113]

　　홍문관 관원을 겸춘추로 삼은 『경국대전』의 규정을 생각하면 규장각 각신들이 사관의 임무를 띠는 것은 자연스러운 일이었다. 그래서 정조도 내각은 겸춘추의 직임을 띠도록 했다.[114] 그런데 정조는 사관인 한림이 했던 일과 똑같은 역할을 각신들에게 요구했다. 『일성록』 편찬이 마무리될 무렵이던[115] 정조 9년(1785)에 정조는 검교대교檢校待教 윤행임尹行恁에게 다음과 같이 말했다.

　　사관의 임무는 말과 행동을 기록하는 것만이 아니다. 임금의 과실을 적어야 한다. 그래야 책무를 다했다 할 것이다. 옛사람이 말하기를 "역사에 잘못을 기록하지 않는다면 그 죄는 죽음에 해당한다."고 하였다. 또 말하기를 "임금의 뒤를 따르며 그 잘못을 지켜보았다가 기록한다."고 하였다. 그대들은 사관의 자리에 있으니 이 뜻을 가슴에 새겨야 할 것이다.
　　史官之職, 不特記言記動, 必書人君過失, 然後可謂盡其責. 古人有言曰: "史不其過, 其罪殺之." 又曰: "從君之後, 伺君過而書之." 爾等職在史官, 須銘念此義.[116]

113　정옥자, 『정조의 문예사상과 규장각』, 효형출판, 2001, 92~93쪽.

114　『내각일력內閣日曆』 9책, 정조 5년 3월 10일.

115　『정조실록』, 9년 5월 22일(경오); 9년 7월 30일(정축).

116　『홍재전서弘齋全書』 권174, 『일득록日得錄』 14 訓語, 檢校待教臣尹行恁乙巳錄.

윤행임이 겸춘추라도 정조가 8한림 이외의 직책을 가진 그에게 직접 '사관'이라고 말한 것은 매우 이례적인 일이었다. 그만큼 정조가 각신들에게 사관의 역할을 기대했다는 말이 된다. 하긴 규장각 각신의 직명職名도 사관 중의 하나인 '대교待教'를 그대로 썼으니[117] 이상할 것도 없다. 계속 이어지는 정조의 말도 한림인 사관의 책무를 가리킨다. 앞서 정조 원년(1777)에 사관의 시정기를 매도하는 채제공의 설화舌禍가 있었을 때 중신重臣이 무슨 죽을죄라도 지었느냐고 공박하던 정조의 태도[118]와는 사뭇 다른 당부임을 알 수 있다. 결국 정조대 이후 사관은 사실상 두 직군으로 나뉜 셈이었다. 규장각 각신인가 예문관 사관인가 하는 직군에 따라 이들의 직능職能도 각각 사초(또는 시정기)와 실록 담당 및 『일성록』 담당으로 나뉘었다.

이들에게 맡긴 『일성록』에서 새로운 국사 체계의 대안, 즉 붕당의 온상이라 할 만한 한림의 사초에 기초하여 편찬되는 실록 중심의 국사 체계에 대한 대안을 찾고 있었다고 보는 것은 무리일까? 다시 유본예의 『영각규례』 「일성록범례 서日省錄凡例序」의 첫머리를 보자.

> 우리나라에 국사國史는 둘이 있다. 춘추관에 시정기가 있고, 승정원에 일기가 있다. 좌사와 우사의 자리이다. 시정기는 사관이 당시 정치의 잘잘못을 기록하는 것으로 사고에 보관하여 다른 사람들이 보지 못하게 한다. 일기는 매일 승정원 주서가 서류철을 만들어 6방 승지의 문서를 등록하는데 전교축傳教軸이라고 부른다. …… 그 사적의 중요하고 그렇지 않고를 고려하지 않고 모두 기록하며, 소차는 뒤에 이어 기록하여 승정원에 보관한다.

---

117 『대전회통大典會通』 「吏典」, '京官職', 奎章閣.

118 『정조실록』, 원년 5월 28일(임진).

『일성록』은 …… 그 편찬 방법이 사안마다 강綱을 세워 목目과 연결시켜 번잡함을 덜고 긴요성을 취하였다. 비판하는 기사가 있으면 모두 수록하였고, 여러 신하들의 주계奏啓는 줄이고 추렸는데 『승정원일기』에 비하여 내용은 줄였지만 실제 사안은 상세하고 …… 예조(春官)의 의주儀注는 …… 『승정원일기』에는 실려 있지 않지만 『일성록』에만 실려 있다.

國朝史有二焉, 春秋館有時政記 承政院有日記, 此則左右史之職也. 時政記者, 記事官蓋論時政之得失, 藏之史庫, 他人不得見焉. 日記則每日院史, 以繩穿集, 六房文書翌朝草裝之, 謂之傳敎軸, …… 不計其事蹟緊漫, 手自全錄, 疏箚則連書於其末, 藏之政院矣. 『日省錄』 …… 其法, 每一事必立綱係目. 刪繁而取要, 有絲綸批判則全錄, 而諸臣奏啓文字無不刪抄, 比諸『政院日記』, 文省而事詳 …… 如春官之儀注 …… 則『政院日記』中所不載, 而獨載於『日省錄』.[119]

위 글을 통해 유본예가 강조하고자 하는 바를 알 수 있다. 하나는, 시정기가 사고에 보관되어 사관 외의 다른 사람은 볼 수 없는 폐쇄적 기록임을 들어 넌지시 『일성록』의 활용성을 강조하고 있다. 또 다른 하나는, 『일성록』이 『승정원일기』보다 많은 정보를 훨씬 정련된 모습으로 간직하고 있다고 함으로써 역사 기록으로서의 내용적 우월성을 강조했다. 결국 유본예 자신은 물론이고, 「일성록범례 서」를 유본예에게 맡기고 그와 인식을 공유한 사람들은 시정기와 『승정원일기』보다 『일성록』이 우월하다고 생각했음을 확인할 수 있다.

그렇다고 해도 '실록은 계속 편찬하지 않았는가' 하는 질문이 가능할 것

---

119 柳本藝, 『瀛閣規例』(규장각 6321), 「日省錄凡例序」.

이다. 물론 실록과 직접 비교한다거나 실록의 존재를 부정할 수는 없다. 실록은 여전히 왕조의 권위를 상징하는 또 다른 표상이며 선왕의 전례典禮로서, 왕조가 다하는 날까지 끌고 갈 수밖에 없는 것이었기 때문이다. 그럼에도 불구하고 실록의 상대화 또는 실록의 기본 자료였던 시정기에 대한 폄하는 결과적으로 실록의 의의를 감소시키게 마련이었다.

그런데 『일성록』은 실제적인 국사 체계의 정점에 있는 실록의 대안만은 아니었다.

> 당나라·송나라 이후 기거주·시정기·일력이 있었는데, 일정한 곳에 사관을 두어 보관하였다. 그런데 특별한 일이 아니면 볼 수 없었으며, 모두 후세에 역사를 전하기 위한 목적으로 작성되었을 뿐이다. 가까이에 두고 일상적인 반성의 자료로 삼았다는 말은 들어본 적이 없다.
>
> 唐宋以後, 則有起居注, 有時政記, 有日曆焉. 然其書藏之有所, 掌之有官, 非有事則不得考, 蓋所以傳信後世而已. 若乃置諸屛宁之間, 作爲燕漢之省, 則槩未之聞也.[120]

위 글은 『일성록』 편찬의 목적이 현재의 필요에 있음을 간접적으로 알려준다. 다시 말해 시정기 등은 사관史館에 보관해두기 때문에 일상적으로 참고할 수 없다는 점을 들어 가까이 두고 볼 역사의 필요성을 역설한 것이다. 이는 앞서 말한 역사 기록의 활용성과 연관 있고, 또 이복원李福源이 「일성록서日省錄序」에서 밝힌 대로 "옛 역사를 거울삼는 것은 오늘날을 살피는 것만

---

120 『군서표기群書標記』(아세아문화사 영인본), 「日省錄六百七十五卷」.

같지 못하다.(監乎古不如察乎今, 求諸人不如反諸身, 此日省錄所以作也.)"라는[121] 언명
과 통하는 말이다.

물론 이들의 말을 곧 '감계鑑戒'로서 역사의 기능을 부정하는 것이라고 파
악했다면, 이는 피상적인 이해이다. 그보다는『일성록』편찬의 의의가 '당대
의 활용'이라는 데 있음을 강조한 말로 보아야 한다. 다른 말로 하면, 옛 역사
를 돌아보는 것만으로 감당할 수 없었던 조선 후기 사회 변화의 역동성이 역
사 기록의 활용성에 대한 강조로 나타났다고 할 수 있다.

이러한 인식의 변화는 작은 일이 아니다. 당시에도 각 기관의 등록謄錄이
나『승정원일기』는 행정과 정책 결정 등을 참고하는 데 이용되고 있었다. 사
실 이미 존재하는 국사國史나 등록만으로도 위에서 말한 목적을 달성하는 데
큰 어려움은 없었다. 여기서 짚어야 할 점은 실록뿐만 아니라『승정원일기』
조차 그 대안이 모색되었을 수 있다는 사실이다.

『내각일력內閣日曆』이 바로 그 대안으로 짐작되는데, 현재 남아 있는 방대
한 양의『내각일력』은『승정원일기』가 엄존함에도 따로 작성되었다는[122] 점
에서 그 편찬 의의에 대한 검토와 분석이 필요하다.『승정원일기』가 있는데
굳이 같은 체재의『내각일력』을 정조가 편찬하게 한 것은, 홍문관이 있는데
규장각을 둔 것이나, 예문관이 있는데 각신에게 사관을 맡긴 것과 같은 차원
에서 정치사적 검토가 필요하다. 사학사의 관점에서 보면, 규장각이라는 대
안적 정치제도에 상응하는 대안적 역사 편찬물의 모색이라는 관점에서 해석
할 수 있을 것이다. 결국『승정원일기』의 대안, 나아가 영구 보존할 역사 기

---

121 이복원李福源,「일성록 서日省錄序」, 1785. 이복원의「일성록 서」는 정조 9년(1785)에
　　　작성되었으며, 영인본의 서문에 들어 있다.

122 『정조실록』, 5년 2월 13일(병진).

록이면서 비밀문서로서 왕조의 멸망 이후에나 공개될 실록에 대한 대안으로 『일성록』 또는 『일성록』-『내각일력』을 인식했다는 말이 된다.

『일성록』은 영구 보존할 역사 기록이지만 항시적인 열람을 목적으로 했다는 점에서 실록이 지닌 '닫힌 보존성' 또는 '비활용성'과 대비된다. 특히 국왕의 열람이 가능한, 아니 국왕이 주도한 역사 기록이었다는 점에서 국사 체계의 획기적인 전환이라 할 수 있다. 정조는 본인뿐 아니라 신료들까지 필요한 경우에 열람하여 정책에 참고하도록 조치했다.[123] 이는 당대 문화적 성취 일반을 후대에 전하고 평가를 맡김으로써 의의를 갖는, 다시 말하면 조선시대 성리학적 훈련과 사유를 바탕으로 지켜졌던 실록 중심 역사 인식의[124] 변화를 의미한다. 이렇게 『일성록』의 개방성은 지식 계층의 증가와 민권의 신장에 따라 얼마든지 접근 가능한 국가기록관리체제로의 전환이라는 가능태를 품고 있었다.

특히 국왕의 재위 기간을 단위로 편찬되던 실록을 대신하여 단순한 연대기 방식으로 이루어지는 국가문서의 등록은 그 누구의 의도를 떠나 사람들이 자신들의 삶의 시간적 구획을 다르게 볼 수 있도록 만든다는 점에서 왕조 체제의 또 다른 변화를 의미했다. 전통시대에도 역사(또는 역사 기록)는 왕조나 국왕의 재위를 넘어서는 의의를 가진다는 점은 누누이 강조되었고, 실록의 의의도 그러했다.

그럼에도 불구하고 실록의 시간 구획과 사회적 의미가 상대화되고 『일성

---

123 『정조실록』, 16년 7월 27일(갑자); 17년 8월 9일(기사).

124 이에 대한 상세한 논의는, 오항녕, 「性理學的 歷史觀의 성립: 超越에서 現實로」, 『조선시대사학보』 9, 1999 및 「朝鮮初期 實錄編纂體裁의 변화에 대한 史學史的 考察」, 『한국사학사학보』 1, 2000 참고.

록』같은 순수 연대기 방식의 시간 구획이 그 자리를 밀어내며 표면에 떠오른다는 것은, 국왕의 승하와 등극의 교차 시기에 편찬된 실록이 연출했던 극적 효과를 약화시키는 측면이 있었다. 예를 들어 '정조대왕실록'이라고는 하지만 '정조대왕일성록'이라고는 하지 않는다. 『일성록』은 군주가 주도하여 편찬되었지만 군주의 재위 기간을 단위로 만들어지지 않았다. 이는 그 기록을 보는 사람들의 시간관념에 영향을 미친다. 마치 간지干支를 단위로 쓰는 문화와 서기西紀를 단위로 쓰는 문화의 시간관념이 다른 것과 같다.[125]

역사를 보면 가능성이 언제나 긍정적으로 현실화되지는 않았다. 양반 사대부들의 자기 정화 능력을 유지하고 긴장감을 주었던 사관제도가 한림 권점을 통하여 완전히 관료제에 편입된 상황에서 국왕의 전권에 의한 국가기록의 관리는 기록을 통한 견제와 긴장의 기능을 유지하는 데 근원적인 한계가 있었다. 정조의 발상에 따라 『일성록』이 등장하고 그를 통해 풍부한 기록을 남기는 계기가 되었지만, 다른 한편으로 국왕에 의해 『일성록』의 편찬이 시작되었다는 것은 한계이기도 했다.[126] 『일성록』이라는 역사 기록을 엄격히 감시하고 견제할 세력이 형성되지 못하고 새로운 환경의 역사 기록에 맞는 관리 원칙이 마련되지 못한 상황에서는 기록이 도삭되는 등의 폐해를 피할

---

125 이런 발상에 대해서는, 마이클 로위, 「중국의 시간」 74~77쪽 및 펠리페 페르난데스-아르메스토, 「시간과 역사」, 248~252쪽, 움베르토 에코 외 지음, 김석희 옮김, 『시간박물관』, 푸른숲, 2000; 오항녕, 「조선시대의 시간: 구획과 층위」, 『민족문화연구』 40, 2004.

126 『일성록』의 체재나 『일성록』을 창안한 정조의 역사 학습도 성리학의 틀에서 벗어나지 않았다. 『일성록』에 적용한 '강목' 체재는 기사의 요체와 내용을 쉽게 구분하여 이해할 수 있다는 강목체의 실용성 때문에 채택된 것이라고 해도, 정조가 심혈을 기울여 생원·진사와 함께 학습한 '강목 강의'는 『일성록』의 탄생과 정조의 역사관이 그리 멀리 떨어져 있지 않았다는 점을 시사한다. 『홍재전서』 권110~119, 「경사강의經史講義」 「강목綱目」 참고.

수 없었다.

정조대 이후 청론淸論 사류가 분해되면서 정파 간의 상호 견제 구도가 무너지고 국왕의 정치적 역할이 설 땅을 잃어버린 뒤 조선 말기에 이르면 몇몇 경화거족京華巨族의 연립에 의한 외척 세도 독재가 판치게 된다.[127] 이러한 현실 속에 사관제도를 기초로 이루어지는 실록 중심의 국가기록관리체제를 대신할 어떠한 주체와 제도도 기존 정치체제 내에서 용인할 수 없을 만큼 정치 사회는 보수화되어갔다. 그 때문에 『일성록』의 긍정적 가능성은 동시에 시대적 한계를 함께 내포하고 있었다.

4. 실록과 갑오개혁

1) 예문관과 춘추관의 소멸

『정조실록』 이후 실록의 내용이 조금씩 부실해져갔다는 사실은 조선왕조가 서서히 쇠퇴의 길에 접어들었음을 의미한다. 정조 사후 19세기는 정치적으로 사림정치 질서가 무너지고 외척 세도정치가 진행되었다. 세도정치와 삼정三政의 문란으로 대변된 '위기'와 '몰락'은 그 시대를 상징하는 핵심어였다. 하지만 전통적 질서가 와해되는 와중에도 서울과 지방에서는 다양한 학풍과 종교운동이 나타났다.[128] 서울 학계에서는 북학과 서학이 유행하고 천주교가 세력을 확대했다. 추사秋史 김정희金正喜, 다산茶山 정약용丁若鏞, 혜강惠岡 최

---

127 유봉학, 「정조시대 정치론의 추이」, 『정조시대의 사상과 문화』, 돌베개, 1999.

128 유봉학, 『실학과 진경문화』, 신구문화사, 2012.

한기崔漢綺 등은 그중 우뚝한 인물이었다. 동학東學은 새로운 사회를 향한 지방 지식인들의 창조적 발상, 바로 그것이었다.[129]

　조선왕조의 쇠퇴는 다른 한편으로 사회의 새로운 역동성이 창출되는 모습과 겹쳐진다. 농민들은 인구 증가와 생산성 하락 등 위기 상황에서 다량의 노동력을 투입하여 버텨나갔으며 경작 작물을 다각화하여 다품종 소량 생산의 방식으로 전환하기도 했다. 이 시기 지대율 감하도 생산성의 위기 때문이라기보다는 오히려 지배층이 체제의 위기를 외면하는 현실 속에서 향촌 공동체가 자율적으로, 혹은 사회적 관계의 변화 속에서 위기에 대응하고자 했던 노력의 소산으로 보인다.

　1862년(철종 13) 삼남 지역을 휩쓴 민란이나 1894년(고종 31) 동학농민전쟁도 체제 위기나 생존 위기에 따른 즉자적 저항이 아니었다. 조선 사회의 체제와 지배 이념 속에서 누적되어온 경험과 다양한 분야의 변화 과정 중에 내면화한 그 나름의 정당성, 즉 인정仁政과 민본民本 이념을 기반으로 질서를 회복하려는 노력이었다.[130] 그러나 서구 제국주의의 침략에 대응할 시간은 그리 많지 않았다.

　1894년 갑오개혁은 전래 왕정의 행정 체계에 큰 변동을 가져왔다. 그것은 의정부와 육조, 문한관서로 구성된 관료 체계의 변화였다. 갑오개혁은 강화도조약(1876) 이후 일제가 조선 사회의 변동 흐름에 편승하여 '근대화'·'개혁'의 기치 아래 제국주의 침략을 원활히 하기 위한 제도 정비의 성격이 강했다.[131]

129　표영삼, 『동학 1』, 통나무, 2004; 『동학 2』, 2005.

130　배항섭, 「19세기를 바라보는 시각」, 『역사비평』 101, 2012.

131　강만길, 『고쳐 쓴 한국근대사』, 1994, 196쪽.

그러나 조선은 관료제의 경험을 갖고 있었으므로, 갑오개혁으로 바뀐 행정형 제도는 이전과 본질적인 차이가 없었다. 1894년 6월 28일에 군국기무처軍國機務處에서 제출한 관제개혁안은 의정부 이하 8개 아문을 설치했는데, 이는 6조에 대응하는 것이었다.[132] 하지만 왕정의 약화를 위해 궁중宮中과 부중府中을 구별한다든지, 삼권분립에 따라 사법권을 행정권과 분리한다든지, 국왕이 아닌 내각이 권력 기구로 정립된다든지 하는 방향은 조선왕조의 그것과 사뭇 달랐다.

개화파 정부는 1894년 7월 12일, '명령반포식'을 통해 법령 제정 과정을 규정했고, 7월 14일에는 「각부각아문통행규칙各府各衙門通行規則」을 공포하여 공공 기관의 공기록 처리 방식을 규정했다.[133] '개국기년開國紀年'을 사용함으로써 청나라와의 관계 단절, 국문을 기본으로 한 국한문 혼용, 공문서 양식의 인쇄 사용 등이 이루어졌다. 이어 7월 18일에 관제개혁안을 발표했는데, 궁내부와 의정부의 소속 관청은 다음과 같았다.

● **궁내부**宮內府 : 정원政院【상서원尙瑞院】, 경연청經筵廳【승문원承文院, 예문관藝文館, 홍문관弘文館, 춘추관春秋館】, 규장각奎章閣【교서관校書館, 사자청寫字廳, 도화서圖畵署】, 통례원通禮院, 장악원掌樂院, 내수사內需司【용동궁龍洞宮, 어의궁於義宮, 명례궁明禮宮, 수진궁壽進宮】, 사궁四宮, 장흥고長興庫, 사옹원司饔院【빙고氷庫, 예빈시禮賓寺】, 상의원尙衣院【제용감濟用監】, 시강원侍講院【익위사翊衛司, 강서원講書院, 위종사衛從司】, 내시사內侍司【액정서掖庭署, 배설방排設房】, 명부사命婦司, 태복시太僕寺, 전각사殿閣司【선공감繕工監】.

132 권태억, 「갑오개혁 이후 공문서 체계의 변화」, 『규장각』 17, 1994, 82~84쪽.

133 이경용, 「한말 기록관리제도―공문서관리 규정을 중심으로」, 『기록학연구』 6, 2002.

● **의정부**議政府 : 중추부中樞府, 기로소耆老所, 충훈부忠勳府, 사헌부司憲府, 사간원司諫院.[134]

　가장 큰 변화는 문한관서의 약화 또는 소멸에 가까운 성격 변화였다. 권력이 국왕에서 내각으로 넘어간 상황에서 문한관서는 궁내부에 속하거나 의정부로 소속되었다. 고문顧問과 경연을 담당하던 홍문관, 시정時政의 기록을 담당하던 예문관과 춘추관이 경연청에 소속되었다. 규장각은 도서관으로 변모했다. 사헌부와 사간원은 의정부 소속으로 변했다. 마치 중국 송나라 중서문하성의 낭사郞舍로 되돌아간 격이었다. 사헌부와 사간원은 정부의 감사監査 기능만 남기고 언론 기능은 장차 매스컴에게 넘겨주어야 할 운명이었다. 경연을 담당하던 홍문관과 규장각은 왕정의 종식과 함께 역사 속으로 사라지고 정부 조직의 자문위원회로 변신해야 했다.

　기주와 기사는 이전에 기주와 기사를 지낸 사람들이 모여서 추천하여 명단을 궁내부로 보내면 궁내부에서 의망하여 낙점을 받는다. 비록 춘추관 겸직이 아니더라도 그전 규례대로 기주는 15개월을 채우면 6품으로 올리고, 이미 한림으로 추천되었던 사람은 다시 추천하기를 기다리지 않고 규례대로 기사에 의망한다.
　記注·記事曾經人會薦, 送單于宮內府, 擬望受點, 而雖非春秋兼銜, 依舊例記注滿十五朔陞六, 已經翰圈人, 不待更薦, 例擬記事.[135]

134 『고종실록』, 31년 7월 18일(임진).

135 『고종실록』, 31년 7월 22일(병신).

이는 7월 18일 관제개혁안이 반포되고 나흘 뒤인 22일에 나온 궁내부 총제總制이다. 일견 조선 전래의 사관이 했던 직능이 살아 있는 듯한 이 규정은 전후를 살펴보면 그 성격이 드러난다. 예문관이 속한 궁내부 경연청의 직무는 '강독講讀·고명誥命에 관한 일'이었다. 게다가 이미 궁내부와 8아문은 행정 체계상 분리되어 있기 때문에 예문관은 조정의 기록이 모이는 곳이 될 수 없었다. 형해화한 것이다. 실제로 춘추관과 예문관의 활동에 대한 언급은 『고종실록』의 이 기사를 끝으로 더 이상 나타나지 않는다. 역사 속으로 사라져버렸다.

경연청 소속이 되어버린 예문관 등 역사 담당 부서의 변화는 이듬해 반포된 「내각 소속 직원의 관제(內閣所屬職員官制)」를 보면 그 방향을 선명히 알 수 있다. 역사를 책임지던 사관은 문서 관리 부서로 재편되었다. 1895년(고종 32) 칙령 제39호로 반포된 「내각 소속 직원의 관제」를 보자.

제1조 내각 소속 직원은 다음과 같다.

총서總書는 1인인데 칙임관勅任官이고, 기록국장記錄局長은 1인인데 주임관奏任官이며, 참서관參書官은【전임專任이다】 2인 이하이고, 내각 총리대신 비서관內閣總理大臣祕書官은 1인인데 모두 주임관이며, 주사主事는 18인 이하인데 판임관判任官이다.

제2조 총서는 총리대신의 명을 받들어 비밀문서를 맡아 관리하며 내각의 모든 사무를 총괄하여 처리한다.

제3조 참서관은 총리대신의 명을 받들며 또 총서의 지휘에 따라 다음의 사무를 맡는다.

1. 조칙과 법률, 명령의 발포에 관한 사항이다.

2. 공문의 검열, 초안 작성과 접수, 발송에 관한 사항이다.

3. 법률, 명령안의 조사에 관한 사항이다.

4. 관인官印의 관리 보관에 관한 사항이다.

5. 내각 회계에 관한 사항이다.

6. 각 관청의 칙임관과 주임관의 이력에 관한 사항이다.

7. 각 관청을 창설하거나 나누거나 합치며 폐지하는 데 대한 내각 토의

　안건의 작성에 관한 사항이다.

제4조 국장은 총리대신의 명을 받으며, 또 총서의 지휘에 따라 국局의 사

　무를 장악하고 처리하며, 소속 관리를 감독한다.

제5조 기록국은 삼등국三等局으로서 다음의 일을 맡는다.

1. 내각 기록의 편찬에 관한 사항이다.

2. 조칙과 법률, 칙령의 원본과 기타 공문의 보존에 관한 사항이다.

3. 내각 소관의 도서 구입과 분류 보존, 출납과 목록 편집에 관한 사항

　이다.

4. 내각에서 사용할 도서의 출판에 관한 사항이다.

5. 제반 통계표 작성에 관한 사항이다.

6. 관보와 직원록의 편찬, 판매와 분류에 관한 사항이다.

7. 관보와 직원록을 거두어들이고 상부에 바치는 데 관한 사항이다.

8. 국사 편찬에 관한 사항이다.[136]

　예문관 사관이 수행하던 '당대 역사를 기록하는 기능'은 관료제로 편입되
었다. 춘추관 실록청의 실록 편찬 기능은 제5조 8항에 규정되어 사실상 '기
타 조항'으로만 남았다. 아니, 궁내부와 내각이 분리된 이상, 그리하여 예문

---

136 『고종실록』, 32년 3월 25일(병신); 『관보官報』, 開國504年 3月 25日.

관이 내각 문서를 포함한 국정 기록을 총괄할 권한과 위상을 갖고 있지 않은 이상, 이미 갑오개혁 이후의 관제개혁안에서 예문관과 춘추관을 염두에 두는 것은 무의미하다. 다시 말해 할 일이 없는 관청이 되었다는 뜻이다.

한 달 뒤인 4월 15일에 반포된 「내각 소속 직원 분과 규정內閣所屬職員分科規定」을 보면 내각 참사관실 아래 문서, 조사, 회계의 3과를 둔다고 했다.[137] 문서과는 처리과의 현행 문서를 담당하는 부서에 해당한다.

내각 기록국에는 편록과, 관보과, 사적과를 두었다. 편록과에서는 내각 기록의 편찬과 보존에 관한 사항, 조직 및 법률 칙령의 원본과 기타 공문의 보존에 관한 사항을 담당했고, 관보과에서는 관보의 편찬과 발행을 맡았다. 사적과에서는 국사 편찬에 관한 사항과 내각의 도서 관리를 담당했다. 이렇게 기록국과 문서과가 과거 조선의 예문관과 춘추관의 직능을 가져갔다. 짐작건대 갑오개혁으로 역사적 기능을 상실한 예문관과 춘추관의 소멸이 『고종실록』과 『순종실록』의 정통성에 대한 여론에도 영향을 끼친 듯하다.

갑오개혁에 따라 조선의 관제는 이전 시대와 깊이 단절하고 만다. 조선 문명과 계몽주의 문명은 서로 매우 다르기 때문에 이 시기의 전환을 몇몇 인과관계로 설명하기는 어렵다. 모든 역사의 사건에는 구조, 인간의 의지, 우연이 작동하고 있다는 점을 상기하면 단선적 인과론은 소박한 착시 현상일 뿐이다.

예문관이 궁내부에 속하고, 내각의 모든 기록에 관한 사항은 기록국과 문서과가 맡는 이원적 체계, 그리고 곧이어 예문관이 속한 궁내부는 사라지든지 기능이 현저하게 줄어들 터이다. 역사의 변화는 작은 데서도 발견된다. 정확히 말하면 역사의 변화는 구체적일 수밖에 없기 때문에, 또 현상現象은

---

137 이경용, 앞의 논문, 2002, 170~172쪽; 『관보官報』, 開國504年 4月 15日.

연기緣起이기 때문에 작은 데서도 변화를 발견할 수 있는 것은 당연하다. 아직 학계는 이 단절을 충분히 설명하고 있지 못하지만 풀어야 할 숙제임은 틀림없다.

2)『고종실록』과『순종실록』

다 아는 듯하지만 실제로는 연구가 부족한 데가 많은 것이 역사 분야이다. 예문관과 기록국의 단절이 갖는 역사적 의미에 대한 탐구도 그러한 예에 속한다. 마지막 실록이되 실록 대우를 받지 못하는『고종실록』과『순종실록』에 대한 연구도 마찬가지다. 그런 탓인지 두 실록은 아직 자료의 성격이 학문적으로 충분히 검토되지 않은 채 남아 있다.

『고종실록』과『순종실록』에 대한 불신은 일찍부터 생겨났다. 불신의 요지는 두 실록이『승정원일기』나『일성록』등을 토대로 편찬되었다지만 사관의 사초가 기본 사료로 쓰이지 않았다는 점, 조선사편수회의 편찬 의도가 식민사관이었다는 점, 편찬의 주체나 편찬자 구성 등에서 공정성과 정확성을 담보할 수 없다는 것이다.[138] 이런 문제점은 이후 연구에서도 계속 지적되어왔다.[139]

조선의 국왕은 27대로 끝을 맺지만, 통상 학계에서는 26대 고종과 27대 순종 시대의 실록인『고종태황제실록高宗太皇帝實錄』과『순종황제실록純宗皇帝實錄』을 '조선실록'에 포함하지 않는다.

---

138 최완기,「이른바 高純宗實錄에 대하여」,『민족문화』17, 1994.

139 장영숙,「李王職의『高宗·純宗實錄』편찬사업과 그 실상」,『사학연구』116, 2014.

두 실록(『고종태황제실록』과 『순종황제실록』)은 1927부터 1932년까지 조선총독부의 주도로 조선사편수회가 편찬한 것으로, 일본의 대한제국 국권 침탈과 황제·황실의 동정에 관한 기록들에서 왜곡이 많기 때문이다. 또한 조선시대의 엄격한 실록 편찬 규례에도 맞지 않는 점이 많다. 그러므로 고종·순종실록의 역사는 참고하거나 인용하는 데 주의가 필요하다.[140]

정리하면, 첫째 편찬 주체가 조선총독부 조선사편수회라는 점, 둘째, 기록의 왜곡이 많다는 점, 셋째, 실록 편찬 규례에 맞지 않는 점 때문에 두 실록의 사료 가치를 낮게 평가한다는 것이다. 이를 지금까지 논의해온 접근 방법에 따라 표현을 다소 조정하면 이렇게 된다. 첫째, 기사記事 단계에서 기록에 대한 신뢰성이 낮다. 둘째, 실록 편찬 주체의 자격이 의심스럽다. 셋째, 실록찬수범례에서 벗어났다.

사초를 작성하던 사관은 갑오개혁으로 인해 기사 영역에서 퇴출되었다. 궁내부 소속이기에 국왕의 언동을 기록할 수 있으므로 '퇴출'이라는 표현이 적절하지 않다고 지적할 수도 있다. 하지만 조선시대 사관의 관찰과 기록 영역이 '국왕'을 포함한 '국정'에 초점이 맞춰졌던 점을 상기하면 그런 지적은 타당하지 않다. 더욱이 사관의 기록은 국정뿐 아니라 사회 전반에 걸쳐 있었고, 사회 제 현상에 대한 평론도 고유의 몫이었다. 예문관이 궁내부 소속으로 바뀐 뒤 사관의 활동과 관찰 영역은 크게 축소되었다. 궁내부 소속이 된 이후 예문관 한림들의 사초 작성은 어떠했는지, 혹시 사초의 일부가 남아 있는지는 후속 연구가 필요한 부분이다.

---

140 http://sillok.history.go.kr/intro/intro.do '조선왕조실록 소개>실록 편찬의 유래와 체제', 2018년 1월 22일 검색.

두 실록은 이왕직李王職에서 편찬했다. 일제는 1910년 경술국치 이후 황제 순종을 '이왕李王'으로, 고종을 '이태왕李太王'으로 삼고, 일본 천황가의 하부 단위로 편입시켜 왕족의 신분을 부여했다. 대한제국의 황실이 '이왕가'로 격하된 것이다.[141] 겉으로는 예우한다는 명목이었지만 실제로는 통제하기 위해 설치한 기구가 곧 이왕직이었다. 이왕직은 국왕의 근시近侍, 제사와 능묘 관리, 정원 관리 등의 기능만 수행했을 뿐이다. 한성의 개조에 따라 조선의 궁궐이 정치 공간에서 공원 공간으로 퇴락하는 과정에서[142] 무기력했던 이왕직이 할 수 있는 일은 별로 없었다. 조선총독부가 기구와 인력을 여러 차례에 걸쳐 축소함에 따라 궁가의 직원 수는 계속 줄어들었다. 효율성 제고와 비용 절감이 이유였다. 그런 와중에도 서무와 회계는 일본인 관리가 맡고, 제사나 의식은 조선인 관리가 맡았다. 이왕직의 직제와 기능에 대해서는 연구가 이루어져 있으므로[143] 여기서는 실록 편찬과 관련된 부분만 살펴보기로 하자.

1926년 순종이 세상을 뜬 뒤 이듬해 4월 이왕직에 실록 편찬을 위한 위원회가 설치되고 1935년에 편찬이 완료되었다. 예문관과 춘추관이 궁내부에 소속되었던 갑오개혁 때의 관제 개편이 크게 변화하지 않은 채 일제강점기에는 궁내부를 대신한 이왕직이 실록 편찬을 맡았다. 두 실록의 편찬자 명단은 〈표 3〉과 같다.

『고종실록』을 고종이 세상을 뜬 1919년이나 이듬해에 편찬하지 않은 것

---

141 이윤상, 「일제하 '조선왕실'의 지위와 이왕직의 기능」, 『한국문화』 40, 2007.

142 전진성, 『상상의 아테네―베를린, 도쿄, 서울』, 천년의 상상, 2015, '3부. 2. 한양에서 경성으로'.

143 장신, 「일제하 이왕직李王職의 직제와 인사」, 『장서각』 35, 2016.

<표 3> 『고종태황제실록』과 『순종황제실록』의 편찬 위원

직무	이름	지위
위원장	시노다 지사쿠篠田治策	이왕직 장관 종3위 훈1등 법학박사
부위원장	이항구李恒九	이왕직 차관 종3위 훈1등 남작
감수 위원	오다 쇼고小田省吾	경성제국대학 교수, 종3위 훈3등
	정만조鄭萬朝	경학원 대제학 종4위 훈6등
	박승봉朴勝鳳	중추원 참의 정4위 훈3등
	나리타 세키나이成田碩內	이왕직 촉탁
	김명수金明秀	원 이왕직 사무관 종7위
	서만순徐晚淳	원 궁내부 비서원 승
편찬 위원	서상훈徐相勛	중추원 참의 종4위 훈3등
	남규희南奎熙	원 중추원 참의 종4위 훈3등
	이명상李明翔	원 궁내부 종정원 경
	조경구趙經九	원 궁내부 봉상사 제조
	홍종한洪鍾瀚	원 조선총독부 군수 종7위
	권순구權純九	원 조선총독부 군수 종8위
사료 수집 위원	박주빈朴冑彬	이왕직 사무관 종5위 훈5등
	이원승李源昇	원 이왕직 사무관 정5위 훈6등
	이능화李能和	원 조선총독부 편수관 정5위 훈6등
	기쿠치 겐조菊池謙讓	원 대륙 통신사 사장
서무 위원	스에마쓰 구마히코末松熊彦	이왕직 사무관 종4위 훈4등
	시가 노부미쓰志賀信光	이왕직 사무관 종4위 훈5등
회계 위원	사토 아키미치佐藤明道	이왕직 사무관 정5위 훈5등
감수 보조 위원	김석빈金碩彬	원 조선총독부 군수 종5위 훈6등
	에하라 요시쓰치江原善椎	원 조선총독부 이사관 정7위 훈8등
	김녕진金寧鎭	원 궁내부 비서원 승
	최규환崔奎煥	원 이왕직 속 종7위 훈8등
편찬 보조 위원	하마노 쇼타로濱野鐘太郞	원 조선총독부 도경시 정7위 훈7등
	이병소李秉韶	원 궁내부 비서원 승
	이풍용李豊用	원 이왕직 속

	미즈바시 후쿠히코水橋復比古	원 조선총독부 군서기
	이준성李準聖	원 농상공부 주사
	김병명金炳明	원 법부 주사
	홍명기洪明基	원 궁내부 수륜과 주사
사료 수집 보조 위원	기타지마 고조北島耕造	원 경성고등상업학교 촉탁

은 기존에 실록을 편찬해오던 관례와 차이가 있다. 하지만 그때 왜 바로 실록을 편찬하지 않았는지는 알 수 없다. 이미 무너진 왕조에서 이전의 편찬 시스템이 작동하리라 기대하는 것이 무리일 수 있으나, 현재 학계에서는 설득력 있는 설명이 제출되지 못하고 있다.

『고종실록』과 『순종실록』은 함께 편찬되었다. 두 실록의 말미에 붙어 있는 「부록」의 편찬자 명단이 같은 것은 이 때문이다. 처음에 이왕직에서는 실록 편찬을 위한 준비실을 두어 촉탁 2명, 임시 고용원 10명, 필기원(筆生) 26명을 배치했다. 수집 자료는 규장각 자료로, 경성제국대학에서 관리하던 『승정원일기』·『승선원일기』 등 2,678책이었다. 이들 자료는 『고종순종실록자료高宗純宗實錄資料』와 『고종실록자료원부高宗實錄資料原簿』로 남아 있다.[144]

실록편찬위원회는 위원장, 부위원장, 감수·편찬·사료 수집 위원, 감수 보조, 편찬 보조, 사료 수집 보조 위원 및 서무·회계 위원으로 구성되었다. 장관으로 위원장을 맡은 시노다 지사쿠篠田治策는 1899년 동경제국대학 법과대학을 졸업하고 1907년 6월부터 통감부 촉탁으로 취임하여 통감부 임시 간도 파출소 총무과장을 역임했다. 간도파출소는 1907년 용정龍井에 설치되었다가 간도일본총영사관으로 확대되었는데, 일제의 만주 침략 거점이었다. 이곳

---

144 장영숙, 앞의 논문, 『사학연구』 116, 2014.

은 남만주철도주식회사(만철)로 알려진 일제의 공기업이자 정보기관과 유기적 관계에 있었다. 특히 만철滿鐵의 조사실은 조선과 만주 통치의 이데올로기를 만들어내는 정책 기구로서, 이른바 만선사관滿鮮史觀을 기획했다.

이나바 이와키치稻葉岩吉의 견해로 대표되는 만선사관[145]은 조선의 역사를 만주에 복속시켜 중국과 조선의 관계를 끊고, 조선과 만주를 묶어 대륙을 향한 일본 식민지 경영의 거점으로 삼고자 했던 기획이었다.[146] 그는 1908년 남만주철도주식회사에 설치된 만선지리역사조사실滿鮮地理歷史調査室에서부터 1930년대 조선사편수회의 간사로 활동하기까지 만선사관을 만들어냈다. 이나바에 이르러 완성된 사대주의론은 이나바 개인의 창조물이 아니었다. 이른바 '침략삼서侵略三書'부터 축적된 논리이자 자료의 가공이었다.[147] 이로부터 조선사의 변화 및 규정성이 중국이나 일본의 외부 조건에 따라 좌우된다는 타율성론이 나왔고, 이 타율성론은 정체성론, 즉 조선사는 발전이 없는 정체된 사회에 계속 머물러 있다는 사관과 짝을 이루며 식민사관을 이끌었다. 그리고 성리학 공리공담론, 사대주의론, 당쟁론, 명분론 등 조선의 정치와 사상·문화·경제에 대한 왜곡된 담론을 생산해내 타율성론과 정체성론을 뒷받침하는 이론으로 배치했다.[148]

---

145 대표적 저술로, 稻葉岩吉, 『光海君時代の滿鮮關係』, 大阪屋號書店, 1933.

146 이규수, 『제국 일본의 한국 인식, 그 왜곡의 역사』, 논형, 2007, 70~106쪽.

147 조동걸, 『現代韓國史學史』, 나남출판, 1998, 241~256쪽 및 정상우의 일련의 연구, 특히 「일제하 일본인 학자들의 한국사에 대한 通史的 이해」, 『역사와 현실』 104, 2017 참고. 조동걸이 지적한 이른바 '침략삼서'란 『朝鮮王國』(菊池謙讓 著, 民友社, 1896), 『朝鮮開化史』(恒屋盛服 著, 東亞同文會, 1901), 『韓半島』(信夫淳平 著, 東京堂書店, 1901)이다.

148 이기백, 「半島的 性格論 批判」, 『한국사 시민강좌』, 1987; 이태진, 「黨派性論批判」, 『한국사 시민강좌』, 1987; 오항녕, 『조선의 힘』, 역사비평사, 2010.

두 실록의 최종 감수 위원으로 알려진 오다 쇼고小田省吾는 1899년 동경 제국대학 사학과를 졸업하고 1910년 조선총독부 사무관과 학무국 편집장을 거쳐 1921년 학무국 고적답사과장을 겸임했다. 그는 대한제국 정부의 초빙으로 학부 서기관에 임명된 후 식민 교육을 창시하고 교과서 편찬을 주도했다. 또한 경성제국대학 창설을 준비하고, 대학이 세워진 뒤에는 예과부장과 법문학부 교수 자격으로 조선사를 강의하기도 했다.

사료 수집 위원이었던 기쿠치 겐조菊池謙讓는 한성신보사의 주필과 사장을 역임했는데, 이토 히로부미伊藤博文 통감의 권유를 받아 본격적으로 한국사를 집필했다. 그의 대표적인 저술로는 『근대조선사』(상·하)(경성, 鷄鳴社, 1937·1939)와 『조선 최근 외교사 대원군전──부록 왕비의 일생(朝鮮最近外交史大院君傳──附王妃の一生)』(日韓書房, 1910)이 있다.

한편 실록 편찬에 참여한 조선인들은 이왕직 소속이거나 한문 자료를 볼 줄 아는 정도의 인물이었다. 감수 위원 정만조는 친일 유림으로서 1929년 경학원 대제학이 되어 일제 식민지 정책에 협조했다. 일제의 조선 민속사 연구에 공로를 세운 이능화李能和와 남규희南奎熙를 제외하면 부일附日 유학자나 이왕직 관리로서, 대개 왕실 사무와 의례를 담당하는 부서에서 근무하다가 실록 편찬에 참여했다.

두 실록의 편찬 자료 중 『고종순종실록자료』는 "『고종실록』과 『순종실록』의 편찬을 위해 1864년(고종 1)부터 1908년(융희 2)까지의 주요 역사적 사실을 간략히 기록한 책이다."[149] 이 자료는 날짜별로 기사의 개요를 요약한 『고종실록목록高宗實錄目錄』(장서각 K2-4677)이나 『일성록』의 강綱과 유사하다.

편찬 자료를 알 수 있는 『고종실록자료원부』(장서각 K2-4633)는 모두 21

---

149 배민정, 「『고종순종실록자료』 해제」, 장서각.

장으로 구성된 책자이며, 목록에 서술된 자료의 종류는 412종이다. 이를 정리하면 다음과 같다.[150]

① 국왕 통치 관련 일기·기록류 : 37종(9%)

승정원일기承政院日記, 승선원일기承宣院日記, 궁내부일기宮內府日記, 비서감일기秘書監日記, 비서원일기秘書院日記, 규장각일기奎章閣日記, 일성록日省錄, 시강원일기侍講院日記, 난초란초, 난선란선, 이왕춘방일기李王春坊日記, 이왕계방일기李王桂坊日記, 효정전일기孝正殿日記, 효모전일기孝慕殿日記, 효혜전일기孝惠殿日記, 효휘전일기孝徽殿日記, 경효전일기景孝殿日記, 선청일기宣廳日記, 감대청일기感戴廳日記, 좌시어청일기左侍御廳日記, 사변일기事變日記, 친국일기親鞠日記, 추국일기推鞠日記, 국청일기鞠廳日記, 이왕동궁일기李王東宮日記

② 국왕의 강학, 통치귀감, 교지, 자문, 주본, 서계류 : 40종(9.7%)

서연문의書筵文義, 경연고사서진록經筵古事書進錄, 감대청고사感戴廳故事, 척사윤음斥邪綸音, 혜정연표惠政年表, 역대조빙고歷代朝聘考, 국조보감國朝寶鑑, 국조전고國朝典攷, 은대편고銀臺便考, 자문咨文, 윤발綸綍, 신정왕후윤발神貞王后綸綍, 계하자문록啓下咨文錄, 별군직서계초책別軍職書啓草冊, 황해도수영계보록黃海道水營啓報錄, 시종원주본侍從院奏本, 장소휘고章疏彙攷, 보필전서輔弼全書, 동묘영접록東廟迎接錄, 정사책政事冊, 정록政錄

---

150 장영숙, 「李王職의 『高宗·純宗實錄』 편찬사업과 그 실상」, 『사학연구』 116, 2014, 133~135쪽 '〈표 4〉『고종실록자료원부』의 분야별 분류' 인용.

③ 법률·관습·의례, 문물 자료 : 14종(3.4%)

양전편고兩銓便考, 대전회통大典會通, 육전조례六典條例, 길례요람吉禮要覽, 삼례록三禮錄, 향례삼선鄕禮三選, 속수삼강록續修三綱錄, 증보문헌비고增補文獻備考

④ 서양·일본 관련 책자 및 문물 견학 자료 : 21종(5.1%)

각국약장합편各國約章合編, 일본문견사건日本聞見事件, 일본시찰서계日本視察書啓, 일본내무성과 농상무성 시찰서계日本內務省及農商務省視察書啓, 일본문부성시찰기日本文部省視察記, 일본내무성시찰기日本內務省視察記, 일본농무성시찰기日本農務省視察記, 일본사법성시찰기日本司法省視察記, 일본공무성시찰기日本工務省視察記, 일본외무성시찰기日本外務省視察記, 일본각국조약日本各國條約, 일본세관시찰기日本稅關視察記, 나가사키세관시식초長崎稅關視式抄, 부원수출입표釜元輸出入表, 일본육군총제日本陸軍摠制, 일본육군조전日本陸軍操典, 일본대장성시찰기日本大藏省視察記, 공법회통公法會通, 중조약장합편中朝約章合編, 약장합편約章合編, 육군법률陸軍法律

⑤ 개인 기록물 : 9종(2.2%)

환재수계瓛齋繡啓, 강관록講官錄, 형향록馨香錄, 미연경未然鏡, 청관귀감青官龜鑑, 존화록尊華錄, 이등공전집伊藤公全集, 이문충공문집李文忠公文集, 주연선집珠淵選集

⑥ 중앙·지방 제도, 조례 및 절목류 : 36종(8.7%)

지방제도地方制度, 향헌鄕憲, 삼척양기수호절목三陟兩基守護節目, 덕응봉세절목德應捧貰節目, 종부시절목宗簿寺節目, 홍문관각도행하례목신정절목弘

文館各道行下禮木新定節目, 선전관청각근절목宣傳官廳各勤節目, 선전부청이정
절목宣傳部廳釐正節目, 선전관각도행하례목절목宣傳官各道行下禮木節目, 감
대청구폐절목感戴廳救弊節目, 좌시어청절목左侍御廳節目, 우시어청절목右侍
御廳節目, 함홍대동고구폐절목咸興大同庫捄弊節目, 옥구거사리포수세절목沃
溝居沙里浦收稅節目, 권농절목勸農節目, 은대조례銀臺條例, 종친부조례宗親府
條例, 공사영사비용조례公使領事費用條例

⑦ **등록류** : 24종(5.8%)

간의상소등록諫議上疏謄錄, 간의차자등록諫議箚子謄錄, 수부등록水部謄錄,
어영청등록御營廳謄錄, 금위영등록禁衛營謄錄, 훈국등록訓局謄錄, 호위청등
록扈衛廳謄錄, 총융청등록摠戎廳謄錄, 친군별영등록親軍別營謄錄, 순무영등
록巡撫營謄錄

⑧ **인사·방목류** : 34종(8.3%)

문형록文衡錄, 문형권점록文衡圈點錄, 은대선생안銀臺先生案, 옥당선생안玉
堂先生案, 선전관청승전수점안宣傳官廳承傳受點案, 좌우시어청천안左右侍御
廳薦案, 순종실기부명신사전純宗實記附名臣史傳, 국조상신록國朝相臣錄, 국
조공신록國朝功臣錄, 국조방목國朝榜目, 문과방목文科榜目, 이태왕경오사마
방목李太王庚午司馬榜目, 갑술증광사마방목甲戌增廣司馬榜目, 경진증광사마
방목庚辰增廣司馬榜目, 임오증광사마방목壬午增廣司馬榜目, 을유사마방목乙
酉司馬榜目, 을유증광사마방목乙酉增廣司馬榜目, 무자식사마방목戊子式司馬
榜目, 역과방목譯科榜目

⑨ 역사役事, 건축 : 4종(1%)

종친부신건역사하기宗親府新建役事下記, 종친부조방신건역사하기宗親府朝
房新建役事下記, 종정부전장기宗正府傳掌記, 훈련도감중기訓練都監重記

⑩ 수세收稅, 호적대장 : 11종(2.7%)

인항세총仁港稅摠, 구포수삼도록九包水蔘都錄, 구포건삼도록九包乾蔘都錄,
이태왕원년갑자울산호적대장李太王元年甲子蔚山戶籍大帳, 사년정묘울산호
적대장四年丁卯蔚山戶籍大帳, 이태왕칠년경오울산호적대장李太王七年庚午蔚
山戶籍大帳, 십삼년병오울산호적대장十三年丙午蔚山戶籍大帳, 십육년기묘울
산호적대장十六年己卯蔚山戶籍大帳

⑪ 의궤 : 94종(22.8%)

이태왕명성후가례도감의궤李太王明成后嘉禮都監儀軌, 이왕순명후가례도감
의궤李王純明后嘉禮都監儀軌, 이왕이왕비가례도감의궤李王李王妃嘉禮都監儀
軌, 융희양황후책례도감의궤隆熙兩皇后冊禮都監儀軌, 귀인진봉순비의궤貴
人進封淳妃儀軌, 순비진봉귀비의궤淳妃進封貴妃儀軌, 문조삼존호헌종철종재
존호도감의궤文祖三尊號憲宗哲宗再尊號都監儀軌, 문조육존호도감의궤文祖六
尊號都監儀軌, 문조십일존호도감의궤文祖十一尊號都監儀軌, 철종존호도감의
궤哲宗尊號都監儀軌, 즉황제위대례도감의궤卽皇帝位大禮都監儀軌, 태황제존
봉황태자책례도감의궤太皇帝尊奉皇太子冊禮都監儀軌, 황제추존도감의궤皇
帝追尊都監儀軌, 친왕책봉의궤親王冊封儀軌, 명성황후국장도감의궤明成皇后
國葬都監儀軌, 명성황후홍릉산릉도감의궤明成皇后洪陵山陵都監儀軌, 철종실
록청의궤哲宗實錄廳儀軌, 융희기유국조보감감인청의궤隆熙己酉國朝寶鑑監印
廳儀軌, 승정원일기수개청의궤承政院日記修改廳儀軌, 보인소의궤寶印所儀軌

⑫ 왕실 능묘 관련, 왕실 계보, 문중 족보, 어보 : 22종(5.3%)

명성황후탄강구리비明成皇后誕降舊里碑, 수릉표綏陵表, 수릉원표綏陵園表, 예릉지장睿陵誌狀, 선원계보기략璿源系譜紀略, 열성황후왕비세보列聖皇后王妃世譜, 문음보文蔭譜, 삼반팔세보三班八世譜, 전주이씨세보全州李氏世譜, 백씨통보百氏通譜, 문보文譜, 음보蔭譜, 무보武譜, 국장사진첩國葬寫眞帖, 덕수궁인보德壽宮印譜, 보인부신총수寶印符信摠數, 고대훈위이왕국장사진장故大勳位李王國葬寫眞帳

⑬ 역사, 문화, 조선 사정 탐색물 : 60종(14.6%)

조선역대사략朝鮮歷代史略, 조선역사朝鮮歷史, 대동역사大東歷史, 동사연표東史年表, 국조연대기國朝年代記, 조선사대계연표 이조사대전朝鮮史大系年表 李朝史大全, 대동기년大東紀年, 임오군란壬午軍亂과 갑신정변甲申政變, 갑오동학란甲午東學亂과 전봉준全琫準, 대동기문大東奇聞, 증보대동기년增補大東紀年, 한사계韓史綮, 한사계변韓史綮辨, 이왕궁비사李王宮秘史, 조선시정십오년사朝鮮始政十五年史, 현시조선現時ノ朝鮮, 조선의 생활과 문화朝鮮ノ生活ト文化, 조선사강좌와 유사朝鮮史講座及類史, 최근세사最近世史, 대정을축의 수재大正乙丑ノ水災, 식민지호植民地號, 을축한강수해지乙丑漢江水害誌, 조선 사정朝鮮之事情, 대원군일기大院君日記(황의돈씨 비장黃義敦氏 秘藏), 한반도韓半島(시노부 준페이 지음信夫淳平 著), 정한론 실상征韓論 實相(게무야마 센타로 지음煙山專太郎 著), 정한론의 창몽담征韓論ノ蒼夢談(사다 하쿠보 지음佐田白芽 著), 한국전쟁지韓國政爭志(시데하라 타이라카 지음弊原坦 著), 조선개화사朝鮮開化史(쓰네야 세이후쿠 지음恒屋盛復 著), 조선왕국朝鮮王國(기쿠치 겐조 지음菊池謙讓 著), 대원군전大院君傳(기쿠치 겐조 지음菊池謙讓 著), 조선통사朝鮮通史(하야시 다이스케 지음林泰輔 著), 조선문화사론朝鮮文化史論(호소이 하지메 지음細井肇 著),

불함내습佛艦來襲(스기모토 세이카이 지음杉本正介 著), 청과 조선淸及韓(야나이 와타리 지음箭內瓦 著), 조선반도朝鮮半島(야마지 조우이치 지음山道裏一 著), 조선 휘보朝鮮彙報(야마나카 미네오 지음山中峰雄 著), 거류민 이야기居留民の今昔物語 (후지무라 도쿠이치 지음藤村德一 著), 조선병합사朝鮮併合史(샤쿠오 슌조 지음釋尾 春芿 著), 일청전쟁외교사日淸戰役外交史(다츠미 고지로 지음巽來治郎 著), 노국대 정책露國大政策(가토 후사조 지음加藤房藏 著), 노국침략사露國侵略史(스키 요시사 부로 지음須岐芳三郎 著), 조선사강좌朝鮮史講座(조선사학회 편朝鮮史學會 編), 명치 사십년사明治四十年史(시사신문사 편時事新聞社 編), 중국근시외교사中國近時外 交史(류엔 지음劉彦 著), 지나외교비사支那外交秘史(리딩이 지음李定夷 著), 조선사 정朝鮮事情(프랑스인 달시darci 지음佛人ダルシ 著), 한국지韓國誌(러시아 대장성露 國大藏省), 은둔국 조선隱遁國朝鮮(그리피스William Elliot Griffis 지음クリブイス 著), 조선과 이웃나라朝鮮との隣國(비숍Isabella B. Bishop 지음ビスム夫人 著), 조선사 朝鮮史(로즈John Rose 지음ロズ 著), 극동문제極東問題(키로루Valentin Kiroru 지음 コーズン仰 著), 조선朝鮮(해밀튼John Angus Lushington Moore Hamilton 지음ハミル トシ 著), 조선가톨릭사朝鮮加特力敎史(보교협회宝敎協會), 조선통사朝鮮通史, 조 선 기독교와 외교사朝鮮基督敎及外交史(이능화 지음李能和 著), 대원군과 명성 황후大院君と明成皇后(장도빈 지음張道斌 著), 순종실기純宗實記(이각종 지음李覺鍾 著), 태상옹화찰집太上翁華札集

⑭ 신문류 : 3종(0.7%)

황성신문皇城新聞, 독립신문獨立新聞, 매일신문每日新聞

⑮ 기타 : 3종(0.7%)

감계전말勘界顚末, 민보집기民堡輯記, 만년력萬年曆

『고종실록자료원부』에 수록된 각각의 자료에 대한 추가 연구가 필요하겠지만 대략의 논의는 가능할 것이다. ①, ②, ⑦, ⑧, ⑨, ⑫는 국왕 및 궁내부에 소속된 관청의 기록이다. ③, ⑥, ⑩, ⑪은 법령, 절목, 호적, 의궤류이다. 이것들은 전래의 실록찬수범례에 포괄되는 기록이다.

이 가운데 특이한 것은 ④의 일본 자료, ⑤의 개인 기록, ⑬ 역사, 문화 저술, ⑭ 신문, ⑮ 기타이다. 일본 자료는 조선이 식민지가 되었기 때문에 필요했을 터이고, 개인 기록은 자료를 취합할 때 포함되었을 가능성이 있다. 흥미로운 점은 ⑬의 논저와 ⑭의 신문이다. 이 자료들은 기존 실록찬수범례에 들어있지도, 들어갈 수도 없는 기록이다. 이렇듯『고종실록자료원부』의 자료와 실록찬수범례를 대강 비교해보아도 일제강점기에 편찬된『고종실록』과『순종실록』이 조선시대의 실록 편찬과 매우 다르다는 사실을 알 수 있다.

이미 내각의 기록국과 문서과에서 현행 문서를 관리하고 있는 상황에서, 즉 예문관과 춘추관, 사관이 역사의 유물이 된 상황에서 실록 편찬이 예전과 같을 수는 없었다. 날짜가 간지에서 개국 연호와 일자로 바뀐 것부터 시정時政을 보여주는 문서가 실릴 수 없었던 일까지 실록은 이미 변해 있었다. 앞으로 더 연구를 거쳐야 하겠지만 몇몇 증거를 통해서도『고종실록』과『순종실록』은 기사 – 편찬 – 주체의 세 측면에서 앞서『철종실록』까지 편찬된 실록들과 성격을 달리한다고 볼 수 있다. 이는 갑오개혁으로 '국정과 사회에 대한 역사'의 관리 방식과 주체가 바뀐 결과이다. 이름은 '실록'이되 더 이상 실록이 아니었던 것이다.

제2부
실록: 등록과 의례

제1부에서 왕조 체제 아래 발달한 관료제가 문서와 기록을 생산했을 것이고 그에 따라 사관제도의 변화가 생겼으며, 그 결과 실록이라는 역사적 산물이 등장했음을 살펴보았다. 실록은 1,300여 년간 소임을 다하고 무대에서 퇴장했다. 이제 실록이란 어떤 기록인가에 대해 알아보자.

'실록은 어떤 기록인가? 이 질문에는 크게 두 가지가 내포되어 있다. 첫째, 실록을 '역사서'라고 부르는 경우가 많은데, 이때 '역사서'란 무엇인가 하는 질문이다. 둘째, 역사학의 원료로서 실록을 어떻게 이해해야 하는가 하는 사료비판론의 관점에서 본 질문이다.

실록은 그것이 지닌 성격상 다른 어떤 기록보다 월등한 지위를 누렸으며, 그 위계에 상응하는 의례와 상징성을 담고 있다. 지위·의례·상징성이 생기는 과정에서 '실록을 위한 의례(實錄儀)'라고 부를 메커니즘이 창출되었다. 이에 대한 검토가 제2부의 주제이다.

1. 등록과 성책

실록은 흔히 '역사서', '역사 기록'이라고 소개되는데, 그 성격에 대해서는
조금 편차를 보인다.

> ① 『조선왕조실록』은 특정한 시기에 특정한 사람들이 의도적으로 기획하
> 여 편찬한 역사서가 아니라, 역대 조정에서 국왕이 교체될 때마다 편찬
> 한 것이 축적되어 이루어진 것이다.[1]
> ② **성격** : 역사서
> **요약** : 조선 태조로부터 철종에 이르기까지 25대 472년간의 역사를 연
> 월일 순서에 따라 편년체編年體로 기록한 책.

---

1   http://sillok.history.go.kr/intro/intro.do '조선왕조실록 소개＞실록 편찬의 유래와
체제', 2018년 1월 22일 검색.

내용(일부 발췌) : 실록은 권질卷帙의 방대함과 아울러 조선시대의 정치·
외교·군사·제도·법률·경제·산업·교통·통신·사회·풍속·천문·지리·
음양·과학·의약·문학·음악·미술·공예·학문·사상·윤리·도덕·종교 등
각 방면의 역사적 사실을 망라하고 있어서 세계에서 유례를 찾아보기
어려운 귀중한 역사 기록물이다.[2]

①에서는 실록을 개인의 역사서가 아니며 역대 조정의 축적된 역사라고
했다. ②에서는 실록의 성격이 역사서이며 '책'이라고 했다. ①과 ②는 모두
실록을 알기 쉽고 대중적이면서도 역사학의 개념으로 설명하려고 애쓴 기색
이 역력하다. 그런 만큼 각자의 근거를 가지고 설명했을 터이나 실록의 성격
에 대한 둘의 정의가 가진 의미를 더 명확히 하는 것이 제2부 제1장의 과제
이다.

조선시대는 상당히 많은 역사 기록을 남겨놓아 후대의 우리에게 그 시대
의 실상을 알려주고 있다. 그중에서도 조선왕조실록은 그 사료적 가치와 성
격을 논하기 이전에 조선 전 시대를 통관하여 보여주는 유일한 자료라는 사
실만으로도 소중한 유산으로 인정받아왔다. 조선왕조실록을 낳은 제도에 대
한 연구도 꽤 축적되었다. 그 결과 실록에 대한 해제 차원의 소개를 넘어 이
제 실록이란 무엇인가 하는, 즉 실록 자체를 분석적으로 연구하고 당시 사회
적 맥락 속에서 체계적으로 탐구하여 성격을 규명할 때가 되었다. 요컨대 '실
록학實錄學'이라고 할 만한 수준의 연구를 필요로 하는 단계에 이르렀다.

'실록이란 무엇인가?' 실록학의 첫 관문에서 해야 할 질문이면서, 또한 마

2　한국민족문화대백과사전(http://100.daum.net/encyclopedia/view), 2018년 1월 22
　일 검색.

지막에 정리해야 할 주제이기도 하다. 하지만 막상 이 질문을 마주하게 되면 선뜻 답을 내릴 수 없기에 당혹스럽다. 원래 익숙한 대상일수록 그 대상에 대한 인식 또는 이해는 막연한 경우가 있다. 이제 실록의 성격에 대한 가정과 검증을 통해 이 질문을 둘러싼 안개를 걷어보고자 한다. 근대 서구를 중심으로 발달한 '기록학(Archival Science)'은 몇 가지 지침을 제공할 수 있을 것이다.

첫째, 텍스트의 성격을 묻는 초보적 질문을 통해 실록이 '책'인지 '문서'인지 생각해보자. 이 질문은 이미 근대 '도서학圖書學(Librarian Studies)'과 '기록학'의 분화 발전을 염두에 두고 그 두 영역이 다루는 대상과 방법이 다르다는 점에 착안한 것이므로 '매우 근대적인 관점'일 수도 있다. 이러한 우려는 언제나 타당한 반성을 수반한다. '근대에 사는' 우리는 현재의 언어와 개념으로 실록을 설명해야 제대로 이해할 수 있다. 역사는 사실에 바탕을 두되 보는 이의 관점에 따라 해석된다는 점 또한 역사학의 피할 수 없는 숙명임을 전제해야 한다.

둘째, '등록의 위계'라는 관점에서 조선시대 역사 기록 관리, 보존 기록 관리의 사회적 함의를 도출하고자 한다. 조선시대에 생산·보존된 역사 기록은 마치 사회의 신분적 위계가 있듯이 기록 간에도 위계에 따른 사회적 위상을 가지고 있었다. 거기에 '상징성'과 '의례성'이 더해져 실록은 그 위계의 정점에 위치했음을 확인하고자 한다.

이러한 논의가 역사 기록 관리의 전통에 대한 재해석의 단서를 마련했으면 싶다. 또 그 문화적 성취가 역사적 경험의 단절 속에서 당위적으로 칭송되거나 관념적인 카타르시스를 주는 데서 벗어나 현실적인 추동력이 되는 길을 찾는 데 도움이 되었으면 한다.

1997년 '세계기록유산(Memory of the World)'으로 등재된 『조선왕조실록』

에 대한 도판 설명과 문화재청의 설명을 먼저 보자.

① Book covers of the Annals of King Taejo and Annals of King Taejong[3](태조대왕실록과 태종대왕실록의 책표지)

②-1 The annals of the Joseon Dynasty comprise 1,893 books covering 472 years[4](472년에 걸친 1,893권의 조선왕조실록)

②-2 The Annals of the Joseon Dynasty cover more than 470 years of the history of the dynasty, from the reign of King Taejo(r. 1392~1398), the founder, to the reign of King Cheoljong(r. 1849~1863)[5](건국자인 태조 재위부터 철종 재위까지, 470년 이상에 걸친 조선왕조의 연보)

②-3 『조선왕조실록』은 조선왕조의 시조인 태조로부터 철종까지 25대 472년간(1392~1863)의 역사를 연월일 순서에 따라 편년체로 기록한 책으로 총 1,893권 888책으로 되어 있는 오래되고 방대한 양의 역사서이다.[6]

대체로 실록은 '연보年譜(annals)', '책', 'book' 등으로 설명되고 있다. 그러나 '책'이라고 할 때, 영어 용례를 살펴보면 '등록하다, 기재하다(register)'는 동사로도 쓰이고 등록謄錄(登錄)이라는 명사로도 쓰이는 점에서 우리가 흔히

---

3 http://www.unesco.org/webworld/nominations/en/korea_choson/reading.htm
4 http://www.ocp.go.kr/IRS/docs/english/index.html
5 문화재청(http://english.cha.go.kr/cop/bbs), 2018년 1월 22일 검색.
6 문화재청(http://www.heritage.go.kr/heri), 2018년 1월 22일 검색.

생각하는 출판물로서의 '책(publication)'과 차이가 있을 수 있다.

학계에서는 실록이 편찬물이라는 점에서 일반적으로 '역사서'로 이해한다. 실록에 대한 개설서에서도 그렇게 설명하며,[7] 필자 또한 그렇게 보았다. 실록의 성격에 대한 체계적 접근 방법이자 성과의 학적 축적을 위한 방법을 제시하면서 이를 '실록학'이라 명명할 때도 '역사서'로서 실록에 대한 사료비판이라든지[8] 그 편찬 체재의 특수성과 창의성을 논하였다.[9] 이는 '실록에 대한 개념적 이해'가 아니라 관행에 따른 용법이었다.

현재 학계에서는 책과 문서를 개념적으로 구분하여 사용하고 있으며, 그 구분에 기초하여 분과 학문이 발달해왔다.[10] 실제로 인간의 역사 중 도서(책), 문서, 유물을 보관하여 후대에 전달하는 기관으로 각각 도서관, 기록관, 박물관이 존재한다. 그렇다면 실록이 무엇인지를 정의하기 위해 '문서'와 '책'의 차이를 좀 더 구체적으로 들여다보자.

> ① 문서文書(Record, 文記, 文件)란 형식이나 매체에 상관없이 개인이나 공사
>   公私 기관이 업무 수행이나 법률적 의무의 이행을 도모하는 과정에서
>   생산, 접수, 보유, 사용된 기록. 이 기록은 업무 수행이나 법률적 의무의
>   이행 과정에서 구성 부분이 되기도 하고 그 증거를 제공하기도 한다.[11]

---

7 이성무, 『조선왕조실록 어떤 책인가』, 동방미디어, 1998.

8 오항녕, 「조선시대 사학사: 전제의 검토, 과제의 제기」, 강만길 엮음, 『조선 후기사 연구의 현황과 과제』, 창작과비평사, 2000.

9 오항녕, 「朝鮮初期 實錄編纂體裁의 변화에 대한 史學史的 考察」, 『한국사학사학보』 1, 2000. 3.

10 이원영, 「기록물 분류의 원리: 문헌분류와의 비교」, 『기록학연구』 2, 2000.

11 ICA, *The Management of Public Sector Records: Principles and Context*, p. 7, MPSR-A

② 도서(book) : 일반적으로 '책'과 동의어로 사용되는 것으로, 문자 등이
쓰인 종이 등을 묶어서 책자 형태로 제본한 것을 말한다. …… 근년에는
이 가운데 특히 인쇄되어 공식적으로 간행된 것을 가리키는 경우가 보
통이다. …… 일정한 분량(49면 이상)을 지닌 비정기간행물을 말한다.[12]

위 ①의 문서에 대한 정의는 논리적으로 수긍이 가지만, ②의 도서에 관
한 정의는 우리가 다루는 주제와 관련하여 검토할 여지가 있다. 우선 '제본'
의 문제이다. 오늘날 국가기록원의 업무 중 하나에는 문서의 '제본'이라는 작
업 공정이 있다. 이관 문서 가운데 편철 상태가 좋지 않은 문서를 다시 묶는
과정이다. 이는 뒤에서 말하겠지만 '성책成冊'과 같은 것이다. 전통적으로 '책
冊'이나 '권卷'은 '종이 묶음의 단위' 이상의 의미가 아니었다. 앞서 유네스코
와 문화재청(영문 누리집)에서 각각 책과 권을 'book'으로 쓴 데서 확인되듯이
책과 권은 다르지 않다.
    '책'에 대한 개념적 엄밀성으로 보면 "책이란 비교적 쉽게 옮길 수 있는
가볍지만 꽤 오래 쓸 수 있는 물질에 기록되었으며, 대중적으로 보급하기 위
해 일정한 분량의 기재되거나 인쇄된 메시지이다(A book may be defined,
therefore, as a written (or printed) message of considerable length, meant for
public circulation and recorded on materials that are light yet durable enough
to afford comparatively easy portability)"[13]라는 브리태니커 백과사전의 정의에
더 주목하게 된다. 이 정의에 덧붙여 '출간된 문학적·학문적 성과(published

Study Programme, 1999.
12 『문헌정보학용어사전』, 한국도서관협회, 1996. 83쪽.
13 Encyclopedia Britannica(CD), 1999.

work of literature or scholarship)'라는 구절 또한 있는데, 곱씹어볼 만한 대목이다.

다음으로 인쇄, 간행이라는 기준을 살펴보자. 실록은 분명히 인쇄, 간행되었다. 4부 혹은 5부가 인쇄되어 태백산과 오대산 등지의 사고史庫에 봉안되었다는 사실은 다 아는 바다. 그런데 실록이 처음부터 복본으로 간행되었던 것은 아니다. 복본 간행은 성종 때 『예종실록』을 편찬하면서 시작되었으며, 이는 화재나 전쟁으로 인한 피해에 대비한 조치였다. 복본 제작 또는 간행은 유통을 통하여 더 많은 대중에게 보급하기 위한 현재의 출판 개념이 아니었다.

이는 조선 태종 9년(1409)에 처음으로 실록 편찬이 논의되었던 데서도 드러난다. 실록 형태의 기록 관리는 사초를 비롯한 문서의 유실 가능성, 예컨대 쥐나 벌레에 쏘인다든지, 썩는다든지, 도난당할 수 있는 상황에서 선택한 보존 전략이었다. 결국 핵심적인 기준은 '출판·간행' 그 자체에 있지 않고 '공공의 유통 보급을 위한' 출판·간행일 터인데, 주지하듯이 실록은 사관 외에는 열람이 불가능했다. 국가정책 결정이나 기타의 필요 때문에 부득이 열람할 일이 생길 경우에도 사관을 통해 내용을 알아오도록 했다. 이런 점에서 실록은 요즘 흔히 말하는 '공공의 이용을 위한 책'이 아니었다.

실록을 책으로 이해하게 된 가장 큰 이유는 실록이 '편찬'되었다는 사실에 있을 것이다. '편찬'에 대한 우리의 상식적 인식은 실록이 '출판된 학문적 성과(published work of scholarship)'라는 개념 정의와 상통한다. 편찬 과정을 거치면서 편찬자들의 주관이 개입될 것이라고 가정할 근거도 충분하며, 나아가 사관의 사평史評에 이르면 포괄적인 의미에서 '편저자의 의도'라는, 즉 원자료의 재구성에 의한 기록 방식을 띠고 있기에 더욱 역사서로 볼 여지가 커진다. 그러나 이러한 현상적인 접근과 추론적인 이해 방식은 좀 더 들어가

보면 재고할 필요가 생긴다.

이 문제는 개념적 구성의 문제가 아니라 사실 확인의 문제이므로 다른 방법으로 생각해보자. 즉, 실록 편찬의 지침이 된 시정기찬수범례나 실록찬수범례를 통해 실록의 '편찬'이 실제로 어떻게 이루어지는지를 알아보자.

먼저, 시정기찬수범례부터 살펴보자. 시정기찬수범례는 사관이 춘추관에서 관리하는 문서의 기록 및 정리 방식이다. '시정기 찬수'라 해서 어떤 주관적 편찬 작업이 가해지는 것은 아니다. 요즘으로 치면 편철(Filing) 작업의 하나이며, 문서에 따라 다르지만 분류(Classification)나 정리(Arrangement)에 속하는 일이다. 실록의 찬수범례는 이를 기초로 항목이 좀 더 늘어난다. 시정기찬수범례에 포함되는 기록을 정리하면 다음과 같다.

① 날짜, 간지干支, 날씨
② 왕의 동정: 상참常參이나 경연經筵
③ 조정에 입시入侍했을 때의 대화 및 연혁, 시비, 포폄
④ 사헌부와 사간원의 계사啓辭
⑤ 소장疏狀
⑥ 길흉 제례吉凶祭禮
⑦ 과거 급제자
⑧ 관직 임명
⑨ 각사各司의 계하 문서啓下文書[14]

이는 크게 세 가지 범주로 나눌 수 있다. 첫째, 날짜 등의 식별 코드(①),

---

14 『육전조례六典條例』「춘추관 시정기春秋館時政記」.

둘째, 사관이 기록하는 사초의 범주(②와 ③), 셋째, 각 관청이나 신료들의 문서 중에서 채록하는 기록(④~⑨)이다. 실록찬수범례는 이를 기초로 하여 다음 몇 가지 사항이 추가된다.[15]

① 사관의 시정기, 주서일기注書日記, 서울과 지방의 겸춘추 기록, 비변사 장계축狀啓軸, 의금부 추안, 형조의 중요 문서

② 조칙 및 본국과 관계된 교서

③ 명신의 졸기

④ 모든 재이는 관상감의 초록을 첨가, 지방의 바람·비·지진은 당시 보고된 문서를 살펴 기록

⑤ 군병 수, 중앙과 지방의 법제, 호구 수는 각 해당 문서를 상고하여 수록

⑥ 번잡하고 쓸데없는 문자는 잘 다듬어서 간결하고 압축적인 문장으로 정리

사론史論인 ③의 졸기와 편찬할 때의 산절刪節 원칙인 ⑥을 제외하면, 각 관청의 문서를 '옮겨 적는', 즉 등록謄錄 작업이 실록 편찬이었음을 알 수 있다.[16] 이는 시정기찬수범례와 범주상의 차이를 보이지 않는다. 편찬의 성격에 대한 좀 더 구체적인 자료로 다음을 참고할 수 있다.

---

15 오항녕 옮김, 『영종대왕실록청의궤英宗大王實錄廳儀軌』 「찬수범례纂修凡例」, 한국고전번역원, 2007. 앞서 제1부 3장에서 서술했듯이 순조 때 만들어지는 『정조실록』 찬수부터 범례가 달라진다. 그 이전의 실록찬수범례는 동일하다.

16 등록의 실제는 그 등록이 이루어지는 사안, 조건 및 배경, 목적 등에 따라 다양하게 나타날 수 있다. 延甲洙, 「朝鮮後期 謄錄에 대한 研究」, 『외대사학』 12, 2000. 하지만 어느 경우에도 이 책에서 말하는 '등록'의 범주를 벗어나지는 않는다.

① 등록관 특별 인사(謄錄官別單) 병조 정랑 심세정沈世鼎 ……[17]
② 실록개수청 등록 낭청實錄改修廳謄錄郎廳 사헌부 지평 이언강李彦綱 ……[18]

위 자료는 실록청에 임명된 관원들의 인사 기록으로, 실록 편찬에 관한 종합 보고서인 '실록청의궤'에 적혀 있다. 이 인사 기록의 '등록관' '등록 낭청'이라는 관직명에서 짐작할 수 있듯이 당시 사람들은 실록 편찬 과정을 오늘날 우리가 생각하듯 역사서의 편찬이라기보다는 '등록謄錄'으로 이해했다. 실록청은 각 등록실(房)로 나뉘어 초초初草·중초中草·정초正草의 편찬 작업을 진행했는데, 이 일의 실무자가 다름 아닌 '등록관', '등록 낭청'이었다.

끝으로, 사관의 기록, 즉 사론을 포함하여 사관이 보고 들은 것을 기록한 사초를 어떻게 이해할 것인가 하는 문제가 남았다. 사관은 국가기관인 춘추관의 관원으로, 그가 작성한 사초는 국가의 공식 문서로 인정받았다. 물론 이 사초에는 사관의 주관적 견해가 개입될 여지가 있다. 그러나 그 주관성은 그에게 사관의 지위가 부여되는 순간 공적인 것으로 인정을 받았다. 이해를 돕기 위해 다음 자료를 보자. 현재 시행되고 있는 대한민국 기록 관리 법령의 일부이다.

제21조(공식 문서 외의 중요 기록물의 등록·관리) ① 법 제18조에 따라 공공 기관은 다음 각 호의 어느 하나에 해당하는 경우에는 그 기록물을 등록하여 관리하여야 한다.

    1. 대통령·국무총리 및 중앙행정기관의 장, 지방자치단체장, 교육감 및

---

17 『실록청의궤實錄廳儀軌』(인조조仁祖朝)(장서각 1400-156).

18 『실록개수청의궤實錄改修廳儀軌』(현종조顯宗朝)(장서각 410-163).

교육장 등 주요 직위자의 업무 관련 메모·일정표·방문객명단 및 대
화록

  2. 제17조 제1항 각 호의 어느 하나에 해당하는 사항과 관련된 문서가
    결재 또는 검토 과정에서 반려되거나 중요한 내용을 수정하기 위하
    여 재작성된 경우에는 반려된 문서 또는 재작성 전의 원본 문서

  3. 그 밖에 영구기록물관리기관의 장이 정하는 기록물[19]

제21조 ①항 1호 '주요 직위자의 업무 관련 메모·일정표·방문객명단 및
대화록'은 사초와 다르지 않다. 2호의 규정 역시 마찬가지다. 다만 오늘날 법
령인 제21조의 규정에 속하는 기록은 '영구보존기록'이 되는 반면, 조선시대
사초는 그중 일부가 산삭을 거쳐 '영구보존기록'에서 탈락하는 것이 다른 점
이다.

사관을 영어로 표현하면 통상 'Court-diarist' 또는 'Court-historian'이라
할 수 있는데, 고대 로마에도 사초와 유사한 기록 방식이 있었다. 이를 'daily
court-journals'라 했는데, 법적 증거 능력을 갖고 있었을 뿐만 아니라 로마
시대 말에는 공공의 보존 기록물(public archives)로서 공식적인 지위를 부여
받았다.[20]

조선시대 사관의 사초에는 '칭찬과 비판(포폄)'에 해당하는 사론이 포함되
어 있는데, 이는 조선시대 등록 시스템의 특수성이란 측면에서 이해할 수 있

---

19 「공공기록물 관리에 관한 법률 시행령」, 제4장 기록물의 생산(시행 2018. 1. 1. 대통령
   령 제27460호, 2016. 8. 29. 일부 개정)

20 T. R. Schellenberg, *Modern Archives: principles and techniques*, 1956(SAA 1998), p.
   65.

다. 앞서 언급한 문서에 대한 ICA의 정의에 동의할 수 있다면, 또한 당시 문서의 보존 방법으로 성책成冊과 등록謄錄이 일반적이었다는 점을 고려한다면, 일련의 실록 편찬 과정은 곧 문서의 등록 과정으로 볼 수 있다. 따라서 실록은 등록의 하나이며, 본질적으로 책이라기보다는 문서의 성격을 띤다는 결론에 이를 수 있다.

이상의 논의를 한 단계 더 정밀하게 진행해보겠다. 현대 도서와 문서를 서로 연관된 여섯 가지의 범주로 구분해보는 것이다.

첫째, 이들 아이템의 성격을 살펴보자. 도서는 출판된다. 그리고 각각 독립된 의미를 갖고 있는 개별 아이템이다. 『조선의 힘』이나 『광해군, 그 위험한 거울』이라는 책은 출판되었고, 둘은 동일 저자의 책이지만 독립된 저술이다. 이 두 책은 서점에서 구입해 볼 수 있으며 학교 도서관이나 시립 도서관 등 전국의 도서관에서 빌려 볼 수도 있다. 반면 (원본) 문서는 하나밖에 없다.

둘째, 도서와 문서의 산출 방식을 살펴보자. 도서는 서로 다른 개인(공동 –개인)이나 기관에서 따로 산출되지만, 문서는 모태가 되는 개인이나 기관 (조직)에 의해 생산된다. 이는 산출(생산) 방식을 고려하면 분명해진다. 도서는 분리·독립된 활동의 산물인 반면, 문서는 유기적 자연적인 활동 속에서 생성된다. 『기록한다는 것』과 『조선시대 사람들은 어떻게 살았을까』라는 도서는 각기 독립된 활동의 산물이지만, 나의 교원증과 재직증명서는 대학교 총무처의 자연스러운 행정 활동 결과로 생긴 문서이고 유기적으로 연결되어 있다.

셋째, 도서와 문서의 취득 방법에는 어떤 차이가 있을까. 도서는 아이템별로 판단하여 구입하거나 획득하고, 구입·획득을 수정하거나 번복할 수 있다. 심지어 폐기한 도서를 다시 취득할 수도 있다. 이에 비해 문서는 사안을 중심으로 산출되기 때문에 집합 상태로 평가되고 취득된다. 그 유일성 때문에 폐기하면 복구가 불가능하다.

넷째, 도서와 문서는 정리(arrangement) 방식에도 차이가 있다. 도서는 주제에 따라 도서관 서가에 정리된다. 예컨대『한국문집총간』은 총류(0번 대) 서가에,『호모 히스토리쿠스』는 역사(900번 대)로 분류되어 서가에 꽂힌다. 이에 비해 문서는 그것을 산출한 조직이나 기관이라는 '출처出處(provenance)'별로 '원래 산출된 질서(original order)'에 따라 정리된다.

다섯째, 대상에 대한 설명인 기술(description)도 도서와 문서가 다르다. 도서는 개별 아이템별로 소개하는데, 이를테면『자본』이나『국부론』이라는 책이 있다면 그 각각의 책에 대해 설명한다. 문서는 기관(기록군, group) – (하위기록군) – 기록물철(series) – 개별 기록(item) 등의 '다차원 기술 규칙(rule of multi-level description)'에 따라 설명한다. 또한 아키비스트archivist는 편람과 인벤토리inventory(보유 기록 조사, 보유 기록 조사 목록)도 연구 활동을 통해 작성해야 한다. 제목, 쪽수, 목차, 색인을 제공하는 도서와 다른 차이점이다.

여섯째, 도서는 도서관의 열린 서가에서 이용할 수 있고, 수백 수천 부를 인쇄하기 때문에 서점에서 구입할 수도 있다. 귀중본 등 보호가 필요한 폐가식 서가를 제외하고 대부분의 도서관 서가는 누구나 들어가서 원하는 도서를 찾을 수 있다. 반면 문서는 이용자가 서가에 들어가서 찾을 수 없다. 이는 문서를 보호하기 위해서가 아니다. 문서의 집합적 생산과 정리 때문에, 서가를 설령 열어놓는다고 해서 이용자가 들어가 찾을 수 있는 성질의 것이 아니다. 이 일은 기록 전문가, 즉 아키비스트가 담당한다. 유일본인 문서는 경매시장에 나온 경우를 제외하고 당연히 구입할 수도 없다. 지금까지 살펴본 도서와 문서의 특징을 정리하면 〈표 4〉와 같다.[21]

---

21 Gregory S. Hunter, *Developing and maintaining practical Archives*, New York: Neal-Schuman, 1997.

〈표 4〉 도서(Libraries)와 역사 기록(Archives)의 차이

범주	도서(Libraries)	영구보존문서(Archives)
① 성격	● 출판 ● 개별 아이템 ● 독립적 의미 ● 서점과 도서관 등에서 이용 가능	● 출판되지 않음 ● 연관된 아이템 그룹 ● 다른 아이템과의 관계를 통해 의미를 가짐 ● 유일성
② 생산방식	● 다수의 각기 다른 개인이나 기관 ● 분리·독립된 활동	● 모태가 되는 기관이나 조직 ● 유기적·자연적 업무 과정
③ 취득 방법	● 단일 아이템을 선별 ● 결정의 수정 번복 가능	● 집합적 평가 ● 결정에 대한 번복 불가능(폐기는 곧 영원한 폐기)
④ 정리	● 미리 정해진 주제 분류	● 출처주의 및 원질서(구조 및 기능과 관련)
⑤ 기술記述과 기술 매체	● 개별 아이템 ● 개별 필자가 작성(제목, 쪽수, 목차, 색인) ● 카드 목록, 온라인 공공이용시스템(OPAC)	● 집합적(문서군이나 시리즈) ● 아키비스트가 작업 ● 편람, 인벤토리, 온라인 시스템
⑥ 이용	● 열린 서가 ● 아이템의 판매 유통	● 닫힌 서가 ● 아이템의 판매 유통 불가능

2. 등록 위계의 정점

실록은 역사의 산물이다. 중국에서는 당 태종 때 『고조실록高祖實錄』을 편찬한 이래 황제가 죽으면 실록을 편찬하는 관례가 정착되었다. 우리나라에서는 적어도 고려시대 이전 통일신라 후반기에는 실록 편찬이 시작되었다고 추측되며,[22] 조선시대에 들어와 확고한 틀을 잡았다가 조선의 쇠락과 함께

---

22 오항녕, 『한국 사관제도 성립사』, 일지사, 2009. 40~60쪽.

그 수명을 다하였다.

등록은 조선시대뿐 아니라 매체 규격화 이전에는 매우 보편적인 문서 보관·보존 방법이었다. 원본 문서를 옮겨 베껴서 성책하는 등록 시스템(Registry System)은 재질이나 문서 크기의 다양성 때문에 문서 관리에 어려움을 겪던 시대에는 매우 효과적인 문서 관리 방법이었다. 종이의 규격화, 예를 들어 현재 A4(210×297mm) 용지는 1922년 독일 공업 규격 이후에 일반화된 것으로 역사가 그리 길지 않다.

그런데 등록 시스템인 실록이 왜 '등록'이 아니라 '실록'이라는 이름으로 불린 것일까. 실록은 관료제의 발달과 함께 특정한 역사적 시기에 작성되기 시작했고, '믿을 수 있는 기록(信史)'이라는 의미에서 실록이라는 이름을 얻게 되었다. 하지만 경험상 실록과 등록을 구분 짓는 등록 시스템의 관례가 있었던 듯하다. 그것은 조선 사회의 신분제 위계와 같은 어떤 기록의 위계, 다시 말해 등록의 위계가 있었다고 보는 가정이다.

실록은 조선시대 등록 중에서도 특수한 등록에 붙인 이름이다. 실록이 국왕의 재위 단위로 구성되어 있는 까닭에 흔히 해당 국왕의 기록이라고 오해하는 경우도 있으나, 이는 시정기찬수범례나 실록찬수범례에서 보았듯이 올바르지 않은 이해이다. 실록을 국왕 단위로 편찬한 것은 당시 시기 구분의 가장 명확한 기준이 국왕의 재위 기간이었다는 점과 국왕의 교체기는 실록이라는 비밀 기록의 등록 작성에 적절한 시점이었기 때문으로 추측된다. 아무튼 실록의 내용은 실록으로 평가되기 전에도 사관에 의해 엄격히 관리되었던 만큼 '국사國史(National Archives)'·'국조사國朝史'라 불릴 정도로 특별한 위상을 지닌 국가기록이었다.

조선시대에는 여러 부류의 '등록'이 있었다. 지방 기록의 경우에도 호적이나 양안처럼 성책하거나, 보첩報牒·이문移文·관문關文·전령傳令 등 일반 공첩公牒에 대해서는 원문을 보존하지 않고 등서騰書하여 남겨놓았는데, 중요성에 따라 영구 보존 여부를 판단한 뒤 일정 기간 보존해두다가 폐기하거나, 등록을 합철 또는 재등서하여 특정 장소에서 영구히 보존했다.[23] 이렇듯 일반 관청의 문서는 통상 '등록'이라는 이름으로 불렸고, 최고 기관의 공식 문서라 하더라도 '등록'이라 호칭되었는데 예컨대 『의정부등록』, 『비변사등록』, '각사 등록' 등이다.

내용으로 보면 똑같이 '실록'이지만 그 명칭을 얻지 못한 기록과 비교하면 실록의 위상을 둘러싼 비밀에 좀 더 가까이 다가갈 수 있다. 폐왕廢王 재위 기간의 기록이나 국왕의 비서실인 승정원, 그리고 국왕의 고문 관원 격인 홍문관에서 작성한 기록에는 '일기'라는 이름이 붙었다. 폐위된 왕대의 기록으로는 『노산군일기』, 『연산군일기』,[24] 『광해군일기』가 있다. 이 가운데 『단종실록』으로 격상한 『노산군일기』의 사례는 실록의 위계를 선명하게 보여준다.

숙종 20년(1694), 희빈 장씨가 왕후의 자리에서 다시 희빈으로 내려오고 인현왕후가 왕비로 복위하는 사건으로 상징되는 정국 변동인 갑술환국 이후 4년이 지난 숙종 24년(1698)에 노산군魯山君의 추복追復이 논의되었다. 노산군의 추복은 곧 선왕先王인 세조의 찬탈을 인정하는 일이기 때문에 왕조국가에서는 거의 불가능했다. 혈연적 세습제인 왕조 체제하에서는 사왕嗣王들이 모두 세조의 후손이기 때문이다. 그러므로 단종을 복위시키면 그의 폐위를

---

23 김태웅, 「甲午改革 前後 地方公文書管理의 변화에 관한 試論」, 『기록보존』 13, 2000.

24 유네스코 누리집에는 『연산군일기』를 'the Diaries of Prince Yonsan-gun'이라고 영역했는데(http://www.unesco.org/webworld/nominations/en/korea_choson/reading.htm), 'Prince'는 잘못 사용한 단어이다. 연산군의 '군君' 자는 주자의 『자치통감강목』 「범례」에서 온 말로, '(왕의 자격이 없어) 폐위된 자'라는 뜻을 갖고 있다. 따라서 올바른 영문 번역은 'the Diaries of the dethroned king Yonsan'이다.

주도했던 세조의 정통성에 흠이 갈 수밖에 없고, 세조의 정통성에 흠이 있다는 것은 당연히 이후 조선왕조의 왕실에 흠결이 생긴다는 것을 의미했다. 따라서 이 문제는 어설프게 잘못 제기하면 대역의 혐의가 씌워질 수 있는 사안이었다.

그러나 사림정치가 기반을 잡으면서 사회의 올바른 기강을 바로잡으려는 공론이 형성되어갔다. 이미 중종대 기준奇遵 등이 성삼문成三問 등의 삶의 자세를 긍정적으로 평가하면서 재평가의 단초가 열렸다.[25] 현종 10년(1669)에는 사간원 정언 김덕원金德遠이 노산·연산·광해의 후사를 세워줄 것과 성삼문 등을 정려할 것을 청하는 상소를 올렸다.[26] 이때 사관의 말에 따르면, 관작을 복원하는 일은 죽은 자의 신원伸寃 차원에서 할 수 있을지 모르지만, 정표旌表하고 사당을 세우는 일만은 조선왕조에서 거론할 수 없는 문제라며 여론이 그르다고 했다. 사실 이 기록에 성삼문 등을 정표하는 일과 관련하여 사관의 견해를 통해 느낄 수 있는 분위기는 자못 체념적이기도 하고, 국가적 차원의 조치는 기대할 수 없다는 판단이 깔린 듯하다.

한편, 노산군과 연산군·광해군은 경우가 다른 사안이라는 의견과 사육신을 비롯한 희생자들에게 정통성을 부여하자는 의견이 조정에서 정식으로 제기되었다는 사실은 단순한 일이 아니다. 현종이 몇 달 동안이나 이 상소에 가타부타 답하지 않고 단지 김덕원의 관직만 교체했던 일에서 알 수 있듯이, 노산군과 사육신에 대한 역사적 평가는 이제 일정한 합의가 이루어지고 있었다.

---

25 『중종실록』, 12년 8월 5일(무신).

26 『현종실록』, 10년 8월 18일(무인). 그동안 이 사안에 대한 사림의 견해는, 윤정, 「18세기 국왕의 '문치'사상 연구」, 서울대학교 박사학위논문, 2007, 162~165쪽 참조.

노산군을 연산군이나 광해군과 동일하게 보아서는 안 된다는 합의는 곧 노산군을 노산대군으로 바꾸는 일로 현실화되었다. 윤휴尹鑴·허적許積 등이 경신대출척庚申大黜陟(1680)으로 조정에서 실각한 이듬해인 숙종 7년(1681) 7 월 무더운 어느 날 낮 공부(주연晝筵) 시간의 일이었다.[27] '대군'으로 바꾼다는 말은 종래의 치제나 분묘 수리와 같은 휼전恤典이 아니라 노산군에게 왕실의 정통성, 다시 말하면 적자의 위치를 부여하는 문제였다.

군왕을 폐위했을 때 그를 가리켜 '군君'이라고 부르는 것은 왕비 이외의 소생 왕자를 일컫는 칭호인 '군'과 상관이 없었다. 폐위된 군왕을 뜻하는 '군' 은 "왕을 참칭한 경우는 아무개 군君 누구(讖稱王者曰 某君某)"라는 식으로 기록한다는 『자치통감강목』 「범례」에 근거한 용어이다.[28] 그러므로 '군'을 '대 군'으로 바꾸는 조치는 당초 '군'이라 불렀던 의미(즉, 폐위된 군왕)와 하등 관련이 없는 일이었다. 이렇듯 숙종대에는 '군'에 대한 전혀 다른 해석을 통해 '노산군'을 '노산대군'으로 칭하면서 한 단계씩 추복의 명분을 쌓아갔다.

이어 숙종 18년(1692), 숙종은 노량진에 자리한 사육신묘에 제사를 지내게 하고, 복관 조치를 내림과 함께 사당에도 편액을 하사한다. 당시 이미 민간에서는 사당을 세우고 제사를 지내오고 있었다. 그러므로 편액을 내림으로써 사당 건립을 사후 승인한 셈이었다.

숙종 24년(1698) 9월, 현감을 지낸 적이 있는 신규申奎가 노산대군의 왕호를 추복해주기를 청하는 상소를 올렸다. 숙종은 조정의 신하는 물론 지방관과 이미 관직을 그만두고 초야에 있는 사람들에게까지 의견을 묻도록 했다. 한 달 뒤인 10월, 숙종은 승정원에 비망기를 내려 노산대군의 왕호를 추복하

---

27 『단종실록』 「부록附錄」.

28 『자치통감강목資治通鑑綱目』 「범례凡例」, 보경문화사 영인본.

『단종대왕실록』의 표지와 내지

『노산군일기』는 숙종 때 『단종실록』으로 격상되었다. 이에 따라 '노산군일기魯山君日記'라 되어 있던
실록의 표제는 '단종대왕실록端宗大王實錄'으로 수정되었지만, 실록의 내용은 그대로 두었기 때문에
판심版心이나 본문 책제冊題에는 여전히 '노산군일기'라고 되어 있다.

게 했다.[29] 11월 6일, 영의정 유상운柳尙運 등의 주청으로 노산군에게 '순정안
장경순돈효純定安莊景順敦孝'라는 시호와 '단종端宗'이라는 묘호, '장릉莊陵'이
라는 능호를 올리고, 종묘에서 복위고유제復位告由祭를 올림으로써 노산군은
왕위를 복구하게 되었다. 단종이 영월 땅에서 죽은 지 햇수로 242년 만의 일
이다.[30]

---

29 『숙종실록』, 24년 10월 24일(을축).

30 『숙종실록』, 24년 11월 6일(정축).

그로부터 6년 뒤 숙종 30년(1704)에 봉교 이재李縡는, 대신들과 의논해 찬집청撰集廳을 설치하고 실록 부록의 전례를 따라 단종 복위 때의 사실과 교명문敎命文, 시책諡冊 등의 글을 갖추자고 건의했다. 송상기宋相琦가 그 일을 주관했고, 좌의정 이여李畲, 공조 판서 서종태徐宗泰가 당상으로 참여했다. 부사과 이관명李觀命·최창대崔昌大가 낭청으로 4개월 만에 일을 끝내어 활자로 인출했다. 옛 실록의 표지에 '노산군일기魯山君日記'라고 적혀 있던 표제도 '단종대왕실록端宗大王實錄'으로 고쳤다. 송상기는 단종 추복 이후 대제학이 되어 『단종실록』 「부록」을 작성했다.[31]

이렇듯 실록은 명백히 일기와 구별되는 위상을 가지고 있었다. 하지만 일기라고 해서 모두 이와 같지는 않다. 등록이지만 격이 다른 '일기'들이 있었다. 『승정원일기』(『당후일기堂後日記』, 『주서일기注書日記』), 『경연일기經筵日記』 등이 그것이다.[32] 여기서 개인의 '일기'는 고려하지 않는다. 또 조선시대 일반 관청의 등록 역시 '일기'라고 하여 등록과 일기가 왕왕 같은 의미로 사용되는 경우가 많다. 그러므로 지금 서술한 것과 달리 일기와 등록 사이에 명확한 위계가 설정되었다고 보기 어렵다는 반론이 가능하다. 그러나 동시에, 일기와 등록 사이에 기록의 위계를 반영하는 측면이 있던 것도 사실이다. 이런 예외를 염두에 두고, 도식적이기는 하지만 기록 간의 위계를 정리하면 〈그림 2〉와 같다. 이 같은 위계는 '의궤'와 '등록'의 용례에서도 찾을 수 있다. 국왕이나 세자의 혼례를 기록한 『가례도감의궤嘉禮都監儀軌』, 사직단社稷壇을 조사한 기록인 『사직서의궤社稷署儀軌』는 『충훈부등록忠勳府謄錄』이나 『의금부등록義禁府謄錄』과 격이 다른 위상을 지니고 있었다. 간혹 둘을 혼용하는 경우도 있

---

31 『숙종실록』, 30년 7월 26일(갑자).

32 염정섭, 「조선시대 일기류 자료의 성격과 분류」, 『역사와 현실』 24, 1997.

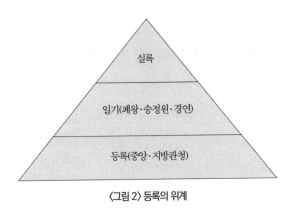

〈그림 2〉 등록의 위계

는데, 흔하지는 않다.

한편, 법령의 경우에도 '법전'보다 격이 떨어지는 법령집을 '등록'이라 한 데서 알 수 있듯이 공문서 전반에 걸쳐 등록의 위계가 존재했다.[33] 등록의 위계가 성립한 이유로는 실록이 갖는 사회적 함의를 들 수 있다. 실록은 국왕조차 열람할 수 없게끔 관리됨으로써 국정과 관료 사회의 투명성 및 자정 능력을 제고하는 역할을 했다.

기록함으로써 경계하거나 실질적인 효과를 낳는 일련의 사회현상을 필자는 '떠든 아이 효과'라고 부른다. 초등학교 교실에서 선생님이 안 계실 때 교실의 소란을 막는 고전적인 방법 중 하나가 칠판에 떠든 학생의 이름을 적는 것인데, 이때 선생님이 오시기 전에 이름이 지워지면 다행이지만 그렇지 못할 경우에는 '예상되는 징벌'이 있고, 그로 인하여 교실은 어느 정도 정돈되는 상황을 유지한다. 물론 이름이 적히는 것 자체만으로도 경계 효과는 있다. '떠든 아이 효과'는 기록과 사회 및 인간의 관계를 이해할 수 있는 흥미

---

33 연갑수, 「조선후기 등록에 대한 연구」, 『외대사학』 12, 2000, 98쪽.

로운 통찰을 제공한다.[34]

　이는 기록을 통하여 후대의 평가를 기다린다는 인식이 현실적으로 기능하도록 했던 사상적 기반, 즉 유학(성리학)이라는 역사관에 바탕을 두고 있다.[35] 이 점은 현대 민주주의 사회에서 국가문서 관리가 갖는 의미와 연관하여 '기록학(Archival Studies)'을 탐구하는 학인들에게 시사하는 바가 크다. 그 시사점은 한마디로 요약할 수 있다. 우리 '근대인'들에게 공공 문서란 무엇인가, 특히 영구보존문서란 무슨 의미가 있는가.

　기록의 현실적인 기능은 실록(또는 실록 편찬)의 의례성을 통하여 표출되었고, 그 의례성은 역으로 실록의 현실적 의의를 강화했다.[36] 관료제의 일반적인 논리로 보면 특수한 자천제自薦制라는 인사 방식을 통해서 '아키비스트'인 사관이 임용되는 것을 비롯하여 세초연洗草宴·봉안식奉安式은 물론이고 편찬 참여자들에 대한 상전賞典으로 이어지는 일련의 예식을 통하여 실록이 다른 여타의 'Archives'와 다른 차원의 것임이 천명되기 때문이다. 활자와 종이, 먹 등 서지書誌 측면에서도 각별한 배려가 곁들여 있었음은 두말할 나위도 없다.[37] 특히 국왕의 전위傳位, 곧 정통성의 계승은 실록의 편찬으로 마무리

---

34 오항녕, 『기록한다는 것』, 너머학교, 2010.

35 吳恒寧, 「성리학적 역사관의 성립: 초월에서 현실로」, 『조선시대사학보』 9, 1999.

36 오툴레는 이것을 영구보존문서의 '상징적(symbolic)' 성격이라고 했다. James M. O'Toole, "The Symbolic Significance of Archives", *American Archivist*, Vol. 56. Spring 1993. 그러나 필자는 실록의 성격을 논할 경우에는 '상징성'보다 '의례성'이 더 적합하다고 생각한다. '의례성'은 '예禮'를 통해 '위계와 차별성(分)'을 과시하기 때문이다.

37 裵賢淑, 『朝鮮實錄 硏究序說』, 태일사, 2002. 로마 교황 문서가 실록의 지위나 의례성·상징성과 유비될 수 있을 것이다.

되었다.[38] 이는 미국 대통령기록관(The Presidential Library)의 설립과도 비슷하다. 한국에서 논의되는 대통령 기록관 제도 역시 무관하지 않다. 이런 점에서 역사적 사실의 관찰은 그 현상도 현상이지만, 심층구조(deep-structure)에 대한 해석이 필요함을 확인하게 된다.

---

[38] 다음 장에서 살펴보겠지만, 새로 즉위한 국왕의 첫 공식 업무가 실록 편찬을 명하는 일이었다.

2장 │ 의례와 상징체계

1. 의례와 기록

이제 조선시대 실록 관련 의례가 발달했던 점에 착안하여 그 의례가 어떤 과정을 거쳐 성립되었으며, 성립의 배경이 되는 핵심적인 구성 요소는 무엇인지 알아보자. 먼저, 조선 초기 실록 의례가 성립되기까지의 과정을 서술할 것이며, 의례 자체에 대해서는 실록 편찬의 단계를 논의할 때 상론하겠다.

의례의 측면에서 실록에 접근하는 것이 실록의 본질적 성격을 알아보는 것과 거리가 있다고 생각하지 않는다. 결론부터 말하면, 편찬이 관례가 되고 국사의 상징성을 획득함으로써 형성된 의례성은 실록의 기본 성격 중의 하나이다. 이는 다분히 파생적이기에 이차적인 요소로 볼 수도 있겠지만, 그럼에도 불구하고 실록이 역사 속에서 발달하는 동안 하나의 본질적 성격을 형성하게 되었다는 것이 필자의 생각이다.

조선시대에는 국왕이 승하한 뒤 실록을 편찬하는 일이 상식으로 여겨졌다. 1장에서 살펴보았듯이, 실록은 자천제에 의한 사관 임용, 차일암遮日巖에서 행하는 세초연洗草宴, 그리고 봉안식奉安式과 포쇄식曝曬式을 포함하여 편찬 참여자들에 대한 상전賞典의 의례를 포함하고 있다. 이를 통해 실록은 다른 여타의 역사 기록과 다르다는 생각을 하게 된다.

조선시대 문치주의를 이끌었던 사관제도의 산물인 실록이 역사상 실제로 존재한 기간은 1,300여 년간이다. 중국의 경우 당에서 청까지, 우리의 경우 통일신라 후반부터 조선까지 이르는 시기 동안 실록이 편찬되었다. 즉, 조선왕조실록을 통해 우리가 가지고 있는 실록에 대한 이해는 동아시아 역사에서 보면 조선이라는 일정한 시기와 지역의 실록에 대한 이해라는 말이 된다.

여기서 단순한 질문을 제기할 수 있다. 실록, 정확히 조선왕조실록에 대한 우리의 이해는 실록사實錄史 전반에 걸쳐 타당한가? 어떤 사물이든 발생과 소멸을 겪게 마련이고 그 사이에도 변화가 생기게 마련이라면, 실록도 마찬가지가 아닐까? 이런 이유로 긴 실록사 속에서 우리의 이해를 역사화시켜 보는 것, 그럼으로써 실록에 대한 이해의 폭을 넓혀보는 것도 의미가 있을 듯싶다.

이러한 문제의식에 따라, 긴 시기 동안 이루어진 실록의 변화 과정과 그 의례성의 형성을 다루는 방법으로 '발생기發生期의 원형原型'과 '만개기滿開期의 정형定型'을 비교해보고자 한다. 발생기의 원형인 중국 당나라의 실록과 만개기의 정형인 조선의 실록 문화를 대비하는 구도로 실록의 변화를 살펴볼 텐데, 서술의 중심은 '정형'인 조선시대의 실록에 두고 조선시대 전후 시기의 자료도 필요에 따라 짚었다.

예禮는 유가의 특징을 매우 잘 보여준다.[39] 그 예에 절차와 형식이 부여된

---

39 유가의 대표적 특징인 '예禮'에 관한 연구로는 다음 글을 참조할 수 있다. 유권종, 「禮: 유교 문화의 형식과 내용」, 한국사상연구회, 『조선유학의 〈개념〉들』, 예문서원, 2002;

의례는 몇 가지 요소를 갖추고 있다. 의례는 규칙적으로 반복되면서 어떤 집단성에 의하여 이루어지고 상징성을 띤다.

① 질서 또는 규칙성 : 의례는 질서 정연한 행위의 연속성을 지닌 구조로 이루어지는 사건이다.

② 반복 : 의례 행사는 그 의례가 적합한 경우에 계속 반복된다. 이 반복을 통하여 관례가 된다. 반복은 그 계기, 내용, 의례의 형식 등이 복합되어 이루어진다.

③ 구분 : 의례는 시간과 장소, 사용되는 물질적 수단이라는 점에서 볼 때 일상생활과 구분된다.

④ 극적 효과 : 의례는 본질적으로 무의식적 행동이 아니라 의식적으로 행동하는 것이다. 의례 행사에는 청중의 주의를 집중시키고 참여도를 높이기 위해 '무대'를 설정한다.

⑤ 집단성 : 의례는 전체 무대장치 속에서 진행된다. 그것은 개인적 경험이 아니라 전체가 함께 공유하는 과정이다.

⑥ 상징성 : 의례는 무엇보다도 상징적 활동이며 의사소통의 상징적 형식이다.[40]

이는 관례와 상징성으로 요약되는데, 예의 기본 인식은 우주의 '구분 또

김현, 「鬼神: 자연철학에서 추구한 종교성」, 같은 책.

40 의례에 대한 착상과 연구 방법은 웨슬러의 저술에 힘입었다. Howard J. Wechsler, *Offerings of Jade and Silk: Ritual and Symbol in the Legitimation of the T'ang Dynasty*, Yale University Press, 1985. pp. 22~23.

는 구별(別)'에 있다.[41] 국가 차원의 의례는 정통성의 과시와 그에 대한 지지를 획득하는 데 유력한 방법이 된다는 점에서[42] 실록의 의례성은 '국사'의 위상과 그 위상을 지키기 위해 '배제와 비장'이라는 구별의 논리 및 제도적 장치를 마련하면서 형성되어왔다.

대부분의 기록은 만들어질 당시의 실용적인 목적 때문에 탄생했음을 기록의 역사는 말해준다.[43] 국가의 기록은 넓은 의미의 국가 경영에 대한 행정 기록이다. 동시에 기록 일반은 그 기록을 생산할 때 갖는 당대 실용성에 더하여 그것이 역사 유산으로 전승되면서 갖게 되는 후대 실용성을 내재하고 있다.[44] 그리고 어느 틈에 그 기록의 생산과 보존에 각별한 상징성이 부여되는 경우도 있다.[45] 이런 기록의 역사에 대한 이해는, 실록의 후대 실용성이 당대 실용성을 압도해가는 현상, 그러면서 위상과 상징성의 힘을 빌려 의례성을 획득하는 실록을 이해하는 데도 마찬가지로 적용할 수 있다.

---

41 『예기禮記』「악기樂記」. "악樂은 천지의 조화를 표현한 것이고, 예禮는 천지의 질서를 표현한 것이다. 조화이기 때문에 만물이 조화로워지고, 질서이기 때문에 사물들이 구별된다.(樂者, 天地之和也; 禮者, 天地之序也. 和故百物皆化, 序故羣物皆別.)"

42 Howard J. Wechsler, 앞의 책, 1장.

43 Ernst Posner, *Archives in the Ancient World*, Cambridge, Mass, Harvard Univ. Press, 1972, pp. 3~4.

44 혹자는 이를 기록의 1차 가치와 2차 가치로 나누기도 한다. T. R. Schellenberg, *Modern Archives: Principles and Techniques*, SAA, 1956, pp. 139~160. 이러한 구분이 기록에 대한 평가(Appraisal)라는 방법론에서 갖는 문제점은 여러 학자가 지적했지만, 그럼에도 불구하고 모든 기록은 두 측면을 가지고 있다는 점도 무시할 수 없다.

45 M. T. Clanchy, *From Memory to Written Record: England, 1066~1307*, Cambridge, Mass, Harvard Univ. Press, 1979, p. 7. 예를 들어, 둠스데이 북(Domesday Book)은 거기에 실려 있는 재산과 봉건 의무에 대한 인벤토리를 넘어서는 의미를 가지고 있었다. 즉, 노르만인에게는 변치 않는 승리의 상징이었고, 반면 색슨인에게는 굴욕적인 패배의 기억이었다. 같은 책, p. 18, pp. 125~127.

기록 일반에 관한 다음과 같은 질문이 실록을 이해하는 데 유효할 것이다. 기록의 진정한 의미가 눈에 보이는 텍스트에서 나오기보다 그 무엇에 대한 상징성에서 유래하는 경우는 언제인가? 기록이 실용적 정보를 포함하고 있으면서도 실제 의미는 훨씬 상징적인 사례로는 어떤 것이 있는가? 언제 상징적 성격이 실용적 성격을 능가하는 기록이 되는가? 어떤 경우에, 또 어떻게 기록은 예식이나 종교적 목적으로 이용되는가? 기록을 그 내용과 의미로 중시하기보다 그저 하나의 대상으로서 숭배하든지, 아니면 상대적으로 낮추어보는 경우는 언제인가?[46]

이러한 관점과 연구 방법을 토대로 주제를 세 부분으로 나눠 검토해보자. 우선 실록이 국사라는 지위를 획득하는 과정이 설명되어야 한다. 이는 전통적인 직필의 이상과 실록의 당대 실용성 사이에 놓여 있는 긴장이 역사적으로 어떻게 나타났으며, 어떻게 해결의 방향을 찾았는지 확인하는 일이다.

실록이 확보한 국사의 위상은 점차 당대의 실용성과 후대에 역사를 전승한다는 의미의 두 가지 중에서 서서히 후자의 성격을 강화하는 쪽으로 나타났다. 그리하여 전쟁이나 도둑질 같은 인간의 위해나 홍수 같은 자연의 피해에서 실록을 보존하기 위한 제도와 장치가 마련되었다. 이쯤 되면 실록은 다른 역사 기록과 차별을 과시할 조건이 마련된 셈이다. 현실적인 위상과 보존의 장치만큼 의례를 갖추기 좋은 조건이 있을 수 없기 때문이다.

실록이 이렇게 실질적 의례성을 갖추어가면서, 그에 상응하여 조선 초기에 편찬 관례와 예식이 확립되었다. 그것은 이전 시대의 실록 편찬과 확연히 구별되는 국가 흉례와 실록 편찬의 긴밀한 연계로 나타났고, 곧 기사記事에서

---

46 James M. O'Toole, "The Symbolic Significance of Archives", *American Archivist*, Vol. 56(Spring), 993, p. 238.

편찬과 보존에 이르는 일련의 의례가 완성되는 것으로 이어졌다.

2. 국사의 이상과 실용성

실록은 일반명사로는 '사실의 기록', '믿을 수 있는 역사(信史)'라는 의미를 지니고 있었다. '실록'이라는 용어는 중국 당 태종 이래 실록의 편찬과 함께 당대사 편찬물을 가리키는 역사적 성격을 띠게 되었다.[47]

실록은 왜 생겨났을까? 실록의 탄생 배경은 여전히 분명치 않지만 그것을 추론할 단서가 아주 없지는 않다. 수나라의 문제文帝가 개인적인 역사 편찬을 금지함으로써 결과적으로 관청에서 기전체 정사와 실록을 편찬하는 '설관수사設官修史'의 기반이 마련되었고, 정치적 통일에 필요한 역사의식의 통일, 정관지치貞觀之治로 일컬어지는 사회경제적 발전, 통치자들의 관심과 주의가 실록 탄생의 배경이라고 보는 관점이 있다.[48]

이에 더하여, 사관史館 – 집단 편찬(分撰) – 실록이 이 시기 사학사의 주체

---

47 당나라 이전에 '실록'이라는 이름을 달고 편찬된 역사서는 『양황제실록梁皇帝實錄』(3권 또는 5권, 주흥사周興嗣 撰)과 『양태청실록梁太淸實錄』(8권, 온대아溫大雅 撰) 등이 있다. 기록학의 개념에서 보면, 믿을 수 있는 기록의 보존, 즉 직필의 보존은 '진본성(Authenticity)'의 유지라고 할 수 있다. 원본성이란 증거능력을 갖도록 해주는 모든 규정된 형식을 갖춘 기록에 남겨진 내용을 가리킨다. 한편 '진본(genuineness)'이란 알려진 바의 바로 그 기록이라는 의미이다. Luciana Duranti, *Diplomatics: New Uses for an Old Science*(SAA), The Scarecrow Press, 1998, pp. 17~18. 이와 관련된 내용은 이 책의 제5부 2장에서 서술할 것이다.

48 宋衍申 主編, 『中國史學史綱要』, 東北師範大學出版社, 1992; 신승하, 『중국사학사』, 고려대학교 출판부, 2000, 121~122쪽에서 재인용.

– 방법 – 성과를 이루는 유기적 구성 요소라고 한다면,[49] 이러한 구성 요소를 가능하게 했던 역사적 조건을 고려하는 것이 생산적인 추론이 될 듯하다. 즉, 육조六朝(삼국시대의 오·동진 및 남조의 송·제·양·진을 합한 시대)에서 당나라에 이르는 시기에 관료제를 중심으로 정치 세력이 재편되면서 그에 상응하는 인력군이 형성되고, 동시에 그 관료제의 작동에 필요한 기록이나 문서가 증가하면서 이것들을 이전보다 효율적이고 신속한 방식으로 처리 또는 관리해야 했는데, 이에 대한 관리 방식이 곧 실록으로 나타났다고 볼 수 있다.

역사 기록을 현실의 필요에 따라 생산해서 사용하고, 이후 후대의 역사로 삼아 편찬하여 보존하는 일련의 과정에 입각한 이 같은 접근 방식은 기록의 당대 실용적 성격에 주목한 것이다. 당대 실용성은 실록의 발생 당시, 또는 이후에도 곳곳에서 확인된다. 후대의 역사로 삼는다는 문제의식은 일반적인 관념인데, 곧 따로 검토할 계획이다.

실록 편찬의 주창자이면서 『고조실록』의 공동 편찬자이기도 한 당 태종은 말할 것도 없고 적어도 당대唐代에는 황제도 실록을 통해 인접한 시대의 경험을 참고했던 사례를 어렵지 않게 찾아볼 수 있다.

> 사신 장계가 말하였다. "헌종이 즉위한 초기에 역대 성상의 실록을 읽었는데 정관貞觀과 개원開元의 고사를 보고는 삼가 공경하는 마음에 책을 놓지 못하였다. 승상에게 묻기를 '태종의 창업이 이와 같고, 현종의 치세가 이와 같다. 국사를 보고 난 뒤 내가 만 배는 그보다 못하다는 것을 알았다. 선성의 시대를 맞아서도 오히려 재상과 신하들이 한마음으로 보조했는데, 어찌 짐이 오늘날 홀로 치세를 이룰 수 있겠는가.'라고 하였다."

---

49 오항녕, 『한국 사관제도 성립사』, 일지사, 2009. 35~40쪽.

한유의 「창려집」

중국 당나라의 명문장가인 한유는 사관으로 『순종실록』 편찬에 참여했다. 『순종실록』 전5권 전체가 한유의 『창려집昌黎集』에 실려 있는데, 실록이 개인 문집에 수록된 사례이다.

> 史臣蔣係曰:"嗣位之初, 讀列聖實錄, 見貞觀開元故事, 竦慕不能釋卷, 顧謂丞相曰:'太宗之創業如此, 玄宗之致理如此, 旣覽國史, 乃知萬倍不如先聖, 當先聖之代, 猶須宰執臣寮同心輔助 豈朕今日獨能為理哉!'"[50]

위 기사로 미루어 당 헌종은 태종과 현종 때의 실록을 보았음이 틀림없다. 한유韓愈가 참여하여 편찬한 『순종실록順宗實錄』은 심지어 그의 문집에

50 『구당서舊唐書』 권15, '史臣蔣係曰'.

실리기까지 했다.[51] 그만큼 실록을 일반적으로 이용하는 것이 가능했음을 뜻한다. 이런 상황은 실록 편찬이 관례화되는 과정에서 문제점을 야기했다.

실록이 황제의 재위 중 또는 재위 단위로 편찬되면서 그 시기를 살아가는 사람들이 편찬에 참여하는 것은 당연했다. 이에 따라 편찬에 참여한 사람들은 시정기나 일력을 비롯하여 사관의 기록을 마음대로 볼 수 있었다. 그 때문에 실록을 편찬하는 과정에서 누설은 물론 사화史禍의 가능성이 항시 내재해 있었다. 당나라 『측천무후실록則天武后實錄』의 편찬에 참여했던 유지기가 실록 편찬이라는 새로운 역사 편찬 방식에 전면적인 비판을 가하고 그 결과가 『사통』이라는 저술로 귀결되었음을 앞서 살펴본 바 있다. 송대宋代에 이르러서도 이러한 문제점은 좀처럼 해결되지 않았다. 범조우范祖禹의 유명한 발언은 이런 점에서 음미할 만하다.

> 예전에는 관직에 따라 각자의 직임을 다하면 되었지, 역사서에 기록된 평가(善惡)에 대하여 황제나 재상이 간여하지 않았다. …… 이것이 간신이나 적자가 두려워했던 이유인데, 후세의 황제가 그 역사 기록을 볼 수 있게 되고 재상이 편찬 책임을 맡으면서는 곧이 쓰려 해도 어렵게 되었다. 사마천이 "(예전에 상경上卿이 하던) 사관史官과 일관日官이 점쟁이와 비슷해졌다." 라고 하였는데, 대개 사건에만 집착하는 데 그쳐 사실을 곧이곧대로 쓸 뿐 『춘추』에 있는 포폄과 상벌 기록 수준이 못 된다는 뜻이다. 반면 후대의 역사가들은 평가에 힘쓴 나머지 사실을 잊었으니 정작 그 직임을 잃었다고 할 것이다. 황제가 사신史臣에게 직임을 맡기고 재상이 역사 편찬에 간

---

51 高柄翊, 「東亞諸國에서의 實錄의 編纂」(1994), 『東아시아文化史論考』, 서울대학교 출판부, 1997, 122~123쪽.

여하지 않는다면 잘잘못에 대한 평가를 믿을 수 있게 될 것이다.

古者, 官守其職, 史書善惡, 君相不與焉. (故齊太史兄弟三人死於崔杼, 而卒不沒其罪) 此奸臣賊子所以懼也. 後世人君得以觀之, 而宰相監修, 欲其直筆, 不亦難乎. 司馬遷有言曰 "文史星歷近乎卜祝之間", 蓋止於 執簡記事, 直書其實而已, 非春秋有褒貶賞罰之文也. 後之爲史者, 務褒 貶而忘事實, 失其職矣. 人君任臣以職, 而宰相不與史事, 則善惡庶乎其 信也.[52]

본격적인 사론史論의 시대를 연 당사자인 범조우가 막상 당대 역사가의 평가에 대해서는 부정적 입장이었다는 사실이 역설적이기는 하지만, 전후 맥락으로 보아 이해할 수 있는 일이다. 따라서 이 점은 차치하고, 그가 강조한 핵심은 당나라 유지기도 제기했던 황제의 열람과 재상의 편찬 책임이다. 관청에서 일군의 관료 집단이 실록을 편찬하는 한 범조우가 지적한 문제는 궁극적으로 해결할 길이 없다. 왜냐하면 관료의 집단 편찬에는 필연코 그 조직의 위계가 반영될 터이고, 편찬 총책임자로서 재상급이 임명되는 것은 어떤 경우든 마찬가지이기 때문이다. 또한 황제의 열람도 피하기 어려웠다. 당대사인 실록이 당대 국가 경영이나 정책에 참고할 가치가 큰 이상, 바로 그 시대의 활용 목적으로 열람하고자 하는 욕구를 막을 수 있는 방법이 없기 때문이다.

그러니까 직서를 통한 역사 기록의 완벽성을 추구하는 이상주의자의 관점에서 보면 실록을 황제가 열람하고 재상이 감수하는 것은 불안한 일이겠지만, 역사적 현실 속에서 탄생한 실록의 성격상 그것은 불가피한 일이었

---

52 범조우范祖禹, 『당감唐鑑』 권6, '臣祖禹曰'.

다. 범조우가 예전에는 권력자가 역사서를 보지 않았다는 듯이 말하고 있지
만, 실록 이전의 역사서는 당대사가 아닌 정사가 주류를 이루었고, 정사는 이
미 왕조가 멸망한 뒤에 편찬되기 때문에 누구나 접근할 수 있으며 또한 누군
가 열람을 하더라도 큰 사달이 생기지 않을 기록이었음을 고려할 필요가 있
다. 물론 동호董狐의 직필로 대표되는 곧은 역사 편찬의 자세와 추구는 언제
나 중요한 문제의식으로 인식되었지만,[53] 실록처럼 그 문제의식을 항시 자극
한 역사 기록은 없었다. 그렇다면 당대의 실용성을 도외시할 수 없는 실록에
대하여 왜 직필의 이상이라는 잣대를 적용하려고 했을까?

여기에는 전통적인 직필의 관념 외에 실록의 위상이라는 또 다른 문제가
자리하고 있었다. 그것은 곧 실록이 처음부터 '국사國史'로 인식되었다는 점
이다.[54] 이미 제도적으로도 당 태종 때 실록 편찬의 시작과 함께 방현령房玄
齡이 감수국사監修國史의 직함을 갖고 있는 데서도 알 수 있고, 이후 송이나
고려의 직제에서도 감수국사·수국사라는 관직이 계속 유지되었는데, 이 직
책은 실록 편찬의 책임자에게 주어졌다. 실록이 국사라는 인식은 조선시대에
도 지속된 관념이었다.[55]

실록이 국사라는 생각을 근대의 국가주의와 같이 볼 필요는 없을 듯하다.
실록의 자료가 되는 기록을 필요에 따라 생산하는 조직이나 기구로 정부 조

---

53 당 태종에 대한 방현령房玄齡의 말은 이런 전사前史를 함축한다. 『자치통감資治通鑑』
　　 권197. "처음에, 상이 감수국사 방현령에게 '이전 시대에 사관의 기록을 군주에게 보
　　 지 못하게 한 이유는 무엇인가? 하니, 대답하기를 '사관은 거짓으로 미화하지 않고 악
　　 행을 숨기지 않으니, 만일 군주가 보면 반드시 노여워할 것이기 때문에 함부로 바치지
　　 않았던 것입니다.' 하였다."(初, 上謂監修國史房玄齡曰: "前世史官所記, 皆不令人主見
　　 之, 何也?" 對曰: "史官不虛美, 不隱惡, 若人主見之必怒, 故不敢獻也.")

54 정구복, 『韓國中世史學史(Ⅰ)』, 집문당, 1999, 96~97쪽.

55 韓㳓劤, 「朝鮮前期 史官과 實錄編纂에 관한 연구」, 『震檀學報』 66, 1988, 77쪽.

직만 한 것이 당시에는 있지도 않았거니와, 그 기록을 실록이라는 편찬물로 정리하고 관리하는 데 드는 자원이나 인력을 동원하는 역할도 정부 조직이 맡았던 국가 차원의 사업이었다. 이런 이유로 실록을 '국사'로 인식하는 것은 당연했는지 모른다. 실제로 국사라는 말은 실록 편찬 이후에 실록과 같은 의미로 빈번히 등장했고, 그 결과 실록은 '등록의 위계'에서 정점의 자리를 차지하게 되었다. 실록은 국사로 탄생하고 인식되었으며, 그에 더해 전래의 역사적 효용(후대의 실용성)은 물론 당대의 활용성을 만족시켜야 하는 기대와 긴장을 내포했다. 이러한 실록의 역동성은 역사에서 어떻게 나타났는가?

3. 구별과 배제의 장치

1) 당대 실용성의 대안

실록에 내재된 긴장을 극복한 전형은 실록이 처음 탄생했던 중국 당나라 이후의 송나라나 명나라가 아니라, 실록 문화를 받아들여 나름대로 발전시킨 조선이다. 조선의 실록 문화는 중국 여러 왕조나 고려의 실록 문화와 달랐을 뿐 아니라 그것이 조선에서 탄생했을 때와도 많이 달라졌다. 특히 실록 발생기의 문제점을 해소한 하나의 전형典型이자, 일관된 체계를 갖추고 오랫동안 지속되었다는 점에서 정형定型이었다.

국사로서 실록이 갖는 직필의 이상이 실현되기 위해서는 당대 활용과 편찬에 권력이 개입할 수 있는 여지의 위해危害 요소를 배제할 방법이 필요했다. 즉, 사실에 입각한 당대 기록을 훼손하지 않고, 당대 정책과 사회 문화를 기록할 수 있는 방안이 마련되어야 했고, 동시에 설관수사設官修史(관청을 세워 역사를 편찬함)할 수밖에 없는 실록의 편찬에 개입될 권력에 의한 왜곡을 배제할 장치가 있어야 했던 것이다.

실록을 온전한 기록으로 남기기 위한 방안의 하나로, 실록을 대신할 당대 기록이 모색된 것은 당나라 때 재상에 의해 편찬된 시정기時政記를 예로 들 수 있다. 이후로도 실록 이외의 당대사를 편찬함으로써 실록은 '손대지 못하게 하고', 그 대체 기록을 통해 당대의 실용성을 획득하고 실록을 보호하려는 노력이 계속되었다. 예를 들어, 중국 송대에는 『영종실록寧宗實錄』(499책)과 함께 『영종일력寧宗日歷』(511권) 및 그 중수본重修本 500권을 함께 편찬했으며, 또 『이종실록초고理宗實錄初藁』(190책)와 함께 『이종일력理宗日歷』(220책) 및 또 다른 일력 180책을 편찬했는데,[56] 이렇게 실록과 함께 다른 종류의 기록을 남긴 것은, 단정적으로 말하기는 어렵지만 용도의 차이로 해석할 수 있을 듯하다.

고려시대에도 '일력'이라는 표현은 나오지만 송나라의 일력과 같은 것으로 보이지는 않는다.[57] 당대사의 실용성을 만족시켜준 대안은 조선시대의 『경연일기』나 『승정원일기』에서 찾을 수 있다. 경연은 학문 토론뿐 아니라 국가정책에 관한 논의가 함께 이루어지는 정치제도이기 때문에 그 내용이 작성된 『경연일기』가 사초에 버금가는 기록으로 인식되었으리라는 짐작은 쉽게 할 수 있다. 『경연일기』는 세종대 경연 전담 기구인 집현전이 설치되면서 작성되기 시작한 것으로 보이는데, 이때의 경연관이 겸춘추兼春秋, 곧 겸임사관이었던 데서도 방증을 찾을 수 있다. 그렇지만 『경연일기』는 정식

---

56 『송사宋史』 권203.

57 『고려사高麗史』 「열전 30 : 이첨李詹」 및 오항녕, 『한국 사관제도 성립사』, 일지사, 2009, 310~315쪽 참조.

관례에 따라 작성되었던 것 같지는 않다. 『경연일기』가 적잖게 남아 있기는 하지만, 그것으로 당대사에 대한 실용적 욕구를 대신했다고 판단하기는 어렵다. 그렇다면 적어도 실록 정도의 정보와 공식성을 갖춘 조선시대의 당대 기록은 무엇이었을까? 그것은 『승정원일기』였다.

『승정원일기』로 판단되는 사료가 나오는 것은 문종 원년(1451)이다.[58] 문종은 세종의 비문 작성을 위해 '일기日記'를 상고할 것을 승정원에 명했는데,[59] 그때는 아직 『세종실록』이 편찬되지도 않았고 세종 즉위 이후의 사적을 조사할 '일기'라면 『승정원일기』밖에 없으므로 승정원에게 전교한 것은 곧 『승정원일기』를 상고하라는 명령이었다. 문종이 세종 즉위 이래의 사적을 조사하기 위해 『승정원일기』를 상고하라고 했다는 것은, 바꿔 말하면 적어도 세종 즉위 무렵부터 『승정원일기』가 존재했다는 말이 된다.

『승정원일기』는 성종대에 들어서면서 이미 사초에 버금가는 당대 기록으로서의 지위를 인정받았다.[60] 이후 양적인 측면에서 풍부한 당대사의 경험을 기록함으로써 적극적으로 활용되었고,[61] 제한과 배제의 논리가 적용된 실록을 대신하여 실용성을 만족시키기에 적격이었다. 『경연일기』나 『승정원일기』 외에 수차례에 걸쳐 편찬되는 『국조보감』도 선대의 역사에 대한 궁금증을 해

---

58 신개申槩의 『인재집寅齋集』에 수록된 세종 20년(1438)의 '정원일기政院日記'가 『승정원일기』의 정식 명칭으로 보이는 가장 빠른 기록이지만 사료의 신뢰성이 떨어진다. 정종 2년(1400) '승정원 당후承政院堂後'의 존재는 '당후일기堂後日記', 즉 '승정원일기'의 작성 가능성을 보여준다. "중추원 당후를 승정원 당후로 하였다.(中樞院堂後爲承政院堂後)" 『정종실록』, 2년 4월 6일(신축).

59 『문종실록』, 원년 4월 1일(기사).

60 오항녕, 『한국 사관제도 성립사』, 일지사, 2009. 326~334쪽.

61 申炳周, 「承政院日記의 자료적 가치에 관한 연구」, 『규장각』 24, 2001, 9~13쪽.

소하는 데 일조했을 것이다.[62]

2) 배제의 장치

당대사에 대한 관심과 욕구를 어느 정도 해소할 방도가 생겼으니, 이제 국사라는 최고의 위상을 지닌 실록이 직필을 담은 역사로 남기 위한 조처가 뒤따라야 했다. 이를 좀 더 명료히 이해하기 위하여 〈표 5〉를 보면서 설명하겠다.

실록을 군주의 사거 이후에 편찬하는 관례는 당대사의 편찬 단위를 설정하는 데 효율적인 측면이 있어 고안되기도 했겠지만, 그 시대 최고 권력자가 역사 편찬에 개입할 수 없다는 점에서 배제의 장치에 포함된다. 그럼에도 불구하고 당대사는 기록의 주체와 편찬의 주체가 같은 시대에 생존할 가능성이 높다는 사실만으로도 내적 긴장을 피할 수 없다. 그 긴장에는 역사 기록을 둘러싸고 발생할 만한 모든 것이 담겨 있다. 그 때문에 배제의 대상은 인간이든 자연이든 그 기록을 훼손할 가능성이 있는 모든 요인이 해당되었다.

조선 초기에 확립되는 배제의 장치는 〈표 5〉를 통해 알 수 있다. 앞서 언급했듯이, 기사 주체와 편찬 주체가 동시에 존재할 가능성 때문에 생기는 실록의 태생적 이원성은 긴장을 유발하게 마련이다. 그래서 그 긴장을 해소하

---

62 『국조보감』은 조선시대 역대 임금의 치적 중에서 모범이 될 만한 사례를 모아 편찬한 편년체 역사서이다. 세종 때 착수하여 세조 때 태조·태종·세종·문종 4대의 보감을 처음 편찬했다. 숙종 때 『선묘보감宣廟寶鑑』 10권, 영조 때 『숙묘보감肅廟寶鑑』 15권, 정조 때 정종·단종·세조·예종·성종·중종·인종·명종·인조·효종·현종·경종 등 12조朝의 보감 (68권, 헌종 13년(1847)에 정조·순조·익종 등 3조朝의 보감을 간행했고, 순종 2년(1909)에 헌종·철종 양조兩朝의 보감을 완성한 뒤 이전의 보감과 합편하여 총 90권 28책으로 완간되었다.

〈표 5〉 실록 보호의 장치와 의례

	기사	편찬	보존
주체	전임사관 (겸임사관)	당상관堂上官 낭청郎廳	전임사관 (겸임사관)
임무	사초(시정기) ↑ 각사各司 주요 문서	실록 ↑ 사초(시정기) 『승정원일기』 등	포쇄曝曬 고출考出 이안移安
배제의 장치	사초 보호 규정 사초 실명제 임용 자격 제한 연소자 임용 자천제自薦制	사초 누설자 처벌 세초 임용 자격 제한	원격지 비장 사관 전담 원칙
의례	분황제焚黃祭 신참례新參禮	봉과식封裹式, 봉안식奉安式 세초연洗草宴, 가자加資, 상전賞典	포쇄식曝曬式

기 위해 『세종실록』을 편찬할 때부터 실록청에서 공동 편찬을 함으로써 국사로서 실록의 이상적 지위를 확보하고 기록의 완전성을 최대한 보장하고자 했다.[63]

잠시, 실록청의 위상을 살펴보자. 여기서 '도감都監'과 '청廳'의 위상에 대해 이의를 제기할 수도 있다. 예컨대 동일한 임시 관청이라도 국장도감國葬都監에 비하여 실록청의 위상이 낮지 않았냐는 문제 제기다. 먼저 알아두어야 할 점은 '도감'은 상급 기관이 없는 임시 기구이며, '청'은 상급 기관에 딸린 임시 기구라는 사실이다. 조선 후기에 오면 '도감'이나 '청' 중에서 훈련도감이나 어영청처럼 상설 기구화되는 것도 생겨났고, 선혜청처럼 '청'의 위상이

---

63 오항녕, 『한국 사관제도 성립사』, 일지사, 2009, 210~226쪽.

본래의 상급 기관을 능가하는 경우도 나타났다. 이는 좀 더 검토할 문제이기는 하지만 적어도 실록청에 관한 한 춘추관에서 관장하는 임시 관제라는 점을 알고 넘어가도록 하자. 이 사실을 확인하면 실록의 위상과 관련하여 현재 논의를 풀어나가는 데 무리가 없을 것이다.

설관수사設官修史라는 실록 편찬 방식이 궁극적으로 관료제의 위계에서 벗어날 수 없기 때문에 이 문제, 즉 실록의 태생적 이원성에 따른 긴장 문제는 근본적 해결이 불가능했다. 하지만 편찬 주체인 당상관과 함께 낭청이 편찬의 시작 단계인 사초 수납부터 최종 마무리 단계인 세초에까지 개입함으로써 위계와 권력에 의한 역사 기록의 왜곡 가능성을 줄여나갔다. 그래서 "입초入草한 낭청이 있고, 또 초초初草를 쓴 낭청이 있고, 중초中草를 쓴 낭청이 있고, 정초正草를 쓴 낭청이 있고, 함께 의논한 여러 낭청이 있사온데 여러 사람의 눈을 어찌 가릴 수 있으리까?(且有入草郎廳焉, 有書初草郎廳焉, 有書中草郎廳焉, 有書正草郎廳焉, 有共議諸堂上郎廳焉, 衆目安可掩也?)"라는 말이 나왔던 것이다.[64] 이 말이 무오사화를 일으킨 장본인인 이극돈李克墩의 상소에서 나왔다는 사실은 참으로 아이러니다.

실록 편찬은 기사記事 단계부터 사초의 작성과 관리 원칙이 확립되었다. 물론 조선 건국 초기에는 사초에 대한 인식이 약하여 태조는 당 태종이 실록을 보았던 고사故事를 들어 누차 사초를 들일 것을 명했고,[65] 이에 감예문춘추관사監藝文春秋館事 조준趙浚 등이 사초를 바치려고 했으나 사관 신개申槩 등이 당 태종은 실록을 보았다는 이유로 후세의 기롱을 면치 못하였다고 저

---

64 실록은 다섯 단계를 거쳐 편찬이 이루어졌는데, 모든 단계에 낭청이 있었으며 공동 논의 구조를 가지고 있었다. 『연산군일기』, 4년 7월 19일(계축).

65 『태조실록』, 7년 윤5월 1일(병자); 7년 6월 12일(병진).

지한 적도 있다.[66] 그렇지만 세종대에 사초의 당대 수납 불가 원칙과[67] 사초를 교서敎書에 해당하는 기밀이자 가치 있는 기록으로 보는 사초 관리의 원칙이 정해졌다.[68] 또한 민수閔粹의 옥사[69]를 계기로 사초 실명제가 실행되었고, 연산군대 무오사화의 경험을 계기로 중종대에는 편찬자가 사초를 누설할 경우에도 엄벌에 처하는 규정이 마련되었다.[70] 따라서 실록의 보존 및 관리 단계에까지 이러한 원칙에 준하는 규정이 뒤따랐던 것은 중언할 필요조차 없다.

이렇다보니 역사 기록의 관리와 편찬을 주요 임무로 하는 주체들의 자격도 까다롭고 특별할 수밖에 없다. 예문관 참외관으로 임용되는 전임사관뿐아니라 겸임사관까지 사조四祖에 결함이 없는 집안의 출신이어야 했다. 특히전임사관, 즉 기사사관記事史官은 사회적 이해관계가 적은 젊은이를 자천제방식으로 뽑아 임용했다. 이는 양반 관료제하에서는 예외적 인사 방식이었

---

66 당 태종이 실록을 본 일에 대한 비판은 송대宋代 성리학을 주도했던 사람들의 일반적인 인식이었다. 주자朱子, 『자치통감강목資治通鑑綱目』(思政殿訓義), 보경문화사 영인본, 권40上 '丁亥 太宗文武皇帝貞觀十七年秋七月, 范氏曰' 및 '楊氏曰' 참고. 이후 조선에서는 성종대에 이르러 『자치통감강목』의 학습을 통해 군주가 실록을 보지 말아야 할 근거로 당 태종의 고사와 범씨范氏·양씨楊氏의 사론史論이 거론되었다. 吳恒寧, 「조선 초기 경연의 『資治通鑑綱目』 강의」, 『한국사상사학』 9, 1997, 144쪽.

67 『세종실록』, 6년 12월 1일(임인).

68 『세종실록』, 14년 8월 5일(신묘).

69 『세조실록』을 편찬할 때 사관 민수가 사초를 제출하면서, 편찬관인 세조의 옛 신하들을 두려워하여 사초를 고친 사건이 발생했다. 조사 결과, 사관 강치성康致誠·원숙강元叔康 등이 연관되었음이 밝혀졌고, 결국 민수는 제주 관노로 내쳐지고, 원숙강과 강치성은 참형을 당하였다. 『국역 연려실기술』 제6권 「민수의 옥사」; 鄭斗熙, 『朝鮮初期 政治支配勢力研究』, 일조각, 1983, 231~241쪽 참조.

70 『중종실록』, 2년 6월 17일(기축).

다.[71] 이러한 조치는 역사를 기록하는 담당자의 자립성과 독립성을 높여주었다. 그것은 곧 실록이 지닌 위상의 다른 표현이었다.

이 같은 조선의 정형定型은, 명나라 때 기거주起居注가 존폐를 거듭하다가 결국 폐지되고 한림원의 사관은 관명만 있을 뿐 실무가 없었던 중국의 또 다른 '정형'과 대비된다. 명나라의 경우에 사관은 단지 실록이나 『영락대전永樂大典』, 『명회전明會典』 등 관청에서 역사서를 편찬할 때 참여할 기회가 주어졌을 뿐이다. 게다가 실록 편찬에 필요한 일력·기거주·시정기 등도 없었다. 그 때문에 명실록明實錄은 신뢰성에 많은 의혹과 비판이 따라다닌다.[72]

이렇듯 조선시대의 실록은 당대 실용성을 만족시킬 대안과 함께 다른 역사 기록과 구별하기 위한 배제의 장치를 두어 국사로서의 지위를 갖추어갔다. 이 과정은 실록이라는 역사 기록이 국왕의 재위 단위로 편찬되는 데서 생기는 문제의 해결이자 경험의 축적이었다. 이렇게 쌓인 경험은 관례가 되었고, 실록의 경우 그 관례는 지위와 위상에 걸맞은 의례를 수반했다.

4. 실록 의례의 성립

1) 흉례와 실록 편찬

실록 또는 실록 편찬의 의례가 성립하기 위해서는 우선 그 행위가 주기적으로 일정하게 반복되어 관례로 자리 잡아야 한다. 고려나 조선시대 실록 편

---

71 吳恒寧, 「여말선초 사관 자천제의 성립과 운영」, 『역사와 현실』 30, 1998.

72 신승하, 『중국사학사』, 고려대학교 출판부, 2000, 236쪽.

찬 관례인 군주 사거 후의 편찬은 실록이 발달하면서 생긴 현상이다.

주지하듯이 당 태종은 선대인 고조의 실록과 함께 자신이 재위하고 있는 시기의 실록도 동시에 편찬하게 했다. 그래서 실록의 이름도 『금상실록今上實錄』이다. 당 태종대의 실록은 『구당서舊唐書』 권46에 『고조실록』 20권과 『태종실록』(『금상실록』) 20권을 방현령이 편찬했다고 나와 있어 각기 다른 편찬물인 듯 보이지만,[73] 당 건국부터 태종 정관貞觀 14년(640)까지를 기록한 『고조태종실록』(『정관실록貞觀實錄』) 40권이라는 동일한 실록을 가리킨다.[74]

태종에 이어 즉위한 고종도 현경顯慶 4년(659)에 본인의 재위 중 실록을 편찬하라고 명했다. 이에 허경종許敬宗이 정관 23년 이후, 즉 고종 즉위(649) 이후 현경 3년(658)까지의 실록 30권을 편찬했다.[75] 그리하여 고종 시대의 실록에는 허경종이 편찬한 『고종실록』(『황제실록』) 30권,[76] 그 시기 이후의 고종대 기록을 담은 『고종후수실록高宗後修實錄』 20권이 있다. 영호덕분令狐德棻이 건봉乾封 연간(667)까지 편찬했고, 유지기와 오긍吳兢이 나머지 시기를 편찬했

---

73 『구당서』 권46. "『고조실록』 20권 – 방현령 편찬, 『태종실록』 20권 – 방현령 편찬, 『태종실록』 40권 – 장손무기 편찬(高祖實錄二十卷 – 房玄齡撰, 太宗實錄二十卷 – 房玄齡撰, 太宗實錄四十卷 – 長孫無忌撰)" 여기서 장손무기長孫無忌가 편찬한 40권의 『태종실록』은 방현령이 편찬한 앞의 두 실록을 합본한 것을 말하는지, 아니면 고조대의 사적을 제외하고 태종대의 사적만 기록한, 말 그대로의 『태종실록』만 가리키는지 정확히 알 수 없다.

74 『구당서』 권189 상. 『신당서新唐書』 권58에는 "장손무기 『정관실록』 40권(長孫無忌貞觀實錄四十卷)"으로 되어 있다.

75 『당회요唐會要』 권63, 「수국사修國史」; 『옥해玉海』 권48. 『옥해』에는 허경종이 편찬한 실록이 20권 및 30권의 두 종류인 것처럼 되어 있다. 『구당서』에는 30권으로 되어 있다. 더 검토해야 할 문제이다.

76 『구당서』 권46.

다.[77] 여기에 대성천후大聖天后가 고종 재위 기간의 실록을 다시 편찬한 『고종실록』 100권도 같이 수록되어 있다. 이로 미루어 보건대 처음에는 실록을 군주의 재위 기간 단위로 편찬하지 않았음을 알 수 있다.

중국에서 군주의 재위 기간 중에 당대 실록을 편찬한 것은 초기의 일시적 현상만은 아니었다. 당唐 중반까지도 이러한 현상이 계속되었다. 현종대에도 재위 기간 중 『금상실록』·『개원실록開元實錄』을 편찬했으며, 덕종 연간에도 『건중실록建中實錄』을 편찬했다.[78] 이는 태종처럼 재위 기간 중 임의적으로 편찬하는 것보다 연호의 교체를 기준으로 실록을 편찬하는 것이 시간 구획에 더 효율적이라고 판단했기 때문으로 보인다. 중국에서 재위 기간 중에 자기의 시대에 해당하는 실록을 편찬했던 이유는 태종처럼 고조의 창업 과정과 치세 기간 중 상서령 등 최고 요직을 거쳤기 때문이라 볼 수도 있지만,[79] 실록의 당대 활용이라는 일차적 목적이 더 크게 작용했기 때문이라고 해석하는 것이 더 적절할 듯하다.

이 시기를 지나고야 군주가 사거한 뒤 비로소 실록을 편찬하는 관례가 생긴 것으로 보인다. 송대 이후로는 '일력日曆'이나 주묵본朱墨本이 실록과 함께 기재되어 있는 경우는 있지만,[80] 재위 기간 중 편찬 사례는 발견할 수 없다. 우리의 경우, 통일신라시대 사례는 확인하기 어렵지만 고려 이후에는 중국과 마찬가지로 군주 사거 이후에 실록을 편찬하는 관례가 정착되었다.

---

77 『옥해』 권48.

78 『신당서』 권58.

79 高柄翊, 「東亞諸國에서의 實錄의 編纂」(1994), 『東아시아文化史論考』, 서울대학교 출판부, 1997, 121쪽.

80 『송사宋史』 권203.

실록	편찬 시기	비고
『태조실록』 7대 사적	현종대(1009~1031)	거란 침입으로 소실되어 재편찬
『덕종실록』	인종 2년(1124)	
『선종실록』		정목鄭穆이 편찬
『숙종실록』		이덕우李德羽가 편찬
『예종실록』	인종 즉위년(1122)	
『인종실록』	의종 5년(1151) 이전	
『의종실록』	명종 17년(1187)	
『명종실록』	고종 14년(1227)	
『신종실록』		
『희종실록』	원종 8년(1267)	
『강종실록』		
『고종실록』	충렬왕 3년(1277)	
『충헌왕실록』	충선왕 원년(1309)	『고종실록』
『충경왕실록』	충혜왕 1년 충선왕 3년(1311)	『원종실록』
『충렬왕실록』		
『충선왕실록』	충목왕 2년(1346)	
『충숙왕실록』		
?	우왕 8년(1382)?	임견미林堅味, 이성림李成林 제조실록편수提調實錄編修
『공민왕실록』	우왕 10년경	밀직제학密直提學 이숭인李崇仁, 정당문학政堂文學 정몽주鄭夢周
	공양왕 3년(1391)	이색李穡, 이숭인李崇仁

<표 7> 조선시대 실록 편찬 시기

실록	편찬 시기	비고
『태조실록』	태종 9년(1409)~태종 13년	태종 8년(1408)에 태조 승하
『정종실록』	세종 5년(1423)~세종 8년	세종 원년(1419)에 정종 승하
『태종실록』	세종 8년(1426)~세종 13년	세종 4년(1422)에 태종 승하
『세종실록』	문종 2년(1452)~단종 2년(1454)	문종 재위 기간 : 2년, 분방 찬수 시작
『문종실록』	단종 1년(1453)~세조 1년(1455)	단종 3년에 수양대군(세조)에게 '선위'
『단종실록』	예종 1년(1469)	『세조실록』과 동시에 편찬됨
『세조실록』	예종 1년(1469)~성종 2년(1471)	예종 재위 기간 :1년
『예종실록』	성종 2년(1471)~성종 3년	
『성종실록』	연산군 1년(1495)~연산군 5년	
『연산군일기』	중종 2년(1507)~중종 4년	
『중종실록』	명종 1년(1546)~명종 5년	인종 재위 기간 : 8개월
『인종실록』	명종 1년(1546)~명종 5년	
『명종실록』	선조 1년(1568)~선조 4년	
『선조실록』	광해군 1년(1609)~광해군 8년	『선조수정실록』: 인조 19년(1641)~효종 8년(1657)
『광해군일기』	인조 2년(1624)~인조 5년, 인조 10년(1632)~인조 11년	중초본, 정초본
『인조실록』	효종 1년(1650)~효종 4년	
『효종실록』	현종 1년(1660)~현종 2년	
『현종실록』	숙종 1년(1675)~숙종 3년	『현종개수실록』: 숙종 6년(1680)~9년
『숙종실록』	경종 즉위년(1720)~영조 3년(1727)	『숙종실록보궐정오』: 영조 4년(1728)
『경종실록』	영조 2년(1726)~영조 8년	『경종수정실록』: 정조 2년(1778)~정조 5년(1781)
『영조실록』	정조 2년(1778)~정조 5년	
『정조실록』	순조 즉위년(1800)~순조 5년	
『순조실록』	헌종 1년(1835)~헌종 4년	
『헌종실록』	철종 1년(1850)~철종 2년	
『철종실록』	고종 1년(1864)~고종 2년	

〈표 6〉과 〈표 7〉은 고려와 조선의 실록 편찬 시기를 정리한 일람표이다.[81] 고려시대에는 몇몇 실록의 경우 편찬 시기를 확인하기 어려운 것도 있지만, 〈표 6〉을 통해 알 수 있듯이 거란의 침입으로 개경이 함락되었을 때 소실되었을 것으로 추정되는 태조~목종까지의 실록이 현종 때 편찬되는 것을 비롯하여 군주가 죽은 뒤 편찬되었음을 한눈에 알 수 있다. 특이한 사실은 재위 기간이 짧은 순종(1083년. 3개월)이나 헌종(1094~1095)은 논외로 하더라도 비교적 재위 기간이 긴 현종(1009~1031. 22년), 선종(1083~1094. 11년), 정종(1034~1046. 12년), 문종(1046~1083. 37년)대의 실록 편찬 사례가 발견되지 않는다는 점이다. 이들 군주의 시대상으로 추측하건대 실록을 편찬하지 않았다고 보기는 어렵고, 아무래도 현재 남아 있는 사료가 부족하여 편찬 사실을 알려주는 정보를 찾기가 힘들기 때문인 듯싶다.

고려시대 실록 편찬을 조선시대와 비교하기 위해 다음의 몇 가지를 지적한다. 우선, 선후로 보아 먼저 편찬되어야 할 『덕종실록』이 『예종실록』보다 뒤늦게, 즉 인종 2년(1124)에 편찬되었다는 사실이다. 『명종실록』은 4대가 지난 고종 14년(1227)에야 편찬되었고, 『신종실록』·『희종실록』·『강종실록』은 모두 고종의 긴 재위 기간(46년)을 지나 원종 때 편찬되었다. 또 『충렬왕실록』·『충선왕실록』·『충숙왕실록』은 충혜왕(복위復位)대를 지나 충목왕 때 편찬되었다. 이뿐만 아니라 여러 대에 걸친 실록을 한꺼번에 편찬한 경우도 주목된다. 그 밖에 특기할 만한 사실은 원나라에 의해 시호가 충헌왕으로 바뀐 고종은 『고종실록』과 별도로 『충헌왕실록』이 있다는 점이다.

---

81 〈표 6〉과 〈표 7〉은 정구복의 조사(「高麗時代의 史館과 實錄編纂」, 『第三回 國際學術會議論文集』, 한국정신문화연구원, 1984) 및 『국역 조선왕조실록』의 각 해제, 'CD 조선왕조실록' 및 필자의 학위논문에 따라 작성했다.

군주의 사거 후에 실록을 편찬하는 관례는 고려나 조선이 동일했지만, 위의 몇 가지 측면으로 볼 때 고려시대 실록 편찬의 관례는 조선시대와 사뭇 달랐음을 확인할 수 있다. 즉, 실록 편찬과 관련하여 위에서 지적한 현상이 조선시대에는 나타나지 않는다. 조선시대에 들어오면 왕대의 선후가 바뀐 실록 편찬의 사례를 찾아볼 수 없다. 또 '선위禪位'의 명목으로 단종의 왕위를 찬탈함으로써 예종 때 편찬되는 『노산군일기』가 『세조실록』과 함께 편찬되거나 인종이 재위 8개월 만에 승하하여 선왕인 중종의 실록을 편찬할 여지가 없었기에 명종 때 『중종실록』을 『인종실록』과 함께 편찬했던 사례를 제외하고는 여러 왕대의 실록을 동시에 편찬한 경우도 찾아볼 수 없다. 이러한 사례는 관례의 범주에서 벗어났다고 보기 힘든, 어쩔 수 없이 인정할 수밖에 없는 예외였다.

수정이나 개수 사례를 제외하면 2대를 넘겨 실록이 편찬되는 일도 없었다. 한 군주의 재위 기간에 대하여 두 실록이 만들어지는 경우도 없었다. 『노산군일기』가 숙종 때 『단종실록』으로 바뀌지만 이는 잘못된 역사를 바로잡자는 명분의 결과였으며, 내용은 손대지 않아서 판심版心이나 본문 책제冊題에는 여전히 '노산군일기'라고 되어 있으므로 역시 예외적인 경우로 보아야 한다. 얼핏 보면 『태조실록』과 『정종실록』이 예외를 인정할 수 없는, 즉 관례에서 벗어난 듯하지만 이 실록들도 조선 초기 태조와 정종이 생존 시 선위를 한 까닭에 이들이 승하한 뒤 편찬했기 때문에 나타난 일이었다. 요컨대 승하한 뒤 바로 실록 편찬에 들어가는 이후의 관례와 크게 다르지 않다.

물론 조선시대에 들어와 곧바로 이러한 관례가 정착되었던 것은 아니다. 이 관례의 성립과 관련하여 주목할 논쟁이 조선 최초의 실록인 『태조실록』 편찬을 앞두고 벌어졌다. 고려시대의 실록 편찬 사례와 같이 3대가 지난 뒤에 『태조실록』을 편찬하자는 기사관記事官의 의견과 지금(태종 9년: 태조 이성계가 죽은 이듬해인 1409년) 편찬해야 한다는 영춘추관사領春秋館事 하륜河崙의 의견이 맞붙은 논쟁이었다.[82] 참외관들은 하륜 등 태조의 옛 신하이기도 한 당대의 재상들이 『태조실록』 편찬에 참여하는 것은 맞지 않다며 반대했는데, 기사관 송포宋褒의 상소를 계기로 태종은 이 문제를 예조에서 검토하라고 일렀다.[83] 예조에서는 사마천이 한 무제漢武帝의 기록을 『사기』에 포함한 일을 비롯하여 당唐·송宋·원元의 실록 편찬 관례를 조사한 뒤 옛 규례에 의거해서 『태조실록』도 지금 편찬하는 것이 타당하다는 의견을 제시했고, 예조의 보고를 들은 태종은 '실록이 모두 당대인의 손에서 편찬되었는데 참외관들이 무슨 근거로 반대하는지 모르겠다'며 의아해했다.[84] 결국 『태조실록』은 하륜 등의 주도로 편찬되었다.

참외관들은 사초의 왜곡 및 기사사관記事史官에 대한 신분상의 불이익 등을 염두에 두었기 때문에 당대 편찬 불가론을 폈을 터다. 그들의 주장은 적어도 문제의식 수준에서는 정당했다. 하지만 당대 편찬 불가론의 근거로 제시했던 역사 편찬의 전례는 그들 주장에 치명적인 약점이 되어 돌아왔다. 이 논쟁은 궁극적으로 실록은 군주가 사거한 뒤 바로 편찬한다는 관례를 확인하고 정착시킨 계기가 되었다.[85]

조선시대에 들어 실록 또는 실록 편찬의 정형이 성립되었다는 점에서 '원형과 정형'이라는 구도로 서술했다. 그런데 이렇게 관례화된 정형은 곧바로

---

82 『태종실록』, 9년 8월 28일(정묘).

83 『태종실록』, 9년 9월 1일(경오).

84 『태종실록』, 9년 9월 8일(정축).

85 논쟁의 의의와 전후 사관제도사의 배경에 대해서는, 오항녕, 『한국 사관제도 성립사』, 일지사, 2009, 369~379쪽.

그 정형을 둘러싼 의례를 수반한다. 편찬 시기의 관례화·정례화는 왜 생겨났는가? 무슨 원칙이 있는가? 고려시대와 확연히 구별되는 조선시대 실록 편찬 시기의 관례화에서 주목할 것은 바로 국가 오례의五禮儀 중 흉례凶禮이다. 왜냐하면 선왕先王의 재위 기간을 단위로 실록을 편찬했기 때문에, 그 구획 시점은 선왕의 승하와 동시에 사왕嗣王의 즉위가 될 것이기 때문이다. 그렇다면 〈표 7〉로 알 수 있는 관례, 곧 즉위 후 1년을 넘기지 않은 상황에서 실록 편찬을 주청하고 전교하는 관례는 흉례와 관련이 있다는 추정이 가능하다.

일반인의 상례喪禮에 해당하는 흉례는 선왕의 승하 직후부터 사왕이 상주가 되어 마무리까지 하며 그 과정에서 사왕의 즉위도 이루어진다. 즉위 의례인 사위嗣位와 교서 반포(반교서頒敎書)가 흉례 의식에 포함되어 있는 것은 이러한 이유에서다.[86] 고려시대에는 흉례에 해당하는 의례가 없었다고 전하는데, 이 말이 사실이라면 이는 조선시대 『세종실록』의 「오례」나 성종대의 『국조오례의』와 비교하여 매우 큰 차이점이다.[87] 왕의 죽음에 관한 문제, 나아가 왕위의 승계라는 왕조사의 중대 사건에 대한 의례가 없었으랴마는 적어도 여기서 말하는 관례화·정식화된 의례가 『고려사』 편찬자들의 눈에는 포착되지 않았던 것이 틀림없는 듯하다.

태종 9년(1409)에 실록 편찬 시기를 둘러싼 논쟁이 벌어지기 바로 전, 조선시대 흉례와 관련된 흥미로운 일화가 있다. 태종 8년(1408) 5월 태조가 승하하자 조정에서는 『주자가례朱子家禮』에 의거한 상례 원칙을 세웠다. 그리하여 천자와 제후의 예禮는 사서인士庶人과 다르다는 주자의 말을 인용해 당시

86 『세종실록』 권134, 「오례五禮」, '흉례凶禮'.
87 『高麗史』 권64, 志18 禮6 凶禮 國恤條; 李範稷, 『韓國中世禮思想硏究—五禮를 中心으로』, 일조각, 1991, 109~110쪽·394~395쪽 등.

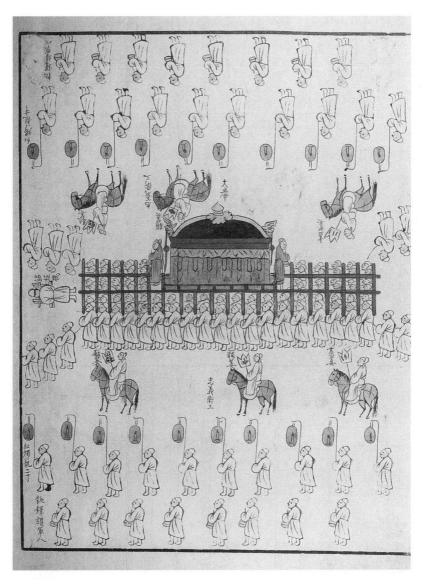

『효종국장도감도청의궤』孝宗國葬都監都廳儀軌

조선 17대 국왕 효종의 장례식 행렬이다. 국왕의 즉위는 선왕의 상중喪中에 이루어지고, 그래서 흉례凶禮에 해당한다. 즉위한 국왕이 국정을 시작할 때 제일 먼저 내리는 명이 실록 편찬이다. 지나간 시대와 새로운 시대를 구분하는 것이다. 서울대학교 규장각 한국학연구원 소장(奎 13527).

명나라에서 채택하고 있는 송나라 제도인(宋制)인 역월제易月制(27개월로 끝내는 삼년상의 달을 날로 바꾸어, 즉 한 달을 하루로 계산하여 27일 만에 끝내는 상제喪制)에 따라 상례를 치렀다. 결국 『주자가례』 상례의 핵심인 졸곡제卒哭制도 하나의 행사로만 치러버린 셈이었다.[88]

이후 고려시대의 백일단상百日短喪이나 왕실의 역월단상제易月短喪制를 혁파하고 삼년상을 채택했는데, 이때 졸곡의 복제服制는 해결해야 할 핵심적인 문제였다. 졸곡은 상복喪服을 평상복인 길복吉服에 가깝게 바꾸어 입는 절차이다. 즉, 상중이지만 정치는 해야 하는 국왕과 왕비의 상례喪禮였다. 그러므로 실질적인 삼년상의 실행을 위해서는 졸곡의 복제가 논의의 핵심이 될 수밖에 없었다. 그 때문에 일어난 것이 '백립白笠 – 흑립黑笠 논쟁'이었다. 흑립이란 평소에 쓰는 검은 갓이고, 백립은 상중에 쓰는 흰 갓이다. 졸곡 이후 3년이 되기까지의 기간이 평상시라고 보는 사람은 흑립을 써야 한다고 주장했고, 상중이라고 본 사람은 백립을 써야 한다고 주장했다.

졸곡이 갖는 의미는 졸곡을 기점으로 국왕이 최복衰服을 벗고 실제 정무 수행에 임했다는 점이다. 삼년상에 대한 이해가 깊어짐에 따라 졸곡의 의미가 정확히 인식되었고, 졸곡은 사왕이 공식적으로 정무를 보기 시작하는 기점이 되었다. 실록의 편찬은 특별한 사정이 없는 한 졸곡이 끝남과 동시에 이루어졌으며, 〈표 7〉에 나타난 규칙성은 이런 역사적 현실을 반영한다.[89]

---

88 池斗煥, 『朝鮮前期 儀禮硏究』, 서울대학교 출판부, 1994, 192~195쪽.

89 조선 초기 졸곡일을 〈표 7〉과 대비하면 한눈에 알 수 있다. 태조 졸곡제는 태종 8년 9월, 정종 졸곡제는 세종 2년 1월, 태종 졸곡제는 세종 4년 9월, 세종 졸곡제는 문종 즉위년 6월, 문종 졸곡제는 단종 즉위년 9월, 세조 졸곡제는 예종 즉위년 12월, 예종 졸곡제는 성종 원년 2월, 성종 졸곡제는 연산군 원년 4월, 중종 졸곡제는 인종 원년 2월이다. 池斗煥, 위의 책, 「附錄 4」. 또, 광해군 때 춘추관에서 선조의 실록을 편찬할 것

2) 조선 초기의 실록 의례

상례의 확립 과정에 태종대 실록 편찬 시기를 놓고 벌어진 논쟁에서 얻은 실록에 대한 이해가 결합되면서, 나아가 모든 역사 기록의 정점에 있는 국사라는 실록의 위상 및 그 보호를 위한 제반 제도와 장치가 마련되면서 그에 상응하는 의례도 뒤따랐다. 이러한 의례를 앞서 〈표 5〉에 정리해놓았는데 간단히 정리하면 다음과 같다. 기사 단계의 분황제焚黃祭와 신참례新參禮, 편찬 단계의 봉과식封裹式·봉안식奉安式·세초연洗草宴·가자加資·상전賞典, 보존 단계의 포쇄식曝曬式이다.

실록의 원자료인 사초의 작성자이자 편찬에 내내 참여했던 사관들은 고려 말부터 성립된 자천제를 통해 임용되면서 자신들만의 예식을 만들었는데, 이것이 분황제와 신참례이다. 분황제는 시호를 내려주거나 할 때 시행했던 일종의 기념식인데,[90] 한림 자천 후에 마치 바로 사관이 되었음을 선포하듯 분황제를 지냈다는 사실은 그들의 직무 의식에 대한 대외적 과시이자 내적 결속의 표현이었다.[91] 이 연장에서 폐단에 가까운 동아리 예식이 신참례이다. 신참례는 예문관을 비롯한 사관四館(교육·문예를 담당하던 4개 관서. 성균관, 교서관, 승문원, 예문관)에서 공통적으로 거행되었던 예식이지만, 유독 사관들의 예문관 허참연許參宴이 더욱 심했다는 것은 조선 전기 내내 지적되었던

을 건의하는 대목에서도 이미 졸곡 후 바로 실록을 편찬하는 일이 법식처럼 되어 있었음을 알 수 있다. 『광해군일기』, 즉위년 9월 17일.

90 『세종실록』, 5년 4월 2일(임자).

91 『한원고사翰苑故事』(奎5122-3A), '신천식新薦式'. 이 자료는 숙종대의 것인데, 자천제의 성립을 고려하면 이미 조선 초기에 신천식이 있었으리라 생각된다.

「영조실록(영종대왕실록)」과 「영종대왕실록청의궤」

실록청의궤에는 실록 편찬의 모든 과정이 기록되어 있다. 실록 편찬을 발의하는 내용부터 편찬에 사용된 물품과 각 기술자들의 인건비 지급 요청 등에 이르기까지 실록 편찬의 구체적인 과정이 상세하다.

바이다.[92]

실록 편찬에 들어가면 이미 그 자체를 의례의 하나로 인식하게 되었다. 실록 편찬 전반에 관한 종합 보고서인 '실록청의궤'의 명칭에는 그러한 인식이 드러나 있는데, 말 그대로 '의례(儀)의 과정이자 절차(軌)'였음을 시사한다. 편찬이 마무리되면서 시행된 봉과식·봉안식·세초연 및 그 뒤 이어지는 가자와 상전은 무사히 선대의 역사를 정리하고 후대에 전하게 되었다는 진중한 예식이었다. 편찬 후 각 사고史庫에서 실록을 봉심奉審·포쇄曝曬할 때도 따로

---

92 오항녕, 「여말선초 사관 자천제의 성립과 운영」, 『역사와 현실』 30, 1998, 204~208쪽.

포쇄식에 따라 의례를 수행했다.[93]

현재 '실록청의궤'는 『인조대왕실록찬수청의궤仁祖大王實錄纂修廳儀軌』부터 남아 있기 때문에 조선 전기의 실록 편찬 면모를 제대로 알 수 없지만, 여러 가지 사료나 정황으로 미루어 조선 후기의 의궤에 나오는 예식과 규정은 이미 조선 초기 『세종실록』 편찬을 기점으로 확립되었던 것 같다. 다만 임진왜란 이전에 '실록청의궤'가 있었는지에 대한 사실 검증 문제를 제기할 수는 있다. 현재 논지에서는 실록청의궤에 대한 관련 사료의 존재 여부와 상관없이 이미 실록 편찬 의례가 존재했다는 점이 더 중요할 것이다.

국사로서의 위상을 갖고 있기에 실록은 늘 '받들어 모시거나(奉安) 받들어 살펴드리는(奉審)' 역사 기록이었다.[94] 실록 편찬을 위해 실록청이 설치되었다는 점, 졸곡제 이후 실록 편찬이 관례화되었다는 점, 성종 때 이르러서는 『세조실록』과 『예종실록』을 편찬한 뒤 활자로 인쇄하여 사고에 봉안했다는 사실은 모두 조선 초기에 의례에 관한 법식이 갖춰졌음을 뜻한다. 한편 실록의 찬수범례를 의궤에서는 '시정기찬수범례'라고도 부르는데, 『순조실록』의 27개조 범례로 완성될 때까지[95] 그 이전에는 14개조의 찬수범례가 내내 일관되게 적용되었다. 이 범례가 『성종실록』 편찬에도 적용된 것으로 미루어[96] 우

---

93 봉과·봉안·포쇄에 대한 서술은 현존하는 15종의 실록청의궤에 상세하다. 좀 더 정리된 연구로는, 오항녕 옮김, 『국역 영종대왕실록청의궤』, 한국고전번역원, 2007; 신병주, 「朝鮮王朝實錄의 奉安儀式과 관리」, 『한국사연구』 115호, 2001 참고.

94 사례를 들면, 『송사宋史』 권46, 함순咸淳 4년. "8월 임인, 『영종실록』과 『이종실록』을 봉안하였다.(八月壬寅, 奉安寧宗實錄, 理宗實錄)"; 『세종실록』, 27년 12월 18일(정사). "충주와 성주에 삼조 실록을 봉안하였다.(于忠州星州奉安三朝實錄)"

95 『순종대왕실록청의궤純宗大王實錄廳儀軌』 「시정기찬수범례時政記纂修凡例」.

96 韓㳓劤, 「朝鮮前期 史官과 實錄編纂에 관한 연구」, 『震檀學報』 66, 1988.

리의 논증을 뒷받침해준다.

실록 편찬이 끝난 뒤 행하는 세초와 세초연도 마찬가지 논증이 가능하다. 실록 편찬 뒤에 벌이는 잔치는 중국 송대에도 발견된다.

> 실록 서책이 완성되면 모두 수공전에서 잔치를 열었다.
> 實錄書成, 皆宴垂拱殿.[97]

조선시대에 언제부터 세초를 했는지에 대한 확정된 사료는 발견하기 어렵다. 그렇지만 세초의 관례는 『성종실록』 편찬 이전에 있었던 것으로 보인다. 특히 당시 '우리 선왕 대대로 전례가 있는 일(祖宗朝故事)'이라고 한 것으로 미루어 『세조실록』과 『예종실록』이 편찬되던 성종 초반에 이미 세초가 이루어졌다고 보아야 한다. 세초에 관한 가장 오래된 기록인 홍귀달洪貴達의 「성묘보전세초록成廟寶典洗草錄」에는 다음과 같은 글이 있다.[98]

> 승정원에서 보고하기를 "조종조 고사에 역사를 편수한 관원을 모아 의정부에서 잔치를 내려주고 또 세초회를 열었습니다. 세초라는 것은 역사 편수가 끝나고 장차 본래의 사초를 도말할 때 개천에 가서 씻어버리는 것입니다."라고 하였다. 모두 규례대로 명을 내려 3월 6일 의정부에서 잔치를 내렸고, 14일 장의문 밖 차일암 위에서 세초를 하였다.
> 承政院啓: "祖宗朝故事, 修史官率賜宴于議政府, 又有洗草會. 洗草云者, 蓋修史畢, 將塗抹本草, 臨流洗去之也." 命皆如例, 三月初六, 賜宴

---

97 『송사』 권113, 희녕熙寧 2년 8월.

98 李相泰, 「忠州史庫의 沿革과 管理」, 『史庫址調査報告書』, 국사편찬위원회, 1986, 44쪽.

于議政府, 十四, 洗草于藏義門外遮日巖之上.[99]

이에 앞서 세종 20년(1438) 헌릉獻陵(태종과 원경왕후의 능)의 비문 개수에 관한 논의가 있을 때 『태조실록』의 편찬에 이용된 사초가 거론되는 것으로 미루어 그때는 세초가 이루어지지 않았음을 알 수 있다.

> 상이 김돈金墩에게 이르기를 "신개申槩는 이미 『춘추春秋』의 필법을 알고 있다. 이제 사관의 본초本草를 발췌 기록해 올리게 하여, 그 본초의 기록이 과연 상세하다면 실록을 다시 고쳐 엮는 일이 옳을 것도 같다. 이는 중대한 일이므로 두 의정議政도 역시 알아야 할 것이니, 그대가 두 의정을 보고 이를 의논하여보라." 하였다.
>
> 上謂墩曰:"槩則旣知『春秋』矣. 今抄錄史官本草以進, 本草記詳, 則實錄修改, 似亦宜矣. 此大事也, 而兩議政亦當知之. 汝見兩議政議之."[100]

세종의 이 명이 있고 나서 며칠 뒤 "신개와 권제 등이 사관의 본초를 초록해서 올렸다.(申槩權踶等抄錄史官本草以進)"라고 한 것을 보면 『태조실록』를 편찬한 뒤 세초를 하지 않았던 것 같다. 이런 점으로 미루어 세초가 성례成例가 된 것은 세종 31년(1449)에 사초의 엄격한 관리를 위한 규정이 마련되고, 이후 문종대에 실록청 중심의 편찬으로 전환되는 『세종실록』 편찬 무렵으로 추측된다.

편찬을 끝으로 효용을 다한 사초를 물에 씻는 방식으로 처리하는 것은 불

---

99 홍귀달洪貴達, 『허백정집虛白亭集』 속집續集 권5 「수사기修史記」.

100 『세종실록』, 20년 9월 25일(병오).

에 태웠던 중국 명나라의 경우와 차이가 있는데,[101] 왜 이런 방법을 택했는지는 알 수 없다. 사초의 누설을 막고 종이는 재생하려는 목적이 하나의 이유겠지만, 물로 썻든지 불로 태우든지 이는 어떤 단계의 변화, 즉 죽음이나 이별 또는 승화를 나타내는 상징적 행위라는 해석이 가능하다. 그렇다면 이때 물에 씻기는 사초를 바라보는 참여자들에게는 어떤 느낌이 떠올랐을까를 생각해보는 것도 세초를 이해하는 데 도움이 될 듯하다.

세초가 단순히 사초를 처리하기 위한 실무의 한 과정이라면 당상관과 낭청이 서리書吏를 데리고 마무리해도 될 일이었지만, 모든 실록 편찬자가 참여하고 국왕의 선온宣醞이 내려지는 잔치로 행해졌다는 사실은 의례적 집단성의 표현으로 보아야 할 것이다. 세초와 세초연은 곧 '사초의 상례喪禮'로 한 시대를 마감하고 새로운 시대의 출발을 공감하는 예식이었으며, 차일암은 그 의례와 연행演行의 마당이었다.

나라의 중대사를 마감하는 자리인 만큼 상이 빠질 수 없을 것이다. 가자加資와 상전賞典은 실록을 둘러싼 예식의 주인공들에게 그간의 고생과 보람과 감회를 구체적인 물질로 전환시켜주는 역할을 했다.

예禮는 어디에서 생기는 것일까? 사람은 태어나면서 욕망이 있고, 욕망은 있는데 얻지 못하면 구하지 않을 수 없다. 구하는데 한계나 도량이 없으면 다투지 않을 수 없다. 다투면 어지럽게 되고, 어지러워지면 궁색하게 된다. 선왕이 이러한 혼란을 싫어하였으므로 예의禮義를 제정하여 구분하고, 사람의 욕망을 만족시키고 사람들이 구하는 것을 줌으로써, 욕망이 필히 물질에 궁색하지 않고 물질이 욕망에 부족하지 않게 하여, 양자가 서로 유지

---

101 신승하, 『중국사학사』, 고려대학교 출판부, 2000.

하면서 성장하도록 했다. 이렇게 예가 생겨난 것이다.

그러므로 예란 욕구의 충족이다. 소나 돼지, 벼와 수수, 다섯 가지 맛과 조화로운 향은 입을 만족시키는 것이다. 산초와 난초, 향료는 코를 만족시키는 것이다. 조각과 보불(임금이 예복으로 입던 하의인 곤상袞裳에 수놓은 도끼와 '아亞' 자 모양) 같은 무늬는 눈을 만족시키는 것이다. 종과 북, 피리와 경, 거문고와 비파, 우와 생황은 귀를 만족시키는 것이다. 널찍한 방과 웅장한 궁정, 돗자리와 침대, 안석과 방석은 몸을 충족시키는 것이다.

禮起於何也? 曰, 人生而有欲, 欲而不得, 則不能無求; 求而無度量分界, 則不能不爭. 爭則亂, 亂則窮. 先王惡其亂也, 故制禮義以分之, 以養人之欲, 給人之求, 使欲必不窮乎物, 物必不屈於欲, 兩者相持而長, 是禮之所起也. 故禮者養也, 芻豢稻粱, 五味調香, 所以養口也; 椒蘭芬苾, 所以養鼻也; 雕琢刻鏤, 黼黻文章, 所以養目也; 鐘鼓管磬, 琴瑟竽笙 所以養耳也; 疏房檖貌, 越席牀第, 几筵所以養體也.[102]

'제사는 안중에 없고 젯밥에만 마음이 있다'는 속담은 제례의 목적과 구성 요소의 통일, 긴장, 균열이 잠재된 의례의 속성을 지적하고 있다. 본디 제사와 젯밥은 떼려야 뗄 수 없는 의례의 구성 요소이다. 이는 실록 편찬에서도 예외가 아니었다.

실록 편찬이 시작된 당 태종 때『태종실록』을 편찬한 방현령房玄齡과 허경종許敬宗의 아들을 현남縣男에 봉했고,『측천실록』을 편찬한 위원충魏元忠의 아들도 현남에 봉했던 사례가 있다.[103] 조선시대에는 실록 편찬 후에 이루어

---

102 『순자荀子』「예론禮論」.

103 高柄翊,『東아시아文化史論考』, 서울대학교 출판부, 1997, 120쪽.

지는 가자나 상전이 관례가 되었다. 상으로는 대개 말이나 마구, 활 등을 주었다. 『예종실록』 편찬이 끝난 뒤 성종은 『세조실록』 수찬 때 가자한 데 이어 수찬관들에게 또다시 자급을 더해주었는데, 논란이 있기는 했지만[104] 이후 실록 편찬 뒤의 가자는 상례가 되었다. 편찬에 참여했던 신하들은 '감사의 글 (진사전進謝箋)'을 올려 자신들의 행위에 대한 보상에 감사하는 절차를 거쳤다.

이렇게 공동 편찬은 인력의 집중적인 동원을 통해 역사 편찬을 마무리한 다는 점에서 효율성이 있고, 상호 견제를 통해 당대사인 실록 편찬에 내재된 왜곡이나 기록 누설, 부정확성의 위험을 줄인다는 점에서 실제적인 이유가 있다고 할 수 있다. 또한 동시에 그 집단성은 일련의 의례를 수행하는 매개가 되었다.

실록을 편찬한 이후에는 관리도 엄격했다. 사고에 보관하는 실록이 눅눅해지지 않도록 바람에 쐬고 볕에 말리는 포쇄는 이미 고려시대부터 행해졌는데, 3년에 한 번 하는 것이 정식이었다. 역사 기록을 관리하는 사관으로서는 포쇄하는 일을 '학이 끄는 수레를 타고 구름 위에 내리는' 것과 같은 영예로 인식했다.

왕명 받들고 가는 이 분명 신선이려니	此中奉使必是神仙曹
삼 년 만에 학 타고 하늘에서 내려오네	三年鶴駕下雲霄
그대는 올해 거기 가게 되었으니	多君今年得此行
가을빛이 사람과 더불어 맑기를 다투리라	秋光遠與人爭淸
……	
멀리서 아나니 삼한 23대의 실록을	遙知三韓二十三代之實錄

---

104 『성종실록』, 3년 5월 16일(임자).

구름 낀 산속에서 낱낱이 살피리라　　　一一掀攬雲山中[105]

　　홍간洪侃이 추옥섬秋玉蟾(추적秋適)에게 준 위 전별시를 통해 몇 가지 사실
을 확인할 수 있다. 추적은 충렬왕 때 직사관直史館을 역임했는데, 이 시는 그
가 직사관으로 해인사에 포쇄하러 갈 때 홍간이 지어 줬다. 이 시에서 '3년
만'에 포쇄하러 간다는 구절이 눈길을 끈다. 조선조의 기록에 따르면 고려의
포쇄는 3년에 한 번 한다고 했는데,[106] 홍간의 시에서도 그 규례가 확인되는
셈이다. 포쇄하러 가는 이에게 시를 지어 주어 축하하거나, 스스로 포쇄관이
된 일을 기뻐하며 지은 시는 조선시대에 들어와서 더욱 늘어났다. 그것은 앞
서 언급한 여러 이유에서 매우 자연스러운 일이었다.

　　이렇듯 역사적 가치와 그에 부응하는 의례를 통해 실록은 국가 최고의 역
사 기록으로 높임을 받았으며 조선 후기 어느 시점까지 명실상부한 권위를
이어갔다. 적어도 『순조실록』 편찬 무렵부터 실록 편찬에 참여하는 사람들에
게 실록 편찬이 '제사'가 아니라 '젯밥'이 되기 전까지, 즉 내실 있는 의례로
서 실록 편찬이 허례화되기 전까지는 그러하였다.

　　지고한 국사로서의 이념에 기초하여 직필의 역사 기록을 실록에 담기 위
한 배제의 장치가 마련되고, 그에 상응하는 의례가 갖추어짐과 동시에 상징
성이 사람들의 뇌리에 각인되면서 실록은 또 하나의 권위를 갖게 된다. 그것
은 바로 정통성이다. 사위嗣位는 즉위식만으로 구성되지 않는다. 실록을 둘러

105　홍간洪侃, 『홍애유고洪崖遺稾』 「해인사로 역사를 포쇄하러 가는 추옥섬을 송별하는 시
　　　　(送秋玉蟾曬史海印寺)」.

106　『증보문헌비고增補文獻備考』 221, 職官考8 春秋館. 補: 高麗時歷代實錄皆藏于海印寺
　　　　三年一曝曬.

싼 관례의 준수는 그 관례에 관계된 사람들에게 하나의 의무가 된다. 그리고 그 의무의 수행 여부는 바로 정치적 지지 기반의 확보와 관련된다. 마치 하나의 왕조, 국가가 들어서면 이전 국가의 정사正史를 편찬하여 정통성을 확인하듯이, 선왕대의 역사(=실록)를 편찬함으로써 자신이 나무랄 데 없는 후계자임을 과시한다. 앞으로도 실록으로 상징되는 관례와 전통을 준수하겠다는 태도를 보임으로써 지지를 확보하는 것이다. 반정으로 즉위한 국왕이 선대의 역사를 '실록'이라 하지 않고 '일기'로 낮추어 불렀던 것도 정통성에 차이를 두는 방법이었다.

실록 편찬의 관례를 준수함으로써 국왕과 신료들이 정통성을 확보하는 하나의 예를 봉안식에서 확인할 수 있다. 실록의 의례는 『국조보감』 같은 여타 국가 차원의 권위를 지닌 역사 기록과 구별된다. 즉, 실록 봉안식에는 국왕에게 바치는 예식이 없다. 여기서 상상이 필요하다. 궁궐 실록청에 취타대와 호위군이 도열해 있다. 담당 관원이 엄숙한 분위기 속에서 실록을 가마에 모시고 중인환시리衆人環視裏에 서울 한복판을 행진한다. 그런데 실록은 춘추관과 외사고外史庫에 바로 봉안될 뿐 경복궁 근정전이나 창덕궁 선정전을 들르지 않는다. 이 예식을 지켜보는 사람들에게는 어떤 인상이 남을까? 실록을 둘러싼 배제의 논리를 받아들임으로써 전통과 관례를 지키는 새로운 군주의 모습을 통해 신료들은 관료 사회의 한 기능이 별 탈 없이 작동하리라는 생각에 안도할 것이다.

하물며 천하 사람들이 수나라의 폭정에 오래 고통을 받았으니 어떻게 그들의 눈과 귀를 새롭게 하지 않을 수 있겠습니까. 달력을 고치고 복색을 바꾸며 율령을 변경하고 관직명을 혁신하십시오. 공적은 음악을 만드는 데서 정점을 이루고 다스림은 예를 제정하는 데서 끝나니, 백성들이 성덕이 융성함을 알게 하십시오.

況天下久苦隋暴, 安得不新其耳目哉. 改正朔, 易服色, 變律令, 革官名,
功極作樂, 治終制禮 使民知盛德之隆.[107]

당나라는 수 양제隋煬帝의 뒤를 이어 건국되었으므로 혁신을 기치로 백
성들의 눈과 귀를 새롭게 하고자 했다. 세상이 달라졌음을 보여주고자 했다.
오늘날처럼 대중매체가 없는 상황에서 달력, 복색, 법령, 관직, 음악, 의례는
곧 변화를 보여주는 방법이었다.

실록 편찬은 규칙적인 편찬이 관례가 되면서 새로운 국왕의 즉위를 보여
주는 징표이자, 안정적으로 정치가 바뀌어갈 것임을 보여주는 약속이란 측면
에서 이중적인 성격을 띠고 있었다. 그러므로 실록 편찬의 관례를 준수하는
한 사람들의 눈과 귀로 정통성을 설득할 수 있었다. 신정지초新政之初에 성덕
을 칭송케 하는 것은 생각보다 어렵지 않은 일이다.[108]

의례는 질서와 규칙성, 반복, 참여자의 구분, 집단성, 극적 효과, 상징성을
수반한다. 국가 의례는 정통성의 현시와 그 정통성에 대한 지지를 가져온다.
실록은 발생사적인 측면으로 볼 때 당대의 필요에서 탄생했다. 동시에, 전래
의 역사를 후대에 증거로 남긴다는 실용적인 목적도 지니고 있다. 기록의 두
가지 실용성을 모두 내포하고 있는 것이다. 그뿐만 아니라 실록은 공정한 역
사 기록을 남겨야 한다는 전통적인 직필의 이상과 기대를 받은 국사의 지위
까지 인정받았다.

----

107 『신당서新唐書』 권120, 列傳32 「부려진傳呂陳」.

108 이러한 관례 준수의 실제와 본질에 대한 통찰은, 레이 황 지음, 박상이 옮김, 『1587 아
무 일도 없었던 해』, 가지않은길, 1997, 특히 3장과 4장 참고.

실록은 '재위 기간 중 편찬' → '선왕 승하 후 편찬' → '삼년상을 채택하면서 졸곡제 후 편찬'으로 편찬 시기가 관례화되면서 규칙성을 띠게 되었고, 국사에 걸맞은 예식과 의례가 갖추어졌다. 의례의 실질성이 확보되는 한에서, 실록은 문치주의의 성과이자 상징이면서 관료제의 자정성을 강화하는 한편 정통성을 확인하고 유지하는 기능을 했다.

제3부
실록의 원자료와 편찬

실록은 날짜, 연월일별 기록이다. 지위의 측면에서는 일기가 아니지만, 연월일로 기록되었다는 측면에서 일기이기도 하다. 일기의 속성을 갖고 있기 때문에 실록에는 다양한 국정 활동과 풍속에 대한 기록은 물론 평론도 들어가 있다. 이를 일정한 원칙과 체재에 따라 정리하는 과정이 편찬이다. 편찬은 내용과 형식의 측면에서 실록을 실록답게 하는 과정이고, 내용과 형식은 상호 규정하게 마련이다.

실록 편찬에 동원되는 자료로는 사관의 시정기 외에도 『승정원일기』와 경연 기록이 있다. 승정원은 국왕에게 보고되는 모든 기록이 거쳐 가는 곳이고, 경연은 학문을 논하고 국정 토론이 이루어지는 자리이다. 따라서 이 자료들을 살펴보는 일도 실록을 이해하기 필요하다.

한편, 실록을 편찬하는 데는 한림이라 불리는 8사관뿐 아니라 겸임사관의 역할도 중요했다. 이들은 기사 단계에서 편찬 단계에 이르기까지 참여했다. 짧은 기간에 다수가 참여했기에 기록의 기밀성이 의심될 수 있었지만, 겸임사관의 운영은 실록 문화의 강점과 약점을 동시에 보여주는 피치 못할 요소였다.

1장 사초와 시정기

1. 사초 및 공문서의 수집

1) 조정의 사관 활동

사관은 조정의 정치 활동과 논의, 사회의 풍속을 기록으로 남긴다. 그 기록이 '사초史草'이다. 실록의 가장 중요하고 바탕이 되는 자료인 사초라는 말이 처음 나오는 것은 고려 말의 기록에서다.

> 사관 최견 등이 상서하였다. "이제부터 사한史翰 8명이 직임을 같이하여 각각 사초 2부를 작성하고, 임기가 차서 자리를 옮길 때 1부는 춘추관에 내고 1부는 집에 보관하게 하십시오. 겸관 충수찬관充修撰官 이하도 각각 견문에 근거해서 사초를 기록하여 사관史館에 보내고, 본관에서는 경외 대소 아문에 공문을 보내 집행하는 일을 일일이 보고하게 하여 기록의 자료로 삼도록 길이 항식으로 삼으십시오." 하니, 따랐다.

史官崔蠲等上書曰: "…… 願自今, 以史翰八人同其職任, 各修史草二
本, 秩滿當遷, 一納于館, 一藏于家, 以備後考. 兼官充修撰官以下, 各據
見聞, 錄爲史草, 悉送史館, 又本館直牒京外大小衙門, 凡所施爲之事,
一一報館, 以憑記錄, 永爲恒式." 從之.[1]

　　최견崔蠲 등의 상소는 사초와 관련하여 중요한 단서를 제공한다. 그는 사
한 8명과 충수찬관 이하의 겸임관에게도 사초를 작성하게 하자고 말한다. 물
론 이전에도 그들은 기사사관의 일을 맡아보았지만 근래 들어 제대로 그 임
무를 수행하지 못하고 있으므로 사관의 직무 수행을 정비·강화하자는 주장
이다. 또 경외의 관청에서 시행하고 있는 일들을 춘추관이 기록의 자료로 삼
자는 말도 한다. 고려 말의 이 건의는 흥미롭게도 고스란히 『경국대전經國大
典』에 반영되었다.

　　사초의 작성은 사관의 활동 범위와 관련 있다. 그러므로 조정에서 사관의
활동 영역이 어떤 변화를 보이는지, 어느 범위로 확대되는지 살펴볼 필요가
있다. 기존 연구에서도 사초의 작성과 관련된 추이가 정리되어 있는데,[2] 이를
참고하여 간략히 서술하겠다.

　　고려 말부터 부쩍 두드러지기 시작한 사관의 입시 및 기록에 대한 강조는
공양왕대에 이르러 더욱 빈번해졌다. 다음 사료는 그 현상을 보여주는 예다.

　　① 사헌부·중방·사관 각 1명은 날마다 교대로 입시하라고 명하였다.

1　『고려사高麗史』 志30 百官1 春秋館. 공양왕恭讓王 원년(1389년 3월. 창왕 재위 시).

2　韓㳓劤, 「朝鮮前期 史官과 實錄編纂에 관한 연구」, 『震檀學報』 66, 1988, '2. 史草의
　　作成과 收納'; 오항녕, 『한국 사관제도 성립사』, 일지사, 2009, 제Ⅳ장.

令司憲府·重房·史官, 各一人, 更日入侍.[3]

② 사관 최견 등이 상서하기를 "사관의 임무는 군주의 언행과 정사, 백관
의 시비와 득실을 모두 사실대로 기록하여 후세에 보이고 권계를 내리
는 것이므로 옛날부터 나라를 가진 자는 사관의 직책을 무겁게 여기지
않은 적이 없었습니다. 본조에서도 예문춘추관을 두어 문장과 행실이
있는 8명을 뽑아 사한의 직무를 맡겼는데, 근년 이래 사한이 둘로 갈
리고 겸관도 직무를 보지 않으며, 다만 공봉供奉 이하 4명만 하고 있습
니다. 관원은 적고 직질도 낮아 궁궐의 일, 묘당의 논의, 심지어 국정의
잘잘못과 관련하여 권계를 내릴 만한 일도 두루 기록하지 못하고 있으
니 참으로 국가에서 사관을 두었던 본래의 취지가 아닙니다. 이제 사한
8명에게 사관직을 함께 하도록 하십시오." 하니 …… 따랐다.

史官崔蠲等上書曰: "史官之任, 君上之言行政事, 百官之是非得失,
皆得直書, 以示後世, 而垂勸戒, 故自古有國家者, 莫不以史職爲重.
是以本朝設藝文春秋館, 選有文行者八人, 同任史翰之職, 近年以來,
史翰岐而爲二, 兼官亦不供職, 但以供奉以下四人當之. 員少秩卑, 故
九重之事, 廟堂之議, 至於關得失垂勸戒者, 皆不能備記, 實非國家置
史之本意也. 願自今 以史翰八人同其職任."…… 從之.[4]

③ 사관으로 하여금 교대로 곁에서 모시게 하여 좌언과 우사를 모두 기록
하여 만세에 내리십시오.

---

3 『고려사』 列傳50 辛禑-昌 공양왕 원년(1388) 8월.
4 『고려사』 列傳50 辛禑-昌 공양왕 원년(1389) 3월.

且令史官更迭侍側, 左言右事, 無不悉書, 以詔萬世.⁵

④ 예문춘추관에서 상소하기를 "군주는 한때 정교를 펴지만, 사신史臣은 권계를 만세에 내립니다. …… 신들이 외람되게 사관 직임을 맡아 매번 경연에서 모시고 전하의 훌륭한 언행을 사실대로 기록합니다. 그러나 경연에 계시는 것은 하루에 잠시뿐이고, 들자마자 나가서 밖으로 다니시니 종묘사직과 국가에 관계된 일은 대개 듣지를 못합니다. …… 신 등 8명이 날마다 2명씩 좌우에 입시하여 크고 작은 일 모두 듣게 해주시면 전하의 덕이 옛 군주에 뒤지지 않게 후세에 전해질 것이며, 신들도 직임을 다할 수 있을 것입니다." 하니, 왕은 경연과 아일衙日에 각사 계사 때만 좌우에 입시하게 하였다.

藝文春秋館上疏曰: "人君布政敎於一時, 史臣垂勸戒於萬世, …… 臣等濫居史職, 每侍經筵, 其於殿下嘉言善行, 未不直書, 然經筵之御, 日不過數刻, 纔入輒出, 逡巡於外, 其關宗社係國家者, 懞乎其未有聞也 …… 令臣等八人日更二人入侍左右, 事無大小, 咸使與聞, 則殿下之德無讓於古, 可傳於後, 而臣等之職分, 亦庶乎其盡矣." 王只令經筵及衙日, 各司啓事時, 入侍左右.⁶

①의 기사, 즉 창왕이 즉위한 뒤 사헌부와 중방, 사관 각 1명을 번갈아 입시하도록 한 조치는 ②의 최견이 올린 상소로 다시 확대되었다. 최견은 구중지사九重之事, 곧 궁궐에서 일어나는 일에 대해 사관은 인원도 적고 직질도

5　『고려사』列傳31 조준趙浚.
6　『고려사』世家46 공양왕 4년(1392) 2월.

낮은 참외관이므로 기록하기 어려운 점을 지적했다.

③은 조준趙浚이 올린 상소이다. 그는 이 상소에서 요堯·순舜·탕왕湯王·무왕武王을 본받아 경사에 밝은 학자를 불러들여 치도를 강론할 것을 강조하고, 세자의 서연을 열어 경전을 연구함으로써 근본을 바르게 할 것을 권하는 과정에서 위 자료에 보이는 바와 같이 사관의 입시를 청했다. 이는 사상사적으로 보면 수신론修身論·경세론經世論과 역사관歷史觀의 결합이고, 정치제도로서의 경연과 사관이 같은 인식 체계 속에서 강조되었다고 할 수 있다. 예문춘추관이 올린 ④의 상소는 한 발 더 나아간다. 군주는 정치권력을 통해 군림하지만 일시적일 뿐이며, 반면 사관은 현실 권력에서 군주에 비길 수 없지만 만세토록 남을 역사를 맡은 존재라는 준엄한 자기의식이 깔려 있다.

이렇듯 조선의 건국 주체 세력이 전면에 등장하여 정치를 이끌어가던 고려 말의 공양왕대에는 사관의 경연 입시까지 인정되면서 그 직무에 대한 인식이 고양되어갔다. 그러나 사관의 직위는 조참에 참석할 수 없는 참외관에 지나지 않고, 오랫동안 사한史翰, 즉 '기록자이자 문장가'라는 업무의 정체성이 뒤섞인 존재로 관직 체계 속에 편제되어 있었다.

조선이 건국된 후 사관의 입시는 계속 확대되는 추세였다. 태조 이성계李成桂가 1392년에 즉위한 뒤 사관의 입시가 건의된 것은 그해 8월이었다. 대사헌 남재南在는 태조가 온천에 갈 때 사관이 호종할 수 있도록 청하였다. 남재의 말은 태조가 창업지주創業之主로서 국왕이라는 공적 지위를 신중히 수행하여 뒷날 군주들이 가볍게 행동할 전례를 남기지 않도록 하라는 것이었다.[7] 그뿐 아니라 사관을 정전正殿에 입시케 하자는 예문춘추관의 주청도 받

---

7 『태조실록』, 원년 8월 19일(무진). 이 건의는 며칠 뒤 태조가 평주 온천에 거둥할 때
   그대로 실행에 옮겨졌다. 『태조실록』, 원년 8월 21일(경오).

아들여졌다.[8]

정종이 즉위한 뒤에도 간관諫官들은 사관의 입시를 다시 청하여 선례를 확고히 세우고자 했다.[9] 하지만 정종은 즉위하고 얼마 뒤 열린 경연에서 『논어』를 읽을 때 사관의 입시를 허락하지 않았다.[10] 아마 개국 초의 혼란한 정치 상황 및 한양 천도 등으로 태조가 오랫동안 경연을 하지 않아 일시적으로 규례에 혼동이 있었던 듯싶다. 게다가 제1차 왕자의 난(태조 7년, 1398)으로 영안군永安君 이방과李芳果가 즉위하기는 했지만, 실권은 정안군靖安君 이방원李芳遠이 쥐고 있는 현실에서 정종이 군주로서 처신하기도 쉽지 않았을 것이다. 이 때문인지 정종은 사신을 회피하는 경향을 보인다.

> 사관이 비로소 경연에 입시하였다. 처음에 상이 사관을 가까이하지 않자 문하부에서 상소하여 다시 청하였다. 상소의 대략은 이러했다. "사관직은 군주의 언동과 시정의 득실을 직서하여 후세에 보이는 것입니다. ...... 고려 말 황음무도하여 여자들을 친애하고 충신은 멀리하였으며, 사관의 직서를 꺼려 하여 가까이 오지 못하게 하였는데, 이는 가장 불미스러운 일입니다. 마땅히 고려의 잘못을 거울삼아 사관을 둔 의미를 새기고 사관에게 매일 좌우에서 모시고 언동과 시정을 기록하여 만세의 위대한 규례로 삼으십시오." 상이 따랐다.
>
> 지경연사 조박이 말하기를 "군주가 두려워할 것은 하늘이며 사필입니

---

8 『태조실록』, 원년 9월 14일(임진).

9 『태조실록』, 7년 9월 18일(경인). 정종은 태조 7년(1398) 9월 8일(경진)에 즉위했는데, 정종 즉위년의 기록은 『정종실록』이 아닌 『태조실록』에 수록되어 있다.

10 『태조실록』, 7년 12월 9일(신해).

다. 하늘이란 저 푸르고 높은 것을 가리키는 것이 아니라 바로 리理일 뿐입니다. 사관이 군주의 선악을 만세에 전하니 두렵지 않습니까." 하니, 상이 그렇게 생각하였다.

史官始入侍經筵. 初上不近史官, 門下府上疏再請. 疏略曰: "史官之職, 人主言動, 時政得失, 直書不諱, 貽詔後世 …… 前朝之季, 荒淫無道, 昵比婦寺, 疎遠忠良, 憚史官之直書, 使不得近, 最爲無藝. 宜鑑前朝之失, 思設官之義, 特令史官, 日侍左右, 記言動, 錄時政, 以爲萬世之弘規." 從之. 知經筵事趙璞進曰: "人君所可畏者, 天也, 史筆也, 天非蒼蒼高高之謂也 理而已. 史官記人君之善惡, 以貽萬世, 可不畏乎?" 上然之.[11]

정종이 사관을 멀리하자 문하부에서는 고려 말 잘못된 정치를 감추기 위해 사관을 멀리했던 전례를 되밟아서는 안 된다는 이유를 들어 사관의 입시를 청했다. 이로써 사관이 기록으로 남기는 역사의 궁극적 목적은 분명히 드러난 셈이다. 즉, 군주에게 잘못이 있으면 그것을 후세에 전한다는 이유만으로 사관의 기록은 현실적인 의의를 지닐 수 있다는 뜻이다. 이 때문일까, 정종은 자신의 행동거지에 관한 사관의 기록을 무척 의식했다. 그는 격구를 좋아했는데, 사관에게 자신이 격구를 했다는 사실도 기록하느냐고 물었다. 또, 『고려사』를 바치라 하여 역사에 관심을 보이기도 했다.[12]

지경연사 조박趙璞의 말은 눈여겨볼 지점이 있다. 비록 이 기사의 사론에서 사관은 조박이 무신들과 어울리며 경연에서는 글도 제대로 읽지 못했다는 혹평을 서슴지 않았지만, 군주의 존립 기준으로 하늘과 사필을 반드시 경

---

11 『정종실록』, 원년 1월 7일(무인).

12 『정종실록』, 원년 1월 19일(경인).

외해야 한다는 점을 지적한 그의 말까지 깎아내릴 필요는 없다. 더욱이 그가 말하는 하늘이란 눈에 보이는 저 위의 높고 푸른 통상의 자연적 실재가 아니라, '리理', 즉 우주의 질서를 의미했다. 하늘이 군주가 지켜야 할 질서라면, 사필은 그 질서의 준수 여부를 살피는 감시자였다.

태종은 처음부터 사관의 입시를 허락했지만,[13] 정전正殿이 아닌 편전便殿에 사관이 입시하는 일로 논란이 일어났다. 그때 태종은 개경 수창궁에 있었다. 태종이 수창궁 보평전報平殿에서 정무를 보던 중 사관 홍여강洪汝剛이 계단 아래에 들어섰는데, 환관宦官이 그를 내보냈다. 정전인 무일전無逸殿은 사관이 마땅히 들어올 수 있지만 보평전 같은 편전은 쉬는 곳이니 들어오게 하지 말도록 태종이 명했기 때문이다. 태종이 사관의 입시를 정전으로 제한한 이유는 승지도 사관을 겸하고 있다는 것이었다.[14]

이 일은 태종이 보평전을 쉬는 곳으로 생각했던 반면 사관은 군왕이 정무를 보는 이상 편전인 보평전도 정전과 마찬가지라고 인식했기 때문에 발생한 문제이다. 결국 태종의 말에 따라, 승지들이 춘추(사관)를 겸하고 있으니 따로 사관이 들어오지 않아도 무방하다는 것으로 결론이 났다.

사관의 편전 입시를 둘러싼 논란은 기사사관의 중심이 참외관인 한림에게로 옮겨가는 과정에서 발생했다. 태종의 명령에도 불구하고 사관 민인생閔麟生이 다시 편전에 들어가려다가 제지당하는 일이 벌어졌다.[15] 그러자 민인생은 다음 달 열린 경연에서 사관의 편전 입시를 강력히 주장했다. 이첨李詹 등은 사관의 경연 입시는 가하지만 편전에서 정사를 들을 필요는 없다면서,

---

13 『태종실록』, 원년 4월 16일(갑술).

14 『태종실록』, 원년 4월 25일(계미).

15 『태종실록』, 원년 4월 29일(정해).

자신들이 고려 우왕·창왕 때 사관을 지냈지만 두려워서 함부로 뵙지도 못했다는 말을 덧붙였다.[16]

이렇듯 태종대 초기, 사관 입시에 대한 젊은 사관들의 인식과 기존의 관례는 갈등을 빚었다. 청정聽政에 참여하지 못한 민인생이 심지어 문밖에서 엿듣는 일까지 벌어지자, 태종은 사관으로 하여금 매일 예궐하지 말고 6아일六衙日(한 달에 여섯 번 백관이 조참하여 국왕과 정사를 보던 날. 1일·5일·11일·15일·21일·25일) 조회에만 입시하라고 명했다.[17] 민인생은 그 일 때문에 변방으로 귀양을 가야만 했다.[18] 그 후 조정에 와전된 말이 있다는 이유로 태종은 사관의 입시를 일시 파하기도 했지만 곧 회복시켰고,[19] 육조의 계사가 있을 경우에는 제한 없이 입시하라고 조치했다.[20] 대체로 태종은 사관이 정전과 경연에 입시할 수 있도록 인정해주었다. 그러나 사관이 편전에 입시하거나 그 밖의 행사에 참여하는 데는 곡절이 많았다.

> 임금이 편전에서 정무를 보았다. 민인생과 최사유가 진퇴에 절도를 잃은 뒤로 사관이 편전에 들지 못하였는데, 간원이 여러 번 소를 올려 청함으로써 사관의 입시를 허가하였다. 이날 상이 지신사 김여지에게 묻기를 "사관이 언제부터 다시 편전에 들었는가?" 하자, 김여지는 "경인년(태종 10년, 1410)에 간원에서 상소하여 다시 들었습니다." 하였다. 상이 답하지 않자,

---

16 『태종실록』, 원년 5월 8일(병신).
17 『태종실록』, 원년 7월 8일(을미).
18 『태종실록』, 원년 7월 11일(무술).
19 『태종실록』, 3년 3월 3일(경진).
20 『태종실록』, 5년 6월 14일(무인).

김여지가 겁을 먹고는 사관에게 다시 들어오지 못하게 하였다.

御便殿視事. 自閔麟生崔士柔進退失節, 史官不得入於便殿. 諫院屢疏
得請, 許令史官入侍. 是日, 上問知申事金汝知曰:"史官復入便殿, 自何
時始?" 汝知對曰:"歲在庚寅, 以諫院疏請始入焉." 上不答. 汝知疑懼,
令史官不得復入.[21]

태종 12년(1412) 7월에 이 일이 있고 나서 석달 뒤 10월에 태종은 사관의
편전 입시를 다시 불허했다. 그 전에 김여지가 사관의 청정 입시를 청하고[22]
좌사간대부 이육李稑도 사관 입시를 청했지만, 태종은 두 가지 이유를 들어
반대했다. 하나는 6대언六代言(6부 승지: 도승지·좌승지·우승지·좌부승지·우부승
지·동부승지)이 겸춘추라는 것이고, 다른 하나는 몇몇 사관이 전에 실례를 범
한 적이 있는데 그때의 일이 무척 싫었다는(甚憎) 것이다.[23]

첫 번째 이유의 근거는 이렇다. 태종 원년(1401) 7월의 관제 개혁으로 예
문관 참외관이 춘추관 기사관을 겸하고 사관이기도 하니 당연히 국정을 기
록해야 한다는 데는 동의할 수밖에 없다. 그러나 예문관 참외관은 전임사관
으로서의 독립적인 지위보다 여전히 관직 서열이 낮은 참외관으로 인식되었
다. 그런 까닭에 국정의 중요한 일은 참상관 이상의 겸춘추가 기록하면 된다
고 판단을 내린 것이다.

두 번째 이유로는 민인생과 최사유崔士柔가 직무의 당위성을 내세워 절차
나 예의를 무시했던 일을 꺼내 들었다. 대사헌 정역鄭易이 다시 사관의 입시

---

21 『태종실록』, 12년 7월 29일(임자).

22 『태종실록』, 12년 8월 26일(무인).

23 『태종실록』, 12년 10월 24일(병자).

를 청했을 때, 태종은 대언代言 등이 춘추의 직임을 맡고 있는데도 사관의 입시를 주장한다면 그것은 곧 기사記事를 하기 싫기 때문에 사관에게 맡기는 것이라 간주할 수밖에 없다면서 다소 과민한 반응을 보였다.[24]

사헌부는 사관 8명으로 하여금 사실에 대한 기록을 전적으로 담당하게 한 본의를 상기시키고 겸춘추는 다른 직무도 맡고 있기에 사관이 전담하지 않을 경우 실록이 소략해질 것이라고 설득하자, 태종은 결국 매일 청정聽政에 사관을 참여토록 했다. 이로써 사관은 임금을 가장 가까이에서 모시는 '근시近侍'로 정전과 편전에서 이루어지는 조회와 조계, 경연에 참여하게 되었다.[25]

하지만 사관이 모든 정치 활동의 영역이나 공간에서 전혀 제한을 받지 않았던 것은 아니다. 이미 정종 때에도 더울 때 거처하는 양청凉廳의 잔치에 참석했다가 물러난 일이 있었는데,[26] 태종대에 들어서도 공신의 연청宴廳에서 쫓겨나는 일이 벌어졌다.[27] 또한 태종은 사냥하는 데까지 사관이 쫓아온 데 대한 거부감도 있었다.[28]

그럼에도 불구하고 태종은 재위 기간 내내 사관의 존재 의의를 깊이 인식하고 그만 한 예우를 다하려 애쓴 듯하다. 그는 예문관에 술과 고기를 내려주면서 「한림별곡翰林別曲」을 부르며 즐기라고 격려하기도 했다.[29] 사관이 있다는 사실만으로도 태종은 자신의 생각과 행동을 조심하는 경우가 많았다.

---

24 『태종실록』, 12년 11월 20일(신축).

25 『태종실록』, 13년 1월 16일(병신).

26 『정종실록』, 2년 9월 8일(기사).

27 『태종실록』, 원년 2월 20일(기유).

28 『태종실록』, 원년 3월 18일(정축); 원년 3월 23일(임오).

29 『태종실록』, 13년 7월 18일(을미).

다음 기사는 이런 태종의 태도를 잘 보여준다.

> 임금이 친히 활과 화살을 가지고 말을 달리며 노루를 쏘다가 말이 거꾸러
> 지는 바람에 떨어졌으나 다치지는 않았다. 좌우를 돌아보며 말하기를 "사
> 관이 알게 하지 말라." 하였다.
>
> 親御弓矢, 馳馬射獐, 因馬仆而墜, 不傷. 顧左右曰: "勿令史官知之."[30]

태종은 사냥을 나가 말에서 떨어졌던 일을 사관에게 알리지 말라고 했음
에도 사관은 태종의 그 말까지 사초에 적어놓았으며 마침내 『태종실록』에 실
리기까지 했다. 이외에도 태종이 사관의 존재를 의식했다는 것은 다른 기사
에서도 엿볼 수 있다. 자신의 잘못을 밀계密啓하지 않고 공개적인 상소를 올
려 사관이 알게 한 일을 두고 태종은 깊이 한탄한 적도 있다.[31]

사관의 입시는 정전과 경연에서 편전으로, 조회에서 조계朝啓로 점차 확
대되었는데, 이는 사관의 기록 영역이 확대되는 것이자 전임사관으로서 직능
의 확대를 의미했다. 이에 따라, 사관은 참외관의 직책을 갖고 있지만 그 직
능의 특성 덕분에 국정의 논의와 결정 과정에 참여하는 근시로서 자리를 잡
았다. 태종대 전임사관의 기반은 이후 세종·문종대에 이르러 대체적인 골격
을 유지했다.

왕조 체제하에서는 선왕의 관례를 따르는 것이 상례이지만, 예문관 참외
관처럼 전임사관의 직능이 형성되는 것과 같은 관례는 국왕이 바뀌면 새 국
왕과 신료들 사이에 옛 규례를 상기하여 다시 합의하는 경우도 있었다. 실제

---

30 『태종실록』, 4년 2월 8일(기묘).
31 『태종실록』, 2년 4월 1일(계축).

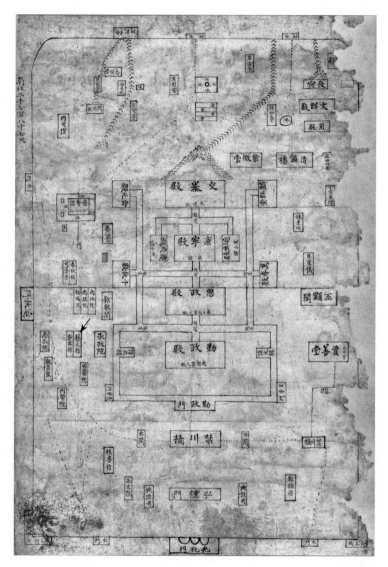

임진왜란으로 소실되기 전의 경복궁을 그린 〈경복궁도〉이다. 경복궁의 구조와 주요 관청의 위치만 소략하게 표시한 지도이지만, 사관들의 집무실이 있던 예문관의 위치를 가늠하는 데는 지장이 없다. 근정전의 왼쪽, 승정원과 홍문관 사이에 예문관이 있다.(화살표／로 표시) 근정전 뒤로는 국왕의 집무실인 사정전이 있다. 서울역사박물관 소장.

로 조선 초기의 국가 정비기에는 이런 현상이 드물지 않게 나타났다. 일례로 행행行幸 시 호종과 경연 입시에 사관도 들여야 하는지의 문제를 두고 벌어진 논란이 대표적이다.

세종 원년(1419), 아직은 군주의 모든 권력이 세종에게 온전히 넘어가지 않고 태종이 수강궁에서 국가의 대사나 군무를 보고 받아 처결하고 있을 때, 세종은 창덕궁에서 상왕 태종이 있는 수강궁까지 매일 인사를 갔다. 하지만 이때 사관은 세종을 호종하지 않았다. 원숙元肅이 사관도 시종토록 청했지만, 세종은 대언이 겸춘추라는 이유로 거절했다.[32] 잠시 행행하는 경우에도, 예컨대 상왕 태종을 만나러 갈 때도 같은 이유로 사관이 시종할 수 없었다.[33] 사관이 경연에 참석한 것은 세종 6년(1424) 세종이 옛 방식대로 입참을 명하면서부터이다.[34]

그렇지만 사관의 조계 입시는 계속되었다. 한때 지신사 조서로趙瑞老가 대언들의 계사 때 임의로 사관의 입시를 막으면서 잠시 입참하지 못한 일도 있었지만, 곧 다시 재개되었다.[35] 그뿐만 아니라 조계에 사관 2명이 필기구를 지참할 수 있도록 함으로써 기록에 만전을 기할 수 있게 되었고, 승정원에 사무실을 얻어 장계狀啓나 교서敎書를 쉽게 초록할 수 있도록 하였다.[36] 세종 27년(1445)에는 서연에도 사관이 참석했다.[37] 다만 이 경우는 세종이 병환

---

32 『세종실록』, 원년 9월 4일(병오).

33 『세종실록』, 2년 4월 28일(병인).

34 『세종실록』, 6년 9월 21일(계사).

35 『세종실록』, 5년 7월 25일(계묘).

36 『세종실록』, 7년 11월 3일(무술).

37 『세종실록』, 27년 6월 13일(을묘).

으로 첨사원詹事院을 두고 세자(뒷날 문종)에게 정사를 맡긴 뒤 취해진 조처이 므로 이때의 서연은 경연을 대신한 것이었다.

첨사원에서 세자가 정사를 보았던 이 시기를 전후해 사관의 입시는 새로 운 문제를 드러냈다. 세종이 재상들과 밀의密議를 하면서 사관을 들이지 않 았던 것이다. 세종 28년(1446) 세종은 영의정 황희黃喜, 우의정 하연河演 등을 불러 밀의하는 자리에 사관 정신석鄭臣碩의 항의에도 불구하고 사관을 참석 하지 못하도록 했다.[38] 세자에게 국사를 맡기면서 그와 관련된 논의가 있었 으리라 추측되지만 자세한 내용은 알 수 없다. 세종 31년(1449) 6월, 좌의정 하연, 우의정 황보인皇甫仁 등과 밀의를 할 때도 역시 사관을 물리쳤다. 이때 사관의 사론에는 당시 밀의를 할 때 항상 사관을 물리쳤는데 그로 인해 사관 들도 위축되어서 세종의 조치에 대해 말 한마디 못했다는 평이 실려 있다.[39]

문종이 즉위한 뒤 사관의 경연 입시에 대한 규식이 정해졌다. 경연의 발 달에 따라 경연관의 법식이 마련되면서, 경연에는 시강관侍講官 이하 2명, 참 찬관參贊官 1명, 사관史官 1명이 매일 시강하도록 했다.[40] 경연의 규식이 갖춰 지기까지는 몇 번의 논란을 거쳐야 했다. 처음 논의는 단종 즉위년(1452)에 경연의 진강하는 사목事目을 통해 재론되었는데, 의정부가 올린 경연사목經筵 事目에 대간과 사관의 경연 입참을 졸곡 후로 정한 데서 발단했다.[41]

예문관 봉교 전효우全孝宇 등이 경연사목에서 사관의 입참을 졸곡 후로 제한한 것에 이의를 제기하면서, 참찬관도 겸춘추라고는 하지만 춘추관을 겸

38 『세종실록』, 28년 8월 30일(을축).

39 『세종실록』, 31년 6월 17일(을축).

40 『문종실록』, 즉위년 8월 28일(기해).

41 『단종실록』, 즉위년 6월 16일(정축).

임하지 않은 사람도 있으니 사관의 입참을 막을 이유가 되지 못한다고 따졌다. 검열 윤자영尹子濚도 의정부에 이의를 제기했으나, 의정부에서는 다시 논의하겠다고 하고서는 결국 따르지 않았다.[42]

같은 날 사간원에서도 대간과 사관의 입참을 청했으나 따르지 않았다.[43] 대신들은 어린 국왕이 경연을 하는 자리에 사관이 들어오면 부끄러워할까 하여 취한 조치라며 사관들을 설득했다. 한편 사관들은 자신의 관직 이동에 불이익을 당할까 싶어 조직적으로 논의를 모으지 못했다.[44] 그러다가 그해 9월이 되어서야 의정부에서 올린 경연사목에 조강·주강·석강 때 사관이 1명 참석하도록 확정되었다.[45]

세조 원년(1455)에도 사관의 경연 입시는 그대로 유지되었다.[46] 정무를 볼 때 사관이 입시하는 위치에 대한 논의도 구체화되었다. 정무를 볼 때 사관은 문밖(戶外)에 있는 탓에 관료들이 계사啓事하는 일을 정확히 들을 수 없으니 문안(戶內)으로 들어와서 기록할 수 있도록 해주며, 경연에서도 강의가 끝나면 사관이 먼저 나오는 까닭에 그 후 계사하는 일을 듣지 못하고 있으니 나중에 함께 물러나게 하자는 의견을 사관들이 제출했다. 아울러 세종대 말에 대신들과 의논하는 일이 있을 때 사관을 물리치곤 했는데, 그러지 말 것을 청했다.

사관의 청은 동서東西로 나누어 영외楹外에 입참하는 정도만 받아들여지

42 『단종실록』, 즉위년 6월 20일(신사).

43 『단종실록』, 즉위년 6월 20일(신사).

44 『단종실록』, 즉위년 6월 21일(임오).

45 『단종실록』, 즉위년 9월 18일(정미).

46 『세조실록』, 원년 윤6월 13일(정사).

고, 나머지는 허용되지 않았다.[47] 영외란 전내殿內 기둥과 문門(호戶) 사이의 공간을 가리키는데,(☞ 224쪽 〈상참도〉 참고) 건물 복도의 개념으로 파악하면 된다. 사관이 영외에 입참하는 일은 나중에 비 오는 날에 한하여 전내殿內로 들어올 수 있도록 했고,[48] 세조 2년(1456) 4월, 상참과 조계에 사관이 계단 위에 엎드려 있어 잘 듣지 못한다는 이유로 전내에 들도록 했다.[49] 하지만 성종 20년(1489)에 동일한 조치가 내려진 것으로 보아, 이때의 조치는 오래가지 않았던 듯하다.

대신이나 근신과 밀의가 있을 때, 또는 무시로 대신을 인견할 경우 사관의 입시가 허용되지 않았던 관례도 개선되었다. 단종 2년(1454) 소릉昭陵(단종의 모후인 현덕왕후의 능) 행차 때 사관을 대동하지 않은 것은 잘못이라는 사간원의 의견을 받아들여[50] 대소 행차 시에도 사관을 입시토록 함으로써 세종 이래 사관이 시종하지 않던 행행의 관례를 바꾸었다.[51] 이렇듯 사관의 직능은 경연사목의 제정으로 인한 입참의 항식화, 조계 때 전내 입참, 행행의 시종 등을 통해 그 영역을 확대해갔다. 그리고 이런 과정을 통해 예문관 참외관인 봉교·대교·검열은 사관의 자격으로 '근시近侍'로 인정되었다.[52]

그러다가 세조 2년(1456) 이후 예문관 참외관은 그 직능에 변화가 생겼다. 집현전 혁파에 따른 변화였다. 세조는 즉위한 뒤 경연에 집현전의 두 사람만

---

47 『문종실록』, 즉위년 12월 5일(을해).
48 『문종실록』, 원년 7월 28일(갑자).
49 『세조실록』, 2년 4월 14일(계축).
50 『단종실록』, 2년 10월 9일(정해).
51 『단종실록』, 2년 10월 11일(기축).
52 『세종실록』 권132, 「오례五禮」 '가례의식嘉禮儀式'.

진강하게 함으로써 사관의 경연 입시를 일시적으로 제한했다.[53] 그러나 얼마 지나지 않아 사관의 입시를 복구했던 듯, 사육신을 중심으로 한 상왕(단종)복위운동을 탄압한 뒤에도 사관의 입시에 대해서는 외견상 큰 변화가 나타나지 않는다. 세조는 사관도 군주의 잘못을 말할 수 있다며 격려하는 한편, 강무講武할 때 사관 2명을 갖추도록 했는데 한 사람이 유고가 생길 경우를 대비한 조치였다.[54]

하지만 중요한 변화가 일어났다. 집현전을 혁파하고 난 뒤 예문관으로 하여금 집현전의 서적을 관리하게 한 데서 알 수 있듯이 이 시기부터 예문관 참외관에게는 사관의 역할에다 집현전 관원의 일까지 더해졌다.

① 보덕 최선복, 사경 이숙감·민정, 정자 허종, 예문관 대교 이수남, 검열 김중형 등에게 『맹자』·『중용』·『대학』을 강하게 하고, 선전관 김처지·신홍지 등에게 『진법』을 강하게 하였다.
講輔德崔善復, 司經李淑瑊·閔貞, 正字許琮, 藝文待敎李壽男, 檢閱 金仲衡等『孟子』·『中庸』·『大學』, 宣傳官金處智·申興智等陣法.[55]

② 겸 예문 성균 박사 박시형, 승문원 박사 김종직, 예문관 대교 허선과 성균관 생원 김종한 등 다섯 사람에게 경서를 강하게 하고, 술을 내려주었다.
講兼藝文成均博士朴始亨, 承文院博士金宗直, 藝文待敎許譔及成均

---

53 『세조실록』, 원년 윤6월 17일(신유).

54 『세조실록』, 2년 8월 23일(경신).

55 『세조실록』, 5년 3월 4일(병술).

生員金從漢等五人經書, 賜酒.[56]

위 기사에서 보듯 집현전을 대신할 인재의 육성이 예문관 겸관을 중심으로 이루어졌고, 친강의 핵심 관원도 예문관 관원이었다. 예종 즉위년(1468) 10월에 이조의 청으로 경연이 부활된 후에도[57] 예문관 참외관인 봉교·대교·검열이 경연관을 겸임했다. 『세조실록』과 『예종실록』은 예종 원년(1469) 4월에서 성종 3년(1472) 5월 사이에 편찬되었는데, 편찬관 명단에 보이는 예문관 참외관은 모두 경연관을 겸임하고 있었다. 예문관 참외관의 경연관 겸직은, 홍문관이 설치되어 세종대의 집현전 기능을 수행하면서 세조 이래 예문관 참외관이 겸했던 경연관직을 도맡은 뒤부터 해소되었다.[58]

2) 사관 입참 범위의 설정

예종에 이어 성종이 즉위한 뒤에도 전임사관의 직능을 수행하기 위한 예문관 참외관, 즉 사관의 입시는 관례를 이어갔다. 성종 즉위년(1469) 12월에 신숙주申叔舟가 올린 경연사목은 사관의 입시에 관한 한 단종 즉위년(1452)의 경연사목과 다를 바 없다.[59] 상참이나 조계에 사관이 입시하는 일은 상례대로 재확인되었다.[60] 성종비 공혜왕후恭惠王后가 친정인 한명회韓明澮의 집으

---

56 『세조실록』, 8년 8월 17일(기묘).
57 『예종실록』, 즉위년 10월 6일(임진).
58 『성종실록』, 9년 3월 5일(정묘).
59 『성종실록』, 즉위년 12월 9일(무오).
60 『성종실록』, 원년 11월 26일(경자).

로 행행할 때도 사관이 수행했는데,[61] 비록 중궁의 사례이지만 단종대 대소 행행에 사관이 수행하도록 했던 전례를 따른 것으로 판단된다. 후일 성종이 행행할 때도 마찬가지로 사관이 수행했다.[62]

경연과 조계 입참

성종 5년(1474), 사관의 입참 방식을 놓고 다시 논의가 시작되었다.

> 예문관 봉교 강거효 등이 상소하여 말하였다. "…… 신들이 보잘것없는 능력으로 사관의 자리에 있으면서도 그나마 사관의 직임을 다하려고 합니다만, 근자에 갖추어진 제도만 고식적으로 따르는 까닭에 옛날에 사관을 두었던 취지와는 맞지 않는 점이 있습니다. 첫째는, 조계나 대소 연향 때 신들은 계단 위의 동서쪽 구석에 엎드려 있기에 전내의 말소리는 멀어서 들을 수 없다는 점입니다. 둘째는, 경연이 끝나고 신들이 먼저 나오는 까닭에 전하의 반문이나 대신의 견해를 들을 수 없는 경우도 있습니다. 셋째로, 전하께서 신료들을 인견할 때 간혹 사관들을 들이지 못하도록 하는데 아무리 비밀이라 하더라도 …… 사관은 반드시 함께 들어가야 합니다.……"
> 하니, 원상들에게 의논하게 하였다.
> 정인지 등이 의논하기를 "사관은 국초 이래로 경연에서는 승지 뒤에 앉았고, 조계 때는 의정부와 육조, 대간이 모두 먼저 나간 뒤에 승지와 함께 일시에 물러갔으므로 대간의 계사에 대해 못 알아들을 일이 없습니다. 꼭 궁궐 계단의 좌우 가까이에 앉아야만 기사한다고 할 수 있겠습니까? 예전

---

61 『성종실록』, 2년 정월 26일(기해).
62 『성종실록』, 13년 2월 9일(무신).

대로 하는 것이 어떻겠습니까." 하였다. 상소는 그대로 두고 내려주지 않았다.

藝文館奉教姜居孝等, 上疏曰: "…… 臣等, 俱以譾材, 承乏史官, 思盡顧職, 然而因循時制, 不合於古者有之. 一曰, 凡朝啓大小宴享, 伏於階上東西隅, 殿內言論, 邈不得聞. 二曰, 每經筵講畢, 則臣等例當先出, 故殿下之顧問, 大臣之敷奏, 時或未聞. 三曰, 殿下引見臣僚, 或命史官勿入, 雖曰機事當密 …… 蓋史官必與之俱入也 ……." 下院相議之. 鄭麟趾等議: "史官自國初以來, 坐承旨之後, 朝啓則政府六曹臺諫皆先出後, 與諸承旨一時乃出, 臺諫所啓之事, 無不見聞, 何必坐諸殿陛左右, 然後乃得記事乎? 仍舊如何?" 幷其疏留中不下.[63]

강거효姜居孝는 조계 때 사관이 전내殿內에 입참할 수 있도록 할 것, 경연이 끝난 뒤에는 사관이 먼저 나가지 않고 모든 신료가 나간 뒤에 나오도록 할 것, 그리고 사관이 배석하지 않은 상태에서는 신료와의 면담을 하지 말 것을 청했다. 정인지鄭麟趾 등이 말한 국초의 규례란 세조대까지 확대된 사관의 입시를 가리킨다. 사관들은 전내로 들어와 기사記事하려 하는 데 반해, 정인지 등은 이전의 관례대로 하자는 것이었다.

이 일은 성종이 관심을 보이면서 좀 더 논의가 진전되었다. 성종은 사관의 경연 출입 절차를 예전의 관례대로 사관이 '먼저 들어오고 나중에 나가는 (先入後出)' 방식으로 하도록 했다. 대신이나 기타 신료들을 인견할 때 사관을 배석하지 않은 문제에 대해서는, 사사로운 일로 대신들을 만나는 것이 아니며 또한 사관 없이 신료를 만나는 일도 일시적일 뿐이라고 답했다. 그런 다

---

63 『성종실록』, 5년 9월 23일(을해).

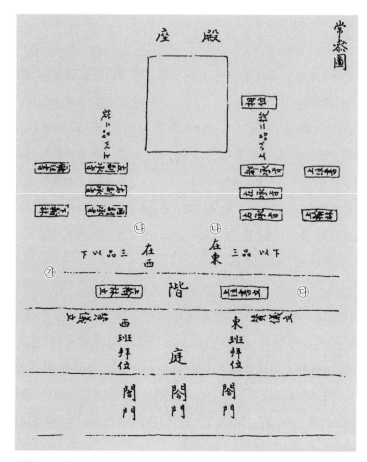

〈상참도常參圖〉

위 그림은 『한원고사翰苑故事』 자료를 토대로 작성되었는데, ㉮선을 기준으로 전내殿內와 전외殿外 (문밖戶外)가 구별된다. ㉯의 위치가 전殿의 기둥, 곧 영楹이다. 호戶(문)에서 영楹의 공간은 그 건물의 복도와 같다. 사관은 계단 아래에 있다가(㉰의 공간) 문종 원년(1451)에 이르러 비 오는 날에만 전내 영외에 들게 하였는데, 전내에 입시하게 된 것은 성종 20년(1489) 이후이다. 따라서 위 그림은 성종 20년 이후의 사관 입시를 정리한 것이다.

한편, 상참 후 조계朝啓가 이어졌으므로 〈조계도朝啓圖〉도 위와 같을 것이다. 상참과 경연은 편전인 사정전(경복궁)과 선정전(창덕궁)에서 이루어졌다.

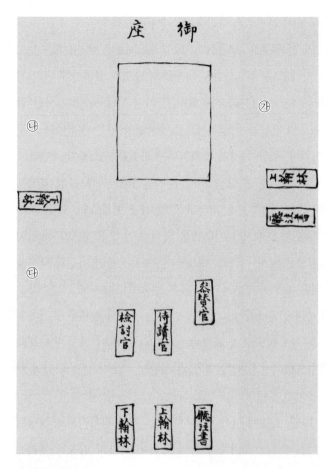

〈경연도經筵圖〉

위 그림은 『한원고사』에 〈소대입시도召對入侍圖〉로 나와 있으나, 경연을 겸했던 야대夜對의 입시도이므로 〈경연도〉로 보아도 무방하다. 다만 야대는 조강朝講에 비해 간소하게 이루어졌다. 조강에는 어좌 좌우에 영사領事(㉮)와 지사知事·동지사同知事(㉯), 그리고 특진관特進官(㉰) 등의 좌석이 더 배치되었을 것이다.

어좌 좌우를 비롯하여 위의 〈경연도〉에는 한림翰林의 좌석이 4군데 있는데, 이는 오류로 보인다. 성종대에는 사관 1명이 경연에 입시했고, 이후로도 4명이 입시했다는 자료는 확인되지 않는다. 조회나 조계와 달리 경연의 경우에는 고려 말부터 사관의 전내 입시가 허용되었다.

* 성종대 경연의 좌목座目에 대한 연구로는, 權延雄, 「朝鮮 成宗朝의 經筵」, 국제문화재단 편, 『韓國文化의 諸問題』, 시사영어사, 1985, 71쪽, '圖表Ⅱ. 朝講 座席 配置圖'가 있다. 좌석의 위치가 위의 〈경연도〉와 차이 나는 것은 경연 장소에 따라 약간씩 변동이 있었기 때문이다.

음 사관의 청을 받아들여 이후로는 사관을 꼭 입시토록 했다.[64]

이 일이 있기 4년 전 성종은 원년(1470) 12월 윤대輪對 후에, 윤대는 앞으로 독대로 할 것을 명하고 승지와 사관은 참석하지 말도록 했지만,[65] 며칠 뒤 예조에 전교를 내려 사관의 입시를 허락했다.[66] 이어 야대夜對에도 사관 입참을 승인했다.[67] 이로써 관료들이 공식적으로 정치를 논하는 자리에는 모두 사관이 참석하게 되었다. 물론 이것이 관례화되는 과정은 순조롭지 않았다.

성종 4년(1473), 성종이 장령 김자정金自貞을 인견하면서 사관의 입시를 허락하지 않자, 경연관인 설경說經을 겸하고 있던 사관 변철산卞哲山이 그 부당함을 지적했다. 성종은 도승지가 기록했을 터이니 가서 물어보면 될 일이라고 말했지만, 변철산은 재차 이의를 제기했다. 결국 성종이 자신의 잘못을 인정하는 것으로 일은 마무리되었다.[68] 이 일은 성종이 도승지도 겸춘추라고 답했던 것에 대해, 변철산은 임금이 신하를 만나는 자리에 겸춘추가 있다고 하더라도 사관의 직무는 별도로 수행해야 한다고 주장하여 관철한 사례로 주목된다. 이는 후술하겠지만 『승정원일기』와 사관의 사초가 갖는 위상의 차이를 낳게 되는 이유이기도 했다.

성종 5년(1474) 10월, 윤대에 사관을 입시시키는 것을 원칙적으로 천명했음에도 불구하고 이듬해에는 윤대를 하는 신료들이 사관의 입참을 꺼리는 일이 발생했다. 사복시 정司僕寺正 정숙鄭俶이 '윤대할 때 사관이 있어 할 말

---

64 『성종실록』, 5년 10월 6일(무자).

65 『성종실록』, 원년 12월 2일(을사).

66 『성종실록』, 원년 12월 7일(경술).

67 『성종실록』, 3년 정월 25일(임술).

68 『성종실록』, 4년 7월 30일(기미).

을 못하니 모두 물리치고 한 사람씩 윤대를 하게 하자'고 건의했던 것이다.[69] 정숙은 단지 1인 입시뿐 아니라 5명이 한꺼번에 윤대할 경우까지 포함하여 사관을 물리쳐달라는 건의였지만, 성종은 사람이 있다고 말을 꺼리는 것은 신하의 도리가 아니라면서 받아들이지 않았다. 이날 사관은 정숙이 신중하기는 하지만 '학술學術'이 없어서 이런 말을 했다고 기록했다.

윤대에 사관이 입참하는 원칙이 정해지면서 독대도 변화했다. 독대는 주로 대신이 홀로 국왕을 만나는 것인데, 이때 사관을 들이지 않았음은 물론이다. 대신뿐 아니라 종친을 인견하는 자리에도 사관을 들이지 않는 경우가 있었다.[70] 그런데 사관의 입시가 갖는 의의에 대한 의식이 높아지면서 서서히 독대에 대한 사관들의 견제도 강화되었다.

성종 8년(1477) 7월, 대사간 손비장孫比長은 지금의 대신은 경연이 끝나고 남아 있다가 대간과 사관이 모두 나가고 없을 때 독대하는 일이 있다며 성종의 주의를 환기했다. 손비장의 지적에 누구냐고 물을 정도로 성종도 미처 의식하지 못했던 독대의 주인공은 한명회韓明澮였다.[71] 한명회는 이승소李承召가 일찍이 지적한 바 있는, 즉 세조대의 '권력을 가진 신하가 다른 신하들이 나가기를 기다려 혼자 사안을 아뢰는(仗下留申)' 관습에 젖어 있었던 모양이다. 그러나 이때의 지적 때문인지 훗날 한명회는 독대를 한 뒤 사관과 승지에게 그 내용을 일러주기까지 했다.[72] 이런 한명회의 태도는 당시 독대에 대한 일반적인 인식이 어떤 방향으로 결론 나고 있었는지를 잘 보여준다.

69 『성종실록』, 6년 정월 2일(임자).

70 『성종실록』, 6년 12월 23일(무술).

71 『성종실록』, 8년 7월 22일(정해).

72 『성종실록』, 11년 11월 9일(을유).

상이 말하기를 "그대가 군자와 소인을 분변하겠는가?" 하니, 봉교 표연말이 말하기를 "예로부터 승지가 공사公事를 입계할 때에는 반드시 먼저 사관에게 고하여 함께 들어간 뒤에야 사안을 아뢰는 것인데, 임사홍은 사안을 아뢸 때 사관에게 통보하지 아니하고 홀로 먼저 들어가서 아뢰었습니다. 안윤손이 그것을 알아채고 따라 들어가서 들으니, 이는 임사홍이 비밀히 간사한 말을 전하께 아뢰고 남이 알지 못하도록 하는 것이었다고 합니다." 하였다.

上曰: "爾辨君子小人乎?" 奉教表沿沫曰: "自古承旨入啓公事時, 必先論史官, 與之偕入而後, 乃敢啓事. 士洪於啓事之時, 不報史官, 獨先入啓, 安潤孫知之, 隨入而聞之, 是士洪密以奸譎之言, 啓於殿下, 而不使人知也."[73]

사관 표연말表沿沫의 지적은 임사홍任士洪이 사관에게 알리지도 않고 보고했다는 것이었다. 성종 11년(1480), 서거정徐居正이 성종을 독대한 일에 대한 사신의 평에서도 이러한 분위기를 파악할 수 있다.

관반 서거정이 와서 아뢰기를 "어제 중국 상사上使가 조용한 틈을 타서 두어 마디 말을 하였는데, 신이 문자로 기록하지 않고자 하였기 때문에 왔습니다." 하였다. 상이 선정전에 나아가서 사관을 들이지 말라고 명하니 도승지 김승경만 서거정을 따라 들어갔다. 서거정이 아뢰기를 마치고 물러가니, (상이 그에게) 음식을 대접하도록 명하였다.
사신은 말한다. "말한 것은 사사로우며, 왕은 사사로움이 없는 법이다.

---

73 『성종실록』, 9년 4월 28일(기미).

그런데 다른 나라 사람의 말을 사람들로 하여금 알지 못하게 하고 비밀히
임금께 아뢰었으니, 사람들이 모두 그를 기롱하였다."

館伴徐居正來啓: "昨日上天使於燕間, 發數語, 臣不欲記於文字, 故來
耳." 上御宣政殿, 命史官勿入, 惟都承旨金升卿, 隨居正而入. 居正奏訖
乃退, 命饋. 史臣曰: "所言私, 王者無私. 乃以他國人之言, 勿使人知, 而
密啓於上, 人皆譏之."[74]

사관을 배석시키지 않는 접견 방식인 독대는 옳지 않다는 인식이 관료 사
회 일반에 점차 높아져갔다. 사관의 입시를 배제하는 독대가 만연할 때 권력
의 전횡이 생길 수 있으며, 그렇기에 독대를 지양해야 한다는 하나의 기준을
정치 운영에 제시해주고 있는 것이다.

다시 성종 5년(1474) 10월에 제기되었던 사관의 입참 방식에 대한 논의로
돌아가보자. 그 논의의 핵심은 조계 때 사관이 전내에 들어갈 수 있는가, 또
사관의 위치는 어디로 할 것인가의 문제였다. 이후 성종 16년(1485) 황계옥黃
啓沃의 건의로 시작된 사관 입시 논란은 사관이 경연과 조계에 지필紙筆을 들
고 전내로 들어갈 수 있도록 하자는 것이었다.

검토관 황계옥이 말하기를 "사관은 임무가 중요하여 경연과 조계에 2명이
입시합니다. 그러나 경연에는 사관이 전내에 들어갈 수 있으므로 상교와
여러 신료가 아뢰는 말을 상세히 기록할 수 있지만, 조계 때는 전외에 엎
드려 있기 때문에 말하는 사람의 얼굴도 모르니 어떻게 상세히 기록하겠
습니까? …… 제 생각으로는 조계 때 필기구를 들고 전내에 들어가게 하고

74 『성종실록』, 11년 5월 30일(기유).

너무 푹 엎드리지 않게 하면 말하는 사람을 볼 수도 있고 또 상세히 기록할 수 있을 것입니다." 하니, 상이 말하기를 "…… 필기구를 가지고 들어오는 일은 전례가 없다. 가령 아뢰는 말을 귀로 듣지 못한다면 필기구가 무슨 효용이 있겠는가?" 하였다.

기사관 하윤이 말하기를 "황계옥의 말이 옳습니다. 경연에서는 문신과 승지, 경연관이 모두 겸춘추이므로 기록할 사람이 많습니다. 그러나 사관이 전심으로 듣느니만 못합니다. 사관이 기록을 빠뜨리기라도 하면 기록이 없어지는 셈입니다." 하였다. ……

상이 말하기를 "…… 그대들은 선발된 사람들인데 잘못 쓰는 일이 있겠는가. …… 또 옛날 사관이라고 해서 하나하나 다 썼겠는가? 대강을 잃지 않으면 된다." 하였다. 하윤이 다시 필기구를 들고 입시하는 일을 청했는데, 상은 "그 유래가 이미 오래되었다." 하면서 허락하지 않았다.

檢討官黃啓沃曰: "史官任重, 凡經筵朝啓, 史官二人皆入侍, 而經筵則史官入殿內, 上敎及諸臣所啓, 皆得詳聞悉記, 朝啓則伏於外殿, 其啓事人且不得見面, 豈能詳記所啓之事 …… 臣意, 令史官於朝啓時, 操紙筆入殿內, 不甚俯伏得見啓事者, 詳悉載筆, 何如?" 上曰: "…… 操紙筆入侍, 則我朝無此例, 假令耳不聞啓之之言, 則操紙筆亦何益哉?" 記事官河潤啓曰: "啓沃之言至當, 經筵則文臣承旨經筵官皆職帶春秋, 記事者多, 然不若史官專心聽之也, 若史官漏記, 無復有記之者." …… 上曰: "……爾等皆與選之人, 豈錯書乎 …… 雖古之史官, 豈能一一記之乎? 要須不失大綱耳." 河潤更請操紙筆入侍. 上曰: "其來已久矣." 不許.[75]

---

75 『성종실록』, 16년 윤4월 11일(신묘).

황계옥과 하윤河潤은 조계 때 사관이 필기구를 가지고 전내에 들어가 상세히 기록할 수 있도록 하자고 했으나, 성종은 허락하지 않았다. 사실, 이보다 앞서 세종 7년(1425)에 이미 필기구를 들고 사관이 입참할 수 있었다. 그 후 언젠가 다시 지필을 가지고 들어오지 못하게 되었던 듯하다. 그러나 성종 16년(1485) 이때의 문제 제기는 곧 성과를 보게 된다. 성종 20년(1489) 검열 이주李胄의 발의로 시작된 사관의 입시 방식에 대한 논의를 거쳐 결국 사관이 좌우로 나누어 입시하면서 지필을 들고 들어가 앉아서 기록할 수 있게 된 것이다.[76]

이렇듯 공식적인 정치 활동이 이루어지는 조회, 조계, 경연, 그리고 윤대와 독대에서 사관 입시의 방법과 원칙이 정해지면서 사관의 입시는 일견 사소한 듯 보이는 영역에까지 미치게 되었다. 종친연宗親宴 등의 예연禮宴이나[77] 관사觀射가 그것이다. 상식적으로 볼 때 잔치라는 것이 일상 업무로부터 벗어나 긴장을 이완시키고 즐기는 자리라는 점에서, 그곳까지 기록의 대상으로 남기려는 발상은 좀 지나치다는 느낌도 없지 않다. 그러나 사관들은 그것조차 공식 행사의 하나라고 생각했고, 그 관점에서 보자면 사관의 예연 입시는 당연하기도 했다.

정청과 국청 참여

인사를 논의하는 정청政廳에 사관의 참석 여부를 놓고 논의가 처음 제기된 것은 성종 10년(1479) 윤10월의 일이다.

---

76 『성종실록』, 20년 8월 27일(임자).
77 『성종실록』, 21년 8월 23일(계묘).

전경 안윤손이 말하기를 "정사는 인물을 진출시키거나 물러나게 하는 중요한 일입니다. 왕명을 전하는 데 사관이 참여하지 못하니 바람직하지 않습니다." 하니, 상이 말하기를 "대신에게 위임하고 다시 의심한다면 되겠는가?" 하였다.

안윤손이 다시 "그 때문이 아닙니다. 왕명을 내릴 때 기록하지 않을 수 없기 때문입니다." 하니, 상은 "승지도 기록할 수 있다." 하였다. 도승지 김승경이 말하기를 "선대에 대간을 정방에 들게 하였다가 옳지 않다고 하여 그만두었으니 사관도 들어갈 수 없습니다." 하였다.

典經安潤孫啓曰: "政事乃進退人物, 且出納王命之時, 而史官不入, 未便." 上曰: "旣委任於大臣而疑之, 可乎?" 潤孫曰: "非爲是也. 王命之出納, 固不可以不記也." 上曰: "承旨亦可以記矣." 都承旨金升卿啓曰: "祖宗朝, 令臺諫入參政房, 後以爲不可以止, 史官不可入也."[78]

안윤손安潤孫은 예문관 검열을 지낸 경력이 있기 때문에 이런 말을 한 듯하다. 인사에까지 사관이 참여하여 기록하는 일이 너무 급진적인 제안이라고 여겨졌던지 이후 성종대에는 사관의 정청 참여에 대한 논의가 더 이상 진행되지 않았다. 사관의 정청 참여가 다시 논의된 것은 그로부터 20년 가까이 지난 연산군 3년(1497)의 일이다.

기사관 이유녕이 말하기를 "정청에는 임금의 전교만 있는 것이 아니라 이조와 병조가 인물을 주의注擬(관원을 임명할 때 후보자 세 사람을 정하여 임금에게 올리는 것)하는 곳이므로 당연히 기록 대상입니다. 앞으로 정청에 승전 내관

---

78 『성종실록』, 10년 윤10월 24일(병자).

이 출입할 때 사관도 참여하게 하십시오." 하니, 왕이 "전례가 어떠한가?" 하고 물었다. 기사관 정희량이 "사관은 정청에 들어갈 수 없었습니다."라고 답하니, 이유녕이 다시 "잡인이라면 정청에 참여할 수 없지만 사관은 국가의 기밀까지 기록하는데 하물며 정청이라 다르겠습니까?" 하였다.

윤필상이 말하기를 "선왕대에 전례가 없고 승지도 겸춘추로 정청에 참여하니 사관이 들어가지 않아도 좋겠습니다." 하니, 정희량이 말하기를 "옛날에는 지방과 여항에도 야사가 있어 누락시키지 않고 빠짐없이 기록했는데, 하물며 사람을 쓰는 대정大政이겠습니까." 하였다. 왕이 말하기를 "듣고 보니 사관이 참여한다고 해서 폐단이 될 것은 없겠다. 다만 전례가 없는 일이라 가볍게 바꿀 수는 없으니 잘 의논하여 처리하라." 하였다.

記事官李幼寧: "政廳非徒有傳敎而已, 銓曹注擬人物, 亦當書之. 今後於政廳, 承傳內官出入時, 請叅廳." 王曰: "前例何如?" 記事官鄭希良曰: "史官不得入政廳." 幼寧曰: "雜人雖不得出入政廳, 然史官國家秘密事無不與聞, 況政廳乎?" 弼商曰: "先王朝所無之事, 且承旨以兼春秋館, 入叅政廳, 史官雖不入, 可也." 希良曰: "外方閭巷之事, 古有野史, 記之無闕漏, 況用人大政乎?" 王曰: "此果無弊, 但祖宗朝所無之事, 不可輕易爲之, 當議處之."[79]

이유녕李幼寧의 발의로 재개된 사관의 정청 참여에 관한 논의는 윤필상尹弼商 등 재상들의 관례를 내세운 반대에도 불구하고 사관들의 의욕과 연산군의 호의로 긍정적 결과가 나올 듯했다. 그러나 상황은 이대로 흘러가지 않았다. 다음 달인 연산군 3년 8월에 다음과 같은 의견이 제시되었기 때문이다.

---

79 『연산군일기』, 3년 7월 28일(무진).

어세겸·정문형·한치형 등의 의견은 다음과 같았다. "모든 정사에는 승지가 참여합니다. 기록할 일이 있으면 그들이 쓸 것이니 꼭 사관이 있어야 하는 것은 아닙니다. 인사란 국가 경영의 대강이며, 일시의 소견으로 규례를 바꿀 수는 없습니다. 또 비목批目이 내려오면 용인用人의 적합성 여부는 사람들의 이목에 퍼지기 때문에 사관이 그것을 기록하지 않아도 알 수 있게 됩니다. 그 사이에 잘못이 있으면 대간이 논계할 것이니 정사에 관한 기록이 어떻게 누락되겠습니까?"

魚世謙鄭文炯韓致亨議: "凡政事承旨與焉, 如有可記之事, 必記之, 何必史官乎? 大抵爲政之體, 務存大綱, 不可以一時所見, 輕改前規. 且批目一下, 用人當否, 播諸人耳目, 不須史官書之, 然後可以得之. 如有所失, 臺諫從而論啓, 有何脫漏之事?"[80]

어세겸魚世謙 등은 사관이 정청에 참여하지 않아도 인사와 관련된 기록은 확보할 수 있으며, 또 정사의 공정성 여부도 충분히 판단할 수 있다고 주장했다. 평심하게 보면 어세겸 등의 의견은 상당히 타당한 이유를 가지고 있다. 승지도 정청의 일을 기록하고 있다는 말은 차치하고라도, 어세겸 등의 말처럼 인사가 공정했는가의 여부는 인사 결과가 발표되면 곧바로 사람들의 입에 회자되는 법이기 때문이다.

사관들의 생각은 달랐다. 역사 앞에 누구도 예외일 수 없으며, 따라서 그 역사의 기록을 담당하는 자신들의 업무 영역도 제한이 없다고 생각했을 것이다. 하지만 이때 제기된 사관의 정청 참여에 대한 주장은 결국 받아들여지지 않았다.

---

80 『연산군일기』, 3년 8월 1일(경오).

연산군 3년(1497)에 재개된 사관의 정청 참여에 관한 논의는 또 다른 비극의 출발이었다. 다른 이유도 있겠지만, 사관제도와 사관의 직능에 관한 한 연산군 4년 7월의 무오사화를 기점으로 위기를 맞았다. 사관의 정청 참여 논의와 관련된 탄압이 시작된 것은 그로부터 몇 년이 지난 연산군 10년(1504)의 일이다.

> 전교하기를 "전날에 경연에서 사관도 정청에 참여하게 하자고 말한 자가 있었는데, 그자의 얼굴은 검고 수염이 많았으니 필시 이현보일 것이다. 관직에 나온 지 얼마 안 되는 신진 주제에 감히 의논하였으니 절대 안 될 일이다. 잡아다가 곤장을 치라. 이현보 전에도 이에 대해 말한 자가 있을 것이니 아울러 조사하여 보고하라." 하였다.
>
> 傳曰: "前日經筵, 有請以史官參政廳者, 其人面黑髭多, 必是李賢輔也. 以新進敢議, 至不可也. 拿來決杖. 賢輔啓請前, 亦有言者, 並考啓."[81]

연산군의 전교에 따른 조사와 보고는 이듬해인 연산군 11년 2월에 올라왔다. 춘추관 당상 유순柳洵이 시정기를 조사하여 사관의 정청 입참에 대한 논계 사실을 보고했는데, 이 보고에서 이현보李賢輔가 사관의 정청 참여를 청한 일은 연산군 8년 10월의 일이라고 했다. 연산군이 말한, 이현보에 앞서 사관의 정청 참여를 논했던 이는 연산군 3년의 이유녕이었다. 이현보는 국문을 당했고, 이미 연산군 10년 갑자사화 때 임사홍의 무고로 참형을 당한 이유녕은 다시 시신의 뼈를 부수었는지 확인하라는 광기 어린 처분을 받았다.[82]

---

81 『연산군일기』, 10년 12월 24일(경진).

82 『연산군일기』, 11년 2월 8일(갑자).

사관에 대한 연산군의 인식은 이미 오래전에 그 조짐이 보였다. 연산군 4년 이후, 연산군은 무오사화 때 사관이 형벌을 받아 죽임을 당한 사례를 들어 대간들을 겁박하는가 하면,[83] 춘추관의 시정기를 삭제토록 하여 사관의 기록을 업신여기는 태도를 보였던 것이다.

또 전교하기를 "임금이 부도하여 걸주보다 심하더라도 신하 된 자로서는 원래 나쁜 점을 숨겨야 한다. 이번에 말을 탄 일은 내가 한 일이니 우선 놔두고 논하지 말아야 하겠으나, 궁중의 은미한 일 같은 것을 감히 짐작으로 억측하고 말하는 것은 매우 불가하므로 이극균 등이 올린 10가지 조항을 내가 삭제하려고 한다." 하니, 유순 등이 아뢰기를 "『승정원일기』와 춘추관 시정기의 기록을 삭제함이 지당합니다." 하였다.

전교하기를 "정치에 대한 일이라면 나를 걸주라고 불러도 좋다. 그러나 이런 궁중의 일을 짐작으로 억측해서 말하는 것은 매우 불가하다. 사관으로 있는 자가 만일 불초하다면 반드시 저들에게 사심을 두어 마음대로 높이고 낮추면서 역사에 '상소의 논의가 저러했는데 지금 삭제하게 된다'라고 쓰겠지만, 그들이 비록 그렇게 쓰더라도 나는 실로 마음 쓰지 않겠다." 하였다.

又傳曰: "人君不道, 雖甚於桀·紂, 爲人臣者, 固當隱惡也. 今此騎馬之事, 則是予所爲, 姑置勿論, 如宮禁隱微之事, 乃敢揣度而言之, 甚不可. 克均等所上十條, 予欲削去." 洵等啓: "『承政院日記』·春秋館時政記所錄削去允當." 傳曰: "凡政事間事, 則雖議我爲桀·紂可矣. 如此宮禁事, 揣度而言之, 甚不可. 爲史官者, 若不肖則必私於彼人, 任己低昂, 書諸

83 『연산군일기』, 4년 11월 26일(무오).

史冊曰: '疏論如彼, 而今乃削去.' 彼雖如此書之, 予固不屑." [84]

　사관의 정청 참여 문제는 중종 2년(1507)에 이유청李惟淸의 발의로 재론되었고,[85] 이후 사관은 정청에 참여하게 되었다.[86] 연산군 10년(1504)에 시정기를 삭제할 때 연산군을 부추겼으며 심지어 시정기를 조사하여 이유녕과 이현보가 사관의 정청 참여를 주장했다고 연산군에게 보고함으로써 그들을 죽음으로 내몬 유순은 이때 이르러서는 정청 참여를 지지하는 발언을 했다. 그러나 이때도 사관은 정청 밖에서 승전承傳이나 정사의 논의 결과를 적은 데불과할 뿐 정청 안에서 기록하지는 않았던 것으로 보인다.[87] 중종 8년(1513) 전주銓注할 때 줄곧 사관을 정청에 참여하게 하자는 의논이 있고서야[88] 중종 10년에 비로소 사관이 정청의 논의에 참여하게 되었다.[89]

　다음으로 살펴볼 것은 국청鞫廳, 즉 역적모의 등을 이유로 옥사가 발생했을 때 추국 현장에 사관이 참여하는 문제이다. 이는 옥사가 벌어지기 전, 먼저 고변 등에 대한 논의와 조사 과정을 포함하여 살펴보아야 한다. 왜냐하면 고변과 국청은 일련의 상황으로 이어지기 때문이다. 고변 등으로 시작되

84　『연산군일기』, 10년 5월 4일(계사).

85　『중종실록』, 2년 11월 15일(갑인).

86　『중종실록』, 2년 11월 19일(무오).

87　『중종실록』, 3년 2월 2일(경오).

88　『중종실록』, 8년 10월 21일(을묘).

89　『중종실록』, 10년 2월 13일(신축). 중종 28년(1533)에 사관이 다시 정청에 참여했다는 기사가 나타난다. 전에는 정청 옆에서 승전承傳만 기록한다는 기사가 있기도 하고 {『중종실록』, 28년 6월 5일(병자)}, 중종 39년(1544)에는 사관의 정청 참여를 명하는 전교가 내려졌는데 {『중종실록』, 39년 10월 10일(을해)}, 이 같은 사실로 미루어 사관의 정청 참여는 정치 세력의 변화에 따른 정치 환경과 관련되었다고 볼 수 있다.

는 국청에 사관이 참여하는 문제를 눈여겨보아야 할 까닭은 대체로 국청에서 역모나 반역 등 국가 체제와 관련된 사안을 다루는 경우가 많기 때문이다. 다시 말해 국청의 일은 기밀에 해당했다.

국청에 사관이 입시한 경우는 예종 즉위년(1468)에 처음 나타난다. 창덕궁에서 남이南怡의 옥사를 다스릴 때 승지와 함께 사관이 입시했다.[90] 이전에는 어떠했는지 모르지만, 국청에 사관이 입시한 구체적인 기록은 이때가 처음이다. 그 후 본격적으로 국청 입시가 논의된 것은 성종 20년(1489)에 이르러서다. 물론 이런 일은 자주 있지도 않았을뿐더러 또 그 사이에 별다른 큰일이 없었으므로 그럴 만하다고 생각된다.

성종 20년, 내금위 유승손柳承孫이 영안도에 이시애李施愛의 난과 같은 사건이 있을 것 같다고 고변했다. 성종은 그를 창덕궁 편전인 선정전에서 인견했는데, 도승지만 입시케 하고 주서와 사관은 못 들어오게 하자 봉교 권경우權景祐가 그 부당함을 아뢰었다.[91] 성종은 다음부터 입시하라고 답했지만 그리 쉽게 끝날 일이 아니었다. 고변과 관련하여 양천군陽川君 허종許琮을 입궐하도록 했는데, 허종이 왔을 때도 사관은 입시하지 못했다.[92]

그 뒤 기사관 이주李冑와 남궁찬南宮璨이 다시 한 번 사관의 입시를 청하였다. 아마 그때는 주서만 입시하고 사관은 여전히 입시하지 못했던 것 같다. 성종은 도승지 한건韓健에게 기록하게 했다고 답하였다. 기록하는 데는 지장이 없었다는 말이다. 그러나 문제가 없는 것이 아니었다. 한건은 춘추관을 겸하고 있지 않았다. 이주는 두 가지 핵심을 짚어 성종을 압박했다. 첫째

---

90 『예종실록』, 즉위년 10월 27일(계축).

91 『성종실록』, 20년 9월 25일(경진).

92 『성종실록』, 20년 9월 28일(계미).

는 한건이 문신, 즉 문과 급제자가 아니기 때문에 춘추관을 겸하지 못하고 있다는 점, 둘째는 사관의 기록이 아닌 것을 가지고 국사를 만들 수 없다는 점이었다. 이 일로 분노한 성종은 이주 등을 사헌부에서 추국하게 했으며, 홍문관 교리 정경조鄭敬祖·조지서趙之瑞·강경서姜景敍로 하여금 사관을 대신하게 했다.[93]

이 일은 며칠 뒤 양사兩司와 성종의 논쟁으로 이어졌다. 헌납 윤긍尹兢 등이 이주와 남궁찬의 직책을 바꿔버린 성종의 처사에 대해 비판하자, 영의정 윤필상이 성종과 사관들의 대립을 중재했다.[94] 성종은 이주 등을 벌주려다가 직책만 바꾸었을 뿐이라며 뜻을 굽히지 않았다. 그러나 정언 이수공李守恭도 한건이 사관을 겸하고 있지 않기 때문에 그가 기록하여 사관에게 보여준다는 것은 직권 밖의 일이라고 주장했고,[95] 홍문관 부제학 이세광李世匡 등도 국가 기밀과 국왕의 행동은 사관이 기록한 것이 아니면 신뢰를 주지 못한다면서 성종이 한건으로 하여금 추국을 기록하게 했던 일을 비판했다.[96] 특히 이세광 등이 올린 계에서는, 옛날 사관은 대대로 그 직을 맡아 대신도 간여하지 못했던 까닭에 신뢰를 얻은 것이라며 역사적 맥락에서 사관에 대한 직무 수행의 독립성을 강조했다. 마침내 성종은 사관이 모르게 추국을 하려 했던 것은 아니라면서 물러섰고, 이어 이주와 남궁찬에 대한 체임遞任 명령을 환수했다.[97]

---

93 『성종실록』, 20년 10월 3일(정해).

94 『성종실록』, 20년 10월 18일(임인).

95 『성종실록』, 20년 10월 5일(기축).

96 『성종실록』, 20년 10월 23일(정미).

97 『성종실록』, 20년 10월 26일(경술).

연산군 4년(1498) 11월 박원성朴元成의 고변 때는 주서만 입시하고 사관은 참석하지 못했는데,[98] 그 몇 달 전에 무오사화가 일어났고 이후 사관의 정청 입시를 둘러싸고 사관을 핍박했던 연산군대의 상황을 염두에 두면 사관이 국청에 참석하지 못한 점은 그리 이상한 일이 아니다. 그러나 중종 2년(1507) 에는 다시 사관의 입참이 허용되어 하원수河源守 등의 역모를 추국하는 국청 에 사관이 참여했다.[99] 추국이 마무리된 뒤 국청에 참여한 관원들에 대한 녹 공錄功이 내려졌는데 승지와 주서, 한림에게도 상을 주었기에 양사가 이를 비 판했다.[100]

지금까지 살펴보았듯이, 국청에 사관이 입참하게 된 것은 성종 20년 (1489)에 시작된 사관의 국청 참여에 관한 논쟁이 가져온 결론이었다.

근시로서의 위상

태종대 이후 예문관 참외관은 전임사관으로서 조회·경연·조계 등 거의 모든 정치 활동 영역에 참여하게 되었다. 이들은 직무상 늘 국왕과 지근거리 에 있기 마련이었다. 실제로 승지의 집무실 곁에 사관의 집무실이 따로 마련 되면서 공간적으로도 국왕의 비서인 승지들과 같은 위치에서 국정을 기록할 수 있었다. 세종 8년(1426)에 이미 춘추관 관원을 시신侍臣의 반열에 들게 했 고,[101] 국가 전례典禮를 망라한 『세종실록』의 「오례의五禮儀」에서도 근시 관원 으로 승지와 함께 사관이 명시되기에 이르렀다.

---

98 『연산군일기』, 4년 11월 30일(임술).

99 『중종실록』, 2년 8월 26일(정유).

100 『중종실록』, 2년 10월 5일(을해).

101 『세종실록』, 8년 9월 27일(정사).

정치적 위상으로 볼 때 사관은 당상관인 승지와 비견될 수는 없어도 정7품 관원인 승정원의 주서注書와 유사한, 국왕의 비서 역할을 했다. 몇 가지 사례만 꼽아보면 종묘 등 제전諸殿의 관리 상황을 살핀다든지, 대신의 의견을 수의收議한다든지, 신료의 질병 등을 위문한다든지, 성균관이나 사학四學을 감찰한다든지, 형옥刑獄을 돌본다든지, 민간의 생활상을 돌아본다든지 하는 일이다.

그런데 이렇게 사관이 승정원과 같은 비서의 역할을 수행하는 일은 당연한 듯하면서도 실제로는 여러 문제와 갈등을 내재했다. 사관의 직무 조건이 승정원의 그것과 비슷하기에 이런 역할은 자연스레 관례가 되었고, 사관들 자신도 별 이의를 제기하지 않았다. 사관들로서는 공식적인 정치 활동의 영역뿐 아니라 그 외의 구체적인 주변사까지 살필 수 있는 기회가 되어 국사를 더욱 폭넓게 기록할 수 있었기 때문이다. 더욱이 사관의 관원은 모두 8명으로서 정원이 2명인 승정원 주서에 비해 그 직무 수행에 충분한 인원을 확보했기 때문에 조정의 공식적인 기록 업무 외에 다른 일도 할 수 있는 시간의 여유가 있었을 것이다. 그러므로 규정된 임무 외에 주서같이 국왕의 비서 기능을 수행하는 일이 큰 문제가 되지 않았다.

그렇지만 사관과 승정원은 그 임무가 분명 달랐다. 따라서 인간관계에 불편함이 있다든지 업무의 양이 많아진다든지 하는 상황이 나타나서 양자의 탄력적인 운영에 저해 요인이 생기면 문제가 될 소지가 충분했다. 성종 24년(1493)의 사례에서 그 일단을 엿볼 수 있다.

> 승정원에서 아뢰기를 "본원에서 대교 정광국으로 하여금 재상들에게서 수의하게 하였는데, 정광국은 사관이 날마다 수의하는 것은 적당하지 않다고 하면서 따르려 들지 않으니, 추국하십시오." 하니, 사헌부에 명하여 국문하

게 하였다. 이때에 이르러 예문관 봉교 유숭조 등이 와서 아뢰기를 "국가에서 관직을 두고 직책을 나누었는데 한림은 그 당시의 일을 기록하는 업무를 맡고 있으므로 승정원과는 관계가 없었습니다. 전에는 긴급하게 수의할 일이 있으면 계청하게 하고 나누어 보냈는데, 이는 다만 한때의 명이었습니다. 근래에 주서들이 수의할 일이 매우 많다면서 승지에게 청하여 매번 한림과 더불어 길을 나누어 가게 되면서부터 드디어 격례를 이루었으니, 이는 한림이 주서의 낭관이 된 셈입니다." 하니, 주서 송천희가 아뢰기를 "근래에 의논할 일이 많아서 길을 나누어 수의한 것이고, 전교가 있었기 때문에 보내도록 청하였을 뿐이지, 어찌 한림을 낭관으로 여긴 것이겠습니까?" 하였다.

유숭조에게 전교하기를 "관직을 설치하고 직책을 나눈 것이 비록 이와 같다고 하지만, 주서와 승지는 모두 춘추관을 겸하여 그 당시의 일을 기록하는 업무를 맡고 있다. 주서는 관원이 단지 둘만 있어 미처 수의할 수 없기 때문에 한림과 더불어 길을 나누어 가게 했을 뿐인데, 어찌 주서가 한림을 낭관으로 여긴다고 말하는가? 이 말은 그르다." 하니, 유숭조 등이 다시 아뢰기를 "전교를 받들건대 본의는 대개 군정軍情의 긴급한 일이 있으면 길을 나누어 수의하는 것인데 근래에는 일이 많다고 핑계를 대면서 매번 사관을 보내니, 수의하는 일이 어찌 예전에는 적었는데 지금은 많겠습니까?" 하자, 승정원에 전교하기를 "과연 유숭조 등이 아뢴 바와 같다면, 어찌 긴급하지 않은 일을 가지고 매번 한림으로 하여금 수의하게 하는가?" 하였다.

前此, 承政院啓曰: "院使待敎鄭光國收議于宰相, 光國以史官逐日收議未便, 不肯從. 請推鞫." 命憲府鞫之. 至是, 藝文館奉敎柳崇祖等來啓曰: "國家設官分職, 翰林則掌記時事, 無與於政院. 前者, 有緊急收議事, 則

啓請分送, 特一時之命也. 近來, 注書等請于承旨, 而收議之事甚多, 每
與翰林分道而往, 遂成格例, 是翰林爲注書之郞也."注書宋千喜啓曰:
"近來多議事, 而分道收議, 而有傳敎, 故請遣耳. 豈以翰林爲郞也?"傳
于崇祖曰:"設官分職, 雖曰如此, 注書承旨, 皆兼春秋, 掌記時事矣. 注
書只有二員, 未及收議, 故使與翰林分道耳. 何以曰注書以翰林爲郞乎?
此言非也."崇祖等更啓曰:"承傳本意, 皆以軍情緊急事則分道收議, 以
近來托以多事, 每遣史官, 豈收議之事, 少於昔而多於今耶?"傳于承政
院曰:"果如崇祖等所啓, 則何以事不緊急, 而每令翰林收議乎."[102]

승정원에서 예문관 대교 정광국鄭光國을 시켜 대신들로부터 수의해 오라
고 했는데, 정광국은 사관이 매번 수의하는 일은 온당치 않다고 거부한 사건
이 일어났다. 이 일로 승정원이 정광국을 추국하라는 계를 올림으로써 사달
이 났다. 여기서 정광국이 수의하는 일을 거부한 것이 승정원으로서는 추국
할 사안으로 여겼다는 사실이 중요하다. 즉, 승정원은 수의 업무를 대교인 정
광국이 당연히 해야 할 일이라고 생각했던 것이다.

그러자 예문관도 가만있지 않았다. 봉교 유숭조 등이 국가 운영을 위해
각기 관청을 따로 두고 직사職事를 달리한 이유를 상기시키며, 한림의 임무는
'시사를 기록하는 것(掌記時事)'이지 승정원과 관련이 없다는 원론적인 이유를
들어 주서가 한림을 낭관으로 간주한다면서 맞섰다. 자존심이 상한 듯한 한
림의 반론에 대해 주서 송천희宋千喜는 일이 많기에 그리했을 뿐 한림을 자
신들의 낭관으로 생각한 적은 없다고 변론했고, 성종도 주서와 승지는 겸춘
추이므로 시사를 기록하고 있으며 주서는 2명뿐이라 수의할 때 나누어 맡겼

---

102 『성종실록』, 24년 정월 7일(계유).

을 뿐이니 주서들이 한림을 낭청으로 여긴다는 말은 잘못 생각한 것이라며 중재에 나섰다.

하지만 유숭조 등은 직사를 분명히 해야겠다는 태도로 다시 계를 올렸다. 군사軍事에 관계된 긴급한 일이야 사관이 나누어 수의할 수도 있다지만 근래 승정원은 한림에게 일을 맡기면서 매번 일이 많다는 것을 이유로 드는데, 그러면 예전에는 일이 적었고 요즘에만 많다는 뜻인가 되물었다. 거센 반발에 부딪힌 성종은 유숭조 등의 말이 옳다며 급하지 않은 일을 한림에게 맡기지 말 것을 승정원에 전교함으로써 논란은 일단락되었다.

한림들의 자의식이 드러난 이 사건은 사관들이 국왕의 비서 기능을 수행하면서도 승정원과 자신들의 직사가 다름을 대외적으로 인정받고, 동시에 자신들의 동질성을 확인한 일화이다. 물론 그 뒤로도 한림이 대신에게서 수의해 오는 일은 계속되었고, 그 업무는 앞서 말한 몇 가지 이유로 볼 때 자연스러운 측면이 있다. 그렇기 때문에 드러나지 않은 다른 이유가 있지 않을까 싶은 생각도 들지만, 시기적으로 보아 사관의 역할이 확립되어가던 시점에서 자칫 혼동될 가능성이 있는 근시라는 관직의 직무 영역을 분명히 했다는 점에 비춰 긍정적인 평가를 내릴 수 있겠다.[103]

---

103 더욱더 흥미로운 일은 홍문관도 이와 같은 논의에서 예외가 아니었다는 점이다. 홍문관원도 경연을 담당하는 '근시近侍'이므로 종종 대신들로부터 수의해야 하는 경우가 생겼을 것이다. 홍문관원들은 자신들이 경연관이지 대신들의 의견을 수의하는 관원이 아니라면서 수의는 주서나 한림의 일이라고 논지를 폈다. 이때도 승정원이 홍문관원을 시켜 수의하게 한 일로 논란이 벌어진 것인데, 홍문관이 주서와 한림의 비서 기능을 경연관이라는 자신들의 직능 및 격조와 구별하려는 논조가 미소를 머금게 한다. 이런 홍문관의 의견에 대한 성종의 대답은 "홍문관의 의견에 동의하며, 앞으로는 긴급한 일이라도 참작하여 시행하겠다."는 것이었다. 『성종실록』, 25년 6월 16일(계유).

3) 사초의 보호 규정

조선 건국 후 사료의 기록과 수집에 대한 공식적인 기록은 태조 원년 (1392) 9월 예문춘추관이 올린 상서에서 보인다. 이는 앞서 살펴본 공양왕 원년(1389)에 올린 최견崔蠲의 상소와 대체로 같은 내용이다.

예문춘추관에서 세 가지 일을 상언하였다. "1. 언제나 정전에서 만기萬機를 재결하고 신료들을 접견할 때는 사관으로 하여금 좌우에 입시하게 하여 일이 크고 작은 것을 논할 것 없이 모두 참예해서 듣도록 하십시오. 1. 겸관으로서 충수찬 이하의 관직에 충당된 사람은 각기 보고 들은 바를 기록하여 사초로 만들어서 모두 본관(춘추관)으로 보내게 하십시오. 1. 본관으로 하여금 서울과 지방의 크고 작은 아문에 직접 공문을 내보내, 무릇 시행한 것이 정령政令에 관계되고 권계로 전할 만한 것은 명백히 공문서로 보내게 할 것이며, 또 도평의사사와 검상조례사로 하여금 그달의 마지막 날에 조례를 모두 써서 본관으로 보내어 기록에 고찰하게 하고, 이것을 일정한 법식으로 삼게 하십시오." 하니, 상이 이를 모두 허락하였다.

藝文春秋館上言三事: "一, 每於正殿, 裁決萬機, 接見臣僚之際, 乞令史臣入侍左右, 事無大小, 咸使與聞. 一, 兼官充修撰以下, 乞令各以見聞, 錄爲史草, 悉送本館. 一, 許令本館, 直牒京外大小衙門, 凡所施行關政令垂勸戒者, 明白移文, 又令都評議使司·檢詳條例司, 每於月季, 悉書條例, 送于本館, 以憑記錄, 永爲恒式." 上皆許之.[104]

---

104 『태조실록』, 원년 9월 14일(임진).

사초란 참외관인 전임사관과 충수찬 이하의 겸임사관이 기사사관의 자격으로 자신들의 견문을 작성한 가장사초家藏史草(역사 평가나 비밀에 속하는 내용을 적어 집에 보관하는 사초) 및 이미 춘추관에 보낸 사초를 통틀어 일컫는다. 사초를 2부 작성한 데는 그중 하나가 일실될 상황을 염려한 조치이지만, 가장사초의 의미는 실제로 그 이상이었다. 가장사초는 조정이나 민간에서 듣는 어떤 정책이나 인물에 대한 세평世評 등을 종합하여 자신의 의견을 적어놓은 것이기 때문이다. 그러므로 춘추관에 사초가 보관되어 있다고 해서 가장사초가 불필요했던 것은 아니다.[105] 시정기와 비교되는 가장사초의 성격에 대해 세종 16년(1434) 11월의 기사에는 다음과 같이 분명히 기록되어 있다.

> 춘추관에서 교지를 받고 기사記事를 넓히는 방안을 계하였다. "…… 1. 시정기는 단지 보이는 일만 기록할 뿐입니다. 사관이란 당대의 일을 기록한다지만 사관의 견문이 미치는 인물의 현부賢否나 득실, 여러 비밀스런 일에 이르기까지도 상세히 직서하여 사사로이 간직해두도록 하면서 후일 춘추관에 수납할 때를 기다리게 하십시오."
> 春秋館承敎旨擬議廣記事之條以啓: "…… 一, 時政記但書見行之事而己. 爲史官者, 備記時事, 雖其職分, 然其見聞所及, 人物賢否得失, 與夫秘密等事, 務要詳悉直書, 使自藏置以待收納."[106]

세종 16년의 위 기사 중 가장사초에 대한 언급에서 눈길을 끄는 대목은, 사관은 당시의 일뿐만 아니라 견문이 미치는 범위에서 기록할 만한 모든 일

---

105 韓沽劤,「朝鮮前期 史官과 實錄編纂에 관한 연구」,『震檀學報』66, 1988, 80쪽.
106 『세종실록』, 16년 11월 5일(무인).

을 상세히 갖추어 있는 그대로 써야 한다는 부분이다. 이 말을 통해 가장사 초는 기록한 시점 이후에도 계속 추가 기록이 가능했음을 알 수 있다. 바로 이러한 이유 때문에 후일 사초 납부를 둘러싼 사화가 발생했던 것이다.

그러나 건국 초기에는 사초에 대한 인식이 상대적으로 약했다. 태조는 즉 위 이후 사초를 바치게 했다가 신료들의 반대로 좌절되자,[107] 다시 당 태종 이 실록을 보았던 고사를 들어 누차 사초를 들일 것을 명하기도 했다.[108] 이 때 사관 신개申槪 등이 당 태종은 실록을 보았다는 이유로 후세의 기롱을 면 치 못했음과 당 태종이 아닌 삼대三代(하·은·주)의 정치를 본받아야 함을 들어 반대했지만, 태조는 생각을 굽히지 않았다. 이는 건국 초기 사관제도와 역사 기록에 대한 인식이 아직 합의에 이르지 못했다는 점과 아울러 최고 권력자 인 군주의 이상을 어떤 모습으로 상정할 것인가[109]에 대한 인식의 차이도 드 러낸다.

사초 열람에 대한 논의는 이후 일정한 합의가 이루어졌던 듯, 태종대 이 후에는 사초를 열람하는 사례를 발견할 수 없다.[110] 이는 태종대에 예문관 참 외관이 전임사관화되면서 태종도 그들의 활동을 존중하는 태도를 가졌던 데 서 기인한다.

---

107 『태조실록』, 4년 6월 9일(신미).

108 『태조실록』, 7년 윤5월 1일(병자); 7년 6월 12일(병진).

109 여말선초 사상사적 변화를 겪으면서 군주의 이상적인 모델도 바뀌어갔다. 그에 따라 국왕의 경연 교재 또한 당 태종대의 정치를 모델로 군주의 덕을 강조한 『정관정요貞 觀政要』 대신 『대학연의大學衍義』로 바뀐다. 이에 대해서는, 池斗煥, 「朝鮮前期 『大學衍 義』 이해과정」, 『태동고전연구』 10, 1993 참고.

110 한우근은 태종 때 태종의 명에 따라 사관들이 사초를 고쳐 제출했다고 했는데(앞의 논 문, 100쪽 및 주180), 그때의 일은 『고려사』 편찬에 관한 논의이며 사초를 고쳐 제출 한 일은 태조 때 벌어졌다. 『태종실록』, 14년 5월 10일(임오).

세종대에는 사초를 수납하는 방안과 사초의 비밀 보장에 대한 논의가 이루어져 사초의 관리 원칙이 확립되었다. 마침 『정종실록』과 『태종실록』을 편찬할 즈음이라 사초를 수납하는 일이 있었다.

동지춘추관사 변계량 등이 아뢰기를 "공손히 왕지王旨를 받들어 보니, 기해년(세종 1년, 1419)부터 임인년(세종 4년, 1422)까지의 사초를 일률적으로 모두 수납하라 하였으므로, 신 등은 영락永樂 17년(기해) 정월부터 20년(임인) 12월까지의 충수찬관 이하 사람들의 사초를, 경중京中은 을사년(세종 7년, 1425) 2월 그믐까지, 경기·충청·황해·강원도는 3월 그믐까지, 경상·전라·평안·함길도는 4월 그믐까지 한하여 수납하려고 합니다. 미납자는 전례에 의하여 자손을 금고하고 백금 20냥쭝을 징수하게 하십시오." 하였다.

이보다 앞서 상이 이원·유관·변계량 등과 의논하기를 "기해년부터 임인년까지 내가 비록 임금 자리에 있기는 하였으나 그동안 국정은 모두 태종에게 말한 뒤에 시행하였고 내 마음대로 한 일은 없으니, 그 4년 동안의 사초를 모두 수납하여 『태종실록』에 기재하는 것이 어떠한가." 하니, 모두 옳다고 대답하였다.

상이 또 이르기를 "이제부터 사관이 사망한 뒤에는 곧 사초를 수납하도록 하자." 하였으니, 사관의 자손들이 여러 해를 지나면 사초를 유실할 염려가 있기 때문이었다. 변계량이 명령을 듣고 여러 사관에게 의논하니, 모두 말하기를 "안 됩니다. 지금 『태종실록』을 수찬하는 것도 오히려 너무 이르다고 생각되는데, 더구나 당대의 사초를 수납한단 말입니까? 이렇게 되면 나라 사람들이 이행爾行의 사례 때문에 분명 직필하지 아니할 것이다." 하였다.

변계량이 이르기를 "임인년 이전 4년간의 사초를 수납하는 일은 상께서 묻기에 나도 좋다고 대답하였다. 이미 좋다고 하였으니, 다시 말할 수 없다. 제군들이 상서하여 청하라." 하니, 그 의도는 기주관 어변갑·유상지 등도 또한 임금의 뜻에 아부하여 감히 청하지 못하리라고 생각하였기 때문이었다. 봉교 이하 사관들이 상서하여 반대하려고 하였으나, 머뭇거리다가 중지하고 말았다. 뒤에 상이 듣고, 사관이 사망하더라도 그 자손으로부터 즉시 사초를 수납하지 말게 하였다.

同知春秋館事卞季良等啓曰:"敬奉王旨:'自己亥年至壬寅年史草, 一皆收納.' 臣等以爲宜將永樂十七年己亥正月至二十年壬寅十二月, 充修撰官以下各人史草, 京中限乙巳年二月晦日, 京畿·忠淸·黃海·江原等道三月晦日, 慶尙·全羅·平安·咸吉等道四月晦日收納. 其有未納者, 依前例子孫禁錮, 徵白金二十兩." 先是, 上與李原·柳觀·卞季良等議曰:"自己亥至壬寅, 予雖在位, 其間國政, 予皆稟太宗, 而後施行, 無寡人自擅之事. 其四年史草, 欲皆收納, 載之『太宗實錄』, 何如?" 皆對曰可. 上又曰:"自今史官身死之後, 史草卽皆收納." 慮史官子孫, 年久或失之也. 季良聞命, 議於諸史官, 皆曰:"不可. 今『太宗實錄』修撰, 猶恐其太早, 況又收納當代史草乎? 如此則國人將以李行爲鑑, 必無直筆矣." 季良曰:"壬寅以上四年史草收納, 上問之, 我對曰:'可.' 業以爲可, 難於更啓, 諸君上書請之可也." 其意以爲, 記注官魚變甲·兪尙智等亦阿上旨, 而不敢請也. 奉敎以下史臣欲上書, 依違中止. 是後, 上聞之, 命史官身死, 勿令子孫卽納史草.[111]

세종은 사관이 죽는 경우에 자손들이 사초를 보관하다가 일실할 염려

---

111 『세종실록』, 6년 12월 1일(임인).

가 있으니 사관이 죽은 후 곧 수납하도록 하자고 제안했다. 그러나 사관들은 태조 때 이행李行의 사례를 들어 난색을 표했다. 이행은 태조 때 정도전이 『고려사』를 편찬할 적에 태조가 신우申禑·신창申昌과 변안렬邊安烈을 죽였다고 기록한 고려시대의 사초를 납입했다가 국문을 받고 귀양을 간 일이 있었다.[112] 사관들은 당대 수납, 즉 사초의 기록에 해당되는 국왕이 살아 있을 때는 거두지 말 것을 청하였고, 세종이 이를 받아들임으로써 국왕 승하 후 사초 수납 원칙이 성립되었다. 이후 다시 한 번 춘추관의 계로 확인된 다음,[113] 자손이 보관할 경우에 예견되는 사초의 일실을 방지하기 위해 사초 유실자를 처벌하는 규정에 대한 논의가 이어졌다.

상이 말하기를 "이전 왕조의 법에는 사초를 유실한 사람은 자손을 금고하고 은 20냥을 징수했는데, 내가 생각하기로는 자손을 금고시키는 법은 너무 중하기에 다시 춘추관에서 이를 의논하게 하였더니, 아뢰기를 '자손을 금고시키는 것은 너무 무겁고, 또 은은 본국에서 생산되는 것이 아니니 『대명률』의 '조서를 폐기·손상한 죄를 다스리는 조문(棄毀詔書條)'에 의거하여 장杖 90대에 도徒 2년 반에 처하고, 자손으로서 보전하다가 유실한 사람도 또한 이 형률에 의거하여 죄주어야 합니다.' 하였으나, 내 생각에는 이것은 너무 가벼우므로 뒷사람을 징계할 수 없으니, 다시 의논하여 아뢰라." 하였다.

上曰: "前朝之法, 遺失史草者, 禁錮子孫, 徵銀二十兩. 予謂子孫禁錮之法太重, 更令春秋館議之. 乃曰: '禁錮子孫太重, 且銀非本國所産, 當依

112 『태조실록』, 2년 1월 12일(무오).
113 『세종실록』, 14년 5월 17일(갑술).

『大明律』棄毀詔書條, 杖九十·徒二年半; 子孫傳受遺失者 亦依此律罪
之.' 予以爲此則太輕, 無以懲後, 更議以啓."[114]

춘추관이 제안한, 『대명률』의 '조서를 폐기·손상한 죄를 다스리는 조문'
에 따라 사초를 유실한 사람에게 장杖 90대, 도徒 2년 반으로 하자는 처벌을
세종이 나서서 가볍다고 했을 정도로 사초는 조서(조선의 경우 '교서教書'에 해
당)에 버금가는 것으로 인식되었다. 이는 사초가 기밀이 지켜져야 하는 자료
이면서, 가치로 보아도 국서國書의 지위를 갖는다는 것을 의미한다. 이렇게
사초의 수납 논의를 통해 그 중요성에 대한 인식이 높아지면서, 세종 31년
(1449) 사초의 보존과 관리를 위한 최종적인 원칙 6조목이 천명되었다.

춘추관에서 보고하였다. "본관에 소장하는 사초는 모두 군신의 선악을 기
록하여 후세에 내리는 것이므로 극히 중요하여 다른 문서에 비할 바가 아
닙니다. 그러므로 (사초와 관련하여) 보호 대책이 엄하지 않을 수 없습니다.
① 만일 사관이 자신과 관계된 일이라 하여 꺼리거나, 친척이나 친구의 청
  탁을 듣거나 하여 흔적을 없애려고 사초첩(卷綜)을 전부 훔친 자는 '제서
  를 도둑질한 죄를 다스리는 형률(盜制書律)'을 적용하여 참하며,
② 글자를 도려내거나 문지르거나 먹으로 지운 자는 '제서를 폐기·손상한
  죄를 다스리는 형률(棄毀制書律)'로 논하여 참하며,
③ 동료 관원으로서 알고도 고발하지 않은 자는 '제서를 폐기·손상한 죄를
  다스리는 형률'에 따라 한 등급을 낮추며,
④ 사초의 내용을 다른 사람에게 누설하는 자는 '근시관으로 기밀한 중대

---

114 『세종실록』, 14년 8월 5일(신묘).

사를 누설한 죄'에 따라 참하며,

⑤ 위 사항에 해당되었다가 사면을 받더라도 정범은 고신告身(직첩)을 박탈
하여 영구히 서용하지 아니하되, 만일 범인이 죽었으면 추탈하십시오.

⑥ 알고도 고발하지 않은 자와 누설한 자는 직첩만 회수하십시오. 이렇게
해서 사초의 관리를 엄하게 하십시오." 하니, 따랐다.

春秋館啓: "本館所藏史草, 皆記君臣善惡, 垂示後世, 關係至重, 非他文
書之比, 禁防不可不嚴. 若史官惡其自己干係之事, 或聽親戚舊故之請,
思欲滅迹, 全盜卷綜者, 以盜制書律論斬; 截取磨擦墨抹者, 以棄毀制書
律斬; 同僚官知而不告者, 依律減一等; 將史草事情漏洩外人者, 以近侍
官員漏洩機密重事於人律斬. 上項事件, 雖經赦宥, 正犯人奪告身, 永不
敍用; 犯者物故, 亦行追奪; 知而不告及漏洩者, 只收職牒, 以嚴防禁."
從之.[115]

위 6조목은 얼핏 춘추관에 보관한 사초나 시정기에 대한 규정만으로 보
이지만, 가장사초에도 마찬가지로 적용되었을 것이다. 사초를 몰래 고친 뒤
납부한 일로 예종 원년(1469)에 발생한 민수閔粹의 사옥이 그 예이다. 이렇듯
예문관 참외관을 중심으로 기사사관의 지위가 공고해지면서 사초가 당대의
정치와 사회, 인물에 대한 궁극적 평가라는 인식이 확고해졌고, 사초의 관리
도 그에 상응하여 책임감이 요구되었다.

사초에 대한 인식은 세조가 즉위하면서 한때 달라졌다. 사관의 기록에 세
조나 다른 신료들이 간여하는 일이 나타났는데, 이는 유례가 없는 양상이었
다. 세조 2년(1456) 세조가 종친부 제조인 정창손鄭昌孫에게, "범인凡人은 자기

---

115 『세종실록』, 31년 3월 2일(임오).

직업을 가지고 그 덕에 먹고사는데, 종친은 부귀하게 성장하여 그 이치를 모른다"고 했다. 정창손은 종친들에게 세조의 말을 전하면서, 사관들에게는 상교上敎를 기록하여 후세에 보이라고 일렀다.[116] 사관의 기록에 간여하기는 세조도 마찬가지였다.

> 상이 신숙주에게 명하여 술을 올리게 하니 이제李禔(양녕대군)가 어전에 나아가서 아뢰기를 "신숙주는 서생이지만 현명하고도 재능이 많습니다." 하니, 전교하기를 "서생일 뿐 아니라 곧 지장智將이기도 하니 신숙주는 곧 나의 위징魏徵입니다." 하고는, 사관을 돌아보고 명하여 이 말을 기록하도록 하였다.
>
> 上命叔舟進酒, 禔就御前曰: "叔舟書生, 賢而多能也." 傳曰: "非但書生, 乃智將也, 叔舟乃吾魏徵也." 顧命史官書之.[117]

또 세조는 임영대군(세종의 넷째 아들)의 검박함과 학자다운 면모를 칭찬하면서 이를 사관에게 전해 상세히 기록하라고 한 적도 있다.[118] 세조의 이런 태도는 자칫 전제적인 모습으로 비쳐진다. 실제로 세조 9년(1463)에 보성경寶城卿 이합李峆(효령대군의 셋째 아들)을 도진무都鎭撫로 임명하자 사간원 정언 최한량崔漢良 등이 종친은 병권을 담당해서는 안 된다고 반대했을 때, 세조는 젊은 유생들이 이름을 알리려고 인사人事를 할 때마다 논란을 일으킨다고 화를 내면서 최한량 등의 고신을 빼앗고, 좌우의 겸춘추들에게는 이것도 인주

---

116 『세조실록』, 2년 4월 15일(갑인).

117 『세종실록』, 3년 3월 15일(무인).

118 『세조실록』, 3년 10월 5일(을미).

人主의 언동이니 기록하라고 했다.[119]

이런 분위기 탓이었을까? 양성지梁誠之는 자신의 봉사封事 10여 통을 춘추관 관원에게 주면서 국사에 싣게 해달라고 청탁했으나 실패하고 그 뒤 개인적으로 『남원군주의南原君奏議』라는 책으로 발간하여 뒷날 사관의 기롱을 받았는가 하면,[120] 예종 원년(1469) 임운林菶은 자신의 꿈에 태조가 세조에게 금인金印을 주었다면서 『세조실록』 편찬에 참여하고 있는 사관 김유金紐에게 그 사실을 기록해줄 것을 청하는 웃지 못할 상황까지도 벌어졌다.[121] 하지만 사초의 관리와 기록자인 사관의 신변 보장에 대한 건국 이래의 축적된 원칙은 깰 수 없었다.

예종이 즉위한 뒤 사초 작성에 관한 또 하나의 원칙이 세워졌다. 그것은 사초에 기록자의 이름을 명시하는 문제로 불거졌다. 『세조실록』을 편찬할 때 사초에 사관의 이름을 기입하여 제출토록 하자, 혹시 자신의 기록으로 인해 권신權臣의 미움을 사지 않을까 하여 사초를 고친 일이 벌어졌다. 바로 '민수閔粹의 옥사獄事'라 일컫는 사건이다. 이를 계기로 사초에 기명記名하는 원칙이 성립되었다. 이때 사관의 신분보장을 위해 사초에 서명하지 말자는 의견이 제기되기도 했으나, 예종이 '수사修史란 선왕의 공덕을 후세에 전하는 의미도 있는데, 사관이 사대부들의 잘잘못을 적는 데도 눈치를 보며 직필을 하지 않는 것은 잘못되었다'고 반박하여 서명의 원칙이 재확인되었다.[122] 물론

---

119 『세조실록』, 9년 6월 22일(경진).

120 『성종실록』, 13년 6월 11일(무신). 양성지의 졸기를 쓰면서 기롱했던 사관은 미처 몰랐던 사실 같은데, 양성지가 춘추관 당상으로 참여했던 『세조실록』에는 자신의 바람대로 그가 써서 올린 '많은' 소장疏狀이 실려 있다.

121 『예종실록』, 원년 8월 7일(무오).

122 『예종실록』, 원년 4월 11일(갑자).

사초에 사관이 서명하는 일은 예로부터 전례이기도 했다.[123] 이 논의가 의미하는 바는, 사관의 서명이란 곧 직필을 전제로 한 것이며, 그 직필은 사관의 권리이자 책임으로 인식되었다는 점이다. 그러므로 직서로 인해 생길지도 모를 후환이 두려워서 서명을 하지 않는다면 역사 편수의 예에 어긋난다고 한 예종의 말은 조선 초기 사관의 직서와 그 결과물인 사초의 의미를 정확히 짚었던 것이다.

사초에 이름을 기입하는 문제는 이후 인종대와 명종대에도 또다시 제기되었다.[124] 궁극적으로 이 사안은 사관의 존재 의의와 배타성을 추구하는 권력 일반의 속성이 낳는 긴장 관계에서 유래하기 때문에 문제가 발생할 가능성이 항상 있게 마련이다. 그러나 예종 원년의 논의를 통해 확립된 사초 기명의 원칙은 계속 유지되었다.

---

123 『단종실록』, 즉위년 7월 4일(을미). "이호문의 사초를 살펴보건대(審觀(李)好問史草)"; 『단종실록』 원년 5월 7일(계해). "신해년 겨울에 안숭선이 사초에 쓰기를(辛亥年冬安崇善史草書曰)" 등.
사초 기명의 문제는 사초 수납과 관련하여 생각해보아도 작성자의 이름을 기입할 수밖에 없지 않았을까 싶다. 왜냐하면 사초를 누가 내고 안 냈는지를 점검하려면 일단 사초책史草冊에 기명하지 않을 수 없기 때문이다. 스에마쓰 야스카즈末松保和는 세조가 쿠데타로 집권했으므로 『세조실록』을 편찬하던 세조의 신하들이 사관으로 하여금 서명하게 했다고 하지만{末松保和,「李朝實錄考略」(1958),『青丘史草』, 東京: 笠井出版社, 1969, 289쪽}, 필자가 생각하기에는 그렇지 않은 듯하다.

124 한우근, 앞의 논문, 1988, 103쪽.

2. 시정기 편찬의 실제

1) 법령 규정으로 본 시정기

조선시대 실록 편찬을 논하면서 빼놓을 수 없는 기초 자료를 꼽을 때 대개 사관의 '사초'를 비롯한 『승정원일기』 등 각 관청의 문서라고 주저 없이 답변한다. 이 답변은 틀리지는 않지만 정확한 표현은 아니다. 현재 남아 있는 가장 오래된 『인조대왕실록찬수청의궤仁祖大王實錄纂修廳儀軌』의 13개조 찬수범례纂修凡例에 따르더라도 실록 편찬을 위한 수집 대상 자료의 첫머리에 놓인 것은 '사관의 사초'가 아닌 '사관의 시정기'이다.

> 사관의 시정기, 주서의 일기, 서울과 지방의 겸춘추의 기록 외에 비변사 장
> 계축, 의금부 추안 및 형조의 참고할 만한 중요하고 핵심적인 문서, 사변과
> 추국에 대한 주서일기도 마찬가지로 가져와서 검토하여 갖추어 적는다.
> 史官時政記, 注書日記, 內外兼春秋所記外, 備邊司狀啓軸, 禁府推案,
> 刑曹緊關可考文書, 事變推鞫注書日記, 亦爲取來憑考備錄.[125]

『정종대왕실록산절청의궤正宗大王實錄刪節廳儀軌』의 찬수범례가 27조로 변하기 전까지 범례 순서의 차이나 의궤 기록자의 착오로 보이는 누락도 있지만, 찬수범례는 줄곧 14조를 유지해왔는데[126] 그 편찬을 위한 수집 대상의 첫

---

125 『인조대왕실록찬수청의궤仁祖大王實錄纂修廳儀軌』(赤裳上), 「실록찬수범례實錄纂修凡例」
(장서각 2-3775).

126 吳恒寧, 「仁祖大王實錄纂修廳儀軌 해제」 등, 『藏書閣所藏儀軌解題』, 한국정신문화연구

번째는 항상 '사관의 시정기'였다.

기존 연구에서도 조선시대 시정기 편찬과 관련된 서술은 많다. 그러나 사초와 시정기의 관계나 시정기의 실제 및 성격에 대해서는 선뜻 어떤 정의를 내리고 있다고 보기에 부족한 면이 있다. 『육전조례六典條例』의 시정기찬수범례를 실록찬수범례와 같은 것으로 보는 견해도 있지만,[127] 시정기와 실록이 서로 다른 기록인데 그렇게 단정하고 넘어갈 수 있는지 의문이 든다.

『경국대전』에 규정된 춘추관의 임무가 '당대의 정치를 기록하는 임무를 맡는다(掌記時政)'고 되어 있으므로 춘추관에서 '시정기'를 편찬했으리라고 생각하는 것은 조금도 이상하지 않다. 그럼에도 불구하고 '장기시정掌記時政'의 '시정'이 매우 포괄적인 추상명사인데 비해 '시정기'는 구체적인 기록물을 가리킨다. 같은 의미 연관을 갖고 있으며 동일한 행위의 두 측면이라고 해도 역시 전자는 행위의 대상인 반면 후자는 행위의 결과이다.

이 개념을 혼동한 대표적인 예가 스토 요시유키周藤吉之의 논지이다.[128] 스토는 『경국대전』에 규정된 춘추관의 임무인 '장기시정'을 '시정기를 작성한다'로 풀었다. 그 근거가 『육전조례』의 '시정기' 조항이다. 그러나 『육전조례』의 시정기는 『경국대전』의 시정기, 즉 『승정원일기』와 제사諸司 문서'가 아니라 사초를 포함한다. 이런 차이는 앞으로 좀 더 논의할 것이다.

이상의 문제의식에 따라 '시정기' 편찬에 대한 조선시대 법령의 규정과 실제를 살펴보고자 한다. 『경국대전』에서 『육전조례』에 이르기까지 조선시

원, 2002, 830~863쪽.

127　한우근, 앞의 논문, 1988, 109쪽.

128　周藤吉之, 「宋代の三館 秘閣と高麗前期の三館とくに史館」, 『高麗朝官僚制研究』, 日本法政大出版局, 1980, 430~433쪽.

대 내내 시정기에 대한 규정은 일관되게 유지되었던 것으로 보인다. 비유해 말하면 『경국대전』(성종대)의 규정은 법률이고 『육전조례』(고종대)는 시행세칙에 해당한다. 그런데 두 법전의 편찬 시기가 한참 떨어져 있고, 규정의 차원도 서로 다르다. 『육전조례』와 내용이 같은 시정기찬수범례가 실려 있는 『한원고사翰苑故事』를 놓고 보아도 역시 같은 문제가 생긴다. 그러므로 이런 규정을 놓고 조선시대의 시정기가 이러이러했다고 말하는 것은 지나치게 단순한 접근이다. 이 책에서는 우선 법령 규정의 성립부터 따져볼 것이다.

이럴 때 병행해야 할 일은 시정기 편찬이 실제로 어떻게 이루어졌는지를 살펴보는 것이다. 실록 편찬 이후 이어지는 세초로 인해 '시정기'가 남아 있지 않기 때문에 그 실제를 '실물'로 확인하는 일은 어렵다. 하지만 법령 규정이 어떻게 운영되었는지를 검토하는 과정에서 시정기에 대한 당대인의 이해 및 시정기의 실제를 확인할 수 있을 것으로 기대한다.

법령과 그것을 실제 운영하는 데는 늘 어떤 간극이 있게 마련인데, 시정기도 그러했다. 법령으로 보면 시정기 편찬은 인사고과의 중요한 잣대이고, 또 이 일에 대해서는 예문관 전임사관들의 감독과 독려가 이어졌기 때문에 얼핏 생각하면 이해하기 힘든 면이 있다. 그럼에도 불구하고 시정기 편찬은 제대로 실행되지 못한 경우가 있었다.

이것은 첫째, 시정기 편찬 관행이 정비되는 과정에서 생기는 과도기적 현상일 수 있다. 둘째, 몇몇 사관들이 게으름을 부린 일도 있었겠지만 이는 근본적으로 '실록 편찬'에 앞서 '기사記事'를 담당하는 기사사관의 운영이 예문관 참외관(춘추관 기사관을 겸임)인 8명의 한림을 중심으로 운영되었던 조선시대 사관제도의 성격에 기인하는 측면이 있다. 셋째, 이는 시정기 본래의 성격, 즉 실록 편찬 자료까지가 수명인 시정기의 한시성 때문이었다. 이렇게 법령과 그것의 실제 운영의 측면에서 조선 전기 시정기 편찬 관례의 형성과 운영을 살펴보면 다소 애매했던 시정기의 실체가 드러날 것이다.

고려시대에 시정기에 준하는 중간 단계의 '편찬 과정'이 있었는지는 확인할 길이 없다. 다만 고려 후기 공민왕 이후의 실록이 제대로 편찬되지 않았던 사실을 고려하면 시정기에 준하는 '편찬'도 어려웠으리라 짐작할 뿐이다. 조선조에 들어서도 시정기 편찬이 처음 언급된 것은 세종 14년(1432)에 이르러서다.

> 동지춘추관사 정인지가 상서하였다. "지금 제가 올린 구양수의 건의는 사관의 임무를 제대로 이해한 것입니다. 현재 우리나라의 예의형정禮儀刑政과 찬반 논의는 구양수의 논의에 따르고, 춘추관에서 일정에 따라 수찬하여 '시정기'라고 이름 붙이십시오. 그 밖에 기밀이나 인물의 능력과 인격에 대한 기록은 성법成法대로 사관이 관리·보관하게 하여 훗날 편찬 때를 대비하면 국사가 소루해지는 일은 없을 것입니다." 의정부에 내려 의논하게 하였는데, 모두 "법이 만들어지면 폐단도 생기게 마련이니 예전대로 하는 것이 타당합니다."라고 하였다.
> 同知春秋館事鄭麟趾上書曰: "今進歐陽脩論奏, 甚得史官之職. 今我國家禮儀政刑及可否論議, 一依歐陽脩所論, 令春秋館逐時修撰, 名曰時政記. 其餘機密事及人物賢不肖等事, 自如成法 以待後日, 則國史庶幾不至於疎漏." 下議政府同議, 僉曰: "立法弊生, 宜仍舊."[129]

정인지鄭麟趾는 예의형정 및 정책 논의를 '시정기'로 편찬하고, 인물에 대한 포폄을 기록한 사관의 사초는 뒷날 실록을 편찬할 때 제출하게 하자는 의

---

[129] 『세종실록』, 14년 11월 27일(임오).

견을 냈다. 그의 말에 따르면 사관의 사초는 '시정기' 편찬에서 제외된다.

이 건의를 의정부에 보내 토론한 결과 이전대로 하자는 의견이 중론이어서 부결된 점을 보면, 분명히 이전에는 시정기를 편찬한 적이 없는 듯하다. 그런데 의정부에서 '법이 만들어지면 폐단이 생긴다(法立弊生)'라는 말로 거부했던 정인지의 제안은 '폐단이 생기는' 정도까지는 아니더라도 문제점이 아주 없지는 않았다.

시정기를 편찬하려면 당시 편찬의 관례상 참상관 이상의 관원이 춘추관에 배속되어야 하지만 그 일은 쉽지 않았다. 춘추관이 겸임관으로 운영되었기 때문이다. 다시 말해 시정기를 편찬하기 위해서는 관서官署 체계를 조정해야 하는 문제를 해결해야 했다. 결국 이러한 여건으로 인해 정인지의 건의는 채택되지 못했다. 그러다가 세종 16년(1434) 세종의 지시로 춘추관이 마련한 기사記事 확대를 위한 몇몇 조목을 통해 다시 시정기가 논의되었다. 그중 시정기 편찬과 관련된 항목을 발췌하면 다음과 같다.

1. 예문관과 춘추관은 본래 하나이고, 또 예문관 직제학과 직관 두 관원은 따로 직사가 없으니 깨끗하고 곧으며 문장을 잘하는 사람을 뽑아 사관을 겸하게 하여 매일 춘추관에 나와 모든 대소 아문의 공보 문서를 점검하고 연월에 따라 편차하여 그때그때 편찬하고 기록하게 하십시오. 또 국가의 예악형정이나 제도, 문물 등 현행 사무 중에 대체에 관계된 것도 모두 쓰게 하여 빠지는 기록이 없게 하되, 중국 송나라의 고사에 따라 시정기라고 이름하여 뒷날 국사를 편찬할 때 활용하십시오.

   一, 藝文春秋二館, 本爲一體, 且藝文直提學直館二員別無職事, 宜擇清直有文學者, 依式兼帶史官, 日坐本官, 凡大小衙門供報文書, 常可點檢, 編次年月, 隨卽撰錄, 國家禮樂刑政制度文爲見行事務關於大

體者, 悉皆書之. 使無漏失, 依宋朝故事, 名之曰時政記, 以爲後日修
史之用.

1. 대간의 상소와 신하들의 상서는 기사관이 기록하여 기재할 때를 대비하
게 하십시오.

一, 臺諫上疏及臣僚上書言事, 令記事官錄呈, 以備記載.

1. 당상관 1명이 매월 한 번 춘추관에 나가 시정기의 수찬을 제대로 하는
지 점검하게 하십시오.

一, 堂上官一人, 每月一次坐于本館, 時政記修撰勤慢, 嚴加檢察.

1. 시정기는 단지 현행의 일만 기록할 뿐입니다. 사관은 시사를 기록하는
일이 비록 직분이기는 하지만 그의 견문이 미치는 데까지 인물의 현부,
득실 및 기밀 등도 상세히 직서하여 개인적으로 보관해두었다가 수납
할 때를 기다리게 하십시오.

一, 時政記但書見行之事而已, 爲史官者, 備記時事, 雖其職分, 然其
見聞所及人物賢否得失, 與夫秘密等事, 務要詳悉直書, 私自藏置以
待收納.

1. 시정기 한 부는 포쇄할 해(年)가 되면 법식에 따라 충주사고에 보관하십
시오.

一, 時政記一部, 每當曝曬年次, 依式藏之忠州史庫.[130]

위에 보이는 춘추관의 시정기 편찬 건의는 세종의 허락을 얻었는데, 이는
앞서 살펴본 정인지의 건의와 취지가 동일하다. 정인지가 계속 춘추관을 맡
고 있었다는 사실을 고려하면 당연한 일이기도 하다. 이때의 건의는 2년 전

---

130 『세종실록』, 16년 11월 5일(무인).

정인지의 건의에 더하여 몇 가지 구체적인 대안을 제시했다.

우선, 시정기 편찬의 주체로 예문관 직제학과 직예문관을 거론했다. 집현전이 설치된 이후 이들의 직무가 모호해졌는데,[131] 예문관 녹관祿官이지만 별 직무가 없는 이들에게 시정기의 편찬과 정리를 맡기자는 것이 춘추관의 의견이었다. 그리고 춘추관 당상관 한 명으로 하여금 매월 그 편찬 과정을 감독하게 함으로써 시정기 편찬을 위한 골격을 갖추었다.

또한 이날 시정기 편찬에 포함될 자료의 범위도 확정되고, '기사사관'의 범위를 확대하는 조치도 같이 이루어졌다.[132] 이들에게 각 관서의 상서와 계사를 춘추관에 보고하게 함으로써 관청의 중요한 기록을 체계적으로 관리할 수 있는 계기가 되었다. 사관(한림)이 기록하는 사초는 춘추관의 관장사초館藏史草 외에 집에 보관하는 가장사초家藏史草를 더 만들어 당대의 역사를 기록하는 책임을 다하게 하였다. 이제 전임사관의 업무는 춘추관의 시정기 편찬 규정에 따라 사초의 부본副本 작성이라는 단순 작업에서 벗어나 관청 전반의 중요 기록을 수집하고 관리할 책무를 지게 되었으며, 사관이 작성하는 사초의 공정성을 확보할 수 있게 되었다. 이런 규례를 기초로 시정기 편찬은 『경국대전』의 규정으로 수렴되었으며, 이 규정은 조선시대 내내 효력을 발휘했다.[133] 『경국대전』의 시정기 편찬 규정은 다음과 같다.

---

131 오항녕, 「朝鮮初期 史官制度 硏究」, 고려대학교 박사학위논문, 1998, 제2장 3절 참고.

132 오항녕, 『한국 사관제도 성립사』, 일지사, 2009, 192~231쪽. 세종대의 겸춘추와 『경국대전』의 겸춘추는 모두 '기사사관'이었다. 이들은 기록을 수집한다든지 직접 기록을 하는 임무를 맡았다. 참고로, '전임사관(한림翰林)=기사사관', '겸임사관(겸춘추兼春秋)=편찬사관'이 아니라, 한림이든 겸춘추 등 본래의 성격은 기사사관이었다.

133 『선조실록』, 39년 7월 19일(병술).

춘추관 시정기와『승정원일기』와 각 아문의 중요한 문서를 찬집한다. 매년 말에 책 수를 보고한다.】승문원 문서는 3년마다 인쇄하여 본 아문과 의정부 및 사고에 보관한다.

春秋館時政記【撰集『承政院日記』及各衙門緊關文書, 每歲季啓冊數】, 承文院文書, 每三年印, 藏本衙門議政府及史庫.[134]

2) 시정기찬수범례의 구성

『경국대전』에 실린 시정기 편찬 규정의 세부 내용은 숙종 때의 자료가 들어가 있는『한원고사』와 고종 때 편찬된『육전조례』에서 찾아볼 수 있다.『육전조례』가 고종대에 편찬되고,『육전조례』의 시정기찬수범례와 내용이 같은 『한원고사』의 시정기찬수범례가 숙종대에 편찬되었다는 사실을 고려할 때 그 범례를 조선시대 시정기찬수범례로 보는 데 무리가 없을까?『한원고사』 이전『경국대전』(성종 16년, 1485) 이후의 시기에도 그 찬수범례가 적용되었는지에 대한 검토가 필요하다.

늦어도『성종실록』이후에는 실록의 편찬범례 등이 관례화된 것으로 보이고, 시정기에 의거하여 실록을 만든다는 인식이[135] 일반적이었음을 고려하면 시정기찬수범례도 그 무렵에는 적용되었을 것이다. '당번 사관이『승정원일기』중에서 긴요한 말을 추려 기록하고, 각 관서의 공문서 중에서 중요한 것과 소장疏章에서 후세에 전할 만한 것, 제배除拜에서 중요한 사안 등을 선별하여 정리한 것을 상번上番 사관이 등사하여 시정기라고 부른다.'는 말이

---

134 『경국대전經國大典』「예전禮典」, '장문서藏文書'.

135 『중종실록』, 29년 6월 14일(기유).

있는 것을 보면,[136] 바로 아래의 범례와 부합되는 바가 있다.

① **제1항** 금상今上 몇 년, 간지, 청나라 연호로 몇 년 몇 월 며칠 간지, 맑음, 비, 흐림을 적는다.【관상감에서 보고한 재해를 날씨 기록 아래에 두 줄로 적는다. 지방의 재해도 빠트리지 말고 적는다.】

第一行, 書上之某年干支, 淸年號某年某月某日干支, 晴或雨或陰【雲監所報災異雙書於陰晴之下, 外方災異亦備書】

② **제2항** 상이 어디에 있는지와 상참·경연의 여부를 적는다.【『승정원일기』의 사례와 같다.】

第二行, 書上在某宮, 常參·經筵停否【與政院日記例同】

③ 아래에 이어서 차례대로 사실을 적는다.【③-A 입시 때의 대화는 긴요한 것을 추려서 수록한다. ③-B 연혁이나 시비의 경우, 사안을 상주한 사람의 보고 외에 전말을 상세히 적고, 평론할 만한 것은 따로 강목을 만들어 아래에 기록한다. ③-C 대간의 계사는 아주 내용이 없는 것을 제외하고는 모두 기록하되 한 가지 사안이 여러 번 논계되면 날짜대로 '연계'라고 쓴다. 추가된 말이 있으면 추려서 수록하되 단지 '사헌부', '사간원'이라고만 적고 논계를 한 사람들의 성명은 적지 않는다. 논계가 중대하면 다른 의견을 낸 사람도 적는다. ③-D 긴요한 상소는 수록하되 그 안의 불필요한 글자는 삭제해도 된다. 시정과 관련된 거취나 시비가 있으면 적는다. ③-E 길례나 흉례 가운데 후에 상소할 만한 것은 번거롭더라도 빠짐없이 기재한다. ③-F 각각의 연도에 과거 급제한 자는 무슨 등급 몇 번째 사람인지 기록한다. ③-G 관직 임명은 고관이나 현직, 중대한 지방관만 수록한다. 특별 임명이

---

136 『선조실록』, 39년 7월 19일(병술).

나 논란이 있는 임명은 낮은 관원이라도 수록한다. ③-H 줄기를 적을 때는 더욱 신중해야 하며, 공의를 반드시 채집하고 자기의 의견을 참고하여 포폄을 정해야 하며, 한마디도 경솔해서는 안 된다. ③-I 각 관청의 계하 문서는 매달 말에 성책을 살펴 수록할 만한 내용을 뽑아 기록한다.】

其下因以次第書事.【③-A 入侍說話, 撮其緊要者錄之. ③-B 如沿革是非, 雖奏事人所奏外, 亦詳其首末, 可以褒貶者, 別爲綱目錄于下. ③-C 臺諫啓辭最歇者外, 皆錄之, 而一事累啓, 則逐日書以連啓. 如有添入語亦抄錄, 只書憲府·諫院, 而勿書來啓人姓名. 所論若係重大, 則發論立異人亦書. ③-D 疏章緊關者載錄, 而其間汗漫文字, 或加刪節. 若有去就是非事關時政者, 書之. ③-E 吉凶諸禮之可爲後考者, 雖煩備載. ③-F 各年登科人, 書取某等幾人. ③-G 除拜只錄高官·顯職及外任緊重者, 特除與有論議者, 官雖微亦錄. ③-H 書卒, 尤宜愼重必採公議, 參以己見, 定爲褒貶, 一語不可輕忽. ③-I 各司啓下文書, 考其月終成冊, 抄其可錄者, 記之.】[137]

시정기찬수범례는 크게 식별 코드에 해당하는 날짜(간지)와 날씨를 보여주는 제1항, 그리고 그 날짜의 기사를 보여주는 제2항으로 구성되어 있다. 이를 간단히 범주화 하면, 날짜와 날씨, 조정의 동정, 기사 대상 및 수록 방법으로 나눌 수 있다. 날짜와 날씨는 문서의 정리를 위한 투식套式이자 편의이다. 조정의 동정은 쉽게 말해 국무 상황이다.

기사 대상과 수록 방법에 해당하는 범주의 기록 내용은 입시 설화入侍說話, 연혁沿革, 시비是非 및 사론史論, 대간 계사臺諫啓辭, 소장疏章, 길·흉례吉凶

---

137 『육전조례』권6 「예전禮典」, '시정기時政記'.【 】부분은 '시정기' 조에 쌍행雙行 분주分註로 기록되어 있다.

禮, 등과登科, 제배除拜, 졸기卒記, 계하 문서啓下文書 등으로 구성되는데, 이 가운데 사관이 직접 작성하는 것이 입시 설화와 사론이다. 또, 문집이나 비碑, 지誌 등을 참고하기는 하지만 졸기도 사관이 작성하는 것으로 보아야 한다. 요컨대 입시 설화, 연혁, 시비, 사론, 졸기 등이 보통 말하는 사초, 즉 사관이 생산한 기록에 해당된다. 입시 때의 대화나 사건의 전후 관계, 사론을 시정기라고 부르는 예는 많이 나타난다.

영의정 윤인경, 좌의정 이기, 우의정 정순붕, 우찬성 황헌, 이조 판서 윤원형, 한성부 판윤 최연, 대사간 진복창,【이상은 찬집청 당상이다.】좌승지 채세영, 우부승지 정언각이 빈청에 모여 을사·병오년의 시정기【＊】약간 조를 한 통 초서하여 입계하였다.

【 ＊ …… 병오년(명종 1년 , 1546) 9월 3일의 시정기에 "상께서 사슴 고기를 좋아하였고 사슴 꼬리를 더욱 좋아하셨다. 외방에서 진상할 때 산 사슴을 구하지 못하여 혹 산 노루를 대신 진상하는 자가 있었는데 상이 근시에게 이르기를 '산 노루 열 마리가 어찌 산 사슴 한 마리를 당할 수 있겠는가.' 하였다. ……"라고 적혀 있다. 】

아뢰기를 "신들이 『무정보감』을 찬집할 일로 을사년(명종 즉위년, 1546) 8월의 시정기를 가져다가 상고해보니, 죄인들의 초사招辭는 생략하여 기록하지 않았고 역적들의 공초 밑에는 상서롭지 못한 말들이 많이 적혀 있었으므로 신들은 그것을 보고 경악을 금치 못하였습니다. 역적의 정상이 매우 뚜렷한데도 역적이라고 쓰지 않았습니다. 사필은 의당 바르게 써서 먼 후세에 보여야 하는데도 이것은 모두 사실과 다르게 기록해놓았으니 후세에 전할 수는 없습니다. 추고한 다음 사실대로 개정하소서. ……" 하였다.

領議政尹仁鏡, 左議政李芑, 右議政鄭順朋, 右贊成黃憲, 吏曹判書尹元衡, 漢城府判尹崔演, 大司諫陳復昌,【以上撰集廳堂上】 左承旨蔡世英, 右副承旨鄭彦愨會賓廳, 以乙巳·丙午年時政記若干條, 抄書一封.【…… 丙午九月初三日時政記書: "上好鹿肉, 尤好鹿尾. 外方進上, 或有不得生鹿者, 有以生獐代進者, 上謂近侍曰: '十首生獐, 安能當生鹿一首?'……】 入啓曰: "臣等以『武定寶鑑』撰集事, 取乙巳年八月時政記披考, 則罪人招辭, 略而不書, 逆賊供下, 多書不祥之言. 臣等見之, 不勝驚愕. 逆賊情狀, 甚爲昭昭, 而不以逆賊書之. 史筆當直書, 垂示萬世, 而此則皆以不實書之, 不可以此傳信後世. 請推考後從實改正. ……[138]

명종 3년(1548) 사화史禍의 발단이 되는 한 대목이다. 위 밑줄 친 곳에서 보듯이 시정기는 곧 사관의 사초였다. 이러한 이유로, 한 해 전인 명종 2년 『속무정보감續武定寶鑑』을 편찬할 때 춘추관 밖으로 시정기를 옮기는 일에 대해 사관들이 강력히 반발했던 것이다.

예문관 봉교 이문형, 대교 민지·손홍적, 검열 이우민·이중경·정사량이 아뢰기를 "당대의 사기史記는 예로부터 열람한 일이 없었으며, 겸임 춘추관원이라 하더라도 역사를 수찬하여 보관한 다음에는 꺼내 보지 못하였습니다. 이번 을사년(명종 즉위년, 1546) 8월·9월·10월의 시정기를 찬집청으로 옮겼는데, 이는 옛날에 없던 일로 매우 옳지 않습니다. 만약 한번 실마리를 열면 역사 기록을 중하게 여기는 뜻에 어긋나고, 후세에 사관들이 직

---

138 『명종실록』, 3년 2월 12일(기미); 병오년 9월 3일 시정기 내용 등.

임을 다하지 않는 길이 될까 염려됩니다. 더구나 『속무정보감』을 찬집하는 일은 비록 시정기가 아니더라도 이미 『승정원일기』가 있고 또 죄인들의 추안이 있습니다. 그러니 당대의 사기는 다시 춘추관에 보관하여 역사 기록을 중히 하십시오." 하니, "아뢴 대로 하라."고 전교하였다.

藝文館奉教李文馨, 待教閔篪·孫弘績, 檢閱李友閔·李重慶·鄭思亮啓曰: "當代史記, 自古未有披覽, 雖兼春秋官, 修史入藏之後, 則例不得出見. 今者乙巳年八月九月十月時政記, 移送撰集廳, 此古所未有, 至爲未安. 若一開端, 則恐違重史之義, 而後世無史官盡職之路也. 況『續武定寶鑑』撰集, 雖非時政記, 旣有『承政院日記』, 又有罪人推案, 當代史記, 請還藏于春秋館, 以重史事." 傳曰: "如啓."[139]

조선 후기 영조 즉위년(1724), 경종 때 벌어졌던 신임사화辛壬士禍의 국안 鞫案이 누락된 시정기를 수정해야 한다는 논의가 전개된 적이 있다. 이때도 그 수정을 춘추관에서 전임사관이 하도록 명한 조치 또한 시정기가 사초였기 때문이다.

시정기를 개수하였다. 영의정 이광좌와 좌의정 유봉휘가 임인년(경종 2년, 1722)의 시정기에 국안이 기록되지 않았으니 그때의 사관인 송인명·신치운으로 하여금 시강원에서 숙직하면서 개수하기를 청하였다. 이어 상에게 아뢰기를 "송인명과 신치운이 말하기를 '죄수의 공초 외에도 대간의 계사와 연신筵臣의 말이 시정기에 실려 있는 것이 있으니 반드시 하나로 통합해서 포폄을 첨가해야 바야흐로 역사의 체계를 이룰 것입니다. 지금 만약

---

139 『명종실록』, 2년 11월 26일(계묘).

268 | 실록이란 무엇인가

문안만 등사하여 각 판각에 붙여 넣는다면, 이는 승정원 서리 한 사람으로도 충분할 터인데 어찌 사관까지 필요하겠습니까?" 하였는데, 그 말이 옳습니다. 다만 사관史館의 옛 관례에 시정기는 관문 밖으로 한 발자국도 나갈 수 없으니, 지금 상번하는 한림의 방을 장지(障子)로 막아 둘을 만든 뒤 송인명과 신치운으로 하여금 차례로 숙직하면서 각각 그전에 만든 시정기에다 보강하여 정리하게 하는 것이 좋겠습니다." 하니, 그대로 따랐다.

改修時政記. 領議政李光佐, 左議政柳鳳輝, 以壬寅時政記, 不載鞫案, 請令其時史官宋寅明·申致雲, 同直侍講院改修之. 尋白上曰:"寅明·致雲言:'因供外, 亦有臺啓·筵話之已載時政記者, 必須統合爲一, 隨加褒貶, 方成史體. 今若只謄文案, 付入各板, 則一院吏足矣, 安用史官爲哉?' 其言是矣. 但史館故例, 時政記不得出館門一步地. 今於上番翰林之房, 障截爲二, 使寅明·致雲, 後先直宿, 各就其前修時政記, 添補釐正便. 從之.[140]

그러나 이런 논의 과정에서 사관의 고유한 직무인 사론 작성을 대신大臣에게 문의한 송인명宋寅明 등에 대해서는 사관의 비판이 이어졌다.

삼가 살펴보건대, 한 시대의 내치고 올림 및 등용과 버림은 대신이 주관하고, 천고의 포폄과 시비는 사신이 담당하는 것이다. 대신이 사관의 기록에 관여할 수 없음은 사신이 묘당의 의논에 참여할 수 없는 것과 같으니, 이는 고금의 공통된 뜻이다. 지금 이광좌 등은 대신으로서 사필에 대해 소활하고 세밀함을 다 살펴보고 있으며, 송인명 등은 사신으로서 묘당에 포폄

---

140 『영조실록』, 즉위년 10월 4일(갑술).

하는 일을 품의하였으니, 둘 다 잘못된 것이다.

臣謹按, 一世之黜陟用舍, 大臣主之, 千古之褒貶是非, 史臣主之, 故大
臣不得與於史筆, 猶史臣不得與於廟謨, 此古今之通義也. 今光佐等, 乃
以大臣, 摠察踈密於史筆, 寅明等, 乃以史臣, 稟議褒貶於廟堂, 兩失之
矣.[141]

지금까지 살펴본 논란은 시정기에 사초가 포함되기 때문에 벌어진 일이
었다. 사초 이외의 시정기란 무엇일까? 나머지 시정기의 편찬이라 함은 각
관청의 중요 문서를 선별하여 등사하는 일이다. 이 문서들의 생산자는 한림
(사관)이 아닌 각 관청의 관원이다. 시정기찬수범례의 구성을 찬찬히 들여다
보면 날짜 및 투식, 사초 및 각 관청의 중요 문서로 구성되어 있음을 알 수
있다.

『승정원일기』의 기사 구성을 시정기찬수범례와 비교해보면 한 가지 특징
이 나타난다. 『승정원일기』에는 시정기의 기록에 포함된 범주 중에서 연혁,
시비, 사론, 졸기 등 사관이 자신의 견문을 통해 자율적으로 기록할 수 있는
기사가 빠져 있다. 즉, 공개되었을 경우에 잠재 위험성이 높은 기사가 없다는
뜻이다. 잠재 위험성이란 사초의 노출을 뜻하며, 그로 인한 사변이 곧 사화
史禍이다. 연산군대의 무오사화가 대표적이다. 바로 이로부터 사초가 실리는
실록이 '배제와 비장秘藏'의 논리에 따라 관리되었던 연유와 의미를 찾을 수
있다.[142]

---

141 위와 같음.
142 오항녕, 「實錄의 儀禮性에 대한 연구」, 『조선시대사학보』 26, 2003, 14~19쪽.

3) 시정기 편찬 규정의 운영

사관의 고과 기준

법령의 규정이 있으면 관리는 그 규정을 지켜야 한다. 규정의 준수 여부 야말로 관료제의 인사고과에서 가장 중요한 준거를 이룬다. 시정기의 경우도 예외가 아니다.

겸임사관들은 각기 소속된 관서가 있고 그에 따른 본직을 지니고 있으므로 포폄도 그 기준 아래 매겨질 것이다. 8명(예문관 봉교 2명, 대교 2명, 검열 4명)의 사관도 법전에 따라 엄밀히 보면 춘추관 기사관 겸직이다. 하지만 이들은 실질적으로 전임사관인 예문관의 봉교奉敎, 대교待敎, 검열檢閱으로서 '한림翰林'이라고 불렸다. 이들에 대한 고과 기준은 시정기가 유일했다고 해도 과언이 아니다. 시정기에 대한 규정이 마련되기 전부터 사관의 사초는 '비장'의 대상이었으므로, 춘추관에 보관된 사초 외에 사관이 개인적으로 집에 보관하는 사초도 있었다. 따라서 사초 작성 여부만 가지고 사관을 고과할 수는 없는 노릇이었다. 다음 규정을 보자.

> 시정기 정본 외에 초서로 쓴 부본이 있는데 이를 비초라 하고, 춘추관 포폄 때 당상관이 이 비초를 보고 사관의 근무 태도를 평가한다.
> 時政記正本外, 又有副本草書者, 名曰飛草, 本館褒貶時, 堂上取考飛草, 以課勤慢.[143]

위와 같이 사관의 시정기 관리 상태를 보고 인사고과에 반영하는 춘추

---

143 『육전조례』 권6 「예전」, '시정기'.

관 규정이 마련되어 있었다. 포폄과 상관없이 역사를 기록하는 사관의 직임을 강조하는 통상적인 의미에서 시정기 편찬을 독려하는 경우도 있었지만,[144] 실제로 시정기 편찬과 사관에 대한 포폄은 밀접한 관계가 있었다.

간혹 예문관 응교(정4품)가 사관 및 시정기 문서 관리를 맡은 적도 있었다.[145] 앞서 세종대에 예문관 직예문관에게 사관 감독의 책임을 맡기자는 정인지나 춘추관의 의견을 상기해보면, 아마도 8한림과 응교가 같은 관서에 있기 때문에 그리했던 것 같다. 그렇지만 응교를 통해 사관 활동을 감독하게 하는 일은 일시적이었으며, 그런 경우가 있더라도 별 의미를 갖지 못했던 것이 현실이었다.

시정기 편찬 업무와 관련하여 사관의 고과를 매긴 상급자는 춘추관 당상관이었다. 포폄할 때가 되면 춘추관 당상관들이 편찬된 시정기를 보고 전최殿最에 참고했다.[146]

　① 춘추관의 당상들이 아뢰기를 "사신을 둔 까닭은 시정時政을 기록하기
　　위한 목적뿐만 아니라 시비를 포폄해서 후세의 공론을 삼으려는 것입
　　니다. 그런데 이번 겨울 포폄을 할 적에 신미년(인조 9년, 1631)의 시정기
　　를 살펴보니 사신이 논단하는 말이 전혀 없어 역사를 편수하는 체통을

---

144 『중종실록』, 14년 7월 3일(갑오).

145 『중종실록』, 20년 11월 29일(갑신). 이행이 아뢰기를 "…… 또 예문관 응교는 직임이 가볍지 않아 시정기 및 교린과 사대하는 문서를 전담하는데, 오래 비워두고 차임하지 않으니 시급히 차임하기 바랍니다."(李荇曰: "…… 且藝文應敎, 職任非輕. 時政記及交隣事大文書專掌, 而久闕不差, 請速差.")

146 『선조실록』, 39년 7월 19일(병술). 전최도 포폄, 즉 인사고과이다. 치적을 고과할 때 '상上'을 '최最', '하下'를 '전殿'이라고 한다.

상당히 잃었습니다. 해당 사관을 추고하십시오." 하니, 상이 따랐다.

春秋館諸堂上啓曰: "史臣之設, 不但爲記錄時政而已, 所以褒貶是非, 以爲後世公論者也. 今此冬等褒貶時, 考見辛未年時政記, 則全無史斷之語, 殊失修史之體. 當該史官請推考." 上從之.[147]

② 전 정언 조사기를 하옥하였다. 조사기는 일찍이 사관을 지냈는데 시정기를 여러 달이 되도록 수정하지 않았다. 대신이 (조사기에 대해) 직무를 태만히 한다는 일로 경연에서 진달하자, (그를) 잡아다가 추문하라고 명하였다.

前正言趙嗣基下獄. 嗣基曾經史官, 而時政記未修正者, 至於累朔. 大臣以怠廢職事, 陳達於筵席, 命拿推.[148]

①에서 보듯 시정기의 정확한 기록을 위하여 사관의 사론이 실려 있는지 여부도 포폄과 검속의 대상이 되었다. 심지어 ②에서 알 수 있듯 시정기를 정리하지 않았다는 이유로 사관이 하옥되기까지 했다. 그뿐만 아니라 시정기를 제대로 편찬하지 않으면 6품으로 승진하지 못하도록 하는 규정을 정하기도 했다.[149]

그렇지만 사관에 대한 포폄은 크게 엄격하지는 않았다. 시정기 편찬 업무가 들쭉날쭉한 탓에 고과를 하면 하등下等에 해당될 경우에도 사관은 여전히 시종신侍從臣, 즉 근시近侍이므로 포폄 기한을 늦추기도 하는 등 비교적 느슨

147 『인조실록』, 10년 12월 11일(갑술).

148 『효종실록』, 3년 4월 22일(계해).

149 『현종실록』, 15년 1월 4일(기사); 『영조실록』, 8년 1월 10일(무진).

한 편이었다.[150] 오히려 사관에게는 시정기 편찬 업무가 인사고과에 그다지 문제되지 않았던 것 같다. 『일성록日省錄』을 편찬하기 시작하면서 사관의 시정기가 폄하되는 상황이 초래되는 정조 이전까지는[151] 시정기가 실록의 제1자료였고, 그렇기에 실록의 질적 수준이 유지될 수 있었다. 시정기를 제대로 편찬하지 않은 사례로 적시한 경우는 사실 예외적으로 보아야 할 것이다.

물론 관료제라는 틀에서 보면 사관은 매우 이질적인 자천제自薦制를 통해 임명되고, 고과를 통한 승진에서도 '관직 임명 순서대로 자리가 비면 올라가는(以次遷轉)' 방식으로 이루어졌기 때문에 포폄이 갖는 의미가 매우 약한 관직이었다.[152] 이러한 제도적 독립성은 영조 때 사관 임용에 권점제圈點制가 적용될 때까지 유지되었다.[153]

그런데 이 같이 사관 직제 운영의 특성을 통한 설명 외에 시정기 편찬 자체를 통하여 법령의 제 규정이 현실에서는 어떻게 나타났는지, 어떤 의미를 가졌는지를 검토해보는 편이 사실을 좀 더 구체적으로 알 수 있을 것이다. 지금부터는 바로 이 점에 유의하여 살펴보려고 한다.

시정기 편찬의 실제

앞서 세종대에 마련된 시정기 편찬 규정을 살펴본 바 있다. 이제 그 규정

---

150 『광해군일기』 12년 11월 16일(기축).

151 『정조실록』 1년 5월 25일(기축). 병조 판서 채제공이 말하기를 "신이 일찍이 포쇄관으로 있을 적에 시정기를 대략 보았는데 볼 만한 것이 없어서 도리어 『승정원일기』만도 못하였습니다." 하였다.(兵曹判書蔡濟恭曰: 臣嘗於曝曬, 略見時政記, 則無足可觀, 反不如『政院日記』也.)

152 오항녕, 「여말선초 사관 자천제의 성립과 운영」, 『역사와 현실』 30, 1998.

153 『영조실록』, 17년 4월 22일(병진).

이 생긴 이후에 실제 시정기 편찬 상황은 어떠했는지 알아보자. 먼저 염두에 둘 점은 『경국대전』의 시정기 편찬 규정이 마련되기 바로 전의 상황이라는 사실이다.

① 춘추관에서 계하기를 "근년에 『세종실록』과 『문종실록』을 편찬하느라 시정기를 찬집할 틈이 없었습니다. 이제 두 실록이 완성되었으니 임신년 5월 15일 이후(1452년 단종 즉위 이후)의 시정기를 찬집하십시오." 하니, 따랐다.

春秋館啓: "近因世宗文宗實錄修撰, 時政記未暇撰集. 今實錄垂成, 請撰壬申五月十五日以後時政記." 從之.[154]

② 대사헌 양성지가 상서하였다. "…… 시정기는 아주 급한 일입니다. 세월이 오래되면 문적이 없어져서 국가의 중대한 전례나 신하들의 논의가 사라지므로 후세에 전해지지 않을까 참으로 걱정스럽습니다. 임신년(단종 즉위년, 1452) 5월부터 올해 병술년(세조 12년, 1466) 11월에 이르기까지 의정부·육조·대간·승정원의 문서를 춘추관에 모은 뒤 예문관 녹관 5명과 겸관 5명을 2인 1청으로 삼아 각각 3년씩 나누어 편찬하게 하고, 춘추관 당상으로 하여금 이를 점검하는 일을 일과로 삼게 함으로써 국가의 중대사를 이루십시오. ……" 하니, 전교하기를 "나도 알고 있다." 하였다.

大司憲梁誠之上書: "…… 時政記不可不急也. 若歲月差久, 則文籍散失, 國家大典, 諸臣擬議泯沒無傳, 誠爲可慮. 乞自壬申五月, 至今丙

---

154 『세조실록』, 원년 8월 27일(경오).

戌年十一月, 議政府·六曹·臺諫·承政院文書聚于春秋館, 以藝文館
祿官五人, 兼官五人, 二人爲一廳, 各分三年而編摩之, 仍令春秋館堂
上考察, 以爲日課, 以成重事.……" 傳曰: "予知之."[155]

①은 세조 원년(1455)의 일로서, 세종 16년(1434)에 시정기 편찬 규례가 정
해진 후 처음 나오는 시정기 편찬 관련 사료이다. 그렇다면 규정이 마련된
이후 꽤 오랫동안 '시정기 편찬'이 제대로 이루어지지 않았는가? 의문이 생길
수밖에 없다. 먼저 춘추관은 임신년(단종 즉위년, 1452) 이후의 시정기를 편찬
하자고 했지만, 이미 단종이 세조에게 선위한 상황이므로 이는 시정기가 아
니라 '실록'에 해당하는 편찬 사업이다. 물론 단종이 상왕으로 존재하므로 실
록 편찬을 아직 이르다고 판단하여 '시정기'라고 했는지도 모르지만, 의문은
가시지 않는다.

'3년간의 시정기', 다시 말해 단종 재위 기간의 시정기라 하면 단순한 자
료 정리 작업이 아닐 터다. 세종 16년의 시정기 편찬 규례를 보면, 매일 시정
기를 정리하고 한 달에 한 번 춘추관 당상관이 점검하여 3년마다 사고에 보
관하도록 했다. 결국 ①에서 말하는 '시정기 편찬'이란 실제로는 사관의 가장
사초를 제외한 단종 재위 기간의 실록 편찬과 다를 바 없다.

양성지의 상서인 ②를 보면 시정기의 의미가 무엇인지 더욱 혼란스럽다.
양성지의 말에 따르면 단종 즉위년(1452)부터 세조 12년(1466)까지 15년간의
시정기를 편찬하자는 것인데, 그렇다면 ①에서 춘추관이 건의했던 시정기 편
찬은 이후로도 내내 이루어지지 않았다는 뜻이 된다. 그뿐만 아니라 양성지
의 건의도 가장사초를 제외한 『단종실록』(『노산군일기』)을 편찬하자는 말과 마

---

155 『세조실록』, 12년 11월 17일(을유).

찬가지가 된다. 세조가 정권을 장악한 단종 원년(1453)의 계유정난 이래를 대상으로 한 실록 편찬과 진배없는 사업이 될 것이었다.

숙종 30년(1704)에 『단종실록』으로 개명된 『노산군일기』의 편찬이 언제 이루어졌는지는 분명하지 않다. 학계에서는 세조 10년(1464) 『정난일기靖難日記』의 편찬을 『단종실록』 편찬이 시작된 것으로 간주하고, 예종 원년(1469) 4월 이전에 편찬이 마무리되었다고 본다.[156] 그러나 세조 10년에 『단종실록』의 편찬이 시작되었다면 양성지가 세조 12년에 단종대의 시정기 편찬을 발의했을 리 만무하다. 그러므로 『단종실록』은 세조 12년 이후에 편찬되었다고 보는 것이 타당하다. 예종 원년 4월에 『세조실록』을 편찬하면서 『노산군일기』도 같이 편찬했을 것이다. 왜냐하면 단종 원년 10월 계유정난 이후의 시기는 비록 단종이 왕위에 있다고는 하지만 실제로는 세조의 당대나 다름없었으므로 『단종실록』을 편찬한다는 것은 생각하기 어렵다. 이렇게 보는 또 다른 이유는 현존 정족산본 『단종실록』의 활자가 성종 3년(1472)에 인쇄된 『세조실록』·『예종실록』과 같기 때문이다.[157]

어쨌든 이 같은 사정이 있기 때문인지 양성지의 문제 제기에도 불구하고

---

156 류홍렬, 『국역 단종실록』 「해제」, 세종대왕기념사업회, 1977, 3쪽. 스에마쓰 야스카즈 末松保和도 『예종실록』 원년 4월 기사에 『노산군일기』가 언급된다고 했지만(앞의 논문, 1958, 321쪽), 그것은 『노산군일기』가 아니라 '노산 때의 일기'이다. 『예종실록』, 원년 4월 18일(신미). 춘추관에 전교하기를 "노산 때의 일기 및 계유년 정란 때의 사초를 내전으로 들여오라. 내가 범례를 보려 한다." 하였다.(傳于春秋館曰: "魯山時日記及癸酉年靖難時史草入內. 予欲觀凡例.") 『노산군일기』가 이미 편찬되었다면 예종이 계유정난 때의 '사초'를 들여오라고 할 이유가 없다. 이때 예종이 말한 '일기'란 『승정원일기』일 가능성이 높다. 예종이 『승정원일기』를 춘추관에서 찾은 까닭은 『세조실록』 편찬이 벌써 착수되었으므로 『승정원일기』가 춘추관으로 이송되었기 때문이다.

157 신석호, 『국역 세조실록』 「해제」, 세종대왕기념사업회, 1977, 1쪽.

세조는 '알았다'고만 대답했을 뿐이다. 시정기 편찬에 대한 논의는 성종대에 이르러서 재개되었다.

① 도승지 현석규가 아뢰기를 "당대의 정치는 춘추관에서 매년 찬수하므로 시정기라고 합니다. 그러나 기축년(성종 즉위년, 1469) 이래, 마침 일이 많았던 데다 감독할 사람이 없어서 찬록하지 못하였으니 춘추관 겸직의 고위 관원으로 하여금 항상 출근하여 감독하게 하십시오." 하니, 전교하기를 "좋다."라고 하므로 승정원에서 남원군 양성지와 이조 참판 이파를 추천하여 보고하였다.
都承旨玄碩圭啓曰: "凡時政, 春秋館逐年修之, 謂之時政記. 然己丑年卽位以後, 適因多事, 且無監董之人, 專不撰錄, 請以職帶史局位高者, 常仕監之." 傳曰: "可", 承政院以南原君梁誠之·吏曹叅判李坡, 擬啓.[158]

② 상이 말하기를 "지금의 시정기는 어떻게 하고 있는가?" 하니, 좌승지 이극기가 대답하였다. "요즘 시정기란 다만 여러 관청의 문서를 모으는 일뿐입니다. ……"
上曰: "今之時政記, 何以爲之?" 左承旨李克基對曰: "今之政記, 只撰集諸司文書耳. ……"[159]

①은 성종 7년(1476) 도승지 현석규玄碩圭의 말에 따라 시정기 편찬의 책

---

158 『성종실록』, 7년 4월 11일(갑신).
159 『성종실록』, 8년 윤2월 29일(정묘).

임을 양성지梁誠之와 이파李坡에게 맡긴다는 내용이다. 현석규의 말만 놓고 보면, 마치 이전에 시정기를 매년 편찬한 듯한 착각을 일으킨다. 그러나 이미 살펴보았듯 단종 즉위년부터 세조 12년까지 시정기는 편찬된 적이 없다. 더욱이 현석규의 말로 보아도 성종 즉위 이래 시정기는 편찬되지 않았다.

시정기의 참모습은 ②에서 확인된다. '요즘 시정기란 각 관청의 문서를 모으는 일뿐'이라는 이극기의 말은 무척 시사하는 바가 크다. 이때가 성종 8년(1477) 윤2월이니까 현석규가 시정기 편찬을 위한 감독관을 두자고 건의한 지 채 1년이 지나지 않은 시점이다. 그러므로 이 시기에 양성지 등이 감독관으로서 시정기 편찬을 주도했다고 가정하면, 이극기는 그 상황을 '그저 각 관청의 문서만 모으는 형편'이라고 말한 것이다. 재위 8년째 되는 성종조차 요즘 시정기가 어떤지 물었다는 것은 그만큼 시정기 편찬이 눈에 띄지 않는 일이었음을 알려준다. 흥미롭게도 시정기는 폭정을 통해 의미가 드러나는데, 시정기가 정치 상황과 관련되어 표면에 드러난 연산군대의 기록을 살펴보도록 하자.

연산군은 자신의 잘못을 지적하거나 비판한 사람들을 시정기에서 찾아 조사하여 탄압하고, 또 자신의 과오와 악이 후세에 전해질까 두려워 시정기에 씌어 있는 것이 있으면 삭제하고 불태우기도 했다. 이 때문에 사람들이 불안해하며 해를 입을까 두려워서 사관에게 부탁해 자신들의 상소문이나 계사를 없애버렸다.[160] 여기에서 시정기가 신료들이 올린 계사나 상소와 같은 의미로 사용되고 있음을 알 수 있는데, 시정기 편찬은 연산군대에 한 번 더 논의된 적이 있다.

연산군 11년(1505)에 연산군은 시정기를 5년에 한 번 편찬하고 신하 된

---

160 『연산군일기』, 6년 5월 5일(무오).

입장에서 쓰지 말아야 할 일을 썼으면 치죄하라고 명을 내렸다.[161] 그런데 이때 연산군이 생각한 시정기의 정체는 곧 밝혀진다. 이 명이 있고 며칠 뒤 전교를 내려 즉위 이후의 '일기'를 수찬하라고 명하면서, 겸춘추의 가장사초도 모두 거두어들이라고 했다.[162] 시정기를 5년에 한 번 편찬하라고 했지만, 사실 5년이든 10년이든 그것은 중요하지 않았으며 연산군의 목적은 결국 당대에 실록을 편찬하겠다는 뜻이었다. 그것도 모자라 연산군은 전교를 통해 사관은 앞으로 가장사초를 쓰지 말 것을 명했다.[163] 앞서 시정기찬수범례의 구성에서 확인했듯이, 시정기에서 사초를 빼면 각 관청의 문서만 남게 마련이다. 그리고 그 문서는 관청에서 수집하여 실록에 등록만 하면 될 일이었다.

연산군이 5년에 한 번 가장사초를 포함한 시정기를 편찬하라고 명한 조치는 세조 12년(1466) 양성지가 단종 즉위 이래 세조 12년 당시까지 시정기를 편찬하자고 건의했던 일을 떠올리게 한다. 양성지의 제안은 가장사초가 배제된 시정기의 편찬으로 생각되므로, 실록과 시정기가 그 대상 시기의 동일함이라는 형식적인 유사점이 있다면 연산군이 편찬하려 했던 시정기는 곧 실록과 같은 의미이다.

요컨대 시정기 편찬 법령이 제정된 시기에도 시정기에 대한 당대인들의 이해는 실록에서 각 관청의 문서 수집에 이르기까지 편차가 있다. 또한 『경국대전』에 규정된 '3년마다 편찬'은 실시되지 않았다. '규정대로의 편찬'이 이루어지지 않았던 실정은 중종대 이후로도 마찬가지였다.[164] 다시 말해 규

---

161 『연산군일기』, 11년 7월 8일(신묘).

162 『연산군일기』, 11년 7월 9일(임진).

163 『연산군일기』, 12년 4월 19일(무진).

164 중종 이후에도 시정기가 원활히 편찬되지 않았다는 지적은, 末松保和, 「李朝實錄考略」

정과 현실의 괴리는 과도적 현상이 아닌 구조적 현상이었다. 그렇다면 이러한 현상을 낳은, 시정기를 둘러싼 구조의 결정 요소는 무엇일까? 그것은 곧 시정기를 맡은 주체인 사관의 직능이며, 시정기는 실록의 편찬 자료라는 국사 체계 내에서의 위상이 될 것이다.

4) 시정기 편찬의 방향과 사관

시정기 편찬의 방향

다시 질문을 환기하겠다. 세종 16년(1434)에 춘추관이 제안했던 대로, 또는 『경국대전』의 규정과 같이 시정기가 편찬되지 못한 이유는 무엇일까? 『경국대전』의 규정처럼 3년마다 인쇄하여 의정부와 춘추관에 보관하지도 않았으며, 이후로도 전혀 그 규정이 지켜지지 않은 것은 무슨 이유일까?

먼저, 세종 14년 동지춘추관사 정인지가 '시정기 편찬'의 모델로 삼았던 송대宋代의 고사, 즉 '시정기'와 '일력日曆'에 대한 구양수歐陽修의 언급을 살펴보자.

> 근년 이래 관원은 있으나 직무는 없으니 …… 그러나 그 폐단은 수찬관에게 있으니, 오직 관청의 보고에만 근거하고 견문을 기록하지 않는 까닭입니다. 지금 '시정기'는 비록 양부兩府의 신료가 수찬한다고 하지만 성군의 선유宣諭할 만한 언동이나 신하들의 주의奏議 중 득실에 관계된 것은 모두 기록하지 않으며, 다만 제목除目과 드러난 일 따위만 기록합니다. '기거주起居注'도 마찬가지여서 관청 보고와 차이가 없습니다. 수찬관은 그저 이런

(1958), 『靑丘史草』, 笠井出版社, 1969, 290~291쪽; 한우근, 앞의 논문, 1988, 111쪽.

예에 따라 월일로 기록하여 '일력'이라고 할 뿐입니다. …… 이제 특별 조칙을 내려 시정기와 기거주를 수찬하는 신하는 선유나 신하들의 주대奏對를 기록하게 하고, 이전처럼 못하게 하십시오. 아울러 사실을 검증하고, 어떤 관직에 제수된 자는 무슨 공적 때문에 제수되었고 …… 어떤 직책에서 쫓겨난 자는 무슨 죄로 쫓겨났는지 …… 증거가 있는 일이나 실상이 명백한 경우는 모두 갖추어 기록하게 하십시오. 성조聖朝의 상벌로 권선징악을 후세에 보일 것이라거나 대신들이 사사로운 감정으로 조정에서 부당한 상벌을 행한 일도 기록하여 경계로 삼는 것이 국가가 사관을 둔 본의입니다. 기타 대사도 사원史院이 문견에 근거하여 기록하게 하십시오. …… 이상의 일은 수찬관이 그때그때 초고를 만들어 월별로 표제하고 사원에서 궤짝에 넣어 봉쇄한 뒤 관청 보고가 모두 갖추어지면 일력日曆을 찬수하여 매년 말 감수재상監修宰相이 직접 사원에 가서 수찬관의 기록을 점검하게 하십시오.

近年以來 員具而職廢 …… 然其弊在於修撰之官, 惟據諸司供報, 而不敢書所見聞故也. 今時政記雖是兩府臣僚修撰, 然聖君言動有所宣諭, 臣下奏議事關得失者, 皆不記錄, 惟書除目辭見之類. 起居注亦然, 與諸司供報文無異, 修撰官只據此銓次繫以月日, 謂之日曆而已. …… 今欲乞特詔修時政記起居注之臣, 並以德音宣諭臣下奏對之語書之, 其修撰官不得依前只據諸司供報編次除目辭見, 並須考驗事實, 其除某官者以某功, …… 其貶某職者坐某罪 …… 事有文據及迹狀明白者, 皆備書之, 所以使聖朝賞罰之典, 可以勸善懲惡昭示後世, 若大臣用情朝廷賞罰不當者, 亦得以書爲警戒, 此國家置史之本意也. 至於其他大事, 並許史院據所聞見書之. …… 以上事節, 並令修撰官逐時, 旋據所得錄爲草卷, 標題月分, 於史院躬親入櫃封鎖, 候諸司供報齊足, 修爲日曆, 仍乞每至歲

終, 命監修宰相親至史院, 點檢修撰官記錄.[165]

정인지가 세종 14년(1432)에 발의한 시정기는 구양수의 말에 나오는 '일
력'을 인용한 것이었다. 그는 구양수의 논의를 조선 학자 나름의 방식으로 이
해했다. 즉, '예악형정禮樂刑政과 그에 대한 찬반 논의'를 시정기의 범위로 잡
은 것이다. 그 밖에 기밀이나 인물의 능력·인격 등은 따로 보관해두었다가
뒷날 편찬에 즈음하여 제출하도록 했던 것이다. 구양수의 말과 정인지의 건
의는 무엇이 다를까?

다름 아닌 사초, 즉 사관이 보관하는 가장사초의 존재 여부이며, 그 가장
사초의 수납 시기와 관련된 문제이다.[166] 당연한 일이지만, 이 점은 세종 16
년 춘추관에서 기사의 범위를 넓히고자 올렸던 방안에도 마찬가지로 해당된
다. 구양수의 건의에서는 사관의 견문이 미치는 범위의 기록, 즉 조선의 가장
사초 범주에 드는 사관의 기록까지도 일력에 포함하여 월별로 작성한 뒤 재
상으로 하여금 연말에 점검하도록 했다.

요컨대 정인지는 고려 말 공양왕 원년에 최견 등의 상소에서 시작된 가장
사초를 작성하는 전통 속에서 구양수의 건의를 부분적으로 수용했던 것이다.
즉, 예악형정이나 현행의 제도, 그리고 각 관청의 문서를 정리하되, 그것을
예문관 직제학과 직예문관이 담당하고 매월 춘추관 당상관이 점검하는 한편,

---

165 『구양수문충공집歐陽文忠公集』(二)108 奏議12 銓部「論史館日曆狀」, 臺灣商務印書館
四部叢刊正編 45책, 828쪽.

166 이 점에 대해서 스에마쓰 야스카즈末松保和는 춘추관의 기록에 공적인(춘추관에서 공
동 관리되는) 시정기와 사적인(사관의 집에 보관하는) 가사家史 2종이 있게 되었다고
했는데, 적절한 지적이다. 末松保和,「李朝實錄考略」(1958),『靑丘史草』, 笠井出版社,
1969, 289쪽.

『경국대전』에 기록되었듯이 1년에 한 번 책 수만 국왕에게 보고하도록 했던 것이다. 만일 정인지가 건의한 구양수의 방식대로 했다면 조선의 사관은 가장사초를 포함한 모든 기록을 매월 수합하여 일력을 편찬하고 1년에 한 번 재상의 감수를 받아야 했던 셈이다.

이렇게 보면 조선 초기(또는 조선시대 내내) 시정기 편찬이 제대로 이루어지지 않은 것처럼 보이는 양상이 몇 가지 측면에서 설명될 수 있다. 우선, 세종 16년 시정기 편찬 주체로 거론되었던 예문관 직제학과 직예문관의 문제이다. 세조 때 예문관이 집현전의 역할을 맡게 되고 예문관에는 겸임관을 두는 등 관서의 운영에 변화가 많았다. 성종 9년(1478)에 이르러서야 홍문관이 설치되면서 세종대의 예문관 직제학과 직예문관에 해당하는 관직이 생겼으므로, 그동안 시정기 편찬 주체가 불안정했거나 없었던 셈이다. 실제로 조선 초기는 전임사관 8명의 자립성이 서서히 강화되는 흐름이기는 했지만, 세조대에는 집현전 폐지에 이어 예문관 겸직화 등으로[167] 시정기의 편찬과 감독이 체계적으로 이루어질 수 없는 형편이었다. 그런 까닭에 성종 7년(1476) 시정기 편찬에 대한 논의가 재개되었을 때, 시정기 편찬을 감독할 사람으로 양성지와 이파를 추천하고 편찬 주체에 대해서는 그저 '춘추관'이라고만 언급했던 것이다.

하지만 성종 9년 홍문관이 집현전의 후신으로 복설되면서 경연 관서로 자리매김되고, 예문관은 자연스럽게 사관인 예문관 참외관, 즉 8한림의 관서가 되었다. 이 방향은 세조의 찬탈과 그에 따른 세종 초기 문치주의의 질곡이 이어짐으로써 지체되었지만, 이미 세종대 문한관서의 정리 방향으로 예견

167　吳恒寧, 「세조대 '親講'의 역사적 성격」, 『朝鮮의 政治와 社會』, 집문당, 2002 참고.

된 일이었다.[168]

다시 정인지의 건의를 정리하면, 정인지는 구양수의 제안을 그 나름대로 이해하고 기록 보관에 만전을 기하려는 의도에서 송나라의 역사 기록·보관 방식을 조선의 춘추관에 적용하려 했지만, 송나라의 사관제도와 조선의 사관제도는 각각 발전 방향이 달랐다. 게다가 구양수가 거론한 의미의 시정기, 곧 재상이 작성하는 시정기는 물론이고 대안으로 말한 '일력'도 그 편찬 방식에서 보면 환영받지 못했다. 구양수의 '일력'에 대한 직접적인 비판은 아니지만, 재상이 시정기를 편찬하는 문제점에 대해서는 다음의 사료가 참고된다.

주나라 제도에 재상이 시정기를 편찬하여 매달 사관史館에 보냈다.【시정기는 이로부터 시작되었는데, 요수의 청에 따른 것이다. …… 호씨가 말하기를 "당나라 제도에 재상이 역사를 편수하는 것은 진실로 좋은 법이 아니었지만 기주관을 폐지하지 않았으니 그래도 사실을 고찰할 수 있다. 지금 단지 재상이 시정기를 편찬하여 매달 사관으로 보낸다면 아름다움을 꾸미고 악행을 쉽게 하며 선을 가탁하고 잘못을 덮을 것이다. 실제 사실을 분명히 쓰지 않고, 사안에 대한 기록은 실제가 아니게 되어 다시 믿을 수 없을 것이다. 하물며 무후의 행적이 역사서를 오염시켰고 요수가 그것을 덮으려고 했기 때문에 이런 견해를 건의했던 것이다. 그렇지만 세상에는 공적 도리가 없던 적이 없고 이의를 제기하는 지식인이 없던 적이 없었다. 한때의 역사에는 기록되지 못했으나 천하 사람들이 기록하였던 것이니, 힘써 선행을 하지 않고 오직 남을 덮었으나 장차 덮지 못하고 끝내 막을 수도 없었음을 알 수 있다."】

周制宰相撰時政記月送史館【時政記自此始, 從姚璹之請也. …… 胡氏曰:

---

168 吳恒寧, 「朝鮮初期 文翰官署의 整備와 史官制度」, 『한국사학보』 7, 1999.

"唐制宰相修史, 固非善法, 然記注之官不廢, 則猶可考實. 今直使宰相撰時政
記, 月送史館, 則偽美而易惡, 假善而蓋非, 實事不必書, 書事不必實, 不復可信
矣. 況武后行事汚蟻冊牘, 姚璹爲之隱掩, 故建是議耳. 然世未嘗無公道, 亦未
嘗無能言之士, 一時之史雖不記, 天下人固記之矣. 不力爲善, 而惟人是防, 將
見不可勝防, 而終莫之禦也."〕[169]

　　구양수가 일력 작성의 강화를 주장한 점은 역사 편찬의 내실을 기한다는
측면에서 의의가 있지만, 매년 재상의 감수를 받도록 한 것은 사관의 직서를
유지하는 데 여전히 장애로 남았다.[170] 반면, 조선 전임사관의 독립성은 당상
관들의 감독이라는 관료제의 당연한 위계조차 형식적인 것으로 만들 정도였
다. 조선에서는 전임사관인 예문관 참외관이 사관의 중심을 이루어갔다.
　　『경국대전』에도 시정기는 『승정원일기』와 제사諸司의 문서를 찬집하는
일이라고 했지만, 이는 세종 16년에 결정된 대로다. 성종 8년(1477)에 성종
이 시정기의 실태에 관해 물었을 때 좌승지 이극기가 각 관청의 문서를 모으
는 일 뿐이라고 했는데, 이는 당연한 일이었다. 세종대에도 춘추관의 시정기
는 그 이상을 상정하지 않고 출발했던 것이다. 그러나 사관의 직능이 정체성
을 띠어가면서 각 관청으로부터 수집하고 관리되는 문서와 함께 사관이 직
접 생산하는 기록인 사초도 시정기에 포함되는 과정을 거쳤다. 그것이 중종
대 이전에 관례화되어 『육전조례』에 이르기까지 확인할 수 있는 시정기의 구
성이었다.

―――――

169　『자치통감강목資治通鑑綱目』 41下(唐中宗皇帝嗣聖九年 ― 周武氏如意元年再改長壽) 冬
　　　十月, 보경문화사 영인본, 思政殿訓義 3책 610쪽.

170　범조우范祖禹, 『당감唐鑑』 권6, 太宗4, 臺灣商務印書館 영인본.

다시 '시정기를 편찬, 인쇄한다'는 『경국대전』 규정의 문제로 돌아가보자. 조선시대의 '편찬' 혹은 '찬수'라는 말은 매우 쓰임새가 넓은 용어이다. 편찬이란 문서를 모아 정리하는 일부터 시작하여 가공된 책으로 출판하는 일까지 다양한 편차를 지닌 용어였다. 세종 16년 춘추관의 '기사를 넓힘(廣記事)' 조항, 그리고 『경국대전』에서는 편찬과 인쇄를 전제로 했지만, 실상 시정기는 가장사초가 아닌 공적 문서이므로 정리만 잘하고 있다면 굳이 편찬·인쇄할 이유가 없었다. 그러므로 『경국대전』에서 3년마다 인쇄한다고 한 규정은 애초 사문死文이 될 운명이었다.

정인지의 발의는 국가기록의 보존이라는 맥락에서 제기되었다. 그에 따라 겸임사관을 늘렸으며 예문관 참외관의 입시 영역을 확대하여 기사를 보장해주었던 만큼, 시정기는 '정리와 관리'가 문제이지 인쇄를 전제로 한 '높은 수준의 편찬' 대상이 아니었다. 그런 점에서 조선 초기나 그 이후에 시정기 편찬이 제대로 이루어지지 않은 양상은 그 나름의 이유가 있다고 볼 수 있다. 시정기의 정리와 관리는 8한림이 늘 하는 일이었기 때문이다. 성종 7년(1476) 시정기 편찬에 대한 논의에서 시정기 편찬의 주체가 더 이상 거론되지 않고 관리 책임자만 언급된 이유는 그것이 한림의 일상 업무라는 현실의 반영이었다.

이렇듯 조선 초기의 시정기 편찬 논의는, 예문관 참외관이 전임사관이 되고, 이들과 함께 겸춘추가 직접 사초를 작성하고, 이에 더하여 각 관청의 공적 문서의 수집과 정리가 이루어졌음을 알려준다. 시정기 관리는 자연스럽게 전임사관인 8한림의 몫이 되었다. 이들 사관은 매우 높은 자긍심 속에서 자신들의 직임을 수행했다. 일견 틈새가 있는 듯한 시정기 편찬의 규정과 현실의 괴리는 사관 직능의 확립을 통해 메워지고 있었다.

시정기와 실록의 찬수범례

이제 두 가지 현상에 대해 살펴보아야겠다. 하나는 조선 초기에 시정기에 대한 언급이 실록과 혼동되어 나타나는 현상이고, 다른 하나는 시정기가 실록의 편찬 자료라고 하는 사실이다. 이 문제는 시정기의 찬수범례와 실록의 찬수범례를 비교하면 어렵지 않게 해결할 수 있다. 〈표 8〉에서 시정기찬수범례는 『육전조례』에 나오는 조항이고, 실록찬수범례는 『영종대왕실록청의궤英宗大王實錄廳儀軌』에 정리된 것이다.

〈표 8〉의 두 범례를 살펴보면 시정기는 마치 실록 편찬의 축소판인 듯 보이기도 한다. 그렇지만 둘 사이에는 분명한 시간의 단절이 있다. 시정기와 실록, 이 둘은 동시에 존재하지 않는다. 시정기는 사관이 기록하거나 모으는 순간부터 실록을 편찬할 때까지만 존재한다. 즉, 한시성과 일시성을 띤다.

〈표 8〉을 통해 다음과 같은 결론을 얻을 수 있다.

첫째, 자료 총목이 시정기찬수범례에 없는 것은 실록과 시정기의 기록 목적으로 보아 당연하다. 실록은 편찬을 위해 주요 관서의 등록을 취합한다. 주목할 것은 사관의 시정기이다. 시정기에는 사관의 사초와 각사 문서가 포함되어 있다.

둘째, 날짜와 간지는 식별 코드이므로 마땅히 두 기록에 적힌다. 다만 실록의 경우 날씨는 다른 자료의 것을 쓴다.

셋째, 재해는 시정기에도 쓰지만, 실록을 편찬할 때 빠진 기록을 첨가하는 것은 당연하다.

넷째, 왕의 거소居所, 상참 및 경연, 입시 설화入侍說話 등은 사관의 사초와 『승정원일기』 등에서 확인할 수 있으므로 실록찬수범례에는 따로 두지 않고 자료 총목에 포괄한다.

다섯째, 시정기에 보이는 사론이 실록찬수범례에는 보이지 않는다. 적어

〈표 8〉 시정기찬수범례와 실록찬수범례 비교

시정기찬수범례	구성	실록찬수범례
	자료 총목	① 사관의 시정기, 주서의 일기, 서울과 지방의 겸춘추의 기록 외에, 비변사 장계축狀啓軸, 의금부 추안推案 및 형조의 참고할 만한 중요하고 핵심적인 문서, 사변과 추국에 대한 주서일기도 마찬가지로 가져와서 검토하여 갖추어 적는다.
① 제1항. 금상今上 몇 년, 간지, 청나라 연호로 몇 년 몇 월 며칠 간지, 맑음, 비, 흐림을 적는다.【관상감에서 보고한 재해를 날씨 기록 아래에 두 줄로 적는다. 지방의 재해도 빠트리지 말고 적는다.】	날짜 간지 날씨 재해	④ 매일매일의 날짜는 갑자甲子만 기록한다. ⑤ 모든 재이의 경우, 관상감 초록을 하나하나 첨가하여 적고, 지방의 바람·비·지진 등 각각의 사항은 그 당시 보고한 문서를 반드시 살펴보고 갖추어 기록한다.
② 제2항. 상이 어디에 있는지와 상참·경연의 여부를 적는다.【『승정원일기』의 사례와 같다.】	처소 상참 경연	
③ 아래에 이어서 차례대로 사실을 적는다.【③-A 입시 때의 대화는 긴요한 것을 추려서 수록한다.】	입시 설화	
【③-B 연혁이나 시비의 경우, 사안을 상주한 사람의 보고 외에 전말을 상세히 적고, 평론할 만한 것은 따로 강목을 만들어 아래에 기록한다.】	연혁 시비 사론	⑭ 서울과 지방의 관리 출척黜陟이나 공적·사적 시비는 반드시 그 대략을 뽑아 기록한다.
【③-C 대간의 계사는 아주 내용이 없는 것을 제외하고는 모두 기록하되 한 가지 사안이 여러 번 논계되면 날짜대로 '연계'라고 쓴다. 추가된 말이 있으면 추려서 수록하되 단지 '사헌부', '사간원'이라고만 적고 논계를 한 사람들의 성명은 적지 않는다. 논계가 중대하면 다른 의견을 낸 사람도 적는다.】	대간 계사	⑥ 대간의 논계는, 첫 번째 논계의 경우 중요하고 핵심적인 내용은 모두 적고, 잇달아 올린 논계의 경우는 단지 '연계'라고만 적고, 혹시 중요한 내용이 첨가되어 있으면 뽑아낸다. ⑦-A 대간의 논계는 단지 '사헌부', '사간원'이라고만 적고, 와서 보고한 사람의 성명은 적지 않는다. 다만 첫 번째 논계했을 때는 성명을 모두 적는다. 중대한 시비가 걸린 사안의 경우는 다른 의견을 꺼낸 경우도 적지 않으면 안 된다.

	어사	⑦-B 어사御史의 성명 및 관리를 쫓아낸 일, 폐단을 변통한 일 등도 상세히 기록한다.
【③-D 긴요한 상소는 수록하되 그 안의 불필요한 글자는 삭제해도 된다. 시정과 관련된 거취나 시비가 있으면 적는다.】	소장	⑧ 상소 중에서 중요하고 핵심적인 내용은 상세히 갖추어 싣고, 그 사이의 불필요한 글자는 해당 구절을 빼더라도 무방하다. 예에 따라 사직하는 상소나 차자의 경우는 반드시 모두 적을 필요는 없지만, 혹시 거취나 시비 같은 당시 정치에 관련된 사안은 역시 기록하지 않으면 안 된다.
【③-E 길례나 흉례 가운데 후에 상소할 만한 것은 번거롭더라도 빠짐없이 기재한다.】	길흉 제례	⑬ 조정의 길흉 등 여러 의례 중에서 나라의 헌장에 관계되어 후세 사람들에게 남겨 보여줄 만한 것은 문장이 비록 번거롭고 잡다해도 갖추어 기재하지 않으면 안 된다.
【③-F 각각의 연도에 과거 급제한 자는 무슨 등급 몇 번째 사람인지 기록한다.】	각년 등과	⑩ 각 연도의 과거에 합격한 인원은 '아무개 등, 몇 사람'이라고 적는다.
【③-G 관직 임명은 고관이나 현직, 중대한 지방관만 수록한다. 특별 임명이나 논란이 있는 임명은 낮은 관원이라도 수록한다.】	제배 除拜	⑨ 모든 관직 임명의 경우, 중요하지 않고 잡다한 관직이나 산직(冗散) 외에는 이조와 병조의 문서를 다시 살펴보아 상세히 기록한다.
【③-H 졸기를 적을 때는 더욱 신중해야 하며, 공의를 반드시 채집하고 자기의 의견을 참고하여 포폄을 정해야 하며, 한마디도 경솔해서는 안 된다.】	졸기	③ 이름 있는 신하는 졸기를 작성하는데, 빠진 대목이나 소략한 데가 있으면 당시의 공의 혹은 문집의 비문과 지문誌文을 참고하여 상세히 보충하여 기록한다.
【③-I 각 관청의 계하 문서는 매달 말에 성책을 살펴 수록할 만한 내용을 뽑아 기록한다.】	계하 문서	
	외교 문서	② 모든 조칙 및 우리나라(本朝)의 유관 교서는 찾아내어 기록한다.
	군병 호구	⑪ 군병의 숫자, 서울과 지방의 법제, 호구 숫자에 대해서는 각 해당 문서를 상고하여 상세히 기록한다.
	산거 방법	⑫ 도움이 되지 않는 번잡하고 쓸데없는 문자는 참작하여 다듬어서 간결하고 압축적인 문장이 되도록 힘쓴다.

도 범례로 보면 사론은 편찬 당시가 아니라 그 이전에 작성되는 것이 분명하다. 그렇다 하더라도 사론이 모두 전임사관인 8한림의 것이라고 말할 수는 없다. 이유는 세 가지다. 하나는, 작성 주체의 측면에서 볼 때 조선시대 『경국대전』 춘추관 겸임사관의 규정은 편찬사관이 아니라 기사사관, 즉 기록을 작성하는 임무를 띤 관직에 대한 규정인데, 겸임사관도 기사 과정에서 사론을 작성할 수 있었다. 이런 사론은 연혁과 시비에 포함되어 있을 것이다. 또 하나는, 작성 시기의 측면에서 볼 때 사론은 편찬 과정에서 작성될 수도 있다. 마지막으로 작성 매체의 측면에서 볼 때 춘추관에 보관하는 사초뿐 아니라 집에 보관하는 사초에도 추가 기록할 수 있다. 시정기의 사론은 마치 주자의 『자치통감강목』처럼 '강목綱目'으로, 즉 사실과 구별해서 작성하게 된다.

여섯째, 실록찬수범례에는 어사의 활동과 보고서가 추가되어 있다.

일곱째, 대간의 계사, 소장, 길흉 등 제례諸禮, 각년의 등과, 제배除拜, 졸기 등은 시정기에 초록하며, 실록의 찬수범례도 동일하다. 이는 중요한 역사 기록이므로 등록을 강조하는 목적도 있고, 다시 한 번 사실을 확인하는 의미도 있었을 것이다.

여덟째, 시정기에 들어간 계하 문서啓下文書가 실록찬수범례에 없는 것은 자료 총목에 포함되었기 때문이다.

아홉째, 외교문서는 승문원承文院에서, 군병과 호구는 병조와 호조에서 각각 관리하므로 평상시 시정기를 정리할 때는 각 관청에 그대로 두었다가 실록을 편찬할 때 모아서 등록했을 것이다.

열째, 사관이 다른 관청의 문서를 받아다가 정리할 때나 사초를 작성하는 단계, 즉 시정기 편찬 단계에서는 특별히 산거 방법에 대한 주의가 필요하지 않다. 반면, 실록은 당대의 역사 기록으로서 질적 수준이 요구되므로 따로 산거 방법에 주의를 환기했을 것이다.

시정기는 시간이 흐르면 실록이 된다. 이는 대조되는 두 가지 의미를 지닌다. 첫째, 기록의 중복성 때문에 시정기와 실록을 혼동할 가능성이 얼마든지 생긴다. 시정기를 당대인들이 사초, 시정기, 실록 등의 의미로 사용한 사례에서 이미 확인한 바 있다. 둘째, 기록의 생애 주기(Life-cycle)라는 측면에서 볼 때 시정기는 단순히 실록의 편찬 자료라는 말은 아니다. 시정기 자체가 동적이며 축적되는 성질을 갖고 있으며, 그 궁극은 실록으로 수렴된다.

이렇게 살펴보면 시정기를 3년마다 편찬, 인쇄하여 춘추관 등에 보관하기로 한 『경국대전』의 규정이 갖는 비현실성이 드러난다. 시정기의 수렴처인 실록이 있기에 실록 편찬이 끝나면 시정기는 세초되는 법인데, 어느 누가 시정기를 3년마다 편찬, 인간印刊할 것인가? 시정기의 성격으로 보나 비용과 인력으로 보나 당찮은 일이다. 시정기의 관리 수준은 바로 이렇게 실록의 편찬과 연속성에서 의미를 갖는 일이었다. 이러한 시정기의 한시성은 마치 실록의 편찬과 간인과 같은 『경국대전』의 규정대로 시정기 편찬이 이루어지지 않은 또 하나의 이유가 된다.

실록이 시정기를 기초로 편찬된다는 점에서 두 기록은 시간적으로 선후 관계에 있지만, 시정기와 동시에 기록으로 남기는 또 다른 자료인 『승정원일기』의 존재는 실록과 다른 차원에서 시정기의 '편찬·인쇄'가 갖는 법령 규정의 의미를 약화시켰다. 시정기찬수범례에 『승정원일기』가 언급된 것은 곧 문서의 생산과 관리의 시점으로 볼 때 시정기와 『승정원일기』가 동일한 조건에 있기 때문이었다. 그러므로 사관의 사초에 해당하는 입시 설화, 사론, 졸기를 빼면 시정기찬수범례는 『승정원일기』의 그것과 동일해진다. 실록 편찬 때 『승정원일기』를 가져와서 자료로 사용한다면, 사관의 사초를 제외한 시정기는 중복되는 자료나 마찬가지이기 때문이다.

3. 기사 수록의 원칙과 실제

조선실록은 어떻게 기록을 수록했을까? 이는 먼저 사학사적·기록학적 관심에서 접근할 수도 있지만 사상사와 정치사의 관심 영역이기도 하다. 여기서는 조선 초기 태조~성종 연간까지 실록을 대상으로 그 변화 양상을 살펴보도록 하자. 그 무렵은 조선실록의 정형이 만들어지는 시기이기 때문에 실록의 기사 특성을 잘 보여주리라 생각하기 때문이다.

'기사 수록의 방식' 또는 '기사 수록의 체재'라 함은 실록에 기사를 편집하는 양식을 말한다. 한마디로, 기사의 내용 자체를 검토한다기보다 표제나 편집 등 기사가 배치되는 방식의 문제이다. 이는 '편찬 체재'라고 표현할 수도 있다. 또 전통 역사학의 어법으로 보면 '서법書法'이라는 표현도 있다. 서법이란 유우익劉友益이 『자치통감강목』을 연구한 뒤 기사의 선별과 기록, 그 의미를 추적한 연구 결과를 『자치통감강목서법』이란 이름으로 제출한 데서 알 수 있듯, 해당 기사 및 역사서에 대한 깊이 있는 연구, 즉 그 역사서의 근본정신까지 파고드는 수준의 연구를 의미하는 데 쓰였다. 지금의 논의가 서법에 꼭 해당한다고 하기는 어렵지만, 크게 보아 '기사 수록의 체재', '편찬 체재', '서법'이라는 범주에서 크게 어긋나지는 않는다.

본디 내용과 형식이 확연히 구분되기 어려운 점도 있고 상호 규정적이기는 하지만, '기사 수록의 체재'란 일단 실록의 기년紀年과 명호名號의 선택, 기사의 배열, 즉 한 기사 내의 상호 관계, 기사와 사론 등의 문제를 포함한다. 나아가 사실이 발생한 당시의 기록과 편찬하면서 추가한 기사의 차이도 마찬가지로 연구 대상이 된다. 이상의 기사 편집 체재에 어떤 원칙과 범례가 적용되었는가, 또한 그것은 각각의 실록에서 어떤 특징을 지니며 사학사적 의의는 무엇인지 밝히는 것이 지금부터 다룰 주제이다.

먼저 실록의 기년과 명호를 살펴볼 것이다. 다음으로 흔히 당연하게 받아들이는 실록의 편년체 기사를 당시 역사학 발달의 맥락에서 재음미하고자 한다. 마지막으로 『조선왕조실록』의 독특한 특징, 즉 기사와 사론이 나뉘어 기록된 기사 구성의 의미를 살펴볼 것이다. 이 같은 논의를 통해 조선 초기에 형성된 실록 편찬 체재의 역사성과 독자성이 드러나기를 기대한다. 또 방법론적으로는 실록학을 연구하는 데도 기여할 것이다.

1) 기년

기년紀年이란 시대구분의 기점이 되는 연도를 정해 그로부터 계산한 햇수이다. 실록 편찬은 국왕의 죽음을 하나의 시대로 획정하여 진행되었기 때문에 기년의 설정은 곧 선왕先王과 사왕嗣王의 재위 기간을 실록에 어떻게 표현할 것인가의 문제이다.

조선실록은 '즉위한 이듬해부터 원년이라고 부르는 법', 즉 유년칭원법踰年稱元法을 선택했다. 이에 비해 삼국시대나 고려시대는 '즉위년칭원법卽位年稱元法'을 사용했다. 유년칭원법은 『춘추春秋』를 본보기로 삼은 체재이다. 이는 성리학이 발달하면서 일반화되었는데, 실록에서도 그러한 추세를 따르고 있는 셈이다.

하지만 실록의 기년은 그리 간단하지만 않다. 분명, 실록은 해당 왕의 즉위년 기사부터 시작한다. 다만 예외가 있다. 『정종실록』과 『태종실록』에는 즉위년의 기사가 없다. 다른 말로 하면, 정종 즉위년과 태종 즉위년 기사는 『태조실록』과 『정종실록』에 각각 실려 있다. 그뿐 아니라 『세조실록』·『중종실록』·『인조실록』에는 아예 즉위년 자체가 없다. 이들 세 실록은 선대 왕이 각각 노산군, 연산군, 광해군으로 폐위되었기 때문에 세조·중종·인조의 즉위년이 곧 원년이 되므로 이런 체재가 쉽게 이해된다.

그렇다면 정종과 태종의 즉위년이 『정종실록』과 『태종실록』에 실리지 않은 까닭은 무엇일까? 곧바로 알 수 있는 공통점은 정종과 태종 모두 선위의 형식으로 즉위했다는 사실인데, 그 역시 정확한 이유는 되지 못한다. 왜냐하면 세종도 태종에게서 선위를 받았으나 세종 즉위년은 『태종실록』이 아닌 『세종실록』에 들어 있기 때문이다.

조금 다른 맥락에서 당시의 논의를 살펴보자. 실록 기년의 원칙이 정해지지 않은 정황은 여럿 보인다. 세종이 1418년 8월에 즉위했음에도 『태종실록』을 편찬할 때 그해 12월까지의 사초를 납입하게 했다든지,[171] 세종 4년(1422)까지의 사초를 『태종실록』에 첨입하려 했던 데서[172] 알 수 있다. 세종은 임인년(세종 4년, 1422)까지는 태종의 치세라면서 신료들에게 그 시기의 정치를 『태종실록』에 싣자고 했다.

세종의 제안에도 불구하고, 알다시피 결과는 달랐다. 세종 즉위년은 『태종실록』이 아닌 『세종실록』에 들어 있다. 이는 『정종실록』이나 『태종실록』과는 확실히 다르다. 왜 『정종실록』과 『태종실록』, 이 두 실록은 사왕嗣王의 즉위년을 선대의 실록에 붙였을까? 두 실록을 편찬할 당시에 혹시 어떤 모델을 상정하지 않았을까 생각해본다. 늘 창견創見이 쉽지 않은데 큰 사안일수록 더욱 그렇다. 대규모 사업인 실록 편찬도 마찬가지로 전례를 참고했을 가능성이 크다.

태종대에 편찬된 『태조실록』의 기년은 『고려국사高麗國史』의 편찬 체재를 참고했을 것으로 추정된다. 『고려국사』는 중국 북송의 사마광司馬光이 편찬

---

171 『세종실록』, 5년 12월 29일(병자).

172 『세종실록』, 6년 12월 1일(임인).

한 『자치통감資治通鑑』을 모델로 편찬되었다.[173] 『자치통감』은 즉위년을 두지 않고 원년을 기점으로 각 기紀를 편제했다는 특징이 있는데, 이러한 기년 방식은 『자치통감강목』으로 이어졌다. 『태종실록』이 『강목』의 형식을 빌려 편찬되었다는 사실은 『정종실록』과 『태종실록』의 기년 방식을 이해하는 데 시사점을 준다. 또한 『정종실록』과 『태종실록』은 정종과 태종이 모두 승하한 뒤 세종 5년(1423) 이후 같은 시기에 함께 편찬되었는데, 이 과정에서 태종 즉위년(1400)을 『정종실록』에 편집하는 것이 타당한지에 대한 의문을 약화시켰을 것으로 생각된다.

그러니까 『태조실록』 편찬 당시 『자치통감』을 모델로 정종 즉위년(1398)을 같은 해인 태조 7년에 기록했던 관례대로, 『정종실록』을 편찬하면서 마찬가지로 태종의 즉위년을 정종 2년에 붙였던 것으로 보인다. 아울러 『태종실록』을 편찬할 당시에 아직 재위 중인 세종의 즉위년은 『태종실록』에 붙이지 않고 뒷날 『세종실록』에 포함한 것으로 보인다.

이 점을 한 번 더 들여다보겠다. 『태조실록』 편찬으로 돌아와보자. 『태조실록』의 편찬을 담당했던 하륜河崙의 제자이면서, 『정종실록』과 『태종실록』의 편찬을 주도한 변계량卞季良이 세종 12년(1430)에 세상을 떴다. 이 무렵을 전후하여 『고려국사』의 개수 논의가 이루어졌는데, 이 과정에서 강목체와 편년체에 대한 이해가 높아졌다. 편년체 통사인 『통감』이나 강목체 통사인 『강목』과 달리 실록은 국왕의 재위 연한이 기년의 중요한 기준임을 인식하게 된 것이다. 이에 따라 즉위년은 해당 국왕의 실록에 포함하는 관례가 성립된 것

---

173 韓永愚, 『朝鮮前期史學史研究』, 서울대학교 출판부, 1981; 邊太燮, 『『高麗史』의 研究』, 삼영사, 1982; 吳恒寧, 「朝鮮初期 『高麗史』 改修 論議에 관한 史學史的 검토」, 『태동고전연구』 16, 1999.

으로 해석할 수 있다.

2) 명호

  다음으로 명호名號에 관해 살펴보자. 『노산군일기』나 『연산군일기』에서
보이는 '일기'와 '실록'의 차이에 대한 당대인들의 인식 근거는 필자가 확인
하지 못했다. 그러나 관례에 따라 『경연일기』나 『승정원일기』를 '실록'과 다
른 격의 역사로 이해하고 있던 사실은 눈에 띤다. 또 하나 주목할 사실은 폐
위된 왕에게 묘호를 올리지 않고 '노산군'·'연산군'이라 낮춰 부른 것이다.
여기에는 이유가 있었다. 즉, '왕을 참칭한 경우는 아무개 군君 누구(讖稱王者
曰某君某)'라는 식으로 기록한다는 『자치통감강목』의 범례에 따른 것이다.[174]
  명호와 관련하여 눈길을 끄는 것은 기사 내용 중에 포함된 명호의 쓰임이
다. 이를테면 『태조실록』에 당시 '정안공靖安公'인 태종을 '아전하我殿下(우리
전하)'라고 기록한다든지, 단종을 폄하하여 재위 기간의 기록에도 '노산魯山'
이라고 기록한다든지, 단종대에는 아직 국왕도 아니고 살아 있는 수양대군을
묘호에 따라 '세조世祖'라고 한다든지 하는 식이다.

> ① 상이 정안군 및 지중추원사 조반에게 명하여 표문을 올리게 하고, 참찬
>   문하부사 남재로 하여금 전문箋文을 올리게 하였다.
>   上遂命我殿下及知中樞院事趙胖進表, 參贊門下府事南在進箋.[175]

---

174 『자치통감강목』 「범례」, 보경문화사 영인본, 11쪽.
175 『태조실록』, 3년 6월 7일(을해).

② 노산군이 근정문에서 즉위하였다.

　　魯山君卽位于勤政門.[176]

③ 노산군이 세조를 사정전에서 전별하였다.

　　魯山餞世祖于思政殿.[177]

　　여기에는 두 가지 검토할 문제가 있다. 하나는 본래 사초로 남긴 기록과 편찬 당시에 보태어 넣은 기록의 차이다. 편찬자들이 의도했든 아니든, 후대에 실록을 읽는 독자는 이러한 명호를 통해 기사 작성 시기에 대한 정보를 얻을 수 있다. 이 같은 기록 방식은 단지 『태조실록』이나 『노산군일기』에만 한하지 않는다. 실제로 여타의 실록에서도 후대에 편찬하면서 첨입한 기사의 경우, 예컨대 졸기나 행장은 기사의 성격상 첨입이 불가피하므로 당대 기사라면 쓰일 수 없는 시호나 묘호가 나타난다.

　　그런데 『태조실록』과 『노산군일기』에 보이는 명호는 첨입한 기사가 아니라 일반적인 당대 기사에 나타난다는 점에서 주목해야 한다. 이것이 우리가 검토할 두 번째 문제와 관련이 있다.

　　위의 세 사례에 나타난 명호는 역사적 사실을 개서改書했다고 할 수 있는데, 『고려국사』를 편찬하는 과정에도 당대 사실을 개서한 바 있다. 예를 들어 고려시대에 '조祖'·'종宗'이라 호칭했던 묘호를 『고려국사』의 편찬자들이 '왕王'으로 개서했다. 하륜이 『태조실록』을 편찬할 때까지만 해도 그를 비롯한 실록 편찬자들이 『고려국사』의 편찬자들과 마찬가지로 개서에 대해 큰 문제

176　『단종실록』, 즉위년 5월 18일(경술).

177　『단종실록』, 즉위년 윤9월 11일(경오).

의식을 느끼지 못했던 것 같다. 그러다가 세종대를 거치면서 역사서에 대한 인식이 높아져 직서直書의 원칙이 확립되었고,[178] 그 원칙이 실록을 편찬할 때도 적용된 것으로 보인다.

그러나 이런 추세가 자리를 잡아갔다면 『노산군일기』의 명호 개서는 어떻게 보아야 할까? 그것은 이렇게 해석할 수 있을 듯하다. 즉, 세조의 구신舊臣들이 중심이 되어 편찬한 『노산군일기』는 그들 정권의 이해관계에 따라 그간 조선에 축적된 사학사적 성과가 압도되고 무시된 사례가 아닐까. 결국 그들은 기어코 단종 재위 시기의 기사에서 '수양대군'을 '세조'로, '상上'을 '노산'으로 개서해버렸다. 당대 사실의 직서 원칙을 위배한 것이다.

그러나 이 경우를 제외하면 세종대의 직서 원칙은 이후 줄곧 지켜졌다. 다음 기사에서 볼 수 있듯이, 중종대에 『연산군일기』를 편찬하면서, 그리고 인조대에 『광해군일기』를 편찬하면서 재위 기간에는 '연산', '광해'라 적지 않고 당대의 표현대로 '상上'이라고 놔둔다든지, 또 편찬 당시에 첨입한 기록에는 '왕王'이라고 썼다.

①-A 이날 밤에 상이 후원에 가서 불구경을 하였는데, 승지·사관이 참석하지 않았다.

是夜, 上御後苑觀火. 承旨·史官不參焉.[179]

①-B 왕의 탄생일이므로 조정 백관이 축하하였다.

---

178 韓永愚, 앞의 책, 1981; 邊太燮, 앞의 책, 1982. 이와 관련해 필자는 현상적 사실에 대해서는 동의하지만, 『고려사』 개수 논의의 논리와 그 성격에 관한 문제에는 다른 의견을 가지고 있다. 오항녕, 「朝鮮初期 『高麗史』 改修 論議에 관한 史學史的 검토」, 『태동고전연구』 16, 1999.

179 『연산군일기』, 3년 12월 29일(병신).

以王誕日, 百官陳賀.[180]

②-A 오시(낮 11시~1시)에 상이 서청에 나아가 직접 국문하였다.

午時, 上御西廳, 親鞫.[181]

②-B 왕이 직접 시사청 앞뜰에서 내구마內廐馬를 사열하였다.

사신은 논한다. "왕은 지금 상중에 있고 국가가 다난한 때를 만났는데
경연에 나가 선왕 때의 신하들을 인견하지는 않고 오히려 내구마를 사
열하는가?"

王親閱內廐馬于視事廳前庭. 史臣曰: "王宅憂諒陰, 遭家多難, 猶不
御經筵引舊臣, 而閱內廐馬乎?"[182]

3) 편년체의 변주와 정리

잘 알다시피 『조선왕조실록』은 편년체로 편집되었다. 그런데 조선 초기
에 실록을 편찬할 때는 그 기사 편집 방법을 놓고 이러저러한 궁리를 거듭했
다. 사료로 확인되는 논의는 문종 2년(1452) 3월 『세종실록』이 편찬되기 시작
할 무렵이다.

김종서가 아뢰기를 "『태종실록』은 모두 『강목』의 체재로 찬집하였습니다.
그러나 옛날 역사를 편찬할 때는 대부분 편년체를 썼습니다. 이제 편찬할

---

180 『연산군일기』, 2년 11월 7일(경술).

181 『광해군일기』(중초본), 4년 9월 3일(갑오).

182 『광해군일기』(중초본), 1년 8월 12일(경신).

『세종실록』은 잠정적으로 편년체로 기사하고 뒷날의 역사 편수를 기다리는 것이 어떻겠습니까?" 하니, 상이 말하기를 "『태종실록』이 『강목』의 서법을 썼다면 당시 어찌 윤허를 받지 않았겠는가? 내가 사마광의 『자치통감』의 서법을 보니, 『강목』같이 포폄은 하지 않았으나 어떤 일이 길어서 몇 장에 이르면 그 대강의 뜻을 추려 먼저 쓰고 난 뒤 그 일의 시종을 기록하였다. 이제 실록은 편년체의 예에 따르되, 기사가 많으면 『자치통감』을 모방하여 요지를 추려 먼저 기록하는 방법도 좋겠다." 하였다.

金宗瑞啓曰: "『太宗實錄』皆以『綱目』撰集, 然古之作史者, 多用編年之法. 今『世宗實錄』姑令編年記事, 以待後之修史, 何如?" 上曰: "『太宗實錄』用『綱目』書法, 當時豈不取旨? 予觀司馬光『資治』書法, 不用『綱目』褒貶, 然一事多至數紙, 則必撮其綱領先書, 然後乃紀其事之始終. 今實錄當用編年之例, 若事多, 則依『資治通鑑』, 撮要先書亦可."[183]

이 대화는 문종의 식견을 보여준다. 단순히 편년체를 언급하는 것이 아니라 편년체의 전범典範도 말하고 있다. 세종대에 충분한 연구와 보급에 힘입어 『통감』과 『강목』을 익히 알고 있던 터에 『세종실록』을 편찬할 때가 되자, 앞서 『태종실록』과 편찬 체재를 비교하면서 그 장단점을 논의하고 있는 것이다. 이 대목은 주고받는 대화 자체만으로 『통감』과 『강목』이 당시 편찬 책임자인 김종서와 문종에게 어느 정도의 비중을 가진 역사서였는지 짐작하게 한다.

세종대의 중신으로 세종의 권우를 받았으며 경사에 밝았던 김종서는 당시 『고려사』와 『고려사절요』의 편찬을 통해 정사正史와 실록 편찬 및 강목

---

183 『문종실록』, 2년 3월 29일(임술).

체의 성격에 대해 깊이 이해하고 있었던 것으로 보인다. 『강목』은 강綱을 통해 범례에서 밝힌 포폄의 기준을 사료에 적용하는 것 외에도, 강과 목을 통해 해당 기사의 요지와 전말을 요령 있게 정리하여 열람에 편리하게 만든 장점이 있다. 반면, 『강목』보다 먼저 만들어진 『통감』은 이런 배려를 하지 않았다. 다만, '시시是時'·'선시先是'·'초初' 하는 방식으로 사건의 전말과 인과를 보충 설명하는 식의 순수 편년체로 편집되어 있다. 편년체로 편찬할 때는 어떤 사실의 원인과 결과를 쉽게 설명하기 어려운 약점이 있을 수밖에 없다. 이 때문에 『통감』은 인과관계를 서술하는 방식을 택했던 것이다.[184]

그렇다면 『강목』은 어떨까? 다음의 「서례」를 보자.

> 간지에 따른 해를 재위년 앞에 놓고【재위년 위 행 밖에 '갑자'를 쓰며, 그 갑자는 붉게 적어 구별하고, 아무 사건이 없어도 『자치통감거요資治通鑑擧要』에 따라 연도를 적어둔다.】 재위년에 따라 정통을 드러낸다.【정통의 재위년은 갑자 아래 대서하고 정통인 아닌 경우는 두 줄로 분주한다.】
>
> 歲以首年【逐年之上行外, 書某甲子, 遇甲字子字, 則朱書以別之, 雖無事, 依『擧要』亦備載年.】 而因年以著統.【凡正統之年, 歲下大書, 非正統者, 兩行分注.】[185]

여기서 『강목』의 '강綱'을 어디로 볼 것인가 하는 문제가 남아 있다. 『강

---

184 사마광의 서술 방식에 대하여 다나카 겐지田中謙二는 그 같은 역사 서술 방법이 『통감』에서 처음 시작되지는 않았지만 빈번히 활용되고 있는 것은 사건의 인과에 대한 사마광의 주도면밀한 배려라고 설명한다. 田中謙二, 「資治通鑑의 理解」, 閔斗基 편, 『中國의 歷史認識(上)』, 창작과비평사, 1985, 326~327쪽.

185 『資治通鑑綱目』(思政殿訓義) 「序例」, 보경문화사 영인본.

302 | 실록이란 무엇인가

목』은 갑자甲子로 해(歲)를 표시하고, 그 다음에는 정통과 비정통에 따라 각각 대서大書로 정통正統을, 분주分註로 비정통非正統을 나누어 각 군주의 연대를 표시했다. 그러므로 갑자 다음부터 정통과 비정통을 나누는 포폄이 시작되는 셈이다. 그런데 주자는 "세歲는 위에서 돌아 하늘의 길을 밝히고, 통統은 아래에서 바로 되어 사람의 길을 정한다.(歲周於上而天道明矣, 統正於下而人道定矣.)"라고 했고, 또 "강은 개괄적으로 드러내되 감계의 뜻을 밝히고, 목은 각각 사실을 펼치되 사태의 기미를 드러낸다.(大綱, 槪擧而鑑戒昭矣; 衆目, 異張而幾微著矣.)"라고 하여, 각 군주의 연대에 해당하는 부분을 '강'으로 생각하지 않은 듯하다. 실록은 『강목』과 같은 통사 편년체 역사서가 아니라 왕대별로 끊어지는 단대사斷代史 편년체이므로 이 사안의 영향을 받지는 않지만, 강과 목, 포폄이란 주제를 명료히 하기 위해 첨언해둔다.

『자치통감강목』에서 강목체의 형식을 선택하게 된 이유 중 하나는 정통론에 입각한 포폄의 원칙을 밝힌 범례를 강목綱目의 기사에 적용하기 위해서라는 점을 간과하면 안 된다. 만일 포폄의 원칙이 큰 문제가 되지 않을 경우에 강목체 서술은 효용이 떨어지게 마련이다. 바로 실록이 그러하다.

실록은 국왕의 재위 기간을 단위로 편찬되므로 강을 통해 포폄을 정해야 할 필요가 없는 역사서이다. 그 때문에 김종서는 굳이 실록을 강목체로 서술할 필요가 없다고 생각한 것이다. 물론 강목체로 서술하는 방식이 기사를 일목요연하게 파악하는 데 유리하다. 그러나 문종이 지적한 대로 『통감』에서도 긴 기사의 경우에는 대의를 요약하는 방식을 취하고 있으므로 실록도 그렇게 편찬하면 사서로서의 모습을 갖추기에 나무랄 데 없다. 문종이나 김종서는 실록에 강목체를 적용하는 의미를 강목체의 포폄보다는 강과 목으로 나누는 단순한 편집 형식의 측면에 더 큰 비중을 둔 셈인데, 이는 매우 정확한 논점이라 할 것이다.

문종의 말에는 아직 검토할 주제가 남아 있다. 다시 역사를 한 세대 거슬러 올라가보겠다. 세종 때 『태종실록』을 왜 강목체로 편찬하려 했을까? 또 실제로 강목체로 편찬되었는가? 이를 위해서 우선 『태종실록』의 편찬 체재를 간단히 살펴보자. 『태종실록』을 읽다보면 쉽게 알 수 있기는 하지만, 다시 한번 확인하는 의미에서 몇몇 기사를 간단히 표로 만들어보겠다.(〈표 9〉 참고) 그전에 강과 목에 해당되는 기사의 내용별 분류를 주자가 『강목』「서례序例」에서 언급하고 있으므로 미리 참고하자.

큰 글씨로 요점을 제시하였고【큰 글씨에는 정례와 변례가 있다. 정례는 처음과 끝, 흥폐, 재해, 연혁 및 호령, 정벌, 살생, 관직 임명 중에서 중요한 것이다. 변례는 여기에 포함되지는 않지만 훌륭하여 본받을 만한 일이나 좋지 않아 경계 삼아야 할 일을 특별히 기록하였다.】 분주를 통하여 기사 내용을 갖추었다.【그 시원을 추적한 것도 있고, 그 결말을 결과적으로 언급한 경우도 있다. 그 일을 상세히 진술한 경우도 있고, 그 말을 갖추어 기재한 경우도 있다. 시종에 따라서 드러낸 경우도 있고, 임명과 파면에 따라 드러낸 경우도 있다. 사태의 유형에 따라 드러낸 경우도 있고, 가문이나 세도에 따라 드러낸 경우도 있다. 사마온공(사마광)이 수립한 말이나 선택한 이론도 있고, 호씨(호인)가 모은 설과 지은 평도 있는데, 두 학자가 남긴 것이나 근세 대유 선생들이 정리한 견해를 많이 채록하여 그 사이에 첨부하였다.】

大書以提要【凡大書有正例有變例. 正例如始終·興廢·災祥·沿革及號令·征伐·殺生·除拜之大者; 變例, 如不在此例, 而善可爲法, 惡可爲戒者, 皆特書之也.】, 而分注以備言【凡分注, 有追原其始者, 有遂言其終者, 有詳陳其事者, 有備載其言者, 有因始終而見者, 有因拜罷而見者, 有因事類而見者, 有因家世而見者, 有溫公所立之言所取之論, 有胡氏所收之說所著之評, 而兩公所遺與

夫近世大儒先生折衷之語, 今亦頗采而附於其間云.]¹⁸⁶

　　주자의 말에 따르면, 강은 크게 9개 범주로 나뉜다. 정례 8개와 변례 1개
가 그것이다. 강을 받치고 있는 목은 다시 10가지 경우로 나누어 강의 기록
을 설명하거나 인과를 밝히는 것으로 되어 있다. 그리고 위에서 언급한 목의
나머지 경우는 사마광司馬光이나 호인胡寅 등의 사론史論에 해당된다.

　　그러면 이런 『강목』의 서술 방식을 염두에 두고 『태종실록』의 기사를 살
펴보자. 편의상 태종 원년(1401)의 기사로 한정하여 표본을 추출했다. 〈표 9〉
에서 보듯이 『태종실록』은 김종서가 말한 대로 강목체를 의식하고 편찬되었
다. 『태종실록』과 함께 편찬된 『공정왕실록』, 즉 숙종 7년(1681) 공정왕恭靖王
에서 정종定宗으로 묘호가 바뀌면서 명칭이 바뀐 『정종실록』도 강목체로 편
찬되었다. 학계에서는 『태조실록』도 강목체 사서로 보는 학자가 있다.¹⁸⁷

　　이 두 실록이 『강목』에서처럼 강과 목을 큰 글자와 작은 글자로 기록한
것은 아니지만, 개요와 내용이라는 강목의 서술 방식에 입각한 편찬임은 틀
림없다. 큰 글자인가 아닌가, 즉 서지書誌의 차이는 강목체의 논의에서 관건
은 아니다. 왜냐하면 이는 열람의 편의를 위한 배려일 따름이기 때문이다.¹⁸⁸

　　이미 『태조실록』을 편찬한 경험이 있는데도 『태종실록』은 왜 굳이 강목

186　『資治通鑑綱目』「序例」1-2.

187　末松保和,「李朝實錄考略」(1958),『青丘史草』, 笠井出版社, 1969, 314쪽. 『태조실록』의
　　　　경우에는 좀 더 구체적인 기사 분석이 필요한데, 다음 연구로 미룬다.

188　이런 이유로 '강'과 '목'의 글자 크기를 달리한 『강목』의 다른 판본, 예를 들어 『어비자
　　　　치통감강목御批資治通鑑綱目』, 文淵閣四庫全書, 689~691책도 있다. 한편 강목체를 선
　　　　택한 다른 사서, 예를 들어 『일성록』(규장각)은 글자의 크기를 고려하지 않았다. 요컨
　　　　대 글자 크기는 강목체를 이루는 기본 요건이 아니다.

<표 9> 『태종실록』의 강목체 기사 표본

전거	강綱	목目
원년 2월 7일(병신)	이조·이백온을 개인 별장에 안치하였다. 安置李朝·李伯溫于私莊.	이들을 탄핵한 사헌부의 상소
원년 2월 9일(무술)	검교 한성 윤 변남룡과 그의 아들 변혼을 저자 거리에서 베고, 그 가산을 적몰하였다. 檢校漢城尹卞南龍及子渾棄市, 籍沒家産.	사건의 발생과 처리
원년 3월 9일(무진)	문하부 낭사가 상소하여 종묘에 고하는 예를 맹월에 구애받지 말기를 청하였다. 門下府郎舍上疏, 請告廟之禮不拘孟月.	상소의 내용
원년 3월 12일(신미)	상을 입는 3년 동안 과거를 보지 못하게 명하 였다. 命服喪三年, 勿令赴試.	성균정록소成均正錄 所의 건의 상소
원년 3월 28일(정해)	우정승 하윤이 사직을 청하였다. 右政丞河崙乞辭職.	하륜의 사직상소와 사직 경위
원년 4월 6일(갑자)	나라 안에 사면령을 내렸다. 宥境內.	사면령을 내리는 왕지王旨
원년 5월 1일(기축)	문하부 낭사가 상소하여 검교직을 파하라고 청 하였다. 門下府郎舍上疏, 請罷檢校之職.	상소의 내용과 논의 과정
원년 5월 20일(무신)	분경을 금지하였다. 禁奔競.	분경 금지령의 경위
원년 7월 8일(을미)	사관은 6아일 조정 회의 때 입시하도록 명하였 다. 命史官以六衙日視朝時入侍.	사관 입시 논란
원년 7월 13일(경자)	하륜 등이 개정한 관제를 올렸다. 河崙等上所改官制.	관제 개혁 논의
원년 7월 19일(병오)	궁궐을 고쳐 영건하라고 명하였다. 命改營宮室.	궁궐을 개수하는 이유
원년 8월 1일(정사)	원통하고 억울한데 고할 데 없는 백성은 나와 서 등문고를 치라고 명하였다. 命無告之民銜怨抑者, 進擊登聞鼓.	등문고 설치 경위
원년 8월 2일(무오)	남계의 부세를 모두 수운하라고 명하였다. 命南界之賦, 皆令水運.	논의 과정

원년 8월 22일(무인)	의정부에 명하여 원자의 학당을 지을 터를 성 균관에다 알아보게 했다. 命議政府, 相構元子學堂之地于成均館.	학당을 세우게 된 이유
원년 9월 21일(정미)	대사헌 이원을 파직하였다. 罷大司憲李原職.	파직한 경위
원년 10월 3일(무오)	의정부에서 무역하여 바꿀 말값을 정하였다. 議政府定易換馬價.	말 가격 결정 과정
원년 11월 27일(신해)	대간 관원의 상호 보복을 금하였다. 禁臺諫員互相報復.	보복 금지를 청한 의정부의 상소
원년 12월 21일(을해)	예조에서 적전 경작법을 다시 정하였다. 禮曹更定耕籍田之法.	예조의 상소와 논의 과정

체로 편찬했을까? 이는 『태종실록』 편찬 당시의 사서 편찬 체재에 대한 이해
와 관련이 있는 듯하다. 『태종실록』 편찬의 책임 감수는 변계량이 맡았는데,
그는 유관柳觀과 함께 세종 원년(1419)에 『개수고려사改修高麗史』를 편찬하면
서 『고려국사』를 수정했던 적이 있다. 당시 유관은 강목체로 편찬할 것을 주
장했지만 변계량이 반대함으로써 『개수고려사』는 강목체를 채택하지 않았
다.[189]

  상이 일찍이 『고려사』를 보고 춘추관에 전지하기를 "『강목』의 필법으로 수
  찬한다면 작은 일이 중첩되는 것을 다 기록하기가 어렵겠지만 보기에는
  편리할 것이며, 편년의 필법으로 수찬한다면 보기에는 비록 어려우나 사실
  을 서술하는 데는 상세할 것이니, 어떻게 이를 처리하겠는가?" 하니, 맹사
  성·권진·신장·정인지·김효정·설순 등이 의논하여 아뢰기를 "역사의 기록

189 『세종실록』, 5년 12월 29일(병자).

은 편년이 있고 난 후에 강목이 있었습니다." 하니, 상이 말하기를 "내 생
각도 그러하다. 편년의 필법으로 이를 수찬하여, 차라리 번거로운 데에 실
수가 있더라도 소략하여 사실을 빠뜨리지 말게 하라." 하였다.

上嘗覽『高麗史』, 傳旨春秋館曰: "以『綱目』法修撰, 則於小事重疊難以
悉記, 然便於觀覽; 以編年法修撰, 則觀覽雖難, 敍事則詳, 何以處之?"
孟思誠‧權軫‧申檣‧鄭麟趾‧金孝貞‧偰循曰: "大抵史記有編年以後有綱
目." 上曰: "予意亦然, 以編年撰之, 寧失於煩, 毋令疎略沒實."[190]

　　세종도 한때 『고려사』를 강목체로 편찬할 것을 고려했던 듯하다. 강목체
로 편찬하면 역사적 사건을 참고하는 데 편리하기 때문이다. 그러나 편년체
사서가 없는 상태에서 바로 강목체로 역사서를 편찬할 경우 사료의 일실을
우려하지 않을 수 없기 때문에 『고려사』를 먼저 편년체로 편찬하기로 결정했
다. 이는 사마광의 『통감』에서 주자의 『강목』으로 나아갔던 역사 편찬의 경
험을 충분히 이해하고 있었기 때문에 가능한 판단이었다.
　　『태종실록』에 강목이라는 기사 구성 방식을 적용한 배경은 이러한 흐름
과 관련이 있다고 생각한다. 변계량은 비록 『고려국사』의 편년체를 강목체로
바꾸는 데 동의하지 않고 『개수고려사』를 편찬할 때도 강목체에 반대했지만,
주자의 강목체 기사 구성에서 포폄의 측면에는 관심을 크게 가졌다. 이 때문
에 강목체의 기사 구성이 갖는 다른 측면, 즉 강과 목으로 나누어 개요와 내
용을 선명하게 구분해주는 서술상의 장점을 『태종실록』 편찬에 반영한 것으
로 보인다.
　　변계량의 이런 시도는 『태종실록』 편찬에만 반영된 일회적인 실험으로

190　『세종실록』, 14년 8월 10일(병신).

그쳤다. 세종대를 거쳐 역사 연구가 심화됨에 따라『강목』의 정통론을 전제로 한 통사적 성격과 실록의 당대사적 성격이 충분히 인식되었기 때문이다. 예컨대『세종실록』의 편찬 당시, 즉 문종 2년(1452)에 김종서의 건의와 문종의 승인에 따라『강목』이 아닌『통감』의 편년체 방식대로『세종실록』을 편찬하기로 했기 때문이다. 이후 실록은 대체로『세종실록』의 편찬 체재를 따랐다. 문종의 말처럼 긴 기사의 경우에만 개요를 먼저 기록하고 상세한 내용을 이어서 기록한다면 후일 사관을 통해 실록을 참고할 때도 큰 어려움이 없을 것이기 때문이다. 어떤 편찬 체재를 따르든『통감』과『강목』을 실록 편찬의 모범으로 삼고 편찬에 반영했다는 사실은 조선 초기 역사 인식의 일단을 보여주는 예다.

한 가지 더 검토할 사항이 있다. 실록에 나타난 기전체의 영향이다. 실록의 줄기는 기전체의 영향을 보여주는 대표적인 사례이다. 고려시대의 실록이 기전체로 편찬되었을 것이라는 주장도 제기된 바 있지만,[191] 이 역시 줄기에 해당하는 것으로 보는 편이 타당하다.[192]

실록은 국왕의 재위 기간을 단위로 편찬되는 역사서의 성격을 갖고 있으므로 본기本紀 또는 세가世家, 표表, 지志, 열전列傳 등 기전체의 구성 요소로 편제하는 것은 합리적이지 않다. 따라서 '실록은 왕조사와 전연 다른 것이 아니라 오히려 연속선상에 있으며, 기원적으로는 기전체의 성격을 지니고 있다'고 보는 관점[193]에 동의하지 않는다. 제1부에서 서술한 바, 측천무후의 실

191 鄭求福,「高麗時代의 史館과 實錄編纂」,『第三回 國際學術會議論文集』, 한국정신문화
   연구원, 1984.
192 변태섭, 위 정구복의 논문에 대한 토론, 1984.
193 高柄翊,『東아시아文化史論考』, 서울대학교 출판부, 1997, 157쪽.

록을 편찬하면서 느낀 유지기의 소회는 바로 왕조사 기전체와 당대사 편년체 실록의 단절적 성격에 대한 문제 제기의 성격을 띤다. 단지, 사람은 늘 죽게 마련이므로 실록에서는 한 인물에 국한된 열전, 이른바 '졸기'를 통해 한 인물의 생애를 편년체 방식에 끼워 넣는 것이다. 이런 점에서, 고려실록이 기전체였다는 주장은 '실록이 열전의 요소를 포함하고 있었다'고 하는 편이 나을 것이다.[194] 이러한 경향의 잔영은 『세종실록』의 지류志類에서도 찾아볼 수 있다.

생각건대 실록과 열전이라는 주제는 편찬 시스템의 변화와 관련하여 해석하는 편이 좀 더 생산적일 듯싶다. 조선시대 『세종실록』의 과도기를 거쳐 각 방房에서 초초初草 – 중초中草 – 정초正草의 과정을 밟아 완성되는 『성종실록』 이후의 집단적 공동 편찬 시스템과 달리, 고려실록의 편찬 시스템은 몇몇 식견 있는 문장가가 편찬을 맡는 방식으로 이루어졌다고 보기 때문이다. 편찬 시스템에서 볼 때 고려시대와 대동소이했던 조선 초기 『태종실록』까지의 졸기가 마치 기전체 열전처럼 길고 상세한 이유도 그로부터 비롯되었다고 추정된다. 그러다가 춘추관 실록청의 공동 편찬 방식이 확립되는 『성종실록』을 전후하여 열전, 즉 졸기의 길이는 현저하게 줄어들고 개인별로도 편차가 줄어드는 경향을 보인다.

4) 기사와 사론의 분화

조선왕조실록에서 또 하나의 흥미로운 형식은 실록의 사론史論과 기사記事이다. 조선왕조실록의 사론에 대해서 이미 포괄적인 연구가 진행된 바 있

---

194 위의 책, 137쪽.

고,[195] 나아가 현존하는 사초를 토대로 『중종실록』 편찬에 사초가 반영되는 과정을 탐구하고 사론이 실리게 되는 과정과 현황을 실증적으로 검토하는 데서 시작하여 실록의 본문과 세주細註, 사론의 구성에 대해 논구한 성과도 나와 있다.[196] 이 책에서는 이런 연구 성과를 바탕으로 실록의 사론이 갖는 의미를 사학사적 측면에서 검토하고자 한다.

실록에 '사신왈史臣曰'로 시작하는 사론이 본격적으로 나타나는 것은 『성종실록』부터이다. 이런 현상을 두고, 사람들이 한림 천거제를 이용하여 성종 때부터 대거 사관으로 진출했다는 점에서 이유를 찾기도 하고,[197] 사관 기능의 강화에서 그 이유를 찾기도 했다.[198] 또 고려 말부터 계속된 유교 교육의 진흥과 학문장려책으로 관료의 지적 수준이 발전함에 따라 사관의 비판 의식이 성장한 결과로 이해하기도 했다.[199] 즉, 제도의 강화와 정치 세력의 성격 및 사회적 분위기라는 측면에서 실록의 사론이 증가했다는 것이 기존 연구의 결론이었다. 이런 결론은 상당한 타당성을 가지고 있다. 조선 초기 사관제도의 확립이 성종대에 이루어졌음을 상론한 필자의 견해도 선학들의 이러한 연구와 일치한다.

하지만 이상의 설명만으로는 조금 부족하게 여겨진다. 사관제도의 확립은 사관이 안정적인 지위를 바탕으로 충실한 기록을 할 수 있는 여건이 마련되었다는 데 의미를 둘 수 있지만, 그것이 곧바로 사론의 증가로 나타난다는

---

195 車長燮, 「朝鮮前期實錄의 史論」, 『國史館論叢』 32, 1992.

196 金慶洙, 『朝鮮時代의 史官硏究』, 국학자료원, 1998.

197 車長燮, 「史官을 통해본 朝鮮前期 士林派」, 『慶北史學』 8, 1985, 31쪽.

198 車長燮, 앞의 글, 1992, 34쪽.

199 鄭求福, 「朝鮮初期의 春秋館과 實錄編纂」, 『擇窩許善道先生停年紀念韓國史學論叢』, 일조각, 1992, 299~300쪽.

것은 개연적이기는 해도 필연적이지는 않다. 사관의 활동이 사론으로만 나타나지는 않기 때문이다. 더욱이 사림의 등장과 비판 의식의 성숙이라는 정치 사회적 변화가 사론의 증가와 어떤 직접적인 연관성이 있는지는 중간 단계의 논리가 좀 더 필요하다. 이런 점을 염두에 두고 실록의 사론 증가 현상을 재음미해보자.

실록은 국가의 흥망 단위로 편찬되는 기전체 정사正史 및 문명사적 단위로 편찬되는 통사通史와 함께 국왕의 재위 기간을 단위로 편찬되는 국사國史의 하나이다. 사학사적으로 보면 실록은 또 하나의 역사 서술 특성을 지닌 역사서이다. 우리나라나 중국의 학계에서 기전체 정사나 통사에 비해 실록에 대한 사학사적 관심이 상대적으로 적다고 하는데, 그것은 현재적 관심의 차이에서 기인할 뿐 실록의 역사적 가치가 낮기 때문이 아니다. 오히려 편찬 빈도나 역사서의 양으로 보아도 실록은 다른 역사서를 월등히 뛰어넘는다. 따라서 실록의 사학사적 가치는 결코 낮게 볼 수 없다.

이런 맥락에서 『성종실록』을 기점으로 사론이 활성화되는 현상도 실록이라는 역사서의 성격을 당시 어떻게 이해하고, 어떤 편찬 방식을 지향했는가에 초점을 맞춰 설명하고자 한다. 그 현상을 이해하기 위한 선행 과제라고 생각하기 때문이다.

실록에서 사론이 증가한다는 사실은 두 가지 점에서 궁금증을 일으킨다. 먼저 '역사서에서 사론이 차지하는 의미가 무엇인가' 하는 일반론적인 수준의 의문에서 볼 때, 실록에 사론을 첨부하는 일은 과연 어떤 의의가 있는지가 그 하나이다. 다음으로, 조선 초기 『성종실록』을 기점으로 사론의 비약적인 증가가 이루어진 현상에 대해 실록 편찬의 기준이나 모범으로 삼는 서술 방식에 어떤 변화가 있지 않았을까 의문을 품는 것이다. 이 두 가지는 밀접하게 관련된 사학사적 질문이지만 편의상 나누어 생각해보도록 한다.

첫째, 역사서에 사론이 부기되는 일반적인 의미를 생각해볼 필요가 있다. 전통적으로 역사서의 전범으로 일컬어지는 『춘추』에는 사론이 없다. 『춘추』는 '속사비사屬辭比事', 즉 나열되어 있는 사실들은 그 자체로 큰 의미를 드러내지 못하지만 같은 류의 사항과 기사문을 종합하면 그로부터 포폄과 호오 好惡의 숨겨진 뜻을 발견할 수 있다는,[200] 이른바 '춘추필법春秋筆法'으로 널리 알려져 있다. 그러나 이 점은, '춘추필법'이란 결국 『춘추』의 세 가지 연구서(春秋三傳)라고 불리는 『공양전公羊傳』・『곡량전穀梁傳』・『좌씨전左氏傳』의 성립에서 보듯이 『춘추』를 읽는 사람의 해석에 관한 문제임을 일깨워준다. 다시 말하면 공자가 『춘추』를 지은 의도, 즉 춘추필법을 어떻게 이해할 것인가가 더 중요한 문제라는 점이다. 누구도 공자의 의도는 정확히 모르기 때문이다. 흥미롭게도 이는 모든 경서經書의 공통적인 문제이며, 그렇기에 경서는 해석을 낳고, 그 해석 또는 주석은 그것 나름대로 의의를 가진다. 바로 이런 '춘추필법'으로 표현되는 『춘추』 정신의 다양한 해석 가능성 때문에 『춘추』는 경서가 되었다고도 할 수 있다.

그러나 공자 같은 수준의 성인을 자임하기보다는 겸손을 택했던 후세의 역사가들은 이러한 춘추필법의 난점을 다른 방식으로 해결했다. 공자처럼 '속사비사'를 통해 사실의 기록과 평가를 용해해버리는 것이 아니라 그 둘을 동시에 제시하는 방식을 선택한 것이다. 그리하여 『춘추』에 대한 해석서인 『춘추좌씨전』의 저자는 '군자가 말하기를(君子曰)', '군자가 생각하기를(君子謂)', 또는 '그래서 군자는 이렇게 생각한다(君子以謂, 君子是以)' 같은 방식으로 사실과 자신(君子)의 해석을 나누어 기록했다. 이후 주지하듯이 사마천의 『사

---

200 다케우치 데루오竹內照夫, 『春秋와 春秋筆法』, 閔斗基 편, 『中國의 歷史認識(上)』, 창작과비평사, 1985, 166쪽.

기』에서 '태사공의 생각으로는(太史公日)'이란 방식으로 사론이 이어져, 『명사
明史』까지 24사史에 모두 사신史臣의 사론이 부기되어 있다.[201]

편년체 통사인 『자치통감』도 예외는 아니다. 사마광은 '신하 사마광은 말
합니다(臣光日)'라는 사론 117편 외에도 다른 사상가나 역사가의 사론 100편
가량을 『자치통감』에 실었다.[202] 사마광의 후광에 힘입은 주자의 『자치통감
강목』에는 45명의 역사가·사상가의 사론 930여 편이 실려 있다.[203] 이는 『강
목』의 전체 분량이 『통감』의 2/3 정도라는 사실을 고려할 때 사론의 양이
6~7배 이상 늘어났음을 알려주는 대목이다.

이러한 산술적인 통계에 더하여, 『강목』의 범례를 통해 제시된 포폄의 원
칙이나 강綱과 목目을 통해 구현된 기사의 배치 속에 담긴 주자의 의도 등 숫
자로 가늠되지 않는 사론을 감안하면, 『강목』은 분명 『통감』보다 주관성이
짙은 역사서가 틀림없다. 그러나 이 같은 '주관성'이 주자가 『강목』에서 견지
하려고 했던 평가와 사실의 엄정한 분리 노력에 흠이 되지는 않을 것이다.

『통감』과 『강목』에서 사론의 양적 차이가 나타나는 것은 무슨 까닭일까?
우선 『통감』이 황제에게 바쳐진 역사서였던 반면, 『강목』은 주자의 사찬私撰

---

201 高柄翊, 「劉知幾의 史通과 史評理論」, 閔斗基 편, 『中國의 歷史認識(下)』, 창작과비평
사, 1985, 566쪽.

202 미우라 쿠니오三浦國雄, 「資治通鑑의 性格」, 閔斗基 편, 『中國의 歷史認識(上)』, 창작과
비평사, 1985, 358쪽. 그러나 사마광이 사론을 통해서만 말했던 것은 아니다. 편년체
의 편찬 방식 속에 주도면밀하게 짜여진 사마광의 서법은 또 하나의 거대한 사론이
다.(같은 책, 352~357쪽) 다만 필자는 이 책에서 사론이라는 형식의 측면에서만 논의
하고자 한다.

203 정확히 헤아리려고 노력은 했지만 오차가 있을 것이다. 『자치통감강목』에 나오는 사론
중에서 '호씨왈胡氏日'로 시작하는 사론이 498편으로 가장 많은데, 호인胡寅의 『독사관
견讀史管見』에 있는 사론을 채용한 것이 대부분이며, 호굉胡宏의 사론이나 호안국胡安
國의 사론도 있을 것으로 판단된다. 이 문제는 차후의 연구 과제로 남겨놓는다.

역사서였다는 사실이 고려되어야 한다. 그런데 다른 직접적인 이유도 있는 듯하다.

　무엇보다 『강목』의 사론 중에는 『통감』이 편찬된 이후의 역사가가 쓴 사론을 채용한 것이 많다. 사마광의 사론(115편), 호인胡寅의 사론(호굉胡宏 포함, 498편), 범조우范祖禹의 사론(203편) 등, 『강목』의 사론 대부분이 『통감』의 성과에 힘입어 발흥한 송대宋代 역사학의 영향 아래서 쓰였음이 주목된다. 이러한 양상은 바로 성리학의 발달 및 그 주체와 시기가 일치한다. 사론의 증가는 송대 사대부의 자기의식을 반영하며, 새로운 사상의 담지자로 등장한 이들의 역사의식을 드러낸다. 성리학에 입각한 역사의 해석인 동시에 역사에 대한 강한 책임 의식이 역사서 편찬에 반영된 것이다.

　이러한 이해를 바탕으로 실록의 사론 증가라는 현상을 접근해보자. 조선 전기 실록에 나타난 사론의 숫자를 정리하면 〈표 10〉과 같다. 이를 살펴보기에 앞서 사론의 범위에 대한 한계를 짚고 넘어가야겠다. 실록에는 '사신왈'의 형식으로 시작되는 사론을 제외하고도 '사람들이 대부분 칭찬하였다(人多稱之)' 또는 '사람들이 모두 그르다고 하였다(人皆非之)' 등의 방식으로 사론을 대신하는 사례가 있거니와, 졸기나 일반 사건의 기사에도 사론이라고 볼 만한 내용이 적지 않게 실려 있다. 이는 조선조의 실록뿐만 아니라 고려 때도 그러했던 것으로 추정된다. 따라서 사론을 제대로 분석하기 위해서는 이러한 형식의 사론도 검토해야 한다.

　그러나 이 책에서는 방금 설명한 사론의 성격을 지닌 모든 형식을 다 추출하지 못했다. 주로 '사신왈'이라는 형식을 검토했는데, 한계는 분명히 있지만 이 방법이 의미 없지는 않다. '사신왈'의 형식을 통해 해당 기사에 대한 사관의 입장을 드러내는 한편, 그 사론에 대한 책임을 사신, 곧 사관 자신이 지고 있음을 확실하게 하는 효과가 있기 때문이다. 이는 사관 직능의 안

	재위 기간	사론 수	연평균
태조	7		
정종	2	1	
태종	18	1	
세종	32		
문종	2		
단종	3	4	
세조	14	11	
예종	1	2	
성종	25	629	25
연산군	12	34	2.8
중종	39	1,261	32.5
인종	1	55	55
명종	22	1,439	65.4

* 『성종실록』 이후의 조사는, 車長燮, 「朝鮮前期實錄의 史論」, 『國史館論叢』 32, 1992, 31쪽의 〈표 2〉를 참고했다. 차장섭의 조사와 차이가 나는 사론의 전거는 다음과 같다. 『태종실록』, 17년 2월 24일(신사); 『단종실록』, 즉위년 5월 21일(계축); 즉위년 6월 13일(갑술); 즉위년 8월 16일(병자); 즉위년 윤9월 19일(무인); 『세조실록』, 원년 8월 9일(임자); 5년 6월 16일(병인); 5년 11월 12일(경인); 9년 6월 23일(신사); 10년 5월 6일(무오); 10년 5월 8일(경신); 12년 3월 6일(정미); 13년 2월 7일(계묘); 14년 3월 27일(정해); 14년 6월 14일(임인); 14년 7월 28일(을유) 등이다.
* 『정종실록』, 2년 7월 2일(을축); 『예종실록』, 즉위년 11월 10일(병인); 즉위년 12월 12일(무술).

정과 자기의식이 표현된 서술 형식으로 판단된다. 그 형식에는 어떤 전범이 있든지, 혹은 창의적인 것이 있든지 할 터다.

조선 초기 실록의 사론 분포를 보면, 정종과 태종 재위 기간에 각각 1편이 보이는 것을 제외하면 『문종실록』에 이르기까지 '사신왈'로 씌어진 사론은 전혀 없다. 이런 상황은 『태조실록』(하륜 감수)과 『정종실록』·『태종실록』(변계량 감수, 변계량 사후에는 황희와 맹사성 감수)의 편찬 방식에서 연유하는 듯하다. 『세종실록』과 『문종실록』도 이전과 마찬가지로 재상의 감수 편찬 방식이 적용되었음을 감안하면, 역시 조선 나름의 사관제도가 확립되어가는 도중이었기에 나타난 현상으로 판단된다. 다음의 기록도 주목된다.

> 역대 역사는 본기, 열전, 표, 지의 끝에 모두 논찬이 있었다. 이제 고려사를 편찬하는데 『원사元史』에 준하여 논찬을 짓지 않고, 세가에만 예전에 이제현 등의 논찬이 있었으므로 지금 그대로 둔다.
> 歷代史紀傳表志之末, 皆有論贊. 今纂高麗史準『元史』不作論贊, 惟世家舊有李齊賢等贊, 今仍之.[204]

이 기사로 보건대, 『고려사』를 편찬할 때 『원사元史』의 예에 따라 사론을 달지 않기로 했음을 알 수 있다. 『고려사』는 실록과 달리 기전체 정사이지만, 이렇듯 사론을 달지 않는 편찬 원칙이 조선 초기의 실록에도 반영된 것 같다. 게다가 대체로 참외관이 사초를 작성하면서 독자적인 사평을 제시할 내외적 조건이 갖추어지지 않았고, 편찬 과정에서도 따로 사평史評을 부기하지 않았다.

『단종실록』(『노산군일기』), 『세조실록』, 『예종실록』은 동시에 편찬되었으며, 드물기는 하지만 사론이 실리기 시작한다. 『성종실록』에서 격증한 사론은 특히 성종 9년(1478)을 기점으로 눈에 띄게 변화한다. 그 무렵은 사림 세력이 중앙 정계에 진출하는 시기와 일치하기 때문에 사론의 증가 이유를 그로부터 찾기도 한다. 그러나 더 눈여겨보아야 할 사실은, 이때 홍문관이 설립되면서 예문관 참외관이 세조대 이래의 경연 겸직에서 벗어나 전임사관의 본분을

---

[204] 『高麗史(上)』 「纂修高麗史凡例」 10쪽.

충실히 수행할 수 있는 조건이 마련되었다는 점이다.[205]

이렇듯이 사론의 증가는 사관제도의 확립과 궤를 같이하고 있다고 판단되지만, 그 증가 현상이 실록에 '사신왈'이라는 구체적인 사론의 형식으로 표현된다는 점에 대해서는 별도의 설명이 필요하다. 이를 이해하기 위해서 시정기찬수범례 가운데 한 조목을 살펴보자.

> 입시의 대화 내용은 그 요점을 추려 적고, 중요한 연혁이나 시비는 사안을 아뢴 사람이 한 말 이외에 그 시말을 상세히 기록하고, 포폄으로 첨부할 만한 것은 따로 강목을 만들어 아래에 기록하여도 무방하다.
>
> 入侍說話, 攝其緊要者載錄, 而如大段沿革·大段是非, 雖奏事人所奏外, 亦詳記首末, 及參入褒貶者, 則或別爲綱目, 錄于下無妨.[206]

이는 『한원고사翰院故事』의 한 대목이다. '시정기'는 대체로 중종대를 거치면서 『한원고사』에 실린 '시정기찬수범례'에 맞춰 작성되기 시작한 것으로 보인다. 시정기는 실록에 실리기 전부터 외부에 노출될 가능성을 안고 있기 때문에 시정기 편찬으로 인해 사관의 직무 수행과 사초의 비밀 보장에 해를 끼치지 않을 조건이 마련되어야 했다.

---

205 왕위를 찬탈한 세조는 단종복위운동이 집현전 학사를 중심으로 일어난 사건을 계기로 집현전을 폐지했다. 또한 경연에서는 세조 본인이 직접 신하들을 가르쳤고, 예문관 관원에게는 경연관을 겸직시켰다. 오항녕, 「세조대 '親講'의 역사적 성격」, 『朝鮮의 政治와 社會』, 집문당, 2002.

206 『한원고사翰院故事』 「시정기찬수범례時政記纂修凡例」(규장각 고-5122-3A). 『육전조례六典條例』에도 같은 기록이 실려 있다. 『육전조례』 「춘추관 시정기春秋館時政記」, 경문사 영인본, 780쪽. 다만 『한원고사』에 수록된 시정기찬수범례는 숙종대에, 『육전조례』는 고종 2년에 편찬되었다는 점을 유념해야 한다.

성종대까지만 해도 시정기는 각 관청의 문서를 수집·정리하는 일 이상이 아니었고, 연산군대에도 시정기의 성격을 두고 혼란스러워했다. 그러므로 『한원고사』에 정리된 시정기의 찬수범례를 곧바로 성종대의 시정기로 동일하게 이해하면 곤란하다. 오히려 『한원고사』의 시정기는 연산군대에 편찬된 『성종실록』의 찬수범례로 이해하면 문제가 없을 것이다.[207]

『성종실록』에서 '사신왈' 형식의 사론 증가 현상과 관련하여 위의 『한원고사』 시정기찬수범례 서술 중 주목할 만한 구절은 바로 '포폄으로 첨부할 만한 것은 따로 강목을 만든다'이다. 위의 문장을 단순히 읽으면 포폄을 강목으로 만들라는 말 같지만, 실제 뜻은 중요한 연혁과 시비를 '강綱'으로 하고 주사奏事(사안을 아뢴 말)와 수말首末(일의 시말) 및 포폄을 '목目'으로 정리하라는 말이다.

여기서 문종대에 『세종실록』을 편찬할 당시 『강목』보다는 『통감』의 방식을 따르되, 내용이 많은 기사는 『통감』에서도 『강목』처럼 제목을 뽑고 전말을 기록했으니 실록도 그렇게 하기로 결정했던 일을 기억할 필요가 있다. 『강목』에서는 사론을 '목'에 싣고 있다. 그러므로 『한원고사』의 시정기찬수범례에서 포폄을 '목'에 기록하라고 한 것은 바로 『강목』의 서술 방식을 따르라는 말이었다. 결국 실록의 사론은 『강목』의 그것을 모델로 했으며, 사관제도가 확립되는 성종대에 '사신왈'이라는 사론의 형식으로 정착되어 증가한 것이다. 물론 실록이기 때문에 당연히 '아무개가 말하기를(某氏曰)'이 아닌, '역사 기록을 담당하는 신하가 말하기를(史臣曰)'로 표기되었다.

『자치통감』에서 『자치통감강목』에 이르는 시기에 중국 성리학자들이 역

---

207 한우근도 시정기찬수범례는 실록의 그것과 같다고 지적했다. 韓沽劤, 「朝鮮前期 史官과 實錄編纂에 관한 연구」, 『震檀學報』 66, 1988, 109쪽.

사 비평의 방법으로 사론을 통해 현실에 적극 개입했듯이, 조선의 사림들도 성종대에 이르러 정치 세력으로 등장하면서 사론을 현실 비판의 통로로 삼았다. 이는 고려 말 이래 성리학을 수용하면서, 그 대표적 역사서인 『통감』과 『강목』을 주체적으로 이해한 결과였다. 나아가 조선에서는 '사신왈'로 표현되는 사론이 『강목』처럼 통사가 아닌 당대사 실록의 편찬 형식으로 확립되었다. 이를 통해 조선 초기의 관료 체제 안에서 사관이 갖는 독립적 위상과 실록 편찬에 기울인 사관의 창의적 노력의 일단을 엿볼 수 있다.

지금까지 실록의 기년과 명호, 편년체의 정착 과정, 기사와 사론의 분리라는 체재상의 특징을 살펴보았다. 그 과정에서 태조 원년(1392)에 시작되어 문종 2년(1452)에 마무리된 『고려국사』(『고려사』)의 편찬과 실록 체재의 변화가 매우 밀접한 관계에 있음을 확인했다. 이는 어쩌면 당연한 일이었다. 조선 건국의 정통성을 천명하고 고려의 문화적 성과를 정리하는 사업이 역사학에서 『고려사』의 편찬으로 나타났던 바, 당대사인 실록에 『고려사』의 개수를 둘러싼 논의가 반영되는 것은 매우 자연스러운 일이다.

이 과정은 『자치통감』 및 『자치통감강목』에 대한 연구와 나란히 진행된 흐름이었다. 세종대에 들어와 이 서적들을 출판하는 한편, 주석서로 『자치통감사정전훈의資治通鑑思政殿訓義』와 『자치통감강목사정전훈의資治通鑑綱目思政殿訓義』를 편찬하여[208] 연구하고, 동시에 조선 학자들을 위한 교과서 보급을

---

208 鄭求福, 「『東國通鑑』에 대한 史學史的 考察」, 『한국사연구』 21·22, 1978; 吳恒寧, 「조선 초기 경연의 『資治通鑑綱目』 강의」, 『한국사상사학』 9, 1997; 오항녕, 「조선 세종대 『資治通鑑思政殿訓義』·『資治通鑑綱目思政殿訓義』의 편찬」, 『태동고전연구』 15, 1998; Oh Hang-nyong, "New Vision of Governance by History in Early Chosŏn Dynasty", *Korean Social Science Journal*, Vol. ⅩⅩⅥ(1999 No.1), 1999. 2.

완료했다. 민간에서도 이 서적들을 간행하여 주고받는 사례가 발견되기도 할 만큼 주목받고 있었다.

『정종실록』과 『태종실록』의 기년紀年이 『통감』과 『강목』을 형식적으로 본떠 정종과 태종의 원년부터 편집되었는가 하면, 통사와 당대사 실록의 차이에 대한 이해가 깊어진 세종 승하 후에 편찬된 『세종실록』부터는 즉위년에서 시작하는 변화를 보이고 있다. 명호名號의 경우도 폐왕에 대한 명호의 논거를 『강목』에서 빌려와 그 폄칭貶稱 및 실록의 제호로 삼았다.

한편, 실록의 당연한 편찬 체재로 생각되던 편년체도 그리 간단한 문제는 아니었다. 물론 실록이 다른 편년 방법을 택하기 어렵다는 실제적인 이유에서 편년체가 주된 흐름이었지만, 『고려국사』 개수 논의 과정에서 강목체에 의한 편찬이 거론되던 세종 초, 즉 『정종실록』과 『태종실록』이 편찬될 무렵에는 실록에 강목체가 적용되는 모습을 보이기도 했다. 그러나 이 역시 편년체와 강목체의 특성을 분명히 인식했던 『세종실록』 편찬 무렵에 문제점이 지적되었고, 이후 주로 편년체로 작성하되 강목의 특성이 발휘될 수 있는 기사에 한하여 그 형식을 빌려오는 응용의 단계에 이르렀다. 이에 더해, 열전 등에서 기전체적 요소를 부각했던 소수 재상 중심의 편찬 방식이 춘추관의 공동 편찬 방식으로 변화하면서 점차 기전체적 요소는 편년체에 녹아들었다.

조선 초기 실록의 특징을 보여주는 또 다른 대표적인 예가 기사와 사론이 분리되는 현상이다. 『성종실록』부터 두드러지는 이와 같은 추세에 대해 사림 세력의 증대와 이들의 비판 의식에 입각한 사론의 활성화라는 관점에서 선학들의 해석이 제시된 바 있지만, 사학사적 관점에서 보면 『강목』의 서법을 실록에 창의적으로 적용한 것이라고 해석할 수 있다. 이는 객관적인 기사와 주관적인 사평을 분리함으로써 기사의 혼동을 막는 편집의 전통을 실록 편찬에서도 지키는 한편, 통사인 『통감』에서 『강목』에 이르기까지 활성화된 지식인들의 왕성한 비판 정신을 실록에 구현한 것이었다. 동시대 실록에 해당하는 중국의 명실록明實錄이나 청실록淸實錄에는 전혀 나타나지 않는 조선왕조실록의 이러한 편찬 체재는 조선 학자들의 독자적인 안목과 문화의 수용 능력을 보여주는 하나의 예다.

2장 실록 편찬과 보존

1. 실록과 『명의록』

이제부터는 실록의 편찬 과정을 살펴보겠다. 이는 기사가 어떤 과정을 거쳐 수록되고 정리되며, 또한 현재 남아 있는 실록과 같은 모습이 되는 과정을 알아보는 것이다. 이를 위해 『영종대왕실록청의궤英宗大王實錄廳儀軌』를 자료로 활용할 것이다. 의궤는 해당 사업이나 행사의 전 과정을 정리한 종합보고서의 성격을 띤다. 거기에는 해당 사안의 진행 과정은 물론 동원된 인원과 물품까지도 기록되어 있다. 따라서 의궤에 대한 검토는 해당 사안을 이해하는 데 가장 기초적인 작업이다.[209]

---

[209] 『영종대왕실록청의궤英宗大王實錄廳儀軌』(규장각 14171), 영인본, 2004; 최연식, 「正祖初『英祖實錄』의 편찬과 『英宗大王實錄廳儀軌』」(해제). 『영종대왕실록청의궤』에 대한 자세한 서술은 최연식의 글 참고. 장서각에도 『英宗大王實錄廳儀軌』가 소장되어 있다.(2-3772) 이에 대해서는, 오항녕, 「『英宗大王實錄廳儀軌』 해제」, 『藏書閣所藏儀軌解題』, 한국정신문화연구원, 2002 참고.

먼저 정조 초반에 진행된 『영조실록』의 편찬 과정을 살펴보면서 다음 몇 가지 측면에 중점을 두어 서술하고자 한다.

첫째, 실록 편찬의 일반적인 성격에 더하여 『영조실록』 편찬의 특수성을 확인하는 일이다. 이는 정조 즉위와 함께 펼쳐진 정국의 변동과 관련이 있기에 실록 편찬과 정치 영역의 상관관계를 이해하는 데도 도움이 된다. 특히 정조 초반의 정치 상황은 『명의록明義錄』을 편찬한 일과도 밀접한 관련이 있다. 정조는 영조 후반의 복잡한 정치 상황을 배경으로 즉위했다. 이 때문에 실록 편찬 과정에 정조 초반의 정치가 반영된 측면이 있다.

둘째, 실록의 편찬 과정을 전반적으로 검토할 것이다. 학계의 연구가 축적되었음에도 불구하고 춘추관의 임시 소속 기관이던 실록청의 운영에 대한 검토는 아직 미흡한 점이 있기 때문이다. 그러므로 산절청刪節廳의 활동에서 봉안奉安에 이르는 전 과정을 좀 더 선명하게 드러내려고 한다.

셋째, 정조대에는 『영조실록』 편찬과 동시에 『경종실록』의 수정까지 이루어졌다는 점을 고려해야 한다. 『경종실록』의 수정은 별도의 연구논문이 필요한 주제이지만 『영조실록』의 편찬과 관련하여 짚어야 할 사안이기도 하기 때문에 이 책의 관심 범위 내에서 다루어보려고 한다.

앞서 서술했듯이 조선 초기 이래 실록 편찬은 흉례 중 졸곡이 끝남과 동시에 시작되는 것이 관례였다. 불교가 주도 이념이었던 고려시대와 달리 조선시대는 성리학을 건국이념으로 표방했고, 이는 인간의 죽음에 대한 해석에서도 해탈이나 업보와 같은 초월적 관념보다는 더불어 현실을 살아가는 인간들의 평가와 판단을 중시하는 관념의 발달로 연결되었다. 이러한 관념은 의례에도 반영되었다. 그리하여 국왕의 승하 후에 실록이 편찬되기는 했지만 그 시기가 일정하지 않았던 고려시대와 다르게 조선시대에는 졸곡이 끝나면 바로 실록 편찬이 시작되는 관례가 생겨난 것이다. 졸곡은 곧 상복을 평상복인 길복에 가깝게 바꾸어 입는 절차로, 상중이지만 정치를 해야 하는 국왕과 왕비의 상례였다. 즉, 상례를 마무리하면서 동시에 이전 시대를 정리하는 실록을 편찬하는 것, 여기서 조선시대 사람들이 실록 편찬에 부여했던 의미의 중대성과 상징성을 읽을 수 있다.

이런 상식에 비춰본다면 정조가 즉위한 뒤 선왕인 영조 시대의 실록은 졸곡을 마친 즉시 편찬해야 한다. 실제로 정조 즉위년(1776) 정조는 졸곡제가 거행되던 8월 9일[210] 이전에 춘추관에 실록 편찬을 위한 관청을 설치할 것을 제안했다.[211] 그렇지만 이는 제안에 그쳤을 뿐, 정작 편찬은 해를 넘기고서야 시작되었다. 왜 이런 일이 생겼을까? 그것은 바로 '올바른 의리를 밝히는 기록'의 편찬, 즉 『명의록』 편찬 때문에 발생한 사태였다.

정권 교체가 가져오는 정치 세력의 판도와 지형의 변화는 어느 정치제도 하에서도 피할 수 없다. 특히 군주제 아래서는 최고 권력이 종신제인 데다 군주권의 상대적 자율성으로 인해 세력 변화가 매우 극심하게 나타나기도 한다. 정조는 부친인 장헌세자莊獻世子(사도세자思悼世子)가 뒤주에 갇혀 죽는 비운을 겪고, 영조 연간 세손으로 있던 시절에는 자신의 대리청정을 둘러싼 찬반의 소용돌이도 겪었다. 그로 말미암아 정조의 왕권은 즉위 초반 매우 취약할 수밖에 없었으며, 그 취약성은 다른 어떤 정책보다 왕권의 안정을 최우선으로 삼게 만든 요인이 되었다.

즉위 후 당연히 정조는 자신이 왕세손으로 있을 때부터 지지 세력이던 서명선徐命善·홍국영洪國榮·정민시鄭民始·김종수金鍾秀를 중심으로 정국의 안정

---

210 『정조실록』, 즉위년 8월 9일(무신).

211 오항녕 옮김, 『국역 영종대왕실록청의궤』「산절청등록」, 병신년(정조 즉위년, 1776) 7월, 한국고전번역원, 2007.

을 도모했다.[212] 정국 운영 구상의 기본 방향은 '사림의 정치 이념을 지향하고, 척리를 배척한다(右賢左戚)'는 슬로건으로 나타났다. 이런 이념을 현실화하는 권력 재편의 과정에서 정조는 자신의 즉위를 방해했던 이른바 '부홍파扶洪派'인 홍인한洪麟漢과 정후겸鄭厚謙을 사사하는[213] 등 외척 풍산 홍씨와 경주 김씨를 정계에서 축출했다. 정조 스스로 그들에게 '시달림을 받았다'고 표현했을 정도이니 그 처분은 이미 예견된 일이었다. 『명의록』은 바로 이 같은 정조 즉위 초반의 정치 상황을 기록한 책이다.

충역忠逆을 바로잡아야 한다는 황경원黃景源의 상소를 계기로 정조는 실록 편찬도 뒤로 미루고 『명의록』 찬집청을 설치했다.[214] 『명의록』의 편찬 동기는 홍인한 등을 역적으로 사사하고 정조를 지지했던 홍국영·정민시 등의 충절을 선양한 뒤 이 사건의 전말을 알리기 위해서인데, 정조도 책에 수록될 내용의 우선순위와 체재를 제시하는 등 적극 참여했다. 『존현각일기尊賢閣日記』와 『승정원일기』를 참고하여 마침내 이듬해인 정조 원년(1777) 3월에 『명의록』이 완성되었다.[215]

이후 홍인한의 잔여 세력은 홍상범洪相範 등이 정조를 살해하려는 '자객사刺客事' 등 '3대 역모 사건'을 일으키며 반발했는데,[216] 정조는 다시 이 사건

---

212 유봉학, 「정조시대 정치론의 추이」, 정옥자 외, 『정조시대의 사상과 문화』, 돌베개, 1999, 89쪽.

213 『정조실록』, 즉위년 7월 5일(갑술).

214 『정조실록』, 즉위년 8월 24일(계해).

215 『정조실록』, 원년 3월 29일(을미).

216 『정조실록』, 원년 8월 11일(갑진). 3대 역모 사건이란 '자객사'에 더하여 정조를 저주한 '저주사詛呪事', 정조의 서제인 은전군恩全君 이찬李禶을 추대하려 했던 '추대사推戴事'를 말한다.

을 정리하여 『속명의록』을 편찬했다. 이는 이듬해인 정조 2년(1778) 2월에 완성되었다.[217]

일반적인 의미에서 보더라도 실록은 정치성을 띤다. 주로 정치 행위를 기록의 대상으로 삼으며, 그것을 기록으로 남기는 이들은 다름 아닌 정치에 참여하고 있는 관료이기 때문이다. 그렇게 만들어진 기록이 나중에 실록이라는 모습으로 편찬되는 것이다. 다만 여기서는 '실록의 정치성'이란 주제를 제한적으로만 언급하고자 한다. 이 문제는 종종 실록의 부정적 성격을 지적하는 선입견 이상의 의미를 가지지 못했다. 권력투쟁이라는 부정적 인상 말고도 협력이나 조정 등 정치의 긍정적 영역도 얼마든지 있다. 따라서 좀 더 개념적인 접근이 필요한 주제이다.

『명의록』 편찬 때문에 기존의 관례와 다르게 실록 편찬이 늦춰진 정조 초반의 상황은 실록이 지닌 일반적 의미의 정치성과는 거리가 있다. 다시 말하면 실록에 내재된 정치성으로 인해 관례에서 이탈한 것이 아니었다. 실록 외적인 정치 상황으로 인해 관례와 다른 일이 벌어졌다는 뜻이다. 이는 크게 두 가지 측면에서 해석해볼 여지가 있다.

하나는, 말 그대로 정조 초반 긴박했던 정국의 특수성이라는 관점에서 이해하는 것이다. 다른 어떤 일보다 군주의 권력 강화와 정국의 안정이라는 현안이 시급했기 때문으로 보아도 큰 무리가 없다. 그러나 냉정하게 생각하면, 실제로 이런 정치적 긴박성은 어느 군주든 즉위 초반에 겪는 일반적인 통과의례가 아닐까? 광해군 즉위 초반과 인조 즉위 초반이 그러했다. 심지어 선조는 임진왜란이 끝나자마자 실록의 복간을 추진했다. 다시 말해, 이런 긴박성은 상대적인 온도 차이를 인정한다 치더라도 적어도 다른 시기에는 정조

---

217 『정조실록』, 2년 2월 27일(무오).

초반과 같이 다른 편찬에 밀려서 실록 편찬이 늦춰지는 이탈이 발생하는 데까지 이르지 않았다.

정조 때 관례에서 벗어난 실록 편찬은 영조 이래 실록의 위상이 점차 하강하던 흐름을 고려하면 오히려 이해가 쉽다. 이것이 또 하나의 해석이다. 영조 17년(1741), 사관 자천제가 당색에 의하여 좌우된다는 공론이 일고, 사관이 남기는 기록의 공정성과 진실성이 의심을 받기 시작하면서, 사관들의 자율성·공정성의 상징인 자천제는 권점제로 바뀌었다. 이러한 흐름은 정조 대 『일성록』의 편찬과 맞물리면서, 내용으로 보나 사람들의 인식으로 보나 실록 자체의 위상이 예전만 같지 못한 결과를 초래했다.

'실록의 정치성'이라는 주제와 함께 검토되어야 한결 정확한 이해에 도달하겠지만, 적어도 위의 두 진단이 일단 정조 초반 『명의록』 편찬에 밀린 실록 편찬의 실상을 이해하는 데 유효한 관점이 될 것이다.

2. 실록청의 설치와 운영

1) 편찬 관원의 임명

『영조실록』 편찬 논의는 『명의록』 편찬이 끝나면서 재개되었다.[218] 관청의 각 방房이 있을 곳은 형편에 따라 공조工曹, 사역원司譯院, 보민사保民司에 나누어 설치하고, 관청의 명칭은 그대로 '실록청'이라 부르도록 하는 등 다음과 같은 응행사목應行事目을 정하였다.

---

218 『영종대왕실록청의궤』 「산절청등록」, 정유년(정조 원년, 1777) 5월 초2일.

1. 설치할 관청의 각 방이 있을 곳은 형편에 따라 공조, 사역원, 보민사에 나누어 설치하고, 실록청이라 부르도록 한다.

1. 당상과 낭청은 본래 근무하던 관청(本司)에 직숙하는 일과 매일 출근하러 나아가는 일을 면제해주고, 모든 공식 회의에 참여하지 말도록 하며, 제사祭祀에 차출하지 않는다. 복제服制와 식가式暇에 대한 규정의 적용에서도 면제하고, 조사받을(推考) 인원이 있다면 공사죄公私罪를 막론하고 공무를 보도록(行公) 한다. 낭청 중에서 비록 파직을 당한 이가 있더라도 곧바로 보고한 뒤 군직軍職에 부쳐 관직을 유지하게 하여 상근하게 한다. 월과月課, 전경專經, 시사試射, 삭서朔書에 뽑힌 사람은 전례에 따라 모두 바로 사유를 적고 참석하지 않는다.

1. 한림 1명(員)을 지난 사례에 따라 상근하면서 직임을 살피게 한다.

1. 당상과 낭청의 인신印信 각 1과顆는 해당 관청으로 하여금 예에 따라 가져오도록 한다.

1. 각 방의 서리 12명(人), 고지기(庫直) 4명, 사령 12명의 경우, 각 관청(各司)에서 급료(料布)가 있는 자를 정하여 심부름을 시키고(使喚), 수직군사守直軍士와 다모茶母는 각각 담당 관청에서 나누어 정하여 보내도록 한다.

1. 사초를 베낄 때 사용할 종이·붓·먹 등 여러 물품은 담당 관청으로 하여금 조달하게 한다.

1. 미진한 사항은 추후에 마련한다. ― 의정부·병조·호조·이조·형조·공조·한성부·사헌부·사간원·승정원·사역원·장악원掌樂院·사복시司僕寺·홍문관·예문관·장흥고長興庫·승문원承文院·예조·당상군직청堂上軍職廳·당하군직청堂下軍職廳[219]

---

219 『영종대왕실록청의궤』「산절청등록」, 정유년 6월 16일, 「實錄廳事目」.

『인조대왕실록청의궤仁祖大王實錄廳儀軌』에 따르면, 일반적으로 응행사목에 들어가는 조항과 내용은 다음과 같다.

① 실록청의 위치
② 당상과 낭청의 다른 공무 참석 금지
③ 한림 1명 일상 근무
④ 당상과 낭청의 인신印信 수송
⑤ 서리 등에 대한 요포料布 지급
⑥ 사초 등출에 필요한 물품 조달
⑦ 수직군사守直軍士 등의 정송
⑧ 태만한 관원의 처벌
⑨ 미진한 조항은 추후 시행[220]

이를 『영조실록』을 편찬하던 실록청 사목과 비교하면, 『영조실록』 실록청 사목에는 수직군사 등의 정송에 관한 조항이 서리 등에 대한 요포 지급 조항에 함께 들어 있으므로 위 ⑧항인 '태만한 관원의 처벌' 조항만 빠졌지만, 실제로는 같다고 보아도 무방하다.

이렇듯 『영조실록』을 편찬하기 위한 응행사목이 마련되었으나 몇 가지 일이 생기는 바람에 실록 편찬은 뒤로 미루어졌다. 하나는 홍상범 등의 반역 사건과 그 일을 처리하면서 이어진 『속명의록』의 편찬이고, 다른 하나는 『경종실록』에 대한 수정 논의였다.

『경종실록』의 수정 논의는 실록청 도청 당상實錄廳都廳堂上에 임명된 병조

---

220 『인조대왕실록청의궤仁祖大王實錄廳儀軌』, 「실록청사목實錄廳事目」(藏2-3775).

판서 이휘지李徽之가 자신은 노론 4대신 중 이건명李健命의 조카이므로 공정한 역사 편찬이 어렵다며 사의를 표명한 데서 나타난다.[221] 언뜻 보기에 평범한 상소 같지만 결국 영조대의 충역 논의를 정리하라는 압박이었고, 이는 불가피하게 『경종실록』의 수정으로 이어질 수밖에 없었다.

영조 4년(1728)까지 이어진 『숙종실록』의 편찬 과정 중에 영조 2년부터 시작된 『경종실록』 편찬은 이광좌李光佐가 총재관으로 임명되는 등 소론 주도로 이루어졌다. 경종대의 중요한 정치적 사건이 신임사화이고, 이로 인해 노론 김창집金昌集·이이명李頤命·이건명李健命·조태채趙泰采 등 이른바 4대신이 죽임을 당하는 결과를 초래했으므로 사건의 실상에 대한 실록의 기사에 관심이 높을 수밖에 없었다. 이 문제가 본격적으로 거론된 것은 정조가 즉위한 뒤다.

『경종대왕수정실록청의궤』에 따르면, 정조 즉위년(1776) 8월 3일에 전 정랑 이사렴李師濂이 『경종실록』의 수정을 건의했다. 그가 예문관으로 봉직할 때 태백산사고에 있는 실록을 포쇄하다가 『경종실록』을 보았는데 "4대신의 정충貞忠과 위열偉烈은 만고의 악역惡逆으로 배척하고, 조태구趙泰耇·최석항崔錫恒 등 흉악한 역적의 괴수는 마음을 다하여 종묘사직을 지탱한 것으로 추장推獎하였으며, 여타의 무망誣罔하여 더럽히는 말도 한두 가지만이 아니어서 흑백이 뒤바뀌고 충신과 반역이 거꾸로 되어 있다."는 것이었다.[222]

이런 배경에서, 『속명의록』의 편찬이 끝나갈 무렵 『경종실록』을 수정하는

221 『영종대왕실록청의궤』 「산절청등록」, 정유년(정조 원년, 1777) 6월 29일.

222 오항녕, 「『景宗大王實錄修正廳儀軌』 해제」, 『藏書閣所藏儀軌解題』, 한국정신문화연구원, 2002. 의궤의 표지명은 '修正實錄儀軌'(藏 2-3691)이다.

논의가 제기되었다.[223] 이후 『영조실록』 편찬과 『경종실록』 수정 중에서 어느 쪽을 먼저 거행할지를 놓고 논란을 벌이다가, 일단 동시에 진행하기로 하고 도청 및 3방의 당상과 낭청을 임명하여 실록 편찬을 시작했다. 이때 설치한 실록청은 얼마 뒤 용호영龍虎營으로 다시 옮겨졌다.[224]

『영조실록』을 편찬할 실록청과 관련하여 특기할 것은 우선 실록청 관원의 명칭을 변경한 일이다. 정조는 다음과 같이 말했다.

> 실록은 이미 역사의 이름이고 춘추도 역사의 이름이니, 지금 '실록'이니 '춘추'니 함으로써 관제는 짜임새가 없어지고 관직명은 중첩되는 문제점이 있다. 이 뒤로 실록청의 여러 신하들 중에서 2품 이상은 '지실록사知實錄事' '동지실록사同知實錄事'라 부르고, 3품 이하는 '실록수찬' '편수' 등의 관직을 품계에 따라 계하하라.[225]

이는 전통적인 '지춘추관사知春秋館事', '동지춘추관사同知春秋館事'라는 명칭을 바꾸는 조치였다. 이 조치가 내려지게 된 배경은 이전에 관직명을 '실록춘추實錄春秋'라고 내용상 중복되게 붙였기 때문이다.[226] 실록청이 이미 춘추관의 소속 기관이므로 큰 의미가 있는 조치는 아니었지만,[227] 관례적인 일이

---

223 『영종대왕실록청의궤』「산절청등록」, 무술년(정조 2년, 1778) 2월 초4일, 초5일.

224 『영종대왕실록청의궤』「산절청등록」, 무술년 윤6월 초1일.

225 『영종대왕실록청의궤』「산절청등록」, 무술년 2월 24일.

226 『정조실록』, 2년 2월 24일(을묘).

227 명칭과 관련하여 약간의 문제가 일어나기도 했다. 나중에 지실록사 김종수金鍾秀와 조준趙㻋이 예문관에서 실록을 상고하려 했을 때 관직명에 '춘추'라는 말이 들어가지 않아 곤란을 겪은 일이 있다. 『영종대왕실록청의궤』, 경자년(정조 4년, 1780) 4월 29일.

라도 쉽게 넘어가지 않는 정조의 모습을 보여준다.

한편, 편찬관들을 임명하고 『영조실록』 편찬을 시작했으나, 일이 순탄하게 추진되지는 못했다. 이미 정조는 『명의록』과 『속명의록』의 편찬으로 실록 편찬이 늦어진 데 대한 부담을 느끼고 있었다. 아무리 실록의 위상이 낮아지고 정치 현안이 급박하다고는 하지만 왕조의 선례인 실록 편찬이 늦어지는 일은 사왕嗣王으로서 매우 부담스러운 상황이었다.

이에 반해 실록청 당상과 낭청은 정조와 똑같은 마음을 갖고 있지는 않았던 듯하다. 애당초 실록 편찬은 언제나 지연될 소지를 안고 있는 사업이었다. 실록청이 임시 기관인 탓에 편찬관은 모두 겸직으로 운영되었기 때문이다. 따라서 편찬관들은 본래 관청의 형편, 전직轉職 등 지위 변화, 신병 등의 사유로 변동이 매우 심했다.

여기서 실록청 운영과 관련하여 두 가지 연구 과제를 지적할 수 있다. 첫째, '한림'이라고 불리는 사관이 명예직이고, 또 춘추관 겸직도 경연직經筵職 등과 마찬가지로 묘비명 등에 반드시 표기하는 명예로운 관직으로 여겨졌음에도 불구하고, 왜 이토록 변동이 심했는가 하는 점이다. 단순히 이를 겸직이라는 이유로 설명할 수 있는가는 의문이다. 이런 측면은, 실록 편찬이 사실에 대한 호기심이 많지 않거나 어떤 이해관계가 걸려 있지 않은 사람에게는 고역으로 여겨질 수도 있다는 점을 고려해야 한다. 오래된 종이 더미 속에서 계속 반복적으로 글을 베끼는 일은 결코 녹록지 않은 단순 작업일 터다. 둘째, 실록의 기록은 비밀로 관리되었다는 상식에 비춰볼 때, 편찬 과정에서 실록청에 많은 겸임 관원이 임명되기도 하고 근무를 위해 드나들었다는 사실을 어떻게 볼 것인가 하는 점이다.

실록 편찬관의 겸직이라는 본래적 한계는 정조 초반 『영조실록』의 편찬에도 영향을 미쳤을 것이다. 하지만 이미 즉위한 지 2년이 지난 시점에서 시작하는 실록 편찬인 데다, 일이 뜻대로 진척되지 않자 정조는 매우 짜증스러운 반응을 보이기도 했다.[228] 정조는 실록청 당상과 낭청이 모두 '영조의 교화 속에서 영향을 받으며(陶甄) 살았던 사람들'임을 강조하기도 하고, 수시로 신칙하면서 편찬을 독려했으며, 사관을 보내 실록청을 적간했다. 앞서 실록청 관원의 명칭 변화도 사실은 이런 독려와 상관이 있다. 실제로 정조는 이런 말을 했다.

> 실록청의 초기草記에 매번 '춘추관 낭청春秋館郎廳'이라고 적는데, 이는 다름 아니라 본청의 낭청이 와서 바치려 하지 않고 한림을 시켜 대신 바치기 때문이다. 몹시 성실하지 못한 태도이므로, 한림을 모두 '실록낭청實錄郎廳'이라 부르라고 전교를 내려라.[229]

실록청의 낭청 운영에 대한 정조의 문제 제기이다. 편찬 사업이 해를 넘기자 정조는 원활한 사업 추진을 위해 행 병조 판서 이휘지에게 실록을 편수할 처소를 따로 서운관書雲觀에 마련해주는 등의 조치를 취했다.[230]

이렇게 이러저러한 정치적 이유나 신병, 관직 이동 등으로 변동이 잦았던 '겸춘추', 즉 실록청 관원을 통해 『영조실록』은 차츰 모습을 갖추어갔다.

---

228 편찬이 왜 그렇게 늦어지냐면서 정조가 독촉하는 모습은 여러 군데서 나타난다. 『영종대왕실록청의궤』 「찬수청등록」, 무술년(정조 2년, 1778) 11월 22일; 기해년(정조 3년, 1779) 8월 26일.

229 『영종대왕실록청의궤』 「산절청등록」, 무술년 2월 27일.

230 『영종대왕실록청의궤』 「찬수청등록」, 기해년 2월 11일.

2) 편찬 과정의 실제

『영종대왕실록청의궤』에는 실록 편찬의 전반적인 흐름을 알 수 있는 등록이 실려 있다. 「산절청등록刪節廳謄錄」, 「실록찬수청등록實錄纂修廳謄錄」, 「개찬수등록改纂修謄錄」, 「교정청등록校正廳謄錄」, 「교수청등록校讎廳謄錄」 등인데, 이 등록들을 일목요연하게 편찬 과정에 따라 정리한 것이 『영종대왕실록청의궤』의 특징이기도 하다.

그러면 실록 편찬의 각 단계에서는 구체적으로 어떤 일들이 이루어졌을까? 우선 산절청에서는 실록의 자료인 '시정기' 가운데 버릴 것과 취할 것을 골라내는 작업을 한다. 여기서 시정기는 사관의 사초를 비롯하여 각 관청에서 수집한 문서 파일을 말한다. 「산절청등록」에 실린 다음 기사를 보자.

① 춘추관에 있는 시정기를 내일 받들어 와야 하는데, 권질卷帙이 크고 많아 한꺼번에 모두 다 받들기 어려운 형편입니다. 갑진년(영조 즉위년, 1724) 8월부터 정미년(영조 3년, 1727)까지 4년 동안의 시정기를 먼저 옮겨 오고, 그 시정기 중에서 실록에 들어갈 내용을 뽑아내는 순서대로 봉안하겠습니다. 『승정원일기政院日記』도 햇수를 계산하여(計年) 가져오는 것이 어떻겠습니까?[231]

② 지난번에 받들어 옮겼던 시정기는 거의 다 구절을 뽑았습니다. 임자년(영조 8년, 1732)부터 정사년(영조 13년, 1737)까지 6년간의 시정기를 다시 받들어 옮기고, 『승정원일기』도 햇수를 계산하여 가져오겠다는 뜻으로

---

231 『영종대왕실록청의궤』 「산절청등록」, 무술년 2월 18일.

보고합니다.[232]

위의 기사를 보면 한꺼번에 시정기를 다 꺼내 오지 않고 4년 또는 6년 단위로 옮겨 와서 실록에 들어갈 내용을 뽑아냈음을 알 수 있다. 이는 실록청의 여유 공간이 부족했기 때문이었을 것이다. 시정기를 가져다가 실록에 들어갈 내용을 초출하는 일이 바로 산절청의 임무였다. 이 산절 과정이 끝나면 각 방에서는 실록의 모습을 갖춘 초초初草를 작성하게 된다. 이 단계부터를 '찬수纂修'라고 부르며, 관련 문서는 「찬수청등록」에 실려 있다.

산절과 찬수를 구분하여 기록했다고 하더라도 도청과 각 방에서 엄밀히 구분되었는지는 의문이다. 산절은 곧 찬수를 전제로 하고, 또 동시 진행이 가능하기 때문에 일련의 절차를 거칠 것이 분명하기 때문이다. 산절과 찬수는 뒤에 살펴볼 찬수-교정과 마찬가지로 순서가 명확히 구별되지 않는다.[233]

찬수 과정에는 다른 단계에서 볼 수 없는 현상이 발견된다. 정조는 시정기와 『승정원일기』 중에서 무인년(영조 34년, 1758) 이후 계미년(영조 39년, 1763) 이전에 실려 있는 기록에 혹시 사람들의 눈을 번거롭게 하지 말아야 할 데가 없지 않다며, 계미년부터 임진년(영조 48년, 1772)까지의 시정기와 『승정원일기』를 먼저 실어 보내 찬수하도록 하자는 의견을 제시했다. 혹여 3방을 해산한 뒤에라도 도청에서 여전히 기사로 쓸 구절을 뽑아낼 수 있을 것이라는 의견이었다.[234] 이는 일견 실무 수준의 조정인 듯 보이지만, 사실은 정조

---

232 『영종대왕실록청의궤』 「산절청등록」, 무술년(정조 2년, 1778) 3월 초2일.

233 이어지는 본문에 서술한 무술년(정조 2년, 1778) 3월 23일의 기사도 이런 사정을 알려 준다. 「찬수청등록」에 실린 기록인데, 정조가 말하는 '찬수'는 「산절청등록」에 실려 있는 내용과 다르지 않다.

234 『영종대왕실록청의궤』 「산절청등록」, 무술년 3월 23일.

가 세손으로 책봉되던 때(영조 35년, 1759)와 사도세자가 세상을 떠난 해(영조 38년, 1762)를 포함하는 시기에 대한 찬수 유보 조치였다. 다음 상황을 보면 이런 조치가 갖는 의미를 이해할 수 있다.

당상 행 사직行司直 이휘지가 맡은 을미년(영조 51년, 1775)의 찬수를 마치자, 정조는 이어서 무인년(1758)과 기묘년(1759)의 찬수를 시작하게 했다.[235] 심지어 이휘지가 평안 감사로 나가기 전에 맡았던 찬수 작업을 평안도로 떠나기 전까지 마치도록 했다. 임오년(영조 38년, 1762)과 병신년(영조 52년, 1776), 두 해 분량의 찬수였다.[236] 사도세자가 세상을 떠난 시기와 정조가 세손으로서 대리청정을 하던 시기, 즉 흔히 말하듯 '정치적으로 예민한 시기'의 찬수를 이휘지에게 맡긴 것이다. 정조는 여기에 그치지 않았다. 다음 비망기를 보자.

10년치 실록은 총재관이 직접 스스로 편찬했으니 분명 다시 교정할 일이 없을 것이다. 하물며 대신이 찬수하는 것은 일의 위상이 가볍지 않고, 또 이는 원임原任 대제학의 손을 거친 것이 아닌가. 여러 당상들은 이를 필삭해서는 안 된다. 범례의 사소한 차이야 무슨 방해될 것이 있겠는가. 이제 행行마다 일일이 교정하는 일은 또 많은 시간을 소비하게 될 것이다. 이미 교정하여 정서한 5년치를 들여와 간행한 뒤 우선 이 10년치를 곧장 들여와 간행하도록 하고, 인쇄가 끝난 뒤에 계속 그 이상의 연도분을 간행하도록 분부하라.[237]

---

235 『영종대왕실록청의궤』 「찬수청등록」, 기해년(정조 3년, 1779) 5월 26일.

236 『영종대왕실록청의궤』 「찬수청등록」, 기해년 9월 21일.

237 『영종대왕실록청의궤』 「교정청등록」, 신축년(정조 5년, 1781) 3월 초7일.

도청 당상이었다가 총재관이 된 이휘지가 앞서 편찬한 10년치를 정조는 교정 절차 없이 인쇄하게 했다. 그 의미는 자명했다. 같은 날 실록 기사에는 "이에 앞서 10년분의『승정원일기』를 이휘지에게 주고 그 찬수하는 책임을 맡겼다. 이어 여러 당상과 낭청이 참견하지 못하게 하라고 경계하였는데, 이 때에 이르러 실록을 인간印刊하는 작업이 바야흐로 한창이었기 때문에 이 하교가 있었다"[238]라고 하였다.

이휘지는 노론 4대신 중 한 사람인 이이명의 사촌 동생이자 이건명의 형인 이관명李觀命의 아들이다. 채제공蔡濟恭 등과 함께 영조의 행장을 찬수했고 국장도감 제조國葬都監提調를 맡는 등 대제학 출신이자 노론 청류淸流로서 정조의 측근으로 활동했다. 그런 까닭에 실록청을 설치할 때도 병조 판서로 있으면서 도청 당상을 맡았다. 정조 초반 정국을 주도했던 홍국영이 실각한 뒤에는 총재관으로 실록청을 지휘했다. 이렇듯 정조대『영조실록』편찬에는 정치적 고려와 판단이 여실히 드러나며, 이런 정치성이 실록 편찬 관례와 규정에 우선했던 실상을 확인할 수 있다.

산절과 찬수의 과정을 거친 뒤에 나오는 산물이 초초와 중초이다.[239]『영조실록』의 경우, 인쇄하기 전에 '개찬수改纂修' 과정이 있었는데 대대적인 작업은 아니고 부분적으로 진행되었다. 이때의 논의를 보건대 개찬수는 찬수낭청이 담당했고, 별도로 개찬수본을 만든 것이 아니라 찬수본에 고칠 내용을 표시하는 정도였다. 이런 점에서 개찬수는 교정과 다르지 않았으며, 그렇기 때문에 개찬수 관련 초기草記가「교정청등록」에 실렸는지도 모른다.

---

238 『정조실록』, 5년 3월 7일(경진).

239 『영조실록』을 편찬할 때는 찬수본을 다시 고쳐 찬수하는 과정이 있었다. 『영종대왕실록청의궤』「개찬수등록改纂修謄錄」, 신축년(정조 5년, 1781) 3월 30일 등.

어쨌든 찬수본을 토대로 교정을 보았으며 이를 담당한 곳이 교정청이고, 그 활동은 「교정청등록」에 남아 있다. 이를 통해 알 수 있듯 교정은 찬수가 끝나고 인쇄에 들어가기 전에 이루어지는 작업이다. 좌의정 이은李激의 차자를 보자.

실록을 찬수하는 사업이 실로 우리 거룩한 주상의 감독과 신칙에 의지하여 지금 다행히 끝났습니다. 이제 간인刊印하는 날짜가 무척 급한데, 지은 글이 여러 당상의 손에서 각각 나오기에 하나로 통일된 글을 이루지 못하였습니다. 이제 교정 당상과 낭관을 차출하여 한 번 교정한 뒤에야 완전한 책이라고 할 수 있고, 비로소 인쇄에 들어갈 수 있을 것입니다.[240]

이은의 말에 따르면 찬수한 초초·중초본에 체재의 통일성을 갖추는 일이 교정이었다. 이 일은 교정청 당상과 낭청이 담당했으며, 잘못된 글자나 편집의 수정도 포함되었을 것이다.[241] 그런데 의궤에는 초초와 중초 외에 '초견본初見本'과 '재견본再見本'이라는 용어가 나온다. 과연 이들은 어디에 쓰인 것일까?

선조先朝의 보감寶鑑을 편집할 때 실록 교정 당상으로 하여금 초견본을 보고 뽑아 쓰도록 이미 연석에서 전교로 일렀다.[242]

---

240 『영종대왕실록청의궤』, 「교정청등록」, 경자년(정조 4년, 1780) 4월 16일.

241 『광해군일기』 태백산본이 중초본으로 현존한다. 거기에 붉은 먹으로 표시된 사항이 '교정' 내용이었던 것으로 보인다.

242 『영종대왕실록청의궤』, 「교수청등록」, 신축년 7월 12일.

이에 따르면 교정 당상이 초견본을 보았다. 그렇다면 초견본은 교정청에서 사용하는 교정본임을 알 수 있다. 아마 교정은 초견본과 재견본을 통해 이루어졌던 듯하다. 수정 작업이 모두 끝나면 분판粉板에 베껴 쓰고 활판을 짜서 인쇄에 들어간다.

인쇄 결과를 놓고 검토하는 과정이 교수校讎인데 이는 교수청校讐廳에서 맡았으며, 그 내용은 「교수청등록」에 수록되어 있다. 교수가 어떤 식으로 이루어졌는지는 확인되지 않는다. 다만 간접적으로 그 방법을 확인할 수 있다. 다음은 현존하는 오대산본의 교정 방법이다.

① 글자 바꿈 : 붉은 글씨 또는 검은 글씨로 덧쓰거나 옆에 고쳐 씀

② 글자 추가 : 붉은 점을 찍고 붉은 글씨로 삽입

③ 경사 세움 : 붉은색으로 ／ 표시를 하거나 덧씀

④ 글자 세움 : 글자 옆에 붉은 점을 찍고 바로 써넣음

⑤ 글자 뺌 : 빼야 할 글자 위에 ×, ○, -- 등으로 표시

⑥ 글자 붙임 : 빈 간격에 --로 이어줌

⑦ 띄어쓰기 : 띄어야 하는 만큼 ○표를 삽입

⑧ 글자 뒤바꿈 : 위 글자 옆에 下 자를, 아래 글자 옆에 上 자를 붉은색, 또는 검은색으로 써넣음[243]

위의 8가지 외에 활자가 빠진 곳에 써넣는 교정 방법, 즉 '掌□院' → '掌樂院'장악원, '罷□事' → '罷榜事'파방사와 같이 교정하는 방법을 포함하면 9가지이다. 현존 오대산본은 선조 때 임진왜란으로 소실되었던 실록을 전주사고

---

243 국립고궁박물관 특별전, 『다시 찾은 조선왕조실록(오대산사고본)』, 2006.

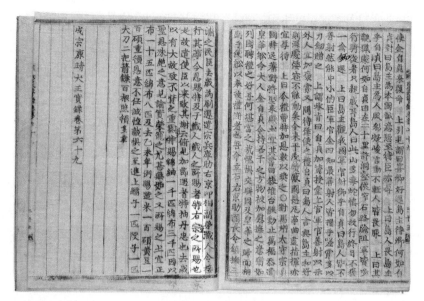

오대산본 『성종실록』

오대산사고본의 성종 7년(1476) 7월 29일 기사이다. 오대산본은 임진왜란 직후 실록을 재간행할 때의 '교정본'이 포함되어 있다. 군데군데 붉은 글씨(朱書)와 검은 글씨(墨書)로 수정·삭제 등을 지시하는 교정부호가 남아 있다. 왼쪽 면의 "특별히 우종右宗에게 내려 주신 것입니다.(特右宗之所賜也)"라는 문장에서 '宗' 자 옆에 '京' 자로 바꾼다는 표시를 볼 수 있다. 태백산본에는 '京' 활자로 수정되어 있다. 이 기사는 대마주對馬州 태수太守가 토산물을 바치며 글을 올린 내용인데, 우경右京이란 일본 관작官爵이다. 오대산본의 다른 교정 사항도 태백산본에 반영되어 있다.

본을 토대로 복간하면서 그 '교정본'을 보관했던 것이므로, 『영종대왕실록찬수청의궤』의 용례대로라면 '교정본校正本'이라기보다 '교수본校讎本'이라고 해야 옳다. 따라서 위의 교정 방법은 인쇄 후에 작업하는 마지막 교수 방법이었다고 생각된다.

인쇄 작업에 따라 교수 여부가 결정되기 때문에 인쇄 작업이 일시 중단되면 교수 당상과 낭청은 감원되기도 했다. 또한 일단 교정이 끝난 시기에 해당하는 부분을 먼저 인쇄했기 때문에 교수 낭청에서 감원한 인원을 일이 급한 교정 낭청으로 임명하기도 했다. 교수 작업은 교정이나 찬수와 달라서 날마다 근무하지 않고도 간행본이 나오는 대로 수정하여 기한을 맞출 수 있기 때문이었다.[244] 즉, 교수 작업은 전체 작업의 진척에 따라 융통성 있게 인원을 활용했다.

지금까지 『영조실록』이 편찬되는 실제 과정에 대해 『영종대왕실록청의궤』를 통해 살펴보았다. 이전의 실록 편찬 과정과 비교할 때 전반적인 절차와 규정이 바뀌지는 않았지만, 이 의궤에는 다른 경우와 달리 「산절청등록」, 「찬수청등록」, 「교정청등록」, 「교수청등록」 등으로 나뉘어 있어 실록청의 활동을 이해하는 데 도움을 준다. 이에 근거하여 실록청의 실제 활동을 행위 주체, 활동, 산출물별로 나누어 살펴보면 〈표 11〉과 같다.

〈표 11〉 실록청의 실제 활동

행위 주체	활동	산출물
산절청	사초를 비롯한 시정기에서 실록에 들어갈 내용을 초출	초초, 중초
찬수청	실록 체재로 원고 작성	
교정청	작성된 원고의 교정	초견본, 재견본
분관 낭청 및 창준唱準 등 인역印役 기술자	활자 인쇄	실록 인쇄본
교수청	인쇄물 확인 교정	실록 최종본
실록청 전원	봉안 및 세초	

244　『영종대왕실록청의궤』, 「교수청등록」, 신축년(정조 5년, 1781) 3월 초10일.

3. 인간印刊과 봉안奉安

대략 정조 5년(1781) 3월에 이르러 우선 '교정이 끝난 사초', 즉 '재건본'을 토대로 인쇄 작업이 시작되었다. 인쇄 작업은 몇 년 몇 월 며칠부터 며칠까지 몇 장을 인출했는지 점검하면서 이루어졌다.[245] 분량이 많았으므로 교정이 끝난 것부터 먼저 분판에 옮겨서 1년 단위로 인쇄에 들어갔다.[246] 이리하여 인출한 실록의 권수가 83권이었는데, 다섯 사고史庫에 나눠 보관해야 했으므로 통틀어 415권을 인출했다.[247] 여기에 『경종수정실록』을 인출한 총 15권(3권, 5사고)을 합하여 『영조실록』과 함께 7월 초3일에 봉안하기로 했다.[248] 다음 기록은 봉안을 위해 어떻게 준비했는지를 잘 보여준다.

① 실록 부록附錄을 공경히 싸기를 마치면 다음에는 실록의 권질卷秩과 장황粧䌙을 받든다. 봉심奉審한 후에【실록을 열어봐서는 안 된다】궤짝을 받들어 깔개(地衣) 위에 놓고 궤짝을 연다. 다음에 분창가루(芬䒸末) 포대 하나를 궤짝 바닥에 깔고, 이어 저주지楮注紙 반 장을 포대 위에 덮는다. 다음에 홍정수사폭 보자기(紅鼎紬四幅袱)를 저주지 위에 펼친다.【보자기의 네 끝을 궤짝 밖으로 나오게 한다】부록을 먼저 넣고【왼쪽을 머리로 한다】다음에 8권【실록】, 7권, 6권, 5권, 4권, 3권, 2권, 1권의 순서로 넣는다. 이어 홍정수사폭 보자기를 접고, 그 위에 저주지 반 장을 덮은 다음

245 『영종대왕실록청의궤』 「교수청등록」, 신축년 3월 23일.

246 『영종대왕실록청의궤』 「교수청등록」, 신축년 3월 24일.

247 『영종대왕실록청의궤』 「교수청등록」, 신축년 6월 20일.

248 『영종대왕실록청의궤』 「교수청등록」, 신축년 7월 초1일.

분창가루 포대 하나를 넣고 궤짝 덮개를 닫는다. 납으로 가공한(鑞染) 자물쇠에 저주지로 봉하고 '몇 년 몇 월 며칠, 신 아무개가 삼가 봉함(年月日臣謹封)'이라고 쓴다. '신臣' 자 아래에는 총재관이 착함着啣한다. 자물쇠의 열쇠는 저주지로 줄을 만들어 둘러 봉한 다음 '신 아무개가 삼가 봉함(臣謹封)'이라고 쓰고 '신' 자 아래에 총재관이 착함한 다음 자물쇠의 중간에 묶어둔다.[249]

② 이번에 『경종실록(景廟朝實錄)』과 『영조실록(英廟朝實錄)』을 이달 6일 본청에서 춘추관으로 봉안할 것입니다. 그때 요채여腰彩舉 24부部에, 건복巾服을 갖추고, 우비雨備, 마목馬木, 유소流蘇, 휘장揮帳, 방석方席을 갖추십시오.

중초中草와 초재견지(初再見)를 담을 가자架子 15부에 덮을 홍목보紅木袱 35건, 홍염조소紅染條所 20거리巨里, 담지擔持에 쓸 대삭大索 10거리, 진상할 책을 담을 홍함紅函 2부 등의 물품을 같은 날 파루를 기다려 조달하십시오. 세의장細儀仗, 풍악風樂 및 상마대上馬臺, 인로군引路軍, 육쌍가자六雙架子 담지군擔持軍 10명, 요채여 담지군은 그 요채여 숫자에 따라 규식대로 건복을 갖추어 정송하십시오.

충찬위忠贊衛 20명은 흑단령黑團領에 화자靴子를 신고 같은 날 파루를 기다려 하나하나 인솔해와서 점검받으십시오. 도로를 수리하고 황토를 까는 등의 일 및 궐내 정문을 여닫는 일, 본청 바닥에 보첨補簷, 차장遮帳, 지의地衣 등을 까는 일 등은 같은 날 파루를 기다려 신중하게 거행하십시오.

---

249 『철종대왕실록청의궤哲宗大王實錄廳儀軌』 봉과식封裹式.

시정기를 돌려보낼 때 본관 당상과 낭청이 본청에 나와서 하나하나 숫자를 세어가지고 가며, 가자 15부를 덮을 홍목보 30건과 홍조소紅條 所 15거리를, 다시 돌려줄 것이니 당일 파루 때 가지고 와서 점검받으십시오. 각 항목의 명령에 따라 진배할 물품은 그 날짜에 각각의 담당 관청 관원이 직접 진배하고 명령을 기다려, 그때 가서 문제가 발생하는 폐단이 없도록 하십시오. — 호조, 병조, 공조, 선공감, 제용감, 위장소, 의영고,[250] 사복시, 전설사, 사도시, 장흥고, 풍저창, 장악원, 상의원, 한성부, 춘추관, 중부, 서부, 동부, 별공작, 군자감, 광흥창.[251]

한편 『영조실록』과 함께 진행되었던 『경종실록』의 수정 작업이 끝나자 구본舊本의 폐기 여부를 놓고 논란이 벌어졌다. 정조는 구본 폐기에 반대하며 다음과 같은 이유를 들었다. 즉, 우리나라에서도 정본과 구본을 함께 남겨둔 일이 있으며, 송나라 때 범조우范祖禹가 수찬한 사서史書로 말하자면 장돈章惇·채변蔡卞 등이 또다시 고치고 그 뒤 범충范沖이 다시 바로잡았는데, 전후의 두 본이 또한 함께 유행했다. 이를 일컬어 그때 사람들이 '주묵사朱墨史'라 했다면, 두 본을 모두 남겨두는 것은 또한 고례古例이다.[252] 이로써 오늘날 『경종실록』과 『경종수정실록』 두 본이 함께 전하는 것이다. 이는 조선 후기 실록 수정의 기본 원칙을 재확인하는 일이었으며, 원본과 수정본을 모두 남김으로써 궁극적으로 역사의 평가를 객관화하는 합리적인 처리 방향이었다.

---

250 규장각본에는 '의장고儀仗庫'로 되어 있지만, 장서각본에 '의영고義盈庫'로 되어 있다.

251 『영종대왕실록청의궤』, 「교수청등록」, 신축년(정조 5년, 1781) 7월 초3일.

252 『정조실록』, 3년 7월 28일(경술). 『선조수정실록』 이후, 조선 후기에 수정된 실록이 원본과 수정본, 2부가 모두 남게 된 배경은 바로 이 '주묵사'의 전례에 따른 전통이었다. 이에 대해서는, 오항녕, 「『宣祖實錄』 修正攷」, 『한국사연구』 123, 2003 참고.

모든 편찬 사업과 행사가 마무리되는 시점에 이르자 그간의 일을 총정리할 실록청의궤의 편찬이 시작되었다. 실록청의궤의 편찬도 관례에 따라 사목事目을 작성했는데, 그 내용을 보면 다음과 같다.

① 의궤儀軌 5건, 형지안形止案 5건을 수정하여 다섯 곳의 실록 봉안처에 나누어 보관한다.

② 처소는 전의감典醫監에 설치하되 본청을 '실록의궤청'이라고 부른다.

③ 당상과 낭청이 사용할 인신印信 각 1과顆 및 방석이나 요(鋪陳)는 앞서 나누어 준 것을 그대로 사용한 뒤 돌려주며, 도청 당상과 낭청은 전례 대로 의궤를 수정할 동안 본래 근무하던 관청(本司)에 나가 근무하는 일을 면제하고, 공식 회의(公會)에 참석하지 말며, 제사祭祀·월과月課·시사試射에도 차출하지 않는다.

④ 부리는 원역員役 중 서리 4명은 요포料布가 있는 이들이니 그대로 부리고, 서사書寫 5명, 사령使令 2명의 경우는 사례에 요포를 지급하는 규정이 있지만 이번에는 요포에 폐단이 있으니 요포가 있는 관청에서 글씨 잘 쓰는 서리 5명, 고지기 1명 및 사령 2명을 옮겨 차출하여 일을 시키고, 수직군사守直軍士와 다모茶母는 각 해당 관청으로 하여금 정하여 보내도록 한다.

⑤ 의궤를 수정할 때 사용할 종이, 붓, 먹 및 여러 물품은 해당 관청에서 조달하게 한다.

⑥ 미진한 조건은 추후에 마련한다.[253]

---

253 『영종대왕실록청의궤』, 신축년 7월 초6일, 「實錄廳儀軌事目」.

위와 같은 사목에 따라 실록청의궤를 작성한 뒤, 정조 5년(1781) 7월 25일에 『경종수정실록』의 초초와 중초, 초견본과 재견본, 영조 때의 시정기, 『영조실록』의 초초, 중초 및 초견본과 재견본을 잘게 잘라 보관했던 19궤짝 분량의 자료를 차일암에서 세초했다.

세초를 전후하여 실록청 총재관 이하 당상·낭청, 장인匠人의 근무 날짜를 별도 단자로 만들어서 정조에게 보고했다. 이에 정조는 『영조실록』 편찬에 참여했던 편찬관들에게 기여도에 따라 상전賞典을 내려주었다. 다음은 그 내용을 담은 전교이다.

『영종대왕실록』 총재관 우의정 이휘지李徽之에게는 안구마鞍具馬 1필을 보는 앞에서 직접 내주어라. 판부사 정존겸鄭存謙, 영돈녕부사 이은李溵에게는 각각 아마兒馬 1필을 내려주어라.

영의정 김상철金尙喆, 우의정 서명선徐命善은 근무 날짜가 얼마 되지 않는다.[254]

도청都廳 당상 행 부사직 조준趙㻐, 우참찬 황경원黃景源은 자급을 더해주어라. 병조 판서 이휘지,[255] 판부사 채제공蔡濟恭에게 각각 숙마熟馬 1필을 보는 앞에서 내주어라. 공조 참판 윤시동尹蓍東, 행 부사직 김이소金履素, 공조 판서 이명식李命植, 행 부사직 이성원李性源에게는 각각 숙마 1필을 내려

---

254 일을 시작한 지 얼마 되지 않아 경험이 많지 않은 것을 일컬어 '일천日淺'이라고 한다. 여기서는 근무 날짜가 얼마 되지 않아 기여한 바가 상을 줄 정도가 아니라는 말이다. 이 때문에 김상철과 서명선에게는 상을 주지 않은 듯하다.

255 우의정 이휘지에게는 앞서 안구마를 주었는데, 여기서 병조 판서로 또 한 번 나와 의심스럽다. 유언호, 김종수, 채제공, 김익, 이성원, 김이소, 심염조, 조준, 김희, 황승원 등도 마찬가지다. 상을 중복해서 주지는 않았을 듯한데, 이유를 모르겠다.

주어라. 행 강화 유수 김종수金鍾秀, 행 부사직 김익金熠, 개성 유수 유언호俞彦鎬, 판부사 서명응徐命膺에게는 각각 반숙마半熟馬 1필을 내려주어라. 우참찬 김노진金魯鎭, 한성부 우윤 정일상鄭一祥, 이조 판서 이연상李衍祥에게는 각각 아마 1필을 내려주어라.

행 부사직 서유녕徐有寧은 근무 날짜가 얼마 되지 않고 한성부 판윤 이복원李福源은 근무하지 않았으니 아울러 논하지 말라.

도청 부사과 박천형朴天衡·유의柳誼·홍명호洪明浩·황승원黃昇源도 함께 자급을 더해주어라. 교리 이경일李敬一·윤상동尹尙東, 부사과 임석철林錫喆을 모두 관직에 준하여 제수하라. 교리 심풍지沈豐之, 부수찬 홍문영洪文泳, 부사과 정지검鄭志儉에게는 각각 반숙마 1필을 내려주어라. 부수찬 김우진金宇鎭, 교리 임제원林濟遠·심염조沈念祖, 수찬 김희金憙, 전 사간 이현영李顯永, 부수찬 박우원朴祐源, 교리 김익휴金翊休, 병조 정랑 조시위趙時偉, 수찬 서유성徐有成에게는 각각 아마 1필을 내려주어라.

교리 이시수李時秀는 근무 날짜가 얼마 되지 않고 헌납 박종래朴宗來는 근무하지 않았으니 아울러 논하지 말라.

각 방房 당상 우참찬 김노진金魯鎭, 행 부사직 김익, 개성 유수 유언호, 행 부사직 이성원, 행 강화 유수 김종수, 호조 참판 이재간李在簡, 부사직 이병모李秉模, 이조 참의 김하재金夏材에게는 각각 숙마 1필을 내려주어라. 예조 참판 정창성鄭昌聖, 판부사 채제공, 이조 참판 서호수徐浩修, 행 부사직 홍량호洪良浩·홍검洪檢, 부제학 오재순吳載純, 행 부사직 정상순鄭尙淳, 한성부 우윤 정일상鄭一祥에게는 각각 반숙마 1필을 내려주어라. 이조 판서 이연상李衍祥, 공조 판서 이명식李命植, 행 부사직 정호인鄭好仁·김이소金履素에게는 각각 반숙마 1필을 내려주어라. 행 부사직 조시준趙時俊·심염조沈念祖·서유녕徐有寧·채홍리蔡弘履, 한성부 좌윤 이재협李在協, 예조 판서 김화진金華

鎭, 예조 참판 이진형李鎭衡, 행 부사직 이치중李致中, 형조 판서 서유경徐有慶에게는 각각 아마 1필을 내려주어라.

이조 참의 정지검鄭志儉·이의익李義翊, 행 부사직 조준趙㻐·이경양李敬養·오재소吳載紹, 겸 공조 판서 홍낙성洪樂性은 근무 날짜가 얼마 되지 않고, 좌승지 정민시鄭民始, 행 부사직 홍낙명洪樂命·권도權導은 모두 근무하지 않았고, 죽은 부사직 정광한鄭光漢은 당사자가 사망했으니 하지 말라.

각 낭청 부사과 유의柳誼에게 반숙마 1필을 내려주어라. 부사과 박천형朴天衡, 전 정언 엄사헌嚴思憲, 전 지평 이홍재李洪載, 전 찰방 강인姜傎, 부사과 이기李夔·한용구韓用龜, 전 정언 윤행원尹行元, 전 좌랑 이은모李殷模, 교리 엄사만嚴思晚, 부사과 송낙宋樂·이사렴李師濂, 전 지평 여만영呂萬永·이익운李益運, 부수찬 김희, 정언 이양재李亮載, 부사과 임도호林道浩·황승원, 예조 정랑 조정진趙鼎鎭, 전 정언 송민재宋民載, 병조 좌랑 정연순鄭淵淳, 부사과 안정현安廷玹, 부교리 이유경李儒慶·이태영李泰永, 전 사간 이현영, 봉상시 정 이겸빈李謙彬, 부교리 이도묵李度黙, 정언 박천행朴天行, 전 장령 윤장렬尹長烈, 전 정언 이동직李東稷, 전 지평 이제만李濟萬, 부사과 유하원柳河源, 장악원 정 조상진趙尙鎭, 전 정언 이정운李鼎運, 부수찬 오대익吳大益, 전 현감 심기태沈基泰, 부교리 심유진沈有鎭, 병조 좌랑 권이강權以綱, 사간 이동욱李東郁, 수찬 임시철林蓍喆, 지평 홍이건洪履健, 부사과 이정훈李正薰, 교리 이경일李敬一, 지평 윤득부尹得孚, 교리 임제원林濟遠, 전 응교 송환철宋煥喆, 전 정언 이연급李延伋, 병조 좌랑 이우진李羽晉, 부수찬 박우원, 전 정언 한만유韓晚裕, 전 헌납 이명훈李命勳, 종부시 정 남주로南柱老, 부수찬 홍문영洪文泳, 전 수찬 강침姜忱, 전 사간 김리희金履禧, 병조 정랑 조시위, 수찬 서유성, 교리 김익휴, 전 정언 송전宋銓, 수찬 안성빈安聖彬, 군자감 정 신치권申致權에게는 각각 아마 1필을 내려주어라.

사복시 정 이재학李在學, 부수찬 심환지沈煥之·김우진金宇鎭, 부사과 홍명호洪明浩, 전 교리 조원진曺遠振은 모두 근무 날짜가 얼마 되지 않는다. 교리 정우순鄭宇淳, 전 장령 윤필병尹弼秉, 부교리 김면주金勉柱 등은 모두 근무하지 않았고, 죽은 교리 박재원朴在源과 부사과 윤행수尹行修는 당사자가 사망했으니 아울러 논하지 말라.

등록 낭청 권지 승문원 부정자 민효극閔孝克·이일운李日運·이운빈李運彬·권중헌權中憲·이석하李錫夏·유문양柳文養, 부사과 윤재명尹載命·윤이상尹履相, 전 좌랑 최현중崔顯重은 아울러 벼슬을 올려주어라.

공조 정랑 박장설朴長卨, 권지 승문원 부정자 김성준金聖準·오익환吳翼煥·이익수李益洙, 전 전적 허전許晪, 전 도사 어광석魚錫光, 권지 승문원 부정자 오태현吳泰賢·홍성연洪聖淵·이현도李顯道, 전 좌랑 이지영李祉永·유이柳偭, 부사과 한영운韓永運, 승문원 박사 임장원任長源, 전 좌랑 서배수徐配修, 부사정 이지형李之珩, 권지 승문원 부정자 조홍진趙興鎭·이상도李尙度·이조승李祖承·이만영李萬榮·이백형李百亨, 부사과 신사욱申史澳, 전 전적 권유權裕·이후규李厚圭, 권지 승문원 부정자 김희채金熙采에게는 각각 아마 1필을 내려주어라.

전 좌랑 박종정朴宗正, 권지 승문원 부정자 박규순朴奎淳은 모두 근무 날짜가 얼마 되지 않고, 권지 승문원 부정자 홍인호洪仁浩, 부사과 권빈權儐·이엽李燁·이주현李周顯은 모두 근무하지 않았으니 논하지 말라.

분판 낭청 전 좌랑 이수함李壽咸, 김용金鎔을 아울러 벼슬을 올리라. 전 정언 정익조鄭益祚, 부사과 안정현安廷玹, 전 전적 윤확尹㬙, 권지 승문원 부정자 이노춘李魯春, 전 정언 최훤崔烜, 지평 이익운, 부사과 유악주兪岳柱·윤재순尹在醇·권평權坪·유언수兪彦脩, 정언 이양재李亮載, 전 장령 윤장렬, 전 좌랑 이태현李泰賢, 전 주부 홍병익洪秉益, 부사과 임희원任希遠, 권지 승문원 부정자 이일운, 공조 정랑 박장설, 권지 승문원 부정자 이익수, 부사정 이지형, 권지 승문원 부정자 이만영, 부사과 송낙宋樂, 전 주부 유임주兪任柱, 부사과 권유權裕, 장악원 정 박성태朴聖泰, 부사과 유하원柳河源, 전 별제 정철조鄭喆祚, 전 좌랑 유성한柳星漢, 전 정언 이동직李東稷, 병조 좌랑 이우진, 전 좌랑 서배수, 부사과 김광악金光岳·한광식韓光植, 권지 승문원 부정자 이운빈, 부사과 윤행진尹行晋, 이지영李祉永, 전적 김효진金孝眞에게 각각 아마 1필을 내려주어라.

전 정언 송민재, 병조 좌랑 박행순朴行淳, 전적 황인현黃仁炫은 모두 근무 날짜가 얼마 되지 않고, 병조 좌랑 최수침崔守忱, 권지 승문원 부정자 서미수徐美修, 부사과 조성진趙城鎭 모두 근무하지 않았으니 논하지 말라.[256]

이 전교에서 장인들에 대한 상전은 보이지 않는다. 다만 같은 날 비망기로 "실록청 보자관補字官 및 분지分紙·교정校正 1·2등, 창준唱准·계사計士 등에 대해서는 담당 아문에서 인원(窠)에 해당하는 요미料米를 주고, 원역員役·공장工匠에 대해서는 정해진 규식을 참고하여 등급을 나눠 상을 베푼 뒤 초기草記하라."고 하여 별도로 상을 내렸다.

의정부 선온 때의 의식(儀)

그날, 선온이 장차 도착하면 집사執事【통례원通禮院 관원】가 선온을 탁자 위에 놓는다. 중사中使(내관)가 탁자의 동쪽으로 나아가서 서쪽을 향하여 서서 절을 한다. 마친 뒤 그대로 탁자의 동쪽에 서서 서쪽을 향한다. 집사가 총

---

256 오항녕 옮김, 『국역 영종대왕실록청의궤』, 신축년(정조 5년, 1781) 7월 초7일, 민족문화추진회, 2007.

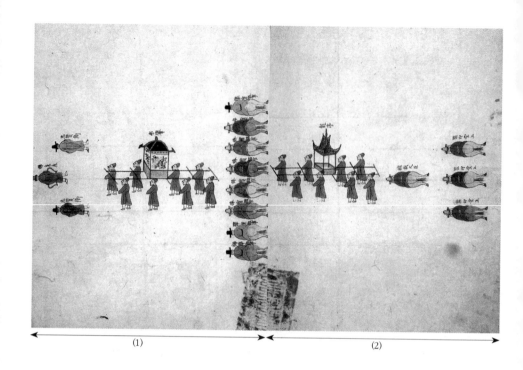

(1)　　　　　　　　　　　　　(2)

재관 이하를 이끌고 함께 탁자 앞에 가서 북향을 하고 선다. 집사가 "네 번 절하시오."라고 외치면, 총재관 이하는 모두 네 번 절한다.

　마치면 모두 차례로 자리에 돌아간다. 중사도 자리로 가서 선온상을 드린다. 중사가 탁자의 동쪽으로 나아가서 서쪽을 향하여 서고, 반수班首가 탁자 앞으로 가서 북향을 하고 꿇어앉는다. 중사가 잔을 내어주고, 반수가 잔을 받아 마신다. 마친 뒤 부복하고 일어나 다시 자리로 간다.

　여러 재상들도 각각 이렇게 탁자 앞에 나와서 북향을 하고 꿇어앉아 잔을 받고 마신다. 마친 뒤 부복하고 일어나 다시 자리로 간다. 반수가 탁자의 서쪽으로 나아가서 동쪽을 향하여 선다. 중사가 탁자 앞에서 북향을 하고 꿇어앉는다. 반수가 잔을 주고 중사가 잔을 받아 마신다. 마친 뒤 부복

班次圖

(3)

『국조보감감인청의궤』國朝寶鑑監印廳儀軌 반차도

조선 국왕들은 실록을 보지 못하는 대신 본보기가 될 역사적 경험을 『국조보감』을 통해 얻었다. 그러므로 『국조보감』을 제진할 때의 모습을 그린 반차도班次圖는 실록을 봉안할 때와 비슷했을 것으로 추정된다. (1)에 보이는 채련彩輦에 실록이 실려 있었다고 상상하자. (2)에는 총재대신總裁大臣이 나오는데 실록청 총재관이라고 보면 될 듯하다. (3)에는 교정과 편찬을 맡았던 당상과 낭청이 따르고 있다.

하고 일어나 다시 자리로 간다. 선온의 잔 돌리기가 끝나면 총재관 이하는 차례로 나간다.【공무를 볼 때 입는 옷차림으로 의례를 시행한다.】257

국왕으로부터 선온이 베풀어질 때는 신하들이 '감사하는 글을 올리는 의식(進謝箋儀)'도 행했다. 『영조실록』이 편찬되었을 때는 홍문관 제학 이명식李命植이 대표로 글을 지어 올렸다.

실록 편찬의 노고를 위로하는 위와 같은 상전과 선온宣醞을 끝으로 『영조실록』 편찬은 완전히 마감되었다.

---

257 오항녕 옮김, 『국역 영종대왕실록청의궤』, 신축년 7월 22일, 한국고전번역원, 2007.

4. 실록의 보존

1) 사고史庫의 변동

조선 전기의 4사고

사관史館은 통일신라 때도 궁성 안에 자리했던 것으로 추정되며, 고려 초
에는 '금내禁內 6국局'이라 하여 확실히 궁성 안에 있었다. 고려시대 전임 관
원인 직사관은 사관에서 직숙하는 일과 함께 포쇄도 담당했다. 개경에 있던
사고의 포쇄에 대해서는 기록이 보이지 않는다. 공민왕 11년(1362) 문묘의 사
적을 포쇄하게 한 자료 외에는 발견되지 않아 구체적인 내용을 알 수 없다.

고려시대 외방의 사고는 몇몇 사료를 통해 확인할 수 있다. 원래 개경에
만 두었던 사고를 지방에 추가로 설치한 것은 몽골의 침략 이후이다. 거란의
침입 때 7대 실록을 소실당한 경험이 있던 터에, 원나라의 침략까지 당하자
고려 조정에서는 실록의 보존을 위한 대책을 강구했을 가능성이 크다. 외방
의 사고는 해인사에 마련했다. 해인사는 이미 팔만대장경을 보관하던 장소로
보존 경험을 갖고 있는 데다 개경과 멀리 떨어진 남쪽 지방에 위치하여 외적
을 막는 데 좋은 지리적 여건을 갖추고 있었다. 교통이 발달하지 않았던 시
대라 외방 사고로 포쇄하러 가는 길은 꽤 먼 여행길이었을 것이다. 이 때문
에, 포쇄하러 떠나는 사관을 위로하면서 송별시를 건네주기도 했다.

내 듣건대 가야산 해인사는	吾聞伽耶山海印寺
유생 신선 최자가 일찍 갔던 곳	儒仙崔子曾遊地
세간의 바람과 달 닿지 못하니	人間風月不能到
귀한 책과 옥첩 구름처럼 쌓였다네	寶書玉牒如雲委

왕명 받들고 기는 이 분명 신선이려니	此中奉使必是神仙曹
삼 년 만에 학 타고 하늘에서 내려오네	三年鶴駕下雲霄
그대는 올해 거기 가게 되었으니	多君今年得此行
가을빛이 사람과 더불어 맑기를 다투리라	秋光遠與人爭淸
푸른 산에 떨어지는 해 영가길이고	靑山落照永嘉路
붉은 나무에 맑은 강물 진양성이리라	紅樹澄江晋陽城
달리는 역말은 가벼운 기러기와 같아	翩翩駟騎如輕鴻
몸에 상쾌함이 찬바람처럼 시원하네	快於身馭泠然風
멀리서 아나니 삼한 23대의 실록을	遙知三韓二十三代之實錄
구름 낀 산속에서 낱낱이 살피리라	一一掀攬雲山中[258]

홍간洪侃이 추옥섬秋玉蟾(추적秋適)에게 준 전별시이다. 두 번째 행의 '최자崔子'는 고운孤雲 최치원崔致遠을 높여 부른 말이다. 추적이 직사관의 소임을 띠고 해인사에 포쇄하러 갈 때 홍간이 위의 시를 지어주었다. 이 시에서도 알 수 있듯이 고려시대의 포쇄는 3년에 한 번 시행되었다. 해인사에 있는 사고를 다른 곳으로 이전한 뒤에도 해인사는 역사에 관심이 있거나 사관직을 맡은 사람들이 자주 찾아가는 답사지였다.[259] 나중에 사고를 해인사에서 칠장사,[260] 다시 충주 개천사로 옮겼지만, 포쇄는 규례에 따라 계속되었다.[261]

---

258 홍간洪侃, 『홍애유고洪崖遺藁』 「送秋玉蟾曬史海印寺」.

259 이첨李詹, 『쌍매당협장집雙梅堂篋藏集』 권1 「秋日遊海印寺贈全史官二首」.

260 권근權近, 『양촌집陽村集』 권3 「送襄修撰晒史七長寺次酌」; 같은 책, 권16 「送襄仲員修撰晒史七長寺序」.

261 변계량卞季良, 『춘정집春亭集』 권1 「送權史翰孟孫曝曬中原行」; 같은 책, 권3 「送曹翰林之中原曝曬」.

이 같은 포쇄 전례는 그대로 조선시대로 이어졌다.

조선 건국 직후에 개경의 수창궁에서 화재가 발생했다. 이에 경복궁을 지어 한양으로 천도한 뒤에는 고려의 사고 제도를 계승하여 초기부터 충주와 한양의 춘추관에 사고를 두었다.[262] 이어 세종 21년(1439)에는 경상도의 성주와 전라도의 전주에 새로이 사고를 증치했다.[263]

> 춘추관에서 아뢰기를 "『태조실록』 15권, 『공정왕실록』 6권, 『태종실록』 36
> 권을 이제 이미 각각 네 본本씩을 썼사오니, 한 본은 본관의 실록각에 간직
> 해두고, 세 본은 충주·전주·성주의 사고에 나누어 간직하소서." 하니, 그
> 대로 따랐다.
> 春秋館啓: "『太祖實錄』十五卷·『恭靖王實錄』六卷·『太宗實錄』三十六
> 卷, 今已各書四本, 一本藏于本館實錄閣, 三本分藏于忠州·全州·星州
> 史庫." 從之.[264]

이렇게 해서 필사본 네 부가 4사고에 보관되었다. 성종 때 이르러 실록 정본은 필사가 아닌 인쇄로 간행되기 시작했으며, 이에 따라 한 부만 필사하여 보관했던 『세종실록』과 『문종실록』은[265] 모두 활자로 3건을 더 인출하여 4사고에 한 부씩 보관했다.

그러나 한양에 있는 춘추관뿐 아니라 충주·전주·성주 모두 읍치邑治에

---

262 『태종실록』, 12년 4월 3일(정사).
263 『세종실록』, 21년 7월 3일(기유).
264 『세종실록』, 27년 11월 19일(경인).
265 『세조실록』, 12년 11월 17일(을유).

위치하고 있는 탓에 전란이나 화재 등 인재人災의 영향을 받기 쉬웠다. 정종 2년(1400) 수창궁에 화재가 났을 때 입직하던 사관史官 노이盧異가 사고를 열고 손수 사책史册을 꺼낸 일이 발생하자,[266] 이를 계기로 춘추관 사고를 몇 번 옮겼다. 수창궁의 화재 후에 일단 중추원中樞院으로 옮겼다가, 다시 사선시司膳寺 주방廚房의 화재가 두려워서 또 상의원尚衣院으로 옮겼다.[267]

그 후 성주사고에서도 화재가 났다. 보고를 듣고 중종은 "이러한 사고가 있을 것을 염려하여 사초를 큰 고을에 나누어 간직하고 있다. 그러나 일찍이 이런 변고는 보지 못하였다. 직숙한 사람을 감사가 수금囚禁하고 추고한다고 하나, 본읍의 수령은 평상시에 아랫사람을 잘 단속하지 못하여 이런 변고가 있게 하였으니 그도 아울러 전지를 받들고 추문하게 하라. 또 비록 다 탔다고 하나 어찌 불타다가 남은 것이 없겠는가? 사관을 보내 살펴보고자 하니 담당 관청(該曹)에 문의하여 아뢰라."고 급히 전교했다.[268]

경상 감사 강현姜顯이 올린 서장에 따르면, 중종 33년(1538) 11월 6일 술시(오후 7시~9시)에 성주사고에 불이 났다. 그날 숙직한 기관記官 여환呂還과 감고監考 배귀손裴貴孫이 바람이 사납고 추위가 심하여 불을 때고 잤는데 소초巢草 안에 불이 나서 미처 끄지 못하고 죄다 불태웠다고 한다. 소초란 화소火巢 안의 풀이고, 화소는 산불을 막기 위하여 능·원·묘의 해자 밖이나 기타 중요 시설의 경계선 밖에 있는 풀을 불살라버린 곳이다.

읍치에 세워놓은 사고가 이렇듯 인재에 노출되어 있었던 까닭에 임진왜란 때도 병화를 피해가지 못하고 소실되었던 것으로 보인다. 왜란 때 유일하

---

266 『정종실록』, 2년 12월 22일(임자).

267 『태종실록』, 2년 6월 11일(계해).

268 『중종실록』, 33년 11월 13일(계미).

게 보존된 사고가 전주사고였다.[269] 읍치에 있던 4사고 중에서 세 곳이 전란의 피해를 입고 전주사고만 유일하게 남게 되자, 조정에서는 사고 체계를 대대적으로 수정하기에 이르렀다. 읍치에서 깊은 산속으로 사고지를 옮긴 것이다. 산속에 사고를 두자는 주장은 이미 세조 때 양성지梁誠之가 제안한 방안이었다.

외방의 3사고는 서적을 수장하는 곳인데 모두 관사에 붙어 있어서 매우 엄밀하지 못하니 화재가 염려될 뿐 아니라 또 후일 외구의 염려도 있습니다. 관원을 보내어 자세히 살피게 하고 인구가 서로 떨어진 곳을 선택하여 이를 옮기십시오. 전주의 사고를 남원의 지리산으로 옮기고, 성주의 사고를 선산의 금오산으로 옮기며, 충주의 사고를 청풍의 월악산으로 옮기게 하되, 모두 사찰에 의지하여 위전位田(관청의 경비나 관청에 소속된 사람의 생활 보장, 또는 각릉·원·묘 등의 제사 비용, 기타의 경비에 쓰기 위해 설정된 토지)을 주고 또 가까운 마을의 민호로 하여금 이를 지키게 한다면, 이는 진실로 명산에 보관하는 뜻이 될 것입니다.

外三史庫, 藏書之處也. 皆寄置官舍, 甚不嚴密, 非徒火災可慮, 且有他日外寇之慮. 乞遣官審視, 擇人烟相隔處移之. 或以全州史庫, 移于南原之智異山; 星州史庫, 移于善山之金鰲山; 忠州史庫, 移于淸風之月岳山, 竝依寺刹, 仍給位田. 又令近村民戶守之, 是誠藏之名山之義也.[270]

임진왜란이 끝난 뒤 사고 체계의 수정에 따라 선조 38년(1605) 강화의 사

---

269 『선조실록』, 26년 5월 5일(무오).

270 『세조실록』, 12년 11월 17일(을유).

각史閣을 수축하고, 외방 사고는 태백산·오대산·묘향산 등에 두었다.[271] 춘추 관은 아직 궁궐이 완성되지 않아 사무실이 없었으므로 일단 병조에 두기로 했다. 이렇게 해서 조선 후기에는 5사고 체제로 운영되었다.

전주사고와 실록

전주는 왕실의 선원지지璿源之地로서 태조의 영정이 봉안되어 있는 곳이 다. 그런 연유로 전주사고에는 실록의 복본을 봉안했다. 처음에는 사각史閣을 건립하지 못해 전주부의 숭의사崇義寺에 실록을 봉안했다가, 세조 9년(1463) 가을에 관아 후원에 있는 진남루鎭南樓로 옮겼다. 세조 연간에 사각의 건립을 명했으나 흉년이 겹치는 바람에 실행되지는 못했다. 성종 연간에 『세조실록』 과 『예종실록』이 완성되면서 양성지를 실록 봉안사로 전주에 파견했는데, 이 때 전주 부윤 조근趙瑾과 순창 군수 김극련金克鍊이 감독하여 성종 4년(1473) 5월 마침내 사각을 완공했다.[272] 현재 경기전 경내 동쪽에 서 있는 전주사고 의 사각, 즉 실록각은 1991년에 재건한 것이다.

임진왜란 때 병화의 위험에서 전주사고 실록을 보존해낸 이는 오희길吳希 吉·안의安義·손홍록孫弘祿이었다. 그들은 선조 25년(1592) 6월 일본군이 금산 에 침입했다는 말을 듣고 『태조실록』부터 13대 『명종실록』까지 804권의 실 록과 그 밖의 소장 도서를 내장산 은봉사로 운반하여 조정에 인계할 때까지 1년여를 번갈아 지켰다.[273] 이 일이 조정에 알려져 후속 조치가 이루어졌다.

---

271 『선조실록』, 39년 4월 28일(병인).

272 『신증동국여지승람新增東國輿地勝覽』 권33, 全州, 「실록각實錄閣」.

273 황윤석黃胤錫, 『이재유고頤齋遺藁』 권23, 「도암오공전陶庵吳公傳」, 권25, 「本朝祖宗眞殿 事實辨」; 이희권, 「전라인의 역사의식과 조선왕조실록의 수호」, 『우리문화研究』 3집, 2001.

예조가 아뢰기를 "태조대왕의 수용晬容(어진御眞)과 선왕의 실록을 당초 본
도 감사가 도내道內의 험고한 곳을 찾아 그곳에 간직해두었는데, 지금 왜
적이 호남을 침범하려 하므로 전주 부윤 이정암이 불의의 변고가 있을까
염려해 계청하여서 행재소 근처로 옮기고자 한다 합니다. 그러니 급히 사
관 한 사람을 보내어 감사와 상의하여 수용은 우선 관원을 차출하여 올려
보내고 실록은 적세賊勢의 완급을 보아가면서 중도에 옮겨다 놓거나 실어
오거나 하는 것을 그때 상황을 보고 처리하게 하는 것이 어떻겠습니까?"
하니, 전교하기를 "아뢴 대로 하라. 그러나 실록을 실어 오는 것이 안전한
계책이니, 이런 뜻을 내려가는 사관에게 말하라." 하였다.

禮曹啓曰: "太祖大王晬容及先王實錄, 當初本道監司, 擇道內險固處藏
置. 今者賊徒, 將犯湖南, 全州府尹李廷馣, 慮有意外之變, 欲啓請移安
于行在近處云. 請急令史官一人, 與監司同議, 晬容則爲先差官上送, 實
錄則觀賊勢緩急, 或移置中道或載來, 臨時處之何如?" 傳曰: "依啓. 實
錄載來, 爲萬全之計, 此意言于下去史官."[274]

이에 따라 선조 26년(1593) 7월, 조정에서는 실록과 어진 이송에 들어갔
다. 7월 9일 정읍 현감 유탁兪濯의 주도하에 정읍현으로 옮기고, 7월 11일에
손홍록과 안의를 배행 차사원陪行差使員으로 정하여 어진과 실록을 싣고 정읍
을 출발하여 태인, 익산, 용안, 임천군 부여현, 정산현을 경유하여 19일에 아
산현에 도착했다.

이 무렵 왜적은 한양에서 퇴각하여 경상도로 물러가 있는 상황이었으며,
전쟁은 소강상태로 빠져들었다. 충청도 검찰사檢察使 이산보李山甫가 어진을

---

274 『선조실록』, 26년 7월 9일(신유).

행재소까지 모시기 어렵다고 진언하니, 선조는 어진을 아산현에 안치하고 실록은 해주목으로 운반하라고 전교했다. 그 뒤 실록은 해주에서 강화로, 다시 묘향산으로 옮겨졌다.

임진왜란이 끝나자 선조 36년(1603) 7월부터 39년(1606) 4월까지 2년 10개월에 걸쳐 전주사고본 실록을 바탕으로 활자 인쇄를 진행했다. 『태조실록』에서 『명종실록』에 이르기까지 재간행하면서 만든 교정본 1부와 새로 인쇄한 3부, 그리고 전주사고본을 합쳐 실록은 모두 5부가 되었다.

실록 인출청 낭청이 영사·감사·제당상의 뜻으로 아뢰기를 "선왕조의 실록은 이제 이미 교정을 끝냈고 세초와 보수를 마쳤습니다. 구건舊件은 모두 576권인데, 이번 새로 인출한 것은 4~5권을 합쳐 1책으로 하기도 하고 2~3권을 1책으로 합치기도 했으므로 신건新件은 모두 259권입니다. 따라서 신건과 구건의 5건을 통틀어 계산하면 거의 1,500여 권이나 됩니다." 實錄印出廳郎廳, 以領監事·諸堂上意啓曰: "先王朝實錄, 今已畢校正, 畢洗補. 舊件總五百七十六卷, 今次新印, 或四五卷合爲一冊; 或二三卷 合爲一冊. 故新件總二百五十九卷, 通新·舊五件以計, 則幾千五百餘卷 矣."[275]

원래 있던 전주사고본(해주→강화→묘향산) 실록이 576권이었다. 새로 간인한 실록은 건(部)당 259권이니, 259×4부=1,036권이다. 구본과 신본을 합하면 정확히 1,612권이므로 1,500여 권이라고 한 것이다. 동시에 서울과 지방 5사고의 위치도 다시 정하였다.

---

275 『선조실록』, 39년 4월 28일(병인).

선왕의 비사秘史는 사체가 지엄한데 허다한 권질을 한곳에 합쳐 둔다는 것은 지극히 미안한 일이니, 외방의 사고에 나누어 보관하는 것이 하루가 시급합니다. 그런데 강화의 사각史閣은 작년에 이미 수축했고, 태백산·오대산·묘향산 등에 있는 사각도 거의 공사가 끝나가고 있다고 들은 듯합니다. 관상감으로 하여금 봉안할 길일을 간택하여 계품하게 한 뒤, 외방의 경우는 실록청 당상 및 사관을 파견하여 봉안하게 하되 장마가 지기 전에 급히 서둘러 봉안토록 하고, 서울의 경우는 춘추관을 수축할 때까지는 우선 병조에 봉안토록 하는 것이 타당하겠습니다. 또 서울과 외방에서 수직하는 절목에 대해서는 예조로 하여금 춘추관과 회동하여 상의해 처치토록 함으로써 허술하게 되는 폐단이 없도록 하는 것이 또한 온당하겠습니다. 그런데 문종조의 실록 도합 13책 가운데 첫 권과 9권은 두 권씩 있는 반면 제11권은 없습니다. 이는 필시 당초 나누어 보관할 때 살피지 못한 결과로서 지극히 온당치 못한 일이나, 지금 와서는 어떻게 할 도리가 없습니다.

先王秘史, 事體至嚴, 許多卷帙, 合置一處, 極爲未安. 分藏外史庫, 一日爲急. 而似聞, 江華史閣, 上年已爲修建; 太白·五臺及香山等處史閣, 亦幾畢云. 令觀象監, 奉安吉日揀擇啓稟後, 外方則實錄廳堂上及史官, 派定陪奉, 霪雨前急急奉安; 京中則春秋館修建之前, 姑於兵曹奉安便當. 其京外守直節目, 令禮曹, 會同春秋館, 商量處置, 俾無虛疎之弊, 亦爲宜當. 且文宗朝實錄合十三冊內, 初·九卷疊有, 十一卷無有. 此, 必是當初分藏不察之所致, 雖極未安, 今無可爲.[276]

전주사고에 있던 실록 원본, 그리고 재간행하면서 만들어진 교정본까지

276 위와 같음.

합하여 총 5부의 실록 가운데 1부는 예전처럼 서울 춘추관에 두고, 나머지 4부는 강화(부내府內 또는 마니산),[277] 경상북도 봉화군 태백산, 평안북도 영변군 묘향산, 강원도 평창군 오대산과 같이 병화를 피할 수 있는 심산유곡과 섬을 택해 사고를 설치하고 각 1부씩 분장했다. 춘추관·태백산·묘향산에는 신인본新印本, 마니산에는 전주사고본, 오대산에는 교정본을 각각 봉안했다.[278]

실록청이 아뢰기를 "실록은 지금 봉심하고 분류하였습니다. 전주사고에 있던 옛 판본은 그대로 강화에 보관하고 새로 인출한 3건은 춘추관 및 평안도 묘향산과 경상도 태백산에 나누어 보관하고, 방본傍本 1건은 바로 초본인데 지금 보관할 만한 지고地庫가 없으나 그냥 버리기가 아까우니 강원도 오대산에 보관하는 것이 마땅합니다. 길일을 이미 가렸으니 당상과 낭청을 속히 나누어 보내서 장마 전에 봉안해야 하겠기에 감히 아룁니다." 하니, "알았다."고 전교하였다.

實錄廳啓曰: "實錄今己奉審分類. 舊件則仍藏于江華; 新印三件, 分藏春秋館及平安道 香山·慶尚道 太白山, 傍本一件, 卽是草本, 而今無地

---

277 실록 봉안처와 관련하여 강화 부내府內와 마니산의 두 곳을 두고 이견이 있다. 선조 때 복간複刊한 뒤 기록한 『명종실록』 「부록」에 마니산에 봉안했다는 내용이 분명히 나오고, 임진왜란을 겪은 뒤 산중에 봉안하기로 했던 사실에 근거하여 그동안 마니산사고의 존재를 인정해왔다. 정태헌, 「江華史庫의 沿革과 史庫址現況」, 『史庫址調査報告書』, 국사편찬위원회, 1986. 한편, 근래 「경외사고수직절목京外史庫守直節目」 등의 자료를 근거로 강화 부내에 설치되었다고 보는 견해가 제출되어 설득력을 얻고 있다. 강문식, 「조선 후기 江華史庫의 운영」, 『조선시대사학보』 64, 2013, 164~168쪽. 복간할 때 봉안 장소로 마니산이 거론되었다가 여의찮아 강화 부내에 봉안하고, 인조 11년(1633)을 전후로 정족산성에 봉안한 듯하다.

278 강문식, 「조선후기 五臺山史庫의 운영」, 『장서각』 27, 2012.

庫可藏. 虛棄可惜, 藏於江原道 五臺山宜當. 吉日已爲推擇, 堂上·郎廳,
速爲分遣, 霾雨前可以奉安, 敢啓. " 傳曰: "知道."[279]

그러나 춘추관 실록은 인조 2년(1624) 이괄李适의 난이 일어났을 때 소실
되었다. 또 묘향산 실록은 인조 11년(1633) 만주에서 새로 일어난 후금後金(淸)
과의 외교 관계가 악화되면서 전라북도 무주군 적상산으로 이전했으며, 마니
산 실록은 인조 14년(1636) 병자호란 당시 청군에 의해 사고가 크게 파괴되
어 낙권·낙장이 많이 생긴 데다[280] 화재까지 당해 실록 2권과 의궤 여러 책
이 불탔다.[281] 이는 효종 4년(1653)에 적상산사고본을 베껴 와서[282] 현종조에
보수했으나 춘추관 실록은 복원하지 못했다. 마니산 실록은 현종 1년(1660)
강화 정족산에 정족산성이 완성되자 새로운 사고를 건축하여 그곳으로 옮겼
다.[283]

정족산·태백산·적상산·오대산의 지방 4사고에 춘추관을 포함한 5사고
체제는 조선시대 내내 유지되었다. 학계의 연구에 따르면 4사고본 실록의 행
방은 확인되었으나, 춘추관 사고의 실록은 행방이 불투명하다.

실록청이 아뢰기를 "실록을 완성한 후에는 춘추관에 봉안하는데 네 곳에
나누어 보관할 것도 함께 춘추관에 임시로 봉안하였다가 적당한 시기에

279 『선조실록』, 39년 5월 7일(갑술).
280 『승정원일기』, 인조 18년 5월 22일(임인).
281 『효종실록』, 4년 11월 6일(무술).
282 『효종실록』, 4년 11월 30일(임술).
283 『현종실록』, 1년 11월 8일(기미).

옮겨 가는 것이 전례입니다. ……" 하였다.

　實錄廳啓曰: "實錄旣完之後, 奉安于春秋館四處所分藏者, 亦竝權安于春秋館, 待時陪往, 固有前例……."[284]

　선조 때의 5사고 체제 이래, 위 기사에서도 알 수 있듯 현종 때『효종실록』을 편찬할 무렵에도 명백히 다섯 곳에 실록을 봉안했다. 현종 이후 어느 무렵 춘추관을 합쳐 모두 실록 5부를 간인하여 보관했다.[285]

　여기서 주목할 점은 춘추관 사고본의 행방이다. 조선 전기의 춘추관 사고에서 보관하던 실록은 임진왜란으로 경복궁이 소실될 때 함께 타버렸다. 임진왜란 후 춘추관은 창덕궁으로 이전되었다. 춘추관의 위치에 대해 김정호金正浩는 궐내에 있다고 기록했지만,[286] 『궁궐지宮闕志』나 기타 지리지에는 나타나지 않는다. 하지만 춘추관은 예문관 가까이 있었을 터이니 창덕궁과 창경궁을 그린 〈동궐도東闕圖〉에서 추론할 수 있다.(☞ 366쪽 그림 참조)

　순조 11년(1811) 당시 춘추관 사고에는『정조실록』을 포함하여 모두 72궤의 실록 및 서책이 있었다. 창덕궁 인정전 서서西序에 위치한 예문관 뒤 누상고루上庫가 실록의 봉안처였다. 그러나 그해 윤3월 6일 밤 향실香室에서 불이 나 예문관 건물을 태워버렸다. 검열 박제문朴齊聞이 당직이었다. 예문관 위층에는 인조부터 정조까지의 실록과 숙종 24년(1698) 단종을 복위시킨 이후 찬수한『단종실록』35궤가 봉안되어 있었는데, 화염 속에서 6궤를 봉출했으나

---

284 『현종실록』, 2년 2월 18일(무술).

285 『영종대왕실록청의궤』「교수청등록」신축년(정조 5년, 1781) 7월 초1일. "의궤 5건, 형지안形止案 5건을 수정하여 5곳의 실록 봉안처에 나누어 보관한다." 하였다.

286 김정호金正浩, 『대동지지大東地志』.

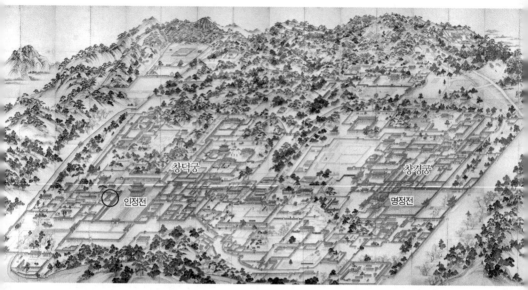

〈동궐도〉

창덕궁의 정전인 인정전 옆에 ○ 표시한 곳이 예문관이다. 인정전 서쪽 지역에는 약방, 옥당(홍문관), 예문관 등, 왕을 가까이에서 보좌하는 궐내 각사가 모여 있었다.

불길이 치솟아 더 이상 들어갈 수 없었다. 결국 나머지는 모두 불타버리고 말았다.[287]

　다음 날 인정전 월대에서 점검해보니 소진된 실록은 30궤 305책이고, 나머지는 어제, 어필, 지장, 보감, 순조 연간의 시정기와 아래층에 수장된 의궤와 문집 등이었다. 봉출해낸 6궤에 들어 있던 실록은 『정조실록』 권16~54의 37책과 부록 1책을 합한 38책, 『단종실록』 5책과 부록 1책을 합한 6책이었다. 이는 『승정원일기』를 보관하던 창고에 임시로 봉안했다. 불에 타다 남은 실록의 지엽은 윤3월 12일 차일암에서 홍경모洪敬謨, 별겸춘추 이광문李光文 ·

287　『순조실록』, 11년 윤3월 6일(갑신).

이기연李紀淵, 검열 박제문이 세초했다. 『승정원일기』를 보관하던 창고에 임시로 봉안해놓았던 실록은 다음 달에 예문관으로 이봉했다.

이후에도 순조, 헌종, 철종의 실록을 5건씩 인출하여 춘추관에 분장했다. 『철종실록』를 봉안할 때 춘추관 사고는 창덕궁의 인정전 서쪽 건물에 있었다고 한다.[288] 춘추관본 실록은 현재까지 행방을 알 수 없다.

2) 실록의 보존과 포쇄

실록의 수호

조선 전기 사고의 수직守直은 충주사고의 경우 수호관守護官 5명, 별색호장別色戶長 1명, 기관記官 1명, 고지기(庫直) 1명이 있었다.[289] 후기에는 외사고들을 산중에 설치함으로써 불사佛寺를 사고의 수호에 정역시키는 조처가 취해졌다. 예컨대 무주의 적상산사고에는 승군僧軍 20명 내외, 강화의 정족산사고에는 50명, 평창의 오대산사고에는 20명이 배속되었다. 다만 시기나 사고에 따라 증감이 있었다.[290]

선조 39년(1606), 선조는 사각과 실록을 수호할 대책을 마련하라고 명했다. 이에 예조와 춘추관의 관원이 협의하여 「경외사고수직절목京外史庫守直節目」을 마련했다.[291] 복인復印한 실록은 춘추관을 수리하기 전에 일단 병조에

---

288 『철종대왕실록청의궤』, 고종 2년 윤5월 16일, '봉안식奉安式'.

289 『세종실록』권149 「지리지地理志」.

290 실록 수호에 대한 일반적인 서술은, 국사편찬위원회, 『史庫址調査報告書』, 1984; 정재훈·오항녕 외, 『4대 사고 및 조선왕조도서 보존관리 연구보고서』, 문화재청, 2013, 2장의 연구를 참고했다.

291 조선총독부 내무부 지방국, 『조선사찰사료 상朝鮮寺刹史料上』, 「사고절목史庫節目」(국회

봉안하도록 했고, 춘추관과 외방 사고의 수직 지침을 만들었다.

1. (실록을 봉안할) 병조의 수직은 병조 부장兵曹部將이 군사 4명을 거느리고
   밤낮으로 수직하되, 춘추관 낭청도 1명씩 교대로 수직한다. 서리, 사령,
   고지기는 각 2명을 배치하는데, 그들의 가포價布는 해당 관청에서 지급
   한다.

1. 강화사고의 경우 본부 읍내에 있으니 수직에 관련된 일은 전라나 경주
   (전주사고와 성주사고를 가리키는 듯함─인용자)의 전례에 따라 본도에서 살
   펴서 거행하도록 한다.

   태백산·향산·오대산사고의 경우, 역役이 있고 없고를 막론하고 인근 4
   호의 백성을 택하여 신역을 면제해주어 전적으로 사고 수직을 담당하
   게 하고, 겸하여 고지기 일을 맡게 하되 2명씩 교대로 하게 한다. 승도
   僧徒는 사고마다 40명을 정원으로 삼고, 본도로 하여금 거처의 원근이
   나 신역의 유무를 막론하고 근실하면서 뿌리가 있는 자를 선발하여 직
   접 성책해서 담당 관청으로 올려 보낸 뒤, 담당 관청에서 각각 수직첩
   문을 발급하며, 그 가운데 한 사람에게 수승첩문首僧帖文을 지급하여 수

도서관, 청구기호 294.0951 ㅈ538ㅈ), 2011, 65~71쪽에 수록된 문서 가운데 보인다.
이 절목은 '강희康熙 56년', 즉 숙종 43년(1717) 오대산사고에 대한 현황을 기록했는
데, ① 선조 39년(1606) 실록을 복간하여 봉안한 뒤 실록청에서 논의한 「경외사고수직
절목」에 따라 시행할 것을 청하는 예조의 계목, ② 오대산사고를 수직하던 승려 응원
應元 등의 소지所志에 따라 예조에서 강원도로 내려보낸 것으로 보이는 관문關文, ③
소지를 올린 응원 등에게 보낸 예조의 완문完文, ④ 겸순찰사兼巡察使가 강릉 도호부에
보낸 관문, ⑤ 강릉 도호부에서 소지를 올린 설청雪淸과 응원에게 만들어준 등급謄給
문서 등이 정리되지 않은 채 수록되어 있다. 그런데 등급 문서 뒤에 '기사己巳', 즉 인
조 7년(1629)으로 되어 있어, 설청·응원 등이 소지를 올린 시기보다 한 해 빠르다. 착
오가 있는 듯싶다.

직을 이끌게 한다. 수직하는 사사寺社나 당사자에게는 역을 일체 감면
해주고, 각 관 수령이 침탈하지 못하게 하며, 만일 침탈하는 수령이 있
으면 듣는 즉시 보고하여 엄히 다스린다. 근처 큰 사찰에 소속된 위전
位田을 본고의 감사가 헤아려 이쪽으로 줘서 먹고살 길을 열어준다.

또한 막중한 사고를 어리석은 하인들에게만 수직하도록 하기에는 온
당치 않으므로 도내에 사는 학식이 있는 품관品官 2명을 택하여 신역을
면제해주고 기자전箕子殿 참봉의 예에 따라 양식과 급료를 지급한다. 수
직자 중 직무에 충실한 자는 본도의 보고에 따라 포상한다.

1. 외방 사고는 강화를 제외하고 모두 깊은 산중에 있으므로 매년 춘추관
사각 외에는 봉심奉審 유무를 계문한다. 산에 놀러 온 사람들이나 장인
이나 무뢰배, 승려, 사당패 등은 일체 금한다.

사고의 인근에 사는 백성 4호戶를 택해 일체의 신역이나 잡역을 면제하
고, 2명씩 교대로 사고만 책임지고 수직하게 했다. 또한 승군은 각 사고마다
40명을 정원으로 하여 20명씩 교대로 근무하게 했다. 이들의 명단이 올라오
면 예조에서는 수직자에게 첩문을 보냈는데, 그중 한 사람을 선택하여 총섭
總攝으로 임명하고 수직을 통솔하게 했다. 이에 더해, 이러한 규정을 어기면
각 관의 수령에게 중벌을 내린다고 했다.

이처럼 예조의 절목에서 대강을 정해놓았는데, 각 사고에도 사목이 따로
있었던 것 같다. 일례로 「태백산사고수직절목」이 있다. 이는 태백산사고를
대상으로 했지만, 외방 사고에도 비슷하게 적용되었을 것이다.

1. 역이 있고 없고를 막론하고 근방의 근실한 백성 4호를 선택하여 신역과
호역을 모두 면제하고 오직 사고의 수직만 책임지게 하며, 겸하여 사고

에 대한 일을 살피되 두 사람씩 교대로 근무하게 한다.

一, 勿論有無役, 別擇傍近勤實百姓四戶, 盡除身戶役, 專責史庫守直, 兼察庫直之事, 二人式遞番事.

1. 승려 20명에 대해서는 본도에서 거주의 원근이나 신역의 유무를 막론하고 근실하고 신원이 확실한 사람을 택해 직접 살피고 성책하여 올려보내고, 담당 관청에서 각각 수직첩문을 발급한다. 그중 한 사람을 정해 수승첩문을 발급하여 사역을 면제해주고, 각 관 수령이 조치하여 침해하거나 문책할 수 없다. 침해하거나 문책하는 수령이 있으면 담당 관청에서 보고를 받는 대로 계를 올려 무겁게 다스린다.

一, 僧徒二十名, 令本道勿論居住遠近, 身役有無, 別擇勤實有根着人, 親審成冊上送, 自該曹各給守直帖文. 取其中一人另給首僧帖文, 使之蠲除使役, 各官守令不得下手侵責. 如有侵責守令, 則自曹隨所聞入啓重治事.

1. 근처 대규모 사찰의 위전은 본도 감사가 계량하여 옮겨 지급하고 계문하여 시행함으로써 그것을 가지고 생활할 수 있는 자원으로 삼는다.

一, 近處巨刹位田, 令本道監司量數移給, 啓聞施行, 以爲資生之路事.

1. 중대한 사고를 단지 용렬한 사람이 수직하면 매우 편치 않다. 본읍에 사는 유식한 품관 2명을 신중히 선택하여 신역과 호역을 일체 면제하고, 기자전 참봉의 사례에 따라 참하관의 급료를 주고 번갈아 교체하여 수직하게 하며, 본도에서 계문하고 논상한다.

一, 不小史庫, 只以迷劣下人守直, 極爲未安. 本邑居生有識品官二人極擇, 身役戶役一切蠲除, 依箕子殿參奉例題給參下料, 相遞守直, 如有勤勞盡職者, 令本道啓聞論賞事.

1. 포쇄는 구례에 따라 3년마다 1회 거행한다. 거기에 소용되는 물품은 본

도에서 준비한다. 유둔은 13궤짝 안에 ……[292] 포대는 매 1궤짝당 갑대 2부에 쓸 5승 연포 20척씩 마련한다. 그 나머지 물품은 들어가는 수량을 참작하여 시행한다.

一, 曝曬依舊例三年一次擧行, 應用雜物, 令本道措備. 油芚則十三櫃內, 每三櫃六張付一件式, 布帒則每一櫃甲帒二部次五升練布二十尺式磨鍊. 其餘雜物, 入量參酌施行事.

1. 본도 도사는 매년 봄가을에 사각의 외부를 봉심하고, 변고의 유무를 계문한다.

一, 令本道都事, 每年春秋, 史閣外面奉審, 有無事啓聞事.

1. 산에 놀러오는 잡인 및 무뢰한 승려나 도사 등을 일체 금단하여 접근하지 못하게 하고, 본관이 살펴 다스리게 한다.

一, 遊山雜人及無賴僧尼社長等, 一切禁斷, 使不得接跡, 令本官察治事.

1. 미진한 조건은 추후 마련하여 시행한다. 단, 사고에 있는 궤짝 속 유둔 등의 물품은 3년에 한 번 바꾸면 민폐가 되니 6년에 한 번 바꾸고, 혹시 파손되었다면 그 뒤 바꾸어 절약에 힘써야 한다.

一, 未盡條件, 隨後磨鍊施行. 但藏在庫中之櫃所裏油芚等物, 三年一改, 以貽民弊, 可六年一改, 或破然後改, 務盡省約事.

만력 34년(선조 39년, 1606) 5월 일萬曆三十四年五月 日.

지춘추관사 행 동지중추부사 서성知春秋館事行同知中樞府事徐渻.[293]

---

292 유둔에 대한 규정은 해독하지 못했다. 기술에 착오가 있는 듯하다.

293 서성徐渻, 『약봉유고藥峯遺稿』 권2 補遺 「태백산사고수직절목太白山史庫守直節目」.

실록을 깊은 산속에 보관하고 승도에게 수직하게 한 것은 고려시대 해인사에 사고를 설치했던 전통에서 유래하며, 세조 연간에 양성지가 건의한 내용이 실현된 일이기도 하다. 외진 산골에 사고를 설치했던 까닭에 승도의 힘이 필요하기도 했다.

복인한 실록을 나눠 보관하던 초기에는 수직절목이 엄격하게 시행되었지만 시일이 경과하면서 차차 해이해졌다. 20여 년이 지나다보니, 사고에 소속된 승려나 역졸, 군사에게는 원칙적으로 신역과 잡역이 면제되었음에도 불구하고 사실상 신역에 동원될 수밖에 없었고, 승려들은 위전을 빼앗기는 경우가 많았다. 흉년이 든 지역에서는 승려들이 흩어지기도 하여 수직할 승도가 아예 없는 경우도 생겨났다. 인조 8년(1630) 오대산사고의 총섭인 설청雪淸과 응원應元 등이 참다못해 소지所志를 올리자, 인조는 다시 수직승의 신역 및 잡역을 면제해주고 차출하지 못하게 했다.[294]

인조 10년(1632)의 기록에 따르면, 적상산사고에는 매월 2명씩 수직하는 수복守僕이 12명, 매월 7명씩 수직하는 군병이 84명, 승군으로는 승장과 상좌上佐 등 16명이 수직했다. 적상산성은 군사적 요충지이기 때문에 사고를 수호하는 일 외에도 산성을 지키기 위한 군사가 많이 있었던 것으로 보인다.

인조 16년(1638)의 보고에 따르면, 태백산사고는 수목이 우거진 가운데에 있어 산불의 우려가 있었다. 게다가 관리들은 수직절목을 따르지 않고 농간을 부려 참봉은 급료도 받지 못하고 승려들은 위전을 빼앗겼다. 이로 인해 사고 수호의 허점이 생길 수 있으므로 전례를 조사하여 급료와 위전을 줄 것을 요청하는 보고가 올라갔다. 인조는 이를 허락했다.[295]

---

294 조선총독부 내무부 지방국, 앞의 책, ②번 예조 관문.

295 『인조실록』, 16년 9월 12일(신미).

숙종 12년(1686)의 수직절목을 보면 오대산사고의 경우 수직하는 인원수가 총 60명으로 조금 변동이 있었지만,[296] 외방 사고의 수직은 그 시행에 굴곡이 있었던 듯하다. 영조 10년(1734) 예문관 대교 정이검鄭履儉은 정족산사고의 문제점을 보고했다. 정족산사고는 서울에서 가장 가까운 까닭에 업무로 왕래하는 관리가 많으며, 이 때문에 일거리가 늘어난 승려는 이를 감당할 수 없어 날로 흩어지는 실정이라는 것이다. 이런 사정으로 인해 다른 사찰의 승려는 아예 피해서 정족산에는 오지도 않고, 전등사에 남은 승려는 10명도 안 되어 몇 년 지나면 남은 승려가 없게 될 것으로 예상했다. 따라서 사각의 막중한 수호를 위해 정족산 아래의 선두포船頭浦에 있는 세수 수십 석지기 논을 전등사에 주면 승려가 모일 것이라 건의했다. 이에 영조는 20석지기를 내려주라고 명했다.[297]

태백산사고의 경우, 수호 경비를 맡은 고을인 봉화가 넉넉하지 못한 형편이라 사고 수호를 홀로 감당할 수 없는 실정이었다. 이 때문에 순조 11년(1811) 안동의 춘양면을 할양해줄 것을 요청했다. 그러나 비변사에서 강계의 이동은 경솔하게 할 일이 아니라고 반대하여 성사되지 못했다.[298] 결국 태백산사고의 수호 대책으로는 각화사의 승군에게 오대산사고의 승군과 같은 조치를 취하여 수직승의 신역과 잡역을 면제해주었다.

고종 연간에 오대산사고에는 수호군 60명과 승군 20명이 수직한 적이 있고, 정족산사고에는 별장과 승군 50명이 수직하기도 했다. 이에 비해 태백산

296 강문식, 「조선후기 五臺山史庫의 운영」, 『장서각』 27, 2012, 225~229쪽.

297 『전등사본말사지傳燈寺本末寺誌』, 1942.

298 『순조실록』, 11년 3월 30일(무인); 강영철, 「太白山史庫의 연혁과 사고지 현황」, 『史庫址調査報告書』, 국사편찬위원회, 1984.

사고에는 25명의 수호군만 있어 사고를 수호하기가 벅찼던 것으로 보인다. 가장 많은 수직 인원이 배치된 곳은 적상산사고였다. 고종 연간의 기록에 따르면 적상산사고에는 참봉 2명, 총섭 1명, 대장代將 1명, 화상和尙 1명, 승군 24명, 별장 1명, 매월 11명씩 방번防番하는 수복군守僕軍 131명, 매월 2명씩 방번하는 사부射夫 24명, 감관監官 1명, 매월 12명씩 방번하는 별파군別破軍 49명이 수직했다. 여기에 들어가는 비용은 적상산 인근의 무주·진산·금산·용담·운봉·진안·장수에서 내는 정액의 조세로 충당했다. 적상산사고에 배치된 수직 인원수는 사각뿐 아니라 적산산성까지 수호하는 인원을 합한 수치이다.

오대산사고의 경우, 1909년(융희 3)의 기록을 보면 월정사에서 오대산사고를 수호하면서 수호 번승 6인을 두고 수직과 순찰에 종사하게 했다. 사고의 열쇠는 월정사의 총섭이 보관했는데, 이는 예전에 없던 일이었다. 수호 번승의 임기는 1년이고 매년 음력 2월에 교대했다. 총섭이 사승 중에서 선발한 번승의 명단은 군수에게 보고했다. 한편, 다른 기록에 따르면 수호 번승에는 총섭 1명 외에 사고승장史庫僧將 1명, 번승 4명, 사고부목史庫負木 1명이 있었다. 기록별로 조금씩 차이가 나는 이유는 때에 따라 수직 군사와 승려의 숫자에 증감이 있었기 때문이다.

사고를 수직하는 이들 가운데 참봉은 행정적으로 사각을 관리하는 자로 각 도에서 차출되었으며, 2명이 교대로 수직하고 1년마다 교체되었다. 사고 수호의 임무를 맡은 참봉에게는 예조에서 첩문을 보냈다. 태백산사고의 경우에는 조선 말에 참봉을 지낸 김용호金容浩(헌종 6년, 1840)와 김상락金尙洛(광무 4년, 1900)에 관한 기록이 남아 있다.

외방 4사고는 각기 수호 사찰이 관리했다. 월정사가 오대산사고를, 안국사가 적상산사고를, 전등사가 정족산사고를, 각화사가 태백산사고를 담당했다. 이 가운데 전등사의 총섭은 외방 4사고의 최고 책임자인 도총섭인데, 이들의 명단과 재임 기간을 수록한 『도총섭안책都總攝案冊』이 오늘날까지 전래되고 있다. 이 자료는 현종 8년(1667)부터 기록되었고 경종 3년(1723)에 수정된 적이 있다. 지금은 숙종 45년(1719)부터 융희 4년(1910)까지 190여 년간 269명의 도총섭 명단이 전한다. 이 자료를 보면 도총섭은 연평균 1명 이상교체되었으며, 특히 영조 31년(1755)에는 1년 사이에 13명이나 교체되었다. 이는 사각을 중요하게 인식하면서도 도총섭의 경질에는 무질서했으며, 실록을 수호하는 곳이 불찰佛刹이기는 하지만 사실상 일반 관청인 공해公廨나 다름없었음을 의미한다.

고종 연간에는 국가재정이 궁핍해지고 사회 기강이 문란해지면서 사고에소속된 승려·역졸·군사가 신역을 면제받지 못하는 경우가 나타났다. 승군들은 위전을 빼앗겼으며, 사고를 관리하는 데 드는 경비는 인근 읍에서 거둬들인 조세로 충당해야 했다. 고종 1년(1864)에 적상산사고의 수호 사찰인 안국사가 퇴락하여 중수를 하게 되자 조정에서는 전라 감영에 공명첩 300장을 내려보내 경비로 쓰게 했다. 같은 해 태백산사고의 수호 사찰인 각화사도 수리했는데, 각화사는 안국사보다 규모가 크기 때문에 공명첩 400장을 내려보내 감영과 본읍에서 경비를 구하도록 했다.[299] 그런데 고종 17년(1880) 가을, 각화사에 화재가 발생했다. 조정에서는 다시 공명첩 500장을 보내서 각화사의 중수 비용을 충당하도록 했다. 조선시대에는 실록을 수호하는 사찰의 주지에게 승직까지 주어 실록각을 수호하도록 했으며, 사찰의 중수를 위해 행정적인 지원도 아끼지 않았다.

한편, 춘추관 사고의 수직은 춘추관과 병조에서 공동으로 관장했다. 병조

---

299 『승정원일기』, 고종 원년 11월 3일.

에서는 부장과 군사 4명을 파견하여 수직하게 했으며, 춘추관에서는 낭청 1
명이 서리·사령·고지기 각 2명을 대동하고 수직했다.

조선시대에는 실록을 3년마다 포쇄했는데, 춘추관의 경우 당상관이 그
일을 담당하고 지방에는 사관을 보냈다.[300] 하지만 이 규정이 그대로 준수된
것은 아니었다. 『한원고사』의 기사를 보자.

> 지방의 사고는 효종대 이후 2년마다 포쇄를 하는 것이 정식이었고, 예문
> 관에서는 4년에 한 번, 강화에서는 2년에 한 번 포쇄한다고 하지만 근거로
> 삼을 자료가 없다.[301]

영조대의 기록에서도 2년에 한 번 포쇄를 실시했던 것이 확인된다.[302] 그
러나 지방 사고의 포쇄는 실제로 불규칙할 때가 많았다. 실록 봉안 등이 겹
치면 2년이 되지 않았어도 포쇄를 시행하기도 했고, 사관에 결원이 생겼을
때나 해당 지역에 흉년 등의 재해가 발생하면 포쇄를 미루기도 했다.

포쇄는 대체로 날씨가 좋은 가을의 맑은 날을 길일로 잡아 행했다. 오대
산사고의 경우, 대부분 음력 3~5월과 8~10월에 포쇄가 행해졌고 한여름과
겨울에 행해진 사례는 거의 없다.[303]

---

300 『경국대전』 권3 「예전禮典」, '봉심奉審'.

301 『한원고사翰苑故事』(규장각古 5122-3A) 「포쇄식曝曬式」.

302 『승정원일기』, 영조 3년 5월 6일(신유).

303 신병주, 「'오대산본' 『조선왕조실록』의 간행과 보관」, 『역사와 현실』 61, 2006, 200~206
쪽.

대한제국 이후의 사고와 실록

대한제국기 사고의 관할권은 춘추관에서 의정부로, 의정부에서 궁내부로, 궁내부에서 이왕직李王職으로 이관되었다. 1897년(광무 1)에 사고를 관장하는 기관이 춘추관에서 의정부로 바뀌었다. 의정부는 1898년(광무 2)부터 비서원랑이나 비서감랑을 강화·양주·강릉·봉화·무주군의 사고에 파견하여 사고지의 군수와 협동으로 포쇄하게 했다. 1908년(융희 2)에는 궁내부가 사고 업무를 담당하면서 외방 사고에 사무관을 파견하여 포쇄했으며, 1910년 한일합병 이후에는 이왕직에서 관리했다.

갑오개혁 이후 규장각은 궁내부에 소속되었다. 1908년 궁내부는 규장각의 기구를 개편하여 전모과典謨課, 도서과圖書課, 기록과記錄課, 문사과文事課를 두어 업무를 분장시켰다. 이때 사고에 관한 업무는 규장각 기록과에서 담당했다. 규장각 기록과는 1908년에 강화 정족산사고의 장서 5,000권을 경복궁 경성전慶成殿으로 운반하여 정리했고, 다른 사고의 장서는 경비가 부족하다면서 현지에 둔 채 관리했다.

오대산사고에 대한 조사는 1909년(융희 3) 10월 25일 궁내부 사무관 무라카미 유키치村上龍佶와 평창 군수 이우경李愚暻이 합동으로 진행했으며, 적상산사고에 대한 조사는 1910년 4월 14일에 무라카미 유키치와 무주 군수 박태영朴台榮이 추진했다. 태백산사고는 1910년 4월 29일에 내각 서기관 이원용李源鎔과 봉화 군수 유철희柳哲熙가 점검했다. 외사고의 장서를 조사할 때 일본인이 참여하고 주도했던 것으로 보아 조선 침략에 대한 사전 준비를 했을 것이다.

1909년에 오대산사고를 점검한 무라카미 유키치의 보고에 따르면 사각의 2층에 봉안된 실록은 이상 없이 완전했지만, 1층에 수장된 서책 중에는 습기로 곰팡이가 슬거나 썩은 것이 있으며, 자물통의 분실과 파손, 궤짝의 파괴와 부식도 많았다. 또한, 종전 형지안形止案의 기록도 부정확한 점이 있기 때문에 전면적으로 정밀하게 조사하려면 시일과 경비가 많이 들 것이라고 했다. 그는 1909년 12월 이런 폐단을 시정하기 위해 다음과 같은 이유를 들면서 사고에 수장된 실록을 경중京中으로 옮겨야 한다는 의견을 제시했다.

1. 막중한 실록을 수장한 사고는 성질상 일개 사찰의 관리와 수호에 일임할 일이 아니다. 사원은 쇠퇴하여 재산이 많이 감소되었는데도 정부의 보호는 극히 빈약하기 때문이다. 또한 왕래가 일정하지 않은 승려에게 감독하고 수호하게 함은 극히 위험하다.
2. 외딴 산중에 있어 확실한 감독자와 수호자도 없는 데다 재해를 감당할 수 없는 목조 가옥에 막중한 사책의 운명을 맡기는 것은 시세에 부적합하다. 또한 많은 화전민으로 인해 산불이 나면 소실될 수 있으므로 경중으로 운반하여 급히 조치를 취해야 한다.[304]

무라카미는 실록을 경중으로 옮겨야 하는 당위성을 궁내부 대신 민병석閔丙奭에게 보고했고, 한일합병이 되자 가장 먼저 강화사고본을 운반했다. 이어 나머지 세 사고의 실록도 경중으로 운반하거나 도쿄로 이관했다.

1909년 궁내부는 각 사고에 수장되어 있는 실록 및 서책, 그리고 다른 기관에서 편입된 장서와 함께 규장각의 장서를 관리할 기관으로 제실도서帝室圖書를 설치하고, 「제실도서보존규정帝室圖書保存規程」과 「제실도서대출규정帝室圖書貸出規程」을 제정했다. 그와 동시에 제실도서의 목록을 정리하여 『제실도서목록帝室圖書目錄』을 편찬했지만, 여기에는 실록이 한 부도 수록되지 않

---

304 궁내부宮內府, 『오대산사고조사보고서五臺山四庫調査報告書』, 1909.

았다. 아직 외사고의 장서를 현지에 둔 채 관리하는 상황이었기 때문이다.

1910년 8월 29일에 한일합병이 되자 왕실 사무를 관장하는 기관으로 이왕직이 설치되었다. 제실도서는 이왕직 도서과로 개편되었으며, 이때부터 1911년 6월까지 10개월간 이왕직 도서과가 실록 및 장서의 관리 업무를 도맡았다.

1911년 2월 일제는 이왕직 도서를 조선총독부에 이관시킬 것을 결정했다. 그 결정에 따라 3월 30일 총독부 취조국에서 이왕직 도서를 강제로 접수했다. 이어 오대산사고, 태백산사고, 적상산사고의 장서를 정무총감이 취조국장에게 인계했다.

1911년 3월 조선총독부에서 사고의 장서를 접수할 때 이왕직에서는 도서와 기록류를 합쳐 도합 5,519책을 인계하지 않고 별치했는데 1911년 6월 19일 장서각을 설치하여 따로 보관했다. 장서각은 이왕직에 수장된 자료를 대상으로 1924년과 1935년 두 차례에 걸쳐 『이왕가장서각고도서목록李王家藏書閣古圖書目錄』을 편찬했다. 이 목록에는 옛 적상산사고본 실록이 수록되어 있다.

1912년 4월 1일 조선총독부의 관제 개혁으로 취조국이 폐지되고 참사관이 설치되었다. 참사관에서는 분실을 두고 구 취조국의 장서를 이관시켜 관리했다. 1913년 10월 오대산본 실록 439책이 동경제국대학 부속 도서관으로 이관되었는데, 이 일에 시라토리 구라키치白鳥庫吉가 가장 크게 활약했다. 시라토리는 1913년 여름휴가 때 데라우치 마사다케寺內正毅 조선총독에게 실록 이관의 필요성을 역설하고 허락을 받아냈다. 이어 동경제국대학으로부터 출장 명령을 받아 8월 하순에 경성에 도착했다. 데라우치 총독은 시라토리가 경성에 도착하기 전 이미 오대산본 실록의 절반 정도를 경중으로 수송해놓았으며, 시라토리는 이것을 도쿄로 옮겼다. 오대산에 남아 있던 나머지 절반의 실록도 주문진에서 배에 실어 도쿄로 수송해 갔다. 이렇게 옮겨진 788책이 모두 1913년 11월 동경제국대학에 보관되었지만 1923년의 관동대지진으로 일부만 남은 채 소진되었다.

후대의 기록이지만 1914년 3월 3일부터 11일까지 총독부 관원과 평창군 서무주임 히구치樋口가 사책史冊 150짐을 주문진으로 운반했다는 기록도 있다.[305] 이 기록에서도 실록의 절반을 오대산에서 경중으로 수송한 뒤 다시 도쿄로 가져갔고, 나머지 절반은 오대산에서 곧장 도쿄로 가지고 갔다고 했다. 오대산에서 직접 도쿄로 수송해 간 실록은 주문진에서 선적했음을 알 수 있으나, 앞서 언급한 시라토리의 수송 시점과 비교할 때 시간에서 차이가 난다.

어쨌든 1912년부터 실록 및 규장각 장서를 관장한 총독부 참사관은 이들을 정리하여 여러 종류의 서목을 편성했다. 『태백산사고 도서목록太白山史庫圖書目錄』, 『태백산장서 목록원고太白山藏書目錄原稿』, 『봉화태백산사고 장서목록奉化太白山史庫藏書目錄』, 『오대산사고 도서목록五臺山史庫圖書目錄』, 『오대산장서 목록원고五臺山藏書目錄原稿』 등이다. 이 가운데 『태백산사고 도서목록』과 『오대산사고 도서목록』은 경사자집으로 분류·정리되어 있으며, 나머지는 50음순音順으로 배열되어 있다. 『태백산사고 도서목록』의 표지에는 '朝鮮總督府參事官室조선총독부참사관실'이라는 청색 고무인이 날인되어 있다. 『오대산장서 목록원고』에는 실록이 50음별로 분산 수록되어 있는데, 이로 미루어 동경제국대학으로 실록을 이전한 1913년 이전에 서목이 작성되었음을 알 수 있다. 그러나 『오대산사고 도서목록』에는 실록이 수록되어 있지 않으므로 1913년 이후에 편성된 것으로 볼 수 있다.

1915년 참사관 분실에서 규장각 도서의 정리가 일단락되자 그 다음에는

305 李龜烈, 『韓國文化財秘話』, 韓國美術出版社, 1973, 151~154쪽.

모든 서책을 망라하여 서목을 편성했다. 조선총독부의 서고 제1고~제6고까지의 서책 목록인데, 이 중 제3고의 목록은 결본이다. 이 서책 목록은 조선총독부의 오사란鳥絲欄 괘지에 1921년 필사한 『조선도서대장朝鮮圖書臺帳』 8책으로서, 서고별로 도서 번호, 서명, 책수, 판종, 부문 등이 기록되어 있으며 제8책에 2질의 실록과 낙질본이 수록되어 있다.

1921년에 적상산사고의 실록은 이왕직에서 관리했으며, 오대산사고의 실록은 동경제국대학에 이관된 상태였다. 따라서 『조선도서대장』에 있는 실록 2질은 정족산본과 태백산본이고, 낙질본은 정족산사고에 수장되어 있던 춘추관 사고본으로 추정된다. 한편 같은 해에 연활자로 인쇄된 『조선총독부고도서목록朝鮮總督府古圖書目錄』에도 사부史部 편년류에 실록 2질과 낙질본이 수록되어 있다. 이 책자에는 실록명 아래에 등록 번호가 있는데, 12719-12746, 12760-12787 2질과 12747-12759의 낙질본이 있다. 낙질본에는 '缺缺'이라 표기되어 있는데, 『조선도서대장』의 낙질본과 일치한다.

1922년 11월 조선총독부 관제 개혁이 또 한 번 실시되면서 이들 장서는 참사관 분실에서 학무국學務局으로 이관되었다가, 이후 경성제국대학으로 다시 옮겨졌다.

한편 동경제국대학으로 수송해 간 오대산본 실록은 1923년 9월 1일 관동대지진으로 소실되고 연구실에 대출되었던 57책만이 겨우 화를 면했다.[306] 나중에 17책이 더 발견되어 현재 74책이 전래되고 있다. 타고 남은 실록 중 27책은 1932년 5월 조선에 반환되어 경성제국대학에서 보관했고, 47책은 동경제국대학에서 보관하다가 2006년에 국내로 돌아왔다. 1945년까지 정족산

---

306 오대산본 실록의 보존과 전승에 대해서는, 신병주, 「'오대산본' 『조선왕조실록』의 간행과 보관」, 『역사와 현실』 61, 2006 참고.

사고본·태백산사고본 실록과 오대산사고본 실록의 잔본은 경성제국대학에 수장되었다. 적상산사고본은 이왕직과 장서각에 수장되었다가 6·25전란 때 북한 인민군이 가져갔다.

1946년 8월 22일에 경성대학은 국립서울대학교로 개편되고 도서관도 서울대학교 중앙도서관으로 개칭되었다. 1950년 한국전쟁이 발발하면서 서울대학교 도서관에 수장되어 있던 귀중서를 부산으로 옮겼는데, 이때 정족산본·태백산본·오대산본 실록, 『승정원일기』, 『비변사등록』, 『일성록』 등 8,657책이 다행히 보존되었다. 조선왕조실록은 『태조실록』부터 『철종실록』까지의 정족산본 밀랍본 475책을 포함한 1,181책과 오대산본 27책, 기타 산엽본散葉本 21책을 소장하고 있다.

1985년 3월 22일 문화재관리국과 서울대학교의 합의하에 서울대학교에서 보관 중인 태백산본 실록 848책을 부산에 있는 정부기록보존소(현 국가기록원 역사기록관)로 옮겼다. 실록을 분산 보관하여 안전하게 관리하기 위한 목적이다.

조선시대 사고의 변천

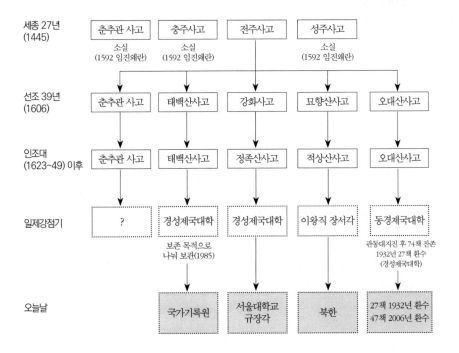

현재 학계에서 확인된 사고史庫 변화의 대강이다. 현재 사료상으로 확인되지 않는 것은 조선 후기 춘추관 사고에 보관되어 있던 실록이다. 춘추관의 화재 기록이 인조·순조 때 나오지만 『순조실록』 『헌종실록』 『철종실록』이 모두 5부 간인되었으므로 어디엔가 남아 있어야 하는데, 흔적이 없다. 어디로 갔을까?

3장 실록의 이웃 기록들

1. 『승정원일기』와 『경연일기』

당대의 정책이나 전례典禮를 상고할 경우, 사초는 참고하기가 어려웠기 때문에 이미 편찬을 마친 실록 등의 자료에서 찾았다. 그러나 실록을 상고할 때도 누구든 아무 때나 볼 수 있는 것이 아니라 춘추관의 관원(예문관 참외관)들이 찾아서 전달하는 방식을 취했다. 사초의 경우에는 태조 때부터 사관의 직필을 유지하기 위해 '열람 불가'의 사회적 합의가 이루어졌던 터라 국정에 참고자료로 삼을 수 없었다. 그러므로 과거 경험의 참고라는 측면에서 볼때, 그 참고 대상이 되었던 역사 기록에 대하여 별도의 검토가 필요하다. 이때 주목되는 기록이 『경연일기』와 『승정원일기』이다. 이들 기록은 실록 편찬의 핵심 자료이기도 했다.

『경연일기』가 언제부터 작성되었는지는 자료상으로 명확한 답을 얻기가 힘들다. 일단 경연이 열렸다면 '일기'가 기록되었으리라고 막연히 추측해보지만, 꼭 그랬다는 확증을 얻을 수는 없다. 고려시대에도 경연(서연)이 있었으나 대부분 경연이 열렸다는 사실만 기록되어 있을 뿐 경연 내용에 관한 기사는 거의 없다고 해도 과언이 아니다. 즉, '일지日誌'는 있지만 '일기日記'는 없는 셈이다.

고려시대의 자세한 경연 기록이 『고려사』를 편찬하는 과정에서 산삭되었을 가능성도 배제할 수 없다. 그러나 조선 초기 『고려사』 편찬자들의 사상적 지향이나 현실적 관심으로 미루어 경연 기사를 삭제했으리라는 추측은 아무래도 무리다. 오히려 경연 기록의 부재는 경연관 제도 및 사관의 입시와 관련지어 검토하는 편이 합리적이다. 경연은 고려 후기부터 자리를 잡아갔으며, 경연관 제도가 정비된 것은 공양왕 2년(1390)의 일이다.

처음 경연을 열고, 이때 심덕부沈德符·이성계李成桂를 영경연사領經筵事로, 정몽주鄭夢周·정도전鄭道傳을 지경연사知經筵事로, 김사형金士衡·박의중朴宜中을 동지경연사同知經筵事로, 이행李行·성석용成石瑢·민개閔開·이사위李士渭를 참찬관叅贊官으로, 윤소종尹昭宗·이첨李詹을 강독관講讀官으로, 우홍득禹洪得·한상경韓尙敬·신원필申元弼을 검토관檢討官으로 임명하고, 4번番으로 나누어 강의하게 하였다.[307]

『고려사』에는 공양왕 2년 4월에 강독관 성석연成石珚이 『정관정요貞觀政要』를 강의한 내용이 실려 있으며,[308] 같은 해 10월에는 강독관 유백유柳伯濡가 『서경書經』 「무일無逸」을 강독하면서 불교에 대해 주고받은 대화가 실려

---

307 『고려사高麗史』 「세가世家」 권제45 공양왕 2년 정월 12일(병자). 곧이어 세자를 위한 서연도 개설했다. 같은 책, 「세가」 권제45 공양왕 2년 2월 6일(경자).

308 『고려사』 「세가」 권제45 공양왕 2년 윤4월 27일(기축).

있다.[309] 예문춘추관 참외관이 사관의 자격으로 경연에 입시한 것은 2년 뒤인 공양왕 4년(1392)이다.[310]

이 연장선상에서 조선 초기 경연에 사관의 입시가 계속되었다. 태종 때에는 '경연사관經筵史官'이라는 명칭이 나오는데, 이는 기록을 위해 경연에 참여하는 사관만 가리키는 말이 아니었다. 예문관 참외관이 춘추관을 겸하기로 확정된 상황과 경연 입시라는 직무가 공존했던 현실의 반영이었다. 그런 까닭에 이후 실록에는 경연 기사가 고려시대에 비해 매우 상세하게 기록될 수 있었다.

『경연일기』는 언제부터 누가 작성하기 시작했을까? 대략 세종 2년(1420)에 집현전 설치와 함께 시작된 것으로 추정한다. 집현전은 경연제도의 발달 과정에서 볼 때 경연의 전담 관원이 생겼다는 의미를 갖는다. 다른 업무에 구애되지 않고 경연만 담당함으로써 직사에 대한 전문성을 높일 수 있기 때문이다. 실제로 집현전이 설치되기 바로 전에 경연 관원이 전담 관원화하는 단서가 열렸다. 세종 즉위년(1418) 10월 지경연사 탁신卓愼의 계청에 따라 차례차례 진강하던 방식을 고쳐 경연관이 한번에 진강한 뒤 물러나와서 경연청에 모여 종일 토론하도록 했고 점심까지 챙겨주었다.[311] 이러한 경연 방식의 변화는 전담 기구의 설치와 맞물려 경연의 기록, 즉 『경연일기』를 작성하는 계기가 되었을 것이다. 이러한 판단은 경연관인 집현전관을 겸춘추로 임명한 일로도 방증된다.

기록은 전임관이 있어야 제대로 갖추어진다. 그렇다면 전임 경연관의 유

---

309 『고려사』 「세가」 권제45 공양왕 2년 10월 27일(을유).

310 『고려사』 「세가」 권제46 공양왕 4년 2월 10일(신유).

311 『세종실록』, 즉위년 12월 17일(임진).

무는 『경연일기』의 작성에 전제 조건이라 할 수 있다. 전임 경연관이 예문관 대제학과 제학에 국한되어 있는 데다 경연관의 부족으로 경연이 활성화되지 못했던 태종대의 경연 기사는 예문관 참외관이나 겸임사관이 기록한 것으로 볼 수 있는 여지가 있다.

경연은 학문적인 토론뿐 아니라 국가정책에 관한 논의가 함께 이루어지는 정치제도이다. 그 같은 특성으로 인해 『경연일기』가 사초에 버금가는 기록으로 인식되었으리라는 점은 쉽게 생각할 수 있다. 이러한 사례를 성종 6년(1475)의 일로 확인할 수 있다.

봉원부원군 정창손이 와서 아뢰기를 "연전에 신은 대간이 조방朝房에 숙직하지 아니한 죄를 국문하지 말도록 계청하였습니다. 그 뒤에 우부승지 김영견이 야대에서 '대신이 가볍게 계청하는 것은 옳지 못하다.' 하였다고 들었습니다. …… 이제 그 사유를 상세하게 알고서 황공하여 대죄합니다." 하니, …… 이어 승정원에 전교하기를 "그날 밤에 김영견이 말하였는데, 나는 다만 듣기만 했을 뿐이고 일찍이 말하지 아니하였었다. 이는 반드시 경연관들이 누설했을 것이다. 물어보고 보고하라." 하였다.

직제학 홍귀달, 전한 노공필, 수찬 정지, 검열 이창신이 아뢰기를 "16일의 야대에서 신 등이 김영견과 더불어 같이 입시하였는데, 김영견이 아뢴 바 대신을 배척해서 말한 것이 넷입니다. 첫째, 김인민을 미리 천거하여 판교로 삼은 일이고, 둘째, 정효항을 당상관으로 삼도록 청하고 이어 동반에 서용한 일이며, 셋째, 박휘를 당상관으로 올리도록 청하고 이어 수달피를 하사한 일이며, 넷째, 대간이 조방에 직숙하지 아니한 것을 죄주지 말도록 청한 것입니다. 신 등은 말을 듣고 물러갔으나, 전혀 밖에 누설하지는 아니하였습니다. 그러나 안의 말을 누설한 것은 죄가 진실로 가볍지 아니

하니, 청컨대 옥(獄)에 나아가서 스스로 밝히게 하소서." 하였으나, 윤허하지
아니하였다.

蓬原府院君鄭昌孫來啓曰: "年前臣啓請勿鞫臺諫不直宿朝房之罪. 其後
臣聞, 右副承旨金永堅夜對論啓: '大臣輕易啓請, 爲不可.' …… 今審知
其由, 惶懼待罪." …… 仍傳于承政院曰: "其夜永堅言之, 予徒聞於耳而
已, 曾不露也. 是必經筵官等漏言也. 其問以啓." 直提學洪貴達·典翰盧
公弼·修撰鄭摯·檢閱李昌臣啓曰: "十六日夜對, 臣等與永堅同侍, 永堅
所啓, 斥言大臣者四. 其一, 預薦金仁民爲判校事. 其二, 請陞鄭孝恒爲
堂上官, 仍敍東班事. 其三, 請陞朴輝爲堂上官, 仍賜貂裘事. 其四, 請勿
罪臺諫不直宿朝房也. 而臣等聞言而退, 專不漏洩於外. 然漏洩內言罪,
實非輕, 請就獄自明." 不許.[312]

　　사건은 야대에서 논의한 일이 밖으로 누설되면서 일어났다. 이때 성종은
야대에서 『고려사』를 공부하던 중이고 사관과 경연관이 모두 참석해 있었다.
동부승지 현석규玄碩圭는 김영견金永堅의 계사가 밀계密啓는 아닐지라도 밖으
로 누설된 이상 문제라면서 조사하기를 청했다. 사관과 경연관이 참석한 조
정의 일을 외부에 누설한 것은 공가公家인 조정을 잘못되게 할지언정 권신을
등지지 않겠다는 사사로운 마음에서 비롯되었다고 보았기 때문이다. 하지만
성종은, 사관은 기록만 할 뿐이지 누설할 리가 없고 조사하기도 어려운 일이
라며 일단 덮어두자는 생각을 내비쳤다.[313] 실제로 이 문제는 미궁에 빠졌으
며, 논란의 초점은 『경연일기』의 관리 문제로 바뀌었다.

──────

312　『성종실록』, 6년 2월 8일(정해).

313　위와 같음.

사관을 겸하고 있는 예문관 직제학 홍귀달洪貴達 이하 검열 이창신李昌臣 등은, 자신들 중 누가 말로 퍼뜨렸던 혹은 자신들이 기록한 『경연일기』를 누군가 보고 퍼뜨렸든지 간에 모두 자신들의 잘못이라며 대죄했다.[314] 이 무렵 예문관이 경연관을 담당했고, 예문관 참상관은 겸춘추로, 참외관은 전임사관으로 경연에 참여했으며, 또 『경연일기』는 겸춘추라면 누구나 볼 수 있기 때문에 그렇게 말한 것이다. 그러자 성종은 『경연일기』를 비밀로 하지 말라고 전교했는데, 사관을 겸하고 있는 사경司經 안팽명安彭命이 그 조치에 반대하면서 『경연일기』의 관리를 위한 대안을 제시했다. 『경연일기』의 성격과 관리의 일단을 엿볼 수 있는 발언이다.

사경 안팽명이 아뢰기를 "어제 전교를 보니 『경연일기』를 비밀로 하지 말라고 하였습니다. 『일기』는 먼저 강의의 전말을 쓰고 다음에는 상의 전교와 여러 신하의 진언을 기록합니다. 그래서 매일 아침 경연관이 전날 강의의 전말을 확인합니다만, 『경연일기』가 비록 비밀 기록은 아닐지라도 사관이 기록하였으면 사초가 됩니다. …… 『일기』를 두 질로 나누어서 하나는 시사時事만을 기록하여 비밀로 하고, 하나는 진강의 전말을 기록하여 경연관의 참고용으로 삼으십시오." …… "국가의 대사는 모두 경연에서 논의합니다. 이제 비밀로 하지 않으면 바깥사람들이 모두 알게 되어 사필이라 할 수가 없습니다." 하니, 상이 말하기를 "영의정 신숙주가 '야대의 진언을 주강 일기에 기록하지 않는다고 하여 사람들이 의심한다'고 하기에 내가 그 말을 듣고 일기를 비밀로 하지 말라고 한 것이다." 하였다.
동부승지 현석규가 아뢰기를 "사국의 일은 비밀로 하지 않을 수 없습니

314 『성종실록』, 6년 2월 10일(기축).

다. …… 지금 『일기』를 비밀로 하지 않으면 대신 중에 춘추관을 겸직하지 않은 사람이 사관을 위협하여 사초를 볼 것이니 끝내 직필이 없어질 것입니다." 하니, …… 상이 말하기를 "『일기』를 비밀로 하지 말라고는 했지만, 사람들마다 보라고 한 것은 아니다. 주야의 『경연일기』는 합쳐서 하나로 하는 것이 좋겠다." 하였다.

司經安彭命啓曰: "昨日傳教, 『經筵日記』毋得秘密, 『日記』先書講書顚末, 次書上教及諸臣進言, 每朝經筵官欲知講書顚末, 取而見之, 『日記』雖非秘書, 史官書之則爲史草. …… 請『日記』分兩帙, 一則專記時事而秘之, 一則書進講顚末, 以備經筵官參考." …… "國之大事, 皆得議於經筵. 今若不秘, 則外人皆得以知之, 不可爲史筆也." 上曰: "領議政申叔舟言: '夜對進言, 不書於晝講日記, 人共疑之', 故予聞此言, 使毋得秘密也." 同副承旨玄碩圭曰: "史局之事, 不可不秘也. …… 今若不秘『日記』, 大臣之不帶春秋館者, 亦皆脅史官取見, 終無直筆矣." …… 上曰: "『日記』雖云不秘, 非謂人人而示之也. 晝夜『日記』, 宜合書一帙."[315]

현석규의 말에 이어 성종이 전날의 전교를 해명하는 상황으로 보아 『경연일기』를 비밀로 하자는 안팽명의 견해는 '사관을 겸직한 사람'만 볼 수 있도록 하는 방식으로 받아들여졌던 것 같다. 경연관이 겸임사관이므로 결국 『경연일기』는 경연관만 열람할 수 있는 셈이다. 그리고 이 논의를 계기로 조강에서 야대에 이르는 경연이 하나의 『경연일기』에 담기게 되었다.

한편, 위의 기사에서 주목할 만한 점으로 두 가지가 있다. 하나는 『경연일기』도 사관이 기록하면 사초와 같다는 안팽명의 언명이고, 또 하나는 대신이

---

315 『성종실록』, 6년 2월 14일(계사).

라도 겸춘추가 아니라면『경연일기』를 볼 수 없다는 현석규의 말이다. 현석규의 말에서도 드러나듯 설령 대신의 지위에 있어도 춘추관을 겸직하고 있지 않다면『경연일기』(사초)를 볼 수 없다고 생각하던 것이 성종 초반의 인식이었다.

『경연일기』를 둘러싼 논의는 성종 9년(1478) 홍문관이 경연을 전담하면서 그 관원이 춘추관을 겸직하게 된 뒤 자연스럽게『경연일기』를 담당하고, 경연에 입시한 사관이 사초를 작성하는 방향으로 정리되었을 것이다. 그러나 『경연일기』를 겸춘추, 즉 사관이 기록하는 이상 겸춘추 외에는 열람하지 못하는 관례는 이미 성종 6년(1475)에 성립되었다. 요컨대『경연일기』는 겸춘추가 기록하는 사초의 하나로 인식되었는데, 다만 전임사관(예문관 참외관)의 사초는 그것을 작성한 사관만 간직하거나(가장사초의 경우) 한림들에 의해 공동관리(시정기의 경우)되면서 이들 외에 다른 누구도 열람할 수 없었던 데 비하여,『경연일기』는 겸춘추인 경연관이 경연의 참고자료로 열람할 수 있었다. 여기서 풀리지 않는 의문은『경연일기』가 편찬·정리되어 전해지지 않는다는 사실이다. 이는『승정원일기』가 책으로 묶여 전래된 점과 비교하면 이해하기 힘든 부분이다.

『경연일기』와 마찬가지로『승정원일기』도 언제부터 작성되기 시작했는지 명확하지 않다. 고려시대 이래 좌우 승선承宣이 춘추관의 수찬관급 겸임사관을 맡았기 때문에『승정원일기』와 같은 기록을 남겼을 가능성은 충분하다. 조선 태종대에 사관의 입시가 아직 자리를 잡지 못하던 무렵, 6대언六代言이 겸춘추라는 이유로 사관의 입시를 저지했던 사실을 상기해보는 것도『승정원일기』의 존재를 가늠하는 데 도움이 된다. 그렇지만 이들이 사초를 작성했다고 해도 그것이 곧『승정원일기』라고 단정 지을 수는 없다.

『승정원일기』가 정식 명칭으로 등장한 자료 가운데 가장 빠른 것은 신개

申槩의『인재집寅齋集』에 수록된 세종 20년(1438)의 '정원일기政院日記'이다.[316] '정원일기'의 내용은 신개의 상소로 시작된 무인년(태조 7년, 1398) 제1차 왕자의 난에 대한 실상 조사와 그에 이은『태조실록』개정 논의이다. 그러나 이 문집의 자료 출처가 분명하지 않고 편찬 연대가 1929년이므로[317] 선뜻 신뢰하기가 어렵다. 게다가『승정원일기』가 임진왜란으로 소실되었고『인재집』에 실린 '정원일기'의 내용이『세종실록』의 기사와 전혀 다르지 않다는 점을 고려하면,[318]『인재집』의 '정원일기'란『세종실록』의 기사를 전재하면서 편찬자의 착오로 그렇게 이름을 붙인 것으로 의심된다.『승정원일기』의 기사가 실록에 이토록 똑같이 전재될 리는 만무하기 때문이다.

특히『세종실록』에는 신개의 상소 및 그 상소를 올린 지 몇 달이 지난 뒤에 전개된 헌릉(태종 능) 비문의 개수 및『태조실록』개수 논의가 병오조丙午條 (9월 25일) 한날에 실려 있는 반면,『인재집』에는「청개헌릉비문소請改獻陵碑文疏」와「정원일기政院日記」로 각각 나뉘어 있다. 그러므로『세종실록』의 기사를 어떤 경로로든 입수한『인재집』의 편찬자가 문집을 만들 때 임의로 갈라놓은 것으로 생각된다.『인재집』의「정원일기」처음에 '상중기사上重其事'라는 구절이 있는데 대명사 '기其'는 '위의 상소'를 가리키므로 이 자료가 원래하나였음을 알려준다.

이후『승정원일기』로 판단되는 사료가 나오는 것은 문종 원년(1451)이다. 문종은 세종의 비문을 기록하기 위하여 '일기日記'를 상고할 것을 승정원에

---

316 신개申槩,『인재집寅齋集』「정원일기政院日記」.

317 한국문집총간의 범례에 따르면『인재집』은『동문선東文選』·『승정원일기承政院日記』등에서 뽑은 시문 및 가문에서 보관해오던 연보와 부록을 모아 편찬한 것이라 하는데, 어떤 근거인지 불명확하다. 신개,『인재집』「범례凡例」.

318 『세종실록』, 20년 9월 25일(병오).

명했는데,[319] 이때는 아직 『세종실록』이 편찬되지 않았고 세종 즉위 이후의 사적을 조사할 '일기'라면 『승정원일기』밖에 없다. 따라서 문종이 승정원에 상고하라는 일기는 바로 『승정원일기』를 가리킨다. 그렇다면 시기를 늦게 잡는다고 해도 세종이 즉위한 뒤부터 『승정원일기』가 있었다는 말이 된다.

『승정원일기』의 작성은 누가 맡았을까? 도승지 이하 6승지가 사관을 겸했으므로 우선 이들이 담당했을 가능성이 있다. 그러나 태종대부터 겸춘추는 본직의 업무 과다로 기사의 여유가 없는 탓에 따로 기사를 담당할 관원을 더 늘리자는 말이 나왔고,[320] 세종대에도 똑같은 이유로 집현전 관원으로 하여금 기사를 담당하게 했다.[321] 그런데 태종 때 기사사관의 증설을 청했던 박석명朴錫命은 지신사知申事였으며, 세종 때 경연석상에서 사무가 번잡하다며 기록할 겨를이 없다고 말했던 곽존중郭存中은 좌대언左代言으로서 모두 승지에 해당하는 관직에 있었다. 그러므로 『승정원일기』의 기록은 다른 관원, 즉 승정원의 정7품 관원인 당후관堂後官(주서)들이 맡았을 것이다. 이는 다음 기사에서 확인할 수 있다.

> 사헌부 장령 이보흠이 아뢰기를 "…… 이현로는 장리의 죄에 걸렸으므로 고신을 빼앗고 오래도록 서용하지 않기로 하였는데, 서반으로서 동반을 겸하는 것도 오히려 옳지 못하건만 지금 부지승문원사에 임명되었으니 개정해야 합니다. ……" 하니, 상이 말하기를 "…… 이현로는 승문원의 직책과 같은 경우에는 제수하는 것이 무방하다." …… 이날 이현로가 승정원에 이

---

319 『문종실록』, 원년 4월 1일(기사).

320 『태종실록』, 3년 7월 16일(신묘).

321 『세종실록』, 5년 6월 24일(계유).

르러 일기를 보고서 '장리贓吏'라는 두 글자를 고쳐주기를 청하니, 주서가

그 말에 따라 '중죄重罪'라고 고쳤다.

司憲掌令李甫欽啓曰: "…… 李賢老坐贓吏, 奪告身永不敍用, 以西班兼

帶東班, 尙且不可, 今拜副知承文院事, 請須改正. ……" 上曰: "…… 賢

老如承文院之職, 則除授無妨." …… 是日, 李賢老到承政院, 見日記, 請

改贓吏二字, 注書從其言, 改以重罪.[322]

문종 2년(1452) 5월의 일이다. 뇌물을 받은 이현로李賢老를 서용하지 말아

야 한다며 사헌부 장령 이보흠李甫欽이 논계했지만, 문종은 무방하다고 판단

하여 그대로 부지승문원사에 임명했다. 문종은 이보흠의 논계를 승정원에 내

렸을 것이다. '장리죄'를 부끄러워하여 '무거운 죄(重罪)'라는 애매한 표현으로

고쳐달라는 이현로의 청탁을 주서가 들어주었고, 『일기』에는 효과가 있었다.

하지만 이 일은 사필史筆을 피해 가지 못하고 결국 『문종실록』에 기록되었다.

이 사건에 대한 관찰이 가능했던 이유는 승정원 주서의 방 옆에 곽방槨房이

라고 불리는 사초 보관실이 자리했고, 또 동쪽으로 한림의 파견 사무실이 있

었기 때문이다.[323] 여기서 『승정원일기』가 주서의 관장 아래 기록되었음을 분

명히 알 수 있다.

상이 말하기를 "경들은 반감飯監 진수의 사람됨을 아는가?" 하니, 강맹경이

대답하기를 "알고 있습니다." 하였다.

상이 말하기를 진수가 승정원 반감이 되었을 적에 서리가 마련한 찬을

---

322 『문종실록』, 2년 5월 1일(계사).

323 『국역 신증동국여지승람』, 비고편 동국여지비고 제1권, 1985, 210쪽.

마치 자기가 마련한 양 승지들에게 대접하면서 '너무 바빠 공궤하지 못하였습니다' 하였다니, 이 자는 아첨하는 사람이다." 하니, 강맹경이 말하기를 "진수의 사람됨이 찬 준비에 부지런하였으니, 신은 이 사람을 취할 만하다고 생각합니다." 하였다.

상이 웃으면서 말하기를 "주서와 사관이 진수의 일도 기록하지 못하는데, 어찌 나의 일을 능히 기록할 수 있겠는가?" 하니, 강맹경이 말하기를 "신이 일찍이 주서가 되어 다만 일기만 맡아서 썼는데, 춘추의 직무를 띠지 않았기 때문에 시사를 따로 기록하지 못하였습니다." 하였다.

상이 말하기를 "이제부터 주서가 춘추의 직무를 겸임하게 하여 이를 모두 기록하도록 하라." 하였다.

上曰: "卿等知飯監陳壽之爲人乎?" 孟卿對曰: "知之." 上曰: "嘗聞壽爲政院飯監, 將院吏所備之饌, 若爲自備者而饋承旨曰: '草草不敢供.' 此諂人也." 孟卿曰: "壽之爲人, 勤於執饌, 臣以爲此可取也." 上笑曰: "注書·史官不能記陳壽之事, 焉能記予之事?" 孟卿曰: "臣嘗爲注書, 只掌書日記, 非職帶春秋, 未能別記時事." 上曰: "自今注書職兼春秋, 令悉記之."[324]

위 기사는 세조 3년(1457) 7월 무렵에 『승정원일기』를 주서가 담당했음을 보여준다. 우의정 강희맹姜孟卿이 승정원의 반감飯監(궁중의 음식을 장만하고 물품의 진상을 맡아보던 관원)으로 있는 진수陳壽를 부지런하다고 칭찬했다가 세조의 핀잔을 듣자, 자신이 주서였을 때는 다만 '일기'(『승정원일기』)만 썼고 춘추관원을 겸하지 않았기 때문에 '시사時事'는 따로 기록하지 않았다고 변명했

---

324 『세조실록』, 3년 7월 8일(기사).

다. 세조는 이 일을 계기로 주서로 하여금 사관직을 겸임하게 했다.

위 두 사례를 다시 한 번 살펴보자. 우선 이현로가 주서에게 청탁하여 『승정원일기』를 고쳤다는 사실이다. 『승정원일기』를 고친 일로 나중에 청탁을 넣은 이현로나 해당 주서가 처벌을 받았는지의 여부는 별다른 기록이 없어서 모르겠다. 하지만 이 일은 사관들이 세종 7년(1425) 이후 승정원의 방하나를 사무실로 사용하기 시작하면서 주서가 『승정원일기』를 관리하는 사정을 잘 알고 있었기 때문에 실록에 기록되었을 것이라고 판단된다. 그런데도 주서가 『승정원일기』를 고쳤다는 사실 외에 다른 기록을 남기지 않은 이유는, 그 일이 일어난 뒤 별 문제가 되지 않고 넘어갔기 때문으로 보인다.

세조 3년에 강맹경의 말은 『승정원일기』의 개삭改削이 문제되지 않고 넘어간 이유를 설명해준다. 강맹경은 세종 12년(1430)에 검열에 임명되어 사관직을 거치고 나서 주서를 지냈으므로 사초와 '일기'의 성격에 대해서는 누구보다 정통한 지식과 경험을 가졌을 것이다. 그런 그가 주서로 있으면서 '일기'만 작성하고 '시사'를 기록하지 않았다고 했을 때는 다음과 같은 사실이 담겨 있다고 보아야 한다. 즉, 『승정원일기』에는 국왕의 전교나 신료들의 상소·계 등 승정원을 경유하는 공식적인 자료만 수집하여 정리했고, 승정원의 활동을 기록하는 일 외에 국정 전반에 걸친 기록이나 어떤 사태의 전후 사정, 나아가 포폄이나 시비와 같은 기록에는 관심을 두지 않았다. 그것은 사관의 일이라고 여겼기 때문이다. 여기서 『승정원일기』와 사관(한림)의 기록인 사초의 차이를 파악할 수 있다. 바로 이런 차이 때문에 이현로가 『승정원일기』를 고칠 생각을 했으며, 실제로 고칠 수 있는 여지가 생겼던 것 같다.

『승정원일기』는 국왕도 열람할 수 있었다. 이것은 세조 9년(1463) 상서사尙書司가 어가의 행차 중 실수한 일을 승정원에서 '일기'에 기록해놓지 않자, 세조가 그 사실을 기록하지 않은 승정원을 책망했던 데서도 알 수 있는 사실

이다.[325]

한편 『승정원일기』는 관리가 허술하여 절취당하는 일도 벌어졌다. 종이가 귀한 시대라 내다 팔면 소득이 있었는지 지장紙匠들이 『승정원일기』를 훔치기도 했다.[326] 극단적인 사례이겠지만, 이런 말이 나올 정도면 『승정원일기』가 소홀히 다루어졌던 측면도 아예 배제할 수는 없다.

이렇듯 『승정원일기』는 사초를 열람할 수 없는 상황에서 어떤 사건의 전후 사정이나 정책 등을 상고하는 데 도움을 받을 수 있는 자료였다. 그렇지만 한편으로는 국가문서임에도 불구하고 개삭되는 일도 일어났다. 『승정원일기』의 이 같은 활용 방식은 사초와는 다른 기록 영역과 내용을 가진 자료로 인식되었음을 알려준다.

『승정원일기』도 『경연일기』와 마찬가지로 성종대에 이르러 그 위상이 정해졌던 것으로 보인다. 성종은 전대의 일이나 당대의 일을 확인하고자 할 때 『승정원일기』를 활용했는데,[327] 성종 23년(1492)에 『승정원일기』를 좀 더 구체적으로 이해할 수 있는 사건이 발생했다. 이 일은 형조 판서 이계동李季仝이 자신이 계품한 내용과 다르게 『북정일기北征日記』에 기록된 것이 있으니 바로잡아달라고 청하면서 시작되었다.

---

325 『세조실록』, 9년 2월 18일(정축)

326 『세조실록』, 12년 11월 17일(을유).

327 성종이 『승정원일기』를 참고한 사례는 『성종실록』에 여러 번 등장한다. 『성종실록』, 6년 3월 12일(신유). 성균관 복구 사안으로 세조 때의 일 참고; 『성종실록』, 7년 3월 7일(경술). 대간에게 대왕대비(정희왕후) 환정還政 때의 '일기'를 보여준 일; 『성종실록』, 7년 3월 11일(갑인). 경혜공주의 아들에 대한 서용 문제와 관련하여 『승정원일기』의 기축년(예종 원년, 1469) 조에서 찾은 일; 『성종실록』, 12년 1월 5일(경진). 봉상시奉常寺에서 대신의 시호를 논의하는 일을 『승정원일기』에서 상고한 일; 『성종실록』, 19년 8월 11일(임인). 인성대군을 제사 지낼 문제로 예종 때의 『승정원일기』를 찾은 일 등.

형조 판서 이계동이 와서 아뢰기를 "신이 『북정일기』를 보니, 신이 계달한 것과 자못 착오된 곳이 있었습니다. 바로잡아 고치게 하기를 청합니다." 하니, 전교하기를 "어떻게 '일기'를 보았는가?" 하였다. 대답하기를 "전날 성상께서 북정北征에 따라갔던 군사 김응보의 죽음을 물으시기에 신이 '일기'를 상고해보았더니 자못 착오된 곳이 있었습니다. 그러나 그때 자세히 보지 못하여 마음이 실로 불편하였으므로 『북정일기』를 정자당鄭子堂에게 보여달라고 요구하였더니, 정자당이 내보여주었으므로 얻어 보았습니다." 하였다.

刑曹判書李季仝來啓曰: "臣觀『北征日記』, 與臣所啓, 頗有差謬, 請改正." 傳曰: "何以觀日記乎?" 對曰: "前日上問從征軍士金應輔之死, 臣考見日記, 頗有錯誤處. 然其時不能詳見, 心實未安, 求見『北征日記』於鄭子堂, 子堂出示, 故得觀之."[328]

위와 같은 이계동의 주청이 있자, 성종은 국왕인 자신이 말한 바는 고치도록 할 수 없으나 대신의 말은 사실대로 고쳐주는 것이 어떻겠느냐고 승정원에 물었다. 승정원은 '사관'이 그때그때 기록하지 못하고 물러나온 뒤에 기록하므로 착오가 생길 수 있으니 이후 필기구를 가지고 입시하여 기록할 수 있도록 해주기를 청하면서, 포폄에 관한 기사라면 고칠 수 없지만 글자의 착오는 고쳐주자는 의견을 냈다.[329]

그런데 여기서 승정원이 말한 '사관'이란 누구를 가리킬까? 결론부터 말하면 이때의 '사관'은 승정원의 주서이다. 전임사관인 한림은 이미 성종 20년

(1489)에 조계朝啓와 경연에 붓을 가지고 입시하여 앉아서 기록하도록 했으므로 다시 이 문제가 거론된 상황은 좀 이상하다. 게다가 겸춘추이기도 한 주서의 경연 입시가 상례화된 것은 성종 22년(1491)의 일로, 승정원이 사관의 예에 따라 주서도 경연에 입시하여 기사할 수 있도록 하자고 청하여 받아들여진 것이다.[330] 따라서 성종 23년(1492)에 승정원이 말한 '사관'이란 주서를 일컫는다. 계속해서 해당 기사를 보자.

> 우승지 권경희가 아뢰기를 "『북정일기』를 정자당이 초고를 만들어 신에게 보이기에 신이 들은 대로 곧 수정하였는데, 이제 이와 같은 착오를 범하였으니 대죄합니다." 하니, 상이 말하기를 "대죄하지 말라." 하고, 이어서 승정원에 전교하기를 "그 일이 포폄에 관계되는 것이라면 과연 고칠 수 없다고 하겠으나, 말을 기록한 것이라면 사실대로 고쳐서 진실을 잃지 않도록 하는 것이 옳다. 또 이제부터는 조계나 경연에 사관이 붓을 가지고 들어와서 사건을 즉시 기록하는 것이 옳겠다." 하였다.
> 右承旨權景禧啓曰: "『北征日記』, 鄭子堂草創而示臣, 臣以所聞輒加斤正, 今差誤如此, 請待罪." 上曰: "勿待罪." 仍傳于政院曰: "若事關褒貶, 則果不可改, 若其記言, 從實改之, 使不失眞可也. 且自今朝啓·經筵, 史官可操筆而入, 隨事輒記."[331]

---

330 『성종실록』, 22년 7월 12일(병술). 승정원에서 아뢰기를 "경연에는 주서가 입시하지 못하니, 만약 상고할 만한 일이 생긴다고 하더라도 본원에서는 이를 상고할 수가 없습니다. 지금부터는 주서를 사관의 예에 따라 입시하여 기사하도록 청합니다." 하니, 전교하기를 "좋다." 하였다.(承政院啓曰: "經筵, 注書不得入侍, 如有可考事, 本院無得以考之, 請自今注書依史官例入侍記事." 傳曰: "可".)

331 『성종실록』, 23년 1월 26일(정유).

계啓를 올린 이계동이 형조 판서를 맡고 있다고는 하지만 '일기'를 본 일은 성종에게 의외였던 듯하다. 이 '일기'는 『승정원일기』의 일부분으로, 북정北征에 관한 기록이라는 의미에서 『북정일기』라고 불렸다. 그런데 이 일에 앞서 군사기밀 사안과 관련하여 사관의 기록 문제가 논란이 되었던 적이 있다.

성종 22년(1491) 7월에 성종은 '군기사軍機事'라는 제목의 봉서封書를 내리면서, '북정을 담당한 승지 권경희權景禧와 가주서 정자당鄭子堂만 보고, 그들의 부모형제는 물론 다른 승지와 주서, 사관에게도 보이지 말라'고 했다.[332] 사관 유숭조柳崇祖 등이 비밀스런 일이라도 사관은 사책에 써야 한다면서 그 내용을 알려달라고 했지만, 성종은 나중에 알게 될 것이라며 비밀을 유지했던 그 '군기사'가 곧 『북정일기』이다.[333] 성종 23년 1월 26일에 이계동이 기록을 고쳐달라고 청한 지 며칠 뒤, 승정원에서는 며칠 동안 이 문제를 논의하고서 '일기'의 기록을 개정하도록 명한 성종의 조치에 반대하고 나섰는데,[334] (처음에는 승정원도 포폄에 관한 일이 아닌 한 글자 착오는 고쳐주자고 했으나, 다시 논의하면서 대신들의 열람과 수정 요청을 심각하게 생각하여 일기를 개정할 수 없다는 쪽으로 의견이 모아졌다) 이 논의의 의미는 다음과 같이 정리할 수 있다.

첫째, 주서가 겸춘추인 기사관의 자격으로서 사관과 동일하게 인식되었다는 점이다. 위의 논의에서 주서를 가리키는 사관을 자칫 '예문관 한림'으로 오해할 소지가 있으나 분명히 이때의 사관은 주서를 가리킨다. 어쨌든 주서도 사관으로서 기사했으니 그의 기록 또한 당연히 사초에 해당하며, 그 때문에 누구에게도 보여주어서는 안 되고 고칠 수도 없는 것이었다. 『승정원일

---

332 『성종실록』, 22년 7월 19일(계사).
333 『성종실록』, 22년 8월 8일(임자).
334 『성종실록』, 23년 1월 28일(기해).

기』는 이 주서의 '사초'를 토대로 승지들의 교감校勘을 거쳐 작성되었다.

둘째, 『승정원일기』는 당대 정치의 참고자료로 국왕을 포함하여 열람이 가능했다. 그렇지만 원칙적으로는 전교가 있을 때나 열람할 수 있고, 또한 겸춘추인 승정원 관원들에게만 열람이 허용되었다. 그러나 『북정일기』의 경우, 승지·주서가 기록할 때 북정 상황을 알고 있던 형조 판서 이계동이 어떤 방식으로든 관여했기 때문에 그의 열람이 더 이상 문제되지 않았던 것이다.

셋째, 『승정원일기』의 열람이 비교적 개방적이었다는 사실은 주서의 사초에도 영향을 주었다. '일기'에서 잘못된 기록이 보인다는 말이 나왔다는 것은 '일기'의 초고, 즉 사초의 개서로 이어질 개연성이 높다. 이는 주서의 사초가 애초부터 열람의 가능성이 차단되어 있는 한림의 사초와 다른 조건에 놓여 있었음을 말해준다. 한림의 사초는 시정기나 실록을 열람하기 전에는 잘못된 곳이 있는지조차 확인할 길이 없었다. 그뿐 아니라 계사나 전교를 중심으로 기록된 『승정원일기』의 특징도 국정 전반에 대한 기록을 비롯하여 포폄이나 시비를 중심으로 한 한림의 사초와 구분 짓게 하는 한 요인이었다.

지금까지 살펴보았듯이 주서의 기사는 『승정원일기』의 활용 방법과 내용상의 특성으로 인해 외부에 노출될 가능성이 늘 있는 사초였다. 주서의 사초는 '국사'로 인식되면서도, 그 처해 있는 구조는 한림의 사초와 달랐다.

2. 『승정원일기』와 『일기청등록』

1) 『승정원일기』의 성격

성격이 다른 '국사'인 『승정원일기』의 편찬을 살펴보는 일은 실록 편찬을 이해하는 데 도움이 된다. 앞서 『승정원일기』가 남아 있지 않은 시대, 즉 조선 초기 『승정원일기』의 등장에 대해 살펴보았거니와, 조선 후기 『승정원일기』의 편찬은 관련 연구가 나와 있으므로 이를 바탕으로 승정원의 편찬 프로세스를 요약해보기로 하겠다.[335]

승정원은 국왕과 주고받는 문서의 출납 및 여타 기관과 국왕이 주고받는 문서를 중계하는 출납 활동의 두 축으로 이루어진다. 『승정원일기』에는 승정원이 주체가 되어 발급·수취하는 문서는 모두 등록되었지만, 타 기관과 국왕이 주고받은 문서는 문서의 종류에 따라 등록 여부가 달랐다. 또 승정원이 국왕의 근시 기구인 만큼 『승정원일기』에는 연석筵席에서 보였던 국왕과 신하의 언동까지 기록되었다. 그 과정에서 주서는 함께 입시한 전임사관이 작성한 기록과 비교하면서 초책草冊(국왕을 수행하면서 국정 운영 내용을 속기한 초고)을 작성한 뒤 납부했다.

전교축傳敎軸(『승정원일기』에 등재할 문서를 엮은 문서철)과 주서의 초책은 『승정원일기』에 직접 등록되는 편찬의 기초 자료이면서, 등록이 완료되기 전까지 원래 문서와 기록을 보존하고 관리하는 장치이기도 했다. 어떤 사안을 확인해야 할 때는 전교축이나 초책의 기록을 통해 검증했다. 특히 전교축은 조보朝報나 규장각에서 편찬한 『일성록日省錄』, 비변사의 『비변사등록備邊司謄錄』에 수록되는 자료를 제공했다.

『승정원일기』의 성격을 논의하기 위해 두 가지 측면에서 생각해보기로 하겠다. 첫째, 등록謄錄의 일반적 성격이다. 보통 '등록'이라고 하면 어떤 기

---

335 명경일, 「정조대 전교축傳敎軸을 통해 본 승정원일기承政院日記의 문서 등록謄錄체계」, 『고문서연구』 44, 2014; 「조선 후기 事變假注書日記의 사료적 가치」, 『규장각』 49, 2016.

록을 베끼는 행위나 베낀 결과물('등록부謄錄簿')을 말한다. '의금부등록義禁府謄錄', '충훈부등록忠勳府謄錄' 등으로 부르는 자료들이 여기에 해당된다. 물론 이런 자료가 원래 처음 만들어졌던 그 모습 그대로의 문서 자체는 아니다. 그렇지만 문서의 크기나 종이의 질이 일정치 않아서 보관하기에 불편했던 당시에는 이렇게 베껴서 책으로 만들어 간수하는 방법이 보편화되어 있었다. 그래서 '책으로 만들었다', '문서를 모아(또는 베껴서) 만든 책'이라는 의미의 '성책成冊'이란 말이 생긴 것이다.

우리가 일반적으로 말하는 '등록'과 지금 살펴보고자 하는 『개수일기등록改修日記謄錄』 및 『일기청개수등록日記廳改修謄錄』이라고 이름 붙여진 '등록'은 그 성격에서 조금 차이가 있다. 앞서 말한 등록이 '문서를 베껴놓은 책자'라면, 이제부터 살펴볼 등록은 '일의 상황이나 전개 과정을 정리한 종합 보고서'의 성격을 띤다. 물론 그 종합 보고서에 실려 있는 기록은 『승정원일기』를 비롯하여 각 관청으로 보내거나 각 관청에서 받은 문서, 그리고 개수 작업을 맡은 일기청에서 작성한 일지日誌로 구성되어 있으므로 넓은 의미에서 '문서를 베껴놓은 책자'라고 할 수 있다.

『개수일기등록』을 이와 비슷한 성격의 '의궤'와 비교해보면 그 차이점을 쉽게 알 수 있다. '의궤'란 '의식이나 행사가 진행된 절차'를 담아놓은 것이다. 『실록청의궤實錄廳儀軌』, 『국조보감감인청의궤國朝寶鑑監印廳儀軌』, 『가례도감의궤嘉禮都監儀軌』와 같이 국가적 행사나 의식이 진행되는 전반적인 과정을 기록으로 남기면서 이를 '의궤'라고 불렀다. 확언할 수는 없지만, 이렇게 '종합 보고서'라는 똑같은 성격을 갖고 있되 그 격에 따라 '의궤'라고도 부르고, '등록'이라고도 불렀던 것으로 보인다. 말하자면 국가나 왕실 차원의 행사(사안이나 의식)일 경우에는 '의궤'로, 그 밖의 사안에 대해서는 '등록'으로 이름 붙였던 것 같다.

그러므로 우리가 살펴보려는 『개수일기등록』과 『일기청개수등록』은 넓은 의미에서 볼 때 '문서를 베껴놓은 책자'이기도 하지만, 『승정원일기』의 개수 과정을 기록해놓은 '종합 보고서'의 성격도 지닌 자료이다. 그러면 이들 자료의 성격을 정확히 이해하기 위해 좀 더 구체적으로 『승정원일기』의 성격을 살펴보자.

이미 여러 학자들이 『승정원일기』의 작성 과정과 사료적 가치에 대해 상세히 정리한 바 있다.[336] 그 도움을 받아 이 책의 논의에 필요한 만큼 요약 정리하자면 다음과 같다.

현재 모두 3,245책이 전해지는 『승정원일기』는 국보 제303호로서, 유네스코 세계기록문화유산으로 등록되어 있다. 『승정원일기』는 조선시대 국왕의 비서실인 승정원에서 주서注書(정7품)가 승정원을 통과한 모든 문서를 일기로 정리한 책이다. 주서가 정리한 문서에 더하여 각종 회의가 열렸던 경연이나 인견引見 등에서 국왕과 신하가 나눈 대화까지 기록되어 있다. 따라서 국정의 핵심적인 내용이 실려 있다고 볼 수 있다.

그러나 『승정원일기』는 선조 25년(1592) 임진왜란 때 불탔고,[337] 선조 25년 이후의 기록도 인조 2년(1624) 이괄의 난으로 불타버렸다. 『개수일기등록』은 영조 20년(1744)에 불타버린 원본 일기를 복원하는 과정에 대한 기록이다.

---

336 신석호, 「『승정원일기』 해제」, 국사편찬위원회; 정만조, 「承政院日記의 作成과 史料的 價值」, 『한국학논총』 24, 2001. 실제로 남아 있는 『승정원일기』의 원자료 사례를 통해 그 내용과 성격을 검토한 글로는, 김경수, 「조선 후기 이담명의 「注書日記」에 대한 연구」, 『한국사학사학보』 12, 2005.

337 『인조실록』에 따르면, 임진왜란 때 불타버린 『승정원일기』는 왜군이 불지른 것이 아니라 당시 승정원 주서인 임취정任就正이 불태우고 도망쳤다. 『인조실록』, 원년 3월 16일(병오).

실록과 달리 한 부만 작성하여 승정원에 보관한 『승정원일기』는 전쟁이나 화재의 피해를 입을 경우 복본複本을 통해 복원하기가 쉽지 않았다.

『승정원일기』를 다른 기록, 특히 실록과 비교해보면 흥미로운 차이가 발견된다. 우선 『승정원일기』는 수시로 국정에 참고했던 기록이지만, 실록의 경우는 편찬 이전 시정기 단계뿐 아니라 편찬된 이후에도 사관을 제외한 누구도 열람할 수 없는 기록이었다. 즉, 『승정원일기』는 참고하기 위해 작성한 기록인 반면, 실록은 애당초 보여주지 않으려고 만든 기록이었다.

물론 『승정원일기』의 공개성을 실록의 비장성秘藏性과 대등하게 비교할 수는 없다. 실록과 『승정원일기』의 위격位格에서 차이가 있기 때문이다. 실록은 어디까지나 '받들어 모시는(봉안奉安)' 존재로서, 『승정원일기』처럼 등록謄錄이자 역사이지만 다른 위상을 갖고 있다.

본래 실록에 상응하는 위상을 지닌 기록은 『국조보감國朝寶鑑』이며, 이는 실록의 비장성이 갖는 한계를 보완하려고 편찬한 것이다. 세종이 실록에서 본보기로 삼을 만한 사적을 수록하여 열람하기 위해 정인지 등에게 편찬을 지시했다.

대체로 네 임금의 훌륭한 법과 관대한 정치를 비롯하여 성모聖謨가 사업에 투영되고 성정聖情이 언행에 보이는 것들이 실록에 자세히 기록되어 있지만, 다만 안타까운 것은 그것들이 금궤에 보관되어 있어서 사람들이 볼 수 없다는 점이다.[338]

그렇지만 세종 때는 미처 착수하지 못하다가 세조 때 이르러 다시 편찬하

---

338 『국조보감國朝寶鑑』「총서總敍」.

기 시작했다. 『국조보감』은 이후 조선 후기까지도 '비장성'을 띤 실록과 달리 당대에 활용하기 위한 '공개성'을 띤 역사서로 계속 편찬되었다.

물론 『승정원일기』도 '공개성'이라는 기본 성격이 계속 유지되었다. 실상 기록의 위격이 아닌 규모나 실용성의 측면에서 보면 『국조보감』보다 『승정원일기』가 더 위에 있었다. 『국조보감』은 국왕의 정치 자문을 위한 역사서이지만 실용성보다는 상징성이 컸고, 그에 비해 『승정원일기』는 실제 정치 현장에 주는 도움이 적지 않았다. 국왕의 비서실인 승정원이야말로 당대 정치 행위나 정책이 통과하는 정보의 경로였기 때문이다. 그러면 실록보다 활용도가 높은 기록인 『승정원일기』를 복본으로 제작하지 않은 이유는 무엇일까?

『승정원일기』는 매일매일 승정원을 오고간 문서나 조정의 회의를 기록으로 남겼기 때문에 양적으로 상당히 방대했다. 이러한 규모가 복본 제작에 장애 요인이 되었을 수도 있다. 그렇다고 해도 당대 사람들에게 『승정원일기』가 그토록 긴요한 실용성을 가지고 있다면 무슨 수를 써서라도 복본을 제작했어야 하지 않을까. 오늘날 우리 역사를 연구하는 학자들에게는 몹시 아쉬운 일일지 모르지만, 정작 그 시대 사람들로서는 『승정원일기』를 활용하다가 실록을 남기는 것만으로도 충분하다고 생각했을 수 있다.

또 한 가지 고려할 점은 앞서 말한 바 있는, 『승정원일기』와 실록의 격 차이다. '기록에 무슨 격이 있겠어?'라고 의심하며 물어보는 이가 있다면 필자는 당연히 '있다'라고 답하겠다. 실록은 그와 관련된 모든 용어와 의례에서 『승정원일기』와 차이를 보인다. 실록은 단순하게 '보관하는' 기록이 아니라, '받들어 모시는(봉안奉安)' 기록이고 '받들어 살펴보는(봉심奉審)' 기록이었다.[339]

---

339 실록의 의례적 성격에 대해서는, 吳恒寧, 「實錄의 儀禮性에 대한 연구—慣例와 象徵性의 형성을 중심으로」, 『조선시대사학보』 26, 2003 참고.

『개수일기등록』과『실록청의궤』의 명칭에서 보듯이 '종합 보고서'의 성격을 지닌 이름마저 '등록'과 '의궤'로 구분된 것은 바로『승정원일기』와 실록 사이의 위격 차이를 반영한다. 그 때문에『승정원일기』의 개수를 이끌었던 홍계희洪啟禧는 실록과『승정원일기』의 사체를 비교할 수 없다며 일기의 개수를 맡은 일기청에서는 '의궤'라는 말을 쓸 수 없고 '등록'이라 해야 한다고 말했던 것이다.[340]

2)『승정원일기』의 개수

『일기청등록』

『승정원일기』는 실록과 달리 한 부만 필사로 만들어 두었기에 화재 등의 변고에 위험할 수밖에 없었다.『승정원일기』가 변을 당하면 다시 편찬하기가 쉽지 않은 일인데, 다행히 새로 편찬했던 경험이 남아 있다. 조선 후기 영조와 고종 때『승정원일기』의 개수 과정을 담은『일기청등록日記廳謄錄』이 그것이다.

통상 세월이 흐름에 따라 사람들이 남긴 기록은 줄어들거나 사라진다. 기록을 남기는 매체인 종이, 돌, 나무 등이 세월의 무게를 이기지 못하기 때문이다. 그 세월의 무게에는 사람들의 행위가 포함될 수도 있고, 자연의 메커니즘이 해당될 수도 있다. 비바람, 벌레나 세균, 빛, 먼지 등에 의해 기록이 퇴락해가는 것이 후자에 속한다면, 화재나 전쟁, 의도적 도삭刀削과 훼손으로 기록이 사라지는 것은 전자에 속한다.

자연의 영향 때문에 발생하는 기록의 퇴락에 대해서는, 비록 언젠가는 기

---

340 『개수일기등록』, 정묘년(영조 23년, 1747) 11월 9일.

록이 줄어들거나 사라질지라도 사람들은 그 퇴락의 시간을 늦추기 위해 노력했고 과학기술의 발달로 어느 정도 성과를 거두었다. 또한 자연의 섭리는 예측 가능한 부분도 있기에 대처할 만한 여유가 아주 없지 않았다. 그렇지만 사람들이 저지른 전쟁이나 화재는 예측하기도 어렵고 급작스럽게 발생하기 때문에 곧바로 기록의 소멸, 그것도 대량 소멸을 초래하는 경우가 많았다. 대표적인 사례가 조선 전기의 사료를 전멸시켜버리다시피 한 임진왜란이다.

조선 후기 『승정원일기』의 개수 과정은 '일기청등록'으로 알려진 『개수일기등록』과 『일기청개수등록』을 통해 알 수 있다. 이 자료들은 화재로 『승정원일기』가 소실된 뒤 그것의 복원 과정을 기록한 것이다. 『개수일기등록』은 영조 22년(1746)부터 이듬해까지 계속된 개수 과정에 대한 기록이며,[341] 『일기청개수등록』은 고종 27년(1890)의 개수 작업에 대한 기록이다.

『개수일기등록』은 '일기청등록―춘추관 上春秋館上 정족산성사고 上鼎足山城史庫上'이라는 표제로 규장각에 보관되어 있고(奎 12952), 『일기청개수등록』은 '일기청의궤日記廳儀軌'라는 표지 서명으로 규장각에 소장되어 있는데(奎14205), 두 표제 모두 정확한 명칭이 아니다. 특히 『일기청개수등록』을 '일기청의궤'라고 표제에 달아놓은 것은 '의궤'와 '등록'에 대한 당시 용례를 고려하지 않은 채 나중에 붙인 명칭이 분명하다.

이 자료들을 통해 그 작업에 참여한 사람들이 누구인지, 어떤 과정을 거쳐 작업이 진행되었는지를 파악할 수 있다. 책상, 붓, 벼루의 수량에서부터 심지어 사용했던 세숫대야, 요강에 이르기까지 생생하게 기록되어 있다. 이

---

341 영조 22~23년 사이의 개수 작업에 대해서는, 李根浩, 「英祖代 『承政院日記』 改修過程의 검토」, 『조선시대사학보』 31, 2004; 강성득, 「英祖代 承政院日記의 改修에 관한 一考察」, 고려대학교 석사학위논문, 2004 참고.

제 이 자료들을 살펴보자.

영조대 『승정원일기』의 개수

영조 20년(1744) 창덕궁에 화재가 나면서 『승정원일기』가 불타버렸다. 이 때의 화재는 다른 곳도 아니고 바로 『승정원일기』가 보관된 승정원에서 시작 되었다.[342] 홍계희의 말에 따르면, 당시 『승정원일기』는 이괄의 난이 일어난 인조 2년(1624), 즉 갑자년 이후의 일기는 완전했는데 이 화재로 불타버렸고, 다만 임인년(경종2년, 1722) 이후의 일기가 살아남았다.[343] 그러니까 99년분의 일기가 불타 없어진 셈이다. 이로부터 이태 뒤인 영조 22년(1746)에 불탄 『승 정원일기』를 개수하기로 결정했는데,[344] 그 개수 과정이 『개수일기등록』에 실 려 있다. 『개수일기등록』은 어떻게 구성되어 있을까? 그 내용을 범주에 따라 순서대로 소개하면 다음과 같다.

① 개수의 발의發議를 비롯하여 『개수일기등록』의 완성에 이르기까지 개수 와 일기청 운영을 위한 각종 계사啓辭, 일기청사목, 범례, 일기청추절목 日記廳追節目, 일기청교정절목, 개수일기청절목

② 개수에 필요한 지원을 서울과 지방 각 관청에 요청한 이문질移文秩(중앙 관청에서 지방관청에 협조를 요청하는 공문)과 감결질甘結秩(상급관청에서 하급관 청에 요청하는 공문)[345]

---

342 『영조실록』, 20년 10월 13일(병진).

343 『개수일기등록』, 병인년(영조 22년, 1746) 5월 24일.

344 『영조실록』, 22년 5월 16일(신해). 좌의정 송인명宋寅明의 발의로 청廳이 설치되었다.

345 『개수일기등록』의 게재 순서로 보면 감결질은 내관질 뒤에 수록되어 있다.

③ 실제 공정에 들어간 물품에 대한 기록인 실입질實入秩과 환하질還下秩

④ 다른 관청에서 보내온 내관질來關秩(관청 간의 협조 공문)

⑤ 참석 관원 및 근무 일수인 당상사일堂上仕日과 낭청 서역郎廳書役

이러한 구성은 『실록청의궤』와 거의 차이가 없다.[346] 불탄 『승정원일기』의 개수는 영조 22년 5월 16일 송인명이 발의하고 영조가 전교를 내리면서 시작되었다.

> 『승정원일기』가 실록보다 상세하여 성덕과 대업이 모두 기재되어 있는데
> 지금 남은 것이 없으니 밤낮으로 한숨만 나온다. …… 관청 이름을 일기청
> 이라 하고, 당상 3명(員)과 낭청 5명을 …… 계하啓下받도록 하고, 즉시 국局
> 을 설치하여 거행하도록 분부하라.[347]

이렇게 해서 병조 참의 임정任珽, 행 부사과 이철보李喆輔·홍계희洪啓禧가 당상으로, 낭청에는 홍문관 응교 송창명宋昌明 등 5명이 임명되었다. 이들은 곧 전의감典醫監에 일기청을 설치한다는 내용을 포함한 「일기청사목」 9조항을 제정했다.

① 국을 설치할 장소는 전의감으로 한다.

② 당상과 낭청은 본사本司의 사진仕進에서 제외하고 모든 공회公會에 참석

---

346 吳恒寧, 「仁祖大王實錄纂修廳儀軌 해제」 등, 『藏書閣所藏儀軌解題』, 한국정신문화연구원, 2002.

347 『개수일기등록』, 병인년(영조 22년, 1746) 5월 16일.

하지 말고 제사에 차출하지 말고 복제服制와 식가式暇에서 제외하며, 낭청 가운데 혹 파직된 관원이 있으면 즉시 입계入啓하여 군직軍職에 붙여 관직 차림으로 항상 사진하도록 한다.

③ 당상이 쓸 인신印信 1과顆는 예조로 하여금 진배進排하게 한다.

④ 서리 8명, 사령 10명, 고지기(庫直) 2명은 요포料布를 지급받는 자로 옮겨 차임한다.

⑤ 수직 군사 8명과 다모는 담당 관청(該曹)으로 하여금 정하여 보내도록 한다.

⑥ 사용할 종이, 붓, 먹 및 일체의 잡물은 각각의 담당 관청(該司)로 하여금 진배하게 한다.

⑦ 일을 시작하는 날부터 낭청 1명이 돌아가며 생기省記에 올리고 입직한다.

⑧ 각사의 태만한 관원에 대해서는 분패粉牌로 진래進來하고, 하인에 대해서는 직수直囚하고서 태笞를 친다.

⑨ 미진한 조항은 추후에 마련한다.[348]

이어『승정원일기』의 개수범례 19조항을 정했다.

① 조정의 활동은 요긴한 것과 요긴하지 않은 것을 막론하고 기록하되 반드시 날짜를 살펴 당일 일기에 기록한다. 지난달의 거조가 이번 달에 나온 경우에는 부표付標하여 지난달치를 쓰는 관원에게 보낸다.

② 각사의 초기草記는 뒷날 참고할 만한 것을 기록한다.

---

348 『개수일기등록改修日記謄錄』「일기청사목日記廳事目」.

③ 대간의 계사는 요긴한 것과 요긴하지 않은 것을 막론하고 기록한다.

④ 입계된 상소는 대강을 쓴다.

⑤ 입계된 정사呈辭는 쓰고, 세 번째 정사는 체차되었을 경우만 쓴다.

⑥ 정사政事는 '정사가 있었다(有政)'고 쓰되 낙점落點에 관한 내용만 쓴다.

⑦ 각 전殿에 대해 약방, 조정, 승정원, 홍문관이 문안한 일은 쓴다.

⑧ 전교는 모두 쓴다.

⑨ 정사에 대하여 여쭌 내용은 쓴다.

⑩ 사은과 하직에 대한 내용은 쓴다.

⑪ 월초月初 대간의 계사가 전에 아뢴 계사인지 새로 아뢴 계사인지를 모르면 지난달을 살펴보고서 쓴다. 전에 아뢴 계사는 '청컨대' 이하만을 쓰되 바뀐 내용은 쓰며, 새로 아뢴 계사는 모두 쓴다.

⑫ 관상감의 재이災異에 관한 내용은 해당 날짜의 일기에 쓴다.

⑬ 조보朝報 가운데 이어移御한 날짜는 뽑아내어 별도로 기록해서 벽에 게시해둔다.

⑭ 각 도의 서목書目은 쓴다.

⑮ 어사의 회계回啓는 쓴다.

⑯ 이조와 병조의 세초歲抄는 쓴다.

⑰ 서용敍用은 쓴다.

⑱ 의금부 계목啓目 가운데 뒷날 참고에 대비할 만한 것은 쓴다.

⑲ 타고 남은 일기는 옮겨 베낀다.[349]

『승정원일기』의 범례를 실록찬수범례와 비교하면 〈표 12〉와 같다.

---

349 『개수일기등록』, 「개수일기범례改修日記凡例」.

<표 12> 『승정원일기』의 개수범례와 실록의 찬수범례

『승정원일기』 개수범례	대상, 내용	『영조실록』 찬수범례
① 조정 활동은 모두 당일 일기에 기록 ⑦ 약방 등이 각 전에 문안한 일 ⑧ 모든 전교 ⑬ 조보 가운데 이어移御 날짜 ⑱ 의금부 계목 중 뒷날 참고할 것 ⑲ 타고 남은 일기 베낌	수집 자료	① 사관의 시정기, 주서의 일기, 서울과 지방의 겸춘추의 기록 외에, 비변사 장계축, 의금부 추안 및 형조의 참고할 만한 중요 문서, 사변과 추국에 대한 주서의 일기
(수록)	외교	② 모든 조칙 및 우리나라(本朝)의 유관 교서
	졸기	③ 이름 있는 신하의 졸기 작성. 당시 공론이나 문집의 비문과 지문을 참고
(수록)	날짜(간지)	④ 갑자甲子만 기록
⑫ 관상감의 재이에 관한 내용	재해	⑤ 모든 재이에 대해 관상감 초록 첨가, 지방의 바람·비·지진
② 각사 초기 ③ 대간의 계사는 모두 기록 ⑪ 전에 아뢴 계사는 생략, 새로 아뢴 대간의 계사는 모두 기록 ⑭ 각 도의 서목 ⑮ 어사의 회계	대간 계 어사	⑥ 대간의 논계는 첫 논계의 핵심만 기록 ⑦ 사헌부·사간원이라고만 적고, 사람의 성명은 첫 논계 때만 씀. 시비가 걸린 사안은 이견을 낸 사람도 기록. 어사의 성명 및 관리를 쫓아낸 일, 폐단 변통도 기록
④ 상소는 대강만 기록 ⑤ 입계된 정사呈辭 기록. 세 번째 정사는 체차되었을 경우만 기록	소장疏章	⑧ 상소의 핵심만 기록. 거취나 시비 기록
⑥ 낙점 내용만 기록 ⑨ 정사에 대하여 여쭌 내용 ⑩ 사은과 하직 ⑯ 이조와 병조의 세초歲抄 ⑰ 서용	제배除拜	⑨ 이조와 병조의 문서를 살펴 기록
	각년 등과	⑩ 각년 과거 급제자
(수록)	군병, 호구	⑪ 군병의 숫자, 서울과 지방의 법제, 호구 숫자를 상세히 기록

	산거(刪去)방법	⑫ 번잡하고 쓸데없는 문자는 간결히 압축
(수록)	길흉제례	⑬ 후세에 남길 만한 길흉의례 기재
	출척, 시비	⑭ 서울과 지방의 관리 출척이나 공적·사적 시비

현재 남아 있는 『승정원일기』를 보면 대체로 위의 범례를 준수했다는 사실을 쉽게 알 수 있다. 또 범례에는 제시되지 않았지만, 간지(날짜), 외교 기록, 군병과 호구, 길흉제례 등도 실려 있다. 한편 『승정원일기』도 추려서 적도록 규정된 기록이 있었던 만큼, 정도의 차이일 뿐 간추려 적은 기록인지 아닌지의 여부로 실록과 『승정원일기』의 본질적인 차이를 논하기에는 부족하다.

〈표 12〉를 통해 『승정원일기』와 실록, 그리고 『승정원일기』와 『일성록』을 비교하여 각각의 기록이 갖는 특징을 발견할 수 있다. 실록과 『승정원일기』의 경우, 기록의 치밀함으로 보면 『승정원일기』가 더 상세하지만 기록의 포괄성으로 보면 실록이 좀 더 광범위한 기록을 다루고 있다. 특히 실록에는 『승정원일기』에 실리지 않은 사관의 사론이 수록되어 있다는 점이 큰 차이이다. 또한 졸기도 실록에만 실려 있는데, 이는 『승정원일기』가 일기 형식으로 정리된 데 비하여 실록은 사초 등을 모아가면서 추록할 수 있는 기록이기 때문에 가능했을 것이다. 이렇듯 실록은 역사적 평가가 수록되어 있기에 『승정원일기』와 달리 엄격한 비밀 관리가 이루어졌던 것이라고 해석할 수 있다.

『일성록』은 정조대부터 본격적으로 편찬되었기 때문에, 조금 후대의 사안이기는 하지만 『승정원일기』와 비교해보는 것도 두 기록의 특성을 이해하는 데 도움이 된다. 두 기록은 내용 면에서 많이 중복된다. 사실, 『일성록』은 『승정원일기』뿐 아니라 실록과 비교해보아도 중복된 내용이 많다. 어쩌면 『순조실록』부터 내용이 부실해지는 요인 중의 하나는 『일성록』을 편찬했기 때문으로도 볼 수 있을 듯하다. 어쨌든 실록이나 『일성록』과 내용에서 중복됨에도 불구하고 『승정원일기』는 꾸준히 편찬되었는데, 이는 『승정원일기』가 승정원이라는 상설 관청에서 일기 형식으로 관리하는 기록이었기 때문일 것이다.

그러면 영조 20년에 소실된 『승정원일기』를 두 해가 지난 뒤 복원하는 데 동원된 자료에는 어떤 것이 있었을까? 대체로 복원에 동원된 기록은 각급 관청에 보관되어 있던 공공기록과 민간에 소장되어 있던 기록으로 크게 나눌 수 있다. 먼저 확인 가능한 각급 관청의 공공기록을 추려보면 다음과 같다.

- 조보朝報
- 각사의 등록各司謄錄
- 춘방일기春坊日記
- 홍문관일기弘文館日記
- 인조실록(계해년, 인조 1년)
- 내하일기內下日記
- 원래 『승정원일기』의 타고 남은 일기(신여일기燼餘日記)
- 천자문千字文
- 심양일기瀋陽日記

이러한 자료 수집에 대해서는 별다른 설명이 필요 없을 듯싶다. 일기청은 설치되자마자 곧바로 공문을 통해 "각사의 오래된 계초啓草와 상고할 만한 등록 가운데 천계天啓 3년 계해년(인조 1년, 1623)부터 강희康熙 신축년(경종 1년, 1721)까지를 15일 안으로 남김 없이 본청으로 실어 보내도록" 조치했다.

여기서 말하는 각사各司에는 의정부를 비롯하여 6조와 사헌부·사간원은 물론 훈련도감 등 군영, 종친부, 각 소속 기관이 망라되어 있었다. 심지어 호조에서 적몰한 정사효鄭思孝 집안의 재산 가운데 일기까지도 가져와서 개수에 사용했다.[350]

『승정원일기』의 복원에 동원된 자료 중 내하일기는 특히 개수 과정에 많이 이용되었으므로 잠시 알아보고 넘어가자.[351] '내하일기'는 전거로 밝힌 기사 가운데 약 2,700여 건을 차지할 정도로 조보 및 신여일기燼餘日記(타고 남은 『승정원일기』) 등과 함께 매우 많이 활용되었다. 내하일기는 각 왕대별로 있었던 것 같다.

> 상이 말하기를 "대내大內에 일기가 있는데 상고할 만한 일이 많으니 마땅히 등출하여 내려주어야 한다. 다섯 조정의 일기는 모두 있으며, 대소 조정 회의 등의 절목도 다 기재되어 있다. 이를 상고하여 개수하면 일을 덜 수 있을 것이다." 하였다.
>
> 上曰: "自內有日記, 多有可考事, 從當謄出頒降. 而五朝日記皆在矣. 大小朝會等節目, 無不俱載. 以此考準而爲之, 則可以省工矣."[352]

영조는 인조부터 경종까지 일기류의 자료들이 '대내'에 있다고 했는데,

---

350 정사효는 이인좌의 난(영조 4년, 1728)에 연루되어 조사를 받다가 죽었다. 이때 그의 가산은 몰수당했으며, 집은 헐어 없앤 뒤 그 터를 파서 못을 만들었다. 『영조실록』, 6년 5월 5일(임신).

351 내하일기에 관한 서술은, 강성득, 「英祖代 承政院日記의 改修에 관한 一考察」, 고려대학교 석사학위논문, 2004 참고.

352 『승정원일기』, 영조 22년 5월 20일(을묘).

이는 실록이 아님이 명백하다. 이 일기류를 일기청에 보내서 『승정원일기』의 개수에 참고하도록 했음을 알 수 있다.

영조 22년(1746) 11월 14일 일기청 당상들이 청대하여 입시했을 때, 홍계희가 일기 개수 과정에서 아직 내려지지 않은 내하일기 및 기초 해당 자료가 11년분이 남아 있다고 하자 영조는 나머지를 이미 다 써서 내려보냈다고 했다.[353] 그렇다면 내하일기의 작성 주체는 국왕일 수도 있다고 추측되지만 확신할 수는 없다. 정조는 김양택金陽澤과 대화하면서 자신이 왕위에 오르기 전 평상시의 견문을 기록했다고 했는데, 이로 미루어보면 국왕들 스스로 내하일기를 기록했을 가능성이 없지 않다.

상이 말하기를 "내하일기는 동궁에 있을 때 일상에서 보고 들은 바를 기록한 것이다. 또한 조정 신하들은 안에서 일어나는 일을 알지 못하기 때문에 그때의 대강을 기록하였으며, 애초 산삭하지 않았고 문장의 조리도 미진한 곳이 많으니 경들과 상의하고 싶다." 하니, 김양택이 말하기를 "일기를 빠르게 반하하면 외간에서 그때 사실을 상세히 알 것입니다. 속히 반포하십시오." 하였다. 상이 말하기를 "이번에 윤음을 위조한 일은 극히 흉패하다." 하였다.
上曰: "内下日記, 卽在震邸時, 記得日用間見聞者也. 且外臣, 不知内間事, 故略記其時梗槪, 而初不刪削, 文理亦多未盡處, 欲與卿等商議矣."
陽澤曰: "日記從速頒下然後, 外間詳知其時事實, 伏望速爲頒布矣." 上曰: "今番僞造綸音事, 極凶悖矣."[354]

---

353 『승정원일기』, 영조 22년 11월 14일(을사).

354 『승정원일기』, 정조 즉위년 12월 26일(계해).

내하일기와 관련된 이 대화는 정조 즉위년(1776) 12월, 전 장령 이평李枰이 정조의 윤음 위조 사건에 대해 상소한 뒤 그 실상을 논의하는 과정에서 나왔다.[355] 가짜 윤음으로 인해 여주에서부터 시작하여 원주와 횡성에까지 소동이 일어났다. 위조한 윤음에는 과거제도 개혁부터 '어사가 민정을 탐지해보니, 권세 있는 부민富民이 뇌물을 바치고 역을 벗어난다', '방백方伯과 담당 관리가 법을 범할 경우에는 오거五車에 일제히 채찍을 가하여 지체肢體를 찢는 형벌로 다스려서 결코 용서하지 않겠다', '관리들이 뇌물을 받고 법을 어긴 것은 우선 정형正刑(사형)에 처하며, 임금을 속인 고관은 살가죽을 벗기는 율을 면하기 어려울 것이다' 등의 내용이 담겨 있었다. 이 사건에 대한 추국은 이듬해 2월까지 이어졌다.

정조가 이때 내린 '내하일기'는 『존현각일기』로 추정된다. 정조는 즉위한 해에 정후겸鄭厚謙·홍인한洪麟漢을 영조 때 세손의 대리청정을 반대하고 위해를 가하려 했던 죄로 다스렸는데, 이를 『명의록明義錄』으로 남긴 바 있다. 『존현각일기』는 『명의록』에 수록되어 있고, 거기 실린 '어제윤음御製綸音'의 내용을 보아도 '내하일기'가 『존현각일기』일 가능성이 높다. 어느 경우든 영조와 정조가 말하는 '내하일기'는 국왕이나 세손이 작성했던 기록임은 확인할 수 있다.

이와 같이 『승정원일기』의 개수를 위해 내하일기를 비롯하여 공공 기관에서 각종 자료를 수집하는 한편, 서울과 지방 각지에 있는 개인 소장의 기록도 수집했다. 서울, 경기는 물론 삼남 지방에도 공문을 보내서, 관직을 역임했던 사대부 집안의 기록을 찾아 올려 보내도록 했다. 『개수일기등록』에 실려 있는 개인 기록과 개인이 소장했던 공공기록의 수집 현황을 살펴보면

---

355 『정조실록』, 즉위년 12월 25일(임술).

다음과 같다.

- 완평일기完平日記
- 연평일기延平日記
- 은진恩津 이계李洊의 집에 있는 조보, 정사政事 기록, 소차疏箚
- 장단長湍 낙화면落花面 윤주尹周의 집에 있는 조보
- 남양南陽 고故 홍 감사洪監司의 집에 있는 『은대사강銀臺史綱』 2권
- 예산禮山 박용인朴龍仁의 집에 있는 조보
- 이천利川 이 생원李生員의 집에 있는 『은대일기銀臺日記』
- 나주羅州 호장戶長의 집에 있는 일기
- 지평현祗平縣 윤 생원尹生員의 집에 있는 일기

이 밖에도 적잖은 민간 소재 기록이 동원되었을 것이다. 한편 조보의 경우에는 시기가 한참 지난 인조·효종·현종 시대의 자료는 쉽게 구하지 못했다.[356] 또한 개인적으로 소장하고 있을 경우에 분실이나 손상을 염려하여 숨기고 제출하지 않는 일도 있었다. 실제로 지방 각 고을에서는 공문을 받은 뒤에 관련 자료가 없다는 회신을 보내기도 했다.

그러자 일기청에서는 자료 수집을 위해 강제력을 동원하기도 했다. 예컨대 지평현에 사는 윤 생원의 경우, 많은 자료를 갖고 있음에도 불구하고 1책만 제출했다는 이유로 그의 집안 하인(家僮)을 잡아 가두면서 기한까지 납부

---

356 실제로 숙종 16년(1690) 이전의 조보는 일기청에서 확보하지 못했다. 그 이후의 조보도 매년 몇 달치밖에 없는 등 결락이 심했다. 『개수일기청등록』, 병인년(영조 22년, 1746) 7월 일.

하도록 독촉했다. 조정에서도 자료의 주인이 분실을 염려하여 소장 기록을 제출하지 않는다는 사실을 알아채고 '잘 간수했다가 돌려보내겠다'는 취지로 공문을 보내 설득했고, 개수 작업이 끝난 뒤 원래의 주인에게 돌려주었다.

이렇게 어렵사리 자료를 모으기는 했지만, 99년간의 『승정원일기』를 복원하는 일이다보니 인력과 물력, 그 어느 것도 쉽게 조달하기 힘들었다. 일기청에 근무하는 일꾼들의 점심미點心米나 요미料米도 원활히 조달되지 않는 경우가 있었다. 애당초 일기청 원역員役들에 대한 점심미는 실록청의 예에 따라 내주도록 호조에 공문을 보냈지만, 정작 호조에서는 전례가 없다면서 끝내 시행하지 않았다. 그래서 다시 공문을 보내 실록청의 예에 따라 요포料布를 지급하도록 했다.

지수紙手들의 경우도, 오랫동안 고용되어 많은 종이를 다듬이질하는 중노동에도 불구하고 마찬가지로 전례가 없다는 이유로 요미 지급이 이루어지지 않아 재차 요미 지급을 독촉하기도 했다. 이런 사례들은 관료주의의 폐단을 보여주는 것이기도 하지만, 『승정원일기』의 복원 작업이 유례없는 대규모 사업이었기 때문이기도 했다.

더 큰 문제는 『승정원일기』를 편찬할 인력, 곧 낭청郎廳을 확보하는 일이었다. 처음에는 낭청의 사일단자仕日單子에 종일 기사 작성 작업(書役)을 한 뒤에야 '진進' 자를 쓰도록 했지만, 작업에 진척이 없자 원래의 「일기청사목」에 근무 조건을 강화한 「일기청추절목日記廳追節目」을 정하였다.[357] 모두 8조항으로 구성되어 있으며, 낭청의 근무 규칙에 관한 것이 6개 조항이다. 그 내용을 간략히 요약하면 다음과 같다.

---

357 『개수일기등록』, 병인년(영조 22년, 1746) 7월 2일.

① 낭청 1명에게 한 달치 일기를 맡기되, 이를 끝내기 전에는 체직을 허락하지 않는다.

② 매일의 서역書役은 5장을 정식定式으로 하되, 장수를 계산하여 일수를 정하고 일수를 계산하여 기한을 정하고, 만약 한 권을 다 쓰지 못하였다면 해당 낭청을 잡아와 처분한다.

③ 사람들이 다 아는 병으로 인한 탈 이외에 연 이틀간 출근하지 않는 낭청은 논죄한다.

④ 낭청 가운데 옥당이나 춘방의 관원으로 제수되는 자는 즉시 개차한다.

⑤ 내하문자內下文字는 반드시 면대하여 인수인계한다.

⑥ 낭청의 원액員額은 그 수를 정하지 말며 작업의 많고 적음에 따라 조정한다.

근무 조건을 강화하고 낭청 20명(員)을 정하여 임명했지만, 여전히 상황은 나아지지 않았다. 이에 일기청은, 출근하는 사람이 하루에 10명에 불과하니 10명을 다시 더 차출하게 해달라고 건의했다. 한 달분의 서역을 마치면 체직이 허락되는 규례도 문제가 되었다. 낭청의 잦은 교체를 정당화하는 규정이 되어버렸기 때문이다. 상황이 이렇게 되자 영조는 직접 개수에 동원되는 낭청을 단속하기에 이르렀다. 그리하여 낭청 가운데 송영중宋瑩中이란 자는 임명된 지 석 달 동안 하루만 나왔다는 이유로 나추拿推당하였다.

그럼에도 불구하고 정해진 서역을 끝냈거나, 혹은 가주서假注書로 낙점되거나 겸춘추 등으로 계하된 경우는 개차하는 것이 상례이므로 낭청을 동원하는 일은 계속 어려운 문제로 남았다. 이 같은 문제를 해결하고자, 교정을 태만히 하고 강동 현감으로 나갔던 이관섭李觀燮에 대해서는 다시 불러들여 일기에 누락된 대목을 보충하게 한 뒤 임지로 가도록 조치했고, 「일기청추절목」도 다시 작성했다.[358] 모두 13개 조항이며, 그중 중요한 조항만 간단히 살펴보면 다음과 같다.

① 본청의 낭청을 30명에서 45명으로 한다.

② 45명은 일을 마칠 때까지 그대로 있게 하고, 1년치의 일기를 다 쓰기 전에는 외임, 겸사관, 당후堂后 및 기타 긴요한 직임에 일절 차임하지 않는다.

③ 당상과 낭청은 세 방으로 나누어 각 방마다 당상 1명과 낭청 15명씩 분배한다.

④ 아직 개수되지 않은 것이 90년치이니, 한 방마다 30년치를 맡는다.

⑤ 기한 안에 써서 바치지 못하면 낱낱이 나처拿處한다.

⑥ 당후가 일기를 쓰는 예에 따라 집에서 써서 바치게 한다.

⑦ 각사의 등록을 뽑아내어 각각 해당 연도 일기의 아래에 베껴 쓴다.

⑧ 낭청 각 1명은 1개월마다 2일씩 정간井間에 기입된 차례로 돌아가며 입직한다.

근무 조건을 강화하고 낭청들을 다그친 끝에 이듬해인 영조 23년(1747) 6월 「일기청교정절목」을 작성하여 교정에 들어갔다.[359] 교정 낭청은 2년치 일기를 교정한 뒤에야 체차될 수 있었다. 또 서역이나 교정에 착오가 있으면 처벌을 받았다. 그럼에도 누락 부분이 많아서 교정과 동시에 첨서하면서 작업을 진행했다.

---

358 『개수일기등록』, 병인년(영조 22년, 1746) 11월 17일.

359 『개수일기등록』, 정묘년(영조 23년, 1747) 6월 9일.

같은 해 11월에 사업이 완료됨에 따라 종합 보고서인 『개수일기등록』 2
건을 만들어 1건은 승정원에 두고 1건은 춘추관으로 보내서 강화사고, 즉 정
족산성사고에 보관했다. 이것이 바로 지금 우리가 살펴보고 있는 『개수일기
등록』이다. 『개수일기등록』은 전의감에 사무실을 두고 작업이 진행되었는데,
그 사무실 명칭은 '개수일기등록청改修日記謄錄廳'이라고 했으며 운영을 위해
「개수일기등록청절목」 9조항을 따로 마련했다.

『승정원일기』는 이러한 과정을 거쳐 완성되었다. 그리고 개수에 이용되
었던 내하일기, 신여일기燼餘日記(타고 남은 『승정원일기』), 오서지誤書紙(잘못 쓴
기록) 등 13태馱(지게 같은 데 지는 짐 단위)를 차일암에서 세초하는 것으로 모든
과정이 마무리되었다. 당상관 3명과 연인원 114명의 낭청이 참여한 대규모
사업이었다.

고종대 『승정원일기』의 개수

고종대 진행된 『승정원일기』의 개수는 『일기청개수등록』에서 확인할 수
있다. 이때도 화재로 인해 『승정원일기』가 소실되었기 때문에 개수가 논의되
었다. 고종 25년(1888)년에 김병수金炳秀가 한 말을 들어보자.

> 술시(오후 7시~9시)경 우사당에서 불이 났는데 즉시 불길을 잡은 덕에 다른
> 곳으로 옮겨 붙는 지경에까지 이르지는 않았습니다만, 동고東庫에 소장된
> 것 말고 『승정원일기』가 많이 타버렸으니 매우 놀랍고 두렵습니다.
> 戌時量, 右史堂失火, 雖卽撲滅, 不至延燒之境, 而東庫所藏外日記, 多
> 入於燒爐之中, 萬萬驚悚.[360]

---

360 『국역 승정원일기』, 고종 25년 3월 8일(기미).

우사당에 촛불을 켜둔 채로 문을 잠근 것이 화근이었다. 관련자들을 조사하여 화재의 원인을 밝히고 형률을 적용했는데, 이 화재로 『승정원일기』 300여 권이 불탄 것으로 파악되었다. 정확히 말하면 해당 시기의 『승정원일기』는 철종 2년(1851)부터 고종 25년(1888)까지 총 361권이었다.[361] 이 시기에 해당하는 『승정원일기』 중에는 모두 타버린 연도분도 있고, 일부만 탄 연도분도 있었다. 이보다 앞서 순조 3년(1803)에도 연화당에서 화재가 나는 바람에 『승정원일기』 몇 백 권이 불타 『비변사등록』과 각사 등록을 가져다가 살펴보고 보수한 일이 있었는데,[362] 고종 때 또다시 불에 탄 것이었다.

불타버린 『승정원일기』는 조보와 『일성록』을 통해 보완하는 것으로 개수 방향을 잡았다. 고종은 서둘러 『승정원일기』를 찬집하려고 했지만 재정 상황이 좋지 않아 바로 시작하지 못했다.[363] 재정상의 이유도 있겠지만 이 시기에 『일성록』이 편찬되고 있었으므로 『승정원일기』가 불타 없어졌다고 해서 국정에 참고할 자료가 없지는 않았기에 급하게 진행하지 않아도 되었던 것 같다. 아무튼 이듬해 고종 26년(1889) 8월 영의정 심순택沈舜澤의 발의로 일기청이 설치되었다.[364]

『일기청개수등록』은 이전의 등록이나 의궤와 편집이 약간 다르다. 먼저 '시일時日'이라 하여 개수가 진행되었던 일정을 간단히 정리해두었다. 내용 구성은 다음과 같다.

---

361 『일기청개수등록』, 「권질卷帙」.

362 『국역 승정원일기』, 고종 25년 3월 8일(기미).

363 『국역 승정원일기』, 고종 25년 4월 10일(신묘).

364 『국역 승정원일기』, 고종 26년 8월 9일(임오).

- 시일時日
- 개수범례改修凡例
- 좌목座目
- 계사啓辭 및 일기청사목日記廳事目
- 관문關文
- 감결甘結
- 분년分年
- 서역낭청분월기書役郎廳分月記 및 권질卷帙
- 재용財用 및 요포식料布式
- 상전上典

　내용 구성으로 보면 『일기청개수등록』은 『개수일기등록』보다 적은 양이지만, 짜임새로 보면 갖출 내용은 다 갖춘 셈이었다. 개수 작업의 방식은 영조대 개수 사업에 따랐다. 그리고 이전의 호위청扈衛廳 자리였던 전설사典設司에 일기청을 두기로 하는 등 12개 조항의 「일기청사목」을 정했는데, 이는 실록청의 사목이나 영조 22년 설치되었던 「일기청사목」에서도 익히 보았던 내용이다.

　당시 마련한 『승정원일기』의 개수범례는 다음과 같다.

① 모든 전교, 연설筵說, 계사啓辭, 초기草記, 소차疏箚 등의 각 문서를 대상
　으로 한다.
② 『일성록』, 『윤발綸綍』, 『내각일력內閣日曆』, 『공거문총公車文叢』, 월랑일기
　月廊日記, 각사의 등록에 의거하여 내용을 추려내되 참고할 만한 것이
　없으면 그대로 둔다.

③ 신여일기燼餘日記는 본문대로 베껴내고 빠진 곳은 '몇 자 빠짐(缺字)'으로 써넣거나 각사의 등록으로 보충한다.

④ 연석筵席에 입시하였을 때 오고간 내용은 기존의 체례體例대로 수정하고, 혹 사가私家에 소장되어 있는 것을 삽입하기도 하되 본래 참고할 만한 것이 없는 경우에는 연월일만 쓰거나 좌목만 쓴다.

⑤ 승지 좌목承旨座目은 분방책分房冊이 있으면 분방책대로 써넣고, 사관 좌목史官座目은 근거할 만한 것이 있으면 써넣는다.

이때의 개수에는 『일성록』, 『윤발』, 『내각일력』, 『공거문총』 등이 이용되었기 때문인지 다른 관청이나 서울과 지방의 민간에서 자료를 구하는 일은 없었던 듯하다. 다만 개수에 사용할 종이를 구하는 일이 있었을 뿐이다. 참여한 낭청도 연인원 17명이었다. 이듬해인 고종 27년(1890) 12월에 361권의 『승정원일기』를 개수하고 『일기청등록』을 만든 뒤 세초하는 것으로 개수 작업이 마무리되었다.

3. 실록과 『승정원일기』

지금까지 불에 탄 『승정원일기』의 개수 작업에 대한 기록인 『개수일기등록』과 『일기청개수등록』을 들여다보았다. 발의에서 완성까지 등장하는 인물뿐만 아니라 작업 내용과 근무 일수, 개수 과정의 세부적인 논의, 각각의 규정, 소용된 물품 등에 대한 정보가 고스란히 실려 있는 것이 이들 등록이다.

어떤 기록이든지 그것이 만들어지는 과정에 대한 이해 없이는 그 기록을 온전히 파악하기 어렵다. 그런 점에서 『개수일기등록』과 『일기청개수등록』은 해당 기록, 즉 『승정원일기』를 이해하는 데 기초적인 정보를 제공해준다. 만일 이들 등록이 없었다면 우리는 훨씬 힘든 과정을 거쳐 『승정원일기』를 이해할 수밖에 없었을 것이다.[365]

그런데 『승정원일기』의 개수는 사료비판의 관점에서 보면 예사롭지 않은 문제를 제기한다. 흔히 『승정원일기』는 1차 사료로, 실록은 2차 사료로 학계에서 운위되곤 한다. 실록은 누가 봐도 분명히 '편찬'이라는 절차를 거쳐 탄생하기 때문이다. 그러니까 '사초'라는 1차 사료를 가공한 '2차 사료'라는 견해인 셈이다.

반면 『승정원일기』는 1차 사료라는 견해가 많다. 하지만 엄밀히 보면 1차 사료는 승정원에서 주서가 기록한 초책草冊이라는 속기록이다. 즉, 『승정원일기』도 1차 사료가 아니라는 말이다. 그럼에도 불구하고 『승정원일기』는 1차 사료로서의 의미가 퇴색되지 않는다는 의견도 있다.[366] 이렇게 학계에서 명시적·암묵적으로 통용되고 있는 견해가 과연 타당할까?

지금까지 살펴본 바와 같이 '개수된 『승정원일기』'의 실제 내용은 타다 남은 기록을 주섬주섬 모았거나 다른 자료를 베껴서 다시 만든 제2의 『승정원일기』라는 점에서 '1차 사료'로 보기 어렵다. 나아가 원래 주서가 편찬해놓은 『승정원일기』도 마찬가지다. 그 『승정원일기』가 승정원을 통과했던 원본 문서를 그대로 베꼈다는 보장이 있는가. 또 똑같이 베꼈다고 해도 베낀 이상 원본의 '1차성'은 사라진 것이 아닌가.

---

365 2005년에 민족문화추진회(현 한국고전번역원)에서 두 등록을 『일기청등록』으로 묶어 번역, 출판했다.

366 정만조, 「承政院日記의 作成과 史料的 價値」, 『한국학논총』 24, 2001, 104쪽. 정도의 차이는 있지만 『승정원일기』를 다룬 대부분의 논문이 유사한 '심정'을 지니고 있다.

이쯤에서 1차 사료와 2차 사료라는 구별이 실은 '역사가의 심정적 기대치'에도 미치지 못한다는 점을 알 수 있다. 생생한 기록이나 증거를 더 애지중지하는 버릇이 있는 역사가들이기에 갖게 되는 직업적 안타까움조차 실상 근거가 없다는 말이다. 『승정원일기』와 실록의 사료 성격에 대한 '불공정 재판'의 유일한 근거는 단지 그 '양'으로 판단한 것이 아닌가 싶을 정도다.

여기서 고민해볼 만한 문제를 제기하고자 한다. 흔히 실록의 '편찬' 때문에 발생한 '주관성'이 『승정원일기』의 '편찬'에도 불구하고 유지된 '객관성'에 비해 그토록 치명적인 약점일까?[367] 일단 주관과 객관의 인식론적 의미, 가치론적 접근에 대한 논의는 접어두자. '주관'과 '객관'이 가치론적 우열을 지니는지, 인식론적으로 대립항인지, 심지어 '객관적인 주관'은 성립할 수 없는 개념인지 등의 질문이 남아 있다. 그리고 그것이 1차 사료와 2차 사료의 구획을 가능하게 할 정도인가? 이 문제를 토론하기 위해 곧바로 역사학의 사료와 해석에 대한 최근의 논의, 즉 '포스트모던'과 '텍스트'로 대표되는 논의로 뛰어들자는 제안을 하고 싶지는 않다.[368] 다만 『승정원일기』의 개수를 검토해본 만큼 그동안 우리가 습관적으로 사용하는 용어의 기준을 마련하자는 제안을 하고 싶을 뿐이다.

1차 사료와 2차 사료라는 용어는 베른하임Ernst Bernheim의 정의에서 출발했다.[369] 필자가 보기에 베른하임의 구별은 개념적이라기보다 경험적이다.

---

367 이 문제를 탐구한 글로는, 김현식, 『포스트모던시대의 '역사란 무엇인가'』, 휴머니스트, 2006, 편지 #7-10 참고.

368 이러한 주제에 대한 전반적인 논의는, Mark Poster, *Cultural History and Postmodernity*, 1997(조지형 옮김, 『포스트모던시대의 새로운 문화사』, 이화여자대학교 출판부, 2006) 참고.

369 E. Bernheim, *Einleitung in die Geschichtswissenschaft*, 1912.(박광순 옮김, 『역사학입문』,

기준이 명료하지 않기 때문이다. 좀 더 정밀한 개념 규정의 단서는 기록학 영역의 저술에서 찾을 수 있다. 젠킨슨Hilary Jenkinson은 'Archives'에 대하여, '그것이 관련된 행정상의 또는 집행상의 (공적이든 사적이든) 업무 처리 과정에서 작성되었거나 사용된 것으로, 그 업무 처리의 책임자들과 법적 후계자들이 자신들의 관리 아래 보존해둔 기록'이라고 정의했다.[370]

제2부에서 실록을 'Archives'라고 정의한 바 있다. 젠킨슨의 정의에 따라도 실록은 'Archives'라고 할 수 있다. '편찬' 과정을 거쳤으나, 바로 그러한 '권한(Custodianship)'을 지닌 '법적 후계자'들의 손으로 이루어진 절차였기 때문이다. 이런 논법에 따르면 『승정원일기』도 물론 'Archives'가 된다.

범우사, 1985, 121쪽). '1차 기록'은 '본원本源 기록'으로, '2차 기록'은 '유도誘導 기록'으로 번역되어 있다.

370 H. Jenkinson, *A Manual of Archive Administration*, SAA, 1936.(1956 재간행)

4장 겸임사관의 운영

　이제 실록을 편찬한 사람들에 대해 알아보자. 조선시대 사관제도에 따른 사관은 크게 두 종류로 구분된다. 첫째, 전임사관으로서, 예문관에 소속되어 있으면서 춘추관 기사관을 겸하는 8명의 한림이다. 이들이 사초를 작성하고 각 관청에서 보내오는 문서를 정리했다. 둘째, 겸임사관으로서, 각 관청에 소속되어 있으면서 춘추관 관원을 겸하는 겸춘추이다. 이들은 직접 기록을 만들기도 하지만 해당 관청의 문서를 춘추관(예문관)의 전임사관에게 보내는 역할을 수행했다. 실록을 편찬할 때가 되면 전임사관과 겸임사관이 함께 실록청에 모여 작업을 했다.

　정리하자면, 전임사관은 기사 단계와 편찬 단계 내내 개입한다. 겸임사관은 기사 단계에 개입하는 겸춘추도 있고, 편찬 단계에 개입하는 겸춘추도 있다. 기사 단계에서 겸임하는 관직을 예겸例兼이라 하는데, 이렇게 사관을 겸직하는 관직이 법전으로 정해져 있었다. 반면 편찬 단계에 임명되는 경우는 다소 일정치 않았다. 이제 겸임사관의 면모를 기사와 편찬 단계로 나누어 살펴보자.

1. 겸임사관: 기사

1) 세종대의 겸춘추 규정

고려에서 조선으로 넘어오면서 정비된 사관제도의 특징을 간략히 정리하면 다음과 같다. 먼저, 조선 건국 이후 역사의 기록과 평가를 중시하는 성리학의 영향 및 관료제를 효율적으로 운영하는 유력한 방법으로써 사관제도가 정비되기 시작했다. 이 양상은 기록을 작성하고 문서를 관리하는 '기사'와 나중에 실록으로 재정리하는 '편찬'의 두 영역에서 확인할 수 있다. 또한 기사를 담당하는 겸임직이 중요 관직을 중심으로 확대되기 시작했다. 고려시대 이래의 수찬관修撰官·편수관編修官에 이어 조선 태종대에 들어 기사관記事官·기주관記注官이 생겼고, 관직에 따라 춘추관을 겸임하는 경향이 있다가 세종대에는 주요 관서에 겸임사관을 두어 기사에 만전을 기하도록 했다.

무엇보다 세종 16년(1434) 11월 춘추관 겸임직을 확대하기 두 달 전에 경연을 잠시 중지했던 사실을 염두에 두어야 한다.[371] 그것은 『자치통감』 훈의訓義 작업에 인력을 동원하기 위해 취해진 조처였다. 그로부터 세종 20년(1438) 11월까지 약 4년 동안 『자치통감』과 『자치통감강목』에 대한 훈의 작업이 진행될 때 경연관을 겸임한 집현전 관원은 모두 그 작업에 참여했다.[372] 이는 세종이 역사학에 전문적인 안목을 갖춘 학자가 부족하다는 문제의식을

---

371 『세종실록』, 16년 9월 22일(병신).

372 『세종실록』, 17년 6월 8일(무신); 兪英玉, 「集賢殿의 運營과 思想的 傾向」, 『부대사학』 18, 1994, 417쪽. 이 시기 『자치통감사정전훈의資治通鑑思政殿訓義』의 편찬과 의의에 대해서는, 吳恒寧, 「조선 세종대 『資治通鑑思政殿訓義』·『資治通鑑綱目思政殿訓義』의 편찬」, 『태동고전연구』 15, 1998 참고.

가지고 집현전 학자들에게 역사서를 내려 읽히게 하면서 예견된 작업이었다.

> 대제학 변계량에게 명하여 사학을 알 만한 자를 뽑아 보고하라고 하였다.
> …… 이보다 먼저 상이 윤회에게 묻기를, "내가 집현전의 선비들에게 모든
> 사기史記를 나누어 주어 읽게 하고자 한다." 하니, 윤회가 대답하기를 "옳
> 지 않습니다. 대체로 경학이 우선이고, 사학은 그 다음이 되는 것이니, 오
> 로지 사학만을 공부해서는 안 됩니다." 하였다.
>
> 상이 말하기를 "내가 경연에서 『좌전』·『사기』·『한서』·『강목』·『송감』에
> 기록된 옛일을 물으니 다 모른다고 말하였다. 만약 한 사람에게 읽게 한다
> 면 고루 볼 수 없을 것이 분명하다. 지금의 학자들은 말로는 경학을 한다
> 고 하나, 이치를 궁극히 밝히고 마음을 바르게 한 인물이 있다는 것을 아
> 직 듣지 못하였다." 하였다.
>
> 命大提學卞季良, 擇可讀史學者以聞 …… 前此, 上問於尹淮曰: "吾欲使
> 集賢殿儒士, 分授諸史而讀之." 淮對曰: "不可. 大抵經學爲先, 史學次
> 之, 不可專治史學也." 上曰: "吾於經筵, 問以『左傳』·『史記』·『漢書』·『綱
> 目』·『宋鑑』所記古事, 皆曰不知. 若令一人讀之, 其不得遍覽必矣. 今之
> 儒者, 名爲治經學, 而窮理正心之士 未之聞也."[373]

경연이 일시 정지된 상황에서 경연관인 집현전 관원에게 사관을 겸임시
킨 일은 별 의미를 가지지 못했다. 더욱이 당시 집현전 관원이 『자치통감』과
『자치통감강목』에 대한 주석 작업에 동원되고 있는 상황에서 그들을 춘추관
겸임 관원으로 증치시킨 일은 현명한 조치가 아니다. 결국 집현전 관원으로

---

373 『세종실록』, 7년 11월 29일(갑자).

하여금 춘추관을 예겸하게 한 것은 훈의 작업을 통해 역사학을 깊이 이해하고 훈의 작업에서 자유로워진 뒤 취했을 것으로 짐작된다.

이로써 승정원을 비롯하여 의정부와 이조·병조·예조, 사간원과 사헌부, 집현전의 경연관 전원과 서연, 승문원, 종부시宗簿寺에 이르기까지 겸임사관제가 정착하게 되었다. 이어 세종 16년에는 사신使臣으로 가는 사람이 서장관書狀官의 예에 따라 사행의 전말을 기록하여 춘추관에 바치게 함으로써 대외 관계의 기록에 만전을 기하였으며,[374] 세조 3년(1457)에는 승정원의 주서에게 겸춘추, 즉 춘추관 기사관을 겸직하게 하면서 그 범위가 더욱 확대되었다.[375] 이는 국왕의 비서실은 물론이고 국가의 주요 정책에 관여하는 관서나 감찰·간쟁 관서, 연구·고문 관서, 외교 주무 관서 등 국정 운영의 골간이 되는 거의 모든 관서에 춘추관 겸임관을 두었다는 것을 의미한다.

---

374 『세종실록』, 16년 11월 5일(무인). 춘추관에서 교지를 받고 기사를 넓힐 조목을 의논하여 아뢰기를 "…… 무릇 본국 사람으로서 사신으로 나가는 사람은 국가와 군민의 사체에 관계되는 것을, 서장관이 보고 듣는 것을 기록하는 예에 의하여, 처음부터 끝까지 자세히 써서 본관에 바치게 하되 항식으로 삼고 본관으로 하여금 검찰하게 하십시오. ……" 하니, 그대로 따랐다.(春秋館承教旨, 擬議廣記事之條以啓: "…… 凡本國出使人員, 其關國家軍民事體者, 依書狀官聞見事件例, 備書首末, 進呈本館, 以爲恒式. ……" 從之.)

375 『세조실록』, 3년 7월 8일(기사). 임금이 웃으면서 말하기를 "주서와 사관이 진수의 일도 기록하지 못하는데, 어찌 나의 일을 기록할 수 있겠는가?" 하니, 강맹경이 말하기를 "신이 일찍이 주서가 되어 일기만을 맡아서 썼는데, 춘추의 직무를 띠지 않았기 때문에 시사를 따로 기록하지 못하였습니다." 하였다. 임금이 말하기를 "이제부터 주서가 춘추의 직무를 겸임하게 하여 이를 모두 기록하도록 하라." 하였다.(上笑曰: "注書·史官不能記陳壽之事, 焉能記予之事?" 孟卿曰: "臣嘗爲注書, 只掌書日記, 非職兼春秋, 未能別記時事." 上曰: "自今注書職兼春秋, 令悉記之"); 『세조실록』, 3년 7월 16일(정축). 주서 양순석·하한근을 겸 춘추관 기사관으로 삼았는데, 주서가 춘추관의 직을 겸한 것이 이때부터 시작되었다.(注書梁順石·河漢根兼春秋館記事官. 注書兼春秋始於此.)

그런데 이상의 겸임사관은 모두 기사를 넓히기 위해 확대한 인원이었다. 겸임사관을 검토할 때는 시공간적으로 분리된 기사와 편찬의 두 측면에서 고려해야 함을 지적한 바 있지만, 지금까지 살펴본 조선 초기 겸임사관의 확대는 기사사관으로서 겸임사관의 확대였다.

2) 『경국대전』에 규정된 겸임사관

『경국대전』의 춘추관 겸임 규정은 기사를 담당하는 해당 관서의 관직을 명시한 것으로, 조선 초기 '관직에 따른' 겸임사관제도가 확립되었음을 보여준다.[376] 이러한 흐름을 토대로 『경국대전』에 규정된 춘추관 겸임사관의 의미를 알아보자.

『경국대전』을 완성하기 전후에 편찬된 『세조실록』 및 『성종실록』의 편찬관과 『경국대전』의 춘추관 겸임 규정을 확인함으로써 좀 더 명확해질 것이다. 먼저 『경국대전』에 규정된 관서와 관직, 그리고 관원의 숫자를 살펴보자. 기존 연구에서는 겸임 관서에 대해서는 일치하지만 관직이나 관원의 숫자에 대해서는 이견이 많다. 관원 숫자의 경우에 80명,[377] 56명,[378] 59명,[379] 52명[380] 등으로 보고 있어 편차가 심한 편이다. 왜 이런 편차가 생겼을까? 이는 일차적으로 『경국대전』의 겸임 규정에 대한 해석의 차이에서 기인한다. 『경국대

---

376 오항녕, 『한국 사관제도 성립사』, 일지사, 2009, 226~231쪽.

377 申奭鎬, 「『朝鮮王朝實錄』의 編纂과 保管」, 『韓國의 名著』, 현암사, 1969; 癡菴申奭鎬先生全集刊行委員會 編, 『申奭鎬全集(上)』, 신서원, 1996, 428쪽.

378 韓沽劤, 「朝鮮前期 史官과 實錄編纂에 관한 연구」, 『震檀學報』 66, 1988, 84쪽.

379 李迎春, 「朝鮮時代의 兼職 制度」, 『淸溪史學』 4, 1987, 110쪽.

380 金慶洙, 「朝鮮 中宗代의 史官研究」, 충남대학교 박사학위논문, 1996, 13쪽.

전』의 춘추관 겸임 규정은 다음과 같다.

> 모두 문관으로 임명하며 다른 관서의 관원이 겸한다. 수찬관 이하는 승정
> 원(전원 8명), 홍문관 부제학 이하(17명), 의정부 사인·검상(3명), 예문관 봉교
> 이하(8명) 및 시강원 당하관 2명, 사헌부 집의 이하(29명), 사간원·승문원·
> 종부시·육조 당하관(즉 6품 이상) 각 1명이 겸한다.
> 並用文官, 以他官兼. 修撰官以下, 以承政院, 弘文館副提學以下, 議政
> 府舍人·檢詳, 藝文館奉教以下及侍講院堂下官二員, 司憲府執義以下,
> 司諫院·承文院·宗簿寺·六曹堂下官, 各一員兼.[381]

위의 규정에서 우선 문제가 되는 것은 '사헌부 집의 이하'라는 구절이다.
'사헌부 집의 이하'에 감찰監察이 포함된다면 6승지 이하 겸임사관 76명에 동
지관사 이상 7명을 더하여 춘추관 겸임사관의 대상은 모두 83명이 된다. 필
자는 사헌부 감찰도 겸임사관에 해당하는 관직이라고 본다. 연산군 때 유자
광柳子光의 아들 유방柳房이 춘추관 기사관을 겸직하게 될 때 정언 홍숙洪淑
의 논계를 받았는데, 이조에서는 유방이 이전에 감찰을 지냈으므로 사관으로
추천했다고 변명했다.[382]

『경국대전』의 규정을 두고 학자들 사이에서는 해석이 분분하다.[383] 신석

381 『經國大典』「吏典」, '京官職 春秋館', 조선총독부, 경인문화사 영인본, 59~60쪽. 『역주
    경국대전 번역편譯註經國大典 飜譯篇』의 해석도 같다.

382 『연산군일기』, 9년 1월 2일(경오).

383 스에마쓰 야스카즈末松保和는 춘추관 겸임관의 수를 셈하지는 않았지만 승정원 주서
    를 춘추관 겸임관에서 제외했으므로 겸임 관원 수를 달리 헤아릴 것은 자명하다. 末
    松保和,「李朝實錄考略」(1958),『靑丘史草』, 笠井出版社, 1969, 284쪽.

호는 홍문관 정자를 4명으로 보는 오류를 범했으며,[384] 또한 사간원·승문원·종부시의 관원 전원을 포함시켰다. 한우근도 겸임 관직인 제학 이상을 포함하여 홍문관 전원(20명)이 춘추관 겸임이라고 해석하는 오류를 비롯하여 사간원에 2명의 겸춘추가 있다고 했는데, 무슨 근거인지 모르겠다. 김경수도 사간원 사간과 정언을 겸춘추로 파악했을 뿐 아니라 육조의 좌랑과 종부시 주부 등을 구체적으로 지목하여 겸춘추라 했는데,[385] 역시 어떤 근거인지 알수 없다. 그는 사간을 겸춘추에 포함한 이유에 대해 세종 16년(1434)의 규정에 따른 것이라고 했는데, 그 논지가 성립하려면 양자를 전체적으로 비교해야 한다. 즉, 세종 16년에 12관서 24명(한림 제외)이 『경국대전』 춘추관 규정과 차이가 나는 이유를 설명해야 하는 것이다. 이 또한 하나의 연구 주제가될 터이지만, 필자가 판단하기에 세종 16년 관서와 관직을 중심으로 겸임사관제도가 자리 잡히고, 동시에 해당 관서가 정비됨에 따라 『경국대전』의 겸임 규정으로 귀결되었다고 보는 것이 타당하다. 세종 16년의 겸임사관 규정을 통해 『경국대전』을 해석하는 것은 오류이기 쉽다.

〈표 13〉에 정리한 『경국대전』의 춘추관 관직 규정은 다음과 같이 요약할수 있다. 첫째, 『경국대전』에 규정된 춘추관 겸임 관서는 승정원·홍문관·의정부·시강원·사헌부·사간원·승문원·종부시·육조·예문관 등 모두 15관서이다(지사·동지사는 관서가 확정되지 않았으므로 제외했다). 둘째, 『경국대전』에 규정된 겸임 관직은 43관직이다(지사·동지사는 관직이 확정되지 않았으므로 제외했고, 6

---

384 또한 신석호는 시강원 사서司書(정6품)·설서說書(정7품)를 춘추관 겸임관에 포함했는데, 『경국대전』에는 '당하관 이하'라고 되어 있다. 용례상 '당하관 이하'란 곧 '참상관 이상'이라는 말인데, 그렇다면 설서는 포함되지 않는다.

385 김경수, 「조선 후기 이담명의 「注書日記」에 대한 연구」, 『한국사학사학보』 12, 2005.

승지·6조는 각각 따로 셈하였다. 사헌부 감찰을 제외하면 42관직이다). 셋째, 『경국대전』에 따른 겸임 관원은 동지사 이상 7명을 포함하여 최대 83명이다(사헌부 감찰을 제외하면 59명이다).

〈표 13〉에서 실록 편찬관 중 밑줄 친 관직은 『경국대전』의 춘추관 겸임 규정에는 없지만 편찬사관으로 실록 편찬에 참여했다. 이런 상황을 이해하기 위해서는 겸임사관 중에도 기사사관과 편찬사관이 다를 수 있음을 전제로 해야 한다. 즉, 세종 16년 관직 중심으로 춘추관 겸임사관직을 늘릴 때의 대상은 다름 아닌 기사사관이었으며, 『경국대전』의 규정은 바로 그 연장에서 기사를 담당하는 겸임사관의 관제를 규정했던 것이다.

또한 실록청을 두어 실록 편찬관을 임명할 때는 『경국대전』의 춘추관 겸임사관을 기준으로 삼되 관서의 업무나 편찬에 참여할 인원을 고려하여 조정했다. 이는 역으로 『경국대전』에는 겸임사관으로 되어 있지만 실록 편찬관 명단에는 발견되지 않는 사실로 확인할 수 있다. 예컨대 『경국대전』에서 춘추관 수찬관인 승지는 실제 실록 편찬관 명단에는 발견되지 않는다. 승지는 겸임사관이되 편찬에는 참여하지 않았던 것이다.[386] 국왕의 비서인 까닭에 자리를 비우고 실록 편찬에 참여할 수 없었을 것이다. 그러므로 승지는 겸임사관(겸춘추)이면서 기사사관만 맡았던 셈이다. 그 대표적인 사례가 태종 9년(1409)부터 13년(1413) 11월 파직될 때까지 대언代言(승지)과 지신사知申事(도승지)를 역임한 김여지金汝知이다. 그는 『태종실록』이 편찬될 때 자신이 태종 8년 10월부터 13년 11월까지 작성한 사초 중 잘못 쓴 곳이 있다면서 춘추관에 납부했던 것을 돌려받은 일이 있다. 이 시기는 그가 대언·지신사를 역임했던 시기와 일치한다. 또 같은 날의 기사에 따르면 병조 판서 조말생趙末生

---

386 『성종실록』, 2년 12월 18일(을유).

구분	『경국대전』의 춘추관 규정		『세조실록』 찬수관	『성종실록』 찬수관
정1품	영사 1	영의정	영의정, 병조 판서	영의정
	감사 2	좌·우의정	좌의정	좌의정, 우의정
종1품				
정2품	지사2		판돈녕부사, 지중추부사	좌·우찬성, 좌·우참찬, 지중추부사
종2품	동지사2		예조 판서, 동지중추부사, 공조 참판, 형조 참판, 의흥위호군義興衛護軍	공조 참판, 예조 참판, 병조 참판, 동지중추부사, 한성 좌윤
정3품	수찬관	승지 6 부제학 1	예문관 부제학, 충무위사직忠武衛司直	
	편수관	직제학 1	예문관 직제학, 좌통례左通禮, 장악원 정掌樂院正	홍문관 직제학, 종부시 정宗簿寺正, 장악원 정, 수상의원 정守尙衣院正
종3품	편수관	전한 1 집의 1	사헌부 집의, 예문관 전한, 사간원 사간, 승정원 참교, 사섬시 부정司贍寺副正	사헌부 집의, 홍문관 전한, 성균관 사성
정4품	편수관	응교 1 사인 2 장령 2	당하관: 시강원 2 사간원 1 승문원 1 종부시 1 육조 6	예문관 응교, 의정부 사인, 성균관 사예成均館司藝, 사헌부 장령	종친부 전첨宗親府典籤, 의정부 사인, 홍문관 응교, 통례원 봉례通禮院奉禮
종4품	편수관	부응교 1		봉상시 첨정, 예문관 부응교	승문원 교감, 군기시 첨정, 승문원 교감, 홍문관 부응교, 사섬시 첨정, 군기시 첨정
정5품	기주관	교리 2 검상 1 지평 2		예문관 교리, 예조 정랑, 세자시강문학, 형조 정랑, 의정부 검상	공조 정랑, 홍문관 교리, 병조 정랑, 예조 정랑
종5품	기주관	부교리 2		예문관 부교리(성균관 전적)	홍문관 부교리, 충익부 도사忠翊府都事

정6품	기사관	수찬 2 감찰 24		예문관 수찬, 병조 좌랑, 공조 좌랑, 형조 좌랑, 사 헌부 감찰	이조 좌랑, 사헌부 감 찰, 예조 좌랑, 홍문관 수찬, 공조 좌랑, 성균 관 전적, 승문원 교검
종6품	기사관	부수찬 2		예문관 부수찬	홍문관 부수찬, 충좌 부사과忠佐副司果
정7품	기사관	박사 1 봉교 2 주서 2		승정원 주서	승문원 박사, 홍문관 박사
종7품					
정8품	기사관	저작 1 대교 2			
정9품	기사관	정자 2 검열 4			홍문관 정자
종9품	기사관				교서관 부정자

* 밑줄 친 관직은 『경국대전』 규정에는 나타나지 않는다.

도 변계량에게 부탁하여 사초를 고쳤다고 했는데, 그 역시 김여지에 이어 태종대 지신사를 지낸 인물이다.[387]

 승지가 편찬관으로 실록 편찬에 직접적으로 참여하지는 않았지만 진행 상황을 점검하여 국왕에게 보고하는 등의 일을 맡아보며 기여했으리라는 점은 충분히 짐작할 수 있다. 또 『승정원일기』의 작성 등 사관의 임무를 지속적으로 수행하고 있었으므로 간접적으로 실록 편찬에 기여했던 셈이다. 그래서인지 승지가 실록 편찬관에 등재되지는 않았지만 실록 편찬 후 논상論賞에는

---

387 『세종실록』, 6년 12월 20일(신유).

포함되는 사례를 발견할 수 있다.[388]

결국 『경국대전』의 춘추관 겸임 규정은, 동지관사 등 2품 이상 겸임사관은 편찬 책임관이며 도승지 이하는 기사를 담당하는 겸임사관의 범위를 밝히고 있는 것이다. 물론 〈표 13〉에서 확인하듯이 『경국대전』의 규정과 실제 실록 편찬관의 관직에 큰 차이가 있는 것은 아니므로 기사사관과 편찬사관(편찬관)을 과도하게 의식할 필요는 없다. 다만 그렇다 해도 차이가 있음은 분명하며, 그 이유는 관직의 특성이나 실록을 편찬할 무렵의 인원에 따라 실록 편찬관을 조정했기 때문이다.

사관에 대한 『경국대전』의 규정이 갖는 의미는 다른 데도 있다. 그것은 고려 후기 이래 사관제도 발달사의 정리이며, 기록과 편찬이라는 사관의 직능에 대한 조선 나름의 해결 방안을 포괄적으로 담고 있는 것이다. 즉, 승정원과 홍문관의 관원은 근시관近侍官이기도 하고, 관원 모두 춘추관 겸임사관이기도 하다. 또한 이들이 작성하는 『승정원일기』와 『경연일기』는 한림의 사초와 함께 실록 편찬의 가장 중요한 자료가 되었다. 좀 더 거시적으로 보면 예문관 참외관을 전임사관으로 삼는 한편, 관직을 중심으로 겸임사관을 배치하여 국사의 기록에 만전을 기했다. 실록의 편찬 방식도 기사와 편찬의 주체를 일치시키는 방향으로 정리되어갔다. 이 같은 조선 초기 사관제도의 발달 과정이 『경국대전』 규정에 나타나 있다.

---

388 『세조실록』 편찬이 끝난 뒤 도승지 정효상鄭孝常과 좌부 승지 김순명金順命에게도 상이 내려졌다. 『성종실록』, 2년 12월 18일(을유).

2. 겸임사관: 편찬

1) 편찬 주체 논쟁

『태조실록』 편찬 논쟁

기록은 통상 편찬을 수반하고, '사초'라는 형식으로 기록된 역사의 경우는 특히 수집과 편찬을 전제로 작성한다. 따라서 편찬은 매우 중요한 영역이다. 기사 영역의 겸임사관에 대한 검토에 이어 편찬 영역의 겸임사관을 살펴보아야 하는 이유다. 더욱이 기전체 정사와 달리 당대사인 실록은 기록자와 편찬자가 다르다는 점이 적지 않은 문제를 던져준다. 정사는 기사 주체와 편찬 주체가 비록 다르더라도 기사와 편찬 사이에 시차가 있기 때문에 기록자와 편찬자가 갈등을 겪을 여지가 거의 없다. 길게는 수백 년의 시차가 나기도 하며, 왕조도 이미 바뀐 상황이기 때문에 서로의 이해관계가 얽힐 가능성도 적다.

중국 당나라에서 『고종실록』을 편찬하면서 시작된 실록 편찬은 사학사적으로 '당대사當代史'의 성립이라는 의의를 가진다. 이전에는 국가 차원에서 한 국왕의 재위 기간을 기준으로 편찬하는 역사서가 없었다. 사관이 입시하여 기록한 시사時事, 정책과 인물에 대한 평가(포폄)·견문, 승정원 사무실에서 전교나 상서·상소·계사 등을 등서한 기록, 그리고 겸춘추 관서인 홍문관(집현전)과 승정원의 『경연일기』·『승정원일기』, 그 밖의 제사諸司 공보供報 문서 등을 수합하여 이루어진 편찬 사업이 실록 편찬이었다. 실록은 기록자와 편찬자가 동시대에 존재할 가능성이 매우 높다. 역세易世 이후, 곧 국왕이 승하한 뒤 실록을 편찬한다고 해도 그 국왕 재위시의 신료가 살아 있는 한 언제든지 편찬 과정에서 갈등이 표면화될 여지가 있었다. 이러한 실록 편찬의 특

성을 염두에 두고 겸임사관의 실제를 알아보도록 하자.[389]

조선시대에 들어와 처음 실록이 편찬된 것은 태종 9년(1409)으로, 태종이 영춘추관사 하륜河崙에게 『태조실록』의 편찬을 명하면서다. 이에 하륜은 '장무사관掌務史官'에게 임신년(태종 원년, 1392)부터 경진년(정종 2년, 1400)까지 작성된 사관의 사초를 서울은 10월 보름까지, 외방은 11월 초하루까지 수납하라고 지시했다. 『태조실록』과 『정종실록』을 함께 편찬하려는 생각이었다.[390] 지춘추관사 유관柳觀과 동지춘추관사 변계량卞季良은 편수사목編修事目을 논의했다. 그러나 기사관들을 중심으로 『태조실록』 편찬을 반대하고 나서면서 영춘추관사 하륜과 논쟁이 벌어졌다.

> 기사관들이 말하기를 "고사를 보면 실록은 모두 3대가 지난 뒤에 만들어졌습니다. 고려시대에도 그러했습니다. 『태조실록』을 어찌 지금 편찬하려고 합니까? 왜 본관에서는 편찬을 그만두도록 상소하지 않습니까?" 하니 …… 하륜이 말하기를 "상소를 올리려거든 옛 법을 살펴보시오. 고사에도 마찬가지로 대를 이은 임금 때 편찬했소이다. ……"
>
> 기사관들이 말하기를 "태조의 옛 신하가 태조의 실록을 편찬한다면 후세의 의논이 어떻게 여기겠습니까?" 하니, 하륜이 얼굴색이 변하면서 말하기를 "태조의 일을 한때의 사관이 어떻게 모두 기록할 수 있겠소? 그들의 기록을 실상의 전부라 할 수는 없소. 또 노성한 신하가 살아 있을 때 본말을 기록하여 실록을 완성하는 것이 옳은 일이오. 지금 대간도 사람의 죄과

---

389 오항녕, 『한국 사관제도 성립사』, 일지사, 2009, '제Ⅳ장. 2) 실록 편찬의 공적 구조' 참고.

390 이때 정종대의 사초를 거두어들였지만 『정종실록』은 『태조실록』과 함께 편찬되지 않고 정종이 승하한 뒤인 세종 5년(1423)부터 편찬이 시작되었다.

를 꺼리지 않고 논하는데 하물며 서법을 통해 사람을 포폄하는 일이겠는
가? ……"하였다.

記事官等告曰: "竊觀古史, 皆成於三世之後, 在前朝亦然, 『太祖實錄』,
豈宜編於今日乎? 本館盍上疏請止之?"…… 崙曰: "若欲疏請, 必稽古法,
古史亦皆成於嗣君之時. ……" 記事官等曰: "以太祖之舊臣, 撰太祖之
實錄, 後世之議, 以爲何如?" 崙作色曰: "太祖之事, 一時史官, 豈能備記?
不足取以爲實, 宜及老成之臣未亡之日, 備記本末, 勒成實錄, 是可爲也.
今臺諫之臣, 有不諱言人罪過, 況以書法褒貶人乎? ……"[391]

기사관, 곧 예문관 참외관들은 3대三代가 지나야 실록을 편찬할 수 있다
고 했고, 하륜은 태조대의 일을 잘 아는 신하가 살아 있을 때 편찬해야 실록
의 내용이 갖춰질 수 있다고 반박했다. 원래 실록은 3대가 지나야 만들고 고
려시대에도 그랬다는 참외관들의 논거는 사실이 아니다. 오히려 대를 이은
임금(사왕嗣王) 때 실록이 편찬되었다고 한 하륜의 말이 정확하다.

참외관들이 우려한 문제는 하륜 등 당대의 재상들이 『태조실록』 편찬에
참여하는 일이었다. 그들은 태조의 신하가 『태조실록』을 편찬할 경우 곡필이
생길 수 있음을 문제 삼은 것이다. 그때서야 하륜도 참외관들의 의도를 눈치
챈 것 같다.

편찬만 떼어놓고 보면 하륜의 말은 일리가 있다. 하지만 그는 변화하는
시대의 역동성은 깨닫지 못한 듯하다. 그것은 다름 아닌 태조 원년(1392)에
충수찬관 이하 사관들에게 사초를 작성하게 함으로써 기사사관의 기능을 강
화해나가던 추세이다. 특히 태종 원년(1401)에는 예문관 참외관이 춘추관 기

---

391 『태종실록』, 9년 8월 28일(정묘).

사관을 겸하면서 기사의 주체로 발돋움하고 있는 상황이었다. 이런 가운데 기사의 주체와 편찬의 주체가 다를 경우, 그 이원성에 내재한 갈등이 현실로 나타나는 것은 시간문제였다. 더욱이 두 주체가 관직상의 지위와 정치권력에서 현저한 차이가 난다면 두말할 나위도 없다. 그 갈등이 극단적으로 현실화 될 때 '사화史禍'로 나타난다.

며칠 뒤 기사관 송포宋褒가 『서경書經』을 예로 들면서 당시의 일을 당시 사람이 편찬하는 경우는 없다며 다시 상소를 올렸다. 간혹 세대가 가까운데도 편찬했던 경우는 있지만 그 역시 올바른 법도는 아니라고 했다.[392] 송포의 상소가 올라오자 태종은 이 문제를 신중히 검토하겠다고 했다. 예조에서는 사마천司馬遷이 한 무제漢武帝의 기록을 『사기』에 포함한 일을 비롯하여 당唐 ·송宋·원元의 실록 편찬 관례를 조사한 뒤 『태조실록』의 편찬이 타당하다는 의견을 제시했고, 예조의 보고를 들은 태종은 '실록은 당대인의 손에서 편찬 되는 것인데 참외관들이 무슨 근거로 반대하는지 모르겠다'며 의아해했다.[393]

이러한 논란을 겪은 뒤 마침내 사초 수납이 시작되어 이듬해 태종 10년 (1410) 『태조실록』 편찬에 착수했다. 하륜은 앞서 겸춘추로 임명된 직예문관 조말생趙末生·권훈權壎, 정랑 신장申檣·윤회尹准 등을 실록 편찬관에 포함시 키면서 참외관인 8한림 중 낭청으로 2명만 선발하고 나머지는 배제했다.[394]

실록청 관례의 성립
한 국왕의 재위 기간이라는 정치사적 단위를 중심으로 역사를 편찬함으

---

392 『태종실록』, 9년 9월 1일(경오).

393 『태종실록』, 9년 9월 8일(정축); 이 책의 제2부 2장 '4. 실록 의례의 성립' 참고.

394 『태종실록』, 10년 1월 11일(무인).

로써 그 정권의 정책과 정당성을 바로 평가하여 정치와 생활 전반에 긴장감을 높이게 했던 것이 실록 편찬이었다. 당대사 편찬의 가치를 살리는 최선의 방법은 사초의 작성자인 기사사관이 편찬의 주체가 되거나, 그와 유사한 방향으로 편찬 방식이 진화하는 것이다.

변화는 『세종실록』을 편찬할 때 발견된다. 세종대에 역사학에 대한 인식이 깊어지고, 세종 31년(1449) 사초의 관리를 위한 규례가 성립하여 그 작성과 보존의 비밀이 보장되는 흐름이 형성되었다. 『세종실록』 편찬이 시작되자 『태조실록』을 편찬할 때와 똑같은 문제가 제기되었다. 문종 2년(1452) 2월 『세종실록』 편찬이 논의되던 와중에 실록을 감수하는 재상들이 모두 세종대의 대신이므로 사관들이 혹 기피하여 사실을 없앨 수도 있다는 의견이 접수되었다. 문종은 집현전에 실록 편찬의 전례를 찾아보라고 명했다. 집현전에서는 여러 사례와 함께 범조우范祖禹의 『당감唐鑑』에 있는 말을 인용하여 다음과 같이 말했다.

> 범조우가 말하기를 '옛날 역사에 선악을 기록했는데 군주와 재상이 간여하지 않았다. 후세에 와서는 군주가 역사를 꺼내 보고 재상이 감수를 하니 직필을 하고 싶어도 또한 어렵지 않겠는가? 군주가 신하를 믿고 사관직을 맡기며 재상이 역사 편찬 등에 간여하지 않으면 잘잘못에 대한 평가는 믿을 수 있게 된다.' 하였습니다.
> 范祖禹曰: '古者史書善惡, 君相不與焉. 後世人君得以觀史, 而宰相監修, 欲其直筆, 不亦難乎? 人君任臣以職, 而宰相不與史事, 則善惡庶乎其信也.'[395]

---

395 『문종실록』, 2년 2월 2일(병인); 범조우范祖禹, 『당감唐鑑』 권6 太宗4 '臣祖禹曰'.

집현전에서 범조우의 사론에 주목한 이유는 분명하다. 즉, 재상이 역사를 감수하는 것은 군주가 사관이 기록한 역사(실록)를 보는 것과 마찬가지로 사관의 직필을 저해하는 요인이라고 파악했기 때문이다. 문종은 이 문제를 심각하게 받아들여 논의에 부쳤고, 신하들은 첫째, 관청의 문서를 취해 '보감寶鑑'만 편찬하고 사초는 보관해두었다가 당대의 신하들이 죽고 나서 당시의 일에 직접적인 이해관계가 없는 사람들이 편찬하거나, 둘째, 이것이 여의치 않을 경우 재상이 아닌, 다시 말해 관직이 낮은 신료들에게 실록을 편찬하게 하는 방법을 제안했다.[396]

첫 번째 안은 실록 편찬에 해당되지 않음이 태종 9년의 논쟁에서 이미 정리된 바 있다. 게다가 '보감'을 먼저 편찬하고 실록 편찬을 뒤로 미루는 일은 사초의 보관 등 해결하기 어려운 문제점도 있었다. 두 번째 안의 경우, 품계가 낮은 유신儒臣이 실록 편찬을 맡기에는 아직 분위기가 무르익지 않았다.

> 『세종실록』을 편찬하기 시작하였다. 허후·김조·박중림·이계전·정창손·신석조 등이 연대를 나누어 찬수하였다. 황보인·김종서·정인지가 이를 지휘하면서 감수하였다. 이때 사관들이 피하고 꺼려하여 사초를 먹으로 지우고 고친 경우도 있었고, 『승정원일기』만 등서하여 책임을 메우는 경우도 있었다.
>
> 始撰世宗實錄. 許詡·金銚·朴仲林·李季甸·鄭昌孫·辛碩祖等分年撰修; 皇甫仁·金宗瑞·鄭麟趾摠裁監修. 時史官多避忌, 史草或有墨沫塗竄者, 或只謄承政院日記以塞責耳.[397]

---

396 위와 같은 곳.

397 『문종실록』, 2년 2월 22일(병술).

<표 14> 실록 편찬에 참여한 춘추관 관직별 인원

	태조실록	정종실록	태종실록	세종실록	문종실록	세조실록	예종실록	성종실록
편찬 시기	태종 9~13년	세종 5~8년	세종 8~13년	문종 2~단종 2년	단종 1~세조 1년	예종 1~성종 2년	성종 2~3년	연산군 1~5년
영관사 領館事	1			(1)	1	2	2	1
감관사 監館事			1	1(1)		1	1	2
지관사 知館事	(1)	(1)		3	3	2	2	6
동지관사 同知館事	(2)	2	2	1	2	5	3	9
수찬관 修撰官						3	2	
편수관 編修官				4	2	15	8	27
기주관 記注官	(3)		4	23	21	11	9	10
기사관 記事官	(3)		10	24	19	19	17	37

* 실록을 개수한 경우는 감안하지 않았다. 『태조실록』·『정종실록』·『태종실록』은 세종 24년(1442) 9월에 빠진 부분을 보완하도록 했는데, 감관사 신개申槩, 지관사 권제權踶, 동지관사 안지安止 등이 참여했다. 『태종실록』은 이후 세종 30년(1448)에 정인지 등이 다시 개수했고, 문종 원년(1451)에는 '폐왕 우廢王禑'를 '신우辛禑'라고 고쳤다.
* 『태조실록』의 괄호 안 숫자는 태종 10년(1410) 1월 11일(무인) 기사에서 보충한 것이다.
* 『정종실록』의 괄호 안 숫자는 세종 6년(1424) 12월 1일(임인) 및 세종 7년 12월 5일(경오) 기사에서 변계량卞季良을 보충했다.
* 『세종실록』의 괄호 안 숫자는 단종 즉위년(1452) 7월 4일(을미) 기사에서 영관사 황보인皇甫仁과 감관사 김종서金宗瑞를 보충했다.

그럼에도 불구하고 『세종실록』 편찬은 확실히 실록 편찬의 관례에 전환점이 되었다. 사초 관리가 엄격해지고 역사 편찬에 참여할 인적자원이 확보되면서 분년分年 편찬의 방식을 택할 수 있었고, 편찬 과정 중 일어날 법한 사초의 개서改書도 치열한 논의를 거쳐 '개서 불가' 원칙을 견지해나갈 수 있었다.

분년 편찬의 방식을 택했다는 것은 춘추관의 관료 조직을 중심으로 편찬 작업이 전환되고 있음을 보여준다. 이는 〈표 14〉에서 볼 수 있듯이 실록 편찬관의 인원이 『세종실록』 편찬을 기점으로 증가하고 있는 데서도 확인된다. 이러한 일련의 변화는 실록이라는 당대사를 편찬하면서 우려되었던 재상의 자의성 개입 여지가 구조적으로 약화되고 있음을 알려준다. 동시에 춘추관 관료 조직을 통해 가동되는 편찬 방식은, 참외관이라도 사초를 작성하는 전임사관이라는 위상에 힘입어 허드렛일을 하는 낭청이 아닌 실제 편찬을 담당하는 낭청으로 활동할 수 있는 계기를 마련해주었다. 결국 『세종실록』의 분년 편찬은 관직이 낮은 관원으로 하여금 편찬하게 하자는 유신들의 의견과 재상 중심의 편찬이라는 관례가 관료 조직의 틀 내에서 타협을 이룬 편찬 방식이었다.

이와 같은 여러 우여곡절을 거쳐 성종대에 사초를 비롯한 일기류에 대한 관리와 각각의 위상이 정리되고 난 뒤, 『성종실록』이 편찬될 무렵에는 실록 편찬 방식의 대강이 정리되었다. 연산군 4년(1498) 7월, 실록청에서 올린 편찬 방식을 보자.

실록청 당상 어세겸·이극돈·유순·홍귀달·윤효손·허침·안침 등이 상차하기를 "…… 실록을 편찬하는 예는 『승정원일기』, 시정기, 『경연일기』, 각사 등록 등 모을 수 있는 문서는 모두 모아 분년分年·분방分房하여 각 방이 바르게 살펴 편집합니다. 여러 사관들의 사초는 연월일에 따라 전문을 직서하여 각 문서의 사이사이에 기입하되 한마디도 증감하지 않습니다. 편집이 끝나면 도청에 올려 각 방 당상을 불러 편집한 원고를 놓고 거취를 결정합니다. 이때 비록 작은 일이라도 적실하면 그대로 두고, 그렇지 못하면 삭제합니다. 하물며 국가의 대사는 이를 데가 있겠습니까? ……" 하였다.

實錄廳堂上魚世謙·李克墩·柳洵·洪貴達·尹孝孫·許琛·安琛上箚曰: "…… 大抵實錄修撰之例, 『承政院日記』·時政記·『經筵日記』·各司謄錄, 凡可考文書, 悉皆裒集, 分年分房, 使各斤正編緝. 諸臣史草, 隨年月日, 直書全文, 附入其間, 片言隻字不得有所增減. 編成, 上之都廳, 招集各房堂上, 共議去就, 雖事之小者, 的實則存之, 否則削之, 況國家大事乎?……"[398]

이렇듯 『성종실록』을 편찬할 무렵에는 사초의 완전한 보존, 각 방 낭청의 1차 편집, 각 방 당상들의 거듭된 논의라는 편찬 체계가 갖추어졌다.[399] 또 위에서 언급되지는 않았지만 최종적으로 정본正本이 완성되면 편찬을 마치고 세초가 끝났더라도 기록의 누설을 방지하는 장치를 갖춘 실록 편찬 과정과 방식이 정리되었다.[400]

그러나 위의 상차가 있기 전 바로 무오사화(연산군 4년, 1498)가 일어났다는 사실을 상기할 필요가 있다. 정치사적으로 볼 때 무오사화는 사관의 자천제自薦制를 주된 경로로 삼아 등장하던 사림파와 공신 세력 중심의 훈구파가

---

398 『연산군일기』, 4년 7월 21일(을묘).

399 『연산군일기』, 4년 7월 19일(계축).

400 韓㳓劤, 「朝鮮前期 史官과 實錄編纂에 관한 연구」, 『震檀學報』 66, 1988, 112~114쪽.

대립한 사건이다.[401] 이는 실록 편찬 방식과 관련해서도 하나의 과제를 제기했다. 즉, 편찬 과정에서 발생하는 사초 누설의 문제였다. 무오사화가 일어난 직접적인 계기는 이극돈李克墩이 김일손金馹孫의 사초를 발설했기 때문이다. 중종반정(1506) 이후 이 사건을 거울삼아, 사초를 누설하여 사화를 일으킨 이극돈의 죄를 묻는 논의에 이어 사국의 일을 누설한 자는 엄벌에 처하는 법을 정하였다.[402]

예문관 참외관을 중심으로 전임사관제도가 자리를 잡으면서 재상 중심의 편찬 방식과 갈등을 빚었던 조선 초기 실록 편찬 방식은 해결의 실마리를 찾았다. 전임사관으로서 한림의 위상이 높아지자 그들이 작성한 사초를 제서制書와 마찬가지로 보호하고 비밀을 보장함으로써 혹여 편찬 과정 중 생길지도 모르는 사초의 왜곡과 개서 가능성을 차단했다. 이를 바탕으로 관직 중심의 겸임사관제도가 확립된 춘추관 조직을 통해 분년·분방하여 편찬하되 각 방의 낭청이 일차로 편집하고, 그것을 토대로 당상관과 낭청이 편집의 타당성을 검토했다. 이렇듯 공적 편찬 관례의 성립은 실록 편찬 시 기사 주체와 편찬 주체가 다르기 때문에 생길 수 있는 갈등의 소지를 최소화하고 사관의 직서를 보장해주었다.

2) 실록청의 겸임사관

『현종실록』의 편찬사관

조선 전기, 대체로 『성종실록』 편찬 무렵에 실록을 실록청이라는 춘추관

401　車長燮, 「史官을 통해 본 朝鮮前期 士林派」, 『慶北史學』 8, 1985, 9~12쪽.

402　『중종실록』, 2년 6월 17일(기축).

소속의 임시 기구에서 편찬하는 제도가 정착되었다. 이제 사례를 통해 실록청 겸임사관의 실제 모습을 살펴보기로 하자.

먼저 『현종실록』 편찬 때의 겸임사관에 대해 살펴보겠다. 『현종실록』은 조선 제18대 국왕 현종의 재위 기간(1659년 5월~1674년 8월) 16년의 역사를 기록한 편찬물이다. 정식 이름은 『현종순문숙무경인창효대왕실록顯宗純文肅武敬仁彰孝大王實錄』으로, 모두 22권으로 간행되었다.

『세종실록』을 편찬할 무렵부터 실록은 국왕의 상례, 즉 흉례 중 졸곡이 끝남과 동시에 편찬이 시작되었다. 상중이지만 국정을 처리해야 하기 때문에 평복으로 갈아입는 절차인 졸곡은 대개 죽은 지 석 달 전후의 시점에 이루어졌다. 현종은 재위 15년 되던 해(1674) 8월 18일 승하했으니, 시간을 계산해보면 현종에 대한 졸곡은 숙종 즉위년(1674) 11월~12월에 치러야 한다. 실제로 숙종은 12월 25일 효경전에서 졸곡을 행하였다. 당시 영의정 허적許積은 숙종에게 졸곡이 이미 지났으니 서무에도 유의해야 하고 강학講學이 급하다고 말했다. 이쯤에서 나오게 마련인 춘추관의 계, 즉 실록청을 설치하자는 계는 올라오지 않았다. 아마 기록 누락일 듯싶다. 드디어 이듬해(1675) 5월에 이르러 실록 편찬이 시작되었다.

실록 편찬이 이렇게 늦어진 이유는 현종 후반부터 시작된 정계 개편 때문이었다. 특히 갑인예송, 삼복三福[403]이라는 종친 세력의 정치 개입, 숙종의 즉위라는 변수가 맞물리면서 정계가 흔들렸고, 이 한복판에서 실록 편찬이 시작되었다.

---

403 삼복이란 인조의 셋째 아들인 인평대군의 세 아들로서, 복창군福昌君 이정李楨, 복선군福善君 이남李柟, 복평군福平君 이연李㮚을 가리킨다. 인조의 손자들이자 숙종에게는 5촌 당숙이다. 남인의 영수인 영의정 허적의 서자 허견許堅과 함께 역모를 꾀한 죄로 숙종 6년(1680) 경신대출척 때 처형되었다.

숙종 원년(1675) 5월 16일 대제학에 김석주金錫胄를 임명하여 실록 편찬을 위한 실질적인 총책임자를 정한 뒤 총재관으로 영의정 허적을 임명했으며, 실록청을 도청과 3방으로 나누고 각 방에 당상과 낭청을 임명했다.[404] 박세당朴世堂이나 김만중金萬重 등 일부 서인이 눈에 띄기는 하지만 대체로 총재관 허적을 비롯하여 남인 중심으로 실록청이 구성되었다. 이는 갑인예송으로 인해 서인의 입지가 좁아지던 시기였기 때문이다. 총재관으로 임명된 허적은 그 직임을 맡지 않고 사퇴했는데, 이는 당시 좌의정 김수항金壽恒이 주문主文, 즉 대제학을 지냈기 때문이었다. 대제학을 지낸 의정議政이 총재관을 맡아야 한다는 뜻이었다. 그러나 숙종은 허적의 사직을 받아들이지 않았다.[405]

실록청 관원이 정해진 뒤에는 응행사목應行事目을 확정했다. 약 보름에 걸쳐 시정기를 산절刪節한 뒤, 8월 12일에 1방 당상과 낭청은 줄이고 분판粉板·등록謄錄 낭청 15명을 차출했다. 그러나 편찬 작업은 계속 늦춰졌다. 숙종 2년(1676) 5월 16일 현재, 아직도 현종 즉위년(1659)의 초고밖에 만들지 못했다. 이후 더디기는 했지만 인출이 진행되어 숙종 3년 9월에 『현종실록』이 완성되었다. 9월 9일에는 사고로 옮기기에 앞서 춘추관 실록각에 임시로 봉안했다. 나머지 시정기는 세초를 했고, 세초가 끝난 종이는 호조에서 거두어갔다.[406] 곧이어 관례대로 실록 총재관 이하에게 차등 있게 상이 내려졌다.

의궤에 기초하여 실록청의 편찬을 담당했던 겸임사관의 명단과 근무 일자(사일仕日)를 정리하면 다음과 같다. 총재관은 허적이 맡았다가, 숙종 3년

---

404 『숙종실록』, 1년 5월 16일(갑술). 같은 날 승정원에서는 총재관을 차출하라는 계를 올렸다. 『현종대왕실록찬수청의궤顯宗大王實錄纂修廳儀軌』(장서각 2-3795) 이하 특별한 참고 표시가 없는 경우, 『현종실록』 편찬 과정에 대한 서술은 이 의궤에 따른 것이다.

405 『숙종실록』, 1년 5월 21일(기묘).

406 『숙종실록』, 3년 9월 11일(을유).

(1677) 5월 10일 좌의정 권대운權大運으로 교체되었다.

도청都廳

● 당상

병조 판서(홍문관)	김석주金錫胄	99일
호조 판서(홍문관)	오시수吳始壽	81일
이조 판서(홍문관)	민점閔點	392일
좌참찬(홍문관)	홍우원洪宇遠	391일(도청 366일/1방 당상 25일)
형조 참판(사헌부)	이관징李觀徵	216일(도청 203일/3방 당상 23일)
예조 참판(홍문관)	이당규李堂揆	110일

● 낭청

홍문관 응교(정4품)	유명현柳命賢	369일
홍문관 응교	강석빈姜碩賓	177일
사헌부 집의(종3품)	이항李沆	95일(도청 61일/3방 낭청 34일)
홍문관 응교	이옥李沃	40일
홍문관 부응교(종4품)	유하익俞夏益	361일(도청 283일/1방 낭청 78일)
의정부 사인(정4품)	권유權愈	47일
홍문관 교리(정5품)	목창명睦昌明	226일(도청 215일/1방 낭청 11일)
홍문관 교리	목임유睦林儒	261일
홍문관 교리	이담명李耼命	174일
이조 좌랑(정6품)	오시대吳始大	237일
예문관 봉교	최석정崔錫鼎	137일(도청 94일/1방 낭청 43일)

실록청 도청에서는 사초 등 편찬 자료의 산삭 결과를 감수하는 역할을 맡

았다. 의궤에 기록된 관원의 직임은 현직, 즉 편찬에 참여하던 시기의 관직이다. 김석주를 비롯한 도청 당상관의 전원은 『경국대전』에 규정된 기사사관을 거친 사람들이었다. 문과급제자임은 말할 필요도 없다. 그뿐만 아니라 유명현을 비롯한 낭청 역시 응교, 집의, 부응교, 교리, 사인, 좌랑 등 모두 현직으로서 기사사관을 예겸하고 있는 인물이었다.

1방

● 당상

호조 판서(홍문관)	오정위吳挺緯	18일
도승지(사헌부)	이홍연李弘淵	13일
호조 참판(예문관)	홍처대洪處大	9일
한성부 좌윤(예문관)	윤심尹深	41일

● 낭청

종부시 정(정3품)(사헌부)	이수만李壽曼	53일
부응교(종4품)	이하진李夏鎭	2일
사헌부 지평(정5품)(홍문관)	권해權瑎	28일
부수찬(종6품)	유명천柳命天	27일
부사직(종5품)(사헌부)	윤지선尹趾善	15일

1방 역시 도청과 크게 다르지 않다. 전원 문과급제자이며, 오정위를 비롯한 당상관은 모두 기사사관을 거친 인물이었다. 이홍연은 사헌부를 거쳤고, 현직인 도승지 역시 『경국대전』에 기사사관을 예겸하게 되어 있다. 홍처대와 윤심은 예문관 한림을 지낸 경력이 있다.

낭청은 부응교 이하진과 부수찬 유명천처럼 현직 기사사관을 겸하고 있거나 이수만처럼 기사사관을 거친 인물이다. 지평 권해는 현직도 기사사관을 겸하지만 이미 홍문관에서 기사사관을 겸한 경력도 있다. 윤지선은 당시 관직이 없어 군직軍職인 부사직에 임명되어 실록청에 들어왔지만, 이전에 기사사관을 예겸하는 사헌부 지평을 역임한 경력이 있다.

이런 양상은 2방이나 3방 모두 동일하다. 당상관은 문과급제자로서 기사사관을 역임한 경력이 있으며, 낭청 역시 문과급제자로서 현재 기사사관을 겸임하고 있거나 역임한 적이 있는 인물이었다.

2방

● 당상

좌참찬(사헌부)	민희閔熙	29일
한성부 판윤(예문관)	김우형金宇亨	17일
도승지(홍문관)	목내선睦來善	27일
좌승지(홍문관)	정석鄭晳	36일

● 낭청

사헌부 집의(종3품)	오정창吳挺昌	15일
군자감 정(정3품)(사헌부)	곽제화郭齊華	17일
병조 정랑(정5품)(사헌부)	이덕주李德周	34일
성균관 직강(종4품)(홍문관)	이일정李日井	58일
사간원 정언(정6품)(홍문관)	권환權瑍	24일

3방

● 당상

이조 판서(예문관)	김휘金徽	16일

대사헌(사헌부)	이무李袤	24일
호조 참의(사헌부)	이우정李宇鼎	30일

● **낭청**

사헌부 장령(정4품)	조사기趙嗣基	10일
사헌부 장령	임상원任相元	46일
사헌부 장령	김환金奐	42일
사간원 정언(정6품)(주서)	이수경李壽慶	26일
이조 좌랑(홍문관)	오시복吳始復	51일
부사과(종6품)(홍문관)	이유李濡	17일

등록 낭청

군자감 정(정3품)(주서, 사헌부)	유성삼柳星三	72일
성균관 사예(정4품)(감찰)	유정휘柳挺輝	43일
성균관 사예(주서)	김두명金斗明	29일
병조 정랑(정5품)(주서)	이국화李國華	93일
병조 정랑(주서)	이후정李后定	85일
병조 정랑(주서)	유하겸俞夏謙	66일
사간원 정언(정6품)(주서)	박진규朴鎭圭	76일
전 정언(주서)	심벌沈橃	82일
병조 좌랑(주서)	이명은李命殷	81일
병조 좌랑(주서)	이정만李挺晚	61일
병조 좌랑(주서)	김원섭金元燮	49일
성균관 전적(정6품)(주서)	정환鄭煥	81일
봉상시 직장(정7품)(주서)	성석신成碩藎	53일

승문원 박사(정7품)(주서)	권규權珪	85일
승문원 정자(정9품)(주서)	박경후朴慶後	68일
승문원 정자(주서)	안여악安如岳	9일
승문원 정자(주서)	이태구李泰龜	18일
승문원 정자(주서)	강선姜銑	66일
성균관 학정(정9품)(주서)	이세익李世益	8일
부사과(종6품)(주서)	유수방柳壽芳	58일

　등록 낭청도 2방이나 3방과 마찬가지로 문과급제자이자 전원 현직 기사 사관 또는 기사사관을 역임한 경력이 있는 인물이라는 점에서는 차이가 없다. 다만 이들은 산절한 편찬 자료를 정서正書하는 역할을 맡은 만큼 다수 배정되었고, 특히 유정휘 한 명을 제외하고 나머지 인원은 모두 승정원 주서를 역임한 바 있다. 주서는 승정원의 전교축傳教軸 작성을 해본 경험이 있기에 실록청 등록 업무에 적합했던 것으로 보인다.

　춘추관에 임시로 설치된 실록청은 전원이 겸관으로 구성되어 있었다. 그러므로 실록청에서 근무하다가도 본직의 상황에 따라 복귀하거나 다른 관직으로 이동하는 경우가 잦았다. 〈표 15〉는 『현종실록』을 편찬했던 실록청 당상 및 낭청의 연인원과 평균 근무 날짜를 정리한 것이다.

　『현종실록』 실록청의 당상과 낭청이 근무한 일수를 살펴보면 당상 김석주를 비롯하여 도청 관원의 평균 근무 날짜가 1·2·3방에 비하여 10배가량 압도적으로 많다. 이는 도청 낭청 유명현 등의 경우도 마찬가지여서 1·2·3방보다 훨씬 많다. 제일 인원이 많은 곳은 등록청이며, 등록 낭청의 근무 날짜도 1·2·3방보다 많았다. 도청 낭청의 인원과 근무 날짜가 많은 까닭은 1·2·3방에서 사초 등의 산삭刪削을 마친 뒤 도청 낭청을 중심으로 감수가 이

	당상	낭청
도청	6명 (1,289일/평균 214일)	11명 (2,124일/평균 193일)
1방	4명 (81일/평균 20일)	5명 (125일/평균 25일)
2방	4명 (109일/평균 27일)	5명 (148일/평균 30일)
3방	3명 (70일/평균 23일)	6명 (192일/평균 32일)
등록청		20명 (1,183일/평균 59일)
합계	17명 (1,549일/평균 91일)	47명 (3,772일/평균 80일)

* 인원은 연인원이다. 근무 날짜는 최종 근무지에 합산했다.

* 근무 날짜는 소수점 이하 사사오입했다.

루어졌고, 이후의 중초·정초 과정은 등록 낭청을 중심으로 이루어졌기 때문
으로 짐작된다.

『영조실록』의 편찬사관

실록청에서 일하는 관원이 모두 겸임 관직이라는 제도적 한계를 갖고 있
기 때문에, 가급적 오래 근무하게 하면서 편찬 업무를 맡기려고 해도 그럴
수가 없었다. 『영조실록』 실록청의 사례를 통해 편찬사관 운영의 실제를 살
펴보기로 하겠다. 먼저, 『영종대왕실록청의궤』의 기사를 보자.[407]

정유년(정조 1년, 1777) 6월 초10일

춘추관 낭청이 총재관의 뜻으로 보고하기를 "신이 춘추관 당상들과 회의
하여 실록을 찬수할 당상과 낭청을 별도 단자(別單)에 적어 보고하였습니
다. 담당 관청으로 하여금 사례에 따라 겸춘추도 아울러 계하하여 거행할

---

407 오항녕 옮김, 『국역 영종대왕실록청의궤(상)』, 민족문화추진회, 2007.

근거로 삼는 것이 어떻겠습니까." 하니, 전교하기를 "윤허한다. 도승지는 지금 무척 바쁜 업무를 맡고 있고 또 내의원에 있으므로 춘추관 당상의 직임을 겸하여 살피기는 어려운 점이 있다. 빼도록 하라." 하였다.

도청

● 당상

병조 판서(승정원)	이휘지李徽之

● 낭청

이조 정랑(홍문관)	이병모李秉模
이조 좌랑(홍문관)	이경양李敬養
부사과(홍문관)	송환억宋煥億
사간원 헌납(홍문관)	박종래朴宗來

1방

● 당상

의정부 우참찬(예문관)	황경원黃景源
한성부 판윤(홍문관)	이복원李福源
호조 판서(홍문관)	홍낙순洪樂純

● 낭청

홍문관 수찬	심풍지沈豐之
부사과(홍문관)	윤행수尹行修
사간원 정언(홍문관)	심염조沈念祖
홍문관 부교리	정지검鄭志儉

2방

● **당상**

겸 지중추부사(예문관)	채제공蔡濟恭
행 도승지(예문관)	홍국영洪國榮
행 부사직(주서)	조원趙瑗

● **낭청**

전 장악원 정(홍문관)	조상진趙尙鎭
사복시 정(홍문관)	이재학李在學
홍문관 부교리	심유진沈有鎭
장악원 정(주서)	박천형朴天衡

3방

● **당상**

강화부 유수(홍문관)	김종수金鍾秀
이조 참의(홍문관)	유언호兪彦鎬
승정원 좌승지(홍문관)	정민시鄭民始

● **낭청**

사헌부 지평(홍문관)	김희金憙
병조 정랑(홍문관)	조시위趙時偉
홍문관 부수찬	박우원朴祐源
홍문관 교리	남학문南鶴聞

조선시대 실록청 체재가 갖추어진 뒤, 편찬을 담당하는 겸임사관은 문과 급제자로서 전임사관을 지냈거나 겸임사관인 관직에 재직 중인 사람으로 임

명했음을 알 수 있다. 그러나 실록청의 도청과 3방 체제가 갖추어진 뒤에도 겸춘추의 관직 이동은 자주 일어났다. 몇몇 사례를 살펴보자.

① 무술년(정조 2년, 1778) 2월 초6일

춘추관 낭청이 총재관의 뜻으로 보고하기를 "대행 대왕의 실록 편찬을 위해 바로 관청을 열라.'고 명령을 내리셨습니다. 지난번 계하한 당상과 낭청 중에 탈이 있는 사람이 많아 다시 별도 단자에 써서 보고하니, 담당 관청에서 전례에 따라 겸춘추를 계하하도록 거행할 근거로 삼는 것이 어떻겠습니까?" 하니, 전교하기를 "윤허한다." 하였다.

② 무술년 2월 24일

22일, 23일, 24일에 사관이 나와서 적간摘奸하고 들어갔다.

오늘 2월 24일에 대신과 비변사 당상을 인견하였다. 입시하였을 때 영의정 김상철金尙喆이 보고하기를 "실록청 2방 당상 이연상李衍祥은 같은 방 동료 당상과 편안하기 어려운 단서가 있다고 합니다. 3방 당상인 오재순吳載純과 바꾸어 임명하여 직임을 살피게 하는 것이 어떻겠습니까?" 하니, 상이 말하기를 "그대로 하라." 하였다.

③ 무술년 3월 초6일

실록청 낭청이 총재관의 뜻으로 보고하기를 "본청 당상인 행 공조판서 홍낙성洪樂性, 병조 판서 이휘지李徽之가 방금 부묘도감祔廟都監 당상을 겸하였고, 행 사직 권도權導도 몸에 병이 있으니 아울러 일단 빼고, 그 대신 이조 참의 이의익李義翊, 행 부사직 이보행李溥行과 이치중李致中을 임명하여 방을 나누어 직임을 살피게 하며, 부묘도감 도청 안성빈安聖彬도 본청 낭청에서 빼고 전 좌랑 이은모李殷模를 임명하는 것이 어떻겠습니까?" 하니, 상이 말하기를 "윤허한다." 하였다.

①은 전해(정조 원년, 1776)에 임명된 실록청 도청과 3개의 방에서 겸직이 어려운 인물들을 교체한 뒤 다시 임명하는 단자를 올리는 기사이다. 말하자면 수정된 실록청 명단이다. ②는 2방 당상 이연상이 무슨 일인지 같은 방의 당상과 피혐할 일이 있어 3방 당상 오재순과 맞교대시켜달라는 기사이다. ③ 은 부묘도감이 설치되자 거기에 파견되어 겸직하는 관원이 있으므로 그들을 실록청에서 빼고 다른 당상과 낭청을 임명해달라는 기사이다.

이렇듯 실록청 편찬사관은 관직의 성격상 교체가 생길 수밖에 없었다. 그럼에도 불구하고 실록 편찬 과정에서 사초가 누설되거나 절취되어 문제가 생긴 일은 거의 발견되지 않는다. 적어도 무오사화의 경험을 경계하며 편찬 과정의 사료 누설을 엄격히 처벌하는 규정이 만들어진 중종 이후에는 그러하다. 이런 문화와 풍토가 가능했던 배경은 처벌 규정의 준엄함도 영향을 미쳤겠지만, 편찬을 담당하는 겸춘추를 임명할 때 이미 기사사관을 겸직한 경험이 있는 관원을 대상으로 했기 때문인 듯하다. 요컨대 『경국대전』에 기사사관을 예겸하도록 규정된 관직을 거치면서 사초 작성과 관리의 경험을 가진 사람이 실록청에 임명됨으로써 실록 편찬의 상대적 공정성과 엄격함을 유지할 수 있었던 것이다.

제4부
실록의 편찬 물자

나라에서 하는 일은 재정이 필요하다. 실록을 만드는 일도 마찬가지다. 『광해군일기』의 사례에서 보듯, 예산이 없으면 간행할 수 없다. 실록은 초초·중초 등 원사료를 추려가는 과정이 있고, 매 공정마다 종이가 들어간다. 인쇄할 활자가 없으면 다시 주조해야 한다. 종이, 먹, 붓, 탁자, 심지어 노끈까지 실록 편찬에 들어가는 물자가 있다.

겸임사관의 녹봉은 실직實職으로 있는 관청에서 지급하더라도, 장인, 수직군, 고지기 등의 인력에 대해서는 삯을 지불해야 한다. 물자도 그렇지만 노동의 대가인 '임금'에 해당되는 비용 전체를 산출하기는 매우 어려운 일이다. 그럼에도 부정기적으로 이루어지는 실록의 재정 부담을 가늠할 수 있는 주제이므로 조사해보았다.

아울러 현대에 조선실록을 복원한 사례를 소개하여 문화적 활용 가능성도 제시해보았다.

1장 실록 편찬의 비용, 물품

1. 장인과 급료

실록청에는 사초와 시정기를 산절하고 감수하는 편찬사관들만 있지 않았다. 실록 편찬이 원활히 이루어지기 위해서 글씨를 잘 쓰는 서리書吏가 파견되었고, 심부름하는 사령使令과 다모茶母, 고지기(庫直) 및 실록청을 지키는 수직군사도 근무했다. 그뿐만 아니라 활자, 종이, 열쇠·자물쇠, 궤짝, 끈, 아교 등의 물품을 조달하기 위한 각종 전문 인력과 기술자들 또한 실록을 편찬하는 데 필요했다. '실록청의궤'에는 이들의 이름과 인원을 함께 기록하여 실록 편찬에 기여한 노고를 후대에 전하였다.

〈표 16〉과 〈표 18〉은 『현종실록』을 편찬할 때 참여한 서리·고지기·사령 및 장인 등의 명단을 『현종실록찬수청의궤』에서 뽑은 것이다. 연인원 56명이 수록되어 있다. 〈표 17〉의 별공작이란 임시 관청인 도감이나 청에 소속되어 사무를 지원하는 직무를 가리키는데, 『현종실록』을 편찬할 때 선공감繕工監의 종9품 감역監役이 별공작으로서 편찬 기간 내내 작업을 감독했던 것으로

<표 16> 『현종실록』 실록청 서리·고지기·사령 등 명단

서리	도청	※ 서사書寫는 육조가 돌아가면서 담당 김계천金戒天, 이시준李時俊, 박시달朴時達, 강후량姜後亮, 오세□吳世□, 지경항池景沆, 태세린太世獜, 김효상金孝祥, 장두진張斗珍, 정찬걸鄭纘傑
	1방	김기영金起英, 오세량吳世樑, 유세관劉世寬, 함태빈咸太彬
	2방	배의익裵義益, 유이건柳爾健, 김성립金聲立, 박진근朴震瑾
	3방	김승일金承鎰, 이동우李東遇, 조시건曺時健, 장세창張世昌
고지기	도청	한국건韓國建
	1방	양응연梁應淵
	2방	손징찬孫徵贊
	3방	정후신鄭厚信
사령	도청	서일룡徐一龍 등 5명 / ※ 사령 5명 추가로 차출
	1방	김봉학金鳳鶴 등 4명
	2방	최선崔善 등 4명
	3방	서일룡徐一龍 등 4명
다모		각 방 2명
수직군사		도청 12명, 각 방 4명

<표 17> 『현종실록』 별공작 장인 명단

목수木手	윤봉금尹奉金
소목장小木匠	양해운梁海雲
칠장漆匠	홍성룡洪成龍

〈표 18〉『현종실록』실록청 장인 명단

직무	이름
보좌관補字官	이후적李後積
분지창준分紙唱準	김충렬金忠烈, 황대해黃大海
교정창준校正唱準	김준달金俊達, 경중익庚重益, 배홍록裵興祿, 오시현吳時賢, 최흥선崔興善, 이강제李綱齊, 원시흥元時興, 김시건金時建, 김상윤金尙潤, 석만재石萬載, 이영망李英望, 이차백李次白, 박태고朴泰古
상판제원上板諸員	민후익閔厚益, 이승세李承世, 문두성文斗星, 장시걸張時傑, 김자하金自河
수장제원守藏諸員	이만길李萬吉, 양제건梁悌建, 신석번辛碩蕃, 김여감金麗鑑, 최효선崔孝善, 윤상보尹尙甫, 송상찬宋尙贊, 김만현金萬鉉, 문차성文次星, 문종박文宗博, 이소연李昭然
장책제원粧冊諸員	장자백張自白, 박두견朴斗堅, 김승선金承善
균자장均字匠	유기상柳者相, 한의업韓義業, 한망韓望, 박영朴榮, 권사인權士仁, 이지선李之善, 김귀선金貴善, 박삼순朴三順, 이석번李碩蕃, 한영준韓英俊, 김종길金從吉, 권극이權克伊, 신두병申斗柄, 박준朴俊, 이홍석金興碩, 김차선金次善
인출장印出匠	유돌시柳乭屎, 유천돌시柳天乭屎, 김일생金一生, 조성일趙成一
각자장刻字匠	최만원崔萬元, 이오룡李五龍
소로장小爐匠	우순길禹順吉, 최말생崔唜生
조자장造字匠	이구철李九鉄
야장冶匠	신사원申士元
소목장小木匠	정봉길丁奉吉, 이노량李老良
목수木手	김서남金鋤男
칠장漆匠	유천柳天, 김삼금金三金
줄장乻匠	정수연鄭守然, 고계전高戒全, 장사준張士俊, 김치경金致卿, 심귀남沈貴男, 이귀준李貴俊
쇄약장鎖鑰匠	김예업金禮業
동철장銅鐵匠	김봉金鳳, 박천학朴天鶴
시장匙匠	이충남李忠男
납장蠟匠	이백운李白雲

천혈장穿穴匠	이덕창李德昌
박배장朴排匠	이득선李得善, 조노적曹老積, 심귀천沈貴天, 김자근남金者斤男
다회장多繪匠	이길李吉, 조순익趙順益

* 보자관 : 모자라는 글자를 만들어 보충하는 기술자
* 창준 : 교서관校書館 소속 기술자의 하나로, 인쇄할 원고를 읽어주는 사람
* 상판 : 수장이 초본의 글자대로 주자를 벌여 판에 옮기는 것
* 수장 : 여러 활자를 나누어서 궤짝에 담아 간수하는 장인
* 균자장 : 식자植字할 때 활자와 활자 사이의 틈에 나무나 판지를 끼워 활자가 놀지 않게 하여 글자를
  바르고 고르게 하는 장인
* 인출장 : 메운 판을 받아서 인쇄하는 장인
* 각자장 : 목판에 글자를 새기는 장인
* 조자장 : 구리를 녹여 부어서 글자를 만드는 장인
* 쇄약장 : 열쇠와 자물쇠를 만드는 장인
* 동철장 : 동철을 만들거나 동철로 물품을 만드는 장인
* 천혈장 : 대포 등 무기나 물품에 구멍을 뚫는 장인
* 박배장 : 문짝의 고리나 돌쩌귀를 만드는 장인
* 다회장 : 주머니, 매듭, 띠, 노리개 등에 사용하는 끈을 만드는 장인

보인다. 실록청의 편찬 사업이 진행되기 위해서는 당연히 필요한 물품 등을
각 관청으로부터 도움받아야 한다. 이럴 때 별공작은 각 관청에 요구할 사항
이나 실록청이 처리해주어야 할 조치를 문서로 보내 편찬 업무를 지원했다.[1]
    앞서 살펴본 대로 실록청에는 도청과 3방을 구성하는 겸춘추가 각 관청
에서 파견되었는데, 이들은 겸직이기 때문에 본직을 기준으로 본관의 규정
에 따라 녹봉이 지급된다. 실록청에서 편찬 업무와 관련하여 직접 인건비를
지급받는 이들은 장인들이다. 『현종실록찬수청의궤』에는 장인들에게 요포를
지급했던 상황이 정리되어 있는데, 이는 실록청에서 호조와 병조로 보낸 감
결甘結의 일부이다.

1 오항녕 옮김, 『국역 영종대왕실록청의궤(하)』, 한국고전번역원, 2008.

- 을묘 윤5월 15일 : 호·병조에 원역 고지기 4명 및 사령 17명, 7일부터 1 삭朔 요포料布
- 같은 날 : 서원 고지기 사령 각 1명, 5월 29일 1삭 요포
- 을묘 6월 1일 : 원역 고지기 4명, 사령 17명, 별공작 서원, 고지기, 사령 각 1명, 6월삭 요포
- 을묘 7월 28일 : 호·병조에 도청 원역 고지기 1명, 사령 5명, 8월삭 요포
- 을묘 8월 6일 : 호·병조에 장책장 7월 요포, 별공작 서원 사령 각 1명, 8 월 요포
- 을묘 8월 12일 : 호·병조에 1방 원역 고지기 1명, 사령 4명, 8월 1일~12 일 요포
- 을묘 8월 26일 : 호·병조에 고지기 1명, 사령 5명, 장책장 1명, 9월 요포 및 분판 등록청 원역 고지기 1명, 사령 7명, 8월 12일 한限 요포

경우에 따라서는 실록청의 요청에 대해 해당 기관에서 요포를 '못 주겠 다'고 하는 일도 있었다. 실록청에서는 '실록 인출을 하는 데는 준비하는 시 간도 필요하건만 해당 관청에서 이 점은 고려하지 않고 3개월치를 보름분만 지급하는 것은 부당하다'며 이의를 제기하기도 했다. 관청 사이에 비용을 둘 러싸고 벌어지는 실랑이였다.[2] 요포 부담이 적지 않았다는 의미이다.

정조 때의 기록을 보면 『영조실록』 편찬 때 장인들에게 쌀 3말씩 요미로 매달 지불했다.[3] 이는 경비 절감을 위해 적게 지불한 경우이고, 통상 요미(요

2 『현종실록찬수청의궤』, 병진 4월 11일, 호조에 보낸 감결.
3 오항녕 옮김, 『국역 영종대왕실록청의궤(하)』, '이문질移文帙', 무술년(정조 2년, 1778) 5월 일, 한국고전번역원, 2008.

포)는 이 양을 훨씬 상회하는 것으로 나타난다. 실제로 기존 연구에 따르면 18세기 초 산릉역山陵役에 고용된 모군募軍의 고용 임금으로 면포 3필, 쌀 9말을 지급했고, 영건역營建役의 경우 숙종 3년(1677) 남별전南別殿 중건에 모집한 모군의 고용 임금은 면포 2필과 쌀 9말이었다.[4] 경모궁景慕宮(사도세자와 헌경왕후의 사당)을 관리하는 수복에게 지급했던 요미의 사례를 보면 산릉역이나 영건역보다 높다.

> 수복守僕 8인. 번을 나누어 수직한다. …… 요미料米는 매달 12말, 면포 1필이고, 본궁에서 1필을 더 지급한다. 봄가을 옷감으로 병조가 각각 2필씩 지급하고, 본궁이 각각 1필씩 지급한다.[5]

산릉역이나 영건역에 고용된 이들에게는 쌀로 환산할 때 월 15말, 즉 1석을 요미로 지급했는데, 경모궁 수복의 경우 1인당 요미가 18~20말에 이른다. 그렇다면 『현종실록』 편찬 때의 수복이나 고지기 및 장인들의 요미를 이에 준해 판단하는 것이 크게 무리는 아닐 것이다.

조선 후기에는 단기적인 관점에서 볼 때 물가 변동의 폭이 컸다. 쌀이든 포든 자연재해의 영향을 크게 받았기 때문에 공급의 가격탄력성이 비탄력적이었다. 하지만 장기적으로는 '가격균형의 시대'라고 부를 만큼 1670년(현종 11)부터 1890년(고종 27)까지 품팔이하는 모군과 모조역의 쌀·면포 임금은 큰 변화 없이 지속되었다. 대체로 쌀 1석 = 면포 2~3필 = 동전 4~6냥의 가격

---

4 윤용출, 『조선후기의 요역제와 고용노동』, 서울대학교 출판부, 1998, 288~289쪽.
5 박헌순·오세옥 옮김, 『국역 경모궁의궤』 제4권, '금제禁制 솔속率屬과 노비', 2013.

이 유지되었다.[6] 『현종실록』이 간행된 직후인 1679년(숙종 5)경, 쌀 1석(15말)의 대전가代錢價는 은전 2냥 1전 1푼(=은전 1냥에 쌀 7말), 면포 1필의 대전가는 은전 5전이었다. 면포 1필은 대략 쌀 5말로 상정되었다.

매월 1인당 요미를 15말 정도로 잡고 『현종실록』 편찬에 참여한 고지기와 장인 등의 요미를 추정해보자. 장인은 87명(별공작 포함)이고, 편찬 기간이 숙종 1년(1675) 5월부터 숙종 3년(1677) 5월까지 2년쯤 걸렸으니, 87명×24개월×15말(=1석)=2,088석(31,320말)가량으로 추산된다. 거기에 사령이나 고지기 등 56명의 요미 약 1,344석까지 합산하면 3,432석이 소요된다. 물론 이들은 연인원이지 2년간 상시 근무하지는 않았기 때문에 위 비용이 그대로 소비되었다고 볼 수는 없다.

2. 소요 물자와 반납품

1) 초주지에서 저주지로

실록 편찬에 가장 많이 소요되는 물품은 종이다. 『탁지준절度支準折』에는 종이 76항 93종이 등장하는데, 각 종이마다 사용되는 용처를 상세히 수록해 놓았다.[7] '저楮'는 닥나무이고, '도련搗鍊'은 종이를 질기게 만들기 위해 다듬

---

6 박이택, 「서울의 숙련 및 미숙련 노동자의 임금, 1600~1909」, 『수량경제사로 다시 본 조선후기』, 서울대학교 출판부, 2004, 59~60쪽·84쪽. 1678년에 은전 1냥은 쌀 10말 이었는데 이듬해에 쌀값이 상승했다.

7 손계영, 「古文書에 사용된 종이 연구」, 『고문서연구』 25, 2004.

이질하는 공정이다.

① 백지白紙, 후백지厚白紙 : 관청에서 업무 문서로 사용

② 하품저주지下品楮注紙 : 일기와 등록에 사용

③ 초주지草注紙, 저주지楮注紙, 도련저주지搗鍊楮注紙 : 교서·유서·관교 및
중앙관청에서 국왕에게 올리는 계목·계본 등에 사용

④ 하품도련지, 상품도련지 : 최상품 종이, 국왕이 왕실·종친·대신에게 내
리는 문서에 사용하거나 시호諡號 등의 주요 의례儀禮에 쓰임

종이는 주로 하삼도下三道에 나누어 배정했다. 〈표 19〉는 실록청의궤에
나오는 각 실록 편찬에 들어간 종이의 양과 종류이다.

〈표 19〉 실록 편찬에 들어간 종이의 양과 종류

실록명	종이양	종이 종류
『인조실록』	540권	초주지
『현종실록』	300권	초주지
『숙종실록』	900권	저주지
『영조실록』	1,000권	저주지
『철종실록』	250권	저주지

『인조실록』 편찬에 들어간 종이는 초주지였다. 초주지는 길이 2척 2촌,
너비 1척 5촌짜리 1장의 절가折價가 2전 6푼 6리였다.[8] 1장에 3전 2푼 2리였
던 황염초주지黃染草注紙가 1권에 6냥 4전 5푼이었으므로 초주지 1권은 약 5

---

8 『탁지준절度支準折』「지지紙地」.

냥 3전 3푼 정도 된다. 이렇게 보면 『인조실록』 간행에 들어간 초주지는 540 권, 약 2,800냥 이상이었던 셈이다. 거기에 초초, 중초, 정초, 교수에 사용되는 종이도 고려해야 한다. 편찬 과정에서 용도나 품질에 따라 백휴지白休紙, 재상휴지災傷休紙, 후백지厚白紙, 전공지塡空紙, 공사백지公事白紙, 부표지付標紙 등 다양한 종이가 장張, 권卷, 근斤 단위로 소요되었기 때문이다.

『탁지준절』에 따르면 초주지는 1장당 6푼 6리인 저주지에 비해 절가가 4배 정도 높았다. 따라서 저주지로 편찬한 『영조실록』은 1,000권의 종이가 사용되어 종이양이 『인조실록』의 2배에 이르지만 비용은 반으로 절감되었을 것이다. 영조 연간 어느 무렵에 비용 절감을 위해 관청에서 사용하는 종이를 하향 조정했던 것 같다.

1. 5건의 등록 중 어람용御覽用 1건 이외의 나머지 4건은 예조, 태백산, 오대산, 적상산성 등에 나누어 보관한다.

1. 어람 건은 상품초주지上品草注紙로, 나머지는 저주지楮注紙와 공사하지公事下紙로 하며, 필묵 등 많이 쓰이는 잡물은 각 해당 사司에서 올린다.[9]

실록청의궤에는 초주지에서 저주지로 실록 편찬 종이를 바꾼 사실을 분명히 알 수 있는 기록이 남아 있다.

① 경상도·전라도·충청도에 보냄. 이번 숙묘조肅廟朝 실록을 내년 봄, 가을에 인출하는 사안이 결정되었음. 이전 등록謄錄에 보면 초주지를 배정

---

9 박소동 옮김, 『국역 가례도감의궤 영조정순왕후』, 기묘 6월 22일 도감의궤사목, 민족문화추진회, 1997.

하여 가져다가 사용하였는데, 지금 중외의 비축이 바닥난 때에는 절약하는 방도가 있어야 하겠으니 저주지로 복정하고, 견양지見樣紙(견본)를 아울러 내려보내니 …… 기한에 맞추어 상납할 것.[10]

② 경상도·전라도·홍충도洪忠道(충청도)에 보냄. 이번 영종조英宗朝 실록을 찬수하는 사업은 지금 이미 마쳤고, 이어서 간인하도록 연중筵中에서 결정하였음. 이전 등록에 보면 초주지를 배정하여 가져다가 사용하였는데, 이번에는 절약하는 방안을 강구하지 않으면 안 되겠기에 저주지로 복정하되 견양지를 관문關文과 함께 발송하니 종이의 품질과 두께, 너비와 길이를 견양지에 따라 각별히 치밀하게 준비하여 기한에 맞추어 상납할 것. …… 막중한 실록의 정본지正本紙는 사체가 중대하니 만일 혹시 종이가 거칠고 조잡하여 정본에 적합하지 않으면 종이를 바친 해당 수령은 마땅히 입계시켜 죄를 따질 것이니 특별히 더 신칙하여 알리고, 오는 5월 10일 안으로 따로 담당 관리를 정하여 종이를 본청에 납부하고 점퇴點退되는 폐단이 없도록 할 것. — 경상도 400권, 전라도 350권, 홍충도 250권을 분정함.[11]

바로 앞의 '도감의궤사목'에서 보듯 『가례도감의궤』를 편찬하면서 어람용만 초주지로 만들고 나머지는 저주지로 만들었다. 이는 ①과 ②의 자료에서 알 수 있듯 『숙종실록』과 『영조실록』을 편찬할 때 이전의 초주지에서 저

---

10 『숙종대왕실록찬수청의궤肅宗大王實錄纂修廳儀軌』, '이문질移文帙', 병오 8월.

11 오항녕 옮김, 『국역 영종대왕실록청의궤(상)』, 경자년(정조 4년, 1780) 4월, 민족문화추진회, 2007.

주지로 바꾸는 조치로 이어졌다고 볼 수 있다.

2) 인쇄 및 봉안 물품

　　인쇄, 봉안, 세초 과정에 들어가는 물품도 『현종실록』 편찬 때의 사례를
통해 살펴보기로 하겠다. 먼저 인쇄에 들어간 물품(印出諸具)을 보자.

- **책의 제작**(册制)【매 1장이 30행行이고, 매 1행은 30자字이다. 길이는 1척尺 1
  촌寸이며 너비는 7촌으로, 포백척布帛尺을 썼다.】
  초서대분판草書大粉板 : 40닙立
  균자판均字板 : 23닙【위리圍里 안은 길이 1척 7촌 5푼이고, 너비 1척 3촌 5푼
  이다.】
  위리에 쓸 자작판自作板 : 5립 반
  균자판 1판마다 소두정小頭丁 : 16개介, 동인찰銅印札 : 34개
  빈틈을 메울 휴지休紙 : 4냥[12] / 초재견백지初再見白紙 1판마다 : 2장張
  균자도均字刀 : 15개 / 강려석强礪石 : 1괴塊
  연일려석延日礪石 : 2괴 / 분지分紙할 큰 상床 : 1부部
  인출지印出紙를 담을 큰 궤짝(横子) : 1부(자물통이 달린 것)
  종이를 자를 큰 칼(大刀) : 2개 / 전판剪板 : 2개

- **균자장**均字匠**의 사용 물품**
  긴 상(長床) : 4부 / 잡물을 담을 궤짝 : 1부(자물통이 달린 것)

12　『영종대왕실록청의궤』에는 '떨어지는 대로 가져다가 썼다.(隨盡取用)'고 기록되어 있다.

보자補字에 사용할 자작판 황양목 : 들어가는 양대로

● **각수刻手의 사용 물품**

긴 상 : 2부 / 각도(刻刀) : 5개 / 한쇄鐗 : 3개 / 등자쇠鐙子金 : 10개

소인거小引鉅 : 1개 / 작은 자귀(小佐耳) : 1개

잡물 담을 궤짝 : 1부(자물통이 달린 것)

● **교정창준校正唱准의 사용 물품**

긴 상 : 2부

● **인출印出에 들어가는 물품**

아자말갈기(牙子馬鬣) : 4근 / 장목비(尾箒) : 20자루 / 생마生麻 : 2근斤

습지판濕紙板 : 2척隻 / 마묵석磨墨石 : 1닙 / 걸내포乾乃布 : 2건

습지상하격후지濕紙上下隔厚紙 : 2장 / 백문석白文席 : 2립

인출 상묵常墨 1판마다 : 6전戔 / 주사발朱沙鉢 : 6립

물 긷는 항아리(汲水瓮) : 1좌坐 / 질동해(陶東海) : 3좌 / 사발沙鉢 : 5닙

질화로(陶火爐) : 5개 / 토화로土火爐 : 13개

● **교정校正에 들어가는 물품**

주토朱土 : 들어가는 양대로 / 1판마다 황밀黃蜜 : 15냥 5전

보자백지補字白紙 : 3권 / 초자백지抄字白紙 : 3권 / 주필朱筆 : 10자루

수직군사守直軍士 : 2명 / 도조역都助役 : 3명 / 균자조역均字助役 : 2명

● **장책장**粧冊匠**의 사용 물품**

가판椵板 : 1닙 / 넓은 도마(廣刀磨) : 10닙 / 이아耳阿에 쓸 집돼지털 : 1근

황밀 : 10냥 / 숙마熟麻 : 5전 / 상포常布 : 1척 / 답장판踏掌板 : 1개

전판剪板 : 2개 / 방망이(方个赤) : 1자루 / 연일여석延日礪石 : 1괴

수직군사 : 2명 / 조역助役 : 2명

● **1책 장황**粧䌙**에 들어가는 물품**

장황 표지에 쓸 황염정본초주지黃染正本草注紙 : 반 장

위아래 빈틈에 쓸 정본초주지 : 2장 / 의배초주지衣褙草注紙 : 2장

의배 풀가루(膠末) : 2말 5홉 / 비상砒礵 : 2냥 반

능화판菱花板 : 1립 / 능화에 쓸 황밀 : 3냥

● **궤짝에 들어가는 물품**

궤짝마다 세목갑대細木甲帒 : 4건【매 건마다 4자짜리 자루를 만들어 천궁川芎

　가루를 넣고, 위아래 틈과 양 구석의 빈 곳을 메운다.】

홍면주紅綿紬로 만든 보자기 : 1건 / 천궁 가루, 창포 가루 : 1말 2홉

● **궤짝 20부에 들어가는 물품**

송판松板 : 20립 / 가판椵板 : 40립 / 부레풀(魚膠) : 1근 / 아교 가루 : 1말

상어 껍질(沙魚皮) : 반 령숯 / 숯(炭) : 1가마(石) / 속새(木賊) : 2냥

네 구석에 박을 5푼分 소정김丁 : 310개 / 아牙에 박을 5푼 소정 : 250개

● **칠할 때 들어가는 물품**

상어 껍질 : 반 령숯 / 양갈기(羔鬚) : 5냥 / 말갈기(馬鬣) : 1근

부레풀 : 10냥 / 송연松烟 : 15냥 / 아교 : 10냥 / 아교 가루 : 1말 5되

골회骨灰 : 13말 / 콩가루(太末) : 5말 / 포장에 쓸 백저포白苧布 : 257척 5촌

수건포 : 8척 / 녹칠漉漆 백저포 : 10척 / 녹칠 생포生布 : 8척

녹칠 설면자雪綿子 : 10냥 / 세수필洗手筆 : (?) / 들기름(法油) : 4되

숯 : 3석 / 녹칠틀(漉漆機) : 1좌

● 장식粧飾에 들어가는 물품

정철正鐵 : 100근 / 숯 : 15석 7말 / 유랍鍮鑞 : 10근 / 송진(松脂) : 27근

낙목落目 : 20개 / 경위經渭 : 40개 / 배목排目 : 220개

둥근 고리(圓環) : 40개 / 걸쇠(乫金) : 40개 / 쥐눈이못(鼠目丁) : 1,300개

감잡이(甘佐非) : 640개 / 국화동菊花童 : 220개 / 거우검去隅劍 : 1부

● 자물쇠 20부에 들어가는 물품

정철 : 15근 / 숙동철熟銅鐵 : 4냥 5전 / 생마 : 8냥 / 휴지 : 7냥 5전

숯 : 2석 / 들기름 : 1되

● 안 칠에 들어가는 물품

백능화에 쓸 정본초주지 : 2권 / 후배백지後褙白紙 : 7권

아교 가루 : 1말 5되 / 정분丁粉 : 5되 / 태염태太染太[13] : 1말

황밀 : 2냥 5전 / 찹쌀(粘米) : 5되

『현종실록』을 편찬하면서 실록청에 조달했던 물품들 가운데 일부는 편찬

13 표지에 콩물을 들일 때 사용하는 콩이다.

이 끝난 뒤 반납했다. 책상, 화로, 칼 등이 대표적인 반납품이다. 이것들도 오래 쓰면 수명이 다하겠지만 실록을 편찬하면서 곧바로 소진되는 소모품은 아니다. 그 때문에 이러한 물품들에 대해서는 『영종대왕실록찬수청의궤』에 보이는 것처럼 '사용한 뒤 반납하는(用換次)' 조건을 단 경우가 있다.

그 밖에 물품의 대부분은 편찬 과정에서 소비하는 종이, 염료, 아교 등이다. 조달한 물품 가운데 남은 물품을 제외하고 실제로 사용한 경우는 실록청 의궤에서 '실제 들어간 물품(實入)'이라고 하여 따로 정리해놓았다. 『현종실록』 편찬 때의 '실입'은 다음과 같다.

● **실제 들어간 물품**(實入)

초주지 : 300권 / 자작나무판 : 18립 중 10립이 실제 들어감

중초中草 : 후백지 60권 / 초재견初再見 백휴지白休紙 : 200근

빈 곳을 메울 휴지 : 520근 / 송매묵松煤墨[14] : 53근 / 황밀 : 5근 15냥

숙동철 : 4냥 5전 / 대죽大竹 : 6개 / 단단한 숫돌(强礪石) : 4괴

연일산 숫돌(延日礪石) : 10괴 / 말갈기 : 20근 / 생마 : 1근

백문석白文席 : 2립 / 주토朱土 : 50괴 / 반주홍磻朱紅 : 3근

집돼지털 : 1근 / 숙마熟麻 : 4근 5냥 / 아교 가루 : 6말 4승

비상 : 2냥 5전 / 부레풀 : 2근 10냥 / 양갈기 : 5냥 / 송연 : 15냥

아교 : 10냥 / 들기름 : 10되 / 정분 : 1말 / 콩 : 1말 / 찹쌀 : 4되

창우피昌牛皮 : 1령숫 / 사슴 가죽(鹿皮) : 1령 / 비(尾箒) : 200자루

유랍鍮鑞 : 2근 / 콩가루(太末) : 6말 4승 / 골회(骨灰) : 13말 / 백저포 : 320척

풀솜(雪綿子) : 10냥 / 백세목갑대白細木甲帒 : 60건 / 홍면주 보자기 : 10건

---

14 송매묵이란 소나무를 태워 그을음으로 만든 먹이다.

상포常布 : 18척 / 상어 껍질 : 1령 / 유지油紙 : 10장 / 천궁 가루 : 2말 5승

창포 가루 : 5말 / 송판 : 15립 / 가판 : 20립 / 송진 : 35근

황양목黃楊木 : 50조條 / 전칠全漆 : 2말 2되 / 매칠每漆 : 1말 1되

정철 : 115근 / 숯 : 100가마 / 유철鍮鐵 : 367근 / 주철鑄鐵 : 367근

유랍鍮鑞 : 73근 12냥 / 진홍사眞紅絲 : 1근

실록 편찬에 들어가는 물품 중 마지막으로 남은 범주는 선온宣醞과 상전
賞典이다. 상전에 대해서는 앞서 세초 이후 상전을 내리는 전교를 살펴보았
으므로 선온만 확인하자. 숙종 3년(1677), 『현종실록』 편찬이 끝나자 숙종은
선온을 베풀었는데 소요 물품은 다음과 같다.[15]

말린 문어(乾文魚) : 2마리 / 전복全鰒 : 1접貼 / 말린 꿩(乾雉) : 5마리

말린 대구(乾大口魚) : 5마리 / 말린 숭어(乾秀魚) : 3마리

편포片脯 : 2개 / 날꿩(生雉) : 2마리 / 생선生鮮 : 3마리 / 향온香醞 : 5병

지금까지 『현종실록』 실록청에서 실록이 모양을 갖추기까지 기여한 장인
들, 그리고 그들이 받은 요포料布를 비롯하여 편찬 과정에 소요된 종이, 먹,
쇠, 못 등 다양한 물품은 물론이고 선온에 쓰인 생선 등까지 확인해보았다.
아직 학계에서는 이들 비용의 전모를 드러낼 정도로 연구가 진행되지는 않
았다. 후속 연구를 통해 재정과 예산 차원에서 실록 편찬의 성격이 더 밝혀
지기를 기대한다.

---

15 『현종대왕실록찬수청의궤』, 정사년(숙종 3년, 1677) 3월 10일.

2장 실록의 현대적 복원

실록 편찬 과정을 잘 이해할 수 있는 방법은 그 과정을 있는 그대로 재현하는 것이다. 실록 편찬에 가장 많이 사용된 물품은 당연히 종이다. 마침 실록에 사용되었던 한지를 복원하고 실록을 원래 모습대로 재현한 사례가 있어, 이를 소개함으로써 간접 경험의 단서로 삼고자 한다.

한국고전문화연구원은 2008년부터 2년간 전주사고본 실록을 복원했다.[16] 전주사고본은 조선 후기에 강화 정족산에 보관되었으므로 정족산본이라고 불리며, 현재 서울대학교 규장각에 보관되어 있다. 다만 복본화는 조선 전기의 실록을 대상으로 했기 때문에 '전주사고본'이라 부르기로 한다.

전주사고본은 필사본과 활자본이 혼용되어 있었다. 표지는 청색 비단과 황색 장지로 구성되어 있으며, 영구 보존을 위해 밀랍으로 도포해놓았기 때문에 보존 환경의 변화에 따라 실록의 색도에 황변화 현상이 나타난 상태였고, 일부는 얼룩이 심했다. 복본화 제작은 밀랍 도포 이후 탈색 오염된 부분

---

16 한국고전문화연구원, 『『조선왕조실록』 복본화 사업 1차년도 결과 보고서』, 2010.

을 제거하여 실록 제작 당시의 모습을 재현하는 방향으로 잡았다. 먼저 디지털 원본 이미지 파일에서 황변화 및 오염 부분을 제거했다.

감색 표지용 비단에는 문양이 없다. 표지용 비단은 감색 및 책명冊名을 붙일 백색 비단 등 2종이 필요했다. 현존 실록의 비단 표지를 재현하기 위해서는 백색과 감색 비단실로 직조한 후 염색하거나, 원래의 비단 색으로 직조한 후 탈색하여 색도를 조정하는 방식을 취할 수밖에 없었다.

실록 표지의 경우, 원래 『선조실록』까지는 감색 비단으로 장황했다가 『광해군일기』 이후로 황색 장지로 장황하였다. 특히 임진왜란, 이괄의 난, 병자호란 등으로 장정을 다시 하거나 수보修補된 경우가 많았다. 선조 33년(1601)부터 전주사고본을 토대로 복간한 이후, 효종 8년(1657), 현종 6년(1665), 숙종 4년(1678)에 전주사고본(정족산본) 역시 수보되면서[17] 감색 비단으로 표지를 만들지 않고 모두 황색 장지로 개장했다. 다시 장정된 전주사고본 실록의 표지는 능화판 문양을 새긴 황색 장지가 사용되었다.

『태조실록』부터 『명종실록』까지 개장된 실록의 표지에 사용되었던 능화판은 4종류이다. 표지 문양에 쓰인 능화판은 당시 사용된 것으로 복원 제작했으며, 책의 등에 묶을 명주 철사鐵絲도 색도를 맞춰 별도 제작했다. 실록 장정은 전통 방식에 따라 5침안針眼(일부 6침안) 선장線裝을 채택했다.

복본용 실록 한지는 전통적 방식으로 제작된 수록지를 사용했다. 제조 과정은 다음과 같다.

닥나무 채취 → 닥나무 찌기(닥무지) → 닥나무 껍질 벗기기 → 백닥 만들기

---

17 실록의 개장과 수보 상황은, 배현숙, 『朝鮮實錄 研究序說』, 태일사, 2002, 208~211쪽 참고.

→ 백닥 삶기 → 일광 표백 → 티 고르기 → 닥섬유 만들기 → 종이 뜨
기 → 탈수하기 → 건조 → 도침질 하기

품질이 우수한 복본용 실록 한지를 제작하기 위해 각 공정별로 방안을 마련했다. 첫째, 국내산 참닥(조선닥)나무를 사용하고, 둘째, 화학약품을 배제하고 천연재를 이용한 표백 방안을 채택했으며, 셋째, 균일한 두께와 질긴 성질을 유지하기 위해 종이뜨기 방법(흘림뜨기, 가둠뜨기)을 택하였다. 실록 복본용 한지의 품질 기준은 〈표 20〉과 같다.

〈표 20〉 조선왕조실록 복본용 전통 한지의 품질 기준

항목	품질 기준	비고	
원료	닥원료	국산 1년생 닥 백피(백닥)	흑피 사용 불가
	분산제	닥풀(황촉규)	화학점제 사용 불가
	자숙제	전통 잿물(육제), ph 12 이상 조제 사용	화공약품 사용 불가
초지	표백	흐르는 물로 표백(천연 표백)	표백제 사용 불가
	고해	전통 타고해(닥 박망이)	칼비터 사용 불가
	발틀	전통 외발틀	쌍발(개량식) 불가
	초지용발	음양지용 중초 외발	개량식 사용 불가
	초지	전통 외발 2합 음양지	
	건조	목판 또는 철판	
	가공	도침(전통적 방법)	
품질	두께	0.1±0.01mm	
	평량	60g±0.5g/㎡	
	밀도	0.45±0.05g/㎥	
	크기	55cm × 85cm 이상	
	백색도	20~30(ASTM) Whiteness index	샘플 제공
	협잡물	0.3mm² 이상의 협잡물 및 결속섬유 미포함	
	pH	7.0~8.0	

『태조실록』 원본 1권의 표지와 내지

조선 초기 실록의 모습을 간직한 유일한 필사본(정족산본)이다. 15권 3책으로 편찬된 『태조실록』은
세종 27년(1445)에 다시 4질로 필사되었다. 임진왜란 때 1질만 보존되고 모두 불타버렸으나, 전란에
살아남은 전주사고본을 저본으로 삼아 4질을 간행하여 각 사고에 보존했다.

복원은 밀랍 도포 이전의 실록 원본으로 재현했다. 앞서 언급했듯 실록은
밀랍으로 도포 처리되어 있었는데, 이것이 환경적 영향을 받으면서 황변화
현상을 초래했다. 밀랍 또는 황밀黃蜜은 표지의 방충과 방습 목적으로 쓰였
으며 정본지에는 사용되지 않았다. 실록이 외부에 노출될 경우 밀랍본의 훼
손이 심하다는 사실을 차츰 경험으로 알게 되면서 조선 후기에는 밀랍을 입
히지 않았다. 다만 기왕에 밀랍이 입혀진 실록을 보수할 때에 한해서만 밀랍
을 사용했다.[18]

---

18 「염랍수보시형지안染蠟修補時形止案」(奎9635). 숙종 25년(1699년) 3월 작성되었다.

<표 21> 조선왕조실록 전주사고본 밀랍본 수량

실록명	총 책수	밀랍본	실록명	총 책수	밀랍본
『태조실록』	13	8	『예종실록』	5	2
『정종실록』	4	3	『성종실록』	150	109
『태종실록』	35	2	『연산군일기』	46	34
『세종실록』	154	130	『중종실록』	102	73
『문종실록』	12	12	『인종실록』	2	2
『단종실록』	15	13	『명종실록』	34	31
『세조실록』	42	31	합계	614	475

<표 22> 실록 원본의 크기와 광곽匡郭(바깥 테두리 선) 크기(단위: cm)

실록명	규격	광곽	실록명	규격	광곽
『태조실록』	54.2×31.8	38.9×23.4	『예종실록』	55.4×29.0	40.8×23.3
『정종실록』	49.6×27.7	36.3×19.4	『성종실록』	60.4×34.5	52.7×27.3
『태종실록』	54.0×31.0	39.1×23.9	『연산군일기』	60.6×35.6	52.7×27.3
『세종실록』	56.4×30.0	40.5×23.0	『중종실록』	65.7×35.2	52.7×27.3
『문종실록』	54.8×30.3	40.8×23.3	『인종실록』	65.5×35.0	52.7×27.3
『단종실록』	55.4×29.0	40.8×23.3	『명종실록』	67.5×36.5	52.7×27.3
『세조실록』	55.4×29.0	40.8×23.3	※ 동일 왕대라도 다른 규격이 있음		

표지는 감색 비단으로 장황했다. 책명은 백색 비단에 목판인쇄하고, 권차卷次는 책마다 다르므로 필사한 제첨을 첨부했다. 실록 표지의 뒷면과 앞면에서 능화문 문양을 도출한 뒤 이를 토대로 목제 능화판을 제작하여 인쇄했다. 능화판은 전통적 방법으로 전각하여 제작했으나, 능화문양을 장지에 눌러 찍어내는 기술이 부족한 탓에 문양이 깨끗하게 드러나지 않는 문제점이 발생했다. 이를 해결하기 위해 능화판의 재질을 동판으로 대체했지만 여전히

문양은 선명하지 않았다. 결국 프레스 방법으로 인출 방식을 전환했다.

조선 초기 실록은 세종 27년(1445)에 4부의 복본을 필사해두었는데, 전주사고본은 그 복본 중의 하나이다. 성종 연간에 이르러서는 을해자乙亥字를 주조함에 따라 활자로 실록을 간행하기 시작했다. 조선 전기 전주사고본 조선왕조실록의 간행 사항을 정리하면 다음과 같다.

필사본 『태조실록』, 『정종실록』, 『태종실록』, 『세종실록』(악보), 『세조실록』(악보)

을해자 『세종실록』, 『문종실록』, 『노산군일기』(『단종실록』), 『세조실록』, 『예종실록』

갑인자 『성종실록』, 『연산군일기』, 『중종실록』, 『인종실록』, 『명종실록』

실록의 활자는 조선 후기 선조대에서 효종대까지는 목활자가 사용되다가 현종대 이후 금속활자가 사용되었다고 알려졌지만, 금속활자와 함께 목활자도 병행된 것으로 보인다. 복본화 할 태조~명종대까지의 실록은 필사본이거나 을해자·갑인자로 인쇄되었는데, 완전한 복본을 위해서는 '활자의 복원' 단계를 거쳐야 했다. 하지만 활자 복원에는 큰 예산이 필요했으므로, 전통 한지에 인쇄 또는 출력하는 기술을 적용했다.

실록의 장정은 예외 없이 5침안 선장방책본線裝方冊本이다. 제본에 쓰인 철사綴絲는 일부 새로운 것으로 교체된 실록도 있으며, 철사 색은 갈색·홍색·백색·자색 등이었다. 철사는 같은 색이라 하더라도 색상·재료·굵기·꼬임 등에 차이가 있으며, 재질로는 견사絹絲와 마사麻絲가 혼용되고 있었다.

전통 한지에 인쇄 또는 출력된 복본용 실록은 장정 단계를 거쳤다. 먼저 2쪽 펼침 면 상태의 인쇄된 실록을 장정하는 곳으로 보냈다. 펼쳐진 복본용 실록은 판심을 중심으로 접은 다음 광곽의 테두리선에 맞추어 포개놓았다. 그리고 한지심으로 몇 장씩 묶은 뒤 앞·뒷면에 표지를 대고 5침안(또는 6침안) 선장방책법으로 장정했다. 이런 과정을 거쳐 조선 전기 전주사고본 실록을 형태와 재질 모든 면에서 거의 같은 복본으로 제작할 수 있었다.

조선왕조실록 복본 제작 절차

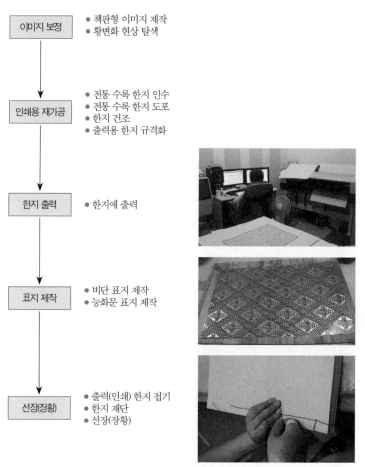

이미지 보정	• 책판형 이미지 제작 • 황변화 현상 탈색
인쇄용 재가공	• 전통 수록 한지 인수 • 전통 수록 한지 도포 • 한지 건조 • 출력용 한지 규격화
한지 출력	• 한지에 출력
표지 제작	• 비단 표지 제작 • 능화문 표지 제작
선장(장황)	• 출력(인쇄) 한지 접기 • 한지 재단 • 선장(장황)

* 한국고전문화연구원, 「『조선왕조실록』 복본화 사업 1차년도 결과 보고서」, 2010.

제5부
연대기의 보편성

‘시간은 공간과 떨어져 존재할 수 없다’라거나 ‘시공간은 중력장의 크기에 따라 상대적일 수밖에 없다’라는 등의 명제는 이제 가설 혹은 주장이 아니라 사실이다. 거기에 개개인이 느끼는 시간의 크기 역시 상황에 따라 다르다는 점을 고려하면 시간이라는 실재야말로 규정하기 어려운 존재임을 알 수 있다.

하지만 문명은 공통의 생활 방식을 통해 작동되므로 그 공통성을 유지하는 방식으로 시간을 공유해야 한다. 시간의 추상화이다. 공유를 위한 추상화의 대표적인 사례가 달력이고, 자격루이고, 손목시계이다. 이를 기초로 10진법이든 12진법이든 활용하여 하루, 한 달, 1년이라는 단위를 만들어서 ‘삶=시공간’을 공유하는 형식을 작동시킨다. 그래서 문명이 있는 한 이러한 연대기는 공통적이다. 여기에 실록의 보편성이 있다.

1장　실록과 연대기

1. 일기와 연대기

1) 역사 기술의 원형

날짜와 연도별로 기사가 적힌 역사, 이를 동아시아 역사에서는 편년체編
年體라고 불렀다. 행위와 말을 기록하는 방식으로 볼 때 일기, 일지, 실록은
차이가 없다. 실록의 역할, 지위와 위상, 의례 등과 같은 역사성을 잠시 미루
어두면 실록은 인류의 매우 보편적인 역사 기록 방식이다. 인간이라는 존재
가 시간의 흐름에 의해 규정되기 때문에 그 시간의 불가역성을 드러내는 원
형은 연월일의 모습을 띨 수밖에 없다.

실록은 일기이자 연대기이다. 연대기 실록은 조선 문명이 남긴 일기라고
할 수 있다. 기본적 역사 기록 방식인 일기나 연대기는 동서고금 어디서나
발견되는 서술 양식이다.

춘추가의 기원은 하夏·상商(은殷)·주周의 삼대三代에 있다. 『급총쇄어』에 실린 상나라 28대 왕인 태정太丁 때의 사실을 보면 『하은춘추』라는 제목이 보인다. 공자는 "과거의 일을 통달하여 아는 것이 『상서』의 주요 가르침이다. 간략하지만 깊은 의미를 가진 문장을 통해 사실을 서술하는 것이 『춘추』의 주요 가르침이다."[1]라고 했다. …… 학자들이 『춘추』에 대하여 설명한 것을 보면, 날마다 일어나는 사건을 모으고 다시 그날그날을 모아 달(月)을 만들었다. 봄에 여름을 포함시키고 가을에 겨울을 포함시켰는데, 1년은 사계절이 되는 까닭에 여름과 겨울을 빼고 이 책의 명칭을 붙였다고 한다.

春秋家者, 其先出于三代. 案『汲冢瑣語』太丁時事, 目爲『夏殷春秋』. 孔子曰: "疏通知遠, 『書』敎也; 屬辭比事, 『春秋』之敎也." …… 又案儒者之說『春秋』也, 以事系日, 以日系月, 言春以包夏, 擧秋以兼冬, 年有四時, 故錯擧以爲所記之名也.[2]

유지기의 설명에 따르면 2,500년 전의 역사인 『춘추春秋』에서 이미 연월일별로 기사를 기록하는 일기·연대기가 시작되었다. 유지기가 사관史官으로 활동하던 당나라 고종·중종 무렵에는 아직 실록 편찬이 시작된 지 얼마 되지 않아 '실록가實錄家'라는 표현을 쓰지 않았지만, 아마 실록가는 성격상 춘추가에 속했을 가능성이 높다.

---

1 『예기禮記』 「경해經解」에 공자가 "어떤 나라에 들어가면 그곳의 문화 수준을 알 수 있다."라고 했는데, 그 주注에 나오는 말이다.

2 유지기 지음, 오항녕 옮김, 『사통史通』, 역사비평사, 2012, 「내편: 01. 역사가의 여섯 유파_六家」.

일기 형식은 기전체紀傳體의 본기本紀와 세가世家의 모습으로 남아 있다. 본기는 황제 단위로 서술되는 시대사인데 자연스럽게 즉위 전후의 사실부터 연대순으로 작성된다. 세가나 열전도 시기순으로 기록된다는 점에서 비슷하다. 기전체 역사서는 이렇게 중첩된 편년체 기록과 표表·지志 등의 특수사로 구성된다.

흔히 역사 기술 형식을 동일한 차원에서 구분 짓는데, 오히려 편년을 모든 역사 기술의 공통으로 보고 그 공통분모를 기반으로 기전체, 기사본말체記事本末體, 강목체綱目體 등의 변형이 일어난 것으로 이해하는 편이 합당할 듯하다. 이미 중국과 조선의 실록을 통해 충분히 살펴보았지만 동아시아 다른 나라에서도 실록은 보편적 역사 기술 양식이었다.

2) 월남과 일본의 실록

월남의 『대남식록』

현재 알려진 월남의 통사로는 『대월사기전서大越史記全書』, 『대남식록전편大南寔錄前編』, 『대월사기첩록총서大越史記捷錄總序』, 『여완연대黎阮年代』, 『여조사기黎朝史記』, 『어제월사총영御製越史總詠』, 『월감통고越鑑通考』, 『월사越史』, 『월사경越史鏡』, 『월사신약전편越史新約全編』, 『흠정월사통감강목欽定越史通鑑綱目』 등이 있다. 이 중 『대월사기전서』와 『대남식록』이 핵심으로 꼽힌다. 이들 역사서의 면모를 간단히 살펴보자.[3]

『대남식록』은 완阮(응우엔) 왕조(1802~1945)의 국사관國史館 사관들이 편

---

3 유인선, 「전근대 베트남人의 歷史認識 ― 黎文休와 吳士連을 중심으로」, 『동양사학연구』 73, 2001.

찬한 정사로, 완 왕조 역대 황제들의 식록寔錄과 역대 인물들의 기록인 열전으로 구성되어 있다. 식록과 열전 모두 '전편前篇', '정편正編'으로 나뉘어 있다. 전편은 식록이 13권, 열전이 6권으로서, 완 왕조를 세운 가융제嘉隆帝 (1802~1819) 전 시기, 즉 남북 대립기의 완주阮主 시대(1558~1777) 역사를 다룬 것이다. 정편이 전편보다 더 많은데, 정편 450권은 가융제의 건국 과정부터 (1778) 완 왕조 중기 9대 동경제同慶帝(1885~1888)까지의 역사를 서술했다. 열전정편은 초집 33권, 2집 46권이다.

『대월사기전서』는, 편찬자인 오사련吳士連(응오 씨 리엔)의 말을 빌리면 사마천의 『사기』를 모델로 삼았고, 홍방鴻庬 왕조부터 여黎(레) 왕조의 멸망(1789)까지를 편년체 형식으로 다룬 통사이다. 진陳(쩐) 왕조 성종聖宗 (1258~1278) 때인 1272년 여문휴黎文休(레 반 흐우)가 편찬한 『대월사기』를 기초로 여 왕조의 성종聖宗(1460~1497) 때인 1479년 오사련이 증보·개편한 것이 『대월사기전서』이다.

이렇게 보면 『대월사기전서』는 지금까지 이 책에서 살펴본 실록과 성격이 조금 다르다. 즉, 『대월사기전서』는 오사련이 지난 역사를 편찬한 것이므로 당대사인 실록과 차이가 있다. 또한 『대남식록』 역시 '전편'은 지난 왕조의 역사를 다룬 역사서이기 때문에 '정편'만 실록의 개념에 부합한다. 그러므로 『대남식록』에 국한하여 논의를 전개하기로 하겠다.

'식록寔錄'은 '실록實錄'과 같은 의미이다. 완 왕조의 2대 명명제明命帝 (1820~1840)의 황후 호씨胡氏의 이름에 '실實' 자가 들어 있기 때문에 이 글자를 피해 '식록'이라 했다. 월남은 완 왕조에 들어와 중국식 실록을 편찬하기 시작했고, 20세기에도 이어져 동아시아에서 가장 늦게까지 실록을 편찬했다. 『대남식록정편』은 1802년부터 1888년까지 80여 년간을 담은 실록이지만, 완 왕조는 1935년까지 실록을 계속 편찬했다. 사관들이 궁중과 정부의 공적 기록을 참고하여 편찬했기에 『대남식록정편』의 자료적 가치는 매우 높다. 그러나 베트남이 프랑스 보호국이 된 뒤로는 자주적인 서술이 어려웠다.[4]

참고로, 베트남 역사 자료는 베트남국립도서관에 소장된 한문 고전적 古典籍과[5] 미국에 소재한 베트남 놈 보존재단(Vietnamese Nom Preservation Foundation)의 디지털 버전이 있다.[6] 경經-사史-자子-집集의 체제로 분류되어 있는데, 놈 재단은 베트남국립도서관의 자료를 가져다 쓰기 때문에 『대남실록전편』의 경우 두 기관의 자료가 같다.[7]

『대남식록전편』 범례

1. 국초에 숙종효녕황제 이전에는 '공'이라고 불렀고, 세종효무황제 이후로는 '왕'이라고 불렀는데, 지금은 황제의 제도에 따라 모두 '상'이라고 부른다.

一. 國初自肅宗孝寧皇帝以前稱公, 世宗孝武皇帝以後稱王, 今從帝制俱稱上.

1. 국초에 기년紀年은 여 왕조의 연호를 썼는데, 지금 황제께서 정한 바에 따라 연호는 정통을 이은 이듬해에 각각 써서 원년을 시작한다. 여 왕조와 명나라·청나라의 연호는 그 아래 분주로 달아 세대를 징험하고 통기統紀를 밝힌다.

---

4 高柄翊, 「Ⅱ. 東아시아의 歷史 記述」, 『東아시아文化史論考』, 서울대학교 출판부, 1997, 150~154쪽.

5 http://hannom.nlv.gov.vn/

6 http://lib.nomfoundation.org.

7 주성지, 「베트남 관련 전근대 디지털 역사자료의 소개와 활용」, 『인문학연구』 33, 2017.

一. 國初年紀用黎年號, 今遵欽定萬年書各于繼統之明年起書元年,
而黎與明淸年號分注其下, 以徵世代, 明統紀.

1. 종통을 계승한 연도에는 아직 기원이 없으니, 그해의 나머지 달에 이루
어진 정사는 각각 본기의 맨 앞에 월별로 적는다.

一. 繼統之年未紀元, 其年奇零之月所行政事各于本紀之首按月書
之.

1. 기사는 월별로 하여 계절에 묶고, 계절은 연도에 묶는다. 혹시 기록할
만한 사건이 없으면 달이나 계절을 빼고 연차로 기록한다. 모든 사건은
날짜를 쓰지 않고 중대한 사건만 주의하여 날짜를 기록한다.

一. 紀事以月繫時, 時繫年. 其或無事可書, 則缺時月而紀年次. 凡事
不書日, 惟大事則謹而日.

1. 국초에 강역을 개척할 때 백성을 부유하고 편안하게 하면서 남쪽으로
내려와 차례로 점차 현재의 판도에 들어왔다. 지금 군대를 움직여 어느
지역에 진격하였고 어디에 군영을 세웠다면, 처음에 그 시초를 기록한
다.

一. 國初開拓疆宇, 富安以南, 以次漸入版圖. 今凡用兵進克某地, 立
某營府, 則書初誌其始也.

1. 본기 중 열성황제의 생일은 모두 제왕의 정통을 높여서 적는다. 후(황후)
의 죽음은 모두 '붕崩'이라고 쓰니, 황제의 제도를 따른 것이다. 황제가
황자일 때에는 후(황자비)의 죽음을 '훙薨'이라고 적으니, 존귀한 자에게
계통이 있기 때문이다.

一. 諸紀中, 列聖皇帝生日皆書尊帝統也. 帝后賓天皆書崩, 從帝制
也. 惟帝爲皇子時則后書薨, 統于尊也.

1. 국초에 남북으로 강역이 나뉘었고, 우리 열성이 여(레) 왕조(1428~1788)를

돕고 정(찐) 왕조(베트남 북부 왕조, 1545~1787)를 제압하였기 때문에 여(레)
와 정(찐)에 관한 모든 사실 가운데 우리와 상관있는 것은 모두 적는다.
본기 중 여(레) 황제는 모두 '붕崩'이라고 적고, 정씨는 모두 '졸卒'이라고
적는다. 여(레)에 대해 시역의 죄를 범한 정(찐) 왕실은 '사死'라고 적어서
그 죄를 바로잡는다.

一. 國初南北分疆, 我列聖扶黎制鄭, 故凡黎鄭之事, 與我相關者悉書
之. 諸紀中, 黎帝皆書崩, 鄭氏皆書卒. 惟鄭於黎有犯弑逆者, 則書死,
正其罪也.

1. 본기에서 정(찐)의 사건을 맨 앞에 적는 경우, 모두 여(레)의 사건을 이어
써서 그 참월을 허여하지 않는다. 북쪽 군병이 국경에 들어왔을 때는
오로지 정(찐)이라고만 적어 여(레) 황제의 뜻이 아님을 밝힌다.

一. 諸紀, 凡書鄭事於首見處, 皆繫以黎不與其僭也. 惟北兵入境, 則
專書鄭, 明其非黎帝意也.

1. 국초에 황제의 아들을 공자존실이라고 칭하였으니, 모두 국성國姓을 분
명히 드러낸 것이다. 지금 존귀한 족보에 따라 황자존실이라고 적는다.
흡택·영충·헌총 등은 모두 반역의 대죄를 범하였고 이미 존실보尊室譜
뒤에 부록되어 있다. 지금 다른 악행이 미처 드러나기 전에는 그대로
존실 및 범죄를 적되, 단지 그 이름만 적어 난적을 징계한다.

一. 國初皇子稱公子尊室, 皆明著國姓. 今從尊譜, 以皇子尊室書之.
惟洽澤渶忠憲聰等俱犯叛逆大罪, 已附錄於尊室譜後. 今於他惡未彰
之前, 仍書尊室及犯罪, 則只書其名懲亂賊也.

1. 고사나 기록에 신하들은 대부분 작함을 부르고 이름은 빼놓았다. 지금
고찰할 수 있는 경우는 그 이름을 갖추어 적고, 고찰할 수 없는 경우는
작호만 남겨둔다.

一. 故事誌錄諸臣多稱爵衛, 而缺姓名. 今就可考者, 備其姓名, 其不可考者, 存其爵號.

1. 진랍과 순성은 국초에 모두 우리의 속국이었으므로 고찰할 수 있는 전습과 세차 및 산천, 풍물은 모두 갖추어 적는다. 기타 여러 나라는 사실에 따라 드러낸다.

一. 眞臘順城在國初皆爲我屬國, 故其傳襲世次及山川風物有可考者, 皆備書. 其他諸國因事乃見.

1. 성이 빠진 이름 및 예속되어 바뀐 지명은 다 맨 앞에 나온 곳에서 주를 달고, 밝힌 뒤에는 또다시 달지 않는다.

一. 人名缺姓及地名更改隸屬, 俱於首見處註, 明後不復贅.

1. 묘호 등 존자와 글자가 같은 지명은 지금 이름을 따르거나 한 획을 줄인다. 인명의 경우는 모두 다른 글자로 고쳐서 공경의 뜻을 보인다.

一. 地名遇廟諱諸尊字或從今名, 或缺一筆, 至於人名, 皆改別字, 示敬謹也.[8]

명명제는 국사 편찬을 지시하고 실록 편찬을 위한 자료를 보관하게 했다. 그가 어떤 계기로 실록 편찬에 주의를 기울였는지는 알 수 없다. 어쨌든 명명제 시대에 이르러 궁중에 보관된 공식 기록인 '주본硃本'을 토대로 실록이 편찬되었다. 베트남이 유교 문화권에 속해 있었기에[9] 당시 명명제가 국사관

---

8 http://lib.nomfoundation.org/collection/1/volume/179/(大南寔錄前編 • Đại Nam thực lục tiền biên (q. 01~02) R.765 • NLVNPF-0143-01) pp. 23~25.

9 고병익, 「越南史에 있어서의 儒敎文化」, 『아시아의 歷史像』, 서울대학교 출판부, 1969.

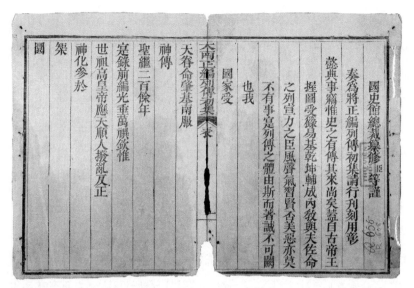

『대남정편열전초집』大南正編列傳初集

국사관國史館 총재편수總裁編修를 맡은 신하가 '옛날 제왕은 나라를 세우면 역사를 편찬하였다'는 취지로 역사서 간행을 상주하는 대목이다.

과 사관을 두어 『대남식록』을 편찬할 수 있었던 것 같다. 베트남의 실록 문화는 아직 학계의 연구가 미진하기 때문에 추후 연구의 축적을 기다려야 할 것이다. 조선실록과의 비교 연구도 흥미로울 것이다.

일본의 실록

일본 역시 중국 당나라의 실록 편찬 제도를 도입하여 실록을 편찬한 것으로 알려져 있다. 일본 율령국가는 첫째, 율령의 제정, 둘째, 국가 차원의 역사서 편찬, 셋째, 궁궐과 도성의 건설을 특징으로 한다.[10] 이 중 국가 차원의 역

---

10   송완범, 「'육국사六國史'의 편찬과 '일본율령국가'의 수사修史 사업」, 『일본역사연구』

사서 편찬, 즉 일본 최초의 관찬官撰 역사서로 일컬어지는 『일본서기日本書紀』 (8세기경) 이후 대체로 9세기 말에 '실록'이 나타나는데, 『일본문덕천황실록日本文德天皇實錄』 10권(879년)과 『일본삼대실록日本三代實錄』 50권(901년)이 그것이다.[11]

일본 실록, 특히 『일본삼대실록』은 육국사(『일본서기』, 『속일본기續日本紀』, 『일본후기日本後記』, 『속일본후기』, 『일본문덕천황실록』, 『일본삼대실록』 등 여섯 사서) 중에서 가장 충실하다는 평을 받고 있다. 실록은 칙명으로 신하들이 편찬했으며 군주의 즉위부터 연월일로 기록했다. 날짜는 간지를 썼다. 천문의 특이 현상을 기록하고, 주요 인물이 죽으면 조선왕조실록과 마찬가지로 '졸기'를 달았다. 실록의 내용이 상세하며, 기사가 없는 날이 많지 않다.[12] 그러나 중국의 기거주起居注나 조선의 사초史草처럼 체계적인 당대사 기사記事 과정이 있었는지는 불명확하다.

일본 실록은 현존하는 실록 중 가장 오래되고 분량도 많다. 안타까운 점은 이후로 일본에서 실록 편찬이 발견되지 않는다는 것이다. 단기적 관점에서 본 직접적인 이유로는 9세기 중반의 정치 상황 및 자연재해와 상관이 있을 것이다. 『일본삼대실록』이 887년 지진의 여파가 계속되는 8월, 고코光孝 천황이 급서하는 기사로 끝난다는 사실이 그런 추정을 가능하게 한다.[13] 길게 보면 아마도 봉건제의 지속이 영향을 미친 듯하다. 중앙집권적 율령국가

43, 2016, 35~38쪽.

11 松本芳夫, 『日本史學史』, 東京: 慶應通信, 1968.

12 高柄翊, 「II. 東아시아의 歷史 記述」, 『東아시아文化史論考』, 서울대학교 출판부, 1997, 124~129쪽.

13 송완범, 앞의 논문, 2016, 44~48쪽.

의 기록인 실록보다 봉건 가문의 문서가 더 중요해졌기 때문으로 보인다. 또한 한문보다 새로운 문자인 가나仮名를 많이 사용하면서 연대기보다 이야기식 역사 서술이 등장하게 된 것도 역사 편찬의 전통이 바뀌는 이유로 꼽을 수 있다.

일본 실록이 조선왕조실록처럼 엄격한 보관과 열람 규정에 따라 관리되었는지는 알 수 없다. 다만 여러 필사본이 있었을 것으로 추정된다. 임진왜란 이후에는 조선의 활자 기술을 도입하여 1669년, 1673년에 『일본문덕천황실록』과 『일본삼대실록』을 인쇄했다.[14]

3) 유럽과 이슬람의 연대기

연대기는 로마에도 있었다. 마르쿠스 바로Marcus Terentius Varro가 편찬한 243년간의 로마 연대기가 그것이다. 하지만 기원전 390년 갈리아인에 의해 기록이 다수 파괴되었다. 로마는 기원전 79년 루키우스 코르넬리우스 술라Lucius Cornelius Sulla Felix의 지시로 사투르누스Saturn 신전 바로 옆에 국립문서고(tabularium)를 신축했다. 늘어나는 서판(tabella), 즉 문서를 수납하기 위해서였다. 재무관의 검열이 끝난 문서는 국립문서고에 수납되었는데, 그 수납 문서들은 어떤 식으로든 분류되었을 가능성이 있다. 원로원의 국고 지출 결의, 표결에 부친 법안 및 발의자 명부, 민회의 의결, 계층별 국세조사(census) 장부, 인민의 부동산 등기부, 조세징수 청부계약서, 해외 사절 명부, 정무관 명부, 배심원단 명부, 속주의 재무행정 보고서, 국고 장부, 각급 정무

---

14 坂本太郎, 『日本の修史と史學』, 東京: 至文堂, 1956; 伊豆公夫, 『日本史學史』, 東京: 校倉書房, 1972.

관 업무 일지, 동맹국 명부 등이다. 이것들을 국립문서고에 보관할 때 문서의 출처나 유형보다는 실록처럼 단순히 시時 계열, 즉 연도별로 분류했을 가능성도 배제할 수 없다.

로마의 이상적인 황제상은 '일하는 황제'였다. 그 이상형에 가장 근접했던 마르쿠스 아우렐리우스Marcus Aurelius Antoninus 황제에게 스승 프론토가 충고한 황제의 임무란 '공공 집회에서 민중에게 여러 사안에 대해 연설하는 일, 법의 부당함을 바로잡는 일, 세상 구석구석에 편지를 쓰는 일' 등등이었다. 각종 문서를 읽고 서명하거나 글을 쓰는 일은 황제에게 매우 부담스러운 과제였다. 황제가 검토하고 처리하는 문서는 크게 두 종류였다. 하나는 회계 문서이고, 다른 하나는 속주민이 제출한 각종 민원서류였다.

로마제국의 기록은 연대기적으로 작성되었을 것이라 추정한다. 그러나 실록처럼 '열람이 배제된 구조'가 아니라 누구나 들여다볼 수 있는 개방적인 특징을 갖고 있었다. 이는 특별한 목적론적 신념에 따른 조치가 아니었다. 오히려 효율적인 관료제를 갖출 수 없었던 로마제국 행정 체제의 구조적 제약 속에서 취한 차선의 제도였다. 다시 말해 황제가 거대한 관료 기구 없이 직접 속주민의 민원을 처리해야 하는 방식 때문에 생겨난 특징이었다. "일견 거기에 소통이 있었고, 그것을 떠받치는 '열린' 문서 행정이 있었던 듯하지만, 그것은 쌍방이 공유한 신념의 산물이 아니라 그저 구조의 산물이었을 뿐이다."[15]

이러한 판단은 지금까지 실록을 접근하는 태도에 부응한다. 이 책은 실록에 대한 포폄이나 평가에 초점을 두지 않았다. 실록의 역사성을 묻고 싶

---

15 김경현, 「서기 1~3세기, 로마제국의 공문서 관리—아카이브 보관과 금석문 공시」, 『서양고대사연구』 42, 2015.

은 것이다. 로마의 기록 문화에서 확인할 수 있는 바는, 연대기는 존재했으나 '기록을 하여 경험을 남기되 (당대인에게) 공개하지 않는 방식으로 관료제의 긴장을 유지하며, 후대에 역사를 남기는' 실록의 방식이 발견되지 않는다는 점이다.

연대기적 역사 서술은 중남미에서도 발견된다. 그러나 이는 본래 거주하던 문명의 담당자들이 남긴 것이 아니라 원주민에 대한 식민주의자의 기록이었다.[16] 이 사례는 두 가지의 의미를 지닌다. 첫째, 두말할 나위 없이 연대기가 역사 기술의 보편적 양식임을 다시 한 번 확인할 수 있다는 점이다. 둘째, 연대기라는 단순하고 기초적인 역사 기술조차 얼마든지 편찬자의 관점이 개입할 수 있다는 점이다.

한편, 기록을 남기기는 하지만 연대기로까지 진화하지 못하는 경우도 있었다. 이슬람 문명권의 '문서청'이 그러하다. 사막에 근거지를 두고 있기 때문에, 도회 문화와 고도로 발달한 기술의 영향을 받지 않은 왕조의 경우 이 문서청이 왕권의 기초적 필요조건이 아니었다. 그러나 서기書記는 있었다.

> 서기는 겸양과 정의와 공평을 사랑해야 합니다. 또 비밀을 지켜야만 하고 어려운 상황에서도 충직해야 합니다. 장차 생길 재난을 미리 알 수 있어야 합니다. 사물들을 적절한 지점에 배치할 줄 알아야 하며, 불행도 담담히 받아들일 줄 알아야 합니다. 갖가지 학문 분야를 공부해서 그것을 숙지하고 있어야 합니다. 만일 그가 그것을 잘 모른다면 적어도 어느 정도라도 알고는 있어야 합니다. 타고난 지능, 훌륭한 교육, 남다른 경험 등을 통해서 서기는 사전에 자신에게 어떤 일이 벌어질지 알 수 있어야 하며, 스스

---

16 이종득, 「연대기에 나타난 역사서술의 문제점」, 『중남미연구』 36, 2017.

로 행동하기 전에 그 결과를 예측할 수 있어야 합니다.[17]

위 글은 압둘 하미드라는 서기가 동료 서기들에게 보낸 편지의 일부이다. 실록을 만드는 동아시아 사관에게 요구되던 '식견'과 '비밀 엄수'라는 덕목이 인류 문명에서 기록을 만들고 보존하는 이들에게 공통적으로 요청되었음을 알 수 있다. 특히 실록이 등장할 무렵, 당나라 유지기가 사관에게 요구되는 자질로 꼽았던 재능(才), 학습(學), 식견(識)이라는 '삼장지재三長之才'가 압둘 하미드의 편지에서 '타고난 지능, 훌륭한 교육, 남다른 경험'이라는 말로 똑같이 언급되고 있다는 점이 매우 흥미롭다.

2. 기록의 차원

1) 일기와 이야기 사이

일기의 평범성·원형성을 거듭 상기하자. 인간은 시간의 흐름 속에서 흔적을 남기고 산다. 그래서 흔적을 남길 때 연월일의 기록이 가장 편하다. 간단한 방법이 포괄적인 법이다.

긴 시간이 흐를 때, 역사는 '산출과 경험' 자체가 아니라 '전달·전수의 의무'라는 성격을 띠게 되고, 나중에는 '먼 과거에 대한 관찰, 이야기'의 성격을 띠게 된다. 이렇게 해서 '산출', '전달', '이야기'는 각기 다른 주체와 산출물을 갖게 된다.

---

17 이븐 할둔 지음, 김호동 옮김, 『역사서설─아랍, 이슬람, 문명』, 까치, 2003, 253쪽.

범주	기사–기록	전달–기록	이야기–기록
주체	나	나/자손	자손
	공무원	기록관/박물관/도서관	영화감독
	학생	캐비닛	역사학자
	과학자	번역자	분야사가
	언론	문서고	기업사가
산출	일기/편지	컴퓨터 파일	평전/자서전
	학급일지	족보	드라마/영화
	숙제	전시	교과서
	사진/동영상	전시 또는 폐기	논문
	공문	교사校史	게임
	신문, 방송	녹음, 홈피	

　　왼쪽부터 1범주, 2범주, 3범주라고 보면, 현재 학생들이 학교에서 가지고 공부하는 '교과서'는 전체 역사 중 가장 오른쪽에 있는 3범주에 속한다. 대학생이나 연구자가 읽고 쓰는 '논문' 역시 마찬가지다. '역사 기록'이라고 해서 다 같은 역사 기록이 아니다. 기록 일반뿐 아니라 조선왕조실록이라는 단일 기록에서도 동일한 차원이 발견된다.

범주	기록	전달	이야기
주체	사관	사관	역사학자
	관리	춘추관	소설가
	국왕	관청 문서고	감독
	선비	…	동호회

산출	사초	실록	역사 논문/저서
	상소	승정원일기	드라마/영화
	전교	각종 의궤	교과서
	공문	등록	지역 축제
	편지	집안 고문서	재현 행사
		정사正史	
		연보年譜	

흔히 역사 기록, 역사서라고 부르는 대상도 각각의 범주에 따라 성격
이 달라질 수 있음을 알 수 있다. 사초, 일기, 문서 등은 역사 기록(historical
records)으로, 논문이나 교과서의 형태를 띠면 역사서(historiography)로 보기도
한다. 기록의 차원에 대한 문제 제기는 아직 초보적인 수준이기는 하지만 '저
장기억'과 '기능기억'이라는 개념에서 생산적인 논의를 출발할 수 있다.

2) 저장기억과 기능기억

실용적인 차원에서 증거 삼아, 또는 기억을 '얼려두기' 위해 차곡차곡 쌓
아놓는 기록류를 저장기억이라 부르고, 교과서나 논문에 남아 있거나 내 머
릿속에 지금 탁 떠오르는 기억, 또는 그렇게 떠올리는 기억을 기능기억이라
고 부를 수 있다.[18] 저장기억은 비활성화되어 있으며 비교적 무념무상하게
불러줄 때를 기다린다. 19세기 역사 실증주의 시대에 니체는 이 저장기억을
역사학의 책무로 삼는 경향에 대해 '기억과 회상의 활기를 빼앗는 원흉'으로

---

18 알라이다 아스만 지음, 채연숙·변학수 옮김, 『기억의 공간』, 그린비, 2011.

보고 비판했다. 죽은 기록이 산 기억을 압도할 우려 때문이었을까?

앞에서 어떤 매체나 방식을 통해서든지 간에 경험을 적어 남기는 기록 행위(Documentation)와 그 기록을 통해 역사를 이야기하는 역사 서술(Historiography)을 구분한 바 있다. 이 구분에 저장기억과 기능기억을 대입해 보면 '기록 행위 = 저장기억', '역사 서술 = 기능기억'으로 볼 수 있을 듯하다. 대체로 근대 역사학 분과에서는 후자를 역사학으로 치고, 전자는 기록학·기록관리학·문헌정보학·도서관학이라는 이름으로 부른다. 한편 전통적으로 동아시아에서 '사史'는 기록 행위와 역사 서술을 통칭하여 부르는 말이었다. 이렇게 역사라는 개념 자체도 시공時空에 따라 차이가 있다는 점에서 '역사적'이다.

저장기억은 기능기억이 자칫 빠질 수 있는 왜곡과 위험을 교정하거나 줄여줄 수 있다. 국민국가의 기억인 국사교과서는 기능기억이다. 19세기 국민국가의 기억은 '만들어진 전통'이다. 마찬가지로 단군을 그토록 강조하는 것 역시 20세기의 현상이다. 조선시대에는 단군이 역사서에서 언급되기는 해도 '반만년 역사의 정체성'이라는 국민국가 코드로 작동하지 않았다.

저장기억은 대한민국 정부 수립일을 건국절로 삼으려는 시도나, 미국 역사에서 인디언, 여성, 비非백인 남성들을 배제한 채 가르치는 교과서 같은 기능기억의 편협성과 왜곡을 시정하는 풀pool이 된다. 필자는 몇 년 전 광해군에 관한 책을 쓰면서[19] 저장기억과 기능기억 사이의 상보 관계, 비판적 역사 서술의 새로운 가능성을 확인했다. 구체적인 사례이므로 여기서 되새겨보고자 한다.

조선시대 유일하게 활자로 간행되지 못하고 초고본으로 남은 비운의 실

---

19 오항녕, 『광해군, 그 위험한 거울』, 너머북스, 2012.

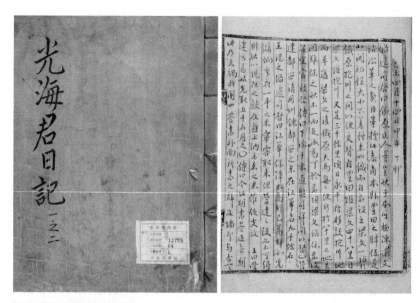

『광해군일기』 중초본 표지와 내지

왼쪽은 『광해군일기』 중초본 표지이다. 중초본이란 중간 단계의 초고본이라는 뜻이다. 광해군대부터 이어진 재정 악화가 인조대에 영향을 미쳐 『광해군일기』는 결국 활자본으로 간행되지 못하고 중초본 상태로 남게 되었다. 오른쪽은 광해군 11년(1619) 궁궐 공사를 주관하던 영건도감에서 강화에 있던 훈련도감의 군량미 5,000석을 공사비로 전용하는 내용이다.(광해군 11년 4월 14일)

록이 『광해군일기』이다. 광해군대 궁궐 공사 등으로 비롯된 재정 파탄은 거의 국가파산(state bankruptcy) 수준이었기 때문에 인조반정 이후 극심한 경제적 어려움을 초래했다. 그 여파는 실록 편찬에까지 미쳐서 비용을 댈 수 없는 지경에 이르렀다. 이미 살펴보았듯이 실록은 초초본 → 중초본 → 정초본 → 활자본의 단계를 거쳐 간행되는데, 『광해군일기』는 결국 활자화되지 못하고 중초본과 정초본으로 남게 되었다. 조선왕조실록 중에서 『광해군일기』는 광해군이 폐위된 까닭에 실록이 아닌 일기라는 이름을 얻었다.

학계뿐 아니라 일반인 대부분이 광해군의 민생 정책 및 중립외교론을 높게 평가해온 것에 반해, 필자는 조선시대 사람들이 보던 그대로 광해군이 혼군昏君이었다는 주장을 강하게 펼쳤다. 광해군은 선조 때 이미 합의되었던 대동법을 폐기했을 뿐 아니라 균등 과세를 위한 양전量田을 포기하고, 매관매직과 권력 전횡을 일삼았으며, 무엇보다 궁궐 공사로 인한 재정 파탄을 불러왔고, 그 결과 백성의 삶을 뒤엎었다. 그러므로 광해군은 외교에서 주체적인 전략을 세울 수 없는 처지였고, 그의 외교는 이런 무너진 내정에서 나온 기회주의에 불과했다.

필자의 견해를 반박하는 사람들의 논거 중 하나가 『광해군일기』는 반정이후 서인들의 의해 편찬되었기 때문에 왜곡된 측면이 있으며, 따라서 온전히 믿기는 힘들다'라는 주장이다. 필자로서는 그런 비판과 논란을 어느 정도 예상했기에 『광해군, 그 위험한 거울』에서 『광해군일기』의 사료적 성격을 먼저 언급했다.

> 이 점이 재미있는 대목인데, 광해군 재평가의 시조인 일제 식민사학자 이나바에서부터 최근 민족 통일의 비전을 줄 수 있는 존재로까지 광해군의 중립외교를 높이 평가하는 연구자들에 이르기까지, 이들이 참고하고 자신의 논거로 삼은 연구 자료의 90% 이상이 『광해군일기』였다. 이 말은 『광해군일기』에는 광해군을 비판할 수 있는 자료는 물론 광해군을 추앙할 수 있는 자료도 동시에 남아 있음을 의미한다.[20]

요컨대 『광해군일기』는 저장기억이다. 현실적인 중립외교를 추진하고 민생을 돌본 군주로 광해군을 추켜올리는 사람들도 대부분 『광해군일기』를 통

20 위의 책, 29~30쪽.

해 논거를 제시했다. 필자 또한 『광해군일기』를 통해 광해군의 외교는 기회주의 외교였으며 그것은 무너진 내치內治의 결과라고 주장했다. 이것은 『광해군일기』가 교과서나 논문과는 다른 성격의 역사, 즉 일기(실록)라는 성격을 갖고 있기 때문에 가능한 일이었다.

광해군의 외교정책이 '중립외교'라는 학계의 기능기억(=해석)을 필자는 『광해군일기』라는 저장기억(=사료)에 비춰 다시 광해군을 '혼군(어리석은 군주)'이라는 기능기억으로 수정하고자 한 것이다. 이것이 알라이다 아스만 Aleida Assmann이나 필자가 생각하는 저장기억과 기능기억의 상보 관계이다. 사료(사실)와 해석을 오가면서 차츰 역사적 진실에 도달하는 비판적 역사 서술의 가능성을 보여준 사례이다.

다시 한 번 말하지만 역사 기록이라고 다 같은 기록이 아니다. 일기나 편지에서 교과서와 논문에 이르기까지 역사 기록의 스펙트럼은 넓다. 전자를 주로 사료, 역사 기록이라 부르고, 후자를 역사서라고 부르기도 한다. 이런 스펙트럼을 고려하면 사실과 해석, 주관과 객관의 이분법을 넘어서는 데도 유용하다. 이를 저장기억과 기능기억에서 얻는 비판적 역사 서술의 가능성이라고 생각한다.

2장 실록, 연속과 단절

1. 아카이브 실록

1) 추안과 실록

실록은 성책成冊한 문서이다. 도서와 문서의 차이에 대한 검토를 기반으로 실록을 다시 근대 문서의 성격과 비교하면 좀 더 다른 차원에서 논의를 진전시킬 수 있다.

> 문서(records)로서 자격을 얻으려면 네 가지 기본적인 성격을 갖춰야 한다.
> 형식상의 지속성(static in form), 공신력(authority), 그리고 유일하고(unique),
> 진본다워야(authentic) 한다는 점이다.[21]

---

21 ICA, *The Management of Public Sector Records: Principles and Context*, p. 7, MPSR-A Study Programme, 1999.

여기서 형식·형태상의 지속성 개념은 문서의 등록謄錄 시스템하에서는 단순하게 대입하여 적용할 수 없다. 등록 과정에서 사초처럼 내용을 줄이거나 정리하여 옮겨 쓰면 되는 경우도 있지만, 추안推案처럼 형식과 형태가 달라지는 경우도 있기 때문이다. 추안은 변형되는 대표적인 사례이므로 살펴보고 넘어가자.[22]

추안이란 모반, 반역, 궁궐 저주 사건과 같이 조선시대 사회 기강의 유지와 관계된 범법 행위를 조사하던 추국청推鞫廳의 문서이다. 통상 '추안급국안推案及鞫案'이라고 부른다. 그러나 '추안급국안'이라는 표제는 문서를 보관하던 누군가가 써놓은 임시 표시이고, 문서의 본래 이름은 '추안(조사 문서)' 또는 '국안鞫案(국문 문서)'이다.[23]

추국은 일반적으로, 심문→ 진술→ 형신刑訊→ 재심再審→ 결안結案→ 조율照律→ 처형의 절차로 진행된다.[24] 추국청 공간에는 심문하는 자와 진술하는 자가 있다. 이들의 심문과 진술이 평면에 기록으로 남은 것이 추안 또는 국안이다. 다시 말해 추안(국안)은 3차원 시공간의 평면화라고 볼 수 있다. 그런데 문목問目이라 불리는 심문 내용 중에는 간혹 그 시점 이전에 작성된 국왕의 전교나 다른 진술자들의 구술이 실려 있다. 국왕이 직접 국문에 참여하는 친국의 경우에는 전교와 문목 사이에 시간적 차이가 없다. 이렇게 보건대

---

22 오항녕, 「조선시대 추안推案에서 만난 주체의 문제」, 『중국어문논역총간』 34, 2014.

23 『추안급국안』은 1983년 아세아문화사에서 30책으로 영인하였다. 규장각에 보관되어 있던 '추안급국안'(奎15149) 331책을 영인한 것이다. 해제에 따르면 추안과 국안은 "1601년(선조 34)부터 1905년(광무 5)에 걸친 약 300년간의 변란·도적·역모·흉소凶疏·사학邪學·당쟁·괘서掛書·가칭어사假稱御史·능상방화陵上放火 등에 관련된 죄인들의 공초供招 기록이다."

24 김우철, 「조선 후기 推鞫 운영 및 結案의 변화」, 『민족문화』 35, 2010, 207쪽.

추안에는 다양한 시공간이 혼재되어 등장하는 셈이다.

무신년(선조 41년, 1608) 2월 1일 선조가 세상을 떴다. 이튿날 광해군이 즉위했다. 선조는 광해군에게 동기들을 자신이 살아 있을 때처럼 사랑하고 혹시라도 틈이 벌어지지 않게 하라고 당부했다.[25] 그러나 광해군의 친형 임해군이 반역을 도모했다는 고발과 탄핵이 들어오자 2월 14일부터 이 사건에 대한 국문이 시작되었다.

맨 먼저 사헌부·사간원의 관원들이 임해군에 대한 처분을 요청했다.[26] 그에 따르면 선조가 승하한 뒤 발상發喪하기 전에도 임해군이 가병家兵을 지휘한 정상이 드러났으며, 궁가에 철퇴鐵椎·환도環刀를 들여갔다고 했다. 홍문관에서도 차자를 올려 재차 처벌을 요청하자 광해군은 마침내 임해군을 전라도 진도로 귀양 보냈다.

> 이진李珒을 진도에 안치하였다. 의금부에 전교하기를 "임해군 이진은 오랫동안 다른 마음을 품고서 사사로이 군기軍器를 저장하고 은밀히 결사대를 양성하여왔다. 그리하여 지난해 대행 대왕께서 편찮으실 때부터 적당賊黨들을 많이 모았을 뿐만 아니라 또한 많은 명장名將들과도 교결하여 무사들을 불러 모아 밤낮으로 불궤不軌의 일을 은밀히 도모하여온 것은 나라 사람들이 다 함께 분명히 알고 있는 것이다. 승하하신 날에 이르러서는 발상하기 전에 공공연히 그의 집을 나아갔다가 한참 시간이 지난 뒤에 달려 들어왔으니, 그 행적이 비밀스러워 가병家兵을 지휘한 정상이 현저하다. 이제

---

25 『광해군일기』, 즉위년 2월 1일(무오).

26 『광해군일기』, 즉위년 2월 14일(신미). 이로부터 15개월이 지난 광해군 원년(1609) 4월 29일에 임해군이 위리안치된 곳에서 목이 졸려 죽었다.

지척에 있는 가까운 곳에서 건물을 짓는다고 가탁하여 철퇴와 환도를 빈 가마니에 싸서 많은 수량을 반입하였으니 헤아릴 수 없는 상황이 조석에 박두해 있다. 음모가 발각된 뒤 도성 문밖에 유치시켜놓았으나 뜻밖의 환란을 차마 말하기 어려운 점이 있다. 따라서 지극히 가까운 형제라는 사정 때문에 고식적으로 용서할 수는 없다. 단서가 드러날 때까지 절도에 정배하라."

安置珒于珍島. 傳義禁府曰:"臨海君 珒久蓄異志, 私藏軍器, 陰養死士. 自上年十月大行大王違豫之時, 非但多聚賊黨, 亦多締結名將召集武士, 日夜潛圖不軌之事, 國人所共明知. 及至賓天之日, 未發喪之前公然出去, 其第移時, 始爲奔入, 其情迹綢繆, 顯有指揮家兵之狀. 今在咫尺之地托以營造, 鐵椎·環刀裏以空石多數入之, 不測之狀迫在朝夕. 陰謀旣露之後, 留在都門之外, 則意外之患有難忍言. 不可以至親私情而姑息容貸. 端緒現出間可絶島定配."[27]

광해군의 전교를 근거로 임해군 옥사의 추국이 열렸다. 이 전교는 고스란히 『추안급국안』에서 '문목', 곧 피의자에게 묻는 질문이 되었다. 이제 임해군 옥사가 기록된 추안을 보자.

① 원문

智順更白: 矣身主臨海君珒久蓄異志, 私藏軍器, 陰養死士, 上年十月, 大行大王違豫之時, 非但多聚賊黨, 亦多締結名將, 召集武士, 日夜潛圖不軌之事, 國人所共明知. 及至賓天之日, 未發喪之前, 公然出去其第,

---

27 『광해군일기』, 즉위년 2월 14일(신미).

『광해군일기』 중초본·정초본의
즉위년 2월 14일 기사

위는 『광해군일기』의 태백산본 중초본이며, 오른쪽은 정족산본 정초본으로, 모두 광해군 즉위년(1608) 2월 14일의 기사이다. 중초본은 초서로 기록되어 있고, 위 기사는 임해군 이진을 진도로 귀양 보낸다는 내용이다. (☞ 513~514쪽에 인용한 기사 참조) 정초본에는 중초본 내용 가운데서 전교 내용이 빠지고 "이진을 진도에 안치하였다.(安置珒于珍島)"라고 간단히 줄여 기록했다. 인조 초반에 실록을 편찬할 재정이 부족했기 때문에 『광해군일기』는 중초본·정초본 단계에서 편찬이 중지되었다. 아이러니하게도 그 덕분(?)에 조선실록 중 유일하게 중초본과 정초본을 구경할 수 있게 되었다.

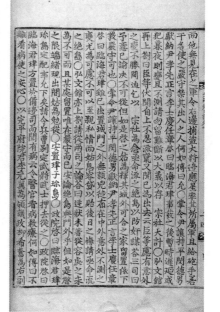

移時後始爲奔入, 其情迹綢繆, 有指揮家兵之狀. 今在咫尺之地, 托以營
造, 鐵椎環刀裹以空石多數入之, 不測之秋, 迫在朝夕, 以隨率親信奴子,
必知其陰謀兇計, 而非但鐵椎環刀裹入之事, 凡幹締結名將賊黨某某人
出入等事, 諱不直招, 元情刑問現推敎事. ○智順刑問一次訊杖三十度.
白等: 前招内無加減爲白乎事.[28]

② 번역문

지순智順을 다시 조사했다.(更白)

● 심문

너의 상전 임해군 이진李珒은 오랫동안 다른 뜻을 품어왔고 사사롭게 무기
를 감추어두었으며, 결사대를 몰래 길렀다. 지난해 10월 대행대왕(선조)께
서 편찮으실 때, 많은 역적의 무리를 모았을 뿐 아니라 이름난 여러 장수
들과 결탁하기도 했으며 무사를 불러 모아 밤낮으로 해서는 안 될 일을 몰
래 도모하였다. 이 같은 사실은 나라 사람들이 모두 분명히 알고 있다. 돌
아가신 날에 이르러서는 아직 발상하기도 전인데 공연히 자기 집으로 나
갔다가 얼마간 시간이 지난 뒤에야 비로소 달려 들어왔으니 그 뭔가를 꾸
미려던 흔적이 얽혀 있으며 가병을 지휘한 실상이 드러나 있다.

지금 궁궐과 아주 가까운 곳에 있으면서 건물을 짓는다고 핑계 대고 많
은 쇠몽둥이와 환도를 빈 가마니에 싸서 들여왔다. 흉측한 일을 벌일 시기
가 눈앞에 다가왔으니, 임해군이 거느리며 친하게 믿었던 종으로서 반드시
그 음흉한 계획을 알고 있었을 것이다. 쇠몽둥이와 환도를 싸서 들여온 일

---

28 『추안급국안推案及鞫案』, 아세아문화사 영인본 1책, 202쪽. 이 추국은 광해군 즉위년 2
월 19일에 열린 것으로 되어 있다.

뿐만 아니라 사건과 관련된 모든 이름난 장수 및 역적의 무리 누구누구가 드나들었는지 등의 일을 숨기고 바로 진술하지 않았으니, 1차 진술(元情)에 대해 매를 치며 심문하여 사실이 드러나도록 조사한다.

● 형신

지순에게 첫 번째 매질하며 물었는데, 매 30대를 때렸다. (白等) 앞서 진술한 내용과 다른 것이 없었다.

위 자료는 광해군 즉위년(1608) 2월 19일에 열린 추국으로, 임해군의 노복인 지순에 대한 심문이다. 이 추국은 2월 17일부터 시작되었으니, 19일 전에 먼저 1차 심문과 진술(元情)이 있었을 것이다. 지순은 임해군을 가까이에서 시중들던 사내종이었다. 그는 이후 한 차례 더 형신을 당했고, 압슬과 낙형까지 당하다가 3월 1일 물고되었다.[29]

앞서 지순에 대한 문목은 양사兩司가 논계한 내용과 같음을 지적한 바 있다. 그러니까 양사의 논계를 광해군이 그대로 인정하여 전교함으로써 문목으로 삼았던 것이다. 다만 양사의 논계에서 거론한 대상 인물인 '임해군 이진(臨海君珒)'은 추국의 과정에 심문 대상이 지순으로 바뀌었으므로 '너의 상전 임해군 이진(矣身主臨海君珒)'으로 수정되었다.

②의 번역문은 이런 변환을 해결하기 위한 편법이다. 원문의 '矣身'은 이두吏讀식 표기로 '의몸'으로 읽는다. 하지만 번역문에서처럼 '의몸(矣身)'이 '너'라는 2인칭 대명사로 쓰이는 경우는 없다. 위 번역문은 동일한 평면에 적힌 문서를 다시 복원한다는 취지에서 심문자와 진술자를 구별하여 표시한 것이다. 당연히 원문에는 '심문'이나 '형신', '진술'이라는 구분도 없다.

---

29   위의 책, 279쪽.

'의몸'에 대해서는 다음 네 가지 설명을 참고할 수 있다.

① 나, 자신, 본인, 저, 제 몸[30]

② 본인, 저, 제 몸, 나, 저, 저의[31]

③ 자기自己[32]

④-A 『대명률』 원문

강도의 주인이 모의를 했을 때, 그 몸이 같이 도적질을 하지 않았어도 훔친 물건을 나눠 가진 자는 참한다. 도적질을 같이 하지 않았고 훔친 물건을 나눠 갖지 않은 경우에는 장 100대를 치고 3,000리 유배를 보낸다.

凡强盜窩主造意 身雖不行 但分藏者斬 若不行又不分藏者 杖一百 流三千里.[33]

④-B 직해(한글 번역은 ④-A와 같음)

凡强盜矣主人亦生謀起揭爲在乙良 其矣身亦同行作賊不冬爲良置 藏物分用爲在乙良斬齊 同行作賊不冬爲旀 藏物分用不冬爲在乙良 杖一百遠流齊.[34]

위 설명에 따르면 '의몸'의 뜻은 1인칭 대명사인 '나(저)'와 3인칭 대명사

---

30 장세경, 『이두자료 읽기 사전』, 한양대학교 출판부, 2001, 297쪽.

31 최승희, 『韓國古文書硏究』(증보판), 지식산업사, 2006, 305·308쪽.

32 조선총독부, 『吏讀集成』, 1937.(국학자료원 영인본)

33 조선총독부 중추원, 『대명률직해大明律直解』, 1936. 제17 '盜賊窩主', 418쪽.

34 위의 책. 직해, 총독부 판본에는 '其矣'만 이두로 표시했으나 '身'까지로 보아야 할 듯 하다.

인 '그', 명사인 '자신(본인, 자기)'이다. 필자는 '의몸'을 1인칭 '나'의 낮춤말인 '저'로 볼 수 있는 아무런 근거가 없다고 판단한다. 오히려 ④의 사례에 나오는 '당사자, 본인'을 가리키는 명사로서의 자신(=자기, 저)이 합당하다고 판단한다. 명령자·심문자·진술자·보고자 등 화자가 여럿인 추국청의 심문 과정을 하나의 문서 위에 구현할 때, 즉 여러 문서를 하나의 책이라는 평면에서 기술할 때 나타나는 혼돈 또는 어려움이 바로 이와 같은 문제이다.

이러한 난점은 첫째, 문장부호가 사용되지 않았고, 둘째, 직접화법·간접화법의 구분이 다른 방식으로 나타난 데서 유래한다.[35] 문장부호는 '문장의 뜻을 돕거나 문장을 구별하여 읽고 이해하기 쉽도록 하기 위하여 쓰는 여러 가지 부호'를 말한다. 율곡 이이의 분재기分財記는 물론이거니와 선조의 한글 교서敎書로 알려진 문서에도 띄어쓰기나 문장부호는 전혀 발견되지 않는다. 1933년 조선어학회에서 한글맞춤법통일안을 제정하기 전까지 일제강점기의 편지에서도 현재 우리가 사용하는 마침표, 쉼표, 따옴표 등의 문장부호는 사용되지 않았다.[36]

조선시대 문서에서 왜 문장부호나 직접화법·간접화법을 적용하지 않았는가를 논하는 것은 또 다른 문제이다. 이 책에서 논하는 주제와 관련하여 중요한 점은 문서를 모아 책으로 만들어 보존하는 습관, 즉 성책의 관례에서 보면 형식·형태상 지속성의 개념은 문서의 특성으로 규정하기 어렵다는 것

---

35 '다른 방식'이라는 말에는 유보가 필요하다. 추안의 언어에 직접화법·간접화법의 원리를 어떻게 반영하고 있는지 언어학적으로 탐구되지 않았기 때문이다. 지금은 문서의 지속성이라는 주제와 관련해서만 추안 문서를 논구하는 중이다.

36 한글맞춤법통일안이 나온 뒤에도 일반 대중이 문장부호를 사용하는 데는 시간이 걸렸다. 필자는 1936년에 할머니가 친정에 보낸 한글 편지를 보관하고 있는데, 거기에는 띄어쓰기나 문장부호가 없다. 오항녕, 『기록한다는 것』, 너머학교, 2010, 116쪽.

이다.

같은 이유로 '유일성'의 개념도 성책 과정에서 의심을 살 수 있다. 사본이 생기기 때문이다. 그렇다고 공신력(authority)과 진본다움(authentic)이 손상되는 것은 아니다. 이 문제는 기록의 생애 주기(Life-Cycle) 개념 속에서 다루어야 한다.

2) 생애 주기의 동일성

등록이나 성책은 '형식의 지속성'을 전제로 한 일이 아니며, 문서의 규격이 일정하지 않고 보존 환경이 열악했던 시대적 제약 및 전란과 같은 예상 가능한 사회적 피해에 대비하기 위한 조치였다. 그러면 등록으로서의 실록은 'Archives'와 어떤 개념적·실제적 상관성을 갖는가? 다음의 정의를 보자.

> 역사 기록(영구보존문서, Archives)이란 꼭 현재 업무상 필요가 없어진 문서(records)만을 말하지는 않지만 대체로 그 필요성이 없어진 문서로, 지속적 가치(enduring value)를 지녔다고 판단되어 영구 보존(permanent preservation)을 위해 선별된 문서이다.[37]

위에 정의된 'Archives'와 실록을 비교하기 위해서는 먼저 실록 편찬 과정에 대해 살펴볼 필요가 있다. 우리가 주목하고자 하는 문제는 실록 편찬의 시점과 그 편찬 과정에서 이루어지는 문서의 처리 방법 또는 결과이다. 왜냐하면 'Archives' 여부는 위의 정의에서 보듯이 '어느 시점(즉, 대개 업무 활용이

---

37 ICA, *Managing Archives*, p. 5, MPSR-A Study Programme, 1999.

끝난 뒤)에 영구 보존을 위해 선별됨'으로써 결정되기 때문이다.

우선 앞에서 살펴본 시정기찬수범례에서도 알 수 있듯이, 의정부·육조·사헌부·사간원·홍문관·승정원 등 각 주요 기관의 문서는 춘추관에 이관되어 보관되었다. 이들 문서는 각 기관에 배치된 겸임사관(兼春秋)의 책임 아래 이관되었으며 '중요한 사안과 관련된(緊關)' 문서로 실록에 등재될 터였다.

사관의 사초도 실록 편찬의 중요 자료이다. 사관은 자신이 직접 목도하거나 국정에 참여하여 들은 내용을 기록했는데, 한 부는 춘추관에 보관하고 또 한 부는 집에 두고서 필요에 따라 첨가 기록했다가 실록을 편찬할 때 제출했다. 사초의 중요성은 세종 31년(1449) 사초 관리를 위한 6조목의 규정에서 확인할 수 있는데, 사초를 훔치거나 훼손한 경우 '제서를 도둑질한 죄를 다스리는 형률(盜制書律)'과 '제서를 폐기·손상한 죄를 다스리는 형률(棄毀制書律)'을 적용함으로써 국왕의 인가를 얻은 문서(制書)에 대한 범죄와 똑같이 간주하고 참형 등 신체형을 가함은 물론 그 자손의 관직 등용을 제한했다.[38]

이렇듯 춘추관과 사관의 집에서 엄격히 관리되던 사초를 포함한 시정기가 실록의 중심 자료인데, 그 실록을 편찬하는 시점은 국왕이 승하하고 다음 왕이 상례 및 선왕에 대한 배향공신配享功臣 책봉을 마친 이후였다. 이 시점에서 시정기를 비롯한 문서를 영구히 보존할 것인가의 여부가 결정되었다. 그 문서들은 실록을 편찬하기 이전까지는 매우 중요하지만 잠재적인 영구문서일 뿐이었다.

등록 과정에는 주로 예전에 사관을 지냈던 전임사관이나 겸임사관들이 참여하여 내용의 요약을 포함한 등록 업무를 담당했다. 이들의 평가(參量)에 따라 여러 문서 중 어느 것이 영구문서인 실록에 등록될지가 가려지고, 이후

---

38 『세종실록』, 31년 3월 2일(임오); 『중종실록』, 2년 6월 17일(기축).

등재되지 못한 사초나 문서는 세초를 함으로써 비밀이 누설되지 않게 하는 한편, 재생 종이로 활용했다. 이는 요즘과 다를 바 없는 폐기 과정이었다.

결국 실록 편찬이란 물리적으로 보면 편찬 자료(record material)를 영구 문서로 남길 것인가, 아니면 폐기(세초)할 것인가를 판단하는 처분 또는 처리(Disposal, Disposition)의 과정이다. 다만 문서의 생산이나 이관 이후 처리에 이르기까지 걸리는 기간은 국왕의 재위 연한에 달려 있었다. 물론 국왕의 사후 바로 편찬되는 관례는 조선시대에 정착되었으며, 고려시대에는 사후 4년 또는 18년 이후에 이루어지는 경우도 있었다.

조선 초 태종 9년(1409) 『태조실록』의 편찬 여부를 놓고 벌어진 논쟁은 사초 등 문서의 처리 일정과 관련하여 흥미 있는 사실을 보여준다. 즉, 실록 편찬을 국왕의 사후에 바로 하자는 의견과 바로 할 경우에 사초나 기밀문서가 누설되어 분란이 야기될 수 있으니 3대代가 지난 뒤에 하자는 의견이 대립한 것이다. 후자 쪽 주장은, 3대쯤 지나면 당대의 이해관계가 얽힌 사람들이 대부분 사망한 이후일 테니 사화史禍의 가능성이 없을 것이라는 이유에 근거했다. 이때의 논쟁은 재상이 실록 편찬을 주도하는 시대적 제약을 배경으로 벌어졌다. 그러나 사초 관리와 편찬의 엄격성 및 등록 업무의 사관 주도라는 제도적 장치가 확립된 이후에는 다시 일어나지 않은 논쟁이었다.[39] 이 문제는 근본적으로는 실록에 등재될 문서가 '잠재적인 영구 가치를 지닌 비밀 또는 비공개 문서'라는 데서 기인한다. 그러므로 최고 권력인 국왕의 간섭이 배제된 시기에는 문서 처리를 위해 일시적으로 꺼내어 편찬하는 편이 장기 보관으로 인한 문서의 손실을 초래하는 것보다 낫다고 판단했음이 분명하다.

이렇듯 요즘 관념으로 보아 책보다는 문서에 가까운 실록의 성격에 더하

---

39 이 책의 제3부 1장 '1. 사초 및 공문서의 수집' 참고.

여, 생산·이관에서 평가·처리까지 거친 영구보존문서로서의 실록은 앞서 살펴본 'Archives'의 정의, 즉 '영구 보존을 위해 선별된, 지속적 가치를 지닌 문서'의 하나로 판단된다.

실록은, 사초를 생산하거나 이관받고 문서 처리 과정을 거쳐 실록을 완성한 뒤 사고史庫(Archives)에 보존하여 관리하는 일을 맡은 사관(Archivist)이 아니면 열람할 수 없었다. 다시 말해 실록은 '영속적 기억(perpetual memory)'으로서 '공적 신뢰성(public faith)'을 가지고[40] 후대를 위하여, 더 정확히 말하면 해당 왕조 또는 국가가 망한 뒤의 사람들에게나 공개될 영구 보존의 비밀 기록인 셈이다. 이러한 실록의 성격은 조선시대에 생산·보존된 여러 'Archives' 중 '등록의 위계'로 설명할 수 있는 특수한 위상을 보여준다.

2. 실록, 역사학, 기록학

1) 실록: 국사의 반성

광주민주화운동이 한창 진행 중이던 1980년 5월 21일의 사건이 37년이 지난 2017년에 이르러 새롭게 드러났다. 헬리콥터에서 기총소사 장면을 목격했다는 바바라 피터슨Babara Dee Peterson의 증언, 폭탄이 장착된 전투기 부대에 출격 대기명령이 떨어졌다는 수원비행장 조종사의 증언이 그것이다.

---

40 Luciana Duranti, "The concept of appraisal and archival theory", *The American Archivist*, vol. 57, 1994. 듀란티는 로마법 관념에서 문서와 사실의 관계를 표현하는 '영속적 기억'과 'Archives', 그리고 그것이 기능하는 사회의 관계를 표현한 '공적 신뢰성'을 추출하여 'Archives'의 본질적 성격을 추론했다.

그 증언들에 대한 작전사령관의 반론도 제기되었다.[41] 11공수여단 상황일지에는 이날 '폭도들의 발포'가 행해졌다고 기록되어 있는데, 이는 광주 시민들에 대한 계엄군의 발포를 왜곡한 것이라는 사실이 이미 판결을 통해 밝혀졌다.[42] 계엄군이 육군과 공군 합동으로 광주 시민을 '적'으로 규정하여 공격하려 했던 정황이 처음 드러난 것이다. 문재인 대통령은 국방부에 '특별조사'를 명령했고, 국방부는 헬기의 발포를 인정하는 조사 결과를 발표했다.[43] 이로써 현대사의 한 장면이 좀 더 진실에 가까워지고 있다.[44]

이렇게 증언과 기록은 드러나지 않았거나 감추어진 역사를 우리에게 보여준다. 기록학은 바로 그 증언과 기록을 인류가 도달한 최선의 문화적·기술적 조건에서 생산-관리-보존-활용하는 임무의 이론과 실천을 탐구한다.

한동안 국가 차원의 공공 부문에서 기록 관리가 난맥상을 보여왔고, 기록학계는 문제 제기를 통한 저항의 한편에서 학문적·실무적 좌절을 경험하기도 했다. 대학, 마을 아카이브(기록) 등 민간 영역에 대한 연구 확대는 긍정적 요소였다. 기록학계가 자기 몫을 하는 주체로 성장하고 있음을 보여주는 실제적이자 상징적인 징표는 '416기억저장소'이다.[45] 사회의 가장 중요한 사건에 대한 본능적 대처였기 때문이다. 그만큼 기록자로서의 문제의식이 성숙했다는 의미로 볼 수 있다.

---

41 〈JTBC 뉴스룸〉, 2017년 8월 21일·22일·23일·24일 보도.

42 서울고법 1996. 12. 16 선고 96노 1892; 대법원 1997. 4. 17 선고 96도 3376 전원합의체 판결.

43 박정훈, 「국방부 5·18 특조위 "육군, 광주시민 향해 헬기 사격"」, 『오마이뉴스』 2018년 2월 7일.

44 박용필, 「'5·18 헬기 사격'. 증언과 기록으로 보는 진실」, 『경향신문』 2017년 8월 24일.

45 http://www.416memory.org/

문명과 사회의 일기라는 실록의 성격은 역사학과 기록(archives)의 문제를 다시 생각해볼 기회를 준다. 실록-기록 / 역사-기록 / 역사학-기록학 / 역사학과-기록학과의 관계를 성찰하는 일이 자연스럽게 과제로 떠올랐다.

　　길지 않은 한국 현대 기록학계의 역정 초기에 이미 "역사학과 기록 보존의 상호 의존관계라는 주제에 대해 아키비스트와 역사학자가 전문적인 직업적 통찰을 공유하는 데 도움을 주려는 목적"으로 논고들이 제출된 바 있다.[46] 이 논문들은 연구에 기록을 이용한다는 실질적인 차원에서 역사 연구와 기록의 관계를 다루었고, 아키비스트의 기록 선별과 가치 평가를 다루었다. 이어 기록학이 지니는 학제 간 협동 연구의 측면을 관리-보존-사료 인식의 측면으로 나누어 고찰하고, 사료 인식이 역사학의 사료학과 같은 범주에 속한다고 설명한 연구도 제출되었다.[47] 이 연구에서는 기록관리론에서 말하는 출처주의, 원질서 존중의 원칙과 집합적 기술의 원칙이 사료구조론과 조응한다고 적시했다. 현대 한국 역사학은 실록학(기록학)으로부터, 기록학은 역사학으로부터 어떤 지원과 동력을 받을 수 있을까?

　　다시, 실록은 일기라는 사실로 돌아오자. 실록은 역사가 기록을 남기는 데서 출발한다는 것을 보여준다. 그러면 역사학도 당연히 기록을 남기는 훈련이 기초가 되어야 한다. 그런데 한국에서 역사학과는 서양사학과 / 동양사학과 / (한)국사학과로 나뉘어 있거나 '사학과'로 존재한다. 중등교육도 한국사든 세계사든 '역사=국사'로 배운다.

46　이상민, 「역사를 위하여: 아키비스트와 역사가의 역할」, 『기록학연구』 6, 2002; 전명혁, 「기록과 역사 — 역사서술에서 기록물과 사료, 역사이론의 관계」, 『기록학연구』 11, 2005.
47　김익한, 「학제 간 협동연구로서의 기록학의 과제」, 『기록학연구』 9, 2004.

다음은 서울대학교 국사학과의 교과과정이다.[48]

- **언어 및 방법** 한국사 한문 강독 / 한국사 세미나 / 한국사 특강 / 한국사 논문 쓰기

- **시대사** 한국고대사 / 한국중세사 / 한국근세사 / 한국근대사 / 한국현대사 / 한국독립운동사

- **분야사** 한국사학사 / 한국과학기술사 / 한국상공업사 / 한국근세사상사 / 한국사회경제사 / 한국대외관계사 / 한국고대사상사 / 한국사와 멀티미디어

우리나라 대학은 사학과든 동양사학과나 서양사학과든 모든 커리큘럼이 위의 '국사학과' 커리큘럼에서 '한국'이란 글자만 빼고 거의 비슷하다. 쉽게 말해 현재 한국 역사학과는 역사교육 커리큘럼을 '국민국가사國民國家史'로 한정하고 있다.[49]

최근에는 기록학 개설이나 박물관학 개설 등 기초 분야를 교과과정에 편성하여 학부 과정에서부터 기록학에 대한 이해를 높이고 있는데,[50] 역사학계

---

48 http://koreanhistory.snu.ac.kr. 2015년(날짜 미상) 검색.

49 '국민국가사'는 19세기 국민국가의 형성과 함께 만들어진 '국사'이며, 계몽주의의 진보를 구현하는 대문자 역사였다. 우카이 사토시, 「르낭의 망각 또는 '내셔널'과 '히스토리'의 관계」, 코모리 요우이치 외 지음, 이규수 옮김, 『내셔널 히스토리를 넘어서』, 삼인, 1999. 대문자 역사와 진보사관은 태생이 같다. 이에 대해서는, 오항녕, 「통일시대 역사인식을 찾아서」, 김용옥 엮음, 『삼국통일과 한국통일 (하권)』, 통나무, 1994.(『조선 초기 성리학과 역사학』, 고려대학교 민족문화연구원, 2007에 재수록) 참고.

50 고려대학교 한국사학과 교과과정(http://koreahistory.korea.ac.kr/koreahistory), 2017년 8월 24일 검색.

의 이런 노력은 긍정적으로 평가할 수 있다. 그뿐만 아니라 서양근대주의 문화관에 대한 반성을 교과목의 목표로 제시하기도 하고, 영화나 드라마 등을 통해 본 역사와 역사 재현의 문제, 규장각 등 기록관의 역할을 다루는 강의도 개설되고 있다.[51]

그럼에도 불구하고 여전히 국민국가사 중심의 한국사가 주류인 만큼, 이런 상황에 대한 반성이 필요하다. 전국 거의 모든 대학의 역사학과(국사학과)는 고대사, 고려사, 조선사, 식민지 및 현대사로 교육과정이 꾸려져 있다. 서양사와 동양사 역시 국민국가사 또는 국민국가사를 모아놓은 지역사(예를 들면 유럽사, 남미사)를 교육과정으로 하고 있다. 대학이 위치한 지역이나 규모의 차이는 전혀 반영되지 않는다.

익히 알다시피 19세기 유럽 국민국가의 완성에 충실한 시녀 노릇을 했던 역사학은 국민국가의 정체성에 방해가 되는 기억을 지워버렸다. 예를 들어, 제주(탐라)나 바르셀로나, 오키나와에 대한 기억은 대한민국이나 스페인, 일본이라는 국민국가의 정체성에 별 도움이 되지 않으므로 빨리 지워버리고, 국사가 보여주는 기억으로 대체했다. '육지 사람들'이 잘 모르는 제주 사람들의 내밀성은 '대한민국'의 정체성을 중심으로 생각하는 국가주의자의 관점에서 볼 때 불순할 수 있다. 4·3 때 제주 인민들에게 보인 국가권력의 폭력에는 이런 의심이 숨어 있다고 생각한다. 바르셀로나에서 벌어지는 카탈루냐 분리·독립운동 역시 스페인 정부의 입장에서는 불온하다.

사람은 여러 차원의 역사를 만들며 살아간다. 가족은 인간이라면 피할 수 없는 공동체이고, 학교에 다니면 학교의 역사를 구성한다. 종교 생활을 하는

---

51 서울대학교 국사학과 교양교과(http://koreanhistory.snu.ac.kr), 2017년 8월 24일 검색.

사람은 교회나 절의 역사를 만들며, 지역의 구성원들은 또 자연스럽게 자기 고장의 역사를 만들기도 한다. 그러나 국사는 가족사에 대해 '봉건적'이라는 굴레를 씌웠는데, 가족사의 기록, 즉 족보는 여러 역사의 일부이지, 없앨 수 있는 것이 아니다. 그 외에 학교, 사회단체, 지역 등 곳곳에서 사람들이 만들어가는 역사도 학교에서 배우는 '역사교육'의 대상에서 빠져 있다. 간혹 뜻있는 역사 선생님을 만나 동아리 활동으로나마 접하는 행운을 기다려야 한다.

이런 현실은 또 다른 반동적 상황을 초래했는데, 바로 2016년 국정교과서 책동이다. 교육부—국사편찬위원회의 주도로 진행된 (한)국사교과서의 국정화는 그나마 여러 교과서를 놓고 선택할 수 있도록 했던 교과서검인정제도를 군사독재 시대로 되돌려 학생들에게 반공·군부독재 정당화 논리를 '주입, 세뇌'시키려는 술책이었다. 애당초 국사편찬위원회는 국정교과서를 만들기 위해 유신독재 시대에 만들어진 기관이었으니, 이러한 사태는 필연적인 측면이 있다.[52] 이른바 '교학사 교과서'라 불리는, 1천 군데가 넘는 오류로 인해 불량 교과서의 오명을 쓴 국사교과서를 2013년에 뉴라이트 계열에서 만들었다가 채택률 1% 미만이라는 수모를 당하자, 아예 정부 차원에서 국정화하겠다고 나선 것이다.

다행히 2016~2017년의 촛불시민혁명으로 박근혜 대통령이 탄핵당하고 정권이 바뀜으로써 국사교과서 국정화 책동은 저지되었다. 그러나 국민국가사의 동일성 회귀 본능이 남아 있는 한 국정화의 가능성은 항상 남아 있다고 보아야 한다. 이런 점에서 박근혜 정권의 국사교과서 국정화 책동은 역사학

---

52 오항녕, 「특집 총론: 독재 권력의 역사 기억 통제」, 『역사와 현실』 96, 2015; 오항녕, 「그을린 민족문화: 전유, 내면화 그리고 근대주의」, 『역사와 현실』 96, 2015; 김한종, 『역사교과서 국정화, 왜 문제인가』, 책과함께, 2015.

계에 끝나지 않은 숙제를 던져주었다고 할 수 있다.

2) 전통과 개념의 재구성

대체로 근대 역사학 분과에서는 이야기(역사)·사극·논문 등의 기능기억은 역사학이나 역사-소비 일반의 결과물로, 그리고 문서·일기·실록 등 저장기억은 기록학이나 기록관리학의 대상이자 결과물로 분류했다.

기록, 고문서, 사료 등 각기 다르게 부를지라도 'Archives'가 역사학의 바탕이라는 점에는 이론의 여지가 없다.[53] 기록 일반은 시공간의 제한을 받는 인간 경험을 잡아두고 영속화시키는 유일한 수단이기 때문에, 기실 역사의식에는 종교성이 담겨 있기 마련이다. 그런 까닭에 이미 오래전부터 '있는 대로 기록하고 지어내지 않는다(述而不作)'[54]는 명제나 사료비판史料批判(Quellenkunde)[55]이라는 용어가 역사학에 동반되어왔다. 이러한 상호 관계의 자명성과 더불어, 기록학의 관점에서 볼 때 주요한 몇 가지 역사학의 경험과 실천이 기록학의 근거를 이루고 있음을 확인할 수 있다. 이를 진본성眞本性(Authenticity), 출처주의(Provenance), 원질서(original order) 존중, 정리(Arrangement), 기술記述(Description), 평가(Appraisal) 등 기록학의 중추 개념을 통해 살펴보기로 하겠다.

---

53 규장각과 장서각을 'archive'라고 부를 뿐 아니라 고문헌관리학과의 고문서와 기록 모두 'archives'라고 부른다. 한국학중앙연구원 한국학대학원 인문학부 고문헌관리학(http://www.aks.ac.kr/univ/), 2017년 8월 25일 검색.

54 『논어』 「술이述而」.

55 Josef Hartman, "Urkunden", Friedrich Beck, Eckart Henning (Hrsg), *Die archivalischen Quellen*, BÖHLAU, 2004.

오늘날 전자기록이 일반화되면서 기록의 성격(품질, 자격)을 결정짓는 4대 요소가 강조되고 있다. 4대 요소는 진본성, 무결성(Integrity), 신뢰성(Reliability), 이용가능성(Usability)이다.[56] 이용가능성은 전자기록의 속성상 2바이트 기호를 읽어낼 수 있는 애플리케이션의 필요에서 유래한 속성이므로 비교적 근대의 개념이지만, 나머지 세 속성은 오래전부터 사료비판에 그 뿌리를 두고 있는 개념이다.

진본성은 '기록의 물리적 특징, 구조, 내용과 맥락 등을 포함하여 내적 외적 증거로부터 추론할 수 있는 기록의 품질로서, 어떤 기록이 위조되지 않은 원래 그대로의 것이며, 훼손된 바 없는 상태인 것을 지칭'하는 용어이다.[57] 즉, 진眞─위僞를 가르는 기준이 진본성이다. 쉽게 말해 '이' 『태종실록』이 조선 실록청에서 편찬한 것이 맞는지, '저' 『난중일기』는 이순신 장군이 쓴 일기가 맞는지를 따지는 일이다. 편지의 수결手決, 전교傳敎에 찍힌 어보御寶 등은 진본성을 확인하는 중요한 수단이다.

무결성은 그 실록이나 일기가 훼손·변조·손상되지 않고 기록의 아이덴티티를 유지하고 있느냐는 문제이다. 진본성이 생산자와 관계된 개념이라면, 무결성은 생산 이후의 관리·보존 단계에서 문제가 된다. 이를테면 사초를 홈

---

56 4대 요소는 「공공기록물 관리에 관한 법률」 제5조에도 명시되어 있다.(법률 제14613호, 공포일 2017. 03. 21, 시행일 2017. 09. 22.) "제5조(기록물관리의 원칙): 공공기관 및 기록물관리기관의 장은 기록물의 생산부터 활용까지의 모든 과정에 걸쳐 진본성眞本性, 무결성無缺性, 신뢰성 및 이용가능성이 보장될 수 있도록 관리하여야 한다."

57 한국기록학회, 『기록학 용어사전』, 역사비평사, 2008, 237쪽. 듀란티는 진본성을 법적·고문서학적·역사적 측면에서 논의하고 있는데, 이 책의 논의에서 보면 번거로운 천착穿鑿이라고 생각한다. Luciana Duranti, *Diplomatics: New Uses for an Old Science*, The Scarecrow Press, 1998, pp. 45~58. 역사학에서 보면 'authentic'은 'genuine'과 동의어이기 때문이다.

치거나 도려내거나 누설하거나(비밀일 경우) 지우는 행위가 이에 해당한다.[58] 일기가 전사傳寫되면서 수정·변개되는 것에 대한 검증[59] 역시 무결성이라는 주제에 해당한다. 실록도 수정·변개되는 일이 나타나지만, 일기 역시 원본에 글씨를 겹쳐 쓰거나 먹줄로 삭제하거나 아예 일기 전체를 후손이 다시 옮겨 쓰면서 변개되는 경우가 있다. 전자기록에서는 접근 제어 기능이나 로그인 흔적을 남기는 메타데이터를 통해 무결성을 유지할 것이다.

진본성과 무결성은 떼어놓고 생각하기 어렵지만, 간혹 무결성을 진본성에 포괄되는 개념으로 보아도 무방하다는 견해 역시 있다.[60] 그에 따르면, 진본성이란 그 기록이 만들어진 이래 어떤 조작이나 대체, 왜곡이 생기지 않았다는 점에서 바로 그 기록이라고 말할 수 있는 '속성'을 지닌다. 또한 진본성은 기록의 내재적 성격이 아니라 '정해진 장소', 예를 들어 절이나 공공시설, 창고, 기록관 등에서 보존되었다는 사실을 통해 그 기록에 부여된 성격이다. 진본성 개념은 보존 단계를 포함하며, 이 전제를 감안한다면 무결성이 포함될 수밖에 없다. 하지만 생산과 보존의 주체가 달랐던 역사적 경험,[61] 그리고 기록의 생애를 고려할 때 진본성과 무결성이 구분되지 못할 개념은 아니라고 생각한다.

신뢰성은 해당 기록에 담긴 정보가 믿을 만한 것인지를 말한다. 숙종조 갑술양전의 전결을 기록한 『비변사등록』의 내용이 믿을 수 있는지, 2017년

58 『세종실록』, 31년 3월 2일(임오).

59 이성임, 「『溪巖日錄: 1603~1641』에 대한 자료적 검토」, 『한국사학보』 57, 2014.

60 이 견해를 피력한 대표적인 사람이 듀란티이다. Luciana Duranti, *Ibid*, 1998.

61 동아시아의 경험에 대한 논의는, 오항녕, 『韓國史官制度成立史』, 일지사, 2009, 제I장 참고.

통계청의 인구센서스를 기록한 문서의 통계가 신빙성이 있는 정보인지를 묻는 것이다. 따라서 신뢰성이란 해당 기록이 증거로서 갖는 권위와 진실성을 가리키며, 그 문서가 자신이 말하고 있는 사실에 대하여 책임을 질 수 있는 능력을 가리킨다. 신뢰성은 문서가 '초안(drafts)'이든 '원본(originals)'이든 '사본(copies)'이든 모두 적용되는 개념이다.[62]

이렇듯 진본성, 무결성, 신뢰성은 사료비판이라는 이름 아래 역사 연구에서 일차적으로 맞닥뜨리는 주제이며, 사료비판 훈련의 첫걸음이기도 하다. 사료를 다루는 역사학자들은 이 세 가지 요소와 평생 씨름한다고 해도 과언이 아니다. 그런 까닭에 유지기는 역사 편찬에서 사료 수집의 적절성, 인습의 오류와 병폐, 직서의 전통과 모범, 곡필의 사례와 영욕 등을 서술하여[63] 역사 기록의 진위·왜곡·신뢰라는 핵심 주제를 강조했던 것이다.

동아시아 역사 편찬의 경험은 역사학뿐 아니라 기록학과 관련하여 흥미로운 단서들을 제공한다. 예컨대 실록을 놓고 학계에서는 대개 '역사서'라 하기도 하고, 편찬을 거쳤기 때문에 2차 사료라고도 하는 등 개념에 대한 정밀한 논의가 없이 사용하고 있다. 필자 역시 이런 애매한 태도를 취하기는 마찬가지였다.[64] 이같이 '전통시대 역사학'에 대한 '현대 역사학'의 모호한 이해는 기록학 개념을 대입하면 비교적 명료히 설명할 수 있다.

---

62 Luciana Duranti, "Reliability and Authenticity: The Concepts and Their Implication", *Archivaria* 39, SAA, Spring 1995.

63 유지기 지음, 오항녕 옮김, 『사통史通』, 역사비평사, 2012. 각각 내편內篇의 15장(사료 수집의 적절성_採纂), 18장(인습의 오류와 병폐_因習), 24장(직서의 전통과 모범_直書), 25장(곡필의 사례와 영욕_曲筆)이다. '역사학통론'·'역사학개론'인 『사통』이 보여주듯이, 동아시아 전통의 '사史'는 근대 역사학과 기록학이 합쳐진 개념이다.

64 오항녕, 「조선 전기 기록관리체계의 이해」, 『기록학연구』 17, 2008.

조선시대 의정부나 사헌부 등 각 관청에서 업무 활용이 끝난 문서는 폐기되거나 보존된다. 사관의 사초도 마찬가지라서 실록 편찬이 끝나면 세초하고 그 종이는 재생하여 다시 사용했다. 그러니까 사초의 운명은 애당초 '사라지게 되어 있는=폐기되는' 것이었다. 이런 점에서 '영구보존기록(archives)'을 종종 사초에 비유하는 것은 오류이다. 오히려 '영구보존기록'은 '실록'이라고 보는 것이 개념적으로 타당하다. 실록 편찬 과정에서 보면, 사초는 '평가(appraisal)'를 거쳐 폐기되지만 살아남은 사초는 실록에 '등록謄錄, 登錄(registering)'된다. 이를 조선시대에는 편찬이라고 불렀다. 편찬이라는 용어는 오해의 소지가 많은데, '등록'이나 '평가' 외에 기록학의 정리(Arrangement)도 포함한다.

실록 편찬에는 바로 이처럼 '평가'와 '등록'이 있기 때문에 '직서'의 문제가 생긴다. 여기서 '직서'는 진본성·신뢰성 개념과 관련이 있고, 이는 역사학에서는 '1차 사료'와 '2차 사료'라는 오래된 개념과도 관련이 있다. 그러나 실상 이런 구분은 그리 오래되지 않았다. 고작 19세기 말의 일이다.[65]

전통적으로 역사 기록의 생명이라 할 만큼 중시된 '직서'라는 말에는 두 가지 의미가 담겨 있다. 첫째, 자격이 있는 사람이 기록한 것이라는 의미이다. 흔히 인용되는 동호董狐와 남사南史는 직필의 상징으로, 각각 춘추시대 진晉나라, 제齊나라의 사관이었다. 남사는 "사실에 근거하여 그대로 썼다.(據實直書)"라는 평을 받았고, 동호는 "서법은 숨기는 일이 없었다.(書法不隱)"라는 평을 들었다.[66] 둘째, 그 기록이 변조·훼손되지 않은, 믿을 수 있는 기록이라는 의미가 함께 들어 있다.

---

65 E. 베른하임 지음, 박광순 옮김, 『역사학입문』, 범우사, 1988.

66 『춘추좌씨전春秋左氏傳』, 양공襄公 25년, 선공宣公 2년.

기록학의 '관할권의 승계와 지속(chain of Custody)' 개념에 비추어도 이러한 성격은 증명될 수 있다.[67] 앞서 말했듯이 사초는 원래 '산삭刪削(Appraisal)'을 거쳐 실록이 되거나 세초될 수도 있는 기록류이다. 실록 편찬 과정으로 가든지 세초 과정으로 가든지, 그 일은 공적 권위를 지닌 관원과 규정에 따라 진행되었다. 달리 말해 그 문서를 생산했거나 법적인 규정에 따라 그 문서를 관리하는 권한을 지닌 사람들, 즉 관할권(Custodianship)을 가진 사람들에 의해 수행되는 업무였다. 그 때문에 기록학의 관점에서 볼 때 실록으로 편찬된다고 하여 전혀 원본의 가치를 해치는 것은 아니었다.

실록을 '신사信史', 즉 '믿을 수 있는 역사'라고 부른 것은 이런 까닭이다. 실록의 영어 대역어인 'Veritable Records'도 그 같은 관점이 반영된 것일 수 있겠으나,[68] 필자는 'Authentic Records'가 기록학의 개념으로 접근한 실록의 대역어로서 좀 더 부합한다고 생각한다. 즉, 조선왕조실록은 '기록(영구보존기록, Archives)'이다.[69] 그 근거를 정리하면 다음과 같다.

첫째, 실록의 '찬수범례'에서 확인된다. 찬수범례 14조목(『정조실록』 편찬부터는 27조목)은 실록이 산삭을 거친 문서의 등록임을 보여준다. 둘째, 실록 편찬의 프로세스, 즉 활용 → 수집/이관 → 산삭(평가) → 등록 → 보존이라는 근대 기록학의 '생애 주기(Life-Cycle)' 개념과 일치한다. 셋째, 실록에 수록된 사평이나 졸기 등 '조사·연구'를 거친 기록들도 사관에게 부여된 공적 활동의

---

67 힐러리 젠킨슨(Hilary Jenkinson) 지음, 이상민·오항녕 옮김, 『힐러리 젠킨슨의 기록관리편람』(1937 재간), 정부기록보존소, 2003.

68 Peter H. Lee edit, *Sourcebook of Korean Civilization*(Vol. 1), Columbia University Press, 1993, p. 530.

69 O Hang-Nyeong, "An archival interpretation of the Veritable Records", *Comma*, Vol. 2008(2), 2010.

소산인 '공문서'라는 점에서 '문서'로서의 실록의 성격을 부정하는 것은 아니다. 넷째, 조선 후기 네 차례에 걸친 실록 수정(개수)에서 추론할 수 있는 실록의 성격이다.[70] 좀 더 구체적으로 말하면, 실록을 수정(개수)하면서도 원본과 수정본을 둘 다 남겨놓았는데, 이는 문화적 풍토나 품격의 문제로 말할 수도 있겠지만 오래 남길 만한 사회의 기록이라는 실록의 성격에 기인한 실용적 합의일 것이다.

이제부터는 기록학에서 말하는 정리(Arrangement)의 원칙인 출처주의(Provenance)와 원질서(original order) 존중의 문제를 살펴보자. 앞서 편찬은 등록과 평가-선별의 의미를 포함한다고 했는데, 그뿐만 아니라 정리의 의미도 포함하는 중층적 의미의 용어이다. '시정기'에서 그 사례를 확인할 수 있다. 시정기는 사관이 실록을 편찬하기 전에 사초와 타 관청의 문서를 모아놓은 것으로, 요즘 법제로 치면 기록관의 문서 정리에 해당한다. 일종의 파일링filing인데, 이 역시 '시정기 편찬'이라고 불렀다. 『승정원일기』를 편찬하는 과정에서 관리하는 전교축傳教軸도 등록의 하나였으며, 이 축軸을 만드는 파일링 과정 또한 편찬이라고 불렀다.[71]

출처주의와 원질서 존중의 원칙[72]은 현재도 고문서의 교육과 실제 정리에서 그대로 반영되고 있다. 한국사학계의 고문서학을 개척한 최승희는 애당

---

70 오항녕, 「당대사 실록을 둘러싼 긴장, 규율, 그리고 지평」, 『역사학보』 205, 2010.

71 명경일, 「정조대 전교축傳教軸을 통해 본 승정원일기承政院日記의 문서 등록謄錄 체계」, 『고문서연구』 44, 2014.

72 이 원칙들의 적용은 기록의 실제 상황과 사안에 따라 다를 수 있으나, 원칙 자체를 변용하지는 않는다. 정의正義의 관점에서 원칙의 적용을 논한 글로는, 이경래, 「과거사 집단기억과 '아카이브 정의' — 진실화해위원회 아카이브의 동시대적 재구성」, 『기록학 연구』 46, 2015 참고.

초 출처주의에 입각한 고문서학 개론이자 입문서를 펴낸 바 있는데,[73] 그는 문서의 발급자를 '강綱'으로 삼고, 발급자별로 수급자를 '목目'으로 삼아 분류하는 방식을 택하였다. 이를테면 국왕 발급 문서를 '강'에 둔 뒤 왕실, 관부官府, 사인私人, 서원書院 등 수급자를 '목'에 배치한 것이다. 비록 시안試案이라고 했지만 기실 공문서의 성격으로 미루어 가장 자연스러운 분류 방식을 택한 셈이다. 현재, '각사 등록各司謄錄'이라는 명칭으로 간행된 각 도道의 문서, 『승정원일기』, 『의금부등록』, 『충훈부등록忠勳府謄錄』 등 모든 문서는 출처주의에 입각한 것이다.[74]

한국학중앙연구원 장서각이나 한국국학진흥원 등 고문서를 수집·관리하는 주요 기관들도 가문이나 개인에게 기증받은 문서의 원질서를 지켜 보존하고 있다. 장서각은 고문서의 형태, 제목, 가문별 분류를 웹상에서 이미지로 제공하되, 서가書架의 관리와 보존은 출처인 가문별로 분류하고 있다.[75] 한국국학진흥원 또한 자료 유형, 주제, 연도, 지역별로 인터넷 서비스를 제공하지만, 서가와 기본 분류는 생산자 중심이다.[76]

이렇듯 '문서(records, documents)−기록(archves, manuscripts)−사료(史)', '직서直書/곡필曲筆−진본성(Authenticity)', '편찬−평가(appraisal)−감식鑑識',

---

73 최승희, 『韓國古文書研究』, 한국정신문화연구원, 1981.(지식산업사, 1989 증보판 재발행)

74 아키비스트의 다른 전문 영역과 마찬가지로, 출처주의에 대한 기록학계의 논의는 '이론적이라는 점에서 허전하다'. 외국의 논의가 비교적 충실히 소개되고 디지털 환경에서 어떻게 적용될 수 있는지에 대한 문제 제기는 이루어지고 있으나, 정작 한국 기록관리의 경험에서 피드백을 받고 있지는 못하는 실정이다. 설문원, 「기록관리 원칙의 해석과 적용에 관한 담론 분석 ─출처주의를 중심으로」, 『기록학연구』 52, 2017.

75 http://jsg.aks.ac.kr/(장서각 고문서, 고서자료열람).

76 http://yn.ugyo.net/(한국학자료센터 영남권역센터).

'편찬-정리(Arrangement)', '해제解題-기술記述' 등 지역과 시대에 따라 기표記表(signifiant)가 다르더라도 그 개념 및 의미 내용인 기의記意(signifié)는 같음을 알 수 있다. 출처주의와 원질서 존중의 원칙은, 'provenance', 'original order'라는 기표의 부재에도 불구하고—즉, 그런 표현을 쓰지 않음에도 불구하고—기록 관리 교육과 실무에서 거의 차이 없이 유지되었던 것이다.

사실 조선에서는 출처주의에 해당하는 말을 쓰지 않았다. 조선시대인들의 기록 관리 경험상 아마 '출처'라는 말을 쓸 이유가 필요하지 않았기 때문이라고 짐작한다. '출처'라는 말이 의미를 가지려면 기록이 출처가 아닌 '관리 방식'이나 '장소' 또는 '논리' 등 관리·보존상의 기준이 개입할 수 있을 때 가능한데, 이런 점에서 유럽 근대에 이 문제가 떠오른 것은 봉건사회에서 중앙집권국가로 바뀌는 제도 일반의 변화와 상관이 있을 것이다.[77]

'국민국가사'가 지배하는 현실에서 실록학의 관점에 따라 역사학과 기록학을 굳건히 결합시키려는 실험이 성공할지는 알 수 없다. 그러나 이러한 방향이 역사학이란 학문으로 하여금 '역사-인간'이라는 존재에 대한 이해를 '국민국가사' 중심의 (한)국사학과보다 더 촉진하고 심화하리라는 점은 의심의 여지가 없다. 어렵든 쉽든, 생소하든 익숙하든, 인간의 삶과 더 닿아 있기 때문이다. 동시에 관광이나 문화를 상품과 동일시하여 역사학 역시 그들 상품과 묶어 처리하는 개악이 버젓이 자행되는 대학의 현실을 고려할 때, 역사학이 자본과 시장의 논리에 매몰되지 않고 인간과 사회에 던지는 근본적인 질문을 토대로 마련된 교과라는 점이 분명해질 것이다.

---

77 양적으로 기록이 늘어나 마냥 쌓아둘 수 없다든지, 장소의 측면에서 장원莊園에 분산되어 있던 영주나 교회 기록이 정부 아카이브에 모인다든지, 논리의 측면에서 주제별 분류의 요구가 커진다든지와 같은 역사상의 시점에 문서 분류와 정리의 합리적 방법에 대한 감각이 예민해졌을 것으로 짐작된다.

기존 (한)국사학과와 달리 기록학은 상대적으로 풀어야 할 숙제가 적다. 그러나 기록학 대학원이 생겨 박사학위 소지자가 다수 배출되었음에도 전임 교수가 확보된 대학이 손꼽힐 정도라는 사실은 후속 세대 양성이 꼭 필요하다는 점에서 반드시 개선되어야 한다. 기록학 교육과정 내에도 심각한 결격 사항이 있다. 그것은 아키비스트의 가장 중요한 기능 중 하나인 기술(Description)의 문제이다. 기술이 없으면 기록의 구조와 내용을 알 수 없다. 이 때문에 국제기술표준인 ISAD(G)(General International Standard Archival Description)는 26개 기술 항목을 제시하여 기록의 계층에 따른 구조와 맥락 정보, 내용을 설명하도록 권하고 있다. 26개 기술 항목은 식별(참고 코드, 제목, 날짜, 기술 계층, 기술 단위), 맥락(생산자, 행정 이력, 기록 관리 이력, 수집 및 이관 자원), 내용과 구조(범위와 내용, 평가 및 폐기 일정 정보, 추가 기록, 정리 체계), 활용(접근 조건, 재생산 조건, 언어, 물리적 특성, 검색 도구), 관련 정보(원본 위치, 사본 위치, 관련 기술 단위), 주기註記, 기술 통제(기록 관리자 노트, 법령, 기술 날짜) 등 7개 영역에 배분되어 있다.[78] 상식적인 말이지만, 26개 항목을 다 채워야 하는 것은 아니다. 규격화가 아니라, 혹시 해당되는데 빠트린 것은 없는지 확인해주는 안전망이다. 아키비스트가 이 작업을 해주어야 기록을 찾는 사람들이 원하는 기록을 정확하고 빠르게, 그리고 원하는 만큼 찾을 수 있기 때문이다.

기술에 아키비스트가 개입함으로써 왜곡가능성을 우려하는 시각이 있다.[79] 이는 '역사는 해석이다'라는 일면적 관찰만 보고 우를 범한 것이라고 본다. 추국일기에 대한 '규장각의 해제'에서 보다시피(☞ 539쪽 도표 참조), '해

---

78 ICA, 1999. https://www.ica.org/sites/default/files/CBPS_2000_Guidelines_ISAD(G)

79 조민지, 「기록의 재현과 기록기술(archival description) 담론의 새로운 방향」, 『기록학 연구』 27, 2011.

				열람 신청	복제 신청[2]
서명【3.1.1】	推鞫日記		저자【3.2.1】	承政院(朝鮮) 編	
현대어 서명	추국일기				
청구 기호【3.1.1】	奎12795-v.1-30		간행 연대【3.1.4】	17世紀 中半~19世紀 末 (仁祖24年~高宗19年: 1646~1882)	
책수【3.1.5】	30冊	판본【3.4.3】 筆寫本(正本)	사이즈【3.4.4】	37.6×27.8cm (大小不同)	
본문【3.2 / 3.3】					

1646년(仁祖 24)부터 1882년(高宗 19)까지 惡逆罪人에 대한 推鞫의 내용을 요약한 책이다. 본래의 重罪人에 대한 供招記錄으로는 본 규장각 소장의 『推案及鞫案』(奎15149)이 있으며 본 일기는 이 『推案及鞫案』과 밀접한 관련을 가지면서 補完하는 성질의 것이라 할 수 있다. 朝鮮時代의 重罪人으로서 國王의 特旨에 따라 推鞫을 받는 부류는 變亂·逆謀·黨爭·邪學·凶疏·掛書·假稱御使·陵上放火 등이 지목되는데 다시 이들은 내용의 輕重에 따라 親鞫·庭鞫·推鞫·三省推鞫으로 구분되어 推罪訊問을 받게 되어 있었다. …… 또 이들 죄인에 관한 기록은 承政院의 刑房에서 관장하며 실제 진행은 義禁府에서 主掌하나, 刑曹·捕盜廳도 죄인의 체포나 심문에 관여하였다. ……

1) http://kyujanggak.snu.ac.kr(검색일: 2017년 8월 25일) 규장각, 원문자료검색, 추국일기(추안급국안).
2) 열람과 복제는 ISAD(G)의 3.4 접근 및 이용 영역에 해당되는데, 규장각 인터페이스에서는 해제 항목에 들어 있지 않고 따로 클릭하도록 되어 있다.

제=기술'에서 주관이 개입할 여지는 거의 없다. 오히려 우려되는 점은 기록관리자가 '해제=기술'을 작성할 능력이 있느냐이다. 국가기록원에서 총독부 문서를 재직 중인 아키비스트가 해제하지 않고 '기록학 훈련을 받지 않은' 외부의 연구자에게 의뢰하는 일이 타당한지, 손쉬운 성과를 낼 요령으로 정리-기술에 토대를 두지 않은 '콘텐츠 개발'에 몰두하는 일이 타당한지 생각해 볼 문제이다.

기존 역사학·문헌학에서는 '기술'이라는 말 대신 '해제解題'라는 말을 더 많이 써왔다. 대표적인 사례가 추국청의 기록을 해제한 경우이다. 각각의 해제 항목에 ISAD(G)의 영역과 항목 번호를 매겨보았다.([ ] 안에 고딕 서체의 숫자로 표시) 앞서 말한 7개 영역이 3.1~3.7까지 번호로 매겨지고, 26개 항목은 각 영역에 배분된다. 이를테면 내용과 구조 영역인 3.3에는 '크기와 내용'인 3.3.1부터 '정리 체계'인 3.3.4까지 번호가 매겨진다. 물론 26개 항목을 다 채울 필요는 없지만, 믿음직한 가이드라인이 되는 것은 사실이다.

이 해제에서는 책이라고 표현했지만 '추국일기'는 문서를 책 모양으로 정리한, 당시 표현으로 '성책成冊'했을 뿐인 추안推案으로서 범주상 아카이브에 해당한다. 필자로서는 이 해제에 동의하기 어려운 부분도 있고, 모범적인 해제라고 생각되지도 않는다. 추국일기의 사본寫本 여부, 생산자를 승정원이라고 볼 수 있는지 여부, "이들 죄인에 관한 기록은 승정원의 형방刑房에서 관장"한다는 서술의 타당성 등에 의문이 들기 때문이다.

ISAD(G)의 기술 요소를 학습한 뒤에 이 해제를 작성했다면 훨씬 이용자에게 도움이 되는 '해제=기술'이 되었을 것이다. 무엇보다 이 해제에는 계층별 기술 개념이 없다. 대개 어떤 반역 사건, 예컨대 임해군 사건이라 하면 그 사건에 연루된 죄인들의 진술이 각각의 문건(item)이 될 것이고, 어떤 죄인의 여러 진술들, 즉 문건들이 파일을 구성할 것이며, 그 파일들이 임해군 사건이라는 시리즈를 구성할 것이다. 기록군(record group)은 통상 추국청이 될 것이다. 기록학의 세련된 방법에 따르면 추국청-임해군 사건-하대겸河大謙(사건에 연루된 임해군의 처조카)-1차 진술서의 계층에 따라 기술=해제를 하는 것이 권장될 텐데 이 해제에는 그런 개념이 들어 있지 않다.

그럼에도 불구하고 이 해제는(ISAD(G)가 나온 1999년 전에 작성된 것인지, 후에 작성된 것인지는 모르지만) ISAD(G)의 기술 요소를 상당수 포함하고 있다.

짐작건대 도서관 서지정보 작성법을 원용했을 것이다. 아직 도서와 기록의 차이에 대한 이해가 적고 기록학이 간여하지 못했을 때의 해제일 가능성이 높다. 하지만 ISAD(G)의 영역과 요소의 번호에 따라 표시한 바대로 이 해제에는 기술의 여러 영역과 요소를 이미 포함하고 있다.

현재 국가기록원뿐만 아니라 기록학 대학원 교육에서 해제=기술에 대한 훈련이 외면당하는 현실은 아키비스트의 전문성에 심각한 위해라고 본다. 1998년 전후에 기록 전문가의 자격을 석사 졸업자로 했던 데는 기록에 대한 분석, 조사, 연구 능력이 갖춰져 있어야 한다는 전제 때문이었다. 기록 전문가로서의 전문성은 평가와 기술記述 영역에서 빛을 발한다고 해도 과언이 아닌데, 그 한 축이 불안하다. 기록학 연구에 평가와 기술에 대한 논의가 꾸준히 이어지는 것은 건강한 징후이지만, 외국 이론의 소개나 이론적 탐색이 아니라 실제 기록에 적용할 수 있는 논문이 더 많아졌으면 하는 바람이다. 아직까지는 선별 평가 영역도 교육과 실무에서 매우 취약한 편이다.[80] 기록학 대학원에서 규장각이나 장서각의 해제를 ISAD(G)와 함께 학습·실습하는 것도 한 방법이라고 생각하며, 실무에서는 기술 영역이 하루 빨리 제자리를 찾아야 한다. 해제=기술을 하지 않거나 할 수 없다면, 굳이 아키비스트가 대학원을, 아니 대학조차도 졸업할 이유가 없다는 말을 들을 수 있다.

중국 송나라 학자 주자朱子의 평전을 쓴 미우라 구니오三浦國雄는 주자 집안의 돌림자가 목화토금수木火土金水의 오행으로 되어 있음을 발견하고, 자신이 처음 이 사실을 찾아냈다며 좋아했다고 한다.[81] 하지만 전 14책의 『대한화사전大漢和辭典』이라는 명작을 남긴 모로하시 데쓰지諸橋轍次가 이미 그 사

---

80 최재희, 「국내의 기록물 평가론 연구 동향」, 『한국기록학회지』 11(1), 2011.

81 미우라 쿠니오 지음, 이승연·김영식 옮김, 『인간주자』, 창작과비평사, 1996.

실을 서술해놓은 것을 보고 '창견創見의 어려움'을 토로했다. 그런데 이는 주자 당대 사람들은 물론 조선시대 사람들도 다 알고 있는 상식이었다.

이 에피소드는 진본성을 강조하는 기록학자에게 시사하는 바가 크다. 진본에 대한 고민은 젠킨슨이나 듀란티에서 시작된 것도 아니고, 전자기록과 함께, 또는 2006년 공공기록법과 함께 시작된 개념은 더더구나 아니다. 이미 2천 년 이상 된 사학史學의 주제였으며, 그에 대한 이론과 방법이 역사학개론에 남아 있다. 이 책에서는 이런 취지 아래 진본성, 평가, 정리, 출처주의, 원질서 존중, 기술 등의 주요 기록학 개념을 역사-인간의 이론과 실천에서 살펴보았다.

사회가 복잡해지면 전문 영역이 생겨나게 마련이고 분업이 나타나는 것은 자연스러운 현상이다. 그런데 전문화와 분업이 소외를 촉진한다면 문제는 달라진다. 축구 경기에서 미드필더와 골키퍼의 역할은 각기 다르고, 그들의 기술 또한 포지션에 맞게 고도로 전문화되어 있지만, 상대편과 우리편은 구별할 줄 알아야 하고, 무엇보다도 멋진 경기가 되도록 함께 노력해야 한다는 사실을 너무도 잘 알고 있지 않은가? 하지만 기록학과 (한)국사학과는 그런 관심과 노력이 절실해 보이지 않는다. 아마 불투명한 미래가 종사자들의 마음을 무겁게 하는 것도 하나의 이유일 터이다. 그렇게 무겁게 만드는 원인이 무엇인지 따져보아야 한다. 더 걱정스러운 점은 두 학과(학문이 아니라)가 긴밀하게 연계되어 상호 발전시키는 모습을 보이지 못한다는 데 있다.

필자가 이렇게 생각하게 된 계기는 오래지 않은 일에서 비롯했다. 근래 '역사-인간'에게 초미의 쟁점이 되었던 중·고등학교 한국사교과서 국정화 책동, 그리고 박근혜 대통령의 탄핵 이후 벌어진 대통령기록 이관 논란 및 파기 사건과 관련된 역사학계와 기록학계의 대응이다.

박근혜 정권은 내내 총력전을 펴다시피 하면서 국정교과서 추진을 밀어

붙였는데, 이 과정에서 온갖 협잡, 은폐, 왜곡을 일삼았다. 심지어 교육부 자신이 검정한 교과서를 부정하는 자기모순도 마다하지 않았다. 그 과정에서 기억을 뒤틀었고 정보는 차단해버렸다. 이런 상황인데도 기록학계는 성명서를 내는 일조차 인색했다.[82] 이러다가 기록학 전공자들은 이라크 국립박물관을 미군이 폭격했을 때 발표한 성명서에 이름을 올렸던 ICA를 비웃을지 모르겠다. '기록관도 아닌데 왜?' 하고 되물으면서.

이명박·박근혜 정부는 집권 10여 년간 2008년 노무현 정부의 기록 관련 비서진 고발, '2007 남북정상회담 대화록'의 부당한 공개, 2017년 대통령기록물에 대한 황교안 대통령권한대행의 불법적인 지정, 박근혜 정부가 청와대 캐비닛에 버려둔 대통령기록에 이르기까지, 그동안 쌓아놓은 기록 문화를 폐기하다시피 방치하고 무시했다. 이 과정에서 기록학계는 성명서를 내고 기자회견을 갖는 등 분주했으나, 역사학계는 거의 아무런 대응을 하지 않았다. '2007 남북정상회담 대화록'의 유포에 심각한 우려를 나타내며 한국역사연구회가 발표한 성명서가 그나마 경종을 울렸을 뿐이다.[83]

역사학이 기록학의 손을 놓으면 토대가 흔들리고, 기록학이 역사학의 손을 뿌리치면 뿌리를 잃는다. 동지는 많을수록 좋다. 우리 앞에는 불길한 조짐과 새로운 가능성, 둘 다 놓여 있다.

82　그래도 희망적인 사실은, 2015년 10월 26일 "역사와 기록은 결코 분리될 수 없는 문제", "역사교과서의 국정화는 국가가 기억을 독점해 민주주의를 퇴행시키는 결과를 초래할 것"이라는 한국기록학회의 성명서가 발표되었다는 점이다. "정부는 역사교과서의 국정화에 앞서 당대의 기록부터 제대로 관리하라", 「역사교과서 국정화에 반대하는 한국기록학회 성명서」, 2015년 10월 26일.

83　한국역사연구회, 「전국의 역사학자들이 국민께 드리는 글」, 2013년 7월 4일. 한편 이런 사태에 고문서학회는 성명서를 내지 않고 침묵을 지켰다.

부록

현존하는 조선시대 실록청의궤의 목록
『현종개수실록』을 편찬한 뒤 작성한 의궤
『영조실록』을 편찬한 뒤 작성한 의궤

참고문헌
찾아보기

현존하는 조선시대 실록청의궤의 목록(15종)

의궤 이름	편찬 시기	책수	장서각	규장각
광해군일기찬수청의궤 光海君日記纂修廳儀軌	인조 12년 (1634)	1		14157
선조대왕실록수정청의궤 宣祖大王實錄修正廳儀軌	효종 8년 (1657)	1	2-3722(해)	14155, 14156
인조대왕실록찬수청의궤 仁祖大王實錄纂修廳儀軌	효종 4년 (1653)	1	2-3775(해)	14158, 14159
효종대왕실록찬수청의궤 孝宗大王實錄纂修廳儀軌	현종 2년 (1661)	1	2-3798(해)	14160
현종대왕실록찬수청의궤 顯宗大王實錄纂修廳儀軌	숙종 원년 (1675)	1	2-3795(해)	14161, 14163
현종대왕실록개수청의궤 顯宗大王實錄改修廳儀軌	숙종 6년 (1680)	1	2-3794(해)	14162, 14164
단종대왕실록부록찬집청의궤 端宗大王實錄附錄纂集廳儀軌	숙종 30년 (1704)	1		14153
숙종대왕실록찬수청의궤 肅宗大王實錄纂修廳儀軌	경종 원년 (1721)	1		14165~14168
경종대왕실록청의궤 景宗大王實錄廳儀軌	영조 8년 (1732)	1		19357, 19358
영종대왕실록찬수청의궤 英宗大王實錄纂修廳儀軌	정조 즉위년 (1776)	2	2-3772(해)	14172, 14173
경종대왕수정실록의궤 景宗大王修正實錄儀軌	정조 2년 (1778)	1	2-3691(해)	14169, 14170
정종대왕실록산절청의궤 正宗大王實錄刪節廳儀軌	순조 즉위년 (1800)	1	2-3787(해)	14174~14176
순종대왕실록청의궤 純宗大王實錄廳儀軌	헌종 4년 (1838)	1	2-3725(해)	14177~14180
헌종대왕실록청의궤 憲宗大王實錄廳儀軌	철종 원년 (1850)	1	2-3739(해)	14181~14183
철종대왕실록청의궤 哲宗大王實錄廳儀軌	고종 원년 (1864)	1	2-3738(해)	14184~14186

『현종개수실록』을 편찬한 뒤 작성한 의궤

서명	顯宗大王實錄改修廳義軌
표지제 한글 / 한자	실록개수청의궤 / 實錄改修廳儀軌
편저자 한글 / 한자	춘추관(조선) 편 / 春秋館(朝鮮) 編
표지기表紙記 한글 / 한자	적상산상赤裳山上
간행년(서기력)	肅宗 6年(1680)
판 사항	原本
종이 재질	저지楮紙
형태 서지	● 장정, 분량 : 線裝, 1冊(121張) ● 삽도, 판식 : 四周雙邊, 半郭 30.4×24cm, 烏絲欄, 半葉 15行 25字, 註雙行, 內向三葉花紋魚尾 ● 크기(세로×가로) : 48.7×31cm
인기(印)	奉使之印, 茂朱赤裳山史庫所藏朝鮮總督府寄贈本, 李王家圖書之章
청구기호	K2-3794
소장처	한국학중앙연구원
MF	MF35-544

『현종대왕실록개수청의궤』는 숙종 6년(1680)부터 숙종 9년(1683)까지 이루어진 『현종실록』의 수정 작업, 즉 『현종개수실록』 편찬에 관한 논의, 편찬 경과, 참여 인원, 소요 물품 등을 기록한 의궤이다. 목차는 따로 작성하지 않았으나, 시일時日・편찬관명단編纂官名單・편찬사목編纂事目・이문질移文秩・감결질甘結秩・실록의궤사목實錄儀軌事目 등의 구성은 다른 의궤와 동일하다.

숙종 6년에 경신대출척이라 불리는 정국 변동으로 남인이 실각하고 서인이 정치 주도 세력으로 등장했다. 그들은 남인이 편찬한 『현종실록』의 공정성에 의문을 제기했고, 마침내 실록을 수정해야 한다는 여론이 형성되기 시작했다. 그해 7월 판교判校 정면鄭勔은, 지난날 『현종실록』 편찬을 담당했던 허목許穆, 총재관 권대운權大運, 대제학 민점閔點 등이 '임금을 업신여기고 부도(無君不道)한 마음'을 갖고 있었으며, 이는 중국 송나라 때 왕안석王安石의 일기日記만을 가지고 『유릉실록裕陵實錄』, 즉 『신종실록神宗實錄』을 편찬하여 옳고 그른 것이 제대로 전해지지 않은 것과 마찬가지라며 『현종실록』 편찬 과정을 비판하면서 진관陳瓘이 『신종실록』의 수개를 청했듯이 『현종실록』 개수를 청했다. 실록 개수의 전례로는 광해군 때 이이첨李爾瞻 등에 의해 편찬된 『선조실록』을 인조반정 이후 이식李植 등이 수정했던 일을 인용했다.

곧바로 대신들의 논의를 거쳐 춘추관 영사春秋館領事 김수항金壽恒 등이 실록 개찬을 공식 거론했다. 이어 총재관에 김수항, 당상관에 이단하李端夏·이민서李敏敍·김만중金萬重, 낭청에 이현석李玄錫·최석정崔錫鼎·윤경교尹敬敎 등 8명을 임명했다. 『숙종실록』에는 이 편찬관 임명이 이듬해 숙종 7년(1681) 5월 22일에 나와 있지만, 시간적 전후 관계로 보아 『숙종실록』의 오류인 듯하다. 개수를 맡을 담당관을 임명한 뒤에는 담당 관청을 '실록개수청'이라 하고, 형조와 공조에 편찬실을 둔다는 등의 내용을 담은 실록개수청사목 10개 항을 정했다.

개수를 위해 『현종실록』을 이봉移奉했는데, 이미 편찬 뒤에 사초 및 시정기를 세초해버렸으므로 자료 확보가 문제였다. 이는 의궤에서 확인할 수 없고, 『숙종실록』 해당 기사에는 '기해년(1659, 현종 즉위년)부터 갑인년(1674, 현종 15년)까지 사관이 사사로이 간수하고 있는 초본草本을 수납'하도록 해서 필요한 자료를 확보했던 것으로 되어 있다. 이런 점에서 찬수범례는 당초 『현종실록』의 경우와 같을 수 없는 조건이었다. 그럼에도 개수범례는 이전 실록 편찬 때와 마찬가지로 14개조를 준용했다. 분판粉板에 등록謄錄하여 인출에 필요한 배자排字로 삼을 등록 작업을 위해 등록 낭청에 이언강李彦綱·이굉李宏·윤덕해尹德骇 등 8명을 임명했다. 이후 별단別單으로 윤세기尹世記·김구金構·김만길金萬吉 등 8명을 임명하는 등 별단에 의한 인사는 계속되었다.

숙종 9년(1683) 3월에 실록을 춘추관에 봉안하고 의궤를 작성했는데, 의궤도 수정한다는 생각을 가지고 만들었다. 통례대로 의궤 5건과 형지안形止案 5건을 작성하여 사고에 보관하는 등의 내용을 담은 7개 항의 의궤사목에 따랐다. 참여 인원에 관한 정보는 총재관 이하 도청의 당상관과 낭청 및 등록 낭청의 재임 기간을 수록했고, 임명 또는 교체된 날짜는 따로 적었다. 이때 각 방의 관원에 대한 기록이 없는 것으로 보아 『현종실록』의 개수는 각 방으로 나누지 않고 진행되었던 것 같다. 이문질移文秩과 감결질甘結秩에는 실록청에 필요한 인력의 동원과 물자 조달을 위해 보낸 협조 공문이 모아져 있다. 권말에는 총재관 김수항과 당상관 신정申晸·이민서·이익상李翊相·김만중, 도청 낭청 김진룡金鎭龍·오도일吳道一·이세백李世白·이여李畲·서종태徐宗泰 등 10명의 명단이 부기되어 있다.

『영조실록』을 편찬한 뒤 작성한 의궤

서명	英宗大王實錄廳儀軌
표지제 한글/한자	실록청의궤 / 實錄廳儀軌
편저자 한글/한자	영종대왕실록찬수청(조선) 편 / 英宗大王實錄纂修廳(朝鮮) 編
간행년(서기력)	正祖 5年(1781)
판 사항	原本
종이 재질	저지楮紙
형태 서지	● 장정, 분량 : 線裝, 不分卷2冊(각 104張 119張) ● 삽도, 판식 : 四周雙邊, 半郭 40.4×23.8cm, 烏絲欄, 半葉 15行 26字, 註雙行, 內向二葉花紋魚尾 ● 크기(세로×가로) : 50×31cm
인기(印)	奉使之印, 茂朱赤裳山史庫所藏朝鮮總督府寄贈本, 李王家圖書之章
청구기호	K2-3772
소장처	한국학중앙연구원
MF	MF35-543

『영종대왕실록청의궤』는 정조 2년(1778)부터 정조 5년(1781)까지 『영조실록』을 편찬하는 과정과 참여 인원, 소요 물품 등을 기록한 의궤이다. 분권하지는 않았지만 상·하 2책으로 작성되었다. 규장각에는 어미魚尾의 위치 등 판형이 다른 것도 있다. 현재의 『영조실록』이라는 명칭은 고종 26년(1889)에 영종을 영조로 추존하면서 달리 부르게 된 것이다. 의궤 처음에 '건륭 41년 7월 일乾隆 四十一年 七月 日'이라고 쓰여 있는데, 이는 처음 『영조실록』 편찬 논의가 시작된 시점을 말하는 것이지, 의궤를 필사한 시점은 아니다.

내용은 산절철등록刪節廳謄錄·실록청사목實錄廳事目·실록찬수청등록實錄

纂修廳謄錄·개찬수등록改纂修謄錄·교정청등록校正廳謄錄·교수청등록校讎廳謄錄·총재관찬수교정교수당상낭청병록摠裁官纂修校正校讎堂上郎廳並錄·인역공장印役工匠 및 제구諸具·이문질移文秩·감결질甘結秩·내관질來關秩·각방등록各房謄錄·별공작등록別工作謄錄 등으로 구성되어 있다. 정조 원년(1777) 5월 김상철金尙喆을 실록청 총재관으로 삼았지만, 막상 실록청이 개설된 것은 이듬해 2월에 이르러서였다. 이유는 두 가지인데, 하나는 『경종실록』 수정에 관한 문제가 제기되었기 때문이고, 또 하나는 실록의 편찬 자료에 대한 견해를 놓고 논란이 벌어졌기 때문이었다.

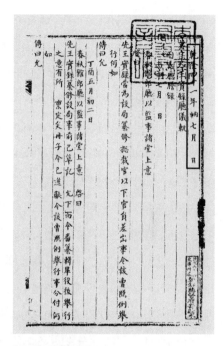

「영종대왕실록청의궤」

처음(표시한 곳) 나오는 '乾隆 四十一年 七月 日'은 의궤를 만든 날짜가 아니다. 건륭 41년은 정조 즉위년(1776)으로, 『영조실록』의 편찬 논의가 이루어진 시점이다.

　　『경종실록』의 수정 작업은 『영조실록』의 편찬과 함께 진행하도록 했다. 한편, 실록 편찬의 주된 자료에 대한 논란은 문제가 심각했다. 발단은, 김상철이 『승정원일기』를 참고로 실록 편찬을 하겠다고 하자 병조 판서 채제공蔡濟恭이 "포쇄관으로 있을 때 시정기를 보았는데, 『승정원일기』만 못하였다." 하고, 또 "『숙종실록』을 본 적이 있는데 한 사람의 논단論斷이 일관되지 않았다. 시비가 공평하지 않은 것이 이와 같으니, 믿을 만한 역사라고 하기에는 부족하다."고 첨언했고, 이로 인해 정조가 실록의 신빙성에 의문을 제기하면서 논란이 시작되었다. 사관인 대교 임석철林錫喆, 검열 김면주金勉柱는 채제공을 정면으로 비판하고 나섰다. 사관의 기록을 믿을 수 없다는 말은 곧 실록 편찬의 근저를 뒤흔드는 일이었기 때문이다. 이 사건은 채제공을 종중추고從重推考·삭직削職하고, 임석철과 김면주도 파직하는 것으로 마무리되었다. 그런데 이 일은 영조 17년(1741) 한림 자천제를 당론의 온상으로 여겨 자천제가 아닌 권점에 의하여 한림을 선발하게 될 때 이미 실록의 일차 자료가 되는 사초의 신뢰도가 손상받고 있었다고 보아야 할 것이다.

이런 흐름 속에서 한림의 사초보다 『승정원일기』가 더 풍부하고 정확한 내용을 담고 있다는 인식이 형성되었고, 정조가 실록을 부정하지는 않았지만 실제로는 『일성록』 편찬에 더욱 힘을 쏟고 『일성록』에 사실상의 '국사' 지위를 인정하는 일련의 상황이 이해될 수 있다. 정조 이후 『일성록』의 공정성에 대해서는 별도의 연구가 이루어져야 하겠지만, 적어도 정조 이후 실록에서 『일성록』으로 조선의 국사 편찬 시스템이 전환되고 있었던 점은 매우 중요한 사회 변화의 역사적 반영이다.

정조 1년(1777)에도 도청 및 각 방 당상을 임명하고 공조와 사역원에 실록청을 둔다는 등의 실록청사목 7개 항을 정하였다. 정조 2년 2월 실록청을 설치한 뒤, 정조는 "실록은 이미 역사의 이름이고 춘추도 역사의 이름이니, 지금 '실록'이니 '춘추'니 함으로써 관제는 짜임새가 없어지고 관직명은 중첩되는 문제점이 있다."라고 하여, 그 직명을 2품 이상은 지실록사知實錄事·동지실록사同知實錄事라 하고, 3품 이하는 실록수찬實錄修撰·실록편수實錄編修 등의 관직을 품계 임명하는 것으로 정식을 삼았다. 찬수범례는 14개조로 이전의 그것과 동일하다. 찬수가 끝난 정조 4년(1780) 4월에 교정청을 두어 교정 작업을 시작했으며, 이와 함께 분판 낭청을 두어 간행에 대비했다. 이듬해 7월에 『영조실록』이 완성됨과 동시에 의궤사목 7개 항을 정하여 의궤를 정리했다. 총재관 이하 당상·낭청 사일별단仕日別單에는 재임 일수가, 원역員役에는 서리書吏 이하 편찬에 참여한 사람들의 명단이 작성되어 있다. 하책下冊에는 각 당상·낭청의 재임 시기 및 이문移文·감결甘結·내관來關 및 각 방의 등록이 실려 있는데, 각 방별로 낭청의 취임 일자 및 재임 기간이 따로 적혀 있다. 권말에는 의궤당랑儀軌堂郎으로 총재관 정존겸鄭存謙 등 4인의 명단이 첨부되어 있다.

　『영조실록』이 『경종실록』의 수정과 함께 진행되었기 때문에 『영조실록의궤』는 그 자체의 사료 가치와 함께 매우 빈약한 『경종수정실록의궤』를 보완하는 부가적 가치도 지니고 있다.

참고문헌

참고자료

(웹) 조선왕조실록 http://sillok.history.go.kr/main/main.do

(웹) 승정원일기 http://sjw.history.go.kr/main.do

(웹) 일성록, 규장각 원문자료 검색

(웹) 내각일력內閣日曆, 규장각 원문자료 검색

金正浩, 『大東地志』, 규장각 영인본.

『國朝寶鑑』

『高麗史』, 아세아문화사 영인본.

『高麗史節要』, 고전간행회 영인본.

『大典會通』, 규장각 영인본.

『實錄廳儀軌』, 장서각·규장각 소장본.

『譯註 三國史記』, 한국정신문화연구원, 1997.

『朝鮮王朝實錄』, 국사편찬위원회 영인본.

『增補文獻備考』, 한국학진흥원 영인본.

『治平要覽』, 아세아문화사 영인본.

『翰苑故事』, 규장각본(奎5122-3A).

김부식金富軾 지음, 이강래 옮김, 『三國史記』, 한길사, 1998.

김용선金龍善 편저, 『高麗墓誌銘集成』, 한림대 아시아문화연구소, 1993.

민족문화추진회 옮김, 『국역 대동야승』.

민족문화추진회 옮김, 『국역 동문선』.

민족문화추진회 옮김, 『국역 신증동국여지승람』.

민족문화추진회 옮김, 『국역 연려실기술』, 한국고전종합DB.

민족문화추진회·세종대왕기념사업회 옮김, 『국역 조선왕조실록』.

변주승·김우철·이상식 외 옮김, 『국역 여지도서』, 전주대학교 한국고전학연구소, 2003.

오항녕·문용식·조윤선 외 옮김, 『국역 추안급국안』, 전주대학교 한국고전학연구소, 2008.

柳本藝, 『瀛閣規例』(규장각 6321), 「日省錄凡例序」.(김경희 옮김, 『일성록범례』, 한국고전번역원, 2015)

한국고전번역원, 『한국문집총간』, 한국고전종합DB.

한우근韓沽劤 외, 『譯註 經國大典』, 한국정신문화연구원, 1995.

『書經』『禮記』『春秋』(한문대계본, 일본 富山房)

『後漢書』『新唐書』『舊唐書』『宋史』『元史』『明史』(이상 中華書局 표점본)

『順宗實錄』

司馬光, 『資治通鑑』, 中華書局 표점본.

胡三省, 『通鑑釋文辨誤』, 사고전서본.

朱子, 『資治通鑑綱目』(思政殿訓義), 보경문화사 영인본.

朱子, 『四書集註』(한문대계본, 일본 富山房).

朱子, 『朱子語類』, 中華書局 표점본.

朱子, 『朱子集』, 四川教育出版社.

范祖禹, 『唐鑑』, 사고전서본.

胡寅, 『崇正辯斐然集』, 中華書局, 1993.

『大越史記全書』, http://hannom.nlv.gov.vn/

『大南寔錄前編』, http://hannom.nlv.gov.vn/

『日本三代實錄』

유지기劉知幾 지음, 오항녕 옮김, 『사통史通』, 역사비평사, 2012.

진덕수眞德秀 지음, 정재훈·오항녕·정호훈·김광일 옮김, 『대학연의大學衍義 — 리더십을
　　　말하다』(서울대학교 행정대학원 국가리더십연구센터 국가리더십연구총서 3) 상·
　　　중·하, 서울대학교출판문화원, 2018.

참고논저

강문식, 「의궤儀軌를 통해 본 영조실록의 편찬 체계」, 『조선시대사학보』 54, 2010.

강문식, 「조선왕조실록 연구의 현황」, 『조선시대사학보』 74, 2015.

강문식, 「조선왕조실록 연구의 통설 재검토」, 『규장각』 49, 2016.

고광민, 「順宗實錄의 영정 혁신에 대한 기술 특징과 의미」, 『중국어문학논집』 36, 2006.

고병익, 「『史通』과 歷史批評의 理論」 閔斗基 편, 『中國의 歷史認識(下)』, 창작과비평사,
　　　1985.

고병익, 「東亞諸國에서의 實錄의 編纂」, 1994.(『東아시아文化史論考』, 서울대학교 출판
　　　부, 1997년에 재수록)

권태억, 「갑오개혁 이후 공문서 체계의 변화」, 『규장각』 17, 1994.

김경수, 「朝鮮朝 外史의 設置와 運營」, 『역사학보』 154, 1997.

김경수, 『朝鮮時代의 史官研究』 서울, 국학자료원, 1998.

김경수, 「조선 후기 이담명의 「注書日記」에 대한 연구」, 『한국사학사학보』 12, 2005.

김경현, 「서기 1~3세기, 로마제국의 공문서 관리 — 아카이브 보관과 금석문 공시」, 『서
　　　양고대사연구』 42, 2015.

김성윤, 『朝鮮後期 蕩平政治 研究』, 지식산업사, 1997.

김성준, 「高麗七代實錄編纂과 史官」, 『민족문화논총』 1, 1981.

김용선, 『高麗蔭叙制度研究』, 일조각, 1991.

김우철, 「조선 후기 推鞫 운영 및 結案의 변화」, 『민족문화』 35, 2010.

김정자, 「소위 '杜門洞72賢'의 정치성향」, 『부대사학』 15·16 합집, 1992.

김철준, 『韓國史學史研究』, 서울대학교 출판부, 1990.

김한종, 『역사교과서 국정화, 왜 문제인가』, 책과함께, 2015.

김현, 「鬼神: 자연철학에서 추구한 종교성」, 『조선유학의 개념들』, 예문서원, 2002.

김현식, 『포스트모던시대의 '역사란 무엇인가'』, 휴머니스트, 2006.

남지대, 「朝鮮前期의 歷史意識」, 『한국사상사대계』 4, 한국정신문화연구원, 1991.

남지대, 「朝鮮初期 中央政治制度硏究」, 서울대학교 박사학위논문, 1993.

레이 황 지음, 박상이 옮김, 『1587 아무 일도 없었던 해』, 가지않은길, 1997.

마크 포스터 지음, 조지형 옮김, 『포스트모던 시대의 새로운 문화사』, 이화여자대학교
　　출판부, 2006.(Mark Poster, *Cultural History and Postmodernity*, 1997)

명경일, 「정조대 전교축傳敎軸을 통해 본 『승정원일기承政院日記』의 문서 등록謄錄 체계」,
　　『고문서연구』 44, 2014.

명경일, 「조선 후기 事變假注書日記의 사료적 가치」, 『규장각』 49, 2016.

민두기 편, 『中國의 歷史認識』, 上·下, 창작과비평사, 1985.

민현구, 「『高麗史』에 反映된 名分論의 性格」, 『韓國古典심포지움』 1, 일조각, 1980.

박대길, 『조선시대 史庫制度 연구』, 경인문화사, 2014.

박소동 옮김, 『국역 가례도감의궤 영조정순왕후』, 민족문화추진회, 1997.

박용운, 『高麗時代 臺諫制度 硏究』, 일지사, 1980.

박용운, 『高麗時代 蔭敍制와 科擧制 硏究』, 일지사, 1990.

박용운, 『高麗時代史』 上·下, 일지사, 1985.

배항섭, 「19세기를 바라보는 시각」, 『역사비평』 101, 2012.

배현숙, 『朝鮮實錄 硏究序說』, 태일사, 2002.

변동명, 『高麗後期 性理學收容硏究』, 일조각, 1995.

변태섭, 『『高麗史』의 硏究』, 삼영사, 1982.

손계영, 「古文書에 사용된 종이 연구」, 『고문서연구』 25, 2004.

송기중 외, 『조선왕조실록』, 서울대학교 출판부, 2005.

신병주, 「『承政院日記』의 자료적 가치에 관한 연구」, 『규장각』 24, 2001.

신병주, 「'오대산본' 『조선왕조실록』의 간행과 보관」, 『역사와 현실』 61, 2006.

신병주, 「실록청의궤實錄廳儀軌의 편찬과 제작 물자에 관한 연구─『영종대왕실록청의궤
　　英宗大王實錄廳儀軌』를 중심으로」, 『조선시대사학보 48, 2009.

신병주, 「朝鮮王朝實錄의 奉安儀式과 관리」, 『한국사연구』 115, 2001.

신석호, 「實錄編纂事業」, 『한국사』 11, 국사편찬위원회, 1974.

신석호, 「朝鮮王朝實錄의 編纂과 保管」, 『史叢』 5, 1960.

신승하, 『중국사학사』, 고려대학교 출판부, 2000.

알라이다 아스만Aleida Assmann 지음, 채연숙·변학수 옮김, 『기억의 공간』, 그린비, 2011.

E. 베른하임 지음, 박광순 옮김, 『역사학입문』, 범우사, 1985.(E. Bernheim, *Einleitung in die Geschichtswissenschaft*, 1912)

연갑수, 「朝鮮後期 謄錄에 대한 硏究」, 『외대사학』 12, 2000.

염정섭, 「조선시대 일기류 자료의 성격과 분류」, 『역사와 현실』 24, 1997.

오수창, 「『일성록』」, 『한국민족문화대백과사전』, 한국정신문화연구원, 1991.

오항녕, 『역주 선조실록수정청의궤』, 일지사, 2004.

오항녕 옮김, 『국역 영종대왕실록청의궤英宗大王實錄廳儀軌』, 한국고전번역원, 2007.

오항녕, 『조선초기 성리학과 역사학』, 고려대학교 민족문화연구원, 2007.

오항녕, 『韓國史官制度成立史』, 일지사, 2009.

오항녕, 『조선의 힘』, 역사비평사, 2010.

오항녕, 『기록한다는 것』, 너머학교, 2010.

오항녕, 『광해군, 그 위험한 거울』, 너머북스, 2012.

오항녕, 「『경종실록』의 편찬과 수정修正」, 『민족문화』 42, 2013.

오항녕, 「『현종실록』의 편찬과 개수改修」, 『한국사학사학보』 29, 2014.

오항녕, 「조선시대 추안推案에서 만난 주체의 문제」, 『중국어문논역총간』 34, 2014.

오항녕, 「그을린 민족문화: 전유, 내면화 그리고 근대주의」, 『역사와 현실』 96, 2015.

오항녕, 『호모 히스토리쿠스: 지금 여기를 위한 역사 공부』, 개마고원, 2016.

우정임, 「朝鮮初期 書籍輸入·刊行과 그 性格」, 부산대학교 석사학위논문, 1994.

유권종, 「禮: 유교 문화의 형식과 내용」, 『조선유학의 개념들』, 예문서원, 2002.

유봉학, 「정조시대 정치론의 추이」, 『정조시대의 사상과 문화』, 돌베개, 1999.

유봉학, 『실학과 진경문화』, 신구문화사, 2012.

유영옥, 「集賢殿의 運營과 思想的 傾向」, 『부대사학』 18, 1994.

유원적柳元迪, 「唐 前期의 支配層」, 『講座中國史 Ⅱ』, 지식산업사, 1989.

유인선, 「전근대 베트남人의 歷史認識 — 黎文休와 吳士連을 중심으로」, 『동양사학연구』 73, 2001.

윤정, 「18세기 국왕의 '문치'사상 연구」, 서울대학교 박사학위논문, 2007.

이경용, 「한말 기록관리제도 — 공문서관리 규정을 중심으로」, 『기록학연구』 6, 2002.

이구렬, 『韓國文化財秘話』, 韓國美術出版社, 1973.

이규수, 『제국 일본의 한국 인식, 그 왜곡의 역사』, 논형, 2007.

이근호, 「英祖代 『承政院日記』 改修過程의 검토」, 『조선시대사학보』 31, 2004.

이기백, 「半島的 性格論 批判」, 『한국사 시민강좌』, 1987.

이병휴, 『朝鮮前期 畿湖士林派研究』, 일조각, 1984.

이븐 칼둔Ibn Khaldun 지음, 김호동 옮김, 『역사서설 ─ 아랍, 이슬람, 문명』, 까치, 2003.

이상민, 「역사를 위하여: 아키비스트와 역사가의 역할」, 『기록학연구』 6, 2002.

이상태, 「忠州史庫의 沿革과 管理」, 『史庫址調査報告書』 국사편찬위원회. 1986.

이성무, 『朝鮮初期 兩班研究』 일조각, 1980.

이성무, 『조선왕조실록 어떤 책인가』, 동방미디어, 1998.

이수건, 『嶺南學派의 形成과 展開』, 일조각, 1995.

이영춘, 「朝鮮時代의 兼職制度」, 『淸溪史學』 4, 1987.

이우성·강만길 편, 『韓國의 歷史認識』 上·下, 창작과비평사, 1976.

이윤상, 「일제하 '조선왕실'의 지위와 이왕직의 기능」, 『한국문화』 40, 2007.

이재욱, 『李朝實錄攷』, 정음사, 1947.

이정주, 「麗末鮮初 儒學者의 佛敎觀 ─ 鄭道傳과 權近을 中心으로」, 고려대학교 박사학
    위논문, 1997.

이종득, 「연대기에 나타난 역사서술의 문제점」, 『중남미연구』 36, 2017.

이태진, 「黨派性論批判」, 『한국사 시민강좌』, 1987.

이태진·홍순민, 「『日省錄』 刀削의 실상과 경위」, 『韓國文化』 10, 1989.

이희권, 「전라인의 역사의식과 조선왕조실록의 수호」, 『우리문화研究』 3집, 2001.

장신, 「일제하 이왕직李王職의 직제와 인사」, 『장서각』 35, 2016.

장영숙, 「李王職의 『高宗·純宗實錄』 편찬사업과 그 실상」, 『사학연구』 116, 2014.

전진성, 『상상의 아테네 ─ 베를린, 도쿄, 서울』, 천년의상상, 2015.

정구복, 『韓國中世史學史(Ⅰ)』, 집문당, 1999.

정구복, 『韓國中世史學史(Ⅱ)』, 경인문화사, 2002.

정두희, 『朝鮮初期 政治支配勢力研究』 일조각, 1983.

정두희, 「朝鮮前期의 歷史認識」, 한국사연구회 편, 『韓國史學史의 研究』, 을유문화사,
    1985.

정만조, 「承政院日記의 作成과 史料的 價値」, 『한국학논총』 24, 2001.

정예푸鄭也夫 지음, 오한나 옮김, 『문명은 부산물이다』, 378, 2018.

정옥자, 『정조의 문예사상과 규장각』, 효형출판, 2001.

정재훈·오항녕 외, 『4대 사고 및 조선왕조도서 보존관리 연구보고서』, 문화재청, 2013.

조광, 「朝鮮後期의 歷史認識」한국사연구회 편, 『韓國史學史의 硏究』 을유문화사, 1985.

조동걸, 『現代韓國史學史』, 나남출판, 1998.

조동걸·한영우·박찬승 엮음, 『한국의 역사가와 역사학』 上·下, 창작과비평사, 1994.

주성지, 「베트남 관련 전근대 디지털 역사자료의 소개와 활용」, 『인문학연구』 33, 2017.

지두환, 「朝鮮前期 『大學衍義』 이해과정」, 『태동고전연구』 10, 1993.

지두환, 『朝鮮前期 儀禮硏究』, 서울대학교 출판부, 1994.

차용걸, 「朝鮮王朝實錄의 編纂態度와 史官의 歷史意識」, 『韓國史論』 6, 1979.

차장섭, 「史官을 통해본 朝鮮前期 士林派」, 『慶北史學』 8, 1985.

차장섭, 「朝鮮前期實錄의 史論」, 『國史館論叢』 32, 1992.

차장섭, 「朝鮮前期의 史官―職制 및 政治的 役割」, 『慶北史學』 6, 1983.

청와대 국정기록비서실, 『청와대업무관리시스템 e지원 매뉴얼(대통령용)』, 2008.

최선혜, 「朝鮮初期 太宗代 藝文館의 設置와 그 歷史的 意義 」, 『진단학보』 80, 1995.

최승희, 「集賢殿硏究」, 『역사학보』 31·32, 1966·1967.

최승희, 『朝鮮初期 言官·言論研究』, 서울대학교 출판부, 1976.

최승희, 『韓國古文書硏究』, 지식산업사, 1989.

최영애, 『漢字學講義』, 통나무, 1995.

최완기, 「이른바 高純宗實錄에 대하여」, 『민족문화』 17, 1994.

최제숙, 「高麗翰林院考」, 『한국사논총』 4, 1981.

표영삼, 『동학 1』, 통나무, 2004.

표영삼, 『동학 2』, 통나무, 2005.

한국고전문화연구원, 『『조선왕조실록』 복본화 사업 1차년도 결과 보고서』, 2010.

한국기록학회, 『기록학 용어사전』, 역사비평사, 2008.

한국도서관협회, 『문헌정보학용어사전』, 한국도서관협회, 1996.

한국사연구회 편, 『韓國史學史의 硏究』, 을유문화사, 1985.

한영우, 『朝鮮前期史學史硏究』, 서울대학교 출판부, 1981.

한영우, 『朝鮮前期社會思想研究』, 지식산업사, 1987.

한우근, 「朝鮮前期 史官과 實錄編纂에 관한 연구」, 『震檀學報』 66, 1988.

한우근, 『儒教政治와 佛教』, 일조각, 1993

한형주, 「朝鮮 世宗代 古制硏究에 對한 考察」, 『역사학보』 136, 1992.

허태용, 「『景宗實錄』을 통해서 본 少論의 정치 義理 검토」, 『민족문화연구』 60, 2013.

힐러리 젠킨슨Hilary Jenkinson 지음, 이상민·오항녕 옮김, 『기록관리편람』, 정부기록보존소, 2003

今西龍, 「李朝の實錄に就て」, 『藝文』 5卷 8·9輯, 1914.

內藤虎次郎, 『支那史學史』 東京, 弘文堂, 1949.

末松保和, 「李朝實錄考略」(1958), 『靑丘史草』 東京: 笠井出版社, 1969.

白壽彝, 『中國史學史』 上海, 人民出版社, 1986.

松本芳夫, 『日本史學史』, 東京: 慶應通信, 1968.

伊豆公夫, 『日本史學史』, 東京: 校倉書房, 1972.

張照侯, 『通鑑學』(수정본), 安徽人民出版社, 1957.

周藤吉之, 「宋代の三館 秘閣と高麗前期の三館とくに史館」, 『高麗朝官僚制の硏究』, 東京: 日本法政大出版局, 1980.

坂本太郎, 『日本の修史と史學』, 東京: 至文堂, 1956.

丸龜金作, 「朝鮮の春秋館と李朝實錄の撰修に就いて」, 『史學雜誌』 54編 10·11, 1943.

Encyclopedia Britannica(CD), 1999.

Ernst Posner, *Archives in the Ancient World*, Cambridge, Mass, Harvard Univ. Press, 1972.

George G. Iggers., Q. Edward Wang, Supriya Mukherjee, *A Global History of Modern Historiography*, Routledge, 2016.

Gregory S. Hunter, *Developing and maintaining practical Archives*, New York: Neal-Schuman, 1997.

Howard J. Wechsler, *Offerings of Jade and Silk: Ritual and Symbol in the Legitimation of the T'ang Dynasty*, Yale University Press, 1985.

James M. O'Toole, "The Symbolic Significance of Archives", *American Archivist*, Vol. 56. Spring 1993.

Luciana Duranti, *Diplomatics: New Uses for an Old Science*(SAA), The Scarecrow Press, 1998.

M. T. Clanchy, *From Memory to Written Record: England, 1066~1307*, Cambridge, Mass, Harvard Univ. Press, 1979.

T. R. Schellenberg, *Modern Archives: principles and techniques*, 1956(SAA 1998).

찾아보기

實錄